アメリカは歌う。　コンプリート版―目次

アメリカは歌う。コンプリート版

東理夫 *Michio Higashi*

YOU HEAR AMERICA SINGING.

作品社

第二部　戦場は歌う

第四章 海を渡っての戦い…519

第三部 北行き列車に乗って

第一章 ニグロ・スピリチュアルに秘められた思い…582

第四部 女たちは歌う

第一一章 もうひとつの女性像…709

アメリカは歌う。　コンプリート版

I hear America singing, the varied carols I hear...
アメリカの歌が聞こえる さまざまな歌声が聞こえる

ウォルト・ホイットマン「草の葉」より

プロローグ

すべてのはじまりは、一九五三年一月一日、元日のことだった。その年、小学校六年生になろうとしていたぼくは、いつも家でかかっている進駐アメリカ軍放送のWVTR（後のFEN〔極東放送網《ファー・イースト・ネットワーク》〕、現在のAFN〔米軍放送網《アメリカン・フォース・ネットワーク》〕）を聴いていた。そして、その日一日中同じ男の歌声が流れていることに気がついた。それは、当時カントリー・アンド・ウエスタン・ミュージック界の大スターで、《ジャンバラヤ *Jambalaya*》、《ユア・チーティン・ハート *Your Cheatin' Heart*》、《ハーフ・アズ・マッチ *Half as Much*》、《ヘイ・グッド・ルッキン *Hey Good Lookin'*》、《コールド・コールド・ハート *Cold, Cold Heart*》などのヒット曲を生み出し、ジャズやポップスの世界にも大きな影響を与えた不世出のシンガー・ソングライター、ハンク・ウィリアムスの歌声だった。

貧しい環境に育ち、やがてスターの座を手にしたものの、不幸な結婚と子供の頃の落馬による後遺症に悩まされ、治療を託した医者が偽医者だったこともあって、一九五三年の元日、わずか二十九歳という短い生涯を終えたのだった。

その死は、世界中に多くの衝撃を与え、それは東洋に住む一人の少年にも強い影響を与えた。ぼくはその日一日中、ハンクの歌を聴いているうちに彼に強くひきつけられ、その日をきっかけに音楽にのめりこんでいき、中学に入るとギターを手にし間もなくバンドを組むことになる。まさにその日は、ぼくのその後の人生を少し変えた日だった。

次の衝撃は、エルヴィス・プレスリーの出現だった。彼はハンクを筆頭とする白人系のカントリー・ミュージックと黒人系のリズム・アンド・ブルースを融合させた新しい「ロックン・ロール」という音楽を一躍世界中に知らしめた大スターだった。エルヴィスの出現によって、ぼくはもちろん、世界そのものが変わってしまったのだ。エルヴィスの歌に憧れ、彼の真似をし、どれほど彼の歌を歌ったか知れない。同時に、彼の歌から黒人系の音楽や黒人霊歌《ニグロ・スピリチュアル》、ゴスペルなどの宗教的な音楽の世界を教えられた。

ハンクとエルヴィスの二人を入り口に、ぼくはアメリカ南部のアパラチア地帯を発祥とするマウンテン・ミュージック、ヒルビリー・ミュージック、やがてはカントリー・ミュージックやブルーグラス・ミュージックへと変化していくスコッチ・アイリッシュたち（スコッチ・アイリッシュについては七〇一頁で詳しく述べる）を発祥とする音楽にどっぷりと浸かっていくことになった。

これらの音楽に長く接しているうちに、それまで何気なく聴いていた歌の歌詞の中に、不思議なフレーズや言葉が組み込まれていることに気がつくようになった。なぜそういう歌詞が織り込まれているのか、なぜそういうテーマを歌うのか、どうやってそういう曲が生まれたのか。そして何よりも、今もまだそれらの歌は、奇妙だと思われることなく歌い継がれ、現役の有名シンガーがカヴァーしてはヒットしているのはなぜなのか——そうした疑問が大きく膨れ上がってきた。

そしてぼくは、それらの疑問の答えを探し、謎を解き明かすためにアメリカの奥深くに旅に出ることにした。「九」という数字に秘められた謎や、なぜアメリカ人は人殺しをテーマとする歌をかくも多く生み出したのか、ニグロ・スピリチュアルで同じような歌詞が常に繰りかされるのはなぜなのか、そしてなぜ、アメリカにはかくも多くの列車の歌が作られ、愛され続けているのか。またなぜそれら古くからの列車の歌には、物語の流れとは関係がないと思われるような歌詞が、何の関連もなく置かれているのか。

あるいは十九世紀から二十世紀を通して、アメリカほど多くの戦争を経験した国もない。そしてそれぞれの戦いで生まれ、歌われた歌のルーツを探ると、どれほど多くの国の人たちがアメリカ兵としてそれらの戦いに出て行ったかがわかる。だが、それらの歌はどれも勇壮な戦意高揚を目的とした曲ではなく、なぜかどれもが悲しみを帯びている。それはなぜなのだろう。

そういった歌の謎の正体を探る旅に出ることにした。こういうことは、机を前にしていくら考えても分かりようがないからだ。それからぼくは、何度も何度もアメリカを、何年もかけて、そして小さな旅をくり返すことによって、それらの歌の不思議を解き明かそうとしてきた。

そうした旅を経験して気づいたことがある。それはアメリカの庶民の音楽には、ぼくたちの知らないアメリカがある、ということだった。テレビやラジオ、新聞や雑誌、映画や書物では報じられることもなく、描かれることもない、ただただそれらの音楽に耳を澄ますことによってしか気がつかないアメリカがあるのだ。アメリカの庶民に長年愛され続けている音楽に秘められた謎を追いかけていった挙句に見えてきたのは、これまでとは違ったアメリカの深い人間的な姿だった。

これから始まる旅で、そんな「もう一つのアメリカ」を見つけてもらえるならばうれしい。

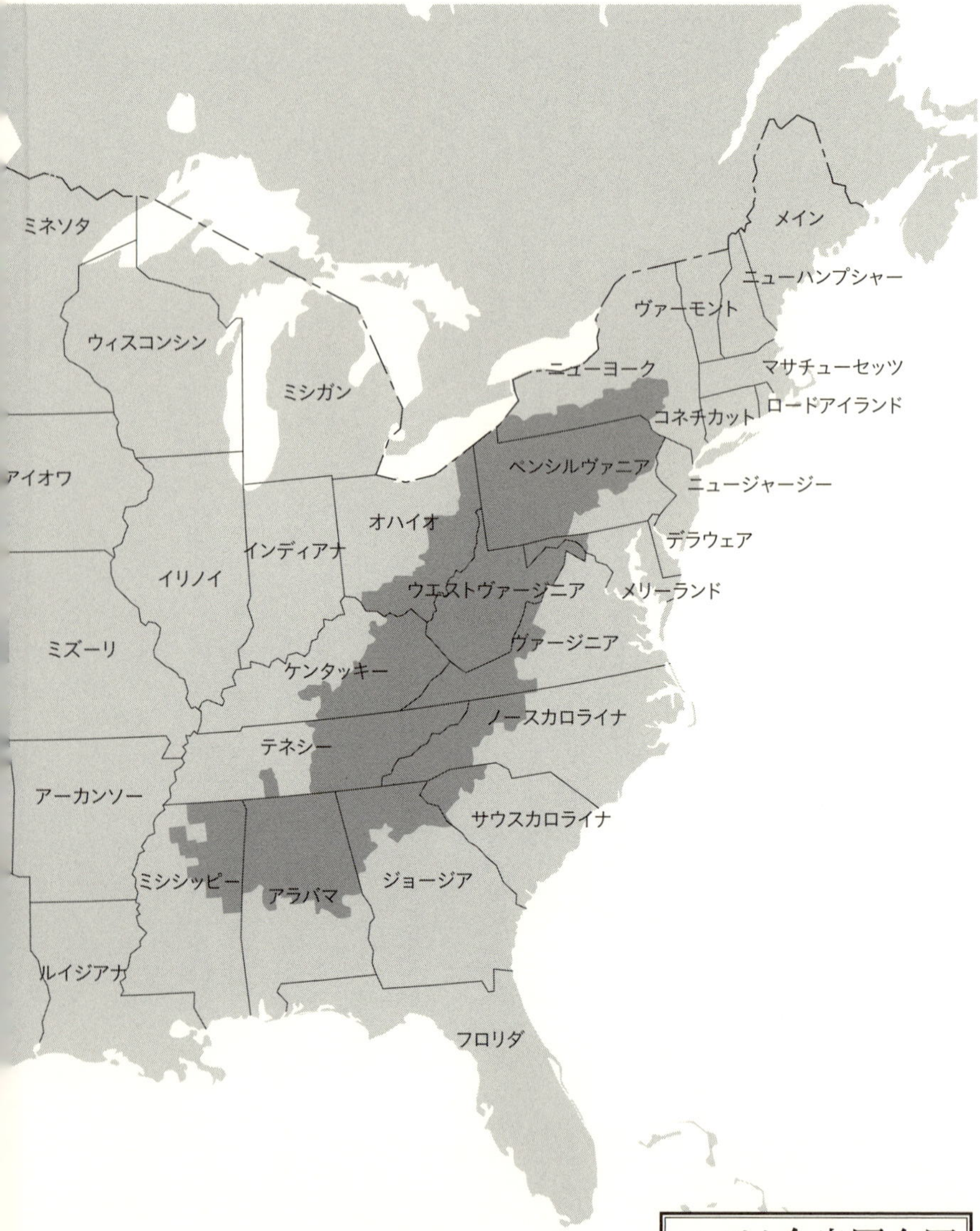

アメリカ合衆国全図
（濃い部分はアパラチア地方）

カナダ
ワシントン
モンタナ
ノースダコタ
オレゴン
アイダホ
サウスダコタ
ワイオミング
ネブラスカ
ネヴァダ
ユタ
コロラド
カリフォルニア
カンザス
アリゾナ
オクラホ
ニューメキシコ
テキサス
メキシコ
ハワイイ
アラスカ

序

アメリカの歌とは何なのか

アメリカには国歌が四つある、とされる。いや正しくは、そう言われてきたし、今もそう言われることがある。

現在の公式のアメリカ国歌は《星条旗 *The Star Spangle Banner*》である。メジャーリーグでは試合前に必ず歌われていて、テレビの実況などで聴いたり見たりしたことがあるお馴染みの曲だ。しかし圧巻は、アメリカン・フットボールの二つのリーグ、ナショナル・フットボール・リーグ（NFL）とアメリカン・フットボール・リーグ（AFL）の決勝戦、「スーパーボウル」の開幕で歌われるそれだろう。

このオープニングの国歌斉唱は、その年にもっとも注目され、人気、実力ともに抜群と思われている歌手に依頼するのが恒例となっている。そして、試合の前半戦と後半線との間の休憩時間の「ハーフタイム・ショウ」で行なわれる、その年最高のエンターテイナーたちのパーフォーマンスもまた毎年大きな話題になる。これまでいろいろな人が《星条旗》を歌ったが、最高だったのはホイットニー・ヒューストンだったともっぱらの評判で、事実、今も見られる彼女の絶唱は、何度見ても胸を衝かれる。

二〇一六年二月、カロライナ・パンサーズとデンバー・ブロンコスとの間で戦われた第五十回スーパーボウルでは、この国歌斉唱をレディー・ガガが担当した。彼女は奇妙なファッションや奇抜なパフォーマンス、突飛な言動ばかりが注目され、なんとなくおかしなタレント、異端の芸能人のように見られがちだが、この時の彼女の歌は飛び抜けていた。正統なミュージシャンの枠を外れて見せているのは、実は本物の実力と深い経験と絶え間ない訓練があってこそなのだ、ということを思い知らされた素晴らしい歌唱力だった。その彼女の本来の実力は、二〇一八年の映画『アリー、スター誕生』で遺憾なく発揮されている。中でもエディット・ピアフの名曲《ラ・ヴィ・アン・ローズ *La Vie en Rose*（バラ色の人生）》の圧唱は、息を飲むほどだった。

そもそも《星条旗》が生まれたのは、一八一二年から二年間続いた「第二次独立戦争」とも呼ばれる「米英戦争」でのこと。この戦争の原因はいくつもの要素が重なっていて、単純にその大元を示すことはできないけれど、基本的には先住民であるインディアンの土地をめぐる米英の争奪戦であり、ヨーロッパでのナポレオン戦争では中立であったアメリカが、英仏両国相互の海上封鎖によって受けた経済的打撃を打開するための戦争であった、と言えるだろう。

その米英戦争の最中、一八一四年九月、メリーランド州ボルティモア港近くにあるアメリカの星形要塞であるマクヘンリー砦《フォート・マクヘンリー》［図①］を、英国艦隊が砲撃するという事件があった。この時、友人の医師を含むアメリカ側の捕虜と英軍の捕虜との交換交渉にやってきた弁護士のフランシス・スコット・キーは、その攻撃の夜、英国艦船に拘束されていた。激しい夜間砲撃にさらされた翌朝、キーが見たのは以前と寸分たがわず厳然と建つ砦の姿であり、その上空に変わらずに翩翻《へんぽん》と翻る星条旗だった。

それに感動した彼は、その時携えていた手紙の裏に思いついた詩を書き留めた。それが《マクヘンリー砦の防衛 *Defense of Fort McHenry*》である。その詩は、こんなふうに始まる。

Oh, say can you see by the dawn's early light
What so proudly we hailed at the twilight's last gleaming?

Whose broad stripes and bright stars thru the perilous fight,
O'er the ramparts we watched were so gallantly streaming?
And the rocket's red glare, the bombs bursting in air,
Gave proof through the night that our flag was still there.
Oh, say does that star-spangled banner yet wave
O'er the land of the free and the home of the brave?

早朝の薄明かりのもと、
早暁の光の中のそれはなんと誇り高いことか
厳しい攻撃をやり過ごし、
城塞の上に翩翻とたなびく幅広い縞と輝く星
砲弾が赤い尾を引いて中空で炸裂する中
我が旗は厳然とそこにあった
ああ、自由と勇気の我らが祖国に
星条旗は今もたなびいているだろうか

といったような内容だ。キーは、この詩を滞在中のインディアン・クイーン・ホテルの自室で手を入れ、九月十七日、義兄のジョセフ・H・ニコルソンに見せたところ、当時酒場などでよく歌われていた《天国のアナクレオンへ *To Anacreon in Heaven*》のメロディーに合わせて歌ってみると、これが実にぴったりで、すぐに仲間の間で評判になり大いに人気を呼んだのだという。

紀元前六世紀のギリシャの詩人であるアナクレオンの諸作は、酒やエロスを中心に据えた人生の享楽を歌ったものが多く、当時の呑んべえたちにとってはうってつけの詩だった。「英雄酒を好み、色を好む」ということが男の人生の愉しみの象徴として称揚されていた時代の磊落《らいらく》な気性に通じるものがあったのだ。この曲は十八世紀後半、アマチュア音楽家たち、それも男性専用の社交クラブ、言うところの「ジェントルメンズ・クラブ」である「アナクレオン・ソサイエティ」のメンバーだったジョン・スタフォード・スミスが作詞し、会長のラルフ・トムリンソンが作曲したものだという。それがこの会のオフィシャル・ソングになり、《アナクレオンティック・ソング》とか、《天国のアナクレオンへ》などのタイトルで親しまれるようになったものだ。

それにしても、この歌が作られてから百二十年間、ただの酒飲み歌《ドリンキング・ソング》の血を引くメロディーを持つ、愛国的なニュアンスを混えた《マクヘンリー砦の防衛》は、愛国歌《パトリオット・ソング》としてはよく知られてはいたものの、結局はそれだけで終わっていたろうと思う。終わらなかったのは、その歌に特別な地位を与えたからだった。

一八一四年九月半ばに、スコット・キーの詩は、《天国のアナクレオンへ》のメロディーに乗せられて歌われるようになってから間を置かず、同じボルティモアの劇場「ホリデーストリート・シアター」で発表されるや否や、町の音楽出版社はすかさず、詞の一節をとって、《*The Star-Spangled Banner*》をタイトルに、譜面を印刷したシート・ミュージックを売り出したのだった。タイトルが良かったと言うしかない。その曲はまたたく間に人びとに愛唱されるようになった。

大恐慌の最中の一九三一年、「すべての家庭の鍋に一羽の鶏を、すべての家庭のガレージに二台の車を」という、どこか価値観がずれているようにも思えるキャンペーンで大統領に就任したハーバード・フーヴァーがこの曲を国歌に制定してから、世界中に知られる有名曲になった。結局、大恐慌を抑えることができなかったのはその無策ゆえだ、とこき下ろされたこの唯一のクエーカー教徒の大統領であったフーヴァーの、後世に残る事業はこの《星条旗》を国歌に制定したことだ、とするのは厳しすぎるだろうか。

キーが《星条旗》の詩を作ったボルティモアのマクヘンリー砦は、もと軍医でワシントン大統領のもとで陸軍長官を長く務めたジェイムズ・マクヘンリーの名前に因んで付けられた。彼もまたスコッチ・アイリッシュの軍人として名高かった。キー（Key）の姓はイングランド系の名前だけれど、ケルト系にもその名前は多い。また、キーの父方の遠縁にあたる、『グレート・ギャツビー』や『楽園のこちら側』、『夜はやさし』などの小説で知られるF・スコット・フィッツジェラルドのフルネームは、フランシス・スコット・キー・フィッツジェラルドで、彼はれっきとしたアイルランド系である。同時に彼は、フランシス・キーの名前をそのままもらうほどキーを敬愛していたのだ。

《星条旗》が国歌に制定される前の、最初の国歌は《ヘイル、コロンビア *Hail, Columbia*》だった。hail は「万歳」あるいは「讃歌」、「歓声を上げる」とか「大声で歌う」とも訳されることがある。ようするにコロンビアを褒め称え、大声で歓迎の意をあらわす意味だと言えばわかりが早いだろう。こんな歌詞だ。

Hail Columbia, happy land!
Hail, ye heroes, heav'n-born band,
Who fought and bled in freedom's cause,
Who fought and bled in freedom's cause,
And when the storm of war was gone

Enjoy'd the peace your valor won.
Let independence be our boast,
Ever mindful what it cost;
Ever grateful for the prize,
Let its altar reach the skies.

「コロンビア万歳、幸福の国、天国生まれの仲間、自由のために戦い血を流したあなた方英雄を讃える。戦いの嵐が過ぎ去り、勇気ある勝利がもたらした平和を満喫するがよい。その犠牲を心に留め、独立を勝ち取ったことを誇りとしよう。天国から与えられたその褒美にいつまでも感謝しよう」といったことが書かれている。

一七八三年に勝利に終わった独立戦争、その尊い犠牲と独立に対する喜びが素直に表されているようだ。曲はもともと、一七八九年にフィリップ・ファイルによって、ジョージ・ワシントンの大統領就任式の入場行進用に作られたものだった。当初曲名は、《大統領のマーチ *President's March*》だったが、それが《ヘイル、コロンビア》と呼ばれるようになったのは、一七九八年、ジョセフ・ホプキンソンによって詞を加え、曲も多少編曲されてからだ。その後、事実上のアメリカ国歌として多くの人びとに親しまれ、歌われてきた。

一八五三年、浦賀にやってきたマシュー・ペリー率いる「黒船艦隊」の軍楽隊が演奏したアメリカ国歌は、この《ヘイル、コロンビア》であることが、彼の書いた『ペリー提督日本遠征記』にある。コロンビア、というのはアメリカの詩的な呼び名だとされているが、情緒を添える枕詞的な修辞語と言えるだろう。むろん語源は、アメリカを発見したとされるクリストファー・コロンブスから来ている。

そのアメリカ合衆国を讃えた《ヘイル、コロンビア》は、一八〇〇年代には多くの人に愛唱され、折あるごとに演奏されてもいたが、第一次世界大戦前にはほとんど影を潜めてしまい、今は副大統領のオフィシャル・ソングとされている。

《ヘイル、コロンビア》に取って代わって躍り出てきたのは《我が祖国、それは汝《なれ》 *My Country 'Tis of Thee*》だ。一八三一年七月四日、バプテスト派の牧師であり、作家でジャーナリストのサミュエル・フランシス・スミスが作詞した《アメリカ *America*》を、友人のローウェル・メイソンに渡して適当に曲をつけてもらうように依頼した。メイソンがスミスに詩を依頼したのか、スミスの詩が先でメイソンに曲をつけるように頼んだのははっきりしないが、いずれにしろメイソンは一八〇六年から百十年ほど存在したザクセン王国を讃えた曲《神よ、我が祖国に栄光を *Gott Segnes Sachsenland*》のメロディーにスミスの詩を当てはめ、詩の第一行 'My Country, 'Tis of Thee' をタイトルにした。こうして完成した曲は、一八三一年七月四日のアメリカ独立記念日に、マサチューセッツ州ボストンのパーク・ストリート・チャーチにおいて子供たちの合唱で披露されたのだった。

《ヘイル、コロンビア》は明らかにマーチだったが、この《我が祖国、それは汝《なれ》》は勇壮ながら厳粛で、堂々たる貫禄のある親しみやすい曲で、誰にも愛される要素を持っていた。だからと言ってもいいと思うが、この曲は間もなくアメリカ国歌に取り上げられた。文献によっては、'Unofficial National Anthem（非公式の国歌）' としているものも、「愛国歌」としているものもある。だが知名度、そして人びとに愛され、何かあるとすぐに口ずさまれる曲として、すでに国歌と呼ぶにふさわしい。

しかし、ここで話は終わらない。実はこの曲、聴いてもらえばすぐにわかるのだが、イギリス国歌の《ゴッド・セイヴ・ザ・クイーン *God Save the Queen*》と同じメロディーなのである。現エリザベス二世が健在である限り Queen だが、その次の代、チャールズ皇太子が国王に収まった時には 'God

Save the King〟になる。イギリスをはじめ十四ほどの国々がこの曲を国歌、または讃歌にしている。しかしこの曲の出自はよくわかっていない。

その旋律は十六世紀頃まで遡ることができるらしいが、今の旋律にきちんと整えられたのは十七世紀になってからで、ヘンリー・ケアリーが作ったとも、同じ頃にトマス・アーンが作曲したのだとも言われたり、もともとはドイツの歌曲であったとする説やエピスコパル派（米国聖公会）の讃美歌に同じ旋律があるとも言われている。諸説あるものの、いずれにしろ英国国歌であったこの曲のメロディーに《我が祖国、それは汝《なれ》》の詩を乗せたということになる。荘厳なメロディーの美しい佳い曲で、感動的であり、印象深く、心に残る穏やかながら揺るぎのない旋律はすぐに人びとに愛され、その後酒飲み歌を祖先に持つ《星条旗》が登場するまで、この曲は国歌として親しまれてきた。しかし、イギリス国歌と同じメロディーで、アメリカ人たちはどんな気分だったのだろうか。

そういう経緯をたどり、一九三一年、時の大統領、ハーバード・フーヴァーによって現在の《星条旗》が国歌に制定され、やがて、ホイットニー・ヒューストンやレディー・ガガの名唱が誕生することになるのである。

だがしかし、とぼくには思うところがある。一九六〇年、いやその前の一九五〇年代から少なくとも一九七〇年代から八〇年代前半ぐらいまでの三十五年ほど、ぼくたちにはもう一つの国歌があったな、と。この感じは、我々より上の世代の人たちや、若い世代にはわからないかもしれない。

一九五〇年代初期、アメリカではフォークソング・リヴァイバル・ブームというのが起こった。それは、それ以前のアメリカで歌われ演奏されてきた庶民の歌、「フォークソング」をもう一度見直し、その魅力とその曲の背景にある歴史を再認識しようという動きだった。アメリカ建国以来、愛唱されてきたいくつもの曲が発掘され、新しいアレンジや演奏法、歌唱法によって再現されたのだ。

一九五〇年代までのアメリカには、旧弊な秩序、揺るぎのない父権制度のもと、プロテスタントの宗教理念を基軸にした理想的な家庭を築くことに汲々としているところがあった。これに対して若者世代は、「いったいこれからのアメリカという国はどうあるべきか」という問いを発する中で、古いアメリカを見直し、これからのアメリカの姿をどう探っていったらいいのかという、今思えば「青臭い」考えに過ぎないと思われるものを抱えて立ち往生していた。しかしやがてそれが、アメリカを再認識させる原動力となっていった。大人たちは、鼻で笑い、時に眉をひそめ、「大人になればわかるよ」という目で見ていただけだった。

そういう視線に耐えながら、古いフォークソングを土台にして新しい歌を作りはじめる多くのミュージシャンがいた。アマチュアに近いものから、れっきとしたプロのエンターテイナー、そして社会主義的なプロパガンダを根底に持ったミュージシャンたちといった幅広い層が参加していた。アメリカン・フォークソングは、かくして商業ベースに乗るまでに人気を高めていき、すぐにその勢いは日本にも伝播した。

六〇年代の初め、キングストン・トリオやブラザース・フォア、ピーター・ポール&マリーといった大スターたちによって、日本の若者はアメリカン・モダン・フォークに熱中した。それまでのヨナ抜き音階の歌謡曲の旋律や格好ばかりのウエスタン・ミュージック、気取ったジャズ、官能的なマンボやルンバ、大仰なスイング・ジャズ・バンド、そして言葉と風俗を借りただけのロカビリーなどに馴染めない若者たちにとって、フォークソングは飾り気のない、普段着の、ストレートに心に届く音楽のように思えた。音楽に無縁だったけれど、アメリカ文化に染まっていた「ヤング」と呼ばれる世代は、それらを進んで自分たちの愛唱歌の地位に迎え入れたのだった。

だが、所詮借り物だったことを忘れてはいけない。《バラが咲いた》をはじめとするいくつかの

「和製フォーク」と呼ばれる日本製の曲たちが作られもしたが、それはフォークソングというよりも、和製のポップス、モダンな歌謡曲の一種に過ぎなかった。そういった曲は、アメリカのモダン・フォークソングの世界からは遠く離れていた。借り物であることが悪いのではない。むしろ、それに似せた擬似日本語フォークという位置に止まってしまったことがよくなかった。何よりも本来アメリカのフォークソングが持っていた本質、庶民の目と庶民の批判精神と、庶民の生活に対する愛情、そしてこれがいちばん大切なのだが、実はそういった歌は、「アメリカ人」と大まかに呼ばれる、世界中の国からやってきた移民たちの生の声であるということをきちんと知ろうとしなかったことが残念だった。そのあたりを汲み取れなかったからだろうが、日本でのアメリカン・フォークソング・ブームはあっけなく過ぎ去っていった。

多くの日本人は、アメリカン・フォークソングが何を歌っているのか、ほとんど理解しようともせずメロディーやテンポ、イントロや間奏やバッキングといった楽器演奏、コーラスや編成、服装といったことがコピーの中心になっていて、自分たちの歌っている曲の真の意味、どんな内容が歌われているのかなどにはほとんど興味を持とうともしなかった。ただ真似をして歌うことを楽しんでいた。

そういう時代、少なくとも一九六〇年代、七〇年代、ビートルズやローリング・ストーンズ、マリファナやLSD、アシッド・ロックやハードロック、ヒッピー・コミューンや学園闘争などが押し寄せてくる文化的な洪水に翻弄されるまで、フォークソング・ファンの間にはもうひとつの国歌というべき歌があった。それはウディ・ガスリー［図②］の作り歌った《我が祖国 *This Land is Your Land*》だった。

誰もが一度は歌い、フォーク・フェスティヴァルやフーテナニーと呼ばれたコンサートやライヴでは、ほとんど毎回大勢が声を揃えて歌った。それはストレートに人の心に届く、直截なアメリカ讃歌だった。

This land is your land this land is my land
From California to the New York island;
From the red wood forest to the Gulf Stream waters
This land was made for you and Me.

As I was walking that ribbon of highway,
I saw above me that endless skyway:
I saw below me that golden valley:
This land was made for you and me.

I've roamed and rambled and I followed my footsteps
To the sparkling sands of her diamond deserts;
And all around me a voice was sounding:
This land was made for you and me.

When the sun came shining, and I was strolling,
And the wheat fields waving and the dust clouds rolling,
As the fog was lifting a voice was chanting:

This land was made for you and me.

この国はきみの国、そしてぼくの国
カリフォルニアからニューヨークのマンハッタン島まで
レッドウッドの森からメキシコ湾流まで
この国はきみとぼくのために創られたんだ

リボンのように続くハイウェイを歩くと
果てしない青空を仰ぎ見
金色に輝く谷底を覗き見る時思う
この国はきみとぼくのために創られた、と

これまで流離《さすら》い彷徨《さまよ》ってきたぼくの足跡は
ダイヤのように輝く砂漠のきらめく砂へと向かい
周囲には声が聞こえる
この国はきみとぼくのために創られた、と

朝の陽がきらめくと、歩きはじめる
麦畑が波打ち、砂塵の雲がうねり
霧が湧くように声が歌い上げる

この国はきみとぼくのために創られた、と

およそまあ、そういった意味だ。ウディは、この曲を一九四〇年に作っている。昭和十五年のことである。ヨーロッパでは戦争が始まっており、世界は不安の中にあった。誰もがしっかりした拠り所が欲しかった。自分の国のために戦う、その国は素晴らしい国である。神が我々のために創りたもうた特別な国である、と思いたがった。それからほぼ二十五年後、ボブ・ディランという若いシンガーが《神が味方 *With God on Our Side*》という歌を作った。それは皮肉な反戦歌ではあったけれど、この時代、人びとはこの歌のタイトルのように思いたがった。

およそアメリカ讃歌のようなこの《我が祖国》は、一九四〇年代、五〇年代にはその時代の通奏低音のように人びとの口の端に上り、六〇年代のフォークソング・ブームに乗ってアメリカばかりでなく、世界中の若者が我がこと、我が祖国を歌うようにこの歌を歌った。特にアメリカでは、この時代、自分たちの両親や祖父母たちが歌い継いできたフォークソングというものがあることを知り、そういうものを生み育てていった自分の国を再認識しようと、若者たちは自分の足許を見つめ直しはじめた。それは多くの場合、旅をすること、それもヒッチハイクをすることでアメリカを歩き廻って、知ろうとした。

その頃、人びとは優しかった。誰もが気軽に車に乗せてくれたし、家に泊めてくれることもあった。誰しも心やすく、食事をしていけと声をかけてもくれた。六〇年代、アメリカはまだ互いに信じ合うことができた。六〇年代の初め、ぼくもまたそういう旅を、ほんのわずかではあったけれど経験した。アメリカは自信に満ちているように見えた。将来が明るいだろうことを、皆が信じているようだった。あるいは、信じようとしていただけなのかもしれない。

若者が既存の体制や大人たちに疑いの目を持つようになったのもまた、フォークソングによってだった。フォークソングを歌うことによって共通の認識を持ち、共通の世界を共有することができた。そして多くが、自分にも音楽を作り歌うことができるのだという可能性を感じることができた。そして、だからこそ新しい視点が生まれ、新しい視座を見つけることができた。視野が拡がり、若者は言葉を持つようになった。そうやって国を、体制を疑い、権力や昔からの常識に対して不審の目を向けるようになった。

ウディ・ガスリーの《我が祖国》を素直に祖国讃歌と思い、自分たちの新しい国歌のように誇り高く、喜んで声を合わせていた人たちは、実はこの後に続く歌詞があることをほとんど知らなかった。

ウディ・ガスリー、本名ウッドロウ・ウィルソン・ガスリーは、一九一二年、オクラホマ州オケマーに生まれた。その年に選出された大統領の名前にちなんで名付けられた子供だった。十四歳の時に母親が死に、彼女にすべてを負っていた一家は時を置かず離散することになる。ウディは臨時雇いのその日仕事で食いつなぎながら、アメリカ中を放浪して廻った。子供の頃から得意としていたギターを肩に、酒場やカウンティ・フェアの会場、労働組合の集会やストライキの現場などで、人びとの思いをストレートに表現するような歌詞を、それまで歌われていたフォークソングの曲に乗せて歌っていった。彼はオリジナル曲を作る才能にはあまり恵まれなかったが、むしろ逆に古くから愛された曲を使ったからこそ、それらは親しみやすく覚えやすく、受け入れやすかった。

彼は訓練を受けたプロの音楽家ではなく、アメリカの底辺に働く人びとの間を歩き廻り、見、聞き、感じ、受け取った心の言葉に触発されて作り上げた数々の曲を、自己流のギターとベル・カントからは程遠い素人の発声法で歌った。それらの多くは、時代を経て今なお、アメリカの真実の声として多くの人に支持され続けている。そういう曲たちの代表と言えるのが、この《我が祖国》だったのだ。

ウディは放浪のシンガーとして、ある種「アメリカの良心」のように迎えられもした。アメリカ中をさすらって、底辺の人びとの生活の実態や本音、差別と貧困、失業や不健康な生活環境、劣悪な労働条件の中で苦悩する人びとの声を汲み取り、体制や政治の不備や横暴、金持ち優先の社会構造、そういったものに鋭い批判の目を向けた。その彼の生き方に刺激され、彼につづこうとする若いシンガーたちもあらわれた。〈ガスリーズ・チルドレン〉と呼ばれる彼らは、歌と放浪によってアメリカの深奥の真実を、毎日を平穏に生きていると思っている人びとに届けたのだった。

ウディの《我が祖国》は、一九六〇年代、七〇年代、多くの若者に支持された。その祖国讃歌には、アメリカという国は「あなたのため、私のため、皆のために創られた国なのだ」という誇りと確信、そして大きな信頼があった。ことにその時代、アメリカの文化やそのあり方にコミットしていた日本の若者もこの歌を歓迎した。そこには、アメリカという国が公平であり、公正であり、自由で多彩な民族文化が生き生きと花開き、誰にも機会は均等で、誰にもその努力に応じた成功の道が開かれている、と素直に思える雰囲気があった。今、それらのすべてが享受できないとしても、その夢に向かってアメリカは歩きつづけている。そう素朴に信じられる歌が、この《我が祖国》だった。この曲を作り歌ったウディ・ガスリーが「国民的シンガー」と言われる理由がここにある。

ある日、ウディは当時アメリカを代表する人気歌手として、自他ともに認められていたケイト・スミスが、クリスマス・ソングの名曲《ホワイト・クリスマス *White Christmas*》の作者アーヴィン・バーリンが、一九一八年に作った《ゴッド・ブレス・アメリカ *God Bless America*》を歌うのを聞いた。こんな風に歌われる。

God Bless America, Land that I love.

Stand beside her, And guide her,
Thru the night with a light from above.
From the mountains,
To the prairies, to the oceans,
White with foam
God bless America,
My home sweet home.

神よ、我が愛する国、アメリカに祝福に
我が側に立ち、暗い時代に天からの光で
我を導きたまえ
山並みを越え、平原へ、白く泡だつ海にまで
神よ、我が愛する祖国
アメリカに祝福を与えたまえ

アーヴィン・バーリン自身もこの歌を歌っているが、確かに人の心を揺さぶるいい曲である。当初、あまり人目を惹くことはなかったが、第二次大戦開戦前年の一九三八年に、ケイト・スミス［図③］が自分のラジオ番組で歌ってから火が点いた。彼女は、この曲を引っ提げて米軍キャンプの兵士たちを慰問して廻った。

だが、ケイト・スミスの歌に、ウディはうんざりした。愛国心強要の歌であるように思えて仕方が

なかった。無理もない。彼女の歌は、都市や郊外、田舎の安定した中流の家庭で聴く限り、胸を打つ祖国讃歌のように思える。しかし、ウディにとって、その歌は箱庭の中の真実であるように思えて仕方がなかった。ウディはあくまでも、野にある人だった。太陽の下、首筋を赤く陽灼けさせながら額に汗し、筋肉の痛みに耐え、喉と心の渇きに苦しんで働いてきた人たちと同じ世界の人だった。

彼は鼻を鳴らし、彼女の歌う《ゴッド・ブレス・アメリカ》の後に'for me'と付け加えた。「神よ、アメリカに祝福を」、「ぼくのために」。彼女の歌は、そう皮肉りたくなるような、ある種の傲慢さがあった。「押し付けがましい愛国心」という意味はそこにある。ディランが後に《神が味方》によって皮肉った、誤った選民意識の精神構造がそこにはうかがえた。

そしてウディは、一九二〇年代後期のアメリカの庶民の歌を歌ってショウビジネスの世界に登場した女性二人、男性一人のグループ、カーター・ファミリーの有名なレパートリー《リトル・ダーリン・パル・オブ・マイン *Little Darling Pal of Mine*》のメロディーを借りて、自分なりのアメリカの歌を作った。それが《我が祖国》だった。若者たちはアメリカでも日本でも、いや世界中どこでもこの歌を愛唱し、皆で声を合わせ、心をひとつにしたような錯覚を楽しんだりもした。だが、この歌のテーマは、この歌詞の後半の部分にあった。この歌を楽しげに歌った多くの者には、ウディが書きたかったこの歌の本質が見えなかったし、気がつかず、知ろうともしなかったろうと思う。こうつづく。

As I went walking I saw a sign there
And on the sign it said "No Trespassing."
But on the other side it didn't say nothing,
That side was made for you and me.

In the shadow of the steeple I saw my people,
By the relief office I seen my people;
As they stood there hungry, I stood there asking
Is this land made for you and me?

Nobody living can ever stop me,
As I go walking that freedom highway;
Nobody living can ever make me turn back
This land was made for you and me.

歩いていくと標識があった
それには「立ち入り禁止」と書かれていた
けれど、裏手に回るとそちら側には何も書かれていなかった
そっちの側は、きみやぼくのためなのか

教会の尖塔の陰に隠れたところに人びとを見る
貧民救済所の脇に自分たちと同じ人びとを見る
彼らはひもじさの中で訊く
この国は我々のために創られたのだろうか？　と

誰もぼくの生き方を止めることはできなかった
自由というハイウェイを歩くぼくを
誰の生き方もぼくを引き返させることはできなかった
この国は本当にきみとぼくのために創られたんだろうか

後半の二聯目、本来ウディはこう書いた。

One bright sunny morning in the shadow of the steeple,
By the relief office I saw my people,
as they stood hungry,
I stood there wondering if
God Blessed America for me.

明るく晴れたある朝、教会の尖塔の影の中に
貧民救済事務所の脇に
ひもじさの中に立ち尽くす人びとがいる
ぼくもそこに立ち尽くし、考える、本当に
神はアメリカを祝福してくれるのだろうか、ぼくのために？

この部分は公式に発表されることも、録音されることもなかった。現在はウディの娘のノラの管理の下にあるが、ケイト・スミスの歌を聞いたウディが'if God Bless America for me'と皮肉った印象が、この詞にはよく表されている。これら後半の歌詞は、時折、心あるシンガーによって歌われることはあるものの、一般には前半部分だけが歌われることが多い。しかし、その部分を歌えば、この曲はけして愛国的なニュアンスを持った、またはイノセントな祖国讃歌ではないことがわかる。これをきちんとレコーディングしたのは、一九五〇年代初期にフォークソング・リヴァイバル・ブームの火付け役とも言うべき存在、ウィーヴァーズだった。

一九五〇年代に結成され活躍したこのオーソドックスなフォークソング・グループは、フォークソング・リヴァイヴァル運動を推進した記念すべきグループだった。その前身であるアルマナック・シンガーズは、人種や宗教的な差別に反対し、政治的弱者たちを援護する進歩的な、また啓発的な音楽活動をしていて、ピート・シーガーやウディ・ガスリー、リー・ヘイズなどが加わっていた。ウィーヴァーズはアルマナックほど先鋭的ではなく、よりポップなフォークソング・パフォーマンスでアピールした。彼らのヒット曲《スモーキー山の頂上で *On Top of Old Smoky*》や《おやすみアイリーン *Goodnight, Irene*》などによって、このグループの持つポピュラー志向と、《我が祖国》に見られる社会的な視点が無理なく融合されていることも理解できるのではないだろうか。

この歌詞が大っぴらに歌われることも発表されることもなかったのは、この時代のアメリカ社会を大きく揺るがした政治運動が影響していると思われる。それは、ウィスコンシン州の上院議員だったジョセフ・マッカーシーによる、いわゆる「マッカーシズム」に帰すことができる。強固な反共主義者であるマッカーシーは、冷戦の危機の高まりを背景に、ニューディール時代の自由主義的な風潮を一掃すべく、下院に「非米活動委員会」を設置して、共産主義はもちろん、社会主義的なにおいのするものはすべからく告発し、多くの人間が彼の餌食になった。その矛先は政治の世界を超えて、とくに芸能界にも向けられ、鋭い監視の目は厳しさを増していった［図④　公聴会の様子］。

映画界、音楽界、文学界など、様ざまな人が赤狩りの犠牲により、地位も、仕事も、家族も、人格をも奪われ、破壊されたのだった。音楽界ではピート・シーガー、ポール・ロブスン、ハリー・ベラフォンテらが狙われ、文学界ではダシール・ハメット、アーウィン・ショー、リング・ラードナーらが目をつけられ、ハリウッドでは、エドワード・ドミトリクやオーソン・ウェルズ、アーサー・ミラーらがブラックリストに上げられ、多くの俳優がリストアップされたが、グレゴリー・ペック、ヘンリー・フォンダ、バート・ランカスターたちは断固として抵抗し、ゲーリー・クーパー、ウォルト・ディズニー、ロナルド・レーガン、ロバート・テイラー、エリア・カザンたちは協力した。

そういうアメリカでいいのか、そういうアメリカが我が祖国なのか、そのアメリカに心も命も捧げられるというのか、という思いをウディは歌にした。誰もが口に出せなかったこと、心に思ってはいても、隣に住む人、隣の席でバスを待つ人、ランチカウンターでコーヒーをサーヴしてくれる誰が密告者かわからないという恐怖の時代に、ウディは、そんなアメリカが神から祝福されていると言えるのか、と問うたのである。この広い世界の中で神が味方する国、神の加護がある国だと、神から選ばれたように思っていいのか。その実はひどいものではないのか。そうした疑問は、アメリカ人ならば誰もが心の片隅に持っていたものだろう。

だからこのウディ・ガスリーの《我が祖国》は、ある時代、そして今も多分、アメリカの真の国歌であると思っている人がいる。いや、思いたがっている人も加えれば、その数は相当なものになるだろう。

歌は、それが作られた時代の真実を語っている。アメリカの国歌は、ひとつではなく、いくつか、その時代に見合った国歌が作られ、歌われ、愛されてきた。日本の国歌は、たったひとつしかない。

それは変わりそうもなく、変えようともしないように思える。アメリカの歌は、その歴史を照らし、その時代の人間を映し、その時々の人情を反映し、彼らの本音を吐露している。だからこそそれらの歌は生きつづけ、人びとの心の中に宿り続け、アメリカはこんな国ではなかったはずだと思いつづけ、そして本当のアメリカはどこに、そしていつ、皆が望んでいるアメリカになれるのだろうと、誰もが考えつづけているのだと思う。だからアメリカには、いくつもの国歌があったのである。そしてそれは、その時どきに理想のアメリカを求めて歌っていたのだろう。

振り返ると、ウディの《我が祖国》は、旅をつづけること、そして町の隅々、そこに住む人びとのあり方に目を向けることによって初めて生まれた曲――新しいアメリカの国歌なのだとわかる。旅はウディを目覚めさせ、放浪することで旅に意味が生まれたのだ。アメリカという荒野をさすらうことによって生まれた歌が、この国の素顔を教えてくれる。そのもう一つの「アメリカの歌」のことを書いていきたいと思う。

ちなみに、アーヴィング・バーリンが作り、ケイト・スミスが歌ってヒットし、人によっては陰の国歌とも称える《ゴッド・ブレス・アメリカ》はまた、メジャーリーグのニューヨーク・ヤンキースではホームゲームで必ずこの曲を演奏することで知られ、ベースボール・ファンにとっては、世界に誇るべきこのアメリカン・スポーツを生んだ国への讃歌のような位置にあったと言っていい。

しかし、この歌を知らしめたケイト・スミスが、この曲を発表する七年前の一九三一年に《*That's Why Darkies Were Born*》――「黒ん坊が生まれた理由」といったニュアンス――という曲を歌っていたのだ。この差別感情があからさまな曲を歌った人物のヒット曲に対して多くの人の拒否反応を示し、ヤンキース球団を動かした。二〇一九年四月十八日、球団は今後《ゴッド・ブレス・アメリカ》をヤンキー・スタジアムでは奏楽しない、と発表した。

第一部

荒野は歌う

第一章　さすらいの王国

1　コットン・フィールズの向こうへ――流れ者を生むシステム

カントリー・ソングやブルーグラス・ミュージックでよく知られた曲に、《コットン・フィールズ *Cotton Fields*》というのがある。こんなふうに始まる。

When I was a little baby
My mama would rock me in the cradle,
In them old cotton fields back home;

テンポのいい、弾むような軽快な曲で、誰にも好まれ人気がある。「赤ん坊の頃、綿畑が背後に広がる家で母親はよく揺り籠を揺らしてくれた」と歌いはじめるこの曲は、日本のカントリー界でも古くから取り上げられ、馴染みのレパートリーになっているし、何人かが集まればすぐに歌いだすような万人好みの歌なのである。そしてこうつづく。「その家はルイジアナにあり、テクサカーナから一マイルほどのところの綿畑の裏手だった」

この曲を作り、最初にレコーディングしたのは、〈レッドベリー〉［図⑤右。左はウディ・ガスリー］という名で知られるハディ・レッドベターで一九四〇年のことだとされている。一九五四年にオデッタ、五八年にハリー・ベラフォンテが歌って大ヒットした。フォークソング・ブームによって、フォークソングに親しんでいなかった一般の人にまで広まっていったのは、一九六一年の《漕げよマイケル *Michael, Row the Boat Ashore*》の大ヒットで世に出たハイウェイメンに取り上げられてヒットしたからだ。その後ビーチボーイズをはじめとするロックのグループや多くのフォークやカントリーのミュージシャンたち、そしてロックのCCRこと、クリーデンス・クリアウォーター・リバイバルなどのヒットによってアメリカン・ミュージックのスタンダード・ナンバーの地位を獲得した。

だが、この歌はよくわからない部分があって、長いこと気になっていた。それはリフレインのところだ。こう歌われる。

Oh, when them cotton bolls get rotten
You can't pick very much cotton,
In them old cotton fields back home.
It was down in Louisiana,
Just a mile from Texarkana,
In them old cotton fields back home.

この歌詞の前の部分では、「綿花が腐ってしまっては、綿の実がたくさん摘めるわけではない」と歌っている。だが第二聯の歌詞では、

It may sound a little funny
But you didn't make very much money
In them old cotton fields back home
It may sound a little funny
But you didn't make very much money
In them old cotton fields back home

とあり、ここでは「ちょっとおかしく思えるかもしれないけれど、そこでの綿摘み仕事はあまり金は稼げない」と歌っているのである。

綿花の産地である「コットン・ベルト」はヴァージニア、ノースカロライナ、サウスカロライナ、ジョージア、ミシシッピー、アラバマ、ルイジアナ、フロリダ、テネシー、ミズーリ、オクラホマ、カンザス、アーカンソー、テキサスの各州によって構成されていて、少し飛んでニューメキシコ、アリゾナ、カリフォルニアといった西の諸州を含めたりもする。その中でもジョージア、テネシー、ミシシッピー、フロリダ、ルイジアナ、テキサス、アーカンソーはその中心として、「コットン王国《キングダム》」と呼ばれているのである。

となると、テキサスとアーカンソーの州境に位置するこのテクサカーナという町で、綿では金が稼げない、というのは奇妙ではないか。綿の実がよく実っても、そうは摘むことはできない、とはどういうことだろう。綿はよく実るのにたくさん摘めない。だから、金を稼げない。なぜなのだろうか。

綿摘み仕事はかつての黒人奴隷の辛い仕事を象徴する、はるか昔の重労働というわけではない。たとえば、エルヴィス・プレスリーの赤ん坊時代、母親のグラディスは、家計を支えるために綿摘みの仕事をしていた。母親の働く綿畑の傍に寝かされたエルヴィスは、綿摘みたちの歌うコットン・ピッキング・ソングを聴いて育ったと言われている。その時二歳ぐらいだったとして一九三七年あたりだろう。その時もそして今も、「プア・ホワイト」と呼ばれる人びとにとって綿摘みは貴重な収入源だ。その綿摘み仕事の様子を詳しく歌った曲がある。

一九八四年、モダンでポップなブルーグラスでよく知られる兄弟グループ、オズボーン・ブラザーズが発表したのが初出ではないかと思われる《サム・シングス・アイ・ウォント・トゥ・シング・アバウト *Some Things I Want to Sing About*》で、同名のアルバムに入っている。「ぼくが歌いたいいくつかのこと」とでも訳したらニュアンスが伝わるだろうか。そこに描かれる家庭は、今も生きるアメリカの原像と言えるだろう。

I can still see mama stooped around those cotton stalks.
If she picked one, she picked a hundred bales.
Me and all my brothers would take turn about,
Dragging mama's sack up to the scales.
While little baby sister slept in peaceful sleep.
Mama laid her in the trailer shade.
Daddy was in Danville working for the railroad.
When he was coming home we couldn't wait

「今もまだ、ママが綿を摘むために腰をかがめる姿が見えるようだ。ひとつずつ摘んでやがて百もの包みにする。ママが計量所まで綿の包みを引きずっていくのを、ぼくたち兄弟みんな代わるがわるついていった。赤ん坊の妹がおとなしく寝ている間、ママはトレーラーの庇の陰で横になっていた。パパはダンヴィルで鉄道の仕事をしている。パパの帰りがどれほど待ち遠しかったことか」

ここには南部の家族の姿があり、その生き方への率直な愛情と尊敬がある。アメリカには「ダンヴィル」という町はいくつかあるけれど、鉄道の中心となるとヴァージニア州にしかない。そこでは綿花栽培も盛んだ。父親の仕送りだけでは足りず、母親も重労働に就くしかない貧しい家庭。子供たちの遊び場は、母親の仕事場である綿花畑なのだ。何よりも、この家族は「トレーラー・ハウス」に住んでいる。この仮設移動住宅は、すなわちアパラチアの人たちの象徴そのものだと言っていい。ようするに、きちんと定住のできない、というか、気質的に永続性のある本格的な家を建てようとは考えない人たちなのだ。

アパラチアと呼ばれる地方は、ニューヨーク州南端からペンシルヴァニア、メリーランド、オハイオ、ウエストヴァージニア、ヴァージニア、ケンタッキー、テネシー、ノースカロライナ、サウスカロライナ、ジョージア、アラバマ、ミシシッピーに至る十三の州に及ぶ、イギリス全土とほぼ同じ広さの独特の文化を持つ森林地帯だ［一四〜一五頁地図参照］。もとはショーニー、チェロキー、クリーク、チョクトー、チカソーといったインディアンの部族が住む土地だった。この地方の住民の多くは、かつてイングランドとの長い戦いに明け暮れていたイングランドとスコットランドの国境地帯、いわゆるボーダー地区に住んでいたスコットランド人の子孫で、征服者イングランドがアイルランド制圧のためにアイルランド北部のアルスター地区、今の北アイルランドに送り込んだ、言うところの「スコッチ・アイリッシュ」たちだ。彼らは長い戦いの日々、家はいつ破壊されてもすぐに建て直しのできる、cabin, shanty, shack, hovel, hut, hutch など様ざまに呼ばれる「掘立て小屋」に住むのが常だった。幾世代か経るうちに、彼らはやがて永続性のない臨時の住まいを志向するようになっていったのだろう。ともあれ、この歌にはアパラチア地方のスコッチ・アイリッシュの存在が色濃く映し出されている。

もうひとつ、後出のアイリッシュ・ティンカー、アイリッシュ・トラヴェラーのところでも触れるが、アイルランド系の流浪の人びとは現在でもなお、居住できるように改造した樽型の荷馬車（Barrel Top Wagon または Bow Top Wagon）［図⑥］や近代的なトレーラーハウスに住むことを常としている。この歌の一家も、アイリッシュ・トラヴェラーの血を引いているのかもしれない。第二聯は、こう歌う。

I remember thinking town was where Grandmother's lived.
Where brothers went to catch a bus or train.
A treasured thought was daddy grinnin' ear to ear
Every time we'd hear the old Chuck Wagon Gang.
Among the many things I can't forget about,
Was seeing mama bowed in silent prayer.
I turned and left her slowly, without her ever knowing
There was ever anybody there.

「町というと祖母の住んでいたところを思い出す。兄貴たちはその町からバスや汽車で去っていった。とても大切な思い出は、パパと一緒にゴスペル・グループの〈チャック・ワゴン・ギャング〉の歌声を聴くたびに、パパが両耳まで広がるような大きな笑みを浮かべて見せたこと。そして、いくつもの出来事の中でけして忘れられないのは、ママが一人跪《ひざまず》いて黙然と祈っていた姿を覗き見た時のこと。彼女の気がつかないうちにそっとその場を離れて、みんなの許に戻っていったものだった」

そしてリフレインに入る。

These are just some things I want to sing about
Memories I can't live without.
Diamonds buried deep down in my mind.
Thoughts I can't quit thinking,
A fountain I'll keep drinking from,
And a taste that's gettin' sweeter all the time.

「これらのことが、ぼくが歌にしたいと思う、いくつかのこと。その想い出なしには生きてはいけない。それはぼくの心に埋め込まれたダイヤモンドのようなものだ。それらの思いは、けして頭から去らない。まるで汲めど尽きぬ泉のように、年を経るに従って甘やかな想い出になっていく」

ここには、アパラチア地方のバイブル・ベルト（キリスト教篤心地帯）に位置する敬虔な、おそらくは長老派《プレスベタリアン》だろう、信心深く、質素で誠実な家庭のあり方が描かれている。そして何よりも、ぼくたちのあまり知ることのない真のアメリカ人、日曜に教会に行く時だけに着るサンデー・スーツ姿以外はネクタイとはほとんど縁のない、サイレント・マジョリティたちの姿をうかがわせてくれるのだ。

綿は花が落ちると実がなる。この実を「さく」と呼んだりもするが、きちんと書くと「蒴果《さくか》」で、英語の boll のことになる。成熟するとはじけて中から綿毛が出てくる。種子は綿毛に覆われている。この種子を綿毛から取り除かないといけない。除いた種子は捨てるのではない。これを絞って綿実油にする。現在、この油脂は健康にあまり良くないとされ、見かけることが少ない。しかし、この綿毛から種子を採るのがひと苦労だった。綿の毛を分けて、種子を摘んで引っ張るのである。

綿摘みは、重労働というばかりでなく、ひどい苦痛を伴う苛酷な農作業だった。さやが硬く鋭く尖っていて、綿毛を摘もうとする指先を傷つける。白い綿毛が血で紅く染まることも珍しくなかった。一九八四年制作の映画、サリー・フィールド主演『プレイス・イン・ザ・ハート』は、夫が死に、家計を支えていかなければならない妻が、慣れない綿の栽培に苦労する話で、この血染めの綿毛のシーンも出てくる。この痛苦の重労働をどうにか減らせないかと、十九世紀半ばから真剣に考えられるようになった。

南部のプランテーションでは、その規模にもよるが、綿摘みの労働には、男女混合で二十人から六十人規模のグループが当たった。その仕事は、まず綿花の苗の植え付け、育成、防虫、綿摘み、収穫後の枯れた綿の茎を抜いて燃やすというのがひとサイクルだった。その中でも、もっとも重労働が綿毛を摘むことで、腰高の位置にある綿毛を腰をかがめながら摘むのはひどく大変で、指先を痛めるのと同じく苦痛のタネだった［図⑦　南部の綿畑］。一八五〇年、テネシー州メンフィスのサミュエル・レンバートとジュディス・プレスコットの二人が、綿毛刈り取り機の特許をアメリカ特許庁に申請し受理された。しかし、本格的な、いや、実用的な綿毛を刈り取る機械「コットン・ピッカー（cotton picker）」の出現には、その後ほぼ一世紀の時間を要した。

この発明の主人公は、ジョン・ダニエル・ラストだ。一八九二年生まれのジョンは、子供の頃に綿摘みをしていて、その辛い作業をなんとか軽減させることはできないかと、長いこと頭を悩ませていた。一九三五年、彼はテネシー州メンフィスに移り住む。メンフィスは、アメリカ中の綿花の集散地になっている。ここに集められた綿花は、品質によって値が決められ、その年の相場になる。メンフィスは「コットン・センター」と言ってもいい。

そうした土地柄がジョンの長年の願いを後押ししたのか、彼はこの年初めて綿毛刈り取り機を完成させるのだ。何度か実験が繰り返されたが、一般に登場するには、まだ五年以上の年月を必要とした。映画『プレイス・イン・ザ・ハート』の舞台は一九三四年の設定だし、エルヴィスの母親グラディスが陽灼けに悩みながらも綿花を摘んだのは、一九三七年頃だろうと推定できる。そして、レッドベリーが《コットン・フィールズ》の歌を作ったのは一九四〇年だというから、彼の歌の中の綿摘みたちもまた、ラストの「コットン・ピッカー」の恩恵に浴すことなく、苦痛の中での労働に悩まされていたのだと思われる。

当時、大人は一日に二〇〇ポンドの綿花を摘むことができたという。一ポンドは約四五四グラムだから、約九一キロになる。ところが、このラストの「コットン・ピッカー」は、一日に五十人から百人分の働き、つまり日産四五五〜九一〇キロの綿花を摘むことができたと言われている。そこで、《コットン・フィールズ》のリフレインの一節「綿毛が豊かに実っても、たくさん摘めるわけではない」とか「綿摘みの仕事はあまり稼げない」というのが、このことからも納得ができる。コットン・ピッカーが発明されても、まだまだ指を傷めながら綿毛を摘むしかない人たちがたくさんいたのだ。《サムシングス・アイ・ウォント・トゥ・シング・アバウト》では、第一聯の一行目に「今もまだ、ママが綿を摘むために腰をかがめる姿が見えるようだ」とあって、彼女もまた指で綿を摘んでいたことを教えてくれる。

そのことを考えるたび、綿摘みという重労働を強いられた人びとが歌った曲を思い出す。《コットン・フィールズ》を作り歌ったレッドベリーが最初にレコーディングしたと伝えられる《ピック・ア・ベール・オブ・コットン *Pick a Bale of Cotton*（袋一杯の綿）》である。

Gonna jump down, spin around
Pick a bale of cotton
Gonna jump down, spin around
Pick a bale a day
Oh lordy, pick a bale of cotton
Pick a bale a day

「さあ、跳んで、回って、袋《ベール》一杯の綿を摘む。跳んで、回って、袋一杯の綿を摘む。おお、神さま、袋一杯の綿を一日で摘むんだ」

ベールは、白い布に四角く綿を詰めたものにロープや金属の帯でしっかりと縛り上げたもので、このひと梱包で五〇〇ポンド（約二二七キロ）になる。しかし一般の会話や歌などで使われる「ベール」は、そこまで大きくはなく、写真や絵で見られるような、引きずるほど長い白いずた袋一杯のことだ。ちょうど木綿の白いシーツの脇と底を縫い合わせたような袋で、綿畑の間をそれを引きずりながら摘んだ綿を入れるのだ。

レッドベリーの歌声は陽気で、和音が二つだけの簡単なコード進行と、弾むようなギターのリズム、二行しかない歌詞を明るく屈託なげに繰り返し歌っている。それらが相まって、楽しい曲だという印象が強いが、そんな風に歌いでもしなければ、きつく単純な労働にはとても耐えられなかったのではないかと思わざるをえない。

アメリカはコットンによって大きく育ち、また多くの労働力を求めて世界でも稀有な奴隷制度を作り、それを打破するための国を二分する正義の戦いが他の国にはない特質を与えた。その特質ゆえに、やがて世界に類のない大国になっていくのである。

2 トラヴェリン・マンとランブリン・ボーイ

これは、前著『アメリカは食べる。』でも書いたことだが（第二部第四章）、十九世紀の後半、木製の時計がアメリカでは大変な需要があった。ぼくたちは、時計というものは、金属部品から成り立っているからこそ精密、精巧に時を刻んでいけるものだと思い込んでいるところがある。しかし実際には、木製時計は一世を風靡し、十九世紀初めにはコネチカット州生まれのイーライ・テリーらのニューイングランドの時計製造業者たちが、木製時計用の製造機械類の製作をはじめていた。

木製だと、歯車の駆動用のピニオン・ギア（pinion gear）やもっと小型の歯車などの精密性や長期使用での摩耗の問題などはどうなっているのだろうかと、気になってならなかった。だが、その摩耗を免れない消耗品であることもまた、アメリカの産業発展と、アメリカならではの「機会均等」という文化の誕生に大きく寄与することになったのである。

木製の部品は金属よりもはるかに加工しやすく、しかも安価であった。加工しやすいということは簡単に作れるということで、それは製造時間の短縮に結びついた。ここが大切で、製造も簡単で大量に生産でき、誰もが簡単に成型することが可能で、修理も容易で比較的安価といった特質を持つ木製時計だからこそ、全国あまねく、ことに辺境において大いに普及することになったのだが、そこにはまた別の要因があったのである。それはひと言で言えば、「行商人システム」だった。この時代、アメリカ北東部の木製時計製造業者たちが大量の製品を作りつづけることができたのは、その商品を売り歩く人がいて、それを購入する人がいたからである。売る人の話からはじめよう。

　アメリカの歴史、中でも文化史の表面にはなかなかあらわれてこないもののひとつに、アメリカ大陸のあらゆる州や、まだ「州」にはなっていないテリトリーを渡り歩いて、木製時計を販売する行商人のシステムがあったという事実だ。これをアメリカ文化史では、「ヤンキー・ペドラー（Yankee Peddler）」と呼んでいる。アメリカ東北部のヤンキーたちの行商人《ペドラー》だから「ヤンキー・ペドラー」で、彼らには独特の行商販売のやり方、掛け売りや広く売り歩くための旅費の融資などを行なうことがあった。こういった卸元と移動販売人たちの販売スタイルによって成長した全国市場が、木製時計の機械化による量産を促進させる大切な要素となった。しかも、木製ゆえに磨耗は免れない。だから、部品を買い換える必要があり、そのことも一方ではこの行商システムを発展させる要素のひとつだった。

　多くのペドラーたちは、辺境の町やコミュニティにある何でも屋、いわゆるゼネラルストアに木製時計以外の商品を卸す者もいれば、戸別の訪問販売をする者もあった。前者では布地や釘、酒類や有刺鉄線、斧の刃や小動物用の罠、銃や銃弾、ナイフ類といったものや食料品、灯油、砂糖、医薬品、鉄製や琺瑯製の調理器具や食器類などが多く、戸別販売では聖書や薬品、ミシンの針や時計用のスプリングや歯車、研ぎ石、その他日用品全般、生活を維持していくのに必要な消耗品が多かった。

　こういった訪問販売人、移動セールスマンたちは「トラヴェリング・セールスマン」として親しまれていった。中にはインチキな者やペテン師まがい、詐欺師まがいの者もいた。たとえば高値になるという証券類や都会で流行しているという宝石類、一家に一瓶は置いておくべきヨルダン川の聖水や、新旧教会連盟推薦の新しく訳し直したヘブライ語原典にもっとも近いという「本物」の新約聖書、というのもあった。一九七三年のピーター・ボグダノヴィッチ監督、ライアン・オニール、テイタム・オニール父娘主演の『ペーパームーン』は、聖書を売りつける詐欺師のロード・ムーヴィーとして秀逸である。嘘っぱちの薬類もよく知られている。インディアンには禿げた人は一人もいない、それは彼らの髪を洗う水がいいからだと、得体の知れない水を売る者もいた。

「メディシンマン」というのは、本来インディアンたちの世界で特別な薬草を調合したり、呪術的な祈りをする人たちを指すが、アメリカの内陸では単なる薬売りのこともそう呼ぶことがあった。旅するメディシンマンの中には怪しげな秘薬や治療効果抜群の歯痛止め、霊験あらたかな祈禱文などを売る連中もいたし、販売馬車や移動屋台での人集めに歌や手品や踊りや漫談、見世物などの演芸、そういったものをひっくるめての「メディシン・ショウ」を見せて薬を売りつけようとする者もいた。

　こうした旅するセールマンたちによって、アメリカ中に画一的な品物、商品が普及していくことになった。人と同じものを所有したいという、移民たちの心理的欲求もあって、安価で、しかもある程度の品質のものがどこででも手に入ること、また修理や部品交換が容易である道具、器具類は全国に広まっていった。それはとりもなおさず、それらの物を持っている他のアメリカ人同様、自分もまた確かにアメリカ人なのだ、という確信を与えてくれたからでもあった。

　そうやってアメリカは、巨大な購買層を生み出し、市場を開拓し、流通機構を充実させていった。多くの人びとに一定の質の商品を広範に行き渡らせるためには、大量に生産せねばならず、そのためにはアメリカ独特の生産方式、互換性部品の採用と流れ作業を中心に据えるマス・プロダクション、「アメリカ式生産システム（American system of manufacturing）」を生み出していくことになる。

綿花の話に戻る。実は、それが流れ者を生むことになったからだ。鋭い先端で指を傷つける綿の実、コットン・ボールから白い綿花だけを摘んで袋に詰めるのだが、それがそのまま商品になるわけではない。その中心に黒い種子があって、これを取り除くのは大変な難作業だったということは前にも書いた。その困難を解消したのが、マサチューセッツ州出身のイーライ・ホイットニーである。

ホイットニーはイェール大学を卒業後、家庭教師になるために南部のプランテーションに向かう旅の途中、ジョージア州で黒人奴隷たちが綿を繰る作業を見る機会があった。それを見て、彼らの労苦を軽減してやろうと発明した、と言われているのが、綿繰り機《コットン・ジン》［図⑧］だった。この発明によって、綿花はやがてアメリカの一大産業に成長し、有力輸出品として世界に冠たる「コットン王国」の地位をアメリカに与えることになったのだった。だが一方、その裏には綿産業の興隆にともなう奴隷労働の拡大があることも忘れてはいけない。

ホイットニーはコットンによる繊維産業においてだけではなく、軍事産業での成功をも夢見た。それは銃器製造のための画一部品、互換性部品の製造をたやすくするフライス盤の発明だった。フライス盤とは、「フライス」という切削工具を回転させて、木製や金属製の工作物を削っていろいろな形に加工する機械である。この機械は一定の形を工作するには非常に便利で、操作に慣れるのも至極簡単、しかも作業に熟練すれば同じ形のものをいくつも容易に作り上げることができた。

種々の製品に互換性部品を用いるということで、比較的安易に様ざまな機械製品を製造することができ、やがてアメリカが牽引する「大量生産」時代に導いていくことになる。この互換性部品製造は、その後ヘンリー・フォードの工夫した、時間と処理作業の「節約」を目的とした「流れ作業」の方法とが合体して、アメリカを十九世紀から二十世紀にかけて世界をリードする工業大国に仕立て上げていくのである。

これからが面白い展開を見せるのだ。それらアメリカの工業製品は、イギリスをはじめとするヨーロッパ諸国で起こった産業革命による製品とは、本質的に大きく異なっていた。このホイットニーの「互換性部品」を作るという発想こそが「アメリカ式生産システム」という大きな革命をもたらすことになるのである。その発想の根本にあるのは、ひと言で言えば「節約」である。それは、時間や原料や処理過程の節約であるばかりでなく、実は人員の節約でもあった。

作家のロジャー・バーリンゲイムが、一九四〇年に発表した『*Engines of Democracy: Inventions and Society in Mature America*』（邦訳『アメリカ技術文化史』文松堂、一九四四年）で、この互換性のアイデアは、「時間と空間、人員、動作、資金及び資材の節約」である、と書いている。そしてそれを成功させたのは、製造過程における「アメリカ式生産システム」を推進した、人力を必要としない自動工場「オートメーション」を発案したオリヴァー・エヴァンズや互換性部品による製造に言及したイーライ・ホイットニー、その互換性部品によって自動拳銃を作り出したサミュエル・コルトや手動縫合機械のミシンで知られるアイザック・シンガー、そして同じ手法で自動刈り取り機を生み出したサイラス・マコーミックたちだった、と書いている。

だがこれら、栄光のアメリカの産業革命、工業革命のどれもが、労働時間の短縮、作業の簡易化、非熟練労働の拡充など、労使双方のためばかりではなかったことに今更のように気づく。この互換性部品を追求するという思想は、実はそのままその部品を組み立てる人間をもまた、誰とでも容易に取り替え可能だという思想を生んでいくのである。すなわち、その働き場所ではその人でなければならないという要素が、ここには欠落しているのである。アメリカ式生産システムは、熟練を必要としない。組み立てる部品も、それを組み立てる人間も、ともに互換可能なのだ。

チャップリンの一九三六年の映画、『モダン・タイムス』が描いたのは流れ作業労働の悲劇ではなく、無限に続く単純作業の非人間的な労働に対する悲劇でもなく、ただ、自分もまたその工場が作り出す製品のために用いる互換性部品と同じように、互換可能な労働者にすぎないのだという実感なのだ。そしてこの「互換性」というシステムは、働く人間をその場に定着させない。いつだって自分に替わり得るものがあらわれる可能性があることを教えてくれる。

そしてその生産システムは、英欧の熟練工システムやドイツのマイスター制度とは、また別の世界を作り出していった。すなわち未熟練のほとんど素人同然の人たちの誰もが、わずかな訓練によって作業ができたことだ。それは工場労働の大半が習熟を必要とせず、ほぼ誰もが製品を作り出せ、同時にそれはまた、誰もが替わり得る仕事であることを意味していた。

このことははっきりしている。ようするに、アメリカの労働者は定職についていられる安心感からは程遠いところにいるのではないかということだ。だからしてアメリカ人は、容易に自分の仕事を、持ち場を、家庭を、居る場所を離れてどこかもっといいところ、居やすいところ、自分の居るべき場所を、そして誰でもない自分にしかできないこと、自分自身でいられる場所を求めてさまよい歩くのではないか、と思えてならない。

そう、アメリカ固有の「アメリカ式生産システム」は、人を流れ者にするシステムでもあるのだ。そして実は、アメリカの文化をはじめ、ひいてはアメリカという国そのものも、政治や経済、軍事や宗教のどれもが互換性なのではないかと、どこかで思いあたる。

アメリカ式生産システムが生み出した文化は、その互換であるがゆえに流れるしかない人びとのことを飽くことなく歌い、描き続けてきた。まさにアメリカは、「さすらい人」の王国なのである。

このアメリカ中に商品を売り歩くトラヴェリング・セールスマン・システムと、誰もが替わり得る仕事という二つの要素がアメリカ人、いや、アメリカそのものを、他の国とは大きく異なる国、世界に類のない国にしたのではなかろうか。

たとえばワイオミング州の人口は二〇一〇年の国勢調査で五十六万人と五十州の中でもっとも少なく、人口密度は一平方キロメートルあたり二人。これはアラスカに次いで二番目に低い。そういう土地で離れ離れに居住している人びとへ一定の商品を届けるという需給のシステムはまた、「流れ者」を生むシステムでもあった。この流れ者がどのように生まれたかを語る前に、まず「流れの行商人」という、これまであまり知られることのなかった世界のことから、話をはじめないといけないだろう。


子供の頃、「オナベフド」という遊びがあった。遊びというか一種の指占いで、どちらかというと女の子たちの遊びであったような気がする。誰かの腕をとり、手首のところをスタートに片手の親指を当てて「オ」と言う。その指の上にもう一方の手の親指を肘の方にずらして握り、「ナ」と言う。続けて「ベ」、「フ」、「ド」とやる。これを繰り返して肘のところで止まった時の言葉でその人の人柄を当てるというものだった。「オ」はお利口、「ナ」は泣き虫、「ベ」は勉強家、「フ」は不良、「ド」は泥棒、だったと思う。地方によっては、「おしゃれ」や「怒りん坊」、「泣きべそ」などと言い方があったらしいし、「ド」というのがないのが普通だとも聞いた。最初の出発点も、地方によって異なっていたらしい。いずれにしろ、子供らしい占い遊びだった。

これと似たイギリスの遊びがあり、それはおふくろから習った。彼女はカナダも西のはずれの生まれ育ちだったから、イギリスの影響が濃かったようだ。こちらは、遊びというより予言といった方がいいのかもしれない。我が家では、シャツの胸ボタンを上から、「ティンカー、テイラー、ソルジャー……」と数えていくやり方だった。正しく全部書くと、

Tinker, tailor, soldier, sailor, rich man, poor man, beggar man, thief

となる。「鋳掛け屋、仕立屋、兵士、船乗り、金持ち、貧乏人、乞食、泥棒」で、女の子なら最後のボタンのところに当たった職業の人のところに嫁ぎ、男の子なら、将来そのどれかになる、ということだったと思う。

ジョン・ル・カレのスパイ小説に『ティンカー、テイラー、ソルジャー、スパイ』というのがある。ル・カレの小説の常連、ジョージ・スマイリーが主人公のシリーズで、イギリス情報部内の裏切り者に暗号名をつけるが、「ベガーマン」と名付けられたスマイリーは……という物語だ。

この'tinker, tailor'にはいくつものヴァージョン、いや歴史と様ざまな物語があり、元はイギリスで十七世紀末に世に知られた童謡、わらべ歌、あるいは子守唄と訳される「ナーサリーライム（nursery rhymes）」だという。それが一八八三年にはアメリカでのヴァージョンが採集されているといったように、アングロ・サクソン系の童謡として古くから深い背景を持っているようだ。

アメリカでのもっともよく知られる近年のヴァージョンは、

Rich man, poor man, beggar man, thief, doctor, lawyer (or merchant), Indian chief

で、ここにはtinkerは出てこない。最近のヴァージョンだというから、職業に貴賤はないというものの、しかし、'Indian chiefの嫁になるというのは並大抵のことではないように思える。chiefでなければ可能性はあるだろうけれど。因みに、都会的な洒落た作風でファンの多いアメリカの作家、アーウィン・ショーにこの言葉を使った小説『富めるもの貧しきもの *Rich man, Poor Man*』と、続編の『乞う

もの盗むもの *Beggarman, Thief*』がある。どちらも文庫本で手に入る。

よく見ると、オリジナルの方は、tinker と tailor, soldier と sailor, rich man と poor man、そして beggar man と thief と、二つずつが組みになって調子を取っているようだ。一方の rich man の方は二つずつではなく、rich man, poor man, beggar man, thief と、doctor, lawyer, Indian chief の二行、後者は語としては三つだがシラブルとしては四つで、語呂のいいひとつの組み合わせになっている。Indian chief の Indian の代わりに merchant を入れて四語にする場合もあるようで、それは現在も歌われ、「ナーサリーライム」よりももう少し年長の少女たちの遊びでの「スキッピング・ソング (skipping songs)」、すなわち縄跳び歌として知られる。それによると、

Tinker, tailor, soldier, sailor, rich man, poor man, beggar man, thief, doctor, lawyer, merchant, chief

となっている。前半はイギリスで歌われるものと同じだが、後半がアメリカ独自のもののようだ。特にここでは Indian chief ではなく単に chief になっているのが面白い。ここでの chief は、もしかしたら大統領を指しているのかもしれないからだ。現在、大統領の就任式などで演奏される曲は《ヘイル・トゥ・ザ・チーフ》である。通常「大統領万歳」と訳される。もしそうだとしたら、アメリカらしい夢だと言えそうだ。

面白いのは、アイルランドの軍隊の歌にも、これと同じものが使われているらしいことだ。兵士たちが一斉に声を合わせて歌うというか、行進や行軍の時に行動を揃えるため唱和する作業歌の一種で、一般には「ミリタリー・ケイデンス (military cadence)」と呼ばれるものだ。これが正しく、アイルランド軍で用いられているものかどうかははっきりしない。だが、歌詞のニュアンスからするとそう思わ

れる節がある。こんな風に歌われる。

Tinker, tailor, every mother's son
Butcher, baker, shouldering gun
Rich man, poor man, every man in line
All together just Auld Lang Syne!

鋳掛け屋、仕立屋、すべての息子たち
肉屋、パン屋、担え銃《つつ》
金持ち、貧乏人、一列に並べ
みんな揃ってオールド・ラング・ザイン！

ここには軍隊に入ったら前職は何だろうと、また身分や貧富の差なく銃を担いで、みんな揃って「一列縦隊」になるのだという意味だろうと思う。スコットランドの詩人ロバート・バーンズがまとめ上げた《オールド・ラング・ザイン *Auld Lang Syne*》は、日本では《蛍の光》として知られている。だから「別れるときまで全員一緒に」といった意味なのではないかと思う。

tinker を調べていくと、彼らは「アイリッシュ・トラヴェラーズ」とも呼ばれていたことがわかった。「アイルランドの旅人」というから、ひとところに腰の落ち着かない「生まれながらの旅行者」、とくにアイルランドをそのルーツとする人びとをそう呼んでいるように思える。時に、「アイリッシュ・ティンカー」とも呼んでいるらしいから、もともと「鋳掛け屋」は、アイルランド人が多かったのかもしれない。また「アイリッシュ・トラヴェラーズ」を調べていくと、彼らの仕事は多岐にわたっており、中に‘tinker, smith’というのもあるから、鋳掛けと鍛冶の両方をやっていることもあるようだ。

このアイリッシュ・トラヴェラーズは移動民族集団で、おそらくはケルト系の人びとであるらしいことは、スコットランドにもスコティッシュ・トラヴェラーズという似たような集団があることから類推できる。彼らは五世紀頃に、アングロ・サクソン人たちがグレートブリテン島に侵入してくる以前のケルト時代の人びとが祖先で、イギリス人の祖先であるアングル人たちに追われて、スコットランドやアイルランドへと逃れて行ったのだと言われている。

アイルランドのケルト人たちは、一六五〇年代のオリヴァー・クロムウェルのアイルランド侵略によって家や定住地を失い、放浪の民になったのではないかと考えられている。彼らは土地を追われ、生活を破壊され、飢餓の中で農奴のような仕事をしながら最悪の生活をするしかなかった。そのようなアイルランド人を徹底的に打ちのめしたのが、一八四五年から六〇年にかけてアイルランド全域を襲った「ジャガイモ《ポテト》飢饉《ファミーン》」と呼ばれる食糧危機だった。百万人以上もの人びとが餓死し、総計百五十万人から二百万人もの人びとがアメリカへと渡って行ったと言われている。

しかし、アイルランド人が初めてこの時代にアメリカへ渡ったとするのは、正しくない。その百年も前、一七〇〇年代初期から多くのアイルランド人がアメリカに渡り、アイルランド文化を運んで行ったのだ。「ハッピー・フーリガン（The Happy Hooligan＝幸せな流れ者）」というサイトがあり、そこに‘Irish Travelers in America（アメリカのアイリッシュ・トラヴェラーズ）’という、彼らの文化、系図、言語、音楽を研究し紹介するコーナーがある。その中の「アイリッシュ・ペドラー」という項目には、一七七一年八月二十二日の『ボストン・ニューズレター』紙に「去る月曜の夜、ニューヨークの牧場で大きな牝のロバが盗まれた。盗んだのは小柄のアイリッシュ・ペドラーだと疑われている」といった意味の記事が載っていて、これが「アイリッシュ・ペドラー」の名前が登場した最初の文章だろうと書かれている。これが十九世紀に入ると、彼らはジョークの種にされている。たとえば一八二三年九月三日付けの『ボストン・デイリー・アドヴァタイザー』紙には、一人のペドラーが市場でひとつがいの家禽の値段を訊いた。六ペンスだと聞いて、「我が愛する故郷では、六ペンスも出せばもっとたくさん買える」と答えると、「なら、あんたの愛する故郷とやらにいればよかったじゃないか」と商人。それに対して、「いやあ、あっちでは六ペンスなんてとても持てない」と答えたという。

　アイルランドでの苦しい生活が、ここでは笑いの種になっているのだ。このジョークの出だしに、‘An Irish traveling merchant, alias a Pedlar《ママ》’と書かれている。「アイルランドの旅商人、通称『ペドラー』」というところだろう。

　これらの記事から、アイルランド人の行商人は当時案外に知られた存在であったことがわかる。すなわち、一般の行商人ではなく、アイルランド人の行商人という特別な存在がいたことをはっきりと教えてくれるのだ。

　この時代より後になるが、アメリカ東北部の工場から機械製品を辺境地帯に売り歩く「ヤンキー・ペドラー」の存在のことは前に書いた。アイリッシュ・ペドラーは彼らよりも古い。アイルランドの行商人たちがいたからこそ、ヤンキー・ペドラーが誕生したと考えられなくもない。このヤンキー・ペドラーと呼ばれる行商人たちは、北部の人間、または北部からやってきた行商人という意味で「ヤンキー」と呼ばれたのだろう。ようするに、ヤンキー・ペドラーの中には、本来のアイリッシュ・ペドラーたちもいたのではないか。いや、ヤンキー・ペドラーは実はアイリッシュ・ペドラーだったのではなかろうか。なにしろ、この十八世紀半ば頃、アメリカには多くのアイルランド人がいた。どのくらいのアイルランド人がアメリカ東北部、ニューイングランド地方にいたのか、はっきりした統計数字を見つけるのは困難だが、彼らのおおよその人口を知るもっとも簡単でしかも信用がおける数字は、独立戦争当時のアイルランド人の戦死者数だ。アイリッシュ・ペドラーたちが新大陸に登場して間もなく、対英独立戦争においてアイルランド兵士たちが大挙して戦いに参加した。正史にはなかなか現れてこないのだが、彼らの独立戦争における貢献の事実はその戦死者の多さ、士官や指揮官の多さから知ることができる。詳細は、第二部第一章「独立を支えた歌たち」に書いたが、十九世紀中頃のジャガイモ飢饉によってアメリカに渡ってきた人たちよりも、もっと早くからアメリカで生きていこうとしたアイルランド人たちがいたことは実に興味深い。というのも、独立を勝ち取ってからのアメリカ建国以後の歴史、文化や世界に類のない「アメリカ文明」を作り上げたのもまた、アイルランド人たちによるところが大きいと思われるからだ。

その「アイリッシュ・ペドラー」やアイルランド兵が登場してから、ほぼ七十年から百年近く後、例の「アイリッシュ・ティンカー」の名前が印刷物にあらわれてくる。

一八五二年九月に発行されたメリーランド州ボルティモアの『アメリカン・アンド・コマーシャル・デイリー・アドバタイザー』紙には、ボルティモア・ストリートとカルバー・ストリートの角にあるボルティモア美術博物館・ギャラリーで、ウィリアムスとオトゥールの二組の夫妻によって「アイリッシュ・ティンカー」と題されたパフォーマンスが行なわれたと書かれている。内容は、アイティナラント（Itinerant＝放浪の）・ティンカーが、イングランド島からアメリカにひと儲けしようと企んでやってきたというもので、'Barney the Baron（大物バーニー）'というタイトルだとある。

十九世紀半ばには、演劇の題材にされるほどアイリッシュ・ティンカーは知られた存在だった。このティンカーが、鋳掛け仕事や行商だけを商売にしていたとは限らない。『ランダムハウス英和大辞典』のtinkerには、「下手な職人」の後に「よろず修繕屋」というのがあり、ついで「なんでも屋」という訳語が載っている。アイリッシュ・ペドラーという、旅をしながら物品を販売する人びともいたことははっきりしているが、一方、売るものがない連中、すなわち何かを仕入れる資金や才覚がない、ほぼ身一つで命からがらアメリカに渡ってきた連中もいて、そういう人たちが「なんでも屋」として生きていったのではないだろうか。

このことはジャガイモ飢饉による難民以前の、独立戦争前後にやってきたアイルランド人たちは、この国で商売をしようという思いを胸に、それなりの準備と資金を用意していたのだろう。だが一方、命からがらやってきたティンカーたちは、そんな余裕も持ち合わせていないほど、切羽詰まってアメリカに渡ってきた。彼らは、腕に技術もなく、働き口を紹介してもらえるコネもなく、ただ自分の身体を使って半端仕事を請け負うしかなかった。それが「よろず修繕屋」であり「なんでも屋」だった。

アメリカに渡ってきたアイリッシュ・ペドラー、アイリッシュ・ティンカー、アイリッシュ・トラヴェラーたちをはじめとする流れ者たちは、本来は旅の生活の中で生きていた。彼らは、家族で流れていく。子供を連れ、居住できるように作り直した荷馬車のようなものか、バレルトップ・ワゴンと呼ばれる樽型の荷馬車、近代では移動用のトレーラーハウスなどで移動生活をするのが本来の暮らしだった。この樽型の荷馬車に関しては、ニューヨークのユニオン大学社会学・人類学部学部長であるジョージ・グメルクの書いた『アイルランドの漂泊民 *Irish Tinkers: The Urbanization of an Itinerant People*』（1977）〔邦訳、現代書館、一九九三〕に詳しい。いい写真も多く収録されていて、必見の書だと思う。だが、時代や生活環境の変化によって、安定した収入を得るためなどを目的に、一定の地域に腰を落ち着ける生活を選ぶ者もいた。そういうグループが集まり、やがてコミュニティが作られていく。

有名なのは、サウスカロライナ州ノース・オーガスタ近郊のマーフィー・ビレッジだろう。こうしたトラヴェラーたちのコミュニティはサウスカロライナ州ばかりでなく、ミシシッピー、テキサス、オハイオ、ジョージア、アラバマなど各地にあり、たとえばテキサス州での彼らは、「テキサス・トラヴェラー」と呼ばれている。

イギリスやアイルランド在住のトラヴェラーたちの人口はある程度公表されているが、アメリカでは個人情報の非開示を理由に統計数字は発表されていない。だが、アメリカの各地に在住するトラヴェラーの集団を、「ジプシー伝承協会(The Gypsy Lore Society)」というグループのサイトが、「アメリカにおけるジプシーとトラヴェラー文化」と題して、アメリカでのジプシーやトラヴェラー・グループの一覧を載せている。以下、少し抜き出してみよう(本書では「ジプシー」と「ロマ」をひと括りに、または同一視せずに、別の集団であることとする)。

Cale(ケール) スパニッシュ・ジプシー、またはヒターノ。主として東部沿の大都市で、小家族のコミュニティを作っている。

Hungarian-Slovak(ハンガリアン-スロヴァク) 主として北部の工業都市に根を下ろし、規模は数万人ほど。いわゆる「ジプシー音楽」をカフェやナイトクラブ、レストランなどで披露して生活している。

Ludar(ルーダー) 現ルーマニア、セルビア、ハンガリーに取り囲まれた地域、Banat(バナット)エリアからおよそ一八八〇年代にアメリカにやってきた人びとで、一般にはルーマニア・ジプシーと呼ばれている。ロマに集約されることもあり、その人数は不明。

Roaders(ローダーズ) あるいはRoadies(ローディーズ) ジプシーやトラヴェラーたちの仲間にみなさ

れているが、アメリカ生まれをこう呼んでいる。人数もはっきりせず、家族数や家族構成は現在調査中。

Rom（ロム）　東ヨーロッパを起源とするジプシーの仲間で、一八八〇年以降にアメリカにやってきた人々。一般にはRoma（ロマ）と呼ばれたりもする。都市近郊に住み、これらのグループでは最大規模で、人口は約五万五千人から六万人と考えられている。

Romnichels（ロムニシェルズ）　一八五〇年代にアメリカに渡ってきたイングリッシュ・ジプシーのグループ。アメリカ全体に分布しているが、特に他のグループとは違って農村地帯に多く居住している。人数は調査によって様ざまである。

Sinti（シンティ）　ジャーマン・ジプシーに分類されるが、その人数、家族構成などはまだよくわかっていない。

Yenisch（イェニッシュ）　ドイツ系、またはドイツ語を話すエスニック・グループで、ジプシーと混同されることが多い。一八四〇年代以後にペンシルヴァニア州に移ってきた人びとで、籠を作る技術で知られ、「バスケット・メイカー」と呼ばれることもある。ペンシルヴァニア全域に分布している。本人の意識によって「ペンシルヴァニア・ダッチ」か「イェニッシュ」かが決まるので、その数ははっきりしていない。

この他に、ローダーズと似たようなグループで「イングリッシュ・トラヴェラーズ」がいる。一八八〇年代初期に渡ってきて、スコットランド系グループだが、スコットランドの主流から分離したもので、ロムニシェルと統合されることもある。主として「ティンカー」だろうと考えられている。彼らは、一八五〇年以降スコットランドからカナダに渡り、一八八〇年代以降にアメリカに移り住んできたものと見られている。

アイリッシュ・トラヴェラーズはジプシーとほぼ同様だとみなされ、時に「アイリッシュ・ジプシー」とも呼ばれるグループで、主としてアメリカ南部諸州に広がり、全体で一万人ほどいると見積もられている。

このように、ジプシー、トラヴェラーと呼ばれるエスニック・グループが十九世紀半ばから後半にかけてアメリカに渡ってきて、彼ら独特の文化と精神を広めていったことがわかる。彼らと英欧系の移民たちとの大きな違いは、それまでの移民たちがアメリカという新天地で生活や信仰心の安定を求める定住型だったのに対して、ジプシー、トラヴェラーズ・グループは非定住型であったことだ。

彼らはアメリカという広大な自由の天地を移動して廻り、それぞれの技術を発揮して、あるいは技術を持ち合わせていないものは、どんな仕事をも請け負う便利屋的な存在として、辺境や人里離れた土地に住む人びとの生活を支えてきた。

アメリカは旅のしやすい国であることは、誰もが口を揃える。それは昔からだし、現在も、そしておそらくは将来にわたっても、人びとにどうやって快適で安全で楽しい旅を提供できるかを、コミュニティやカウンティ、州や国を挙げて工夫を凝らし力を尽くしているかが、実際に車で旅をして納得できた。旅がしやすい、移動がたやすい、ということは旅人の利便性ばかりでなく、流通をはじめとする情報、文化を広め、移動の自由を確保し、ひいては精神の解放をうながし、一ヵ所での閉鎖的な滞留要素を払拭する大きな役目を負ってきたのである。その結果この国は公平であり、できうれば公正であり、機会が、可能な限り均等であるように努力してきたし、今も努力の最中であるように思える。

アメリカでは、旅をする人たちの存在意義は大きい。彼らが旅をしなくなったら、それは国の勢いが減じたことと同じだと言ってもいい。人びとが移動することで、国は活性化する。そのことは少なくともこの国にとって、国のありようにおいて大きな意味を持っているのである。

移動の自由、それは文化を均一化し拡散し、産業を興隆し、結果として国力を充実させる原動力であると同時に、人びとの生きるエネルギーの源でもある。その彼らの旅を知るには、歌の世界から見るのが手っ取り早い。

3　家を後にする時

どうやら人は、ある日突然それまでの人生から飛び出そうという気持ちを持つものらしい。そう書きはじめたのは、アン・タイラーの小説『歳月の梯子』を思い出したからだ。この人は素晴らしい作家だと、読み返して改めて思う。実に面白い。翻訳もいいのだろうけど、女性らしい温かなタッチの心地いい文章で、ひっかかることのない適切な言葉遣いが続く。読み返すたびに読むことの幸福を感じる。

『歳月の梯子』の主人公はボルティモアに住むディーリアで、四十歳になった彼女は、最近子供や夫たちからきちんと取り合ってもらえていないように思えてならない。そんな時、いつものように夏のコテージに家族で出かける。彼女はビーチパラソルの下で砂浜に座って海を眺めているうちに、不意に立ち上がって波打ち際まで歩いて行くと、そのまま海辺に沿って一人歩き続ける。なんとなくコテージに帰ると、車自慢の若い男に誘われて興味を持った彼女は彼の車に乗り、見知らぬ町で降ろしてもらう。家族が探しているだろうか、と思いながら、ディーリアは新しい生活をはじめる――。

そうやって彼女は、日常からスリップアウトしていく。確たる意志も、さしたる理由も、衝動を起こすほどの不満のバネもディーリアにはない。あるとしたら、毎日の生活の小さな違和感、ちょっとした不満、何かが落ち着かなくさせている気持、そういうものを胸に、波打ち際を歩いているうちに別の世界に滑り込んで行ってしまうのだ。

その漠然たる日常の中での小さな胸底の波立ち。ここではないどこかに、別の人生がある。それは今よりもいいものかどうかはわからないけれど、今のままでいるか、それとも別の人生を歩むべきか。きっと世界のどこにでもそう感じたことのある人はいるに違いない。それは、得体の知れない疼きのようなものだ。そうした説明の難しい感情をうまく歌ったカントリー・ソングがある。一九六九年にロイ・クラークの作った《オーク・ストリートで右か左か *Right or Left at Oak Street*》は、忘れがたい曲だ。

この曲は、片岡義男の『ぼくはプレスリーが好き』(一九七一年)で知った。この本の第四部「カントリー・ミュージック」の「バーミンガムに歩いて帰る」の章で、片岡は失恋の歌について触れ、「都会でつくられたカントリー・ソングは、恋や愛に破れた男性がそれを嘆く歌がほとんどだと思われていた。一見、たしかにそのとおりなのだが、よく聞くと、カントリー・ソングのなかの男性たちは、女性を失ってホッとしている感じなのだ。悲しい、せつない、キミのことは忘れない、などと言いながら、心の底では、男ひとりになれた解放感や自由をよろこんでいるふしがある」と書いている。そして、家庭生活という、合法的な共同生活が、自分をダメにしていっているのではないかという、男性の持つ生理的な恐怖感の解消を失恋に事寄せているのではないかと、鋭い推測をし、それをこんな風に書きあらわす。

失恋は、男が再び一人になれた解放感や自由に対する喜びなんかより「はるかに深いところにあるよろこび、たとえば妻と家庭を持って子供をつくり、あかるい明日を信じて社会のルールを守りながら、がんじがらめになりつつ、他人が定めた価値の世界のなかで自分を失っていく生活すべてをご破算にして、自分をとりもどすよろこび、そのようなものを、失恋にカモフラージュさせてうたっているような気がしてならない」（同前）と。

　そして、こう締めくくる。「男性が自分をとりもどす第一のきっかけは女性にふられることであり、ふられてはじめて、他人や社会とのあらゆるつながりを断ち切って『個』に回帰することができるのだ」（同前）、と。

　まずは、がんじがらめの家庭生活の中から、まったく別の世界に行こうかと毎朝考える男の気持ちを歌う《オーク・ストリートで右か左か》を紹介しよう。こんな歌だ。

The alarm rang at seven this morning
The same time it did yesterday
Seven-thirty is my breakfast time
And I know what the wife's gonna say

The Crawfords next door got a new swimming pool
The Millers got a color TV
Mr. Wilson's job is not good as yours,
But his wife dresses better than me

I get to the school at eight o-five

And drop off the kids at the gate
Then I drive past the clock outside the bank
It's exactly a quarter past eight

When I reach the stop sign at Oak Street
The same thought crosses my mind
Should I turn right like I always have,
Or left and leave it behind?

Chorus:
Right or left at Oak Street
That's the choice I face everyday
And I don't know which takes more courage
The staying or the running away

A left turn would take me to somewhere
Leave alarm clocks and schedules behind
And the world wouldn't care if I'm not somewhere
At some particular time

（以下略）

「今朝も昨日と同じ時間の七時に、目覚ましが鳴った。朝食は七時半。女房はいつもの話題。『クロフォードさん、プールを新しくしたって。ミラーさん、カラーテレビ買ったそうよ。ウィルソンさんのお仕事、あなた同様うまくいっていないそうだけど、でも奥さんは私より良いものを着てるわ』。そして八時五分すぎには子供たちを学校の前で降ろして銀行の前を通るのが八時十五分過ぎ。オークストリートの信号で止まる時、お馴染みの思いが胸をよぎる。いつも通りに右に行くか、それともすべてを捨てて左へと逃げていくか」

　そして、コーラスに入る。

「オークストリートを右か左か、毎日そのことに思い悩む。どっちへ行く方が勇気がいるだろうか、この町に留まるのと、それともここから出て行くのとでは」

　オークストリートのT字路を左折した世界を、彼は想像する。

「左に曲がると、目覚まし時計とスケジュール通りの日々ではないどこか。そこは時間通りに働かなくていい世界なんだ。やりたいことができ、誰もが強制しないところ。人は一つの人生しか生きられないのだから。どちらを選ぶのが最良なのかわからない。これまではいつだって右に曲がってきた。けれど、どっちに行く方が勇気がいるだろうか。この町に留まるのと、ここから出て行くのとでは」

　どんな男も、一度はそんな思いが胸に浮かぶに違いない。いつもの生活か、そこから抜け出してまた別の生き方をするか。そう考える人はいるだろうけれど、大抵はいつもの道を歩んでいく。人それぞれに、それなりの理由を持ちながら。でも、またいつか同じような思いが胸に浮かんでくる。今のままでいいのか、それとも……。

　アメリカには、この歌のように毎日の生活を捨ててどこかへ向かって出て行く、という歌が多い。

「旅立ちの歌」というジャンルを作りたいぐらいだ。それは、その人それぞれの志向でもあるだろうけれども、実はアメリカという国自体がそういう思いを促す風土なのかもしれないと思うことがある。

アメリカは、どこかへ行こうよ、と誘いかけてくる国だ、とよく言われる。じっとしていられない国なのだ。身体の中の何かが囁く、ここでないどこかへ、と。広い空や乾ききった風、夕焼けの空に西行きの飛行機が描く銀色の一筋の飛行機雲、干からびた草に突然のスコールで細胞に水が染み渡り、いい匂いを放つ荒野のセージブラッシュ、そういうものが、これまで一度も経験したことがないにもかかわらず、自分を呼んでいるような気がするのだ。その誘惑は、男女の差なく襲ってくる。そんな時、ハンドルを左に切る勇気があるだろうか。

失恋にかこつけて、女性の元から去っていくのではなく、自分からドアを開けて出ていく男たちもいる。そこには、出ていくしっかりとした理由がある。ボブ・ディランが一九六三年に発表した《くよくよするなよ *Don't Think Twice It's All Right*》は、はっきりと二人は別の世界にいるべき人間なのに、何かの拍子に一緒に暮らしたものの、結局はうまくいかない男女の姿を描く。それは男の側の勝手な言い分のようにも思えるけれど、こんな風に言えたらな、と快哉を叫ぶ人もいるかもしれない。こうまではっきり言うことができたらいいのに、と。ともかく、この歌の男は一緒に住んだ女性に、つれない決別の言葉を残して一人去っていく。おそらく彼は、これまでもそういう生き方をしてきたのだろうと思わせられる物言いだ。少し長いが、引用しよう。こんな風に歌う。

It ain't no use to sit and wonder why, babe
It don't matter, anyhow
An' it ain't no use to sit and wonder why, babe

If you don't know by now
When your rooster crows at the break of dawn
Look out your window and I'll be gone
You're the reason I'm trav'lin' on
Don't think twice, it's all right

It ain't no use in turnin' on your light, babe
That light I never knowed
An' it ain't no use in turnin' on your light, babe
I'm on the dark side of the road
Still I wish there was somethin' you would do or say
To try and make me change my mind and stay
We never did too much talkin' anyway
So don't think twice, it's all right

It ain't no use in callin' out my name, gal
Like you never did before
It ain't no use in callin' out my name, gal
I can't hear you anymore
I'm a-thinkin' and a-wond'rin' all the way down the road

I once loved a woman, a child I'm told
I give her my heart but she wanted my soul
But don't think twice, it's all right

I'm walkin' down that long, lonesome road, babe
Where I'm bound, I can't tell
But goodbye's too good a word, gal
So I'll just say fare thee well
I ain't sayin' you treated me unkind
You could have done better but I don't mind
You just kinda wasted my precious time
But don't think twice, it's all right

「なぜぼくが去って行くかなんて、考えなくていいよ。どっちにしろ、もう終わったこと。結局きみにはわからないことなんだ。きみが理由なんだよ。もういい、考えたって仕方がない。きみはこれまで一度だって優しくしてくれたことはないけど、でもぼくを引き止めてくれるような何かをしてくれれば、とも思う。どっちにしろぼくらは、そのことであまり話すこともなかった。だからもう、考えなくていいよ。道を歩きながら、考えていた。ぼくは女を愛したつもりだったけれど、きみは子供だったんだと。ぼくは心を捧げたつもりだったけれど、きみはぼくの魂を飼い馴らそうとしたんだ。けどもういい。何度も考えることじゃないんだ」

とこの男は、思いの丈を歌う。そこには、はっきりと一緒にいる相手に愛想を尽かしている。しかし、何もかも相手が悪いと決め付けているように見えながら、その奥底には、どこか苦さがある。その苦さは、いくらか自分の中にも非難すべきことがあるだろうとわかっているからだ。彼は、相手は子供だったと言うけれど、彼もまた多分に子供っぽいところがあることが、本人は気がついていない。彼は、愛は育てるものだとは思っていないし、気づくこともない。甘えているのは、彼の方だと言われても仕方がない。何しろ、一九六〇年代、さすらいは男の逃げ道のひとつでもあったのだ。God be with you（神と共にあれ）が語源である Goodbye は君には良すぎる言葉、だから Fare thee well（さらば）と言うよ、と強がって見せているが、どこかで引き止めて欲しい様子が見え隠れする。彼女が、自分が悪かったわ、と言ってくれれば、彼の決心はゆるむかもしれない。

4　旅の方向性

この《くよくよするなよ》の男女がどこに住んでいたのかは、この歌からはわからない。だが、アメリカの旅立ちの歌には、それぞれにある方向を示唆する歌が多い。このことは、通り一遍のやり方でアメリカを見たり、研究したりした人にはなかなか見えてこないことだと思う。おそらくはアメリカ人たちの中にも、この「旅の方向性」ということに気づいている人は少ないのではなかろうか。これは、アメリカ文化の根底に横たわる、アメリカという国の「本質的な問題」だと思うのだ。言葉を換えれば、アメリカを知る大切な手がかりのひとつだろう。

それを知るには、《バイ・ザ・タイム・アイ・ゲット・トゥ・フェニックス *By the Time I Get to*

Phoenix（邦題：恋はフェニックス）》がいい。フェニックスを「不死鳥」と勘違いして話題になった日本語のタイトルで、「恋は不死鳥」と言いたかったらしいが、残念ながらPhoenixはアリゾナ州の町の名前だ。正しくは「フェニックスに着く頃」で、恋は死なずに蘇るのではなく、死に絶えた恋の歌である。こんな風に、別れの様子が語られる。

By the time I get to Phoenix she'll be rising
She'll find the note I left hangin' on her door
She'll laugh when she reads the part that says I'm leavin'
'Cause I've left that girl so many times before

By the time I make Albuquerque she'll be working
She'll prob'ly stop at lunch and give me a call
But she'll just hear that phone keep on ringin'
Off the wall that's all

By the time I make Oklahoma she'll be sleepin'
She'll turn softly and call my name out loud
And she'll cry just to think I'd really leave her
Tho' time and time I try to tell her so
She just didn't know I would really go.

ぼくが、アリゾナ州のフェニックスに着く頃、ちょうど彼女は起き出す
そして部屋のドアに貼ったメモに気づくだろう
ぼくが出て行く、っていうところを読んだら、また始まった、と笑うだろうね
これまでに何度も同じことを言ってきたんだから

ニューメキシコ州のアルバカーキーに着くのは、彼女が働きに行ってる時間
おそらく彼女はランチの手を止め、家に電話してみる
けれど、壁の電話が虚しく鳴り続けるのを聞くだけだ

オクラホマ・シティに入る頃、彼女は眠りについているはず
やわらかに寝返りをうち、声に出してぼくの名前を呼ぶ
そして、本当に出て行ったことを悟って、彼女は泣くだろう
もう、何度も何度も出て行くって言ってきたのに彼女は信じようとはしなかったんだ

おそらくこの二人は、ＬＡのどこか小さなアパートメントハウスに住んでいたのだろう。台所とリヴィング・スペースの境はキッチン・カウンターで仕切られていて、食事の大半はそこで食べる。電話用の台を置くスペースがもったいないから壁に取り付けて、長い電話線を引きずるようにしながら流しで皿を洗いながら、あるいは冷蔵庫から冷えた缶ビールを取り出しながら、受話器を顎と肩の間に挟んだりしながらも話したりする。

朝食はジュースとシリアルとヨーグルト。コーヒーはタイマーで沸かし、その香りが目覚ましになる。ランチは職場で、夕食は早く帰った方が用意する。といっても、パスタ類を茹で、缶詰のソースを温める程度。または紙箱に入ったテイクアウトのチャイニーズ・フードをつつくか、宅配のピッツァだろうか。

そういった二人の生活に、男は長い間うんざりしてきた。こんな生活はやめて故郷へ帰ろう、とずいぶん前から言ってきた。そこでなら、ぼくらはもっと楽に生きていけるはずだ。けれど女は、男の気持ちを慮ろうとはせず、その話が出るたびに鼻でせせら笑ってきた。またその話なの、もういい加減にしてよ、と。

この歌からだけではよくわからないけれど、どうやら男は、相手の女性が嫌いになったから出て行くのではないように思えてならない。その点、《くよくよするなよ》とは違う。もし相手が嫌いになって出て行くのなら、メモなど残していかないだろうし、ランチの時に彼女が電話をかけてくるだろうとは考えもしなかったろう。そして夜、彼女がそっと寝返りを打ち、泣きながら自分の名前を呼ぶだろうとは、想像もしなかったはずだ。これまで、ベッドの中ではいつも彼女がすぐ横にいたし、彼女が自分のことを愛してくれていることは、自分が彼女を愛しているのと同じように確実だとわかってもいる。

これまで何度か、彼らがLAのダウンタウンに住んでいたと想定して、この歌の男がドライヴしたハイウェイを実際に走ってみたことがある。サンタモニカビーチ脇からアリゾナ州フェニックス、ニューメキシコ州アルバカーキー、オクラホマ州オクラホマシティまで、およそ一三四七マイル（約二一五五キロ）。普通のハイウエイの制限速度、時速六五マイル（約一〇四キロ）で走ったとすると、ほぼ二十時間。一昼夜近くかかる。

ランド・マクナリーの『ロード・アトラス』を見ると、巻末に「北アメリカ都市間距離と走行時間地図」があって、それによると、LAの町を出たらアリゾナ州フェニックスへは、ともかくインターステートハイウェイ10に乗って、一路東へ。アリゾナとの州境をなしているコロラド川沿いの町と言っていいブライスまでは、二二三マイル（約三五七キロ）、所要時間三時間二十四分となっている。

ブライスからそのまま東進。フェニックスまでは一四四マイル（約二三〇キロ）、二時間三分で行ける。ここまでLAから五時間半。彼女が目覚める頃だとしたら、それは七時頃だろうか。始業時間が八時半。もしかしたら九時かもしれない。起床してから身支度と食事で一時間か一時間半。通勤に三十分。もっとかかるかな。場所はわからないが、オフィス近くのアパートに住んでいるとして、でもLA名物の朝のラッシュをかいくぐって、三十分としておこうか。フェニックスに着く頃彼女が目覚めるとあるから、彼は夜中の二時ごろに家を出ないといけない。けれどフェニックスはマウンテン・タイムゾーンだからパシフィック・タイムゾーンのLAとは一時間の時差がある。八時にフェニックスなら、出発は夜中の一時だろう。その頃彼は、そっと彼女に気づかれずに起き出したのだろうか。それとも夜勤で、職場からそのまま出て行ったとも考えられる。

フェニックスで彼は朝食を摂り、そこからニューメキシコ州アルバカーキーへ、アリゾナ州フラグスタッフ経由で四六四マイル（約七四二キロ）。インターステートの17と40を使って所要時間、五時間三十六分のドライヴ。八時にフェニックスを出たとして、アルバカーキーには一時半に着く。そこで彼も昼食を摂る。彼女は家に電話しているかもしれない、と考えながら。

だが、どうして彼女はこの昼の時間に彼が家にいると考えているのだろうか。働きに出ているのではないのか。やはり、彼は夜勤仕事で、いつもはこの時間家で寝ているのだろう、あるいは起き出していている頃だと彼女は考えているに違いない。

アルバカーキーのハイウェイ沿いのランチカウンターで何か軽く食べ、二時過ぎに出発。オクラホマ州オクラホマシティでは、彼女は寝ている頃。というと十一時頃だろうか。オクラホマシティまではインターステート・ハイウェイ40でまっしぐら。スーパー・ハイウェイだから距離は稼げる。五四〇マイル（約八六四キロ）。ニューメキシコ州とオクラホマ州は時速七〇マイル（約一一二キロ）で走れるだろうから、所要時間はほぼ八時間。二時過ぎに出たとして着くのは十時頃。しかしオクラホマはセントラル・タイムゾーンだから、正しくは十一時。まだ開いているだろうモテルでチェックインして空いている部屋の鍵をもらい、疲れた身体をツインベッドの片方に横たえる。考えるのは自然と彼女のこと、寝返りを打ち、暖かな寝息を思い出す。

彼が、彼女との生活に未練があること、そこから一人出て行くことに躊躇していることは、その足取りからわかる。東へ向かいたいのなら、なぜ彼はLAからインターステート40で、まっすぐに向かわなかったのだろうか。わざと南のフェニックスに行く必要があったのだろうか。その町に特別何かの用事があったのだろうか。なぜ、三角形の二辺を通るような遠回りをしたのだろうか。そこに彼の迷い、未練、後ろ髪を引かれる思いがありそうだ。まだ決心がつかず、時間稼ぎのように考え直したりしながら、帰ろうかこのまま行こうか、と迷っていたのではないかと思えるのだ。

二人が愛し合っているらしいことは、別れた彼女は今頃どうしているのかと彼が思いを寄せていることからもわかる。なのに彼女を残して一人、東への旅をはじめたのはなぜだろうか。ひとつの理由が考えられる。それは、彼にはLAという町が性《しょう》に合わなかったからではないか、ということだ。だから彼は、これまでも何度か、この町を出ようと言っていたのではなかろうか。彼の故郷のある東の方の町で、二人で一緒に住み直そう、と。

だが彼女にしてみれば、この町である程度きちんとした仕事をしていて、そう簡単には町を離れる気にはならない。たとえ彼の故郷の町に行ったとしても、仕事があるかどうか、彼の知り合いの多いだろう小さな町でうまくやっていけるかどうか、それに近所付き合いなど心配の方が先に立つ。彼は焦れて、「じゃあ一人でも帰るよ」と言ったりする。「またその話ね」と彼女は笑って取り合わない。「帰ったってうまくいくとは限らないでしょ」と。そして彼は、ついに思い切って一人で、ＬＡの町を出る。未練たっぷりに。この歌の彼は、この後どうするだろう。おそらくは、モテルのベッドサイド・テーブルの上の電話を取り上げるのではなかろうか。

似たようにＬＡを出る歌がある。ガイ・クラークが作り歌った《ＬＡフリーウェイ *LA Freeway*》で、都会を後にすることの意味を教えてくれるいい歌だ。

Pack up all your dishes make note of all good wishes.
Say goodbye to the landlord for me
That son of a bitch has always bored me.
Throw out them LA papers and that moldy box of vanilla wafers.
Adios to all this concrete gonna get me some dirt road back street

Chorus:
If I can just get off of this LA freeway
without getting killed or caught
I'd be down that road in a cloud of smoke
For some land that I ain't bought, bought, bought

Here's to you old skinny Dennis only one I think I will miss
I can hear that old bass singing sweet and low like a gift you're bringin'
Play it for me just one more time now got to give it all we can now
I beleive everything your saying just keep on, keep on playing

（以下略）

「食器類を梱包したら、家主に、ぼくからもよろしく言ってくれないか。奴にはいつだって腹立たしい思いをさせられたんだ。ゴミを捨てたら、ＬＡフリーウェイでこのコンクリートの町とはおさらばする。自分には向かない、この町を出て行く。バンド仲間のデニスの『演奏を続けろ』っていう言葉、あんたの言ったことすべてを信じるよ」

この歌の主人公はそんな風に、この町を去って行く思いを歌う。彼はすっかり人間嫌いになっているようだ。ロス・アンジェルスという大都会で、ギスギスとした毎日、競争が激しく、人を出し抜いたり、人に取り入ろうとしたり、ようするに自分のペースで生きることも生活することも、人を愛したり、付き合ったり、子供を育てていくこともうまくできないのだ。そういうことのすべてに彼は消耗している。

彼はミュージシャンで、一緒のバンドにいるコーラスでベースのパートを担当していると思われる痩せっぽちのデニスの低音の歌声に慰められ、彼の音楽とミュージシャン生活を認め、その彼の言葉なら信じられると思っている。だが、いつかはこの町で頭角をあらわしたいと思っていたのだろうが、それが見果てぬ夢であることを思い知らされて、彼は家族とこの町を離れようとしている。

「ＬＡフリーウェイ」という名前のハイウェイは実際にはないが、有料の「トール・ウェイ（toll

way)」、「トール・ロード（toll road）」と呼ばれる道路に対して無料の道をフリーウェイと言うから、ロス・アンジェルス近郊を走る道は、どれもフリーウェイなのである。そのフリーウェイを使って、彼はどこに帰ろうとしているのか、ここでははっきりとは書かれていない。

「心残りなのは、メンバーのデニスと別れること。彼の神の恵みのような低い甘い声で、もう一度心を込めて歌ってくれないか、と言うのが聞こえるようだ。プレイをやめちゃ駄目だ。演奏をつづけるんだという彼の言葉を大切にするよ」

この町から出て行っても、プレイを続けろよ、という友人の忠告から、ミュージシャンとしての彼のこの町での挫折が感じ取れる。

もし、彼が普通のミュージシャンだったなら、LAでうまくいかなくともチャンスはいくらも転がっている。カントリー系、アコースティック・アメリカーナ系なら北に向かうだろう。ベーカーズフィールドからサリーナスにかけての農業地帯は、メキシコからの労働者が愛好するテックスメックスをはじめとするウエストコースト・カントリーが盛んだし、もう少し北のサクラメントやサンフランシスコはLAとそう変わらないロックやジャズの本場でもある。もっと北のメンドシーノからオレゴン州ポートランドやワシントン州シアトルにかけては、フォーク系の軽いロックやカントリー、ブルーグラス風味の曲が幅を利かせている。

ということは、この歌の主人公がその方面の土地に住んでいて、そこで音楽活動をしていたのなら、わざわざLAまで出てこなくともある程度の生活はできるし、その方面の才能があればそれなりの生き方ができ、それに見合った充足感を得ることもできる。うまくいけばレコード業界やテレビ関係、ショウビジネスの世界の目利きの目に留まることもあるかもしれない。LAから南のサンディエゴ方面も、音楽が満ち溢れている。すなわち太平洋岸のどこにいたとしても、音楽をやっていれば食いつないではいける。

だがどうやら、彼の音楽はこの町では受け入れてはもらえなかった。彼自身も、この町の音楽のあり方には馴染めなかった。ようするに、彼はこの町にはそぐわない人間だったのだ。その無念さと悔しさを胸に、西の町での暮らしを畳んで故郷へ戻っていこうとしている。《バイ・ザ・タイム・アイ・ゲット・トゥ・フェニックス》にはなかった不機嫌さ、あるいは苦さのようなものが、この《LAフリーウェイ》にはあり、その理由は彼の旅の方向からうかがい知れる。

アメリカでは、旅を歌った歌、つまり「ロード・ミュージック」が、大きな山脈をなしている。ロード・ムーヴィー、ロード・ノヴェルとともにアメリカ特有の文化形式で、世界ではあまり類を見ない。確かに他の国でも多かれ少なかれ旅をテーマにした文学や歌が存在してはいても、アメリカのそれとはおよそ違う。

紀行文や道中記といったものは日本でも古くからあって、俳句の世界にも吟行という句作りのスタイルがあり、芭蕉から自由律俳句の山頭火に至るまですぐれた旅の情景と心情を描いていることで人気が高い。西行法師もまた歌枕を訪ねる旅の文学者として名高いし、旅を題材にした文学作品は古くからある。考えてみれば、ホメロスの『オデュッセイア』もロード・ノヴェルの嚆矢と言える。

しかし、アメリカの近代に陸続として旅を描く文化が登場してくるのは、この国の成り立ちに大きく関係しているのではなかろうか。アメリカは世界中から祖国を捨てて、はるばると旅をしてやってきた移民たちが寄り集まって創られた国なのである。彼らは腰を落ち着けるところを探しつづけるかのように、アメリカ中を移動して廻った。そうしなければ仕事にもありつけなかったし、食べていけなかった。そういう人たちにとって「旅」は、町に住むのと同じように日常の生活空間だったことだろう。自らも旅を経験するか、そういう人から話を聞くかした人、また自らの身体の中に流れ者の血を持つ者たちの中で、文才のある者はその生活や経験を文章にし、歌心のある者は歌を作り、映画界に入るチャンスがあった者は映画を作ったりもしたろう。

ここが重要だと思われるのだが、旅することを宿命とした祖先を持ち、今や「アメリカ人」となった人びとは、そのロード・ノヴェル、ロード・ミュージック、ロード・ムーヴィーなどにまるで身内に湧き出ずる泉のように共感し、そこにアイデンティティを感じ、その思いを多くの人たちと共有しているということだ。最初、なぜアメリカには旅をテーマにした歌や物語やエピソード、また旅にある人をヒーロウとする事例がこうも多いのかわからないでいた。ただ国が広く、その広さは人を一カ所に押し留めておくことができなくさせているのではないか、と思うことで納得しようとした。

実際、あの国を車で旅をすると、もっと遠くへ、もっと先へとまるで強迫観念のように、移動への欲求が現実味をもって迫ってくる。とにかく走りつづけたい、どこへということなく、ただ走りたいのだ。高速で走る車のために造られたハイウェイを、それも五分ごとに景色が一変するようなランドスケープの中を走るのは快感というしかない。馬車や馬の背に揺られ、または徒歩で旅をした時代、あるいは汽車などの旅でも、このもっと遠くへ、見知らぬ土地へという気持ちは少しも変わらなかったろうと思う。

だからこそ、そう、アメリカは人をひとつの場所に留めておかない風土であるからこそ、最初の白人系移民が足を踏み入れてから二百七十年ほど、イギリスの植民地から単独の国家として独立してから百年ほどの間に、未開の地はなくなって、辺境《フロンティア》というものがこの国から消滅したのだと思う。つまり、アメリカの風土とその土地本体が訴えてくる得体の知れない、だが折にふれて波のように押し寄せてくる情動といったものが、人をして旅をさせるのだろう。あるいはもっと深いところに、ヨーロッパのジプシーやアイルランド・トラヴェラーといった漂泊者たちの魂や「人生は旅の中にある」といった湧き上がるような激情が、アメリカ人の琴線に深く呼応し、彼らの背中を押すのかもしれないとも思うようになった。

アメリカは広大だから、自分が今いる場所からどの方向に向かっていくかによって、その人間の「旅の目的」がわかる。一極集中の日本なら、その中心に向かうか、あるいはそれに背を向けるか、大まかに言えばそのどちらかになってしまうようなところがある。

だがアメリカは、あちこちにそれなりの「中心」がある。どの中心に向かうかが、その人の旅の目的だと言えるだろう。それがこの国が持つ、「旅の方向性」なのである。単純に、その方向がその旅の「動機」、または「主目的」だと割り切ってしまうわけにはいかない。主目的の旅の結果がどうあれ、そこからの帰る道、帰る方向もまた意味があるのだ。帰る方向によって思いが異なる、と言った方がいいかもしれない。

この「旅の方向性」は、他の国ではあまり聞くことがないし、人に説明してもなかなかわかってもらえないところがある。とりあえず、ある種の若者は、多くの歌が教えてくれるように西の地を目指す、ということから始めよう。

西を目指す若者、たとえばオーティス・レディングの《ドック・オブ・ベイ *The Dock of the Bay*》（1968）で、その一端がわかりそうだ。

Sittin' in the mornin' sun
I'll be sittin' when the evenin' come
Watching the ships roll in

And then I watch 'em roll away again, yeah

I'm sittin' on the dock of the bay watching the tide roll away
Ooo, I'm just sittin' on the dock of the bay wastin' time

I left my home in Georgia
Headed for the 'Frisco bay
'Cause I've had nothing to live for
And look like nothin's gonna come my way

So I'm just gonna sit on the dock of the bay
Watching the tide roll away
Ooo, I'm sittin' on the dock of the bay wastin' time

この若者は朝陽を浴びながら、港のドックに腰を下ろしたまま夕方までそこに座り込んでいるのだ。彼は船が港に入ってきて、また出て行くのをただ眺めつづけている。何の目的もなく、やることもなく、ただただドックに座り込んで潮が退いていくのを眺め、時をやり過ごしているだけなのだ。彼は、ジョージアの故郷から、何かがあるだろうと、大陸の西の外れ、カリフォルニア州サンフランシスコまでやってくる。彼は、フリスコ・ベイ（サンフランシスコ湾）に行けば何かがある、何か自分にもできることがあるとは、最初から思ってはいない。彼はともかく、故郷を出たかっただけなのだ。そこには働くチャンスもなく、行く場所もなかった。働け、と忠告する人は大勢いたけれど、彼はその気になれなかった。怠け者だと言われたら、確かにそうなのだろう。

ここには深い絶望と諦念がある。男が目指したのはLAではなくフリスコ・ベイだが、西の土地であることに変わりはない。この歌には、後悔と無力感、挫折からくる厭世的な雰囲気も漂う。

時代もある。この時代、ベトナムでの泥沼の戦いからアメリカが抜け出すことは、不可能であるように思われた。厄介な戦いに迷い込んでしまったという、暗い絶望が泥水のようにアメリカ中を浸しはじめていた。最盛期には五十万人にものぼる米軍兵を投入することになるが、それに先駆け、一九六七年には十八歳六カ月から三十五歳までの男性すべてに徴兵登録を強制する「軍事選抜徴兵法」が、当時の大統領ニクソンによって署名され可決された。

一九六八年四月、ニューヨークのコロンビア大学でベトナム戦争に反対する学生たちが大学を封鎖する。この紛争はのちに映画『いちご白書』を生む。そして翌月のパリの五月革命を発火点として、世界中に学生たちによる現状に対する不満や憤懣が燎原の火のごとく拡がっていく。ことにアメリカでの学生たちの異議申し立ては、大学改革だけではなく、ベトナム戦争反対や公民権運動をも内包していた。それらは正しく旧体制への反抗そのものであり、古い価値観の押し付けに対する抵抗であった。

歌の主人公がジョージアを出たのは、むろん故郷には仕事がなかったからでもあるが、なによりその土地の昔ながらの価値観から逃れたかったことにある。つまり、旧弊な思想や価値観、そしてもうひとつ、旧態依然たる差別の構造——そういうものから彼は逃げ出してきたのだ。人の話やメディアからの印象、昔からのイメージなどで、〈サンシャイン・ステート（Sunshine State）〉と呼ばれる彼の地《か》は、頭上に重い雲がのしかかるのではなく、自由で抜けるような開放的な晴天が広がり、カラリとした人づきあいができるのではないか、彼はそう信じてやってきたのだ。だが、いつも青空ではなかったし、気楽に働き場を見つけるわけにもいかなかった。

一九六七年、オーティスはその夏、サンフランシスコからゴールデンゲイト・ブリッジを北に渡ったところにあるサウサリートで過ごしていた。借りた居住兼用のボート、ハウスボートのデッキに座って海を眺めていた時、この曲の発想を得た。その年の暮れ、十二月六日と七日の二日間にメンフィスでのレコーディングを済ませたのだが、三日後の十二月十日、次の公演でウィスコンシン州マディスンに向かう途中、彼の乗った小型飛行機が墜落。結局彼は、この曲が大ヒットしたニュースを聞くことはなかった。一九六八年のビルボードのヒットチャートの第一位。同じ年の黒人シングルレコードの一位にもなった。

カリフォルニア州の〈ゴールデン・ステート〉というニックネームは、かつてゴールドラッシュに沸いた土地だからだが、その一攫千金の夢のかけらは、今もまだどこかに転がっているのではないか、様ざまな夢が叶えられる土地なのではないかと、彼ばかりでなく多くの人がそう信じたくてカリフォルニアへとやってきた。しかし、オーティス・レディングがそうであったように、その夢の成就を待たずにこの地や、この世から去っていく人もまた多かった。

こうした西海岸が、どうしてこうも人を惹きつけるのか。その気分はイギリスにも伝わるらしく、一九七二年、イギリス人のアルバート・ハモンドは《カリフォルニアの青い空 *It Never Rains in Southern California*》で、この土地ならではの可能性に懸ける若者の気持ちを歌った。

Got on board a westbound seven forty seven
Didn't think before deciding what to do

All that talk of opportunities, TV breaks and movies
Rang true, sure rang true

Chorus:
Seems it never rains in Southern California
Seems I've often heard that kind of talk before
It never rains in California, but girl, don't they warn ya
It pours, man, it pours

Out of work, I'm out of my head
Out of self respect, I'm out of bread
I'm under loved, I'm underfed
I wanna go home
It never rains in California, but girl, don't they warn ya
It pours, man, it pours

Will you tell the folks back home I nearly made it?
Had offers but don't know which one to take
Please, don't tell 'em how you found me
Don't tell 'em how you found me

Gimme a break, gimme a break
（Cho）

「本当は何をやりたいのかわからないけど、ただ西行きのボーイング747に乗ったんだ。テレビや映画がチャンスがあると言うから。だって南カリフォルニアでは雨なんか降りそうもないんだから、きっと明るい明日があるに違いないよ。でもね、誰も忠告しなかったろうけど、そこは明るいことばかりじゃない。雨降りの日もあるんだ。仕事もなく、まともに食事できない生活がね」

そして彼は本音を歌う。

「ああ、家に帰りたい。けれど故郷のみんなには、もうすぐものになりそうだと言ってくれないか。もうちょっとなんだ、もう少し時間が欲しいんだ。南カリフォルニアでは、雨なんか降らないって聞いたけど、でもね、降るんだよ、本当に降るんだ」


この男も、どこか東部の町から西のカリフォルニアへと、そこなら何かの仕事をできるのではないかとやってきたのだろう。だが、よく聴いてみると、これまでの西を目指す人たちとは、少しニュアンスが違うようだ。まずこの人物は、南カリフォルニアのどこかの町まで飛行機でやってきていることだ。昔のように貨物列車にただ乗りするわけでも、ヒッチするわけでもなく、あるいは金を使ってアムトラックに乗るのでもグレイハウンド・バスでもなく、飛行機でやってきている。それだけ急いでいたのかもしれないし、何よりも彼には金があるということだ。ということは、彼は仕事を探すために西の大都会にやってきたのではなさそうだ。

オファーがきている、とも彼は歌っている。それも複数らしい。そのどれを選ぶかまだ決められないでいるだけのことだとも言う。だからもう少し、今いい線まで行っているのだから、もう少しだけ時間が欲しいのだ。もし故郷の人びとに会うことがあったら、そう言って欲しい、と彼は頼む。

仕事探しなら、オファーは来ない。この場合の「オファー」は、契約の申し出だろう。だから、彼はミュージシャン、または俳優、舞台芸人、ダンサーや画家、写真家、文筆家など、ようするに自分の身体や頭を使っての芸能、芸術活動をするためにこの町にやってきたのだろうとも思われる。いや、デザイナーや建築家、動物の調教師や装飾品製造業かもしれない。ともあれ、彼はどんなものでもいい、故郷にはなかった仕事の口を探しにきただけではないようだ。もっと大きな何ものかを目指してやってきたのだろう。仕事以上に大きなもの、とは何か。それは自分の将来だろう。夢の成就を願って彼はやってきたのではないか。

南カリフォルニアでは雨は降らない、と聞いて彼はやってきた。いつだって晴れた日で、すべてがうまくいき、人びとも明るく親切で生きやすく、金や名声も簡単に手に入ると思われた。だが雨も降るのだ。いつも明るい未来ではない。ずぶ濡れの、惨めで不愉快な思いをすることだってある。

一九七二年に《カリフォルニアの青い空》を作り歌ったアルバート・ハモンドはイギリス人で、彼もまたイギリスでは目が出ず、この曲を歌って大ヒットを飛ばした。彼の夢であるかのように、主人公は大西洋を飛び越え、ロンドンからニューヨーク経由で、西行きのボーイング747に乗ってやってきた。だが、うまくいかない。その辛い思いを歌にしてヒットした。これが彼の経験だとしたら、皮肉と言ってもいいだろう。

5　東西南北、どこへ向かうのか

北への旅は、具体的に仕事を探してのもので、一攫千金や成功を目的とはしていない。家族を養うため、もう少しましな生活を求めてという人が多い。そういう人たちをテーマにした、南の町から北の工業都市へと働きに行く歌にこんな曲がある。《デトロイト・シティ *Detroit City*》である。

I wanna go home I wanna go home oh how I wanna go home
Last night I went to sleep in Detroit City
And I dreamed about those cottonfields and home
I dreamed about my mother dear old papa sister and brother
I dreamed about that girl who's been waiting for so long

I wanna go home I wanna go home oh how I wanna go home

Homefolks think I'm big in Detroit City
From the letters that I write they think I'm fine
But by day I make the cars by night I make the bars
If only they could read between the lines

Recitation:
Cause you know I rode the freight train north to Detroit City
And after all these years I find I've just been wastin' my time

So I just think I'll take my foolish pride
And put it on a Southbound freight and ride
And go on back to the loved ones the ones that I left waitin' so far behind
I wanna go home I wanna go home oh how I wanna go home

貨物列車にただ乗りしてデトロイトの町に働きにきたこの男は、昨夜見た夢の中の故郷の綿花畑や家、両親や何よりも長い間帰りを待ってくれている恋人のことで、望郷の念に苦しめられる。彼は故郷に送った手紙で、故郷のみんなは自分がデトロイトで大物になっていると誤解しているだろうと気にしている。それも、思わずええカッコをしてしまったからで、実際は昼は車を組み立て、夜はバーにたむろするような日々なのだ。そして今、切実に思う。ああ、家に帰りたい、と。だからプライドを捨てて、恋人のもとに帰ろうと、彼は決心するのだ。

この歌は一九六三年にダニー・ディルとメル・ティリスによって作られた。最初、メル・ティリス本人が歌ったのだが、彼は吃音で途中の「語り」の部分をスムーズに語ることができず、当時のシングル盤の録音時間の限度である三分をオーヴァーしてしまう。そこで代わりにボビー・ベアが歌って大ヒットを記録した。

アメリカの自動車産業は、一九六〇年代から下り坂をたどりはじめた。第一の原因は、五〇年代に全盛を迎えていた流線型の大型で豪華なキャデラックやリンカーン、アメリカの繁栄を具現化したようなフォードやシヴォレーやステュードベーカーといったテールフィンが派手に聳えるクロームメッキも眩しい車たちの人気に陰りが見えてきたことにある。大排気量のエンジンを載せたせいで、燃費が極端に悪かったからだ——なにしろ、「排気管から一セント玉をボロボロ撒き散らしながら走る」と言われるほどだった。それらの大型で豪華な車に代わって、日本車への需要が高まってきたのである。

実際、五〇年代末から六〇年代に入ると、家族の形態が変わり、家族一緒の行動が少しずつ減るようになってきた。それぞれが、それぞれの趣味や興味のあり方によって別々に行動するようになり、家族全員が乗れる大きな車は必要なくなったのだ。そうして、日本車の進出である。

一九七九年、エズラ・ヴォーゲルの『ジャパン・アズ・ナンバーワン』をきっかけのようにして、日本の時代がはじまった。やがて、七〇年代後半から八〇年代に入ってアメリカ自動車産業界の日本車バッシングの厳しい時代を迎えるのだが、その気配が少しずつ感じられはじめたデトロイトの町に出稼ぎに来た男の後悔と望郷の歌である。

彼が一家を支えようと、勢い込んで北へやってきたその旅は、おそらくは希望と未来の夢に彩られていたことだろう。だが、実際の北の町の仕事は、けして満足のいくものではなかった。誰もができる、夢や体力をただすり減らしていくような単純な仕事だった。北へやってきた時の意気揚々とした気分とは、そして、覚悟とやる気に目を輝かせてやってきた時の思いとは、あまりにもかけ離れていた。

北への旅は、仕事を求める厳しい、そして覚悟の旅だ。それに対して南への旅は心温まるホーム・カミングの旅である。家族の待つ、温かな思いに満ちた喜びの旅だ。その気持ちをうまく歌ったのが、ジミー・ロジャースの《サムウェア・ダウン・ビロウ・ザ・ディクスン・ライン *Somewhere Down Below the Dixon Line*》だろう。

Goodbye, Northland, I'm on my way,
Today's my busy day.
Grip's all packed and I'm feeling gay;
Here's all I can say.

Drop me down in Caroline,
Caroline that would be fine,
Any place below the Dixon Line.
Alabama or Tennessee
Sure enough looks good to me,
I know I'll find some kinfolks there of mine.

北の町よさらば、ぼくは勝手に行くよ、
今日は忙しいんだ、荷物をまとめて、いい気分
今言いたいのはたったひと言、
カロライナで降ろしてくれないか、そこが行きたいところ
でもメイスン・ディクスン・ラインの南なら、
アラバマだってテネシーだってどこだって満足さ
そこなら、誰か知り合いを見つけることができるから

この男もまた、北の町へとやってきた。彼がきちんとした仕事をしていたのか、それとも、ただふらふらするだけのその日暮らしだったのか、あるいは五大湖周辺の港湾の仕事か、運河掘削の仕事か、鉄道敷設、ビル工事といった肉体労働に就いていてでもいたのだろうか。ともあれ、彼はもう北の町にうんざりしている。そして南部へ戻っていこうとしている。Drop me down（降ろしてくれ）と歌っているので、これは列車へのただ乗りで帰ろうとしているのだろう。「カロライナでなくとも、アラバマでもテネシーでもどこでもいい」と言っているから、ともかく南に行きたいのだ。

南の土地は人の心を緩ませる何ものかがあるようだ。それは気候であり、空気であり、もっと言えば陽差しであり、風のさやぎであり、影の濃さであり、物事をくっきり見せる光の透明度であり、そうしたことから来る楽天性、それらが時間に縛られなくてもどうにかなるというおおらかな感性などと相まって、気楽に生きていけるように思える風土を作ったのではないだろうか。しかし、確実な収入を得たり、手に職をつけたいと考えると、やはり北の都会、多くの労働機会がありそうな町へと出かけて行くしかないのだ。そして、やがて心も身体も疲れ果て、のんびりと、そしてはるかに人間らしく生きていける南の土地に帰りたい、と特に南部人たちは思うのだろう。心に鎧兜をまとっての北への旅立ち、それを脱いで、穏やかでワクワクする気分で帰って行く南行きの旅、この図式は割とわかりやすい。

そういった旅が持つ「方向」の意味がわかりはじめたところで、もう一度西への旅の話に戻ろう。これまで紹介したいくつかの曲から、ようするに西の町へは、人は成功を夢見て出かけていく。ミュージシャンの多くもそうだし、映画スターを夢見る多くの若者、いつか人気女優になりたいとハリウッドにやってきて、夢が潰えて自分の命を落とす者。あのロス・アンジェルスの町が見える丘の途中に白く聳える'HOLLYWOOD'のHの字の上から身を投げたペグ・エントウィスル。女優への夢が断たれたと思っての自死だった。運命のいたずらは、その夜、新しい役のオファーが彼女に届いたことだ。

あるいは、アメリカ最大の迷宮事件として有名な「ブラック・ダリア事件」――〈ブラック・ダリア〉と呼ばれた黒髪の女優志願の若い女性の上下真っ二つに切断された死体が、ロス・アンジェルスのダウンタウンの道角に転がされていた猟奇殺人事件――の被害者エリザベス・ショートもまた、ハリウッド女優を夢見てやってきた一人だった。

その他無数とも言える夢見る少女たちが、内陸や東海岸近くの町から西のカリフォルニアを目指してやってきた。ただ、彼女たちは、たとえその夢が潰えたとしても、ほんのわずかな例を除いて、故郷に帰ろうとする人は少なかった。その町に誰かと居着いたり、別の仕事を選んだり、あるいは死の道を歩んでいく。それに対して、男たちの大半は帰る。残る方が少ない。すなわち、西への旅は、仕事探しを超えた、ある目的の旅なのだ。それは、夢を成就するための旅だ。音楽ひとつとっても、作詞・作曲であれ、演奏や歌、アレンジメントや指揮、音楽出版や音楽を題材にした映像や画像、その音楽に乗せてのダンスやファッション、様ざまなジャンルで頭角をあらわすチャンスを狙って多くの人びとがやってくる。言うなれば、彼らは自分の才能を試すためにカリフォルニアにやってくるのだと言っていい。カリフォルニアは、芸能界の巨大市場である。サンフランシスコから南、どの町にも、一旗揚げるチャンスは無数にある。東部や中西部の小さな町でちょっとした才能を披露してその町では一応の人気者になると他人からすすめられ、自分でもその気になって都会、東ならニューヨーク、西ならロス・アンジェルスを目指すことになる。

ニューヨークは、LAほどフリーな気分でないところがある。ライブハウスも、ステージのある店も、レストランやクラブやサルーンなど、いずれもかなりきちんとしたオーディションがあったり、アマチュア登竜門の序列が出来上がっているところが多い。ジャズの名門クラブなどは、とうてい新人の入り込める余地などない。実に多くの下積みの人たちが、次は自分の番だと、長い訓練と待機期間を積み重ねていることは、映画『サタデー・ナイト・フィーバー』や『フラッシュ・ダンス』『ダンス・レボリューション』『フットルース』などのダンス映画でもその一端をうかがうことができる。

一九六一年、ぼくはテネシー州ナッシュヴィルにいた。その時、何かの偶然の積み重ねで、当地の名勝とも名物とも、ランドマークとも、いや、何よりもナッシュヴィルの、いや、それを超えてアメリカン・ミュージックの根底をなす、カントリー・ミュージックの聖地である「グランド・オール・オープリー」のステージのごく近くにいられる機会があった。その時の経験でもっとも印象的だったのは、当時、ライマン・オーディトリアムのステージ脇のバックステージと呼ばれる、次の出演者が待機するような場所に、八十代だろうと思われる男性が、きちんとした黒っぽいカウボーイスーツにカントリーボータイ、そして古びたテンガロンハットという出で立ちで、左手はこれまた古色の目立つフィドルとボウをぶら下げ、右腕は彼の奥さんだとわかる、やはり七十代後半から八十代だろうと思われる女性と腕を組んでいる。

「今日、出る方ですか」と訊くと、「いや、わからない」という答えが返ってきた。話を聞くと、彼はこの二十五年ほど、毎週土曜日に、このオープリーのステージ脇に来ているのだと言う。もしフィドル奏者の誰かが出られなくなったような時には、自分が替わりに呼ばれるかもしれない。その時のオープリーのステージでフィドルを弾く自分の姿を妻に見せてやりたいのだ、と言う。二人はその来そうもない一瞬を待って、人生の後半を過ごしているのである。ショウビジネスの世界とはそういうものだと、その時に教えられた。

カリフォルニア、中でもLAという土地は、アメリカの中のもうひとつのアメリカだと言われる。確かに、マンハッタンとLAとは、内陸の中西部や北東部、南部や北西部の町とは大きく異なる。ことにLAは何でもありの町という印象がある。それだけに、チャンスも転がっていると考えたくなる。しかし、もしチャンスを得ることができない時には、過酷な現実を突きつけられるのだ。LAでものにならなかったということは、自分にはその才能がなかったのだと思い知らされることになるからだ。故郷の町やコミュニティでは「ホームタウン・ヒーロウ」だったろうけれど、それが都会では、いやLAでは通用しなかったということは、アメリカのどこでも一流のプロとしては通じない、二流か、あるいは器用なアマチュア、趣味の延長線上にある腕のいいセミプロにしかすぎない、そう烙印を押されたに等しい。そうなれば覚悟しなくてはならない、LAで二流に甘んじるか、それともこの町をあきらめて、帰るか。

西への旅は、自分の才能と実力と運を試すための夢の実現への希望の旅だ。その夢が破れて帰る東への旅は、傷心と失意、そして、自己嫌悪と後悔に苛まれ、帰り道は足取りも心も重くならざるを得ない。一緒に夢を追っていたはずの相手を残して、一人、東へと旅立っていく者もいる。それを歌ったのが、《バイ・ザ・タイム・アイ・ゲット・トゥ・フェニックス》ではなかったろうか。

一九七五年のナッシュヴィルで、ダウンタウンから少し離れたところにある、四階建てのラマダ・インに泊まったことがあった。部屋へ向かうエレベーターの中で、ハンガーに掛けたカントリー・スーツとピカピカのブーツを片手に、小脇にはこれまたきれいな、白いテンガロン・ハットに、かなり傷の目立つギターケースを持った男と一緒になった。彼は、週に一回、地方の旅興行から、必ずこのナッシュヴィルのグランド・オール・オープリーの地に戻ってくると言った。グランド・オール・オープリーのステージ以外にも毎週末、フライデイナイト・オープリーとか、ダウンタウンのライブハウス、その頃には、かつてハンク・ウィリアムスがオープリーのステージの合間にやってきたという「ティートット」というカフェがあったけれど、そうしたライヴステージが興隆していた時代だった。

そういう店で歌うチャンスがあれば、誰か、その道の偉い人がたまたま見にきていて、もしかしてオーディション・テープを聴いてくれるチャンスがあるかもしれない。彼は、そのあるかないかの一瞬のために、ライヴ・ツアーから週末には必ずこのナッシュヴィルに戻ってくるというのだ。彼のようなミュージシャンを「ワンナイター」と呼び、毎晩どこかの町で演奏することを「ワンナイト・スタンド」と言う。そういうミュージシャンたちもまた、出世するまでは、旅の人生にある。

ポール・サイモンが作り歌った《早く家へ帰りたい *Homeward Bound*》は、そういう旅にあるミュージシャンの心情を歌う名曲だ。

I'm sitting in the railway station. Got a ticket to my destination.
On a tour of one-night stands my suitcase and guitar in hand.
And ev'ry stop is neatly planned for a poet and a one-man band.

Chorus:
Homeward bound,
I wish I was,
Homeward bound,
Home where my thought's escaping,

Home where my music's playing,
Home where my love lies waiting
Silently for me.

Ev'ry day's an endless stream of cigarettes and magazines.
And each town looks the same to me, the movies and the factories
And ev'ry stranger's face I see reminds me that I long to be,
(Cho)

Tonight I'll sing my songs again, I'll play the game and pretend.
But all my words come back to me in shades of mediocrity
Like emptiness in harmony I need someone to comfort me.
(Cho)

ポール・サイモンの持つ独特の詩作り、周囲には溶け込めずにどこか孤立した雰囲気がここにも色濃い。ある種の内省的な趣がこの歌を忘れ難いものにしている。今、彼は次の列車の切符を片手に、スーツケースとギターを横に置いて駅の待合室に座っている。いつもの、生きていくためのワンナイトの演奏旅行なのだ。彼は今夜もまた、どこか別の町のクラブやサルーン、レストランやライヴハウスのようなところで一人ステージに立ち、酒や煙草の匂い、声高なオーダーの声や皿やカップが触れ合うカトラリー類の鋭い音、私語を交わす客たちのざわめきの中で、ボソボソと曲の話、今日出遭った人の話、見た風景、食べた物や飲み物の感想、歌の内容やそれを作った意味、そして言い古されたジョークなどを口にするのだろう。そしておもむろに彼はギターを弾きはじめ、歌い出す。客たちに馴染みの曲もあれば、はじめての曲もあるだろう。まばらな拍手の中、ステージを降り、ギターをしまい、その日のギャラをもらって次のスケジュールを決め、店主やマネージャーのくだらないジョークや別れの言葉を背後に店を出る。その夜は、その町で泊まるか、遅い列車かバスに乗って次の町へ行くか、ちょっと迷う。そして小さな吐息を漏らして考える。これが家に戻る旅だったらいいのに。その恋しい家は、まとまらない想いを音楽に定着させるところ。そこはまた、愛する人が自分の帰りを待ちながら、静かに眠りにつくところでもあるのだ。今彼は、無性にその家に帰りたい。

旅の毎日は、煙草と安雑誌の終わりのない流れ。どの町にも映画館があり工場があり、どこも同じように見える。そこで見るのは、自分が望んでいた平凡な日々を送る人たちの顔。この歌には、自己嫌悪とやり場のない徒労感がうかがわれる。彼は、旅の生活に倦み、疲れているのだ。

ミュージック・ツアーは、見た目は派手やかで楽しげで、面白そうな仕事のように思えるが、実は孤独と疲労と倦怠とホームシックの塊なのである。

ハイウェイは、外の世界に誘う道具だ。いや、ひとところに腰を落ち着かせてくれない場所なのだ。こんなところにいていいのかね、と語りかけてくる「誘惑の元凶」だ。これまで何千万という人たちが、ハイウェイをはじめとする道を行き交ってきたことか。カウンティロード、有料道路《ターンパイク》、ダートロード、ブラックトップ、トゥーレーン・ハイウェイ、ハードトップ、バイパス、ショートカット、ディトゥア、アルタネーテッド・ロード、インターチェンジ、エグジット・サイン、エンター・サイン……そして私道《プライヴェート・ロード》に至るまで、人はいかに様ざまな道たちとその標識に誘われて旅立って行ったことか。

中でも、大陸を横断するスーパー・ハイウェイは、確実に見知らぬ世界へと連れて行ってくれる。そのハイウェイの道路脇に立つ広告案内板《ビルボード》は、蠱惑的な大都会の豊かさや、楽しさや、派手やかさ、そして安逸に生きていけそうな錯覚を押しつけてくる。そんな誘惑のハイウェイは、どこまでも走って行きたくなる道だ。ここではない、もっと素敵な可能性に満ちている場所があると思わせてくれる、あるいは才能の開花、裕福な生活、幸福なる未来、名声やより良い生き方、もっと自分らしい生き方ができる場所があるのではないか、誰もがそうした思いに駆られてしまうのが、インターステート・ハイウェイ40だろう。

州間高速道路《インターステート・ハイウェイ》40号線は、カリフォルニア州からからノースカロライナ州まで、ほぼ二五五五・一〇マイル（四〇八八キロ）のスーパー・ハイウェイだ。カリフォルニア州バーストゥを起点に、合衆国の東西をほぼ南寄りに横切り、終点がノースカロライナ州ウィルミントンである。かつてアメリカ文化の名物であったUSハイウェイ66のルートの上に造り直した、まぎれもないアメリカの動脈、メイン・ロードなのである。このハイウェイは、言わばアメリカの流通、観光、移動の大動脈で、この道を走ることが、アメリカ人としてのアイデンティティの証とも言えた。そのハイウェイを歌った名曲に、ブルーグラス界出身のカントリー・ミュージックの大スター、リッキー・スキャッグスの《ハイウェイ40ブルース *Highway 40 Blues*》がある。

Well, these Highway40 blues, I've walked holes in both my shoes.
Counted the days since I've been gone,
I'd love to see the lights of home.
Wasted time and money too; squandered youth in search of truth.

But in the end I had to lose, Lord above, I've paid my dues.
Got the Highway Forty blues.

The highway called when I was young,
Told me lies of things to come.
Fame and fortune lies ahead! That's what the billboard lights had said.
Shattered dreams, my mind is numb,
My money's gone, stick out my thumb.
My eyes are filled with bitter tears, Lord, I ain't been home in years.
Got the Highway40 blues.

You know, I've rambled all around,
Like a rolling stone, from town to town.
Met pretty girls I have to say,
But none of them could make me stay.
Well, I've played the music halls and bars,
Had fancy clothes and big fine cars:
Things a country boy can't use, Dixieland I sure miss you.
Got the Highway40 blues.

「若い頃、故郷を出て世の中を見てみたいと、ヒッチハイクさせてくれる車を探して、靴に孔があくほど歩いた。ハイウェイの向こうに富と名声の地があり、そこが自分を呼んでいると思っていた。けれど、うまくいくわけがない。残ったのは壊れた夢のかけら、虚しい心、そして苦い涙」

若き日の放浪を、この男はそう語る。

「そしてその放浪の末、今、ワン・ナイト・ミュージシャンとしてどうにか生きている。ライヴハウスやバーで演奏し、綺麗な女性たちも近づいてくるけれど、その誰一人、一緒に生きようとはしてくれなかった。きらびやかなステージ衣装や移動用の大型の車、だけどそのどれもがカントリーボーイの自分には似合うはずもない」

彼の心に強い望郷の念が起こる。「ああ、ディキシー・ランドに帰りたい」その思いこそが「ハイウェイ40のブルースなんだ」とこの男は歌う。

彼の住む田舎町を通るハイウェイの先につづく都会には、名声や成功があると呼びかける、道路脇に立つビルボードと呼ばれる巨大なカラー看板がこの男の人生を変えた。

実際、日本からアメリカに行って、実にアメリカらしいな、と感じるのはこのビルボードの存在だ。水滴をまとわりつかせたフルート・グラスに琥珀色の液体が満たされ、グラスのふち近くには純白の泡をいただき、その泡が、まさに溢れようとしているビールの看板や、分厚いステーキの鉄網の焦げ痕やカットされたレアの切り口のシズル感など、まさに肉が焼ける香りや音までが届いてくるような看板［図⑨］などは、車を運転しながらも目が離せなかった。これが西の都会に近づいていくと、ショウの看板や豪華なホテルやカジノなどの、ショウ・ビジネスのビルボードが増えてくる。スターたちのライヴ・ステージの看板があり、中にはきらびやかに着飾ったファッション・モデルたちの派手やかな姿がこれ見よがしに、人目を惹く。もしかしたら、自分にもそういう世界で生きていくチャンスがあるかもしれない、という悪魔的な魅力を誘いかけてくるのだ。それは、かのギリシャ神話の海の魔女セイレーンの歌声のようだ。たいがいは夢だけで終わり、見果てぬ夢の砕け散ったかけらを残していくだけ。挫折と自己嫌悪、自己憐憫を招き、残るのは若さを無駄にしたという後悔だけ。その思いを手に、結局は東へ戻っていく。そうした思いを、どれほど多くの若者が胸にしたろうか。

この曲はケンタッキー州の片田舎に生まれ、ブルーグラス音楽に親しみ、やがてその世界で頭角をあらわすや、ブルーグラスの名門バンドのあれこれに加わったばかりでなく、カントリー界に進出して成功を収め、その後もロックやポップスの世界でも名を成した大スター、リッキー・スキャッグス自身の経験や思いを歌にしたものだろう。歌にあるように、ディキシーランドと呼ばれる南部で成功を夢見ようとする若者は、唯一、都会へとつながっていくハイウェイを歩くしかない。いや、ハイウェイこそがその先につながる成功の象徴、〈アメリカン・ドリーム〉の成就の地へと導いてくれるように思えるからなのだ。その道を行くか行かないかは、音楽界を夢見る南部の男たちにとって、それは観客席で観る側に留まるか、または舞台に立てる身になれるのか大きな岐路なのだ。

ここに歌われる人びとは、仕事や夢のためにアメリカ中を移動していく。あるいは、故郷へと傷心を抱いて、または、たとえようもない安堵の気持ちを道連れに、家族の待つ、または家族の思い出の待つ土地へ、そこにあるだろう家へと戻って行く人たちの歌だ。だが、そうではない、むしろ、そんな旅とは正反対の旅をする人たちもまたアメリカには多い。すなわち、旅をしたいため、旅をつづけたいために、仕方なく仕事をするという人たちだ。旅そのものが目的で、仕事は、それを少しでも長く継続していくための道具である、という人たちがいるのである。

6 さすらいの自由と孤独——ホーボーという存在

生きていくには仕事を得なければならず、その仕事を見つけるには一カ所にいるのではなく、あちこちの土地を廻《めぐ》っていくしかない。この職探しに「移動」というファクターを付け加えたのは、十九世紀後半から何度かアメリカを襲った不況が原因だと思われる。小さな町、いや大都会にいてもそうたやすく仕事は見つからなかった。先着のイングランド系移民たちにとってもこの時代、仕事口を見つけるのは難しかったのだから、遅れてやってきたアイルランド系、ドイツ系は、ことにカトリック信徒であるというだけでも、仕事にありつくのは夢のまた夢に近かった。そして彼らは、仕事を探して都市部を離れてアメリカ中をさすらいつづけることになる。

旅をしながら仕事を請け負うという労働スタイルは、季節によって一定の土地をめぐる「季節労働者」を生んでいった。独立戦争後からアメリカの発展を支えたひとつの要素に、多くの研究者が認める「極めて生産性の高い農業」があった。その成長にとって必要だったのが、季節によって異なる収穫に合わせた労働力で、そのために多くの働き手を必要としたのだ。

季節ごとの移動労働者を歌った曲に、ジミー・ロジャースの《桃の実の熟する時 *When It's Peach Pickin' Ttime in Georgia*》がある。

When it's peach pickin' time in Georgia
Apple pickin' time in Tennessee
Cotton pickin' time in Mississippi
Everybody picks on me

When it's roundup time in Texas
The cowboys make whoopee
Then down in old Alabama
It's gal pickin' time to me

Diodley, oley eh, diodley

There's the bluegrass down in Kentucky
Virginia's where they do the swing
Carolina now I'm coming
To you to spend the spring

Arkansas I hear you calling
I know I'll see you soon
There's where I'll do a little pickin'
Underneath the Ozark moon

Diodley e oh, oley e oh, oley

（以下略）

この後にも歌詞は続くのだが、ここには二聯までを引用した。途中に入る'Diodley e oh, oley e oh, oley'は、実際に聞いているとこんな歌詞とはわからないけれど、これはヨーデルなのである。アメリカン・ヨーデルは、スイスからの移民たちのヨーデル系の歌から来ているという説と、ハワイからのミュージシャンたちが携えてきた「ドブロ・ギター」のフレーズから来ているという説があるが、いずれにしろジミー・ロジャースがそれを真似て、たとえば歌と歌の間のブリッジの一聯と二聯の間、楽器による間奏の前にこの手のヨーデルを入れたのだ。

「桃の実を摘む時期のジョージア、テネシーは林檎の季節、ミシシッピーは綿摘みが頃合い、放牧した牛を呼び寄せるテキサス、その時のカウボーイの牛追いの声、それから女の子と出会うためにアラバマへ行く。ケンタッキーでは牧草を刈り、ヴァージニアはフェアのシーズン、カロライナで春を過ごし、アーカンソーでは仕事があると言っている。そしてオザーク地方の月の下で女の子を誘うんだ」

様ざまな地方で仕事を探し求める歌にしては、明るい。

歌にもあるように、この南部では果樹摘み、綿花摘み、臨時雇いの牧童、牧草刈りなどの仕事にありつける可能性がある。ヴァージニアではステート・フェア (state fair) か何かの時期で、そこではバンドがスイングするような音楽を奏でている。「農産品品評会」と訳されているこのフェアでは、売り子ばかりかステージの設営、農産物の運搬、陳列の手伝いなど多くの仕事にありつける。流れ者の労働者にとっては、食事も酒も、そしてうまくいけば女の子も見つけることができる嬉しいイヴェントなのだ。

時代はずっと後になるが、一九五五年のアメリカ映画、ジョシュア・ローガン監督、ウィリアム・ホールデン、キム・ノヴァク主演の『ピクニック』から、この雰囲気をうかがうことができる。

それにしてもこの歌《桃の実の熟する時》の底に流れる楽天的な空気は一体なんなのだろう。確かに季節労働者の苦労や辛さはわざわざ語らずともわかる。その裏返しなのか、いや、むしろ開き直って明るく歌うということなのかもしれない。この曲が作られた一九二〇年代後半から三〇年代にかけての激動の年月、一九一七年春のドイツに対する宣戦布告から始まった第一次世界大戦へのアメリカの参戦、その戦いは一九一八年に終戦を迎えたものの、翌々年の一九二〇年から始まる禁酒法の暗い世相を伴った「ロアリング・トゥエンティーズ（Roaling Twenties＝狂乱の二〇年代）」と呼ばれる、奇矯と騒乱の十年、その終わり近くの一九二九年十月二十四日の木曜日から始まった大恐慌などなど。

そんな暗黒の日々でのひとつの明るい兆し、今は雲の背後に隠れてはいるが、それも間もなく顔を出すに違いないという希望の太陽の存在が、雲の周囲を銀色に縁取っているように思われ、それを人びとは「シルヴァー・ライニング（Silver Lining）」と呼んだ。その太陽が次期大統領になるフランクリン・デラノ・ローズヴェルトだった。彼は選挙演説やラジオ放送で不景気や失業対策に対して具体的に言及したり、大統領になったら一年以内に恐慌以前の物価水準に戻すと公約したりした。

こういった時代、あえて明るく振る舞おうよ、という典型的な歌が、一九三〇年に発表されたジミー・マクヒュー作曲、ドロシー・フィールズ作詞のスタンダード・ジャズ《明るい表通りで *On the Sunny Side of the Street*》だろう。

Grab your coat and get your hat, leave your worries on the doorstep
Just direct your feet to the sunny side of the street
Can't you hear that pitter pat and that happy tune is your step

Life can be so sweet, on the sunny side of the street
さあ、コートを取り、帽子を手に、玄関に悩みを置き去りにして
陽の当たる街路に出て行こう

楽しげなきみ自身の足音が聞こえないか
陽の当たる道では、人生は甘美なものさ

この後は省略するが、明るくいこうとする健気な雰囲気があり、人びとの心に明るい風を送り込んだろうヒット曲の面目躍如たるものがある。《桃の実の熟する時》もまた、季節労働者という、明日の安定を望めない身だけれど、でも、アメリカ中の働き場所が自分を呼んでくれている。そして、そういうところで女の子を見つけて結婚するんだ、と、悲惨な現実を鼓舞するかのように明るく楽しげに歌ったものかもしれない。

実際この頃、作者のジミー・ロジャースは重い結核で余命いくばくもないという自覚の中で、曲を作り歌い続けていた。苦境であるからこそ明るい歌を、というのが彼の心情だったとも考えられる。

アメリカの庶民の歌は、様ざまな好不景気の波の中でもみくちゃにされながらも、自分たちの置かれた環境の中の悲しみや苦しみ、不遇や不運な状態を明るく歌ってきた。カントリーやブルーグラスの多くのレパートリーは、あんなに悲しい内容の歌をなぜあんなに楽しげに歌うの、とよく言われる。悲しみや苦しみをやり過ごすには、その中に埋没してへたり込むのではなく、むしろ背筋を伸ばして明るく楽しげに振る舞う方が効果的だと、彼らは長い間の生活の中で感得してきたに違いない。

もう少し時代が後になると、移動労働者のやるせなさをもっと直截に歌った歌が登場してくる。それがウディ・ガスリーの《ランブリン・ラウンド *Ramblin' Round*》だ。

Ramblin' around your city, ramblin' around your town,
I never see a friend I know as I go ramblin' 'round boys,
As I go ramblin' 'round.

My sweetheart and my parents I left in my old hometown
I'm out to do the best I can as I go ramblin' round
As I go a ramblin' 'round.

The peach trees they are loaded, the limbs are bending down,
I pick 'em all day for a dollar, as I go a ramblin' 'round boys,
As I go a ramblin' 'round.

Sometimes the fruit gets rotten and falls upon the ground,
There's a hungry mouth for every peach as I go a ramblin' 'round boys,
As I go a ramblin' 'round.

（以下略）

「あちこちの町をさすらう。恋人や両親を故郷に残し、自分のベストを尽くせることを探して、たださすらい続ける。日当一ドルで一日中桃を摘み、時々桃は腐って落ち、それを拾っては空腹を満たしては賃金をもらい、さすらいの旅を続ける。結婚できればよかった。そうすれば腰を落ち着けられたろう。おふくろは、ぼくが何かで名を成せるように祈ってくれていた。けれど結局、列車のただ乗りする人間で終わった。ただ、あちこちをさすらい続ける人間で終わった」

果樹園での仕事は儲けものだった。果物を摘む仕事で金がもらえ、商売にならない傷んだものは食べてもよく、瞬時に空腹を満たすことができたからだ。

この歌の主人公もまた故郷が恋しく、まともな生活を求め、母の祈りに胸を痛め、自虐的な思いを消すことができない。ウディはこの曲のメロディーを、アメリカではもっとも愛されている歌のひとつとしてよく知られる、《テネシー・ワルツ *Tennessee Waltz*》、《ケンタッキー・ワルツ *Kentucky Waltz*》とともにアメリカ三大ワルツに数えられる《おやすみアイリーン *Irene Goodnight*》から借りている。

またこの曲の二聯目の歌詞に'to do the best I can（自分のベストを尽くせること）'を探してさすらう、という意味のところがある。この自分が自分らしくあることのできるベストのこと、という感覚が、多くの若者に、ここではないどこか、そこでならベストが尽くせるのではないかという思いを捨てきれず、さすらい続けさせるのである。この「すでにある曲のメロディーを借りる」ということと「ベストを尽くせることを探して」という二つが、アメリカという国の本質、いや、アメリカのある側面を如実に語ってくれるキーワードなのである。このことは、もう少しあとできちんと書いてみようと思う。

ジミー・ロジャースの《桃の実の熟する時》は一九二〇年代後半から三〇年代にかけての世相、このウディ・ガスリーの歌は一九四〇年代から五〇年代を下敷きに作られ、歌われたものだ。ロジャースの楽天的な調子と、ウディの諦念のにじむ曲調とには、明らかに大きな差がある。それは時代の故かもしれない。ロジャースの時代は第一次世界大戦や大恐慌をどうにかやり過ごすことができ、未来が今より少しはマシだろうという希望が微かではあっても見えはじめていた頃だ。ウディの場合、第二次世界大戦は終わったものの冷戦が続き、国外には核の恐怖が満ち、国内では赤狩り旋風の只中にあった。その時代的特徴を、この二つの曲はあらわしている。

一九六〇年代半ばになると、新しい文化を内包したアメリカの再発見と、本来の自分を探してのある種希望に満ちた若者たちが登場してくる。これまでの放浪者と同じようにアメリカ中を働きながら旅して廻る彼らには、ウディにはなかった人懐っこさがある。その中の一つ、当時の人気フォーク・グループ、キングストン・トリオの歌った《アイム・ゴーイング・ホーム *I'm Going Home*》はこんな歌だ。

Well, no matter where I wandered I know I'll always find a welcome
At the end of every journey There'll be friendly people waitin'

Chorus:
California would not hold me 'though I loved her timber mountains.
Worked her fields and worked her orchards up and down her central valley

I have driven open highway through the golden Utah valley
And I watched the rivers gently gliding. I wave my hand to friendly people

Folks who know me call me a drifter. They don't know I'll stop my ramblin'
They don't know that someday, somewhere, somebody's gonna make me settle down

「どこに流れていこうと、あまり気にすることはないんだ。どこに行っても人びとは快く迎え入れてくれるんだから。いつも旅の終わりには、心優しい人々が待っていてくれる」そしてコーラス。「中央渓谷《セントラル・ヴァリー》にある農場や果樹園を行きつ戻りつ働いたにもかかわらず、カリフォルニアは居心地が悪かった　樹々の生い茂る山々は好きだった」「ユタ州の黄金に輝く谷間を抜けてハイウェイをドライヴしていく穏やかな流れを眺め、道ゆく人に手を振る。会った人はぼくを流れ者と呼ぶ。でも彼らは、ぼくがいつの日にかこんなさすらいの生活をやめて、どこかで腰を落ち着けるつもりだっていうこと知らないいんだ」

と歌うこの歌の主人公は、カリフォルニアの中央部の広大な平野部、北はレディング、南はベーカーズフィールド、西はコーストレンジと東のシェラネヴァダ山脈に挟まれた肥沃な農業地帯であるセントラル・ヴァリー、アメリカの野菜庫とか野菜工場などとも呼ばれる土地のあちこちの農場や果樹園で働いてきた。臨時雇いの季節労働者としての彼は、どこでも歓迎されたろうけれど、この西海岸の大きな町では金がなければ楽しめないことも多く、派手やかで浅薄なそういう町では要領よく立ち回る世慣れた人間でなければ居心地はよくなかったろうし、だから、カリフォルニアは自分を迎え入れてくれない、と感じたに違いない。

彼は、ジミー・ロジャースやウディ・ガスリーとは違って、列車にただ乗りして移動していくのではなく、自分の車か、または他人の車に便乗させてもらって無料の高速道路、どこから乗ってもどこで降りてもいいことから「オープン・ハイウェイ」と呼ばれる道を走って、その季節に労働力を必要としている農場などで臨時仕事をもらうのだ。一九六〇年代、一世を風靡したテレビ番組、二人の若者が、オープンカー、シボレー・コルベットでハイウェイとそれが結ぶ町々を旅し、仕事を探し、また様ざまな人との出会いをテーマにしたテレビドラマの『ルート66』と同じ時代なのである。

そうやって彼は、ユタ州の北西部にある渓谷、ユタ・ヴァリーを横目に通り過ぎる。

彼は、もうそろそろ自分は家に落ち着きたい、一生を移動労働者で過ごしたくはないと考えているのだ。彼は根っからの流れ者ではない。生まれつきの腰の落ち着かないタイプの人間ではなく、生きていくための仕事を探してやむなく移動生活を送っているのだろう。

石川好のノンフィクション『ストロベリー・ロード』（一九八八年）は、作者がカリフォルニアの兄の農場で体験した出来事を描いたものだが、その中にヒスパニック系の労働者が畑仕事のために毎朝トラックで大挙して運ばれてくるという場面が出てくる。彼らは、明らかにメキシコからの季節労働者である。ある時期この地にやってきて、一生懸命に働いてそれなりの金を貯めて故郷に帰る。あるいは、この地に腰を据えて一生を暮らそうと考える者もいるだろう。またヒスパニック系の労働者の監督のような位置に成り上がる者もいる。うまく立ち回れる才覚があれば、土地を手に入れて自分で農場を経営する者だっているに違いない。かつて、十九世紀末の日系移民たちがそうであったようにだ。

ごく普通の流れ者の働き手でも、この土地ではひとつの仕事を長く続けていくことができる。《桃の実の熟する時》の男のような何でも屋ではなく、農業に精通することも可能だ。それはすなわち、農業で生計を立てていける可能性があるということにつながる。

そうでない連中は、現在でもジミー・ロジャースの歌の男と同じように季節によっての移動をくり返していくしかない。たとえば、トマト栽培の手伝いをするとなると、春先にはカリフォルニアやテキサス南部で収穫を手伝い、それが夏に近づくに従って北へと移動していく。夏にはカナダとの国境近くまで上り、秋には再びカリフォルニアへと南下していく。そのあと冬にはメキシコへと渡っていく。オレンジやアーモンド、ラズベリー、ストロベリー、リンゴを追って北へ移っていく旅もあれば、カリフォルニア州のベーカーズフィールドやサリーナスなどの大農業地帯の中で、収穫時期の野菜畑を求めて移動していく人たちもいる。あのあたりには、石川好の本にあるように、多くのヒスパニック系の人たちが働いていることを、ぼくも現地へ行って知った。もっと北のカナダのヴァンクーヴァーでは、同じヒスパニック系でも、ペルーの人たちが多かったように思う。

アン・マレーが歌ってヒットした《スノーバード *Snowbird*》という歌は、ユキホオジロ（スノーバード）に託して、自分が永遠の愛を誓った人は誠実ではなかった、だからその小さな翼を広げ、風がやさしく吹き、穏やかな川の流れる土地に私を連れて行って、と歌う。スノーバードは、雪をともなって飛んでくると言われる鳥だ。カナダ生まれのアン・マレーはこの歌の雰囲気にぴったりで、それが大ヒットした原因だろう。しかし、このスノーバードには「避寒者」という訳語もあるように、実は収穫時期に合わせて北上してきた季節労働者が、雪が降りはじめる季節になると南の畑へと去っていくことから、北の土地ではそう呼ぶのだとも言われている。ようするに、季節の移ろいとともに去っていく流れの労働者のことなのだ。

農業関係ばかりでなく、最近の季節労働者で有名なのは、ウェブサイトと販売会社の大手、アマゾン・カンパニーのクリスマス商戦での商品発送業務に臨時に就労する流れの労働者だろう。彼らはキャンピングカーでアメリカ中を移動して、働く場所を見つけて生活している。その彼らがこの時期、巨大マーケットであるクリスマス・プレゼントの梱包・仕分けにたずさわるために集まるということで、彼らのことを「誰も知らないサンタクロース」とも呼んでいるのである。

7　放浪がやめられない

彼らは、食べていくための働き口を探して旅をつづける。その中にはただ生き延びていくために、という場合もあるだろうし、より良い仕事を求めてということもあるだろう。もう少し別の見方をすれば、多くは移民である彼らは、もっと自分に合った仕事、自分に向いた仕事、自分でなければできない仕事、そういうものを求めてこの国に来たのだとも言える。祖国では、自分らしい生き方ができなかったからこそ、この国の可能性を信じてやってきた。この国でなら、何か自分の身の丈に合った、または本来の自分を見出せる何ものかを求められると思ってやってきたのだ。その夢こそが、〈アメリカン・ドリーム〉と呼ばれるかりそめの希望だった。

だが彼らには、かりそめにしろ、見果てぬ夢にしろ、信じられる何ものかがあるからまだいい。その背後に隠れるように、もうひとつの「放浪」の人びとの存在がある。それはただ自由でいたいがために、さすらう人たちで、その姿はなかなか見えにくい。旅をしつづけたいために臨時仕事をこなしていく。そういう人びとが、実はアメリカのある文化を生み育てていっているのだ。すなわち「放浪の文化」とでも言うべきものだ。

そうしたさすらいの人のことを歌った名曲として、ジョン・ハートフォードの《ジェントル・オン・マイ・マインド *Gentle on My Mind*》がある。「我が心にやさしく」とでも訳せばいいだろうか。その歌では、家を後にする男の心情を、こんな風に歌う。少し長いが、曲とその人物のことを理解するために全編引用してみよう。

It's knowing that your door is always open and your path is free to walk
That makes me tend to leave my sleeping bag rolled up and stashed behind your couch
And it's knowing I'm not shackled by forgotten words and bonds
And the ink stains that have dried upon some line
That keeps you in the backroads by the rivers of my mem'ry
That keeps you ever gentle on my mind

It's not clinging to the rocks and ivy planted on their columns now that binds me
Or something that somebody said because they thought we fit together walking
It's just knowing that the world will not be cursing
Or forgiving when I walk along some railroad track and find
That you are moving on the backroads by the rivers of my mem'ry
And for hours you're just gentle on my mind

Though the wheat fields and the clothes lines
And the junkyards and the highways come between us
And some other woman crying to her mother 'Cause she turned and I was gone
I still might run in silence tears of joy might stain my face

And the summer sun might burn me 'til I'm blind
But not to where I cannot see you walkin' on the backroads
By the rivers flowing gentle on my mind

I dip my cup of soup back from the gurglin' cracklin' caldron in some train yard
My beard a-rufflin' cold cowl a dirty hat pulled low across my face
Through cupped hands 'round a tin can I pretend I hold you to my breast and find
That you're waving from the backroads by the rivers of my mem'ry
Ever smilin' ever gentle on my mind.

家のドアはいつだって出入り自由で、通りへの道だって好きに歩いていける
そういうことがわかっていたから、寝袋を丸めてカウチの後ろに置いておく気になったんだ
何を言ったかもう忘れてしまった約束の言葉や絆
インクも乾ききってしまった結婚証書のサイン
そういうものにがんじがらめにされないこともわかっていたんだ
思い出の中にあるのは川沿いの裏道でのきみ
いつもきみはぼくにやさしかった

家の石壁や円柱に絡みつく蔦のような、ぼくを縛るものは何もない
あるいは誰かが言った、ぼくらは似合いのカップルだという言葉さえも

ぼくを留めては置けない
罵ったり、赦しを請うたりする問題ではないことは
線路に沿って歩きながら気がついていた
思い出の中の川の畔をきみと歩いた、あの何時間か
それがぼくの心に優しくあるんだ

ぼくがいなくなったことで、母親に泣きついている女性と
ぼくの間には麦畑や洗濯物が一列になびく裏庭、廃車置場
それにハイウェイによって遠く隔てられてしまった
目を痛めるような強い陽差しの中、ぼくの汚れた顔には自由になった
喜びの涙が筋を作っているだろう
それでも、ここからはもう見えない、川沿いの裏道を歩くきみの姿が
ぼくの心を優しくしてくれる

列車の操車場の溜まり場で、豚の皮や内臓などをぐつぐつと煮ている大鍋から
スープをカップでひとすくいしてきた
ぼうぼうの髭面に、汚れた帽子を目深にかぶり
まるできみを抱くように錫のカップを両手で包み込む
思い出の中にあるあの川沿いの裏道から、手を振るきみの姿が
いつもぼくを微笑ませ、心を温かくしてくれるんだ

ここには流れていくことをやめられない男の悲しみがある。歌の中の二人が、どこで知り合ったのかはわからない。いずれにしろ気が合って一緒に住んでもいいと思った男は、それまでの放浪生活では手放すことのなかった寝袋を巻き、彼女の家の寝椅子の後ろにしまったのだ。それは、それまでの放浪生活に、もうここらでピリオドを打ってもいい、という意思表示、あるいは決心だったろうと思われる。

彼にそう思わせることになったのは、彼女が結婚をチラつかせたり、約束させたりといった束縛をしようとしなかったからだ。たとえそういう誓いを迫っても、出ていくものは出ていく。彼女は、自分を自由にさせていた。いつ出ていっても文句を言う女ではない。

けれども、その家を後にして一人、放浪の旅にふたたび戻ってみると、ただ彼女のことだけが胸に甦える。あの川沿いの裏道で時に佇み、時にそぞろ歩き、何時間も二人で過ごした。あの川は今も心の中を流れ、そのことが自分の胸を温かくしてくれている。彼にはわかっているのだ。男のさすらいの魂は、人からの非難の言葉や女たちがやめてと泣きつくことでは鎮められるものではない。家から遠く離れ、線路脇を歩きながら、ふたたび自由になった喜び、解放感と自分の人生に戻ったという安堵感があるはずなのに、なぜか涙が止まらない。

この男の涙、彼はそれを'tears of joy'と呼んでいる。その「喜びの涙」は、自由になれた喜びゆえの涙のようだが、実は自分の止めることのできない放浪癖に対する涙だろう。業《ごう》のようなそれを、彼は自分自身で持てあましている。彼女のことを思い出すたび、胸が熱くなる。だが、彼女の優しさに甘えたその生活を捨てて、なんの理由もなくその家を後にしてきてしまった。そうしてしまう自分の中の御し難い流れ者の血の、どうしようもない悲しみを彼はただ呆然と受け入れるしかないのだ。

言い訳はしない。言い訳ができないこともわかっている。往々にして、放浪の理由を「自分が本当にベストを尽くせること、もっと自分に適した何かを求めて」といったことにしたがる。そういう言い訳をこの男はしない。ただ自分の性《さが》なのだと知っている。飼いならすことのできない、その放浪への衝動を自分が悲しみ、人をも悲しませるのだということも知っている。だからこの歌、《ジェントル・オン・マイ・マインド》は人の心に深く染み込んでいくのだ。

もうひとつ自分の中の放浪への希求を歌った名曲に《キャント・ヘルプ・バット・ワンダー・ホエア・アイム・バウンド *Can't Help But Wonder Where I'm Bound*》がある。放浪の吟遊詩人と呼ばれたウディ・ガスリーは、多くのフォークシンガーから尊敬され、彼のようにさすらい、旅の中に世の真実、人びとのあるべき生きようを探ろうとする〈ガスリーズ・チルドレン〉と呼ばれるフォロワーを生んだ。その中には〝ランブリン〟・ジャック・エリオットやトム・パクストン、フィル・オクスなどがいた。ボブ・ディランはこの連中の一世代後だが、彼をこの仲間に入れる人もいる。

その一人、トム・パクストンはウディにもっとも近い放浪のシンガー・ソングライターで、いくつもの佳曲を送り出している。彼の作り歌った《キャント・ヘルプ・バット・ワンダー・ホエア・アイム・バウンド》は、こんな風に歌われる。

It's a long and dusty road it's a hot and heavy load
And the folks I meet ain't always kind
Some are bad and some are good some have done the best they could
Some have tried to ease my trouble in mind

Chorus:

And I can't help but wonder where I'm bound where I'm bound
I can't help but wonder where I'm bound

I've been wandering through this land just doin' the best I can
Tryin' to find what I was meant to do
And the people that I see look as worried as can be
And it looks like they are wonderin', too.

I had a little girl one time she ha lips like sherry wine
And she loved me till my head plumb insane
But I was too blind to see she was driftin' away from
And my good gal went off on the morning train

And I had me a buddy back home but he started out to roam
And I hear he's out by Frisco Bay
And, sometimes, when I've had a few his old voice comes ringin' through
And I'm goin' out to see him some old day

If you see me passin' by and you sit and wonder why

And you wish that you were a rambler,too
Nail your shoes to the kitchen floor lace 'em up and bar the door
Thank the stars for the roof that's over you

「熱い陽射しの中の長くつづく埃っぽい道をさすらう旅で、出会った人たちの誰もが親切だったとは限らない。悪い人も、いい人も、そして何か手助けをしてくれようとした人もいた。中には、ぼくの悩める心を慰めようとさえしてくれた人もいた」

　彼は、旅の中で出会った人びとをそう歌う。そして彼の旅は、

「この国をさまよいながら、自分は何をしたいのか見つけようと、ベストを尽くしてきたつもりだ。そんな旅で出会った人びとの誰もが、ぼくと同じように生きることに自信がなく、どう生きようかと考えているようだった」

　そしてコーラスに入る。

「ぼくはどこに向かっているのだろう、と思わずにはいられない。いったいどこに向かおうとしているのか、と」

　彼は自分の旅を通して、こんな忠告をする。

「さすらうこととは無縁のきみが、ぼくが通り過ぎていくのを見て、なぜ旅をつづけるのだろうと不思議に思うなら。そして自分も放浪の旅に出てみようかと思うことがあるのなら、靴の底をキッチンの床に釘付けにして靴紐をしっかり結び、ドアに閂《かんぬき》をかけ、屋根の下に住めることを星に感謝すべきだよ」

タイトルの感じは「どこへ向かおうとしているか、と思わずにはいられない」というところだろうか。自分がやろうとしていることの意味、それを探す旅なのだが、果たしてそれが見つけられるかどうか。そのさすらいの旅も、人生のありようも、「いったい自分は何をしたいのか、どこに行こうとしているのか」という苦い思いが底にある。

この男もまた、自分の中の「さすらいの魂」を制御できないでいる。一ヵ所に腰を据えられない自分を「とても正気とは思えない」とも思っている。そういう放浪癖の男と知って、恋人も去っていった。彼の本音が五聯目に語られる。自分を見て、もし自分もまた同じようなさすらいの生き方をしたいという気持ちが起きたのなら、家を出てはいけない。靴底を床に打ち付け、ドアをしっかりと閉め、住む家があることを感謝すべきだ、と。ここに放浪の苦しさ、辛さ、そしてなんのために人生の大半を費やして、当てのない旅をしているのか、という自己嫌悪にも似た後悔や反省が痛いほどうかがわれる。

どこへ向かおうとしているのか、どこへ行こうとしているのか、いつまで、どんな旅をつづければいいのか。その旅の虚しさを彼はよくわかっているのだが、それをやめることはできない。やめたら、自分を全否定することになってしまうからだ。それまでの人生はなんだったのか、今さら取り返せないその過去は無駄だったのか。それは自らのアイデンティティの問題であり、存在価値《レゾンデートル》の問題だ。

彼はわかっているのだ。この先もずっと、このまま歩きつづけるだろうことを。そうしなくてはいけないことを。

彼のような人間を、一般に「ホーボー」と呼ぶ。Hobo と書く。その語源には、いろいろな説がある。ケネス・アルソップの一九六七年出版の名著『ハード・トラヴェリング——ホーボーとその歴史 *Hard Travelin', The Hobo and His History*』には、いくつかの面白い語源の説が出てくる。ケネス・アルソップはイギリスはヨークシャー生まれのジャーナリストで、いくつかの新聞、雑誌のリポーターや海外特派員などをやりながら、何冊かの著書もある。中でもこの本を執筆するために、アメリカのホーボーと呼ばれる流れ者たちのことを調べようと、何年にもわたって彼らの中に入り込み、様ざまな人から聞き書きしたインタビュー集である。社会学的に、あるいは文化人類学的に、また「経済的落伍者」といった経済的なアプローチからの学術的な側面からではなく、生きたホーボー文化の体現者としての視点から書き上げたすぐれた本だ。これをどこの町で買ったのかはもう忘れてしまったが、この本に出合えたこと、手に入れられたことは幸運だった。

その本に書かれたいくつかの Hobo の語源に、まずラテン語の Homo Bonus からきているのではないかというのがある。意味は good man で、Homo Bonus の二つの語のそれぞれ前二文字を合体させたものだそうだ。しかし、それには少し無理があるし、大体これを聞いたら、ホーボー自身が失笑するのではなかろうか。あるいは、仲間に呼びかける Ho, boy!「よう！」と言ったニュアンスから来ているのだともある。または Hello Brothers が略されて Lo Bro から変化して Lo Bo になり、それが Ho Bo になったという説もある。これもちょっと無理がありそうだ。

森林伐採仕事に携わっていたフランス系の移民たちの言葉で、「高い木」のことを Haultbois（オートボア）と呼ぶという。それが訛って、臨時日雇いの木樵たちを Hobo と言うようになったともある。ドイツ語では、同じ高い木を Hoboe と言うようだとある。なんとなく Hobo そのものへのこじつけ感が強い。もっとも信憑性がありそうなのが、かつて「ホーボー・カレッジ」の校長であったニコラス・クラインの説で、西の農業地帯では、収穫期に集まる臨時雇いの農夫たちのことを Hoe Boy と呼んだところから来ているのではないかという話だ。Hoe は「鍬」のことで、Ho と同じ発音だ。畑仕事に必要な Hoe を持つ働き手だからそう呼んだというのは、もっとも整合性のある説のように思われる。その働き手たちは、収穫期の臨時雇いだから、その収穫が終わればお払い箱。彼らは、また別の働き場所を探して去っていくからHobo（流れ者）という言葉になっていった、という説は説得力がある。

しかし、ぼく自身が一番有力だと思っている説は、当事者から直接聞いた、日本語の「方々」から来ているというものだ。十九世紀の末からカリフォルニアやオレゴン、ワシントン州、カナダのブリティッシュ・コロンビア州などに入植した日系人たちが、並大抵でない苦労の末にようやく自分たちの手で農場を経営することができるようになった。その農場が、かなりの収穫を当てにできるとわかると、耕作地を広げ、働き手を増やさなければならなくなる。アメリカは土地は広いが、それに見合うだけの働き手がいない。一八九〇年の国勢調査局の発表の「フロンティア消滅宣言」によって、少なくとも一平方マイル（約二・六平方キロ）に二人以上の人間がいることとはなっているものの、そういう人口密度では、そう簡単に近在の人びとを雇えるわけもないから、永続的な雇用や常勤の働き手を確保できない。しかもそういう労働者は、収穫の多寡にかかわらずに、最初に契約した給料を支払わねばならない。これは予定の収穫が見込めない場合、農家にとっては経済的な負担が大きい。そうなると、たまたま仕事を求めてやってきた人間を使うしかない。流れの労働者の場合、その年の収穫の予想を見越して、手当を決めることができ、それは雇い主にとっては非常に便利でありがたいことだった。

その代わり彼らは一期だけで、どこか次の収穫時期を迎える農場へと簡単に去っていった。来年また戻ってくるという保証もなく、約束もできなかった。一度雇えば、それきりという連中が多かった。彼らは、あちこちへと移っていった。ひとところに腰を落ち着けて農業技術を学ぼうとすることもなく、一時の下働きとして労働に見合った手間賃を手にすると、どこかへと去っていく。どこという当てもなく、方々へ出かけて行き、少しでも条件のいい働き場所を探す。日系人農場関係者は、そういう流れの働き手を、「方々」に行く人たちだから「ホーボー」と呼んだという。それが英語のHoboになった。日本語がアメリカ語になった初期の例だとされている。しかし、文献的にきちんと記されたものをぼくはまだ見たことがない。身贔屓の感情もあって、日本語がオリジンだと信じたいけれど、なんとなく心許ない。サリーナスだったかの農業をやっている日系人から直接そう聞いたことがあったけれど、でも、それだけではいささかあやふやで、自信がなかった。そこで、この話をあちこちでするると、自分も同じように、アメリカの日系人農園関係者から聞いた、という人が何人もあらわれた。だが、文献として、あるいは学問的に定着していない。でも、ぼくはこれがホーボーの語源だと、一人決めしている。

働くために、生きていくために、仕方なく移動して職業にありつこうという「移動労働者」もホーボーなら、《ジェントル・オン・マイ・マインド》や《キャント・ヘルプ・バット・ワンダー・ホエア・アイム・バウンド》などの曲からうかがわれるように、その人間の「性《さが》」や「業《ごう》」のようなものから、ひとところに長く腰を据えられない、真からの流れ者もまたホーボーと呼ぶ。共通しているのは、「移動」や「流れる」という非定住性であって、その一点からだけでも'Hoe Boy'の枠を越えて、「方々」の方が正しいようだという証明になるだろう。

ともあれ、人の作った生活のルール、この世の規律に囚われることなく生きていたい、というのが、実はホーボーの実態であった。この人びとの背後には、自由という光り輝くオーラが垣間見える。そのことを敏感に感じとった若者たちが支持したのが、クリス・クリストファーソンの《ミー・アンド・ボビー・マギー *Me & Bobby McGee*》で、後にジャニス・ジョプリンが歌ったことでも有名な曲だ。

Busted flat in Baton Rouge, headin' for the train,
Feelin' nearly faded as my jeans.
Bobby thumbed a diesel down, just before it rained;
Took us all the way to New Orleans.
I took my harpoon out of my dirty red bandanna,
And was blowing sad while Bobby sang the blues.
With them windshield wipers slappin' time, and Bobby clappin' hands,
We finally sang up every song that driver knew.

Chorus:
Freedom's just another word for nothing' left to lose:
Nothin' ain't worth nothin' but it's free.
Feeling good was easy, Lord, when Bobby sang the blues.
Feeling good was good enough for me;
Good enough for me and Bobby McGee.

From the coal mines of Kentucky to the California sun,
Bobby shared the secrets of my soul.
Standin' right beside me, Lord, through everything I've done,

Every night she kept me from the cold.
Then somewhere near Salinas, Lord, I let her slip away,
Lookin' for the home I hope she'll find.
And I'd trade all my tomorrows for a single yesterday,
Holdin' Bobby's body next to mine.
(Cho)

「バトンルージュの町で、まるで色褪せたジーンズのような気分で列車に乗ろうとしていた。雨が降る前、ボビーがニュー・オルリーンズ行きのディーゼル・トラックをヒッチした。ボビーがお礼にワイパーのリズムに合わせてブルースを歌う間、バンダナに包んだハーモニカを取り出して吹いた。結局は、知っている歌を全部披露することになったけれど」

　そしてコーラスに入る。

「自由というのは、別の言葉で言えば何も持たないこと。何もないけれど、自由だけはある。それでいい気分になれるのなら、それでぼくらには十分なんだ」

けれど、二人にはやがて別れの時が来る。ここからは逐語訳で紹介する。

ケンタッキーの炭鉱地帯から、陽の輝くカリフォルニアまで
ボビーは、ぼくの心の秘密を分かち合ってくれた
何をやるにも、ボビーはぼくを支えてくれた
夜ごとの寒さを、身体を寄せてやり過ごしてもくれた

けれどサリーナスの近くで、彼女はさすらいをやめると言い出した
彼女が落ち着ける、いい場所が見つかるといいのだけれど
ああ、ボビーがすぐ横にいてくれた昨日までのたった一日が戻ってくるのなら
これから先の、未来のすべてと取り替えてもいいのに

この歌が発表された時、大きなショックを若者に与えたのはコーラスの部分で、「自由というのは何も持たないこと」という一節だ。'Freedom's just another word for nothing left to loose' は「自由とは言い方を換えれば、失うものが何もないということ」だ。自由になりたかったら、何も持たないこと、家や財産や地位、時に伴侶や友人さえも持たないこと、そこまでしなければ真の自由とは言えない。自由を得るのは、多くのものを捨てねばならない。その覚悟がなければ、自由なんて手に入らないのだ。

この言葉は、学生の身分であったり、家族とともに住まったり、映画を見たり、デートをしたり、車を自由に使えたり、スポーツや教会やコミュニティや政治運動に関わったりしている間は、自由を口にする資格がない、ということを教える。戦争に行かない自由を求め、徴兵カードを燃やすことは、ただの反戦の意志表示であるばかりでなく、アメリカ国民であることをやめるということでもあるのだ。「自由」というのは、そういう意味を理解した上で、初めて口にできることなのだという一節は、当時学生運動や反戦運動に流行のように加わっていた若者にとっては大きな衝撃だった。自由であることの孤独、寂寥、悲哀、誇りと苦悩、そして疲労感、そういうものをこの歌は強く訴えているのである。

この《ミー・アンド・ボビー・マギー》には、とてもいいエピソードがある。ぼくはそれが好きで、

この歌を人に紹介するたびに、そのエピソードを話さずにはいられない。

一九七〇年、当時、ポップ歌手として人気だったジョニー・キャッシュのテレビ番組に出演するためにテネシー州ナッシュヴィルにやってきた。収録後、ジョニー・キャッシュの彼女を取り巻く若いミュージシャンたち――今思うと、その時代の先端を行くすぐれた連中――が彼女のホテルの部屋に集まり、それぞれにギターを弾いたり、歌ったり、コーラスしたりと、ジャムに熱中していた。そのミュージシャンの中には、当時、モンキーズのギタリストのマイク・ネスミス、CSN&Y（クロスビー、スティルス、ナッシュ&ヤング）のグラハム・ナッシュ、デイヴィッド・クロスビー、新進気鋭のミッキー・ニューベリー、新しいタイプのカントリーを歌って斬新な風を送り込んでいたジョージ・ハミルトン四世などがいた。もう一人、彼らの背後で演奏するでもなく、仲間に加わるでもなく、ただ大人しく見ていた、髪は長くないが痩せて背の高い若者がいた。ジョニ・ミッチェルが彼を見つけて「何かやらないの」と促すと、彼は恥ずかしそうにジーンズの尻のポケットからしわくちゃの紙を取り出し、それを広げるとギターを借りて歌い出した。それがこの《ミー・アンド・ボビー・マギー》だった。その曲の、あまりの良さに、一瞬呆然となっていたミュージシャンたちは、もう一曲何か、と所望すると、彼は次に《サンデー・モーニング・カミング・ダウン *Sunday Mornin' Comin' Down*》を歌った。それが、クリス・クリストファーソンの歌が世に出た瞬間だった。

《ミー・アンド・ボビー・マギー》は、若き日のさすらい、それも一九六〇年代後半から七〇年代、大学闘争や公民権運動、そしてベトナム反戦などで、荒れた時代に生きた若者の姿を歌ったものだ。まじめに勉強する雰囲気も、まともに社会に出て働く意欲もなく、そして、いつ徴兵カードが届くかもしれないという不安と不穏な空気の中で、若者は家を出て、学校を辞め、社会からも遠ざかるようにして、旅立っていった。どこへと当てのある旅ではなかった。それこそ、その日の風まかせの旅だった。この歌の二人もまた、当てのない、その時に行きたいところへ、風のように流れていくホーボーの仲間だった。

徒歩の旅では往生する雨が降る前に、運良く、ディーゼル・トラックに便乗させてもらえることができた。本来、大陸横断をはじめとする長距離輸送トラック、通称、エイティーン・ホイラーとか、「セマイ」と呼ばれるトレーラー・トラックは、便乗禁止というのが建前だ。物流の第一は、速度と確実性。便乗は御法度だ。もうひとつは、運行許可範囲の遵守だ。トラックには、荷を運ぶ先の土地の免許がある。送り先によって、行く先が決められていて、その州だけの許可証が発行され、それを車体横に掲示する。これはかなり厳しくて、違反すると免許が取り上げられ、しばらくの間失職する。だから、彼とボビーとは、運が良かったと言うしかない。

気になるのは、Bobby McGee という存在だ。McGee だから、おそらくはアイリッシュ系だろうと思う。同じケルト系でも、Mc と頭につくのはアイルランド系で、Mac と a が入るのは、スコットランド系だ。日本の占領時の連合国最高司令官のマッカーサーは MacArthur だからスコットランド系で、ハンバーガーの McDonald はアイルランド系だ。で、アイルランド系だろう Bobby は、どう考えても男名前である。Bobby は Robert の愛称で、普通は、男の子の名前としてつけられる。この歌を聴く人は、一聯目では、歌い手が男性として、共に旅をしているのは男友だちだと思う。ところが二聯目に入ると、she という言葉が出てきて、ああ、Bobby は女なんだと、ちょっと驚く。女名前にも、ボビーというのがあって、多くの場合、Bobbie と書かれる。これは、Roberta（ロバータ）や Rebecca（レベッカ）の愛称だと言われている。クリス・クリストファーソンが男として歌う場合、Bobby は女だが、ジャニス・ジョプリンの名唱では、Bobby は男で、かなりすっきりしている。

ある時期、この主人公と Bobby とはホモセクシャルの関係だとまことしやかに言われていた。実際、この歌が書かれ、歌われた一九六〇年代から一九七〇年代の初めの頃、ホモセクシャルはまだ世間に認知されていなかった。同性婚などは論外で、もし同性愛者であることが知れたら、世間的に抹殺されかねない風潮が強かった。だから、名前の Bobby で、わかる人にはわかるだろうということなのかもしれない。二聯目の she は、いわば目くらましのようなものだと思われもした。

《最後の想い *The Last Thing on My Mind*》や《キャント・ヘルプ・バット・ホエア・アイム・バウンド》といった名曲を送り出した、トム・パクストンのさすらいの友を歌った曲に《ランブリン・ボーイ *Ramblin' Boy*》というのがある。そこにも微妙なニュアンスがある。こんな風に歌われる。

He was a man and a friend always
He stuck with me in the hard old days.
He never cared if I had no dough
We rambled 'round in the rain and snow.

Chorus:
And here's to you my ramblin' boy
May all your ramblin' bring you joy
And here's to you my ramblin' boy
May all your ramblin' bring you joy.

In Tulsa town we chanced to stray

We thought we'd try to work one day
The boss said he had room for one
Says my old pal, "We'd rather bum!"
(Cho)

Late one night in a jungle camp
The weather it was cold and damp
He got the chills and he got 'em bad
They took the only friend I had.
(Cho)

「彼は根っからの流れ者ではなく、まともな人間で、長い間の、そしてどんな時でも友人でいてくれた人間だった。金に困っても、雨や雪にもめげることなくぼくたちは旅を続けた。ある日、オクラホマのタルサの町で腰を落ち着けられる仕事が見つけられそうだった。だが、雇い主は仕事の口は一つしかないという。友は、その仕事を断った。一人しか仕事を得られないのなら、だったら二人してさすらっていた方がいいというのだ」

結末はあっけなかった。ある雨の寒い夜、ジャングル・キャンプでの野営で身体が冷えた彼は、二度と目覚めることはなかった。この歌は、ホーボーたちの友情を教えてくれる。ここではさすらう男たちの友情はうかがえても、その二人が特別な関係にあるとは、あからさまには歌われていない。しかし、わかる人にはわかる。

一九二七年九月二十二日、イリノイ州シカゴのミシガン湖の近くにある「ソルジャー・フィールド」では、おそらくアメリカの、いや、世界のボクシング史での、けして忘れられない一戦が行なわれた。それが前チャンピオン、ジャック・デンプシー［図⑩］と現チャンプの「戦う海兵隊」の異名を持つジーン・タニーとの、世界ヘビー級タイトルマッチだった。この試合には、いくつかの驚きがあった。まずは、試合が行なわれたソルジャー・フィールド（現NFLシカゴ・ベアーズの本拠地）に集まった観客数は十万四千九百四十三人。一つの市よりも多いぐらいの人が集まったことになる。興行収入は二百五十五万八千六百六十ドルで、ボクシング史上初めて「二百万ドルのゲート」を開いたと言われた。

もう一つ特筆に値することは、ダウンを奪われたチャンピオン、タニーが通常の十《テン》カウント以上の時間が与えられ、それによって回復したタニーに今度はデンプシーが反撃されて敗北するということが起こったのだ。そしてこの試合、「ロング・カウント事件」［図⑪］として、これまたボクシング史上大きな出来事となった。

その後、負けたジャック・デンプシーはアメリカを越えて世界中で知られる存在になった。彼は、リングサイドで観戦していた妻、女優のエステル・テイラーに素直に敗北を――相手をダウンさせた時にニュートラル・コーナーに行かなかった自分の非とディフェンスの失敗を率直に認めたことで、それまでの徴兵拒否などによるマイナス・イメージを一挙にくつがえして国民的な英雄にまで人気が高まっていった。

デンプシーはアイルランドとチェロキー・インディアンとユダヤの血を引き、コロラド州マナッサで一八九五年に生まれた。貧しい家庭だったので、十六歳で家を出て炭鉱で働くようになり、まもなく列車にただ乗りするホーボーの仲間になる。彼とホーボーたちにまつわる面白いエピソードを知ったのは、彼らのの面談をまとめた雑誌記事や、今、ウェブで検索できる'Hobo Times' 'Hobo Magazine' といったホーボーたちによるブログを見ていた時だ。中にはなかなかの蘊蓄を披露しているブログもいくつかあり、ホーボーにまつわる文学的・社会学的・文化人類学的なアプローチがあって、通り一遍のアメリカに関する知識ではない、もっと深く、豊かな地平が展がっている。そこでも指摘されているが、ホーボーの中には、ホモセクシュアルの色合いの濃い集団があったことは確かなようだ。

彼らがホーボーになった理由、すなわち故郷を出なければならなかった原因には、暴力沙汰などの罪を犯したことやコミュニティの厄介者視されたこと、そして性的倒錯者と見なされることなどがあった。ことに、十九世紀から二十世紀初頭にかけてのアメリカ東部、南部などでは、この性倒錯の問題は、旧約聖書のソドムとゴモラの例を持ち出すまでもなく、神への冒瀆と受け取られた。そうやって、自分の町に居づらくなった人たちが流れ流れて、たどり着いた先で自然と仲間を見つけることになったとしても不思議ではない。一方、そういう性的傾向のないホーボーもいる。彼らにとっては、そういう趣味に引き込まれたり、誘われたり、無理強いされることは、大いなる悩みであった。

そして何人かのホーボーたちは、ジャックがゲイたちの攻撃から守ってくれた、と証言している。《ランブリン・ボーイ》の歌の二人が、そういう関係にあったとは言えない。しかし、そういう空気が、彼らの世界に濃厚にあることは否めない。

この歌に出てくる「ジャングル・キャンプ」は、ホーボーたちの溜まり場というか、滞在場所、旅の日々の中でのかりそめの定住の地と言ってもいい。大概は、風よけのために崖の下や、平地の窪地、それに、雨のしのげるような樹木が密集していたり、大きな洞窟というか、洞穴のようなところがあると理想だ。そこで焚き火を熾し、大きな鍋を吊し、あちこちの食堂や肉屋や八百屋で打ち捨てられた残りもののクズなどを拾ってきては、一日中ぐつぐつと煮る。これは誰もが自由に食べていい。前出の《ジェントル・オン・マイ・マインド》の第四聯にもある「豚の皮や内臓などを煮ている大鍋からスープをカップでひとすくい」とは、この溜り場からもらったものだ。誰もが食べていいが、その代わりどこかで何か食べ物を手に入れてきたら、自分用の保存食以外は他の人たちに提供する必要がある。ここで面白いのは、鍋番というか、調理係のような存在がいて、何でも闇雲に、それこそ「闇鍋」のように、得体の知れないものを入れないように監視している人物がいたことだ。興味深いことに、このコック係は、流れ者の集団の中での「流れない流れ者」、つまりジャングル・キャンプの主《ぬし》に近くなっていく。牢名主みたいなもので、世事一般、近隣の情報や、鉄道の運行状況から、車掌の人格までを把握し、流れていった者の消息もある程度摑み、官憲の手入れが近いかどうかもうすうす承知しているという人物だ。言ってみれば、身体はさすらってはいないが、心はホーボーということになるだろう。

家で女性が待つホーボーもいる。だからと言って、ホモセクシャルでないとは断定できない。ヘテロセクシャルかもしれないが、それにしても、家で待つ人がいるという状況は、いずれにしろ心温まる。モダン・フォーク・リヴァイヴァル・ブームの中心的な歌で、アメリカでも日本でも、いや世界中の若者が、我が歌として歌った曲に《五〇〇マイル *500Miles*》がある。この歌と、ジョン・デンバーの歌った《カントリー・ロード *Take Me Home, Country Roads*》は、日本でも根強い人気があり、テレビドラマのシリーズでも、主題歌や挿入歌、イメージ・ソングに取り上げられたりする。

人によって、少しずつ歌詞が異なるが、ヘディ・ウエストのオリジナルは、こんな風に歌われる。

If you miss the train I'm on
You will know that I am gone

You can hear the whistle blow a hundred miles!

If my honey said so
I'd railroad no more
I'd sidetrack my engine and go home!
（中略）
I told my little letter
Just as plain as I could tell her
She'd better come along and go with me!

My clothes are all worn
My shoes are all torn
Lord, I can't make a living this a-way!

If this train runs me right
I'll be back tomorrow night
I'm coming down the line on number nine!
（以下略）

「もしきみが汽車に乗り遅れたのなら、ぼくは一人で去って行ったと思うがいい。そして一〇〇マイル（約一六〇キロ）向こうからの汽笛を聴くことだろう。もし、ぼくの愛する人が言うのなら、もう二度と無賃乗車なんかしやしない。鉄道の流れ者をやめて、家に帰る。（中略）彼女への言葉少ない手紙に、思うだけのことは書いた。この先、一緒に暮らしてくれる気があるかって。服はボロボロ、靴は破れ。ああ、もうこんな風に生きていくのはごめんだ。列車が予定通りなら、第九号列車に乗って明日の晩には家に戻れる」（以下略）

各聯の後半のくり返し部分などは省略した。この後に'Not a shirt on my back, Not a penny to my name/Lord I can't go back home this a-way'が続く。この部分'Not a shirt on my back'とあるが、そしてその他いくつかの歌詞でもbackとある。ここはbagの間違いではなかろうか。あるいはbackで「背中に担いだ」、あるいは「肩に担いだ棒の先に括りつけた袋の中には」という意味だともとれるが、はっきりとはわからない。いずれにしろ、訳としては「背にしたバッグにはシャツもなく、一銭も持っていない。これでは家に帰ることができない」ということだろう。

この歌の主人公には、はっきりと家で待つ人がいる。その家へ、彼は帰って行こうとしている。最初の歌詞では、どうやら、一緒に旅をしていた相手がいるらしく、自分が乗ろうとする貨物列車に乗り遅れたのなら、もう待ってはいないから、自分一人家に帰ったと思ってくれと歌う。ここには、帰郷の強い意志がある。もしまださすらいをつづけたいのなら、彼は、その列車をやり過ごして友人を待っただろう。彼に帰る決心させたのは家にいる女性からの一通の手紙で、そこにはもうレイルロード・バムの生活をやめてくれとあった。それに対して彼は、一緒に暮らしてくれるなら、と、短い返事を書く。これまでの放浪の生活で、着るものはボロボロ、靴は破れて、という状態。彼にとっても、もう潮時だと思ったのだろう。

放浪の移動手段が鉄道、それも貨物列車であった時代、その列車へただ乗りをする人間を「レイロード・バム」と呼んだ。バム（bum）は「乞食」という意味に近い。その彼の最後のただ乗り列車が、もし時間通りに走ってくれるなら、その第九号列車に乗って明晩には故郷に帰れる、とも言う。そこには、抑え難い望郷の念が頭をもたげ、振り払うことができない。心はもう故郷に戻っている。ブルーグラス系のカントリー・ジェントルメンのハイテナー・ヴォーカリストのジョン・ダフィの同じ歌では、ヘディ・ウエストにはない、一つの歌詞が加えられている。

それが、

Lord I walk in these ties with tears in my eyes
I'm trying to read a letter from my home

である。

今男は、線路の枕木の上を歩きながら、故郷へと向かっている。その故郷の家からの手紙は、涙が溢れて読めない。それは望郷の涙だろうか、それともホーボーをつづけることができなくなった、自由への惜別の涙だろうか。この家からの手紙というのは、望郷と帰郷の決意に対する大きな意味を持っていたようだ。しかしホーボーたちは、どこで家からの手紙を受け取るのだろうか。ホーボー用の私書箱のようなものがあるのだろうか。それとも、いつも寄ることのあるどこかの「気付」にでもするのだろうか。

この《五〇〇マイル》には《九〇〇マイル *900Miles*》という元歌がある。そのことを書こう。

《九〇〇マイル》には、歌う人によっていくつもの歌詞がある。そればかりではなく、あるひとつの土台となる事件や物語があって、それを歌うもともとの歌の一部分を、後につづく歌い手が自由に取捨選択して自分の歌にしたのだろうと思われる。ようするにバラッド特有の変化と言っていい。その歌のあれこれの詞を勝手に取り出して、歌いやすいようにメロディーも多少変えてレパートリーにする。むろんタイトルを新しく付ける者もいる。そういう目で見ると、《五〇〇マイル》と《九〇〇マイル》とはほぼ兄弟のような関係と言うことができる。その《九〇〇マイル》を紹介しようと思うのだが、前述の通り、歌う人によってその歌詞がかなり違う。たとえば、かつてフォークソング・リヴァイヴァル・ブームの母胎ともなったアルマナック・シンガーズの一員として、ウディ・ガスリーたちと演奏を共にし、解散後もコンビで活動したことで知られるシスコ・ヒューストンの《九〇〇マイル》と、その盟友とも言えるウディ・ガスリーのそれとは違う。

そういう中で、ジャック・エリオットの歌詞を載せよう。彼は前にも触れたが、ウディ・ガスリーに私淑する若者、「ガスリーズ・チルドレン」の一人で、〝ランブリン〟・ジャック・エリオットと呼ばれる放浪の歌手だった。彼の歌は、たとえば、《林檎の樹の下で *In the Shade of the Old Apple Tree*》などは、自作ではないが、いかにもある時代の地に足の着いたヴァガボンド的なシンガーという感じが強くてとてもいい。その彼の歌う《九〇〇マイル》は、この歌のあり方の典型、成り立ちの様子を教えてくれる曲になっている。

I'm walking down this track,
I've got tears in my eyes,
Trying to read a letter from my home.

Refrain:

If this train runs me right
I'll be home tomorrow night.
I'm nine hundred miles from my home.
And I hate to hear that lonesome whistle blow.

I'll pawn you my watch
And I'll pawn you my chain;
Pawn you my gold diamond ring.
(Ref)

The train I ride on
Is a thousand coaches long.
You can hear that whistle blow a hundred miles.
(Ref)

If my woman says so
I will railroad no more
I'll sidetrack my wheeler and go home.
(Ref)

「線路脇を歩きながら家からの手紙を読もうとしたのだけれど、涙が溢れてきた。この列車が時間通りなら、九〇〇マイル（約一四四八キロ）離れた家に明日には帰れる。持ち物を質に入れ、無一文でただ乗りした列車は千輌もの長さ。遠くからの汽笛ももう聴きたくない。もし、彼女が望むなら、列車には乗らず線路を歩いて帰るよ」

《五〇〇マイル》の歌詞のあちこちを彷彿させるところがある。この《九〇〇マイル》の元歌が《ルーベン・トレイン（またはルーベンズ・トレイン）*Rueben Train or Rueben's Train*》だとされている。その歌詞の内容は後述するが、この歌では、歌詞の内容もそうだが、むしろ《ルーベン・トレイン》のメロディーをそのまま受け継いでいる。こうして《ルーベン・トレイン》は《九〇〇マイル》へ、《九〇〇マイル》は《五〇〇マイル》へと、ひとつの想い、感情、生き方、人間の性《さが》と、その哀しみなど、筆や口ではうまく伝わらないものが、音楽というファクターを通して延々と生きつづけていっていることがわかるのである。それが歌の持つ力だろうし、ホーボーというマイナス・イメージの文化の魅力を継承するひとつの手段でもあったのだろう。

だが、ホーボーと列車の歌は、列車のただ乗り、線路脇を歩くこと、遠い汽笛、そしてその音が聴こえるはずもないはるかな故郷を思う、といった重要な要素が時代と共に少し変わっていく。現代のホーボーの一端を歌った歌がある。その男もまた、手紙に心を動かされる。だが、彼の場合、手紙だけでなく、そこには帰りの列車の切符が同封されていたのだ。

ゴードン・ライトフットはカナダのフォーク・シンガーで、一九六〇年代後半から七〇年代終わりにかけて、アメリカのフォークソングとはまたひと味ちがう、カナダらしいの透明感のある新しいタイプの曲作りで聴く人を魅了した。特にいくつかの自然環境への温かい眼差しは、他と一線を画する。

自分の身体の中を流れる自由の魂と、都会人の心根の中に潜む故知らぬさすらいの魂のようなものを、ライトフットは実にうまく歌っている。いくつかあるさすらいの曲の中でも、印象的な曲が《スティール・レール・ブルース *Steel Rail Blues*》だ。

Well I got my mail late last night a letter from a girl who found the time to write
To her lonesome boy somewheres in the night she sent me a railroad ticket too
To take me to her lovin' arms and the big steel rail gonna carry me home to the one I love

Well I been out here many long days I haven't found a place that I could call my own
Not a two bit bed to lay my body on I been stood up I bin shook down
I been dragged into the sand and the big steel rail gonna carry me home to the one I love　Ooh ooh

Well I been uptight most every night walkin' along the streets of this old town
Not a friend around to tell my troubles to my good old car she done broke down
'Cause I drove it into the ground and the big steel rail gonna carry me home to the one I love

Well I look over yonder across the plain the big drive wheels are poundin' along the ground
Gonna get on board and I'll be homeward bound now I ain't had a home cooked meal
And Lord I need one now and the big steel rail gonna carry me home to the one I love　Ooh ooh

Now here I am with my hat in my hand standin' on the broad highway will you give a ride
To a lonesome boy who missed the train last night I went in town for one last round
And I gambled my ticket away nd the big steel rail won't carry me home to the one I love Ooh ooh

「昨夜遅く、彼女からの手紙が届いた。戻って来い、と列車の切符が同封されていた。長い間さまよってきたけれど、住む場所どころか、疲れた身体を休める寝場所も見つけることはできなかった。疲れ、意気阻喪して身体は砂に引きずり込まれるようだ。家に帰ろう。ああ、列車が愛する人の元に運んでくれるなら」（中略）「遠くから列車の音が聞こえてくる。今ほど手作りの料理が恋しいことはない。大きな鉄輪が、愛する人のもとに連れて行ってくれる」

だが彼は、帰ることができない。

「この町での最後の夜、運試しにやったギャンブルで負け、送ってもらった切符を取られてしまった。今、ハイウェイの脇に立ち、誰かヒッチさせてくれないかと、立ち尽くしている」

彼はすでにして、漂泊の日々に倦んでいる。だが、安楽でだらしなく、何の制約も束縛もない世界を抜け出すには、それなりの努力と覚悟と決心がいる。その気持ちは、実は日々の錬磨のようなもので、常に心のどこかで居住まいを正しくしておかないといけない。言葉を換えれば、精神のある部分で「正座」しているものを持たないといけない。人の心は日々の流れに容易に鈍磨するものだ。ぬくぬくと暖かい泥の干潟の中に身を沈め、空を眺め、ただ時が過ぎ去っていくのを感じるところから、そう簡単には抜け出せるものではない。

自由で放埒な生き方は、安逸で、一種の中毒になるほどだ。だが、心の大きな部分では、倦んでいる。もういいと考えている。帰ろうか、と迷っているところに、彼女からの手紙と、帰りの列車の切符が送られてきた。

列車で帰るのは、そう容易いことではない。いや、容易いことなのに、それをそうさせないものが、この男の心にはある。帰りたいのに帰れない、この矛盾した思い、もしかしたら、家には帰れないという言い訳なのかもしれない。同じゴードン・ライトフットの名曲でキングストン・トリオなどに取り上げられ、これも大変なヒット曲になった《朝の雨 *Early Morning Rain*》がある。

In the early morning rain with a dollar in my hand
With an achin' in my heart and my pockets full of sand
I'm a long way from home and I miss my loved ones so
In the early morning rain with no place to go.

Out on runway number nine a big senen-o-seve set to go
And I'm stuck here in the grass with a pain that ever grows
Now the liquor tasted good and the women all were fast
Well there she goes my friend she'll be rollin' down at last

Hear the mighty engines roar see the silver bird on high
She's away and westward bound far above the clouds she'll fly
Where the mornin' rain don't fall and the sun always shines

She'll be flyin' o'er my home in about three hours time

This old airport's got me down it's no earthly good to me
And I'm stuck here on the ground as cold and drunk as I can be
You can't jump a jet plane like you can a freight train
So, I'd best be on my way in the early morning rain
You can't jump a jet plane like you can a freight train
So, I'd best be on my way in the early morning rain

「痛む心、ポケットは砂のような虚しさで一杯、一ドルだけを手に、雨の朝の中にたたずむ。家はここから遠く、愛する人だけが恋しい、行くあてもない雨の早朝」

彼は今、飛行場にいる。

「第九滑走路のボーイング７０７はまさに飛び立つところ。酒は心を温めてくれたけれど、女たちは冷たかった」

彼は帰りたいのだが、飛行機は貨物列車のようにただ乗りはできない。だから彼は、空港に背を向け、故郷への想いを胸に孤独な旅を続ける。

雨が降る朝の空港の滑走路を眺められるどこか。男は金もなく、ただ人恋しくて、故郷へ飛んでいく飛行機が飛び立っていくのを見にきている。それに乗りさえすれば、すぐにも家に帰れる。だが、航空券を買う金もないのに、なぜ彼は、空港まで来たのだろうか。自虐的な思いからだろうか。ひとつだけ真実がある。彼の言うように、飛行機は、貨物列車のように簡単には乗れない。そこが新しい。

この歌が現代のホーボーのやるせなさを歌って人の心を摑むのは、この新しさなのだ。

これまでのレイルロード・バムと呼ばれるホーボーたちは、列車、ことに貨物列車を友とし、それに無賃乗車することでどこへでも行けるという意味で、「自由」な身だった。ホーボーの歴史は、そのまま貨物列車の歴史であり、それは今も続いている。航空機の時代になっても、列車での旅は消えない。少なくとも、ホーボーの旅は消えない。飛行機はただ乗りできない。車でのヒッチハイクも、時代とともにままならなくなっている。アメリカの物流の大きな部分がトラックに取って代わられたにしても、貨物列車がまだまだ健在である限り、彼らにとっての移動手段の主流の位置は変わることがない。いわば、貨物列車は不滅の存在であり、それにただ乗りするホーボーたちもまた不滅なのである。

列車のただ乗りは、おそらくはアメリカ大陸に鉄道が敷設された瞬間からはじまったのだろう。それ以前の、腰の据わらない連中――放浪者、住所不定の人間たちが移動するには、自分たちの足に頼るしかなかった。歩くことで移動していく。その後、西部の開拓の時代になると、流れ者は、馬で旅をした。馬と銃があれば、ある程度の自由は手にすることができた。金が必要になったら、まともに生きようとしている人間なら、どこかで働き口を探す。牧場の仕事は、いつでも人を求めていた。道を外れた者なら、人に両手を上げさせたりもした。若き日のピーター・フォンダ監督・主演の映画に、流れ者の牧童を主人公にした『さすらいのカウボーイ *The Hired Hand*』（一九七一年）というのがあった。原題の Hired Hand は臨時雇いといったニュアンスだろうか。アメリカは広大で、仕事を探すためにさすらわねばならず、一度、さすらいの自由と人に煩わされない孤独の居心地の良さを知ったら、ひとところに腰を据えていられるわけもなく、結局はふたたびさすらいの生活に戻ってしまう。そのくり返しだったろう。

駅馬車にはただ乗りはできない。公共の交通機関を使ってのさすらいには、やはり、列車の登場を待つしかなかった。何よりも列車のいいところは、速いこと。そして、機関士や制動手や車掌たちに見つからなければ、無料で乗れること。乗っている間、身体を休めたり、考え事をしたりもできるところ。鉄道路線が増えるにしたがって、行き先が自由に選ぶことができたことなどだ。機関車や駆動車、最近ならディーゼルの動力車《パワーユニット》や客車や貨物車の横腹に、鉄道会社のイニシャルが書いてあり、たとえば「Ｌ＆Ｎ」とあったら「ルイヴィル＆ナッシュヴィル・レイルロード」で、ルイヴィル－ナッシュヴィル間を走る路線の会社の列車であることがわかる。ということは、その路線の経路をおおよそ知ることができ、そこまでは曲がりなりにも行けることを保証してくれるのだ。「ＡＴ＆ＳＦ」とあれば、カンザス州アッチンソン、同じくカンザス州トピーカ、そしてニューメキシコ州サンタフェの町を結ぶ「アッチソン・トピーカ・アンド・サンタフェ鉄道」の頭文字で、その土地の名前だけで通る経路はすぐにわかる。だから、自分の行きたいところを通る列車を選ぶことができた。

　アメリカにさすらう人が多いという事実は、それだけ多くのアメリカ人が、自由の身に対する強い憧れを持ち、また実際にさすらいの生活をはじめても、それなりに仕事を得る環境があることなどが考えられる。そしてもう一つ、アメリカ人の多くが生活環境の変化を求めているところがあることも見逃すわけにはいかない。「生活環境の変化」と表現してしまうと、あまりに漠然としすぎる。ようするに、「過去を捨てたい」欲求なのだ。彼らの先祖、祖父やその上の世代が移民としてアメリカにやってきた動機に、祖国では生きづらいという事情があった。そんな祖国を捨てて新天地で生き直したい、という思いでやってきた人がほとんどだった。これは、人種や国籍や宗教的な差別を回避するための「同化」ともつながっている。

　東欧の移民たち、またアイルランドからの移民たちは、自分の名前を変えることによってアメリカ人に同化しようとした。そうすることで過去を捨てようとしたのだ。アイルランド人の場合、名前の頭についたMcを外して、後ろ半分を新しい苗字にした人を知っている。名前を変えることによって、別の人間として生きる。それは土地についても当てはまる。彼らに「どこの方ですか」と出身地のつもりで訊くと、単に前にいた地名で答える人が多い。どこの国の人間であるか。その血筋の大元を知りたくとも、そう簡単でないことがある。住む場所、土地を変えること、引っ越して別の州に移り住むことは、そのまま新しい人生を生き直すことなのだろう。

別の新しい土地で、過去を捨てて生き直したい、という思いは、この国の風土がそうさせるとも言える。広い空、広い大地、どこまでも延びる平原や草原やハイウェイ、その向こうには、どんな生き方があるのだろう。そこへ行けば、自分にもまた新しい人生が展がるかもしれないと思わせるところが、アメリカにはある。

そしてもう一つ、おそらくはこのさすらう人たち、流れ行く人びとを生むシステムが、この国にはあったからだ。それが、アメリカのもう一つの姿なのではなかろうか。この流れ行く生き方を支えてきたのは、鉄道であり、ただで乗ることのできる列車だった。自由な移動、自由な生き方につながるアメリカの列車への思いは、日本のそれとはまったく別の世界を持っているのである。

3

1

2

4

5

6

7

10

ENJOY.
INDULGE.
MR MIKES
SteakhouseCasual
DAWSON CREEK
QUESNEL • TERRACE • DAWSON CREEK • FORT ST JOHN • KAMLOOPS
250-964-7228

9

8

11

第二章　トレイン・ソングが教えてくれる世界

1　白馬に乗った「彼女」とは誰のことか

アメリカには、実に多くの列車の歌がある。それに比べると、我が国の列車の歌は驚くほど少ない、という印象が強い。日本で汽車や機関車の歌はあまり思いつかないけれど、アメリカでの数の多さは、ちなみにウィキペディアで「リスト・オブ・トレイン・ソングス」の項を覗くと、曲目だけで、と数えようとしたけれど、その厖大さに諦めた。0から9まで、数字が頭に付くタイトルだけでも、九曲ある。Aだけで三十二曲。大変な数だ。このサイトですべてを網羅しているとは思えない、というか、きっと古い古い曲や口伝で伝わっている民間伝承の曲もあるだろう。あるいは、その内容が列車の歌だとは気がつかないまま歌われ伝えられているものもあるに違いない。たとえば、ブルーグラスというよりもマウンテン・ミュージックとされるべき曲に《リトル・ボックス・オブ・パイン *Little Box of Pine*（小さな松の木の棺）》というのがある。こんな風に歌われる。

"Dear warden" wrote the mother, "How much longer must I wait?
And tell you send my boy back home to me"

She didn't know the Angels had unlock the prison gate,
The one she love the lasted been set free.

The warden read the letter and then he softly cried,
As he weepin' words of sorrow he reply.

Chorus:
There's a little box of pine, on the 7-29,
Bringing back the lost she to the fold,
For a pardon from above, as returned the one you love
Saddest story never has been told.
Though he takin' his last ride never more this world to roam,
On his face there is the smile, boy he know his goin' home.
There's a little box of pine, on the 7-29
Bringing back the lost she to the fold.

（以下略）

「『監守さま』母親はそう書き出した。『息子を返してくださるまで、どれほど長く待てばいいのですか』と。だが、彼女はとっくに天使が愛する息子を解放するため牢獄の扉を開けたことを知らなかった。監守は彼女の手紙を読み、悲しみの言葉を口にし、静かに涙を流した」

ここでコーラスに入る。

「迷える羊が戻るように、七時二十九分着の列車で松材の小さな棺が着いた。愛する息子の帰郷だった。天上からの謝罪の言葉であるかのようだった。これほど悲しい物語は、これまで一度も語られることはなかった。これが最後の帰郷の旅だと知ってか、息子の顔には笑みが浮かんでいた。七時二十九分着の列車で、迷える羊が戻るように松材の小さな棺が着いた」

原詞は略したが、第二聯の歌詞はこう歌う。

「聖堂は彼を愛する者で満たされる中、礼拝が始まった。悲しみに打ちひしがれた両親もまたそこにいた。牧師は、彼がどれほどいい息子であったか、そして小さな過ちの代償があまりにも不公平であったかを語った。子供の頃から通った教会で、かつて彼が聖歌隊の一員として歌った歌を、オルガンが優しく奏でた」（以下略）

この若者は、何かのことで牢屋に入れられたのだろう。それがどんな犯罪で、どんな罪であったのかは語られない。ただ母親が、自分の息子の放免を懇願している。だが、その手紙が監獄に着く前に若者は死んでしまっている。それが病死なのか、あるいは刑死なのか、それもまた語られない。彼の遺骸は little box of pine（小さな松の木の棺）に納められている。そして、刑務所で死んだ息子の遺体の入った松材《パイン》の棺が故郷に到着するのは朝の七時二十九分着の列車だというのだ。この一点だけで、この曲もトレイン・ソングの仲間に入れられたのだろうか。ウィキペディアの「リスト・オブ・トレイン・ソングス」のカテゴリーの中には《ゼアーズ・ア・リトル・ボックス・オブ・パイン *There's a Little Box of Pine*》というタイトルで、一九三二年に一般には Billy Hill という芸名で知られたフィドル奏者、ジョージ・ブラウン他の作だとしてリストアップされている。ビリー・ヒル、すなわちヒルビリーのアナグラムだが、「ヒル・ビリー」は、もともとはアパラチアやオザーク地方のスコッチ・

アイリッシュ系の人びとに対する蔑称だ。後述する《シール・ビー・カミング・ラウンド・ザ・マウンテン*She'll be Coming Round the Mountain*》にも出てくるので、詳しいことはそこにゆずる。

ともあれ、この《リトル・ボックス・オブ・パイン》は、わずか一行、それもほんのひと言の「七時二十九分」着の列車のことが出てくるだけで、トレイン・ソングの中に分類されている。日本ではたとえば、はしだのりひことクライマックスが歌った《花嫁》の歌詞に、「花嫁は夜汽車に乗って、とついでいくの」という一行があるからと、汽車の歌に分類するようなものだ。

この《リトル・ボックス・オブ・パイン》の歌で、「七時二十九分」という列車の到着時刻が意味を持つのは、それがこの町にとって重要な出来事だったからだ。この息子を待つ両親のいるアパラチアの田舎の町では、列車がやってくることは特別なことだった。一九三一年当時、この山間の小さな村には一日一本の列車がやってくる程度だったのだ。その列車は、客や荷物や郵便ばかりでなく、他の町や都会の情報や景気や元気をも運んできた。駅は町にとっては大きな出入り口だったのだ。そして鉄道は、喜びや悲しみもまた運んできてくれた。こういった山間僻地では汽車がやってくることは、ひとつの祭りでもあった。そのことを教えてくれる曲がある。前述した《シール・ビー・カミング・ラウンド・ザ・マウンテン》だ。

子供の頃から、キッズ・ソングのひとつとして、何かの折に聴いたり歌ったりしたことがあるという記憶がある。けれど、それがいつのことで、どこでだったかというと、はっきりとは覚えていない。親父は聖公会の牧師の息子で、おふくろはその教会でピアノやオルガンを弾いていたということで、よく家に親父の友人がやってくると、昔ながらのアメリカン・ファミリー・ソングを歌っていたから、そういう中にこの曲が入っていたのかもしれない。普通、こんな風に歌われる。

She'll be coming 'round the mountain when she comes (when she comes)
She'll be coming 'round the mountain when she comes (when she comes)
She'll be coming 'round the mountain, she'll be coming 'round the mountain
She'll be coming 'round the mountain when she comes (when she comes).

She'll be driving six white horses when she comes (when she comes)
She'll be driving six white horses when she comes (when she comes)
She'll be driving six white horses, she'll be driving six white horses
She'll be driving six white horses when she comes (when she comes).

We'll all go out to meet her when she comes (when she comes)
We'll all go out to meet her when she comes (when she comes)
We'll all go out to meet her, we'll all go out to meet her
We'll all go out to meet her when she comes (when she comes)

We'll kill the old red rooster when she comes (when she comes)
We will kill the big red rooster when she comes (when she comes)
We'll kill the big red rooster, we will kill the big red rooster
We'll kill the big red rooster when she comes (when she comes).

We'll all have chicken and dumplings when she comes (yum yum)
We'll all have chicken and dumplings when she comes (yum yum)
We'll all have chicken and dumplings, We'll all have chicken and dumplings,
We'll all have chicken and dumplings when she comes (yum yum)

We'll all sing hallelujah when she comes (when she comes)
We'll all sing hallelujah when she comes (when she comes)
We'll all sing hallelujah, we'll all sing hallelujah
We'll all sing hallelujah when she comes (when she comes).

子供の歌やダンスの伴奏曲にありがちな歌詞の繰り返しが多いので、ここではその要素だけを訳す。「彼女は山を廻ってやってくる。彼女は六頭の白馬を駆ってやってくる。彼女が来たら、我われ皆で迎えに出る。彼女がやってきたら、ダンプリング入りのチキン・シチューを作る。その時には誰もが〝ハレルヤ！〟と歌う」

この歌を聴くたびに、そして時には自分で歌うことのあるこの「山を廻ってくる彼女」とはいったい誰なのかが不思議でならなかった。それも「白い六頭の馬に曳かれた馬車」に乗ってくるのだ。この六頭立ての馬車を駆って、男まさりの女性が山の中腹を廻《めぐ》る道をやってくる、というのはイメージしやすく、アメリカの子供向けの歌の絵本などでも砂塵を巻き起こして猛烈な勢いで走る六頭立ての馬車の絵が、ある時はあどけなく、ある時はマンガチックに、またある時はアメリカン・コミック調に描かれていたものだ［図⑫］。バンドをやりはじめた高校から大学にかけて、今ではすっかり少なくなってしまった「喫茶店」というものがまだ健在で、そこでスパゲティ・ミートソースやマカロニ・グラタンなども食べられた時代、ぼくらがよく飲んだのはコカ・コーラだった。そのコカ・コーラを、この《シール・ビー・カミング・ラウンド・ザ・マウンテン》（以下、《シール・ビー〜》に略）のメロディーに乗せて、'I'll be drinking COKA-COLA every day' と歌ったことを思い出す。あれはコマーシャル・ソングだったと思うが、今、ウェブで調べてみても見つからない。でも、このことが話題になった時に、知ってる知ってる、という人が何人かいたから、ぼくだけの空想の産物ではないだろう。《シール・ビー〜》は、アパラチア由来のヒルビリー・マウンテン・ミュージックで、あの土地特有のホラ話《トール・テール》のニュアンスを持ったシチュエーションで、「彼女が六頭立ての馬車でやってくる」という歌詞から、六頭の白馬に曳かれた馬車に乗った女性を長い間イメージしていた。

だが実際には、まったく違っていた。違っていると知ったのは、高校だったか大学だったか、銀座のヤハマで購《か》ったヒューゴ・フライの『アメリカン・カウボーイ・ソングス *American Cow Boy Songs*』（一九三六）という本でだった。そこに《シール・ビー〜》の譜面があった。ただ、よく知っているメロディー譜の最初の部分、導入部に、四つのヴァースからなるスタンザがついている。それはこれまで一度も耳にしたことのないメロディーだった。歌詞はこう歌われている。

Billy Hill, a hillbilly an old railroad man
When he'd hear a whistle or a bell,
He'd start in to roar, sounds like Engine-Forty-four
Then the neighbors all would him yell,

ビリー・ヒルはヒルビリー、年老いたレイルロードマン
汽笛か鐘の音が聴こえると、
彼はまるで44号機関車のように大声をあげる
近隣の人たちが聴くその叫び声は――

そしてこの後に「シール・ビー・カミング・ラウンド・ザ・マウンテン……」と歌い出すのだ。ようするに、She、彼女というのは汽車のことだったのだ。何輛かの貨客車を曳いた機関車が、山を廻ってやってくる。「六頭の白馬」は、この機関車が六馬力で、白いのは噴き出す蒸気のことだとされている。

ここにも、Billy Hill の名前が出てくる。前にもちょっと触れたが、ビリー・ヒルはヒルビリーのアナグラムで、この歌の主人公の身分というか出自のようなものを示している。アパラチアやミズーリ州オザーク地方など、スコッチ・アイリッシュたちが入植した場所には、「ウィリアム」という名前が多い。それは名誉革命の時のイングランド、スコットランド、アイルランド三国の国王であったオレンジ公ウィリアム三世に敬意をあらわして、子供にウィリアムの名前をつけることが多かったからだ。だからヒルビリーやマウンテン・ミュージックには「ウィリー」や「ビリー」という名前の人物が多く登場するのである。同時に、アパラチアやオザークといった田舎に住むスコッチ・アイリッシュたちの蔑称として、「丘」または「山」に住むビリー、つまり「ヒルビリー」と呼ぶようになったのである。ニュアンスとしては田舎者、「ヒルビリー」はそのまま「田舎っぺ」といった蔑称なのである。

そのビリー・ヒルは汽車好きで、汽車が山の向こうから峠を越えて町へと廻りこんでくるその音を聴くと、喜びのあまり大声を上げて、村中にふれまわる。'She'll be Coming Round the Mountain（彼女が山を廻ってくるぞー！）'と。

汽車がこの村にやってくることは、ひとつの祭りのようなものだった。静かで何の事件もない、澱んだ空気の中にある村に、いつかはウサを晴らすような楽しいことが起こってほしい。それが、汽車だった。かつて、鉄道の仕事をしていたビリー・ヒルは、今ではどうやら、山の裾野を廻ってやってくる機関車を監視するような役割を担っている。人に頼まれたわけでも、人から押しつけられたわけでもない。ただ汽車がやってくるのを心待ちにしているのだ。そして、遠くに汽笛が聴こえたり、その気配を感じたりしたら、彼は歓声を上げ、大声で汽車の到来を知らせに村まで一目散に走って行くのだ。それを聞いた村人は、皆で汽車を出迎え、大きな赤い鶏をしめて、小麦粉を練り固めた団子状のダンプリング、日本ではすいとんと呼ばれるものの入ったチキンのシチューを作って、村中にふるまって祝うというのだ。

だから、《リトル・ボックス・オブ・パイン》の息子の棺を運んでくる列車が村にやってくるというのは、日に何本もの列車の発着に馴れ切った都会の感覚とは大きく違う。七時二十九分、青年の棺を積んだ貨客列車の到着は、この村の人びとにとって悲しい記念だった。都市部から離れた小さな村にとって列車の発着は、喜びであり、悲しみでもある行事だったのだ。アメリカ中に散在する小さな村では、日に数本しかやってこない列車によって、日々の歯車が廻っていく。汽車が到着する瞬間だけ、他の世界とつながっているような感じがするのではないか。それが彼らにとってどれほど貴重であったかを、これらの歌は教えてくれる。ただ、《リトル・ボックス・オブ・パイン》の村は、《シール・ビー〜》のように日に一本、あるいは何日かに一本だけ列車がやってくるのではなさそうだ。だから、ちゃんと「七時二十九分」と時刻が正確に書かれている。

《シール・ビー～》のSheは、機関車や船や飛行機や国をさす時の女性名詞だ。歌詞の意味がよくわからないまま、これまでただ楽しく歌っていたこの曲が、実はトレイン・ソングであった、というところで話は終わるはずだった。だが、あちこちのサイトを波乗りしていた時、奇妙な一節を見つけた。それは、このSheは汽車のことではなく、実在の女性を歌ったものだという話だった。

最初に見たのは、「ロジャー・マッギンのフォーク・ソングの隠れ部屋（Roger McGuinn's Folk Den）」というサイトだったが、そこにはこのSheは一八五〇年代のアパラチア周辺の炭鉱争議のリーダーであった著名な労働運動活動家で、「マザー・ジョーンズ」として親しまれてたメアリー・ハリス・〝マザー〟・ジョーンズのことだとあった。アイルランドのコークに生まれた彼女は、両親とともに「ジャガイモ飢饉」を逃れてカナダに渡り、そこで教育を受ける。さらにアメリカに渡り、教師や裁縫師として働いた後に、全米鋳物工組合のリーダー格のジョージ・E・ジョーンズと結婚する。

この結婚で二つのことがわかる。夫は鋳物関係、すなわち「アイリッシュ・ティンカー」の流れを汲むアイルランド系であり、アメリカの労働争議の中心的存在であった夫の影響もあって、彼女は間もなく、移民たちの置かれた差別的な境遇や不利な条件下での労働を目の当たりにして、労働運動に目覚めたということだ。その後いくつかの労働運動に加わり、世界産業労働者組合（Industrial Workers of the World＝ＩＷＷ）の前身となる、労働騎士団（Noble Order of the Knights of Labor）を経てＩＷＷに入るや、全国規模のストライキの指導者として頭角をあらわす。このＩＷＷは、アメリカ労働総同盟（American Federation of Labor＝ＡＦＬ）という熟練労働者たちを中心とした労働組合から除外された、非熟練労働者、季節労働者、未組織移民労働者及び黒人たちなどのマイノリティ労働者たちが加盟する労働組合だった。マザー・ジョーンズはそのＩＷＷをはじめ、「炭鉱労働者組合」（United Mine Workers＝ＵＭＷ）を通して、ジャック・ロンドンやヘレン・ケラー、アプトン・シンクレアなどが加わったことでも知られるアメリカ社会党（Socialist Party of America＝ＳＰＡ）などとも深く関係するようになる。

しかし、マザー・ジョーンズの行動でもっとも重要なことは、アメリカの繊維産業や炭鉱労働での、未成年の少年少女の強制労働の悲惨な実情を訴え、デモ行進を組織したことだ［図⑬］。一九〇三年の「子供十字軍（Children's Crusade）」は、特に有名だ。彼女の指導によって「炭鉱ではなく、学校に行きたい！」という旗印を掲げた子供たちが、ペンシルヴァニア州ケンジントンからニューヨーク州オイスターベイまで行進したのだ。オイスターベイはアメリカで最良の大統領の一人とされるセオドア・ローズヴェルトの自宅があったところである。彼女たちは、そこを目指して徒歩で行進していった。かなりの距離を子供たちは歩いたのだ。しかしローズヴェルトは面会を拒否したという。

セオドア・ローズヴェルトの時代、多くの企業――炭鉱、運河、鉄道などの大企業は、大富豪の独占経営によって運営され、労働者たちは低賃金で過酷な労働を強いられ、ストライキ権などの法的保護もなされずひどく虐げられていた。そこで暴力沙汰や流血、殺人などを含む、激しい労働争議が起こっていた。中には、軍隊を派遣して争議を鎮圧する動きもあり、そうした暴力に対抗するのはさらなる暴力的反抗という悪循環に陥っていた。

この政府による激烈な弾圧によって、スウェーデン系の放浪の歌手 'Pie in the Sky（画餅、絵に描いた餅）' という有名な言葉でホーボーたちのひとつの象徴を生み出した人物としても知られるジョー・ヒルの死は、このＩＷＷ弾圧の犠牲であると言われている。その激しいストライキや労働者の抵抗、企業側と労働者との「戦争」とも言える争いを解決するために、ローズヴェルトは、当時の経営者側の代表として大企業家、ジョン・ピアモント・モーガンを交渉役にあてた。そして双方の争いの一部始終を逐一、マス・メディアに報じさせた。どちらの言い分が正しいのかを、国民は少しずつ理解しはじめていった。

その矢先の子供たちの行進だったのだ。セオドアはどちらにも肩入れすることはせずに、ただ静観する立場をとった。国民はやがて様ざまなニュースを通して大企業の横暴を知ることになる。この時代のアメリカの大企業の多くは自由放任主義の名の下、豊饒な大地の資源を見境なく乱費し、労働者は無知・無学であると決めつけ、彼らからいいように搾取していた。そうした状況のもと、セオドア・ローズヴェルトにとって、それまで一度も使われることのなかった、大企業の独占や横暴を禁じたシャーマン反トラスト法を発動するかどうかを決断する微妙な時期であったのだ。企業側にも組合側にも公平であろうとする姿勢が、「子供十字軍」との面会の拒否につながったのだろうと思われる。

マザー・ジョーンズという人は、ともあれそういう人物だった。彼女は、アメリカの未成熟な若き時代にあって、未成年の強制労働による健康被害や規制なき企業の暴走、そして移民たちへの差別や搾取といった不公平の問題を、アイルランド移民としての経験を通して救い出そうとしたのである。「十字軍」とは言い得て妙な名前だったと、今にして思う。彼女は本来国のあるべき公平の道を説くために、馬車に乗ってやってくる。六頭立ての馬車を猛烈な勢いで駆り、土埃を上げてやってくる様子は、まさに時代に取り残され、差別され、卑しめられてきた人びとにとっては、「正義の十字軍」の到来のように思われたろう。彼女がやってくる時は皆で見に行って歓迎し、鶏をしめてはダンプリング入りのシチューを楽しみ、そして大声でハレルヤ！　と叫ぶ。この説は、説得力がある。

この《シール・ビー～》の She がマザー・ジョーンズであるとの説を紹介したサイト「ロジャー・マッギンのフォーク・ソングの隠れ部屋」の主催者であるロジャー・マッギンは、一九六五年四月に、ボブ・ディランの《ミスター・タンブリン・マン *Mr. Tambourine Man*》のカヴァーで全米シングルチャートで第一位に輝いて一躍大スターになったバンド、バーズの一員で、他のメンバーにはジーン・クラーク、デイヴィッド・クロスビー、クリス・ヒルマンなど錚々たるメンバーがいた。その後、一九六九年の映画『イージー・ライダー』のテーマ曲を担当して大きな人気を呼んだことでも知られる。

このサイトのサイドバーに様ざまなアメリカン・フォーク・ミュージックのタイトルが羅列されていて、そのどれかをクリックすると、その曲に関係している写真の下に、彼の解説と歌詞が書かれている。ロジャーは、二〇一一年の『ローリング・ストーン』誌が選ぶ「史上もっとも偉大なギタリスト百人」の九十五位に選ばれているので、どことなくロック畑の人だと思っていたけれど、その生い立ちや音楽遍歴を見てみると、彼の本質は、フォーク人間なのだということがわかる。

彼は十四歳の誕生日にギターをプレゼントされると、当時、アメリカン・フォークソングの新しい旗手として頭角をあらわしはじめていたボブ・ギブソンに傾倒して、フォークへの興味を惹かれ、その魅力にかぶれていく。ボブ・ギブソンは、一九五七年に発表された《アビリーン *Abilene*》という曲が多くの若者に支持された歌手だ。ぼくも同じ頃、《アビリーン》に魅了されてよく歌った。ロジャーはやがて、十二弦ギターとバンジョーを弾くようになり、一九六一年には、当時、知的でスケールの大きなフォーク・エンターテインメント・グループだったライムライターズのバック・ミュージシャンを務める。その時代のフォーク界では大人の雰囲気を持った、洗練された、本物のグループだと、一目も二目も置かれたライムライターズに在籍していたことは、ロジャーの力量のほどが知れる。当時人気のあったキングストン・トリオやブラザース・フォア、ハイウェイメンといったグループは、大学生の音楽好きといった、どこかアマチュアらしさの魅力が横溢していたのだが、ライムライターズはPPMたちと共通する優れたエンターテイナーだった。そのグループに籍を置いたロジャーは、次いで、実力派のグループ、チャド・ミッチェル・トリオにも参加しているというから、これはもうフォーク・ミュージックの王道を歩んでいると言っていい。だからと言っては短絡に過ぎるかもしれないが、この「ロジャー・マッギンのフォーク・ソングの隠れ部屋」のサイトは信頼が置けそうだ。

アメリカを代表する詩人で作家、フォーク・ミュージックの蒐集・研究家で、自ら歌手としても名を残しているカール・サンドバーグの一九二七年に刊行された『アメリカ歌集 *The American Songbag*』の中に、この《シール・ビー〜》の原曲は、一八〇〇年代を通してアメリカの、ことに南部で愛唱されたスピリチュアル・ソング、またはセークレッド・ソングとしてよく知られた《ホエン・ザ・チャリオット・カムズ *When the Chariot Comes*（チャリオットが来る時）》という曲だと書いてある。チャリオットは、一般に「戦車」と訳されることが多く、同じ黒人霊歌の《スウィング・ロウ、スウィート・チャリオット *Swing Low, Sweet Chariot*》は、映画『ベン・ハー』でも出てきた戦闘馬車のことだとされてきたが、南部の黒人奴隷たちの間では、これは「荷馬車」のことを指していた。その曲の一番の歌詞だけを取り出してみよう。

Oh, who will drive the chariot
When she comes?
Who will drive the chariot
When she comes?
Who will drive the chariot,
Who will drive the chariot,
Who will drive the chariot

これを《シール・ビー〜》の節で歌ってみてほしい。まったく同じように歌えるし、YouTubeで見られる何人かの素人たちの歌でも、同じ旋律であることがわかる。

興味深いのは、カナダ生まれのロッカーで、一九六〇年代後半のバッファロー・スプリングフィールドの一員でもあり、その後、七〇年代初頭まで活躍したCSN&Yの一員としても人気を集めたニール・ヤングが、二〇一二年六月にリリースした三十二枚目のスタジオ・アルバム『アメリカーナ *Americana*』の中で、《ジーザス、チャリオット *Jesus, Chariot*》というタイトルで歌っている。それに括弧して、'She'll be Coming Round the Mountain' とも書かれているから、明らかに彼は、カール・サンドバーグの主張する《ホエン・ザ・チャリオット・カムズ》から、このタイトルをとったと思われる。ニール・ヤングが、このタイトルで歌うのだから、少なくともアメリカでのある年代、いわゆるロック世代の人間たちには、この《シール・ビー〜》の原点がどこにあるのか、ある程度知っていたのだろうと推測できる。

そんなところに奇妙なサイトが見つかった。ジェームズ・L・クーゲルの書いた『聖書の読み方――聖書案内、今昔 *How to Read the Bible:A Guide to Scripture, Then and Now*』という本で、《シール・ビー〜》は、宗教的な面から解き明かすべきだとある。最初、少し胡散臭いと思っていたが、よく読むとそうでもない。カルト的な面や得体の知れない陰謀論のようでもない。ただ、論証としては面白いのだが、少々、根拠が薄いとぼくには思える。そこに主張されている 'Song of Songs' すなわち「ソロモン王の歌」、旧約聖書にあるところの「雅歌」の部分を引用して、たとえば、《オールド・レッド・ルースター *Old Red Rooster*》の Rooster（雄鶏）は、ユダヤ教の伝説にある架空の生き物で、「詩篇」

第五十編十一節に出てくるものだという。だが、その「詩篇」を見ると、十一節は「山々の鳥をわたしはすべて知っている。獣はわたしの野に、わたしのもとにいる」とあるだけだ。特に旧約聖書に登場する海中の怪獣レヴィアタン（リヴァイアサン）と同列に示唆されるものでもない。

'Six White Horses' は何を意味するのか。神がシオンの山をめぐってこの世に姿をあらわすそのサイクルが六十年であった。60をsixと短く表しており、White Horses はメシアの若駒で、それに乗りつつシオン山を廻り込んでやってくることが 'She'll be Coming Round the Mountain' であり、'She'll be driving horses' だというのだ。これらのことは、旧約聖書にある預言の書「ゼカリヤ書」の九章九節にあるとされている。その全体を、新共同訳から引用してみよう。「娘シオンよ、大いに踊れ。娘エルサレムよ、歓呼の声をあげよ。見よ、あなたの王が来る。彼は神に従い、勝利を与えられた者／高ぶることなく、ろばに乗って来る／雌ろばの子であるろばに乗って」。ここに書かれた預言は興味深いが、どうも《シール・ビー〜》の解釈としては、根拠薄弱というか、牽強附会の感が否めない。ワシントンD.C.の都市設計から、ダ・ヴィンチの「最後の晩餐」や一ドル紙幣のデザインなどなど、何でも裏があるとする陰謀論と似て、世のすべては聖書によって読み解くことができると考える人がいるものだ。

もう一つ、調べて驚いたのは、この曲《シール・ビー〜》は、実はセクシーな歌であると、まともに論じているサイトも多くあることだ。coming はエクスタシー、mountain は男根の象徴だと書けば、物語の筋は読めるだろう。この場合も、フロイトの深層心理ではないけれど、何でもが性的な暗喩だと盲信する人びとがいることを教えてくれる。

もう一つ、忘れないうちに書いておきたいのは、この歌は、子供向けのものから大人向けのものまで様ざまなヴァージョンがあることだ。子供向けのものでは、《シール・ビー・ウエアリング・パジャマズ・ホエン・シー・カムズ *She'll be Wearing Pajamas When She Comes*》とパジャマを着てやってきたり、《シー・ウィル・ビー・スリープ・ウィズ・グランマ・ホエン・シー・カムズ *She Will be Sleep with Grandma When She Comes*》と、お祖母ちゃんと寝たり、《シール・ビー・キャリング・スリー・ホワイト・パピーズ・ホエン・シー・カムズ *She'll be Carrying Three White Puppies When She Comes*》と、三匹の白い仔犬を連れてきたり、みんなで大パーティーを開いたりと、可愛らしげな歌詞もある。

子供ものも含めて、通常歌われている歌詞の中に、前述したように、'We will kill the old red rooster, when she comes' という一節がある。red rooster の red はとさかが赤いことや、羽が赤みを帯びていることなどからの形容だと思われる。この雄鶏を殺すのは、前述したが、'We will all have chicken and dumplings when she comes' とあるように、祝宴用のご馳走スープ、ダンプリング入りのチキン・スープかチキン・シチューを作るためだろうと考えていたら、また別の意味があることを知った。それはケルトの言い伝え、伝説から来ている rooster の意味だ。ケルトの文化では、red rooster は、悪徳、悪魔、怪獣、妖怪などを象徴しているのだという。だとしたら、赤い雄鶏を殺すことは、いわば、アパラチア地方に移住したケルト系のアイルランド人、スコッチ・アイリッシュたちにとっても、大きな意味があったことだろう。

ここまで書いてきて、《シール・ビー〜》が、列車の歌であったり、労働運動活動家のメアリー・ハリス・〝マザー〟・ジョーンズであったり、また宗教的な背景を持っているのではないかという様ざまな説がある中、素直な解釈、列車の歌というのがもっとも自然なのではないかと思う。だが、'Six White Horses' というのが「白い馬の六頭立ての馬車」を意味しているとされるが、これは、六馬力の蒸気機関車で白い蒸気を引きずりながら走るさまを、そう想像して歌いこんだのだ、と一般には考えられている。だが、このタイトルを持ったいくつかの曲では、まったく異質の意味を持っているものがある。その事実こそ、この「白馬六頭立ての馬車」の暗喩を教えてくれるのである。まず、ブルーグラス、カントリー音楽のジャンルでよく知られたものに、ビル・モンローの歌ったブルーグラス・ナンバーに《六頭の白馬 *Six White Horses*》という曲がある。

I'm leavin' you to worry you off my mind
Lord I'm leavin' you to worry you off my mind
Cause you keep me worried troubled
Troubled all the time

Chorus:
Ah, six white houses going two by two
Ah, six white houses going two by two
That some other woman
Has took my love from you

（以下略）

「もうこれ以上思い悩みたくないから、きみと別れるよ。いつもいつも、きみはぼくにとっての悩みのたねだった。別の女が、きみへの愛を捨てさせたんだ。けれどその女は、別の男と去って行った」

そして、例の歌詞が入る。

「六頭の白馬は、二頭ずつ並んで走る」

この男は、もう女には未練がない。もう、もとに戻ることもない。もしもう一度会うことがあるとしたら、それはこの世の終わり。神が人を刈り集める時だよ、と彼はきっぱりと別れを告げる。

ヒルビリー・ミュージック、マウンテン・ミュージックを土台としたアメリカン・トラディショナル・フォーク・ミュージック、その根っこにあるブリテン諸国、スコットランドやウェールズ、北アイルランドとアイルランド共和国から伝わってきた様ざまなアングロ・サクソン系、またケルト系の民謡、古謡から綿々と歌い継がれてきたのは、不実な恋人への恨みが、短いセンテンスの積み重ねで歌われるというもので、これはその典型的な曲のひとつだ。短いセンテンスということは、相手への恨みのパターンが決まり切ったものだからだ。ようするに、古今東西、世界中の誰もが使うありふれたフレーズが使われていることが理由で、一人一人の特有の状況、独特の個性や相手との相性など、様ざまな恋の様相を語ることはとても難しい。そしてその結果、四行定型詩やリフレインの存在、テンポやリズムやキーの高さやサウンド、そして歌う人の声の質などによって様ざまな装飾が削ぎ落とされて、誰もが、一瞬通り過ぎていくその曲とメロディーと話のありように共感を覚えさせるものへと収斂されていくのである。

そして、このビル・モンローの《六頭の白馬》だ。この歌では、その言葉は一見、何の意味もない。けれど、どうしてここで突拍子もなく、その言葉が出てくるのだろうか。第一、なぜタイトルまでが恋とは関係がないと思われる《六頭の白馬》なのだろうか。《シール・ビー～》のそれと何か関係があるのだろうか。そしてまた、この《六頭の白馬》には、どこか不吉な雰囲気があるように思えてしかたがない。

そういったニュアンスがあるように思えてならない《六頭の白馬》だが、内容はまったく別ものでもっとわかりやすいのが、一九六九年、ラリー・マーレイが作りジョニー・キャッシュの弟、トミー・キャッシュが歌った《六頭の白馬》だ。この歌は意味深いので、全詞を載せよう。

Mhm, some folks drink and some folks smoke and some folks love and some folks don't
Some folks laugh and some folks frown folks hear then they gun you down
Goodbye John six white horses come to take you home
Goodbye John they took you away before you sang your song hmn
Some preach wrong and some preach right and some preach love and some preach fight
Takes every kind to make that world go round takes only one to gun you down
Goodbye Martin six white horses come to take you home
Goodbye Reverend they took you away before you sang your song hmn
Some people stick pretty close to home others are born with that urge to roam
Welcome welcome to our town hope nobody tries to gun you down
Goodbye Bobby six white horses come to take you home
Goodbye Robert they took you away before you sang your song
Goodbye John and goodbye Martin and goodbye Bobby
Well they took you away before you sang your song

ある人は飲み、ある者は喫う、またある人は愛し、別の人はそうではない
人を撃ったと聞いて、笑う人もいれば、眉をひそめる者もいる
さよならジョン、六頭の白馬があなたを家へ連れていく
さよならジョン、あなたが心の歌を歌う前に、彼らはあなたを連れ去る

間違った祈りもあれば、正しい祈りもある。愛のために祈る人もあれば、戦うために祈る者もある

そのどれもが、結局は人を殺すことにつながる
さよならマーティン、六頭の白馬があなたを家へ運ぶ
さよなら牧師、あなたの歌を歌う前に、彼らはあなたを連れ去る
家から出ない者もいれば、さすらわずにいられない人もいる。
ようこそ、ようこそ、我が町に、誰もあなたを撃たなければいい
さよならボビー、六頭の白馬があなたを家へと運ぶ
さよならロバート、あなたの本音を聞く前に、彼らはあなたを亡き者にする
さよならジョン、さよならマーティン、さよならロバート
そう、彼らは、あなたがたが自分の歌を歌う前に
あなたがたを天国へと連れて行く

トミー・キャッシュはこれを、ケネディ兄弟とキング牧師の暗殺を踏まえて、その時代が包含するある危機感を感得して歌った。この歌には、そういう要素を内包している国民である自分もまた、まぎれもなくアメリカ人であることの苦さと、悲しみがある。もう少し書く。かつてアメリカに渡ってきた、様ざまな国の人びとは、アメリカでこそ成就できるだろうと思われる夢を持ってきた。人びとは、それを〈アメリカン・ドリーム〉と呼んだ。その夢を叶えるために、時には人を殺めなければならないのも、この国の宿命だと彼らは知った。この国を選んだ、それが彼らの悲劇であった。しかし、祖国を捨ててやってきた新しい国を、彼らは捨てることができない。どんなに嫌な国、残酷で無教養

で、効率よく働けない者にとってはひどく居心地の悪い国、誰もが人を踏みつけてでも高みへと登っていこうとする国、勝った者だけが意味を持てる国、持っても持ってもまだ足りないと思わせられる国、他人と同じであることだけが幸福である国——捨ててきた祖国とは大きく違ってはいるけれど、しかし、その国を否定できない。その国から出て、ではどこへ行けばいいというのか。

アメリカが終着の国であることを、この国へ来てはじめて人びとは気がつく。彼らはもう、後戻りできないのだ。だから、その国を愛するしかない。不本意ながら、その国を大切にしないといけない。他に行くところのない彼らは、その国のために、その国が存続するために、何かをやらねばならない。でないと、自分の存在そのものを否定することになるからだ。その愛憎半ばする国のために死ねるのか。彼らは、その設問に直面しつづける。

テキサス・カントリーの雄、カントリー・ミュージックの本場であるテネシー州ナッシュヴィルに別れを告げ、箱庭のようなカントリーの世界ではなく、このアメリカの大地に両脚で立ち、自分の手を汚して働き、首筋が赤黒く陽灼けした野外労働の男たち、レッドネッカーたちの歌を歌い続けたウェイロン・ジェニングスの《六頭の白馬》はこんな風に歌われる。

Come here and look through the window over he
Open up the shatters tell me watch you see
Was that his knock that I heard at the door
Or is it six white horses coming down the road.
Come here and touch me and say that it's all right

You know that to my eyes the days are as the the nights
Read again the letter that tells me that he's gone
To hell with the fighting I want my son home.

I taught him to fish and I taught him to be strong
Taught him that killing any man is wrong
But tomorrow in battle I'd run to where he stood
If the help of a blind man do any good.

Last night I went to this room for a while
I touched all the things that he used as a child
I rock the cradle where he used to lay
I'd found these tin soldiers and threw them away.

Come here and look through the window over he
Open up the shatters tell me watch you see
Was that his knock that I heard at the door
Or is it six white horses coming down the road...

「ここへ来て、彼が見たように外を見るといい。心を閉ざさず、見たままを伝えてほしい。ドアのノックの音は、彼なのか。それとも六頭の白馬がやってくる音だろうか」

歌い手が今いるのは、息子の部屋なのである。彼は勇気を持って、息子の部屋にやってきた。

「ここに来て私に触れて、大丈夫だと言ってほしい。あの日々は、私にとっては夜の連続であるかのようだった。彼が地獄の戦場に行ったという手紙を読み返し、そして息子の部屋に来る気になったのだ。私は彼に釣りを教えた、強くなることを教えた。間違った道を行く人びとを無視することも教えた。だが、この次戦いがあるのなら、私は息子と同じように駆けつける。それが、世の中から目をそらしてきた人間にとってやるべきことだからだ」

彼は苦渋の中、息子の部屋を見回し、息子の持ち物に触れてみる。

「昨夜、少しの間この部屋にいた。そして彼の子供時代の思い出のすべてのものに触れて廻った。彼が寝かされていた揺り籠を揺らしてもみた。彼が戦争ゲームで遊んだ鉛の兵隊人形《ティン・ソルジャー》を見つけ、それらを捨ててしまった。ここに来て、彼を通して窓の外を見るがいい。胸襟を開き、見たままを伝えてほしい。あれは彼のノックの音だろうか。それとも、六頭の白馬がやってくる音だろうか」

一体、'Six White Horses' とは何なのだろうか。葬儀の馬車だろうか。それとも不運を運んでくる悪魔の馬車だろうか。死神の乗った不吉な出迎えの馬車だろうか。ビル・モンローの歌詞には、'two by two' とあるから、死に神は誰かを道連れにすると警告しているのだろうか。

新約聖書の「ヨハネの黙示録」には「四騎士」のことが書かれていて、その中の第四の封印が解かれた時に現れる騎士は、Pale Horse に乗ってやってくるという。一般に「蒼ざめた馬」と訳されるが、pale は青白い、という感じが近い。むしろ青みがかった白だろうか。そして、この第四の騎士は「死」そのものなのである。だから、White Horses は「死の馬たち」なのかもしれない。だが、実は第一の騎士は「勝利の上の勝利」、すなわち「支配」を意味し、しかも完全に「白い馬」に乗ってくるのである。

いずれにしろ、この「ヨハネの黙示録」の四騎士は、白い馬の第一の騎士や赤い馬の第二の騎士、黒い馬の第三の騎士、そして青白い馬の第四の騎士の誰もが、死や飢餓、戦争や支配といった人間にとっての災厄を意味している。だからこれらの歌は、やはり個人にとっても、アメリカにとっても、不運や不吉、不幸を意味しているのかもしれない。

「白い馬」は、ケルトの神話の中で大きな位置を占めているようだ。ウェールズの伝説に異世界からやってきた美しく聡明で政略に長けた女神リアンノンは、白い馬に乗ってこの世にやってきて地上の男と結婚するという話がある。アイルランドの伝説上の神であるアナナーン・アクルールの馬は「アンヴィル」という名前の白馬で、乗ると決して落馬せず、海も陸も変わらずに走り抜けたという。

また北アイルランドの西に位置するスライゴの町の伝承によると、この地の英雄、フィンの息子アシーン（オシンとも）は父と狩に行った時、白馬に乗った女神、ニーアヴと出会い、彼女に連れられて不老不死の国へと行く。三年後に戻ってきたアシーンは、あることで馬を降りた途端三百歳になってしまうという、浦島伝説にも似た説話が残っている。

図象としては、イングランドのバークシャーの丘の上に描かれたケルトの古代絵、「アフィントンの白馬」は歴史的遺跡としても有名だ。この絵を題材に、イギリス図書館協会からすぐれた児童書に贈られるカーネギー賞受賞作家のローズマリー・サトクリフが『白馬の騎士 *The Rider of the White Horse*』(1959)〔邦訳、原書房、二〇〇八〕という本を書いている。

一方、この白馬をテーマにした映画がある。一九九二年のアイルランド、イギリス、アメリカ制作、マイク・ニューウェル監督の『白馬の伝説 *Into the West*』（一九九三）は、ダブリンに住むアイリッシュ・トラヴェラーの兄弟が白馬とともに冒険に出る話で、アイルランドの伝説を現代に取り入れたファンタージーの秀作である。

これらのことは総じて、白馬そのものは不幸や不吉といった意味はないようだ。だが、複数になるとまた別の意味を持つのだろうか。白馬はどうやらルーツはケルト文化にありそうで、後述する「九」という数字とともにアメリカの歌の多くにはアイルランド、スコットランドをはじめとするケルトの影響が強いことがわかる。

アメリカ人、そしてアメリカ人になろうとしてアメリカにやってきた人たちは、この「白馬の六頭立ての馬車」を何の象徴、何の陰喩と見たのだろうか。あの屈託のない《シール・ビー～》の歌には、あまりそぐわない歌詞ではないか。それとも、人里離れた穏やかな土地にとって、機関車は不幸をもたらすとでも暗に示唆しているのだろうか。列車をめぐる事故の問題、また後述する無賃乗車の連中と乗務員との確執などの悲劇を象徴したものかもしれない。

実にどうも、アメリカの子供たち向けと思える、無邪気を装ったこの歌はとても一筋縄ではいかない。このようにアメリカには、ぼくらの気づかない、奥深いトレイン・ソングがあるのである。

2　列車の歌が見せてくれる世界

最初に、アメリカの列車の歌を意識したのは、ハンク・ウィリアムス〔図⑭〕の《ロンサム・ホイッスル》だった。彼はこの曲を一九五〇年に作っている。彼一人で書いたのではなく、共作者がいる。それが一九三九年《ユー・アー・マイ・サンシャイン *You are My Sunshine*》の大ヒット曲を世に送り出し、その曲をイメージ・ソングに用いて、一九四四年のルイジアナ州知事選で当選、一九四八年までの四年間を知事職についたこともあるジミー・デイヴィスだった。実際にハンクが、この《ロンサム・ホイッスル》をいつ作ったのかはわからないが、彼がラジオで話したという談話から類推すると、一九五一年の一月か三月、ジミー・デイヴィスと一緒に魚釣りに出かけた時だったらしい。
いわれはともかく、ぼくはこの曲の歌い出しの二行、

I was ridin' number nine
Headin' south from Caroline

「ナンバー・ナインに乗り、カロライナから南へと向かった」というのが気になってこの曲を知るようになった。そして長く気にかかる曲のひとつになった。そのことに関しては、この後の「九という数字の謎」の項で詳述したいが、その九とともに、その後に出てくる歌詞のある部分によって、この曲がそれまでのカントリー・ミュージックで漠然と感じられていた二つの事象が、はっきりとひとつにまとめられ、いや、この二つはコンビとして、以後のカントリー・ミュージックに大きな特徴、ある種の性格を定着させていく画期的とも言える曲であった。それは、端的に言えば、train whistle（汽笛）の中にlonesome（寂しさ）というファクターを見いだし、それがカントリー・ソング特有の望郷や孤独といった感情に明確な色合いをつけ加えたのだと言っていい。同時に、この《ロンサム・ホイッスル》には、もう一つある要素が込められていた。全体の歌詞を書いてみよう。

I was ridin' number nine
Headin' south from Caroline

I heard that lonesome whistle blow
Got in trouble had to roam
Left my gal and left my home
I heard that lonesome whistle blow

Just a kid actin' smart
I went and broke my darlin's heart
I guess I was too young to know
They took me off the Georgia Main
Locked me to a ball and chain
I heard that lonesome whistle blow

ナンバー・ナインの列車で、カロライナから南に向かっている
寂しい汽笛が鳴るのを聴いた
つまらないトラブルで、家と彼女を残し、寂しい汽笛を聴いた

子供過ぎたんだ、カッコよくやろうとして愛する人の心を苦しめてしまった
それがわかるには若過ぎたんだと思う
連中は、ジョージア・メインにおれを連れてきて、鉄の球と鎖を足首につけた

この歌の主人公は、列車に乗せられカロライナから南へ、ジョージア州の牢獄、おそらくはコロンバスにある「コロンバス・ストッケード」に収監されるために連れて行かれる。囚われの身となる理由は、ここではっきりと書かれていないが、殺人などの第一級犯罪だろう。そして後半の苦悩の思いが歌われる。

All alone I bear the shame
I'm a number not a name
I heard that lonesome whistle blow
All I do is sit and cry
When the ev'nin' train goes by
I heard that lonesome whistle blow

I'll be locked here in this cell
Til my body's just a shell
And my hair turns whiter than snow
I'll never see that gal of mine
Lord, I'm in Georgia doin' time
I heard that lonesome whistle blow

「名前の代わりに番号で呼ばれ、誰からも相手にされず、ただ恥をしのび、寂しい汽笛を聴いた。夕方の列車が走りすぎていくのを、ただ座り込んで泣きながら、その寂しい汽笛を聴いた。魂もないただの抜け殻のように、そして髪が雪よりも白くなるまでこの房に閉じ込められるのだろう。もう二度と恋人には会えず、ああ、神よ、このジョージアでただ時間をやり過ごし、寂しい汽笛の音を聴いた」

ここに「囚人」という要素、プリズナー・ソングと呼ばれる「捕らわれの身」を歌う曲がひとつのジャンルとして、アメリカ・カントリー・ミュージックの世界に確立されることになったのである。

大元は、アメリカン・ポピュラー・ソングの草創期のヒット曲、ヴァーノン・ダルハートが歌った《囚人の歌 *The Prisoner's Song*》にはじまる。この曲は一九二四年、ヴァーノンの従弟のガイ・マッセイの名でクレジットされたものだが、当のマッセイはこの歌を、兄のロバートが収監された時に同じ囚人仲間から聴いたのだという。「ああ、誰か、自分を愛してくれる人がいたら、恋人と呼べる誰かが。自分と一緒に暮らしてくれる人がいたら。もう一人で生きていくのはうんざりなんだ」と歌う。実はこの歌の歌い手はこれから牢獄に入れられる身分なのである。この曲はヴァーノン・ダルハートによって未曾有の大ヒットとなり、レコードは七百万枚を売り上げたという。これはエルヴィスだか、ビートルズだかに抜かれるまでは超絶の記録だった。

この《囚人の歌》はヒルビリー・ジャンルの曲とされているが、ヴァーノンはベルカント唱法を学んだようなオペラ的な発声法で歌っている。今聴くと、カントリーやブルーグラスの影響は、その演奏や歌い方といった音楽的な面よりも、むしろ歌の内容とそのメンタリティの方が大きいように思える。そうやって、この「囚人」をテーマにした曲が古くからカントリーやブルーグラスの世界で愛されてきたのである。そういった背景もあって、ハンクの《ロンサム・ホイッスル》はカントリー的な情感、whistle と lonesome と prisner という三つの主要要素が組み込まれた名曲になっていき、同時にその後の曲に大きなインパクトを与えることになったのだ。

たとえば、この曲が発表された一九五一年九月から四年後の一九五五年に、ジョニー・キャッシュはカリフォルニア州フォルサムにある「フォルサム・ステート・プリズン」〔図⑮〕をテーマにした《フォルサム・プリズン・ブルース *Folsome Prison Blues*》を録音する。その年、彼がまだアメリカ空軍の兵隊として旧西ドイツに駐留していた時、隊全体で一九五一年に制作されたドキュメンタリー映画『フォルサム刑務所の塀の中で *Inside the Walls of Folsom Prison*』を見た時の感動が、この歌を作るヒントになったのだという。決定的だったのが、ハンクの《ロンサム・ホイッスル》の存在だった。キャッシュはこの歌を作ろうとした動機は、映画の中で囚人の一人が口にした、「おれはリーノウ（ネヴァダ州）で、人を撃ち殺した」というひと言だったと語っている。そしてこの歌に歌われる監獄の描写は、ハンクの歌の影響、whistle と lonesome、そして prison の三つのファクターが見事に結実している。歌の舞台が「監獄」であり、登場人物がもしかしたら終身刑か死刑という運命にある囚人。そこで聴く寂しい汽笛。この三つの要素――汽笛、寂寥、囚人は、この手のカントリー・ミュージックのもっとも強力な組み合わせなのである。

この曲をキャッシュがレコーディングした一九五五年の十一月には、同じレコード会社の仲間エルヴィスがRCAビクターと契約してサン・レコードから抜ける。サンにとっては、エルヴィスに継ぐスターが必要であった。当時の社長、サム・フィリップスは、エルヴィスが成功したバンド、エレキ・ギターのスコティ・ムーアとアップライトベースのビル・ブラックの三人組の「ヒルビリー・キャッツ」に因んで、キャッシュに、ギターのルーサー・パーキンス、ベースにマーシャル・グラントを組ませて「テネシー・スリー」というユニットを作らせて、エルヴィスと同じサン・レコードのメイン・スタジオでレコーディングをさせたのがこの曲だった。キャッシュはすでに、《アイ・

ウォーク・ザ・ライン *I Walk the Line*》と《アンダースタンド・ユア・マン *Understand Your Man*》などのヒット曲で頭角をあらわしていた。だが、魅力的な内容もあって、この《フォルサム・プリズン・ブルース》はキャッシュの代表作になった。

彼自身、フォルサム・プリズンに収監されていた経験があると噂されていたこともあるし、ぼくもずうっと昔に、そんな雑誌の記事を読んだような気もしていた。しかし、今、ウェブのどこを探しても、そんな記述は目にとまらない。だが、彼は一九六八年、そのフォルサム刑務所に慰問に行く［図⑯］。その時に演奏したこの曲のパフォーマンスはいくつもの動画で見ることができるが、観ている囚人たちの屈折した思い、涙を流す様子は、胸を打つ。《フォルサム・プリズン・ブルース》はこんな曲だ。

I hear the train a comin' it's rollin' 'round the bend
And I ain't seen the sunshine since I don't know when,
I'm stuck in Folsom Prison, and time keeps draggin' on
But that train keeps a-rollin' on down to San Antone...

When I was just a baby my Mama told me, Son,
Always be a good boy, don't ever play with guns.
But I shot a man in Reno just to watch him die
When I hear that whistle blowing, I hang my head and cry...

I bet there's rich folks eating in a fancy dining car
They're probably drinkin' coffee and smokin' big cigars.
Well I know I had it coming, I know I can't be free
But those people keep a movin'
And that's what tortures me...

Well, if they freed me from this prison,
If that railroad train was mine
I bet I'd move out over a little farther down the line
Far from Folsom Prison, that's where I want to stay
And I'd let that lonesome whistle blow my blues away...

「列車がやってくるのが聴こえる。そいつは角を曲がってくるところ。もういつからかわからないほど、太陽を見ていない。俺はフォルサム監獄での囚われの身、だらだらと過ぎて行く時をやり過ごす。だが自由な列車は、サン・アントンに向かって走り続ける」

男は、牢屋の中から遠くからの汽笛を聴く。それで列車がやってくるのを知るのだ。

「まだガキだった頃、おふくろは『息子よ、いつもいい子でいて、けして銃を手にするんじゃない』と言ったものだ。けれど俺は、リーノウで男を射ち、そいつが死んでいくのを見ていた。今、汽笛が聴こえる。俺はただ、頭を垂れ、涙にくれる。金持ちたちは豪華な食堂で飲んだり食ったりしていることだろう。それに多分コーヒーを飲み、高価な葉巻を喫う。俺もそんな身分になれたかもしれないが、今ではもうけして自由な身になれないことはわかっている」

男は、自分が終身刑であることを知っている。そして、自分の過去を責めるのは、そしてこれから先の暗い人生を思い知らせてくれるのは、何にも束縛されず自由に走り廻る汽車の汽笛であることも。

「もし、俺をこの監獄から自由にしてくれて、そしてあの列車が俺のものなら、それに乗ってここから少しでも遠くへと向かうんだ。フォルサムから遠く離れた場所、俺が本当に行きたいところへ。そして、これまでのブルースを吹き飛ばすために、寂しい汽笛を思いっきり吹き鳴らすんだ」

ここには過去の行ないへの深い悔恨、そして現世への未練と再生への希望がうかがわれる。ジョニー・キャッシュ自身もアンフェタミンやバルビツール系の興奮剤や覚醒剤の中毒に苦しみ、そのことで本人は刑務所には入らなかったものの、そういった薬剤がもとで犯罪を犯した人びとへの同情や励ましの思いもあって、後年よく刑務所慰問コンサートを行なった。アメリカには、B・B・キングをはじめとして刑務所を慰問する歌手たちも多く、その実況の映像や録音が評判を呼んで多くの人びとに大きな感動を与えている。同時に、この国ではまた囚人や牢獄をテーマにした歌、長期囚や死刑囚、獄での病死や冤罪の苦悩などを歌った曲が多い。たとえば、'Criminal Justice（警報、刑事裁判）'のサイトでは、'10 Best Song About Prison（牢獄に関する歌ベストテン）'と題するコーナーの第一位にこの《フォルサム・プリズン・ブルース》が選ばれている。それもライヴ版がである。カントリー界のクイーンと呼ばれるロレッタ・リンの歌った《女子刑務所 *Women's Prison*》は八位に入っている。

一方、『ローリング・ストーン』誌のサイト'Between the Bars: 20 Great Songs About Prison（鉄格子の向こうに――牢獄を歌ったベスト20）'でも、トップがジョニー・キャッシュの《フォルサム・プリズン・ブルース》で、ついでボブ・ディランの実在のボクサー、ルービン・カーターの殺人を歌った、デンゼル・ワシントン主演の映画で知られる《ハリケーン *Hurricane*》、そしてエルヴィスの《監獄ロック *Jailhouse Rock*》が続き、サム・クックの《チェイン・ギャング *Chain Gang*》、マール・ハガードの《ライフ・イン・プリズン *Life in Prison*》、ルーヴィン・ブラザーズの《ノックスヴィル・ガール *Knoxville Girl*》などもリストアップされている。それらを見ても、この《フォルサム・プリズン・ブルース》が、どれほどインパクトが強いかがわかる。

ともあれ、このキャッシュの《フォルサム・プリズン・ブルース》によって、アメリカの列車を題材にした歌には、歌ならではの〈真実〉が託されていることに気づき、それを追う旅に出たことがある。

ある年の十月の末、秋満つるという感じそのままのある日の午後、サクラメントからUSハイウェイ80で東に向かっていた。やがて「ヒドゥン・ヴァリー（Hidden Valley）」という地名が現れた。「隠れ谷」、なんとなく謎めいた名前だ。フォルサム監獄を探しながらやってきたから、その名前はいかにも人の目を忍ぶ罪人の収監場所にふさわしいように思えた。フォルサム監獄は、唐突に目の前にあらわれた。灰色の高い壁に取り囲まれ、そこへ来る者もそこから出て行こうとする者をも冷たく見下しているように見えた。

ここに来たかったのは、監獄そのものを見たかったからではない。キャッシュが作り歌ったように、その近くを通る鉄道があるかどうかを知りたかったのだ。歌われていることは現実なのだろうか、それとも単なる想像の産物なのだろうか。監獄から少し離れた場所に車を駐めて、斜面《なぞえ》に沿って草をかき分けて木立の奥に入って行った。小一時間もうろついたと思う。

不意に樹々の先、草の群れを透かして単線の線路が見えた。今も使われているだろうことは、錆びていないからわかる。線路に沿って少しうろついてみたが、何かがわかるわけでもない。だが、未練がましくもう少し先まで進んで行くと、監獄を背にして延びる線路のずうっと先が大きく回り込んでいるのが見えたが、そこまで行くのはちょっと無理のように思われた。少し疲れて、線路の脇の土手に座り込んで、もしかしたら汽車がやってくるかもしれないと、かなりの時間待ってみた。だが列車がやってくるような気配は、まったくなかった。

陽が傾き始め、あたりは薄紫色に染まりだした。諦めて車に戻り、どこかで燃やしているらしい暖炉の薪の匂いがあたりにわずかに漂う中、車を出した。フォルサムの灰色の建物がバックミラーから消えたかというあたりで、ふいに汽笛の音がした。ノーザン・セントラル鉄道だろうか。さっき見た曲がり角を抜けるところで、汽笛を鳴らしたに違いない。きっと、いつもあそこを通るたびに汽笛は鳴らされ、その音を房の中の男は聴いたのだろう。

夕方のこの時間、旅にある人の心をホームシックが襲う。きっと歌の中の男も、汽笛の音の中に母親の姿や子供時代の家、もうそこには戻れない幸せだったろう時間への切ない望郷の思いに責められ頭を垂れたのだろう。やはり、《フォルサム・プリズン・ブルース》には、事実が歌われていた。そしてアメリカの列車の歌は日本の抽象的な雰囲気の列車の歌とは違って、実在の列車、機関車、路線を歌っているのだとこの時に知った。他にも災害の歌、殺人の歌、事件の歌など、ある程度実在のことを歌うことはあっても、列車の歌ほど具体的な事象を数多く歌ったものはないように思う。

いくつかの実例を上げてみよう。カントリー・ミュージックやブルーグラスの両方の世界でのインストルメンタルの名曲がいくつもある中で、とくにフィドルの代表曲に《オレンジ・ブロッサム・スペシャル *Orange Blossom Special*（邦題：夢のオレンジ号）》がある。列車の走行音や汽笛、そして制動音などを弓《ボウ》を様ざまに駆使しながら楽しい演奏を繰り広げる。フィドルだけでなくバンジョーやマンドリン、カントリーの世界ではペダル・スティールギターなどでも定番のインストゥルメンタル曲になっている。この曲を高校時代から聴いて、そのテクニックの凄さに圧倒されてきた身としては、それが実在の列車から生まれたと知った時は驚きだった。

〈オレンジ・ブロッサム・スペャル〉〔図⑰〕は、ニューヨーク・シティからフロリダ州マイアミまでの北アメリカの南北を縦断するシーボード・エア・ライン・レイルロードの列車だった。片道の走行距離一三二七マイル（約二一三六キロ）の路線は、一九二五年十一月二十一日に開通し、翌二六年二月には、ニューヨークとフロリダの西パーム・ビーチ間を三十六時間で走っている。単純に計算しても時速約六〇キロ。これは当時としては、かなり速い。

シーボード・エア・ラインの創業者であるS・デイヴィス・ワーフィールドの野心は、速く豪華な列車によって、この二つの都市間を結ぶことだった。当時フロリダは、観光資源開発の「機会の《ランド・オブ・》土地《オポチュニティ》」だとされ、まず、その開発の目的は東部の大都会、ニューヨークの金持ちたちを呼び寄せることだった。そしてこの〈オレンジ・ブロッサム・スペシャル〉はすぐにワーフィールドの目論見を実現した。

冬の寒いニューヨークでは、暖かいフロリダはまさに夢の土地、天国に等しかった。ことに病を得たものにとっては、暖かい土地で療養したいという思いは強く、たとえば一九六九年のジョン・シュレジンジャー監督、ダスティン・ホフマン、ジョン・ヴォイト主演の映画『真夜中のカウボーイ』でも、結核を患うホフマンのラッツォは病の身をフロリダで過ごしたいという夢を持っている。ニューヨークで女性を誘惑して生きていこうとやってきたマッチョなテキサス男のヴォイトのジョーは、知り合ったラッツォを南行きバスに乗せてフロリダを目指そうとする。だが、道中……。という物語を見ても、いかに人は南の暖かい土地、ことにニューヨーカーにとってはフロリダが「夢の土地」であるかを教えてくれる。

そのニックネーム、〈オレンジ・ブロッサム・スペシャル〉は、この時代、いや今もおおかたそうなのだが、列車の編成は貨物車と客車とのコンビネーション、貨客混成であるのが普通だった。その貨物列車《フレイト・トレイン》の中には有蓋の貨物車と郵便車があり、この路線ではオレンジが貨物として運ばれて行き、それでこの列車のニックネーム〈オレンジの花特急〉が付いたのだとも言われている。

曲の方の《オレンジ・ブロッサム・スペシャル》を作ったのは、アーヴィン・T・ラウズとロバート・ラッセル・ワイズの二人だというのが一般的だ。アーヴィンはErvin, Erwinの綴りがあり、アーヴィンともアーウィンとも呼ばれることがある。一方のワイズは、短軀小太りであるところからChubby（ポッチャリ）と呼ばれ、一般にチャビー・ワイズという名で知られているフィドルの名手である。

二人ともフィドラーで、彼らは一九三八年のある夜中、午前三時にフロリダ州ジャクソンヴィルのシーボード鉄道の駅で、この〈オレンジ・ブロッサム・スペシャル〉に乗ろうと待っていた。いわゆるロード・ツアーに出ていくところだったのだろう。その二人の目の前に到着したのは、豪華な列車だった。ラウズもワイズも、まだヒルビリーの尾を引いている頃のカントリー・フィドラーで、言うならば「田舎者」だったから、その二人の目には〈オレンジ・ブロッサム〉は驚くほどの豪壮な列車に映ったことだろう。

この二人が目にし、乗り込んだ列車が何だったのかは鉄道ファンとカントリー・ファンには意味があることらしく、そのことを問題にしているサイトもいくつかある。それは、この曲の持つ躍動的なスピード感は、とても昔ながらの黒っぽい箱型の蒸気機関車のイメージには結びつかなかったからだ。アーヴィンとチャビーとが、まさに一九三八年のこの路線で見た〈オレンジ・ブロッサム・スペシャル〉は、流線型《ストリーム・ライン》のディーゼル機関車で、プルマンの完全装備の寝台車と食堂車編成の〈シルヴァー・メテオ〉（銀の流星号）だろうとされている。ステンレス・スティール製の軽量車輌で、スピードが出る最新型だった。その雰囲気が、彼らの作ったフィドル・チューンを完成させ、後世にまで名を残す名曲たらしめたのである。

二人が作ったその翌年の一九三九年、アーヴィンと兄のゴードンのラウズ・ブラザーズが録音して、この曲を世に紹介する。ヒットしたのは一九四二年一月に録音した、ビル・モンローによってだった。この時のフィドラーはアート・ウートンで、この演奏がブルーグラスの定番になっている。この骨太でドライヴのかかった印象深いフィドル・ナンバーは、ただ聴いているだけでも、その向こうに爆走する機関車を簡単に思い描くことができる。それは昔気質の蒸気機関車の姿だろうか、それとも流線型で洒落者のディーゼル機関車だろうか。演奏する人によって、そのミュージシャンがどんな機関車を想像して弾いているかわかるところが、面白い。

〈オレンジ・ブロッサム・スペシャル〉の実在よりも、もっと衝撃的だったのはハンク・ウィリアムスの歌った〈パン・アメリカン〉という列車の存在だった。

3　ナッシュヴィル・タワーを探す

アメリカにはロイ・エイカフの《ワバッシュ・キャノンボール *Wabash Cannonball*》を筆頭に、驚くほどの数の列車の歌がある。カントリー・シンガー、ブルーグラス・シンガーなら誰しも一曲は必ず列車の歌を歌っているに違いない。

しかし、中でも秀逸なハンク・ウィリアムスの《パン・アメリカン *Pan American*》は、《ワバッシュ・キャノンボール》に影響されて作ったというだけあって、トレイン・ソングの良さを凝縮した魅力がある。ブルーグラスではセルダム・シーンの名演や、フィドラーで歌もよくするヴァッサー・クレメンツのもなかなかに印象深い。だが、ここはハンクに止めを刺す、と言いたい。

〈パン・アメリカン〉号と呼ばれた列車［図⑱］は、オハイオ州シンシナティからケンタッキー州ルイヴィル、テネシー州ナッシュヴィル、アラバマ州モンゴメリーなどを通って、ルイジアナ州ニューオルリーンズまで走る南北縦断列車で、通り過ぎる南部の土地の魅力を窓外に繰り広げながら走るところから、「南部の女王《サザン・クィーン》」と呼ばれ、皆から愛された列車であったらしい。

アメリカでは、どんな列車も愛されている。日本では〈デコイチ〉や〈弁慶号〉といった名前の知れた汽車のファンというのではなく、列車や機関車の認識番号以外に何の愛称もない平凡なごくありふれた列車、今なら動力車《パワーユニット》と呼ばれるディーゼルの牽引車、アメリカの長い貨物車を牽くために、たいていは三輛の黄色い動力車が引っ張っていく列車たちでも、平原やハイウェイ脇を走って行く彼らに出会うと、アメリカ人はたいがい立ち止まってその姿を見つめる。その姿からはこの広大な国を作り上げた機械たちへの、尊敬と愛情が手に取るようにうかがわれる

しかし、この〈パン・アメリカン〉には他の列車たちとは少し違って、ほぼ毎日のように庶民の心を温かくさせ、その安全な走行と無事の帰還を祈らせたものがあったのである。〈パン・アメリカン〉への人びとの思いは、かつての〈ワバッシュ・キャノンボール〉と呼ばれた列車に対する独特の愛惜の念にも通じるようだ。

こんな風に歌われている。

I have heard your stories about your fast trains
But now I'll tell you about one all the southern folks have seen

She's the beauty of the southlands listen to that whistle scream
It's that Pan American on her way to new or-leans.

Chorus:
She leaves Cincinnati headin' down that Dixie line
When she passes that Nashville tower you can hear that Whistle whine
Stick your head right out the window and feel that southern breeze
Your on that pan American on her way to new or-leans.

（以下略）


「南部を走る速い列車の物語はこれまで聞いたけれど、これから話すのは、人々が長く愛情を持って見つめてきた列車は、それは〈南部美人〉、ニューオルリーンズを目指すパン・アメリカン号なんだ」

そしてコーラスに入る。

「オハイオ州シンシナティを発ってディキシーを目指すこの列車、ナッシュヴィル・タワーを通り過ぎる時には、高い汽笛の音を聞くことだろう。車窓に額を押し付けて、南部の風のさやぎを感じてごらん。今、ニューオルリーンズ行きのパン・アメリカンに乗っているんだよ」（以下略）

といった内容の、いわゆる列車讃歌である。いつものハンクの苦吟の歌詞、あるいは言葉一つ一つを選んだような意味深い言葉選びに比べて、ちょっと通り一遍の歌詞のように思えるのは、これはルイヴィル&ナッシュヴィル鉄道会社から依頼されたコマーシャル・ソングだからなのである。

一八五九年十月二十七日に運転が開始されたこの路線は、当初社名通りケンタッキー州ルイヴィルからテネシー州ナッシュヴィル間、一八七マイル、ほぼ三〇〇キロを結んでいるだけだった。車でも五時間もかからずに行ける距離だ。それがやがて五州を貫く人気路線となる。その人気を勝ち得た大きな原因は、機関車が格別力強かったわけでもなく、客車が豪華だったのでも、食堂車の料理が特別だったのでもない。ただ一つ、その理由は汽笛だった。

コーラスの歌詞の二行目を、もう一度見て欲しい。

When she passes that Nashville tower you can hear that Whistle whine

she は、パン・アメリカンのことで、彼女が「ナッシュヴィル・タワー」の横を通り過ぎる時、汽笛を鳴らすのを聞くことができる、と歌っているのである。

もう何度も何度も、ナッシュヴィルという町を訪ねている。今住んでいる鎌倉市とナッシュヴィル市とをパートナーシティとして締結することに携わったこともあり、特別な思いもなくはない。そのこともあって、ナッシュヴィルは自分の町であるかのように思えるほど、よく通ったこともあるが、ナッシュヴィル・タワーというものを見たこともなければ話を聞いたこともない。人に訊ねても、みな首を振るばかりだった。いったいナッシュヴィル・タワーというのは、何なのだろう。その疑問を抱えたまま、何年もの時が過ぎた。

あの町は、行くたびにどんどん変わっていく。だから以前はあったものでも、簡単に取り壊されてしまうこともあるだろう。ナッシュヴィルのダウンタウン、かつて「グランド・オール・オープリー」というカントリー界最大のコンサートを開催していたライマン公会堂のある、そして今もまだ多くのライブハウス、レコードショップ、楽器店、ファッション関係の店から博物館やアリーナ、スーヴェニア・ショップやホテル群などがところ狭しと肩をならべているダウンタウンから、幅広いブロードウェイ通りを東に下っていくとすぐに坂になり、その頂上付近に郵便局ともう一つ、かつては「ユニオン・ステーション」という名の駅舎があった。おそらくは、〈パン・アメリカン〉はここに停車し、乗降客を乗り降りさせ、再び南のニューオルリーンズや北のシンシナティを目指して旅立って行ったことだろう。

六〇年代、この駅はまだ盛んだった。七〇年代に入って、アメリカの鉄道は行き詰まり、淘汰整理されていった。ナッシュヴィルのユニオン・ステーションもまた、その例に漏れなかった。すぐ近くにある郵便局に、手に入れた本や資料、参考ブックレットなどを自分の家に送るために何年にもわたって通ったから、よく目にしていた。ある年から、かなり寂しくなり、落ちぶれていく様子がありありだった。やがてこの駅は使われなくなって廃虚の様相を呈し、時を置かずホテルへと改装されていった。だがある年、そのホテルに近づいていって驚いた。内部が焼け崩れていたのだ、火事が出たものらしい。それから何年かして、再び整備され、今はまたホテルになっている。それも少し前の話だから、今現在、どうなっているか、はっきりとはわからない。

なぜこのかつてのユニオン・ステーションが気になるかといえば、その建物の高い尖塔が、もしかしたらナッシュヴィル・タワーと呼ばれていたのではないかと思ったからだ。だが、違った。誰に聞いても、またまた首を横に振る人ばかりだった。

ナッシュヴィル・タワーは、この町のどこにあったのだろうか、という疑問を抱えたまま年月が過ぎ、だがある日、アメリカの鉄道のこと、《ワバッシュ・キャノンボール》に歌われる「ダディ・クラクストン」という人物のことや、鉄道工夫だったジョン・ヘンリーのこと、機関車衝突事故で死んだケイシー・ジョーンズのこと、あるいは鉄道にただ乗りしてアメリカ中をさすらい歩く「レイルロード・バム」たちのことなどを調べたくて、何冊もの列車関係の本を集めては眺めていた時のことだ。重く大部なそれらの、厚手の光沢紙のページをめくってもめくっても、ぼくの知りたい事柄にはなかなか出会うことはできなかった。ところが、その一冊の両開きのページに、ある図版が目の前に広がった。そこには、蒸気を吐きながら疾走する黒い機関車が写されていた。それが、〈パン・アメリカン〉とナッシュヴィル・タワーとの不思議を解決してくれることになった。

その絵には、一九三三年八月十五日の記載があり、ナッシュヴィル・タワーの横を走るL&Nレイルロードの244号列車〈パン・アメリカン〉の勇姿を描いたものだった。その絵の構図の角度のせいで、車輪構成はよくわからないが、かなり大きな重量感溢れる機関車であることはわかる。その機関車の前方には小屋が映っていて、その横壁に〝WSM〟と書かれている［図⑲］。これはナッシュヴィルを本拠地とする、テネシー州のほぼ全域をカバーする放送局のコールサインなのだ。その上の盾形の枠の中に書かれた説明文によると、ナッシュヴィル・タワーは高さ五七八フィート（約一七六メートル）で、当時アメリカでもっとも高いラジオ・タワーだった。ナッシュヴィルのユニオン・ステーションを午後五時八分に出発した〈パン・アメリカン〉が、その塔の横を通過するたびに汽笛を鳴らした、とある。そしてその音を小屋に設置されたマイクで拾い、WSMがオンエアしたらしい。

ダイアル650、出力五〇キロワット。毎夕定刻の午後五時三十九分、〈パン・アメリカン〉の鳴らす汽笛をラジオの実況放送で聴いては、人びとは今日一日が無事に終わることを感謝し、その列車の旅の安全を祈ったことだろう。アメリカの列車時刻はかなりいい加減で、大陸を横断、縦断する長距離走行では、列車の遅延は当たり前だと鉄道関係者も客たちも考えている節がある。イライラするのは、ぼくたち日本人だけらしい。だから、このナッシュヴィル・タワーの脇を通る時刻がきちんと正確なのかどうかはわからない。

GOVERNOR
ANY RESPECT
for the State

13

14

SHE'LL BE COMIN'
ROUND THE MOUNTAIN
Additional Words & Music
by BOX & COX
FRANCIS, DAY & HUNTER, LTD

12

15

EDUCATION BLDG.
16

The Pan-American
ALL-PULLMAN
De luxe Train of the
LOUISVILLE & NASHVILLE R. R.
Daily between Cincinnati, Louisville and
The Gulf Coast and New Orleans
Club and Observation Cars—Maid and Valet—Shower Baths Women's Lounge Room Radio.
267
18

PAN-AMERICAN
On the Air!
WSM
19

The Orange Blossom Special Going
Through Orange Groves in Florida
202
SEABOARD
17

ともあれ、その列車通過儀式は、少なくともハンク・ウィリアムスが《パン・アメリカン》の歌を作った一九四八年までは続けられていたに違いない。

ずうっとあとになって、アメリカの隅々を旅している時、一軒の古道具屋、いやガラクタ屋といったほうがいいような店で、〈パン・アメリカン〉のタイム・テーブルを手に入れた。B5判を三つ折りにしたような紙で、表に路線、裏に時刻表が載っている。

その時刻表を見ながら、〈パン・アメリカン〉が健在であった時代を思い出すでもなく考えていた。今は、ハンクもこの世にいない。アムトラックに組み込まれなかった〈パン・アメリカン〉も、もう走っていない。そしてその列車が、汽笛を鳴らしたナッシュヴィル・タワーも、今はもうない。だがハンクが作った歌は残り、〈パン・アメリカン〉を誇りとした、ナッシュヴィルの人びとが愛した歌は、今も歌われている。人に愛されつづける歌と列車は、幸せものである。

4　ワバッシュを走る特急列車

一九六一年の夏、ぼくはテネシー州のナッシュヴィルにいた。その時代、遠い日本からやってきたカントリー・ミュージック好きの若者というのは珍しいらしく、新聞やラジオがインタビューにやってきたことを覚えている。そういう中で、ぼくにとってのカントリーのアイドルは誰か、と訊かれて、その頃は亡きハンク・ウィリアムスやハンク・スノウ、カール・スミス、ファロン・ヤングといった人たちが大変な人気だったけれど、ぼくは当時すでにレジェンドと呼ばれていたヒルビリー、カントリー界の大御所、ロイ・エイカフ〔図⑳　ロイ・エイカフとそのバンド〕が好きだった。《グレート・スペックルド・バード *The Great Speckled Bird*》や《ウェイト・フォー・ザ・ライト・トゥ・シャイン

Wait for the Light to Shine》、《プレシャス・ジュウェル *The Precious Jewel*》などをはじめとする宗教的な内容を持ったセイクレッド・ナンバーなども歌って、〈キング・オブ・カントリー・ミュージック〉と尊称されるにふさわしい人物だった。かつてマイナーリーグの野球選手であり、一時、ルイヴィル・ナッシュヴィル鉄道で働いたこともあり、メディシン・ショウに加わって効能の怪しげな薬を売る宣伝ミュージシャンになったりという波瀾に富んだ前半の人生に対して、後半の人生はきらびやかな道を歩むことになる。ナッシュヴィルで活躍するソングライターで、ハンク・ウィリアムスを世に出した人物としても知られるフレッド・ローズと組んでナッシュヴィルばかりでなく全米を席捲するような音楽出版社、エイカフ・ローズ出版社を設立したり、ナッシュヴィルのフリーメーソンの一員であったり、共和党の知事候補として出馬したりと、名実ともにアメリカのカントリー界を代表する御大であった。

だが会いたかった第一の理由は、彼は「ヒルビリー・ミュージック」から「カントリー・ミュージック」への進化、あるいは脱皮の時代の代表的なパーソナリティだったからだ。ようするに、ぼくにとっては伝説の存在そのものであったのだ。

そのエイカフに会えるなんてとても信じられなかったが、このカントリーの町のお偉方の誰かが日本からやってきたカントリー好きの若者を面白がってくれたのだろう。ある日の午後、その頃の市長であったビュフォード・エリントン同席のもと市長のオフィスでエイカフと会うことができた。その面会の様子がどうであったかは、ここでは関係がない。

その時になぜかテネシー州の名誉市民章（Honorary Citizen of State of Tennessee）というのを授けられた。理由は皆目わからないけれど、その後ナッシュヴィル市とつながりを持つようになると、案外簡単に誰にでもナッシュヴィル市の名誉市民章をくれるので、テネシー州のそれだって、そう価値があるとも思えない。

そのことは措くとして、今は、話を前に進めよう。

エイカフのレパートリーの中で、何が一番好きかと、ごくたまに考える。でも、結局はこの一曲、《ワバッシュ・キャノンボール》に落ち着く。彼に会って、その人柄に触れて、そして彼がこの曲を歌った時代のこと、それも一度だけでなく何度も録音をし、晩年に至るまで様ざまなステージで歌いつづけたことなどすべてを含めて、そしてもう一つ、この《ワバッシュ・キャノンボール》が、彼の歌声と演奏のように、ただ楽しく明るいだけのトレイン・ソングではなく、もっと深いアメリカの苦しみや悲しみのようなものが隠されていることを知ったこともあって、どうしても心に残る曲なのである。

だがしかし、それとは無関係の部分で、彼以外の誰がこれ以上この歌を見事に歌えるだろうか、という思いもまた強くある。そういう意味でも、《ワバッシュ・キャノンボール》は好きな、というよりもとても気になる歌の一つになった。ロイ・エイカフの歌う詞を取り上げよう。この後の話の展開とも関係があるので、全部の歌詞を引用する、こんな内容の歌だ。

From the great Atlantic Ocean to the wide Pacific shore
From the Queen of flowing mountains to the South Bell by the shore
She's mighty tall and handsome, and known quite well by all
She's the combination known as the Wabash Cannon Ball

Chorus:

Listen to the jingle, the rumble and the roar
As she glides along the woodlands, o'er the hills and by the shore
Hear the mighty rush of the engine, hear that lonesome hobo squall
You're travelling through the jungles on the Wabash Cannon Ball

She came down from Birmingham, one cold December day
As she rolled into the station, you could hear all the people say
There's a girl from Tennessee, she's long and she's tall
She came down from Birmingham on the Wabash Cannonball
(Cho)

Our Eastern states are dandy, so the people always say
From New York to St. Louis and Chicago by the way
From the hills of Minnesota where the rippling waters fall
No changes can be taken on that Wabash Cannon Ball
(Cho)

Here's to Daddy Claxton, may his name forever stand
And always be remembered 'round the courts of Alabam'
His earthly race is over and the curtains 'round him fall

We'll carry him home to victory on the Wabash Cannon Ball
(Cho)

偉大なる大西洋から、広大な太平洋まで
北の気高い女王のような連なる山並みから、南部美人のような南の海辺まで
力強く、大きく美しいその姿は、あまねく世に知られる
それが貨客列車のワバッシュ・キャノンボール

(コーラス)

鐘の音や車輪の響き、機関車の唸りを聴くといい
森に沿って、丘を通って海辺まで機関車は走る
機関士たちの力強い動き、ホーボーたちの寂しげな叫び
ワバッシュ・キャノンボールはジャングルを抜けて旅をする

十二月のある寒い日にバーミングハムからやってきた
駅に入ってきた時、人びとが言い交わすのが聴こえるだろう
彼女はテネシーの娘、いくつもの列車を牽引する見上げるような列車
それがバーミングハムからやってきたワバッシュ・キャノンボール

自分たち東部の州はダンディだといつも人びとは言う

ニューヨークからセイントルイス、シカゴ、滝落ちるミネソタの丘まで
乗り換えずに行けるワバッシュ・キャノンボール

ダディ・クラクストンの名声は永遠に不滅
アラバマの裁判所では忘れられることはない
彼のこの世での生命が終わり、人生の幕が閉じたら
ワバッシュ・キャノンボールは彼の遺体を勝利と共に天国へと運んでいく

このような歌詞を持つ《ワバッシュ・キャノンボール》は、実はわからないことが多い。一体何を歌っているのか、この曲を初めて聴いた高校生の頃にはわかるはずもなかった。今、あらためて読みなおし、何度も聴きなおしてみても、実際にはなんのことを歌っているのか謎だらけなのだ。

この列車は大西洋岸から太平洋岸まで、また北の山並みから南の浜辺まで、ようするに北アメリカ大陸の東西南北を走り抜けているという。大西洋に「偉大な《グレート》」という形容詞がついているのは、やはり東部の人間のある種の誇りからだろう。そのことは、三聯目の「東部の州はダンディだといつも人びとは言う」という一行にもうかがわれる。

その後に続く行は、一般の歌詞サイトでは、'From Queen of flowing Mountains to the South Bell by the shore' とあるのが普通だ。前半分は「連なる山並みの女王から」だろうと思うが、後半の 'South Bell' というのがわからない。直訳すれば「南部の鐘」になるが、それが何を意味しているのか見当もつかない。Bell が Belle ならば、フランス語の美しいという意味で、南北戦争前のアメリカ南部の上流階級の美女を指す言葉 'Southern Belle' のことだろう。そこで訳詞では前半の「女王」と対比して前訳のよ

うに「南部美人」としたいところだけれど、少し無理がありそうだ。迷っていたら、まったく別の歌詞が見つかった。一番だけを書き出すと、以下のようになる。

From the great Atlantic Ocean to the wide Pacific shore
From the green and flowing mountains to the south belt by the shore
She's mighty tall and handsome, and known quite well by all
She's the combination known as the Wabash Cannon Ball

二行目を見てもらえば、queen ではなく green であること、south bell ではなくて south belt となっていて、これならば、「緑豊かに連なる山並み」と「南の長く続く砂浜」ということになり、よくわかる。しかし、ロイ・エイカフの歌詞のサイトでも前の歌詞が普通なのだから、なんとも不思議だ。

そしてその汽車の車輛連結の方式は combination で、これは貨客混合の意味だ。貨物列車と郵便列車とが一緒に連結されることもあった。後述するが、一八〇〇年代半ば過ぎから一九一〇年代ぐらいまで、郵便物運送は鉄道事業にとって非常に重要な仕事であった。だが、ここでは貨物列車、英語で言うところの「フレイト・トレイン（freight train）」は、また別の面で大きな意味を持っていた。だから この歌詞のこの一行は、〈ワバッシュ・キャノンボール〉［図㉑］という列車の人気の根拠、多くの人たちがカヴァーする名曲、ある時代を表象する記念すべき佳曲である理由を如実に語っているのだ。

この一聯目は、少し極端に思える形容でこの列車を紹介している。二聯目はもう少し具体的な説明が入るが、それは実在の地名が出てくるからで、内容が謎めいていることには変わりがない。〈ワバッシュ・キャノンボール〉は十二月に、アラバマ州バーミングハムからやってくる。なぜ、十二月なのか、その根拠がよくわからない。列車が駅に着いた時、この汽車は多くの車輛を連結した長い列車で、しかも動輪が大きい見上げるばかりの巨体の〈テネシーからの娘〉だと、人びとが言うのを耳にすることができるだろう、とある。gal from Tennessee という gal は、〈ワバッシュ・キャノンボール〉のことだろうか。それとも、その列車に乗ってきた誰かのことだろうか。あるいはテネシーで製造された車輛なのか、もしくは始発がバーミングハムで、途中のテネシーの、たとえばナッシュヴィル・ダウンタウンにある大きな駅、「ユニオン・ステーション」あたりで、貨客車のどちらか、または両方を増結したのだろうか。これだけの歌詞ではわからないことばかりだ。

同じ《ワバッシュ・キャノンボール》を、アパラチアン・ミュージック系のマウンテン・ミュージックやブルーグラスを歌う盲目のギタリストで歌手のドク・ワトソンは、この 'She came down from Birmingham' の部分を 'I went down to Birmingham' と歌う。「私」という人物がバーミングハムに行ったのは寒い十二月のある日のこと」となる。She でないから少しはわかりやすいけれど、さて今度は、I とは誰なのか、この歌の作り手なのか、謎は深まるばかりだ。

三聯目では「東部の州はダンディ」とある。垢抜けていて小ぎれいで、人品卑しからぬ土地だという印象なのだろうか。ここには東部の優位意識がある。

〈ワバッシュ・キャノンボール〉の路線は、ニューヨークからセイントルイス、シカゴ、そしてミネソタで、それらの地名からも東部の列車であることを教えてくれるのである。その路線内ならば乗り換える必要がなく、路線変更または乗り換え料金は不要だ。当時の人びと、それも乗り慣れていない田舎住まいの人びとにとっては、これはありがたいことだった。

この歌の、もっとも大きな謎を秘めた部分は三聯目にある。突然登場する「ダディ・クラクストン」とは一体どういう人物なのだろうか。彼の名前は不滅である、というのはどういうことなのだろうか。不滅だというのは、それだけ彼の功績が大きかったということだろう。では、その功績とは何なのか。また、courts of Alabama とは何のことか。この court は、一般には裁判所とか法廷、または路地とか空き地と訳されている。クラクストンという人物は、なぜ「アラバマのコート」で讃えられているのか。そして、彼が死んだ時には、人びとは勝利の祝福を込めて〈ワバッシュ・キャノンボール〉で彼を天国へと運んでいくだろう、という。この歌詞の背後にはもっと長い物語があって、歌にする場合には演奏時間や録音時間などの制約があって、歌詞の大部分をカットしなければならなかったのではないか、とも思われる。

そう思わせられるのは、リフレインのコーラスの部分の一行目「鐘の音や車輪の響き、機関車の唸りを聴くといい」の後の三行目、「機関士たちの力強い動き、ホーボーたちの寂しげな叫び」とあるところだ。ここにきて唐突に「ホーボー」が出てくる。このホーボーは、この列車とどういう関係にあるのだろうか。続く四行目の最初の言葉は、レコードによって、また歌詞によって異なっているが、普通は you're である。you're travel through the jungle となる。だが、録音によっては while というのもある。

この場合の you're と while とは大違いだ。前のは「聞き手」もしくは列車の「乗り手」が〈ワバッシュ・キャノンボール〉で「ジャングル」を抜けて旅する、ということだろうし、後者の場合、〈ワバッシュ・キャノンボール〉という列車そのものが「ジャングルを通り過ぎる時」に鳴らす汽笛は、寂しげなホーボーの叫び、または呼び声なのだ、ということになる。この部分は、後にわかったことだが、アメリカ史におけるある隠れた文化の存在を教えてくれる、とても重要なことを歌っているのである。このことは、もう少し後で検証してみたい。

ロイ・エイカフの《ワバッシュ・キャノンボール》は、一九三八年十二月一日、コンカラー・レコードからＳＰ盤で発売された。Ａ面は《フレイト・トレイン・ブルース *Freight Train Blues*》だった。レコードのラベルには「ロイ・エイカフ・アンド・ヒズ・クレイジー・テネシアンズ」とあるが、実はロイ本人はこの歌を歌っていない。

一九三六年に録音されたこの曲を歌ったのは、サム・〝ダイナマイト〟・ハッチャーという男で、エイカフのバンドではハモニカと歌を担当していた。エイカフ本人はフィドルに専念していたようだ。この歌は今もYou TubeでＳＰ盤の録音を聴くことができる。イントロと間奏はハワイアン・ギター、すなわちアコースティック・ラップトップ・スライドギター奏者で、コメディアンの〈カズン・ジョディ〉としても知られるジェイムズ・クレル・サミーで、ロイはオープニングやバックで口真似の汽笛の音を出している。

ロイ自身の歌で吹き込まれたのは、信頼の置けそうな'Wayne's country'というサイトのディスコグラフィーで見る限り、一九四六年七月一日にコロムビアからリリースされたものだ。イントロや間奏のドブロギターを担当しているのは、ブラザー・オズワルド・カービーで、少しゆったりしたテンポの、もっともよく知られた定番演奏だ。

ロイ・エイカフはこの《ワバッシュ・キャノンボール》の大ヒット――資料によるとレコードが七百万枚も売れたというものもある――によって大スターの地位を確立したこともあり、この曲にことさらの愛着があるらしく、その後も何度も録音したり演奏したりしている。けれど、どこにも記録がないのに、今も簡単に聴ける不思議な《ワバッシュ・キャノンボール》がある。一つは今現在、You Tubeで見られる「一九四〇年」とクレジットされた、グランド・オール・オープリーだと思われるライヴ映像で、これには紛れもなくロイが口真似で汽笛の音を出し、歌も歌っている。もっと驚くのは、司会がグランド・オール・オープリーの創始者であるジョージ・デューイー・ヘイであることだ。

ハモニカの音は入っているが、画面のメンバーにはいない。アテレコ演奏なのでその演奏態度はぎこちないが、ドブロギターを担当しているのは、どうやらクレル・サミーのようだ。

もう一曲は、同じYouTubeで機関車が疾駆する動画で、歌詞付きのもので聴くことのできるものだ。イントロは明らかに初期のラップ・スティールギターの音で、弾き方の癖から最初からバンドにいたクレル・サミーだろうと思われる。もう一つ特徴的なのは全編を通じて聴こえるハモニカのバッキングで、このヴァージョンでは間奏もとっている。吹き方、スイングの仕方、癖などで、これはカントリー・ミュージックの殿堂、グランド・オール・オープリーで初めて、そして一九七〇年代にチャーリー・プライドが登場するまで唯一の黒人ミュージシャンだったデュフォード・ベイリーではなかろうか。しかし、今のところこの演奏の発表年やプレイヤーのクレジットなどははっきりしない。ウェブであちこちチェックしても見つけられない。これがとても気になってならない。なぜなら、この曲の演奏が一番魅力的だと思われるからだ。

ロイ・エイカフの《ワバッシュ・キャノンボール》は、どこかフィクションの匂いがする。実在の列車の〈ワバッシュ〉、そして人びとに愛された実際の列車の実態を超えた過剰な形容、装飾があるからだ。その大元は、一つのホラ話にあると思われる。アメリカ南部特有のホラ話、「トール・テール（tall tale）」と呼ばれる、極端な描写やあり得ないようなたとえ話、そして驚くべき力を持つヒーロウたちの物語は、昔から子供たちや大人たちに愛されてきた。その中には伝説のカウボーイ、竜巻を投げ縄で捉えようとしたり、リオ・グランデ川を一人で掘ったとされるペコス・ビルや、トンネル掘削で蒸気ドリルに勝ったジョン・ヘンリー、身長八メートルの巨人の木樵、ポール・バニヤンたちがいた。この四人は、アメリカの切手にもなっており［図㉒］、いかに人びとに愛されているかがわかる。一日で山を丸裸にするというこの男には、カール・S・バニヤンという弟がいた。アラン・ロマックスの採集した物語では、このカールは世界でもっとも素晴らしい鉄道「アイルランド・エルサレム・オーストラリアン＆サザン・ミシガン・ライン」を敷設したと言われ、そのための線路はアメリカ最大の鉄工所で二年間、一日三十六時間、一週間に九日かけて造り上げたとされ、線路を敷く土台の枕木はすべてレッドウッドで、肝心の機関車は七百もの貨車を牽引し、時速六五マイル（約一〇四キロ）で走る。そのあまりの速さに、目的地には出発する一時間前に着き、乗車切符の改札済みの印は四五口径のピストルで孔をあけた、という伝説が語られたものだ。ある山を登るために最大のスピードを出したため、線路は熱で溶け、枕木は燃え尽きたのだが、列車は停まることなく、山を登りきって宇宙に飛び出し、今も星々の間を飛び回っているという話なのである。このような壮大なホラ話が、《ワバッシュ・キャノンボール》の歌の根っこのところにあるのだろう。いや、宇宙ではなく、今もこのカール・バニヤンの列車は、アメリカのあちこちの線路を走り廻っているという話さえ伝わっている。

こういった列車のイメージは多くの人に、まるで十八世紀初頭の希望峰周辺の海域で出没した幽霊船「フライング・ダッチマン（Flying Dutchman）」の伝説を彷彿させるし、こういう壮大で幻想的なホラ話を「バニヤネスク（Banyanesque）」と呼んだりしている。そして、ロイ・エイカフの《ワバッシュ・キャノンボール》の、ある種大袈裟な表現はそこから来ているように思えるのだ。

しかし、実在の列車もトール・テールの列車も、人に愛されこそすれ、それきりで終わってしまってもよかった。ところがその《ワバッシュ・キャノンボール》を全国区の列車に仕立て上げたのは、紛れもなく歌の力に負うところが多い。

実在のこの列車は、もともとアメリカ大陸の中部中央《ミッド・セントラル》を走る鉄道で、オハイオ、インディアナ、イリノイ、アイオワ、ミシガン、ミズーリ、それにカナダのオンタリオまでの広範囲をカヴァーしていた。主要駅はシカゴ、カンザスシティ、デトロイト、ニューヨーク州のバッファロー、セイントルイス、オハイオ州トレドなどだった。最初は、一八六五年七月に創設された「トレド、ワバッシュ・アンド・ウエスタン・レイルウェイ」が、十二年後の一八七七年一月に「ワバッシュ・レイルウェイ」と名前を変えて誕生したものだ。

セイントルイスとデトロイトを結ぶ昼の特急の貨客列車が〈ワバッシュ・キャノンボール〉、同じ路線でもプルマンのカフェラウンジと個室と寝台車を連結した客車専用の夜行列車を〈デトロイト・リミテッド〉と呼んでいた。この貨客列車であるということが、この列車の、やがては大きな特徴となる、重大な要素だった。

南北戦争後の混乱期と復興期、そして十九世紀末の恐慌時代を乗り越え、第一次世界大戦、禁酒法と狂騒の時代、大恐慌と第二次世界大戦、朝鮮戦争などの激動の時代を耐え、冷戦からベトナム戦争への傾斜の中、一九七一年までこの〈ワバッシュ・キャノンボール〉は生き続けてきた。その最後の運行をCBSテレビのチャールズ・クラシスがリポートして、多くのファンの心を揺さぶったという。

ワバッシュ地方は、オハイオ川へと流入する支流のワバッシュ川の沿岸一帯の地域で、昔から豊かな農業地帯としてアメリカの典型的な農村部を形成してきた。そこは穏やかでゆったりと生きていける心の故郷——言うところの「ハート・オブ・アメリカ」を象徴しているかのようだった。〈ワバッシュ・キャノンボール〉は、そういう土地を代表するような列車だったのだ。だが、いつの間にかアメリカ中を走り廻るようになり、人の心の中にもその線路が敷かれていった。何がワバッシュをそういう列車にしたのか。それが知りたかった。

5 《ワバッシュ》の歌の源流を探して

一八四三年に西部への開拓が始まり、やがてリンカーン大統領による「ホームステッド・アクト（Homestead Act＝自営農地法）」などの影響もあって多くの人々が自分たちの土地を求めて西へと開拓線を拡げていった。その時の応援歌のようなものが、《アンクル・サムズ・ファーム *Uncle Sam's Farm*（アンクル・サムの農場）》で、ジュディス・ハッチンソン作曲、ジェシー・ハッチンソン・ジュニアの詞によるこの曲は、ハッチンソン・ファミリー・シンガーズによって歌われて当時よく知られた曲だった。内容は、「西から東まで力強い土地、栄光のヤンキーの土地、北はセイントローレンス川、南はリオ・グランデの流れ込むメキシコ湾、太陽の上る大西洋からロッキーをはるかに越えるオレゴンまで、アンクル・サムは豊かな農地を我々に与えてくれる」と歌う。この曲が《ワバッシュ・キャノンボール》の原曲である、と主張するのは、フォーク・シンガーであり、俳優として『エデンの東』や『熱いトタン屋根の猫』、そして『大いなる西部』ではアカデミー助演賞に輝いたバール・アイヴスだ。今、YouTubeで聴くと、少なくともメロディーは直系の先祖であるとは思えない。ただ、地名の羅列というか、北アメリカ全体を表現する形容が《ワバッシュ》に通ずるところがあるかもしれない。

この、アイヴスの説を紹介したのは、アメリカ民謡蒐集家・研究家であるアラン・ロマックスである。かつて、日本のカントリー音楽の解説や研究などが、理論的考察や学究的調査がひどく未熟であった時代、《ワバッシュ・キャノンボール》の解説には、必ずと言っていいほど原曲は《アンクル・サムズ・ファーム》と書いてあった。おそらくはアメリカのカントリー関係の本からの受け売りで、実物を聴いたこともなくそのまま孫引きしたのだろうと思われる。

《アンクル・サムズ・ファーム》は《ワバッシュ・キャノンボール》の原曲とは言い難いが、本当の原曲といっていいものが一八八二年にJ・A・ロフが作った《グレート・ロック・アイランド・ルート *The Great Rock Island Route*》だ。こんな曲だ。

From a rocky bound Atlantic, to a mild Pacific shore,
From a fair and sunny southland to an ice-bound Labrador,
There's a name of magic import and 'tis known the world throughout,
'Tis a mighty corporation, called the great Rock Island Route.

Chorus:
Now listen to the jingle, and the rumble, and the roar,
As she dashes thro' the woodland, and speeds along the shore,
See the mighty rushing engine, hear her merry bell ring out,
As they speed along in safety, on the "Great Rock Island Route."

「岩波連なる大西洋岸から、穏やかな太平洋の海辺まで、そして明るい陽差し溢れる南部から、凍てつくラブラドールまで、その名前は魔法の響き、世界中に知れ渡っている。その優れたコンビネーションは、偉大なロック・アイランド・ルートと呼ばれているのだ」

そしてコーラスに入る。

「鐘の音を聴くといい、そして列車の轟きや咆哮を。猛スピードで森を走り抜け、海辺に沿って速度を上げて過ぎて行く力強く突進する機関車を見てごらん、楽しげな鐘の音が聴こえる。グレート・

ロック・アイランド・ルートはどこまでも安全で速い列車なのだ」

ここでは省いた二聯目の歌詞では、この列車の路線を歌い連ねて行く。それは中部、中西部地方の重要な土地、たとえばイリノイ州ロック・アイランドやペオリア、アイオワ州カウンティ・ブラフス、同じアイオワ州ダヴェンポートなどの地名が羅列される。当時のこの路線を知るものなら、今はあまり馴染みでないこれらの地名は旅心をくすぐる憧れの土地だったのかもしれない。このほかに「ノーザン・ルート」（北路線）としてミネアポリスやミネソタの名前が上がり、「サウスウエスト・ルート」（南西路線）では、カンザスシティやカンザス州アッチソン、レヴンワースなどの名前が出てくる。ようするに、この曲は「グレート・ロック・アイランド・ルート」路線の充実度を示す宣伝歌に近いようなものだったのではなかろうか。

この曲も現在 You Tube で、キャロル・コリンズという女性がピアノを弾きながら歌っているのを聴くことができる。それによるとメロディーは、ほぼ《ワバッシュ・キャノンボール》と同じだ。当たり前だろう、この曲を元にして、一九〇四年、ウィリアム・キントが《ワバッシュ・キャノン・ボール》を作ったのだから。キントは'Wabash Cannon Ball' と、キャノンとボールを分けて書いている。その歌詞は、こんな具合だ。

From the Rocky bound Atlantic, to the wild Pacific shore,
From the sunny South bound to the Isle of Labrador,
There's a name of magic splendor that is known quite well by all
'Tis the western corporation called the Wabash Cannon Ball.

Chorus:
Then listen to the jingle the tumble and the roar
Of the mighty rushing as she streams along the shore,
The mighty rushing engine, hear the bell and whistle call,
As you roll along in safety, on the Wabash Cannon Ball.

もう、訳す必要もないだろう。比較してみると、ほとんど盗作と言えるのではないかと心配になるほどだ。今だったら「剽窃」という人もいるだろう。原作を借りての作り替えだとしても、このおおらかさはどうだろう。ＰＤと呼ばれる「パブリック・ドメイン」は、原作曲の創作者の死後から七十年経たないと適用されないと言われている。ロフとキントとの間には二十二年の差しかない。実は、この著作権に関する大雑把さが、かつてのアメリカの音楽の恥部であった。たとえばスティーヴン・フォスターは自分の作った曲からほとんど収入を得ることができずに、貧困とそれに起因する過度の飲酒が原因で、若くして不慮の死を遂げている。死んだ時、彼の財布にあったのはわずか三十八セントだった。彼の作った曲の著作権がきちんと管理されていたなら、彼はまた別の人生を歩んだに違いない。早く生まれた作曲家の悲劇というしかない。

キントのワバッシュはこの歌詞に続いて、路線沿いの重要な土地として、シカゴ、セイントルイス、ロック・アイランド、イリノイ州スプリングフィールドやペオリア、ジョージア州デカーチャーなどが登場してくる。これも共通している。この両方の歌を見ると、すなわちどちらも「我が路線讃歌」であることがわかる。日本の《鉄道唱歌》と、ほぼ変わることがない。

一八八二年、J・A・ロフが《グレート・ロック・アイランド・ルート》を作った二十三年後の一九〇五年、ウィリアム・キントがその替え歌とも言える《ワバッシュ・キャノン・ボール》を発表してから、この汽車の歌は人びとの記憶と心の中にしまわれていた。それが再び、人びとの口の端《は》に上るようになり、多くの人がこの歌《ワバッシュ・キャノンボール》を気に入り、列車の存在を再認識することになるのは、あるグループの功績に帰することができるだろう。いや、こう書くのは簡単だけれど、実際は〈ワバッシュ〉の歌はマスメディアの世界にはあらわれることなく、多くの人びとに大切にされ、静かに歌い継がれていたに違いない。そうでなかったら、この《ワバッシュ・キャノンボール》の歌のある変容を理解することができないからだ。

《ワバッシュ・キャノンボール》の存在を再び世間に知らしめたのはカーター・ファミリー［図㉓］だった。このグループは、A・P・カーターとその妻のサラ、そしていとこのメイベルの、女性二人男性一人というセミ・ファミリー・グループで、二十世紀初頭から第一次大戦を経て禁酒法時代、そして大恐慌といった荒波の日々に、アメリカの庶民が愛して止まなかった日常の、平凡だが愛すべき歌たちを取り上げて大いに人気を博していた。そのカーター・ファミリーが《ワバッシュ・キャノンボール》を歌うことになったのは、大きな意味があったと思わざるを得ない。

一九二七年、まだ揺籃時代にあったといっていいアメリカのレコード業界で、一人のやり手のプロデューサーが売れるタレントを探し求めていた。のちにカントリーやポピュラー音楽の世界において、辣腕ぶりで知られることになるラルフ・ピアだった。その彼のオーディションを通過したのが、カーター・ファミリーで、その年の十一月四日、カーターたちはそれまで歌っていた《ワンダリング・ボーイ *Wandering Boy*》と《プア・オーファン・チャイルド *Poor Orphan Child*》の二曲を、レコード会社のヴィクター・トーキング・マシンから七十八回転SP盤に吹き込む。彼らの心地いい歌い方とアマチュアらしさの匂うギター演奏、誰もが歌ったことのある馴染みの曲などが相まって、そのレコードは大きな話題を呼んだのだった。

ピアは彼らを認め、翌一九二八年五月九日と十日の両日に、現在もカントリー、ブルーグラス、フォークソングの名曲として知られるカーターたちの代表曲の数々、《キープ・オン・ザ・サニーサイド *Keep on the Sunnyside*（邦題：陽気にいこう）》や《ワイルドウッド・フラワー *Wildwood Flower*》、《アイ・エイント・ゴーイング・トゥ・ワーク・トゥモロウ *I Ain't Goin' to Work Tomorrow*》、《ヨルダン川 *River of Jordan*》など十二曲を録音する。ピアは彼らに一曲五十ドルという報酬を払ったが、総額六百ドルは当時大金だった。A・P・カーターはその金で大きな家を購《か》ったという話も残っている。

しかし、A・Pにとってもっと重要なことは次の録音に備えてのレパートリーを充実させることで、その金で埋もれた曲を発掘する旅に出ることにした。彼はテネシー州キングスポートで黒人シンガーのジョン・ヘンリー・ライオンに会い、彼から《マザーレス・チルドレン *Motherless Children*》を教わったりしたのだが、それ以上の収穫は、もう一人の黒人ミュージシャン、後年のカーター・ファミリーにとって欠かすことのできない人物、ノースカロライナ生まれのギタリストでシンガー、レスリー・リドルを紹介してもらったことだった。

リドルは若い頃セメント工場で働いていた時に片脚を失い、その回復期にギターを学んだと言われている。その奏法をカーター・ファミリーでギターを担当しているメイベル・カーターが学び、のちにフォーク・ギターの弾き方の中でも重要な奏法に位置付けられている「カーター・ファミリー・ピッキング」を生むことになるすぐれた演奏法だった。A・Pはそのリドルとともに、テネシーやカロライナのアパラチア山間地帯を旅して、そこに住む人びとの間で口伝《くでん》によってひっそりと伝わる曲を採集して廻った。

一九八〇年、七十五歳まで生きていたレスリー・リドルは、自分はA・Pにとってテープレコーダーのようなものだった、と語っている。譜面を書くことのできなかったA・Pには、それらの曲を記録することが難しかった。二十世紀初頭、蠟管蓄音機を担いでアパラチアの山々やディープ・サウスの小さな村に分け入って録音して廻った多くの研究者や、一九三〇年代半ばから特に隠れた黒人たちの歌を発掘したアラン・ロマックスたちをはじめとする学術的コレクター、またラルフ・ピアのような商業的に曲を集めようとする者たちでもない限り、高額でしかも大型の録音機を手に入れることも、ましてそれを運んで自分たちのレパートリーを広げようとすることなどとても無理な話だった。

同じように楽譜を書けなかったろうリドルは、しかしA・Pよりもはるかに音楽的才能に恵まれていたようだ。それは耳の良さと記憶力の良さによって証明されるだろう。一度聴いたメロディーを覚えてしまうという人は、そう珍しくはない。ことにアパラチアでの多くの文化、音楽や料理、家事、大工仕事、祈りや季節の儀式、医療行為、遊び、農作業の知恵、子供たちへの教育などはすべて口伝であった。口伝えである理由は、自分たちスコッチ・アイリッシュの文化が非常に脆弱で、他の文化に容易に侵食されやすいために、その自分たち独特の文化を他人に盗まれたくないという思いが強かったからだと言われている。

こと音楽のことだけに限っても、現に、最初期のアパラチアでの民謡採集の研究で、彼らに伝わる歌を採集し録音して研究室に持ち去ろうとすることに、住民たちはかなり抵抗を示したと記録にもある。いい例が、イギリスの民族音楽、民族舞踊蒐集研究家であるセシル・シャープのように、アパラチアの民謡をイギリス的な枠組みにはめようと本来の形式を変えようとする人もいた。この一点からでも、彼らの防御の姿勢は理解できるだろう。だがやがて研究者に録音させることが金銭的な利益をもたらされることがわかり、また都市に働きに行った仲間たちにとっては、出稼ぎ先の町で故郷の音楽を聴けることは最高の喜びであり、同時に世の中に自分たちの存在を知らしめるためにも有益なのだと気づいて、彼らの抵抗は弱まり進んで協力するようになっていった。何よりも、自分たちの歌によって人が楽しんでくれることは、彼らにとって喜びであり快感であったからだ。

現在も、カントリーやブルーグラス音楽は基本的に口伝であり、録音されたものを聴いて、それを模倣することによって学んでいくというやり方を変えていない。ようするに、譜面は用いないということだ。ここには、音楽の「再現性」と「伝承性」という、二つの面が隠されていることがわかる。現代のカントリーやブルーグラス音楽の世界でも、バンドでの演奏にも譜面を用いることは稀である。この手の音楽のメロディーとリズム、雰囲気とハートを伝えるのは、音楽そのものを耳で聴き、自分の手で再現するしかない。そこには、譜面からは伝わらない、もっと深い、もっと広い、もっと魂を揺さぶるものがある。レスリー・リドルもまた、人が歌い演奏する音楽を自らの感覚を通して記憶し、受け継いでいく役目を負っていたのである。

そしてある日、A・Pとリドルは列車を歌った曲に出遭った。その曲の各聯の最後のコーラスの部分にくり返し登場する名前で、《ワバッシュ・キャノンボール》という曲であることがわかった。それが、一九〇五年にウィリアム・キントの作った《ワバッシュ・キャノン・ボール》そのものではないが、そこから変化した曲だと、二人は気がついたろうか。一九〇五年に生まれたリドルはともかく、一八九一年生まれのA・Pは、九歳の時に発表されたキントの曲を聴いたろうか。聴いたとしても覚えていたろうか。と書いたものの、二人がこのキントの《ワバッシュ》を知っていようと知らなかろうと、この場合あまり関係がない。彼らは、この曲を歌った誰かのパフォーマンスとその曲の魅力に惹きつけられたろうことは、それを採集し、翌年にレコーディングしたことでわかる。

二人が耳にしたその《ワバッシュ・キャノンボール》は、後にカーター・ファミリーが録音した曲と同じものだと思われる。というのも、Ａ・Ｐもリドルもけして創作する人たちではなかったからだ。アメリカでは長い間、曲を作る人とそれを歌い演奏する人とは別のジャンルであり、別の仕事であった。フォスターは創る人であり、アーヴィン・バーリンも、フィリップ・スーザも創る人から出ることはなかった。一方、ビング・クロスビーもフランク・シナトラも、エラ・フィッツジェラルドもエルヴィス・プレスリーも歌う人であって、創る人ではなかった。

創り歌う、その両方をやる人間の登場は、一九五〇年代後半のフォーク・ミュージック・リヴァイヴァル・ムーヴメントを待たねばならない。それ以前のウディ・ガスリーたちが、それまでのフォーク・シンガーたちの「伝える人」からの脱皮を促したと言っていい。その動きは、六〇年代、七〇年代に多くの「シンガー・ソングライター」を生み出し、フォーク、ロックのミュージシャンたちにとって、「シンガー・ソングライター」はごく当たり前の存在になっていくのである。

だから、一九二九年の段階で二人の聴いた《ワバッシュ・キャノンボール》は、そのままの形でカーター・ファミリーのレパートリーとして世に登場してきたのである。

今、そのカーターたちが残したレコードの《ワバッシュ・キャノンボール》の詞を読むと、キントの残した詞とは異なっていることがわかる。メロディーの方は、現在キントの作った《ワバッシュ・キャノン・ボール》の音源が見つからないから、キントのものと同じかどうかは不明だ。一九〇四年頃ならば、エジソンの蠟管蓄音機は、アメリカの南部山岳地帯でも音源収録で活躍していたし、ある程度人びとの娯楽にも用いられていた。だから、キントもまたその手の録音機で吹き込んだろうから、その音源はきっとどこかにあるに違いない。しかし、今検索できるインターネットのサイトや手に入るだろうＣＤなどの中には見つからない。おそらくはアメリカの地方の小さなアーカイヴや図書館の片隅、あるいはコレクターの家のどこかに埋もれているのかもしれない。

しかし、現在 YouTube で聴くことのできるキャロル・コンリンズの歌う《ワバッシュ》の原曲の《グレート・ロック・アイランド・ルート》は、大ヒットしたロイ・エイカフの《ワバッシュ・キャノンボール》とほぼ同じメロディーである。キントの《ワバッシュ》もまた《グレート・ロック・アイランド・ルート》を参考にしたと思われる。だがしかし、今聴けるカーター・ファミリーの《ワバッシュ》は、それらのメロディーとは異なっているのである。ということは、A・Pやリドルが収集した《ワバッシュ》はまた別の曲、もう一つの《ワバッシュ・キャノンボール》が存在したことを教えてくれるのではなかろうか。そしてその曲は、ロイ・エイカフの大ヒットが世に出るまで、多くの人びとを魅了していたのだろうと思われる。メロディーが魅力的なこともそうだが、何よりも歌詞がこれまでのものとは大きく違う。重要な言葉の断片がこの歌詞に残されているので、全編引用しよう。

Out from the wide Pacific to the broad Atlantic shore
She climbs flowery mountains o'r hills and by the shore
Although she's tall and handsome, and she's known quite well by all
She's a regular combination of the Wabash Cannonball

Oh, the Eastern states are dandy, so the Western people say
Chicago, Rock Island, St. Louis by the way
To the lakes of Minnesota where the rippling waters fall
No changes can be taken on the Wabash Cannonball

Chorus:
Oh, listen to the jingle, the rumor and the roar
As she glides along the woodlands, over hills and by the shore
She climbs the flowery mountain, hear the lonesome hobo squall
She glides along the woodlands, the Wabash Cannonball

Oh, here's to Daddy Cleaton, let his name forever be
And long be remembered in the courts of Tennessee
For he is a good old rounder 'till the curtain round him fall
He'll be carried back to victory on the Wabash Cannonball

I have rode the I.C. Limited, also the Royal Blue
Across the Eastern countries on Elkhorn Number two
I have rode those highball trains from coast to coast that's all
But I have found no equal to the Wabash Cannonball

（Cho）

広い太平洋から広大な大西洋まで
花乱れる山脈を登り、丘や浜辺を通り過ぎる

その姿は堂々と美しく、誰もがよく知っている
それはワバッシュ急行の貨客列車

東部の州は洗練されていると、西の人たちは言う
シカゴ、ロック・アイランド、セイントルイスを通って
豊かな滝のミネソタの湖に向かう
この列車は乗り換え料金がいらない

（コーラス）
鐘の鳴る音、この列車の噂、それにその轟音を聴くといい
森林に沿って走り、丘や浜辺を通り抜け
花咲く山を登る、楽しげなホーボーたちの叫び声
森を横目に走り抜けるワバッシュ・キャノンボール

ダディ・クリートンの名前を永遠にとどめよう
その名はテネシーのコートで長く記憶されるだろう
年老いた大酒呑みの彼の人生の幕が降りたら
彼は勝利のうちにワバッシュ・キャノンボールで運ばれるだろう
これまでI・Cリミテッドに乗ったし、ロイヤル・ブルーにも乗った

エルクホーン・ナンバー2で東部のいくつもの土地への旅をもした
それらの特急列車《ハイボール・トレインズ》やそのほかのあらゆる列車で大陸の隅々まで走り廻ったが
ワバッシュ・キャノンボールに匹敵する列車は一つもなかった

ロイの歌と細かな部分での言葉遣いが多少異なっていることはひとまず措くとして、その他にもいくつかとても気になるところがある。一つは、コーラスの部分の「花咲く山を登る、楽しげなホーボーたちの叫び声」とあるところだ。ロイの場合は「ホーボーたちの寂しげな叫び」なのである。この曲が録音された一九二九年（リリースは一九三二年）にはホーボーたちの叫びはmerry（楽しげ）であったらしい。だが、それから七年後の一九三六年（一九三七年リリース）にレコーディングされたロイのヴァージョンではlonesome（寂しげ）に変わっている。この七年間に何があったのだろうか。何がホーボーたちに起こったのだろうか。

カーター・ファミリー版の《ワバッシュ・キャノンボール》が他とはっきりと違うのは、四聯目に出てくる一連の列車の名前だ。〈I・Cリミテッド〉というのは、I・C、すなわち「イリノイ・セントラル鉄道」の頭文字で、リミテッドとは「特急列車」のことだ。カーター・ファミリーの時代、イリノイ・セントラルでの特急列車〈I・Cリミテッド〉と呼ばれるのは、イリノイ州シカゴからルイジアナ州ニューオルリーンズまで走っていた夜行の特急列車の〈パナマ・リミテッド〉で、同じ路線の昼間の特急が歌にもなって有名な〈シティ・オブ・ニューオルリーンズ〉だった。

カーターの歌ではこの〈パナマ・リミテッド〉を〈I・Cリミテッド〉と言い換えた。それはこの〈パナマ・リミテッド〉がイリノイ・セントラル鉄道では特別な列車だったからだ。もとは〈シカゴ・ニューオルリーンズ・リミテッド〉と名付けられたこの特急列車は、この路線で初めての全鋼製の車輌に替えたもので、シカゴから終着のニューオルリーンズまでの全区間を寝台車のプルマン・カーで編成した豪華な列車だったのだ。過去形で書いたのは、今はもうないからだ。一九七一年、Amtrak《アムトラック》（National Railroad Passenger Corporation＝全米鉄道旅客輸送公社）の発足によって消滅してしまったのである。ただし〈シティ・オブ・ニューオルリーンズ〉の方は、二〇一九年現在も健在である。

もう一つの〈ロイヤル・ブルー〉は、B&O、バルティモア・アンド・オハイオ鉄道を代表する客車で、一八九〇年からニューヨークとワシントンD.C.を結ぶ路線、「ロイヤル・ブルー・ライン」の名物列車だった。一九一七年〈ロイヤル・ブルー〉は、後発の〈ロイヤル・リミテッド〉に統一され、その名前は消えた。だから、この詞のこの部分は、一九一七年以前のこの列車の事情を知っている人間が書いたものだろうと思われる。

〈エルクホーン・ナンバー2〉というのがわからない。列車の愛称であるのは確かで、それに乗って東部を横断したと歌っている。「エルクホーン」が町の名前だとしたら、ウィスコンシン州やケンタッキー州が思い浮かぶ。ウィスコンシンなら「グレート・ノーザン鉄道」だろうか、ケンタッキーなら「BNSF」、「バーリントン・ノーザン・サンタフェ鉄道」だろうか。その路線の通る町「エルクホーン」の名前をつけた列車とも考えられる。「エルクホーン・ナンバー2」という名前の石炭はあるけれど、列車の名前としては今のところ、様ざまな鉄道の本でもインターネットでも見つけることはできなかった。

この部分の歌詞はカーター・ファミリー独特で、この部分を創った人物は、これらの各路線の名物列車には乗ったけれども、どれも〈ワバッシュ・キャノンボール〉にはかなわない、と歌っている。キントにも、後のロイ・エイカフの歌にも、このフレーズは出てこない。この一点からも、A・Pが聴き、再現した《ワバッシュ》は、また別の歌だったのではないかと思われてならない。

この聯には、もう一つ独特の歌詞がある。三行目の「ハイボール highball」である。この部分は「これらのハイボール・トレインに乗って、大陸の隅々まで走り廻った」と歌っている。〈I・Cリミテッド〉も〈ロイヤル・ブルー〉も、そしておそらくは〈エルクホーン・ナンバー2〉も特別急行列車、すなわち「ハイボール・トレイン」なのである。ハイボールとは信号機のことで、一八三八年、ロンドンからブリテン島南西部一帯とウェールズを結んでいたイギリスのグレート・ウエスタン鉄道（GWR, Great Western Railway）が、前年の三七年に導入した信号機で、赤い球《ボール》をワイヤーで吊るして上下させる仕組みだった。このボールが低いところにある時は「停止」を意味し、上方にある時は前方が「オール・クリア」、障害物なしだから速度を上げて走っていいことを意味した。このボールを連続的に高い位置に置いて、特別の列車を走らせた。そこから「ハイボール」はエクスプレス・トレイン、特急列車を表す言葉になったのである。

これが、「ウイスキーのソーダ割り」の名前になったいきさつはわからない。洋酒会社やバーテンダー協会のようなところでは、それぞれにハイボールの名前の由来を定義しているところもある。しかしどれも、なるほど、と膝を打つものがない。

カーター・ファミリーの《ワバッシュ》で違和感を覚えるのは、全体に一貫した物語性を持っていないことだ。各聯がバラバラで、同じ歌詞の行が出てきたりする。これはロイ・エイカフの《ワバッシュ》にも、というか、むしろ彼の歌の方が内容のまとまりがない歌詞になっている。ロイの《ワバッシュ》の出典は明記されていないが、カーター・ファミリーのは、はっきりと採集したものだとされている。だとしたら、一つしか考えられない。

その曲のメロディーは、A・Pやリドルが聴いたままだったろうと思われるが、歌詞の方は省略されたのではないか。本来は、もっと長い歌詞だったのだろうとしか考えられない。元の歌をそのままレコーディングしようとしたのだが、長すぎた。七十八回転のSP盤だと録音可能時間は三分前後だろうから、それに合わせてカットせざるを得なかった。だから第一聯から最後の行まで、ストーリーは連続せず、各聯で別々のエピソードが登場してきて、なんとなく一貫性のない、一見して物語が破綻しているような展開になっているのではないか。

最初に、考えられるのはたった一つ、と書いたが、改めて書くと、ここには二つのことが予想できる。一つは、長い歌詞だったものをいくつかにカットして歌いやすくし、歌として面白いものだけをまとめたもの。もう一つは、あれこれの歌の歌詞の一部分を集めたものではないかということだ。前者の場合は、多くのバラッドが、そのストーリー性ゆえにどうしても歌詞が長くなるという宿命があり、録音する場合には、短い粗筋のようなものにならざるを得ないのと同じことだ。後者の良い例が、昔からひとつのジャンルとして歌われてきたホーボー・ソングだろう。いろいろなタイトルで歌われるその歌に出てくる歌詞は大概どこかで使われたもので、ようするに歌詞やフレーズの「使い廻し」の感があるのだ。だからホーボー・ソング、あるいはさすらいの歌は、よく似た歌詞で歌われることが多いのである。

アパラチア、またはその裾野のテネシーやカロライナ、ヴァージニアの各地で歌い継がれてきたと思われる《ワバッシュ・キャノンボール》は、いつの間にかキントの作り直した列車讃歌を逸脱していった。そこに列車そのものへの讃美、路線に対する誇りを超えて、その列車に乗るだろう人びと、その列車が象徴する何ものかへと視点が移っていった。視点の移動ではなく、視野の広がりと言うべきかもしれない。A・Pたちの聴いた《ワバッシュ・キャノンボール》は、かつての色合い、匂い、タッチ、雰囲気、味わい、そして歌う人、聴く人の思いがキントの歌とは異なっていた。しかし、A・Pたちはそれを良しとし、むしろだからこそこの曲をレパートリーに加え、レコーディングの候補曲としたのだろう。

A・P・カーターは、レスリー・リドルとともに採集した曲を持ち帰り、二人の相棒、メイベルとサラとともに練習して、ラルフ・ピアの前で披露したと思われる。今聴いてもメロディーラインといい、メイベルのギターとアルトのヴォーカルといい、その時代では飛び抜けて魅力的な演奏だ。だが、ピアはどう思ったかはわからない。

カーターたちはこの曲を、一九二九年十一月二十四日に録音している。だが、すぐにリリースされることはなかった。その年、一九二九年にはこの《ワバッシュ・キャノンボール》という曲は別のミュージシャンによって三度録音されている。カーターたちよりも早く録音したのは、ヒュー・クロスというバンジョー弾きのカントリー・シンガーで、カーターたちに先んじること七カ月半前の四月九日にジョージア州アトランタで録音して、コロムビア・レコードからリリースしている。彼はまた同じ年、八月だろうとされているが、今度は「バラッド・クロス」という名前でヴォカリオン・レコードから同じ《ワバッシュ・キャノンボール》を出していることはアーノルド・ライペンズの 'The Originals' というサイトで知ることができる。

このクロスに先立つ一年前の一九二八年に、ジェネット・レコードからクラーク・アンド・エダンズというグループが同じく《ワバッシュ》を録音しているが、どうやら販売はしなかったようだ。ようするにカーター・ファミリーは、こと《ワバッシュ・キャノンボール》に関しては、後発のグループだったのである。

ヒュー・クロスという人物は、ディスコグラフィーや写真によってある程度わかるが、彼の歌った《ワバッシュ》がどんなメロディーでどんな内容を持っていたのかは、まったくわからない。UCSB（カリフォルニア大学サンタ・バーバラ校）のライブラリー、「アメリカ歴史的レコーディング・ディスコグラフィー（Discography of American Historical Recordings-DAHR）」のサイトでは、録音した日付と録音場所、レコード番号「Columbia 15439-D」は明記されているが、レコードラベルや歌詞や音源はない。彼のレパートリー、《レッドリヴァー・ヴァリー *Red River Valley*》や《マンション・オブ・エイキング・ハート *The Mansion of Aching Hearts*》、《マイ・ワイルド・アイリッシュ・ローズ *My Wild Irish Rose*》などは、ラベルの写真やレコード番号などの手がかりはあるのだが、この《ワバッシュ・キャノンボール》に関してはさっぱりなのだ。

しかし、どうしてこの年の前後に何人かが、奇《く》しくも同じように《ワバッシュ・キャノンボール》を録音しているのだろうか。何かの社会現象や事件、あるいは記念行事のようなものがあったのだろうか。それともヒット曲を出そうとするレコード出版社としては、何ものか、たとえばヒットメーカーとして実績のあるカーターたちがレコーディングするという空気や噂などを敏感に感じ取って、大至急録音、販売したのだろうか。そのあたりが不思議である。

ヒュー・クロスの《ワバッシュ》がどういう曲なのかはわからないものの、カーター・ファミリーはその年の末近く、無事に録音を済ませた。だがなぜかレコードはリリースされなかった。それから二年後の一九三二年になって、ようやく千七百枚プレスして売り出された。なぜ、二年待たねばならなかったのだろうか。テーマとして、時期尚早とでも考えたのだろうか。ラルフ・ピアにしてみれば、カーター・ファミリーと同じ年にミュージシャンは一人だが、すでに二種類の《ワバッシュ》が売り出されたことは不利だと考えたのか。もう少し時間を置いた方が、アピールしやすいと考えたのだろうか。

カーター・ファミリーのプレスの枚数は、その時代には多いとも少ないとも言えない。しかし、一九二八年には彼らのレコードはかなりの評判を呼び、レコード会社の社長ピアは、彼らのその後のレコーディングに一曲五十ドルという金額を支払うほどの成績だった。レコーディングしたらすぐにも売り出したいというのが人情だろうと思うのだが、何かの事情で二年以上出さなかった。飛躍するようだが、その原因は歌詞にあったのではないかと思えてならない。

ヒュー・クロスの歌った歌詞は、おそらくはウィリアム・キントの作ったオリジナルの《ワバッシュ・キャノンボール》だったのではないかと思われる。'The Originals' のサイトでは、ヒュー・クロスの《ワバッシュ》は、クラーク・アンド・エダンズのヴァージョンだったとある。それがどんな内容かはわからないが、多分、キント版と変わることはなかったろう。そして、クロスもまたそれと同じだったろうと考えるのは無理がない。

なぜならば、クロスはA・Pと同じように、そのディスコグラフィで見る限り、「創る人」ではなく「歌う人」であるからだ。

キントの歌とA・Pのヴァージョンとの差は、人の存在、ここではっきりとホーボーの存在があるかないかだ。A・Pが取材した《ワバッシュ》は、当時庶民たちが聴き、歌っていた、ようするに、シート・ミュージックとして定着していない、生きて動いている曲だったろうと思われる。もう一つ、A・Pの曲は、クロスには歌えない。なぜなら、クロスがカーターたちの曲を聴いたなら、そのメロディーと歌詞で歌うだろうからだ。クロスは人の演奏を聴いて歌う人なのである。すなわち、クロスの曲とA・Pのそれとはまったく別もの、A・P独自のものだったのだ。

ピアは、同じ業界の動きとして、クラーク・アンド・エダンズの曲もクロスの曲も聴いていたろう。そしてカーター・ファミリーのパフォーマンスは彼も認めるところだったろうし、彼らのレコードなら売れる自信もあったろう。早くレコードを売り出して新たに収益をあげたかったはずだ。だがなぜか、彼は二年も放っておいた。その原因は、くり返すが、歌詞にあったのではないかと、ぼくは考える。
もし、A・Pのヴァージョンが、ウィリアム・キントやクラーク・アンド・エダンズ、そしてヒュー・クロス（バラッド・クロス）と同じものだったなら、先発の動きに便乗してもいい。それに乗らなかったのは、ピアがA・Pのヴァージョンに自信が持てなかったからではないか、それは、初版プレス千七百枚という数字からでもわかりそうだ。前回のレコード、《キープ・オン・ザ・サニーサイド》や《ワイルドウッド・フラワー》などのヒットで、一躍人気者になっていたカーター・ファミリーの次の作品なら、もっとたくさんプレスしてもいい。現に、当時のメールオーダーによるカタログビジネスで有名だった「モンゴメリー・ワード」では、このカーターの《ワバッシュ》の再プレス分を、九千二百枚も売っているのである。ピアが、プレス数にも販売にも腰が引けているように思えるのは、この歌がホーボーをテーマにしていたからではないかと想像する。それが、彼を躊躇させたのではなかろうか。

十九世紀末から一九二〇年代末頃にかけて、ホーボーは社会的にマイナスの存在であった。健全な社会の邪魔者であり、秩序を乱す非生産的な社会不適合者だと見なされていた。住所不定という得体の知れなさが、人びとに不安を与えてもいた。流れの労働者は一過性の旅人であり、それだけに無責任で盗みや暴行事件を起こしたり、不衛生で病気を持ち込んだりするのではないかという心配も根強かった。

だが一方、庶民の心の底にある、社会の規範から逸脱したい、自由に生きたいという思いをくすぐる何かがホーボーにはあった。だが、ピアにしてみれば、そのホーボーをテーマにしても、彼らはレコードを購《か》わない。それ以上に、カーター・ファミリーという田舎や山の音楽を女性ヴォーカルによって、より都会的なセンスでくるんだ無難な、家庭で誰もが楽しめる音楽の購買層にはホーボーという人種はそぐわないと思ったのではなかろうか。できるならピアは、《ワバッシュ・キャノンボール》を録音したくなかった。だが一方、この曲はなぜかその頃に三度も録音され、巷《ちまた》で人気になりつつあった。もし、出すとしたら絶好のチャンスである、とも彼は思ったろう。しかし、一般に愛される毒のない曲として売り出すには、この曲が適しているとは思えなかった。そしてピアは、ある操作をしたのではないかと想像する。

こういう時、アメリカの楽曲では「サニタイズ（sanitize）」という言葉が用いられる。消毒というか、清潔化というか、ようするに歌詞の毒気を抜くという意味だ。

カーター・ファミリーの《ワバッシュ・キャノンボール》の歌詞で、ホーボーに関係する言葉は、regular combination と merry hobos squall だろう。前にも書いたが、列車編成が貨客混成の「コンビネーション」だと、ホーボーにとっては貨物列車にただ乗りができる。それは、彼らにとってはありがたい列車だった。squall は、悲鳴とか叫び声とか訳されるけれど、ここでは「楽しげ」とか「陽気な」とあるから、むしろ「騒ぎ」といった感じだろう。ただ乗りのできるワバッシュがやってきたから、ホーボーたちは嬉しがってはしゃいでいる、というところなのではないだろうか。

もし、この〈ワバッシュ・キャノンボール〉という列車が、ウィリアム・キントの歌ったように単なるワバッシュ地方を走る列車の讃歌だとしたら、なぜカーター・ファミリーの歌にはホーボーのことや、ホーボーを連想させるような単語が唐突とも言えるように出てくるのだろうか。キントとA・Pとの間には、同じ列車でも明らかな差がある。

こうは考えられないだろうか。A・P・カーターとレスリー・リドルがアパラチア地方のテネシーをはじめとする南部のどこかで採集した《ワバッシュ・キャノンボール》は、あからさまなホーボーの歌だった、とは。ピアはその歌を聴き、迷った。そのままレコーディングすることを躊躇した。

一九一六年をピークに、アメリカの鉄道は衰退を始める。折しも第一次世界大戦でヨーロッパへと送り込む兵士たちの輸送が最重要事項の一つであり、軍事物資をはじめ物流もまた優先事項だった。そういう時代、列車にただ乗りしようとする輩は、まったく唾棄すべき存在だった。レコードを売りたいピアにとっては、だからこそ神経質にならざるを得ない事柄だったのだ。ピアとA・Pの間で、かなりの議論が戦わされたのではなかろうか。

A・Pが採集した歌詞には 'hear the merry hobos squall' とあった。残されているオリジナルのウィリアム・キントの歌詞には、'bell and whistle call' とある。A・Pは、なかった言葉を付け加えることはしない。彼は集め、まとめ、伝える人だった。だから、彼らの歌詞は元のままだった。これは推論に過ぎないのだけれど、A・Pのオリジナルの歌詞には、もっと多くのホーボーを示唆する言葉があったのではなかろうか。それらは、ほとんど修正されてしまった。なぜそういうことが起こったのか、いや、なぜそうだろうと推測できるのか。それは、彼らの後に続く、多くの人が歌った《ワバッシュ・キャノンボール》の歌詞の中に、まるで消し忘れたかのように、あるいは恣意的にそっと隠し置いたかのように、ホーボーを思わせる単語が散見できるからだ。そのことは、《ワバッシュ・キャノンボール》という列車の歌は、本来そういうことを歌ったものだったということを教えてくれるのである。

このカーター・ファミリーのヴァージョンには、オリジナルのキントにはない、この曲の抱えるある姿――それはこの国が近代へと歩もうとしている長い期間、いつもその底の方に抱えていた真の、いや、もう一つのアメリカの姿をうかがわせてくれるヒントがありそうだ。この〈ワバッシュ・キャノンボール〉という列車は、一体どういう列車だったのか。なぜその他にいくつもあるトレイン・ソングの中でも、ひときわ輝く存在の曲になったのか。ロイ・エイカフの二つの《ワバッシュ》のレコードの総売上が一千万枚を超えるという人気の背景は何を意味しているのか。なぜ、人びとはこの曲を好きなのか。なぜ、エヴァーグリーンの名曲として、衰えることを知らないのか。この曲のどこにそんな魅力があるというのか。そこにこそ、この《ワバッシュ・キャノンボール》という列車の歌の最大の意味が隠されているのではないかと思われてならない。

ロイ・エイカフが、カーター・ファミリーに遅れて七年後の一九三六年十月に《ワバッシュ・キャノンボール》をレコーディングしている。

おそらくはトレイン・ソング関係の本としては世界最高峰、まさに決定版とも言うべき、そしてこの先これを超えるような本は出てこないだろうと思われるノーム・コーエンの『ロング・スティール・レイル *Long Steel Rail*』には、このロイの《ワバッシュ》がリリースされたのは翌年、一九三七年七月とあるが、トニー・ラッセルとボブ・ピンソンが書いた『カントリー・ミュージック・レコード——ディスコグラフィー一九二一—一九四二 *Country Music Records: A discography 1921-1942*』では、一九三六年十月二十一日水曜日に、ヴォカリオン・レコードから発売されたとある。コーエンの書いた「一九三七年七月」には何もリリースされていない。どちらが正しいかは即断できないにしろ、カーター・ファミリーの一九二九年とロイのリリースした一九三六年の七年間の間には、かなりはっきりとした差があることに気がつく。

それはカーター・ファミリーの《ワバッシュ》にはまったく出てこない言葉を、ロイは歌っていることだ。くり返しのコーラスの最後の行に出てくる、jungles という単語である。前述したように、「ジャングル」はホーボーたちの溜まり場兼野営宿泊地のことだ。

その横を走り抜ける貨客列車。それを見てホーボー・キャンプの連中は、金切り声を上げただろう。ジャングル近くでは、列車は徐行しない。だから彼らは、乗りたかったという羨望や悔し紛れの罵倒、あるいはいつも苛められている車掌たちへの罵り、乗っている乗客へのやっかみや揶揄もあったろう。それらがsquall、叫び、だったのだろうと思われる。

カーター・ファミリーがレコーディングした一九二七年には、たとえピアが歌詞の変更を命じなかったとしても、ホーボーたちがmerryであったのは、まだ大恐慌という悲惨な事態が起こっていなかったからだ。一九二七年は狂騒の十年の中でも飛び抜けて悪ふざけと楽天的な空気が漂い、まだ奔放に振る舞える時代だった。ホーボーにとっても、切実な生活苦、就職難、食料不足に陥る前のことだった。だが、ロイが録音した一九三六年当時、一九二九年から一九三八年まで続いた大恐慌のただ中にあった。彼らにとっては、そうでなくとも辛い日々で、とてもmerryではいられなかったろう。

ロイの《ワバッシュ》は、A・Pのそれよりもはるかにホーボーの存在感が濃い。なぜジャングルが出てくるのか、なぜホーボーの声がlonesomeなのか、それらがロイの歌には唐突に出てくる。もしかしたら、カーター・ファミリーが歌おうとした歌は、本来これらの言葉がちりばめられていたのではないか。そうでないと、なぜロイの歌にこういう言葉が出てくるのか、その理由がわからない。「サニタイズ」したと思われるカーターの歌では消したはずの言葉が、実は人びとの間では生き残っていた。そう思うしかない。ロイの歌には、また別の歌詞を持った《ワバッシュ・キャノンボール》が存在していたことを教えてくれる。だが後になって、このロイの歌もまたサニタイズされていることが徐々にわかってくる。消毒しなければならなかったのは「ホーボー」の存在であるようだ。

どうやら、〈ワバッシュ・キャノンボール〉と名付けられた列車は、ホーボーたちにとって特別な列車であったらしい。彼らは、この列車に乗ることを目的とし、喜びとし、誇りにしていたのではないか。では、こういう列車にただ乗りしようとするホーボー、それもただのホーボーではなく、列車に乗って移動するただ乗りのホーボー、すなわち「レイルロード・バム」について次に触れたい。

6　ただ乗りの文化——レイルロード・バムという存在

今思うと、アメリカの列車が魅力的なのは、それにただ乗りをしようとする人たちがいたからではなかろうか。アメリカの列車はホーボーたちによって輝き、ホーボーたちは貨物列車によって流れていく自由を手にし、夢を紡ぎ、食べていく手段や仲間との連帯や底抜けの孤独、そして官憲の煩わしさなどを体現していった。そうやって両者は相まって、他の国ではそうお目にかかれない独特の「流れ者文化」を作り上げていった。

列車のただ乗りというのは、やはり鉄道という公共交通手段が登場してからのもので、それ以前の駅馬車などの、たとえそれが小規模の公衆の乗り合い交通機関であっても、とてもただ乗りなどはできない。やはり、列車の登場、それも乗客がいない貨物列車の登場を待つことになる。ようするに、列車のただ乗りという行為は、アメリカの鉄道が充実することによって広がっていった自由通行の手段だったのだ。

十九世紀の半ばごろまでに、東部では鉄道が満遍なく行き渡っていた。だが、この東の地区では列車のただ乗りは、あまり目立つことはなかった。工場や炭坑、林業、運河、建築といった仕事はある程度の労働力を吸収し、それらの定職にあぶれた者でも、都市の片隅に転がる小さな汚れ仕事をどうにか見つけることができたからだ。しかし一八三〇年代から、アイルランドをはじめとする多くの難民がアメリカに到着するようになる。その頃から、西のオレゴンへの開拓路が一般人にも使えるようになり、都市部で仕事にありつけなかった人びとは新天地を目指して西へと旅立っていった。

一八六〇年までには、ミシシッピー川を越えて西の大地、ミズーリ川の先のネブラスカ州オマハまで東部の列車は到達していた。一方、一八四九年のゴールドラッシュを起爆剤として、西のカリフォルニアを中心とした西部の辺境に大規模な交通網が発達していった。アメリカ全土が通行と流通の爆発的な興隆期を迎えるきっかけは、南北戦争ただ中の一八六二年、太平洋鉄道法（Pacific Railway Act）が制定されたことだろう。これを機に、アメリカ連邦政府の財政的な援助による大陸横断鉄道の建設が始まったのだった。

すでに戦前の一八五九年の段階で、西部地方であるネブラスカ州オマハまで到達していた鉄道は、その先、太平洋岸までの線路敷設が大きな問題だった。この区間を、二つの鉄道会社が請け負った。カリフォルニア州サクラメントから東への路線はセントラル・パシフィック鉄道が、ネブラスカのオマハ以西はユニオン・パシフィック鉄道が担当した。

南北戦争が終わり、大陸横断鉄道建設にGOの許可を与えたリンカーンの死から四年経った一八六九年五月十日、当時まだ準州だったユタ・テリトリーのプロモントリー・サミットで両線は合体した［図㉔］。この地点「プロモントリー・ポイント」には、記念として黄金の犬釘《ゴールデン・スパイク》によって線路と枕木が固定された。

この開通を待ち望む、西を目指す多くの人びとがいた。人口が多く、仕事の口探しの難しい東部よりも、西の新天地ははるかに自由で豊かで誰もが職にありつけ、畑を耕すことができるように思えたからだ。アメリカが国を挙げて西を目指すことを奨励しはじめたのは、南北戦争の終わった一八六五年七月十三日付けの『ヘラルド・トリビューン』紙に、編集者であり政治家でもあったホーレス・グリーリーが「西へ行け、若者よ、西へ。そこで国とともに大きく成長しろ」と、「ゴー・ウエスト・ヤングマン」として後に知られることになる社説を書いたことが大きく寄与している。これによって、既得権益が幅を利かせる住むに難しい東部の都市から、自由な西を目指そうとする若者たちをこの社説は勇気づけることになったのだった。

もう一つの大きな要素は、これもリンカーンの置き土産なのだが、彼の生前、一八六二年に制定された「自営農地法《ホームステッド》」で、農業志望の人びとに西部の未開発の土地を無償で払い下げるという法律だった。これによって多くの人びとが、西へと移動していった。家財道具一切を馬車に積んで家族ぐるみで出かける者もいたが、チャンスを求める独身の若者たちは単身、列車にただ乗りして西部へ向かった。

こういった開拓志向、新しい生活を求める前向きの人びとと同じ夢を持ってはいたものの、少しニュアンスの違った人たちもまた西を目指した。それは南北戦争に敗れた旧南軍兵士たちであり、北軍の勝利によって奴隷の身分を解放された黒人たちだった。働き口を求める白人たちも、プランテーションのシステムが解体されて居場所のなくなった黒人たちも、より自由で自らの力で生きる方策を求めて列車にただ乗りして西へ向かった。その多くは農業と牧畜の仕事についたのだが、両者はその後、諍い合う関係になっていく。

彼らとは別に、はっきりとした目的もなく、ただ何かのチャンスを求めて、あるいは向こうへ行けばなんとか食べていけるのではないかという漠然とした希望だけで、列車に乗る連中もいた。西の土地は広く、一カ所で働き口がなければ、次の場所に行けば別のチャンスがあった。ある土地で何かの仕事を見つけても、所詮それは臨時仕事で、それが終わればまた別の土地に移動して次の仕事を探した。彼らは金があるわけでなく、歩いて移動するにも限度があった。だから、列車を使った。次の土地へ、別の土地へと列車の無賃乗車で旅する人間たちを、人びとは「レイルロード・バム（railroad bum）」と呼んだ。bum は、放浪者、流れ者を意味する。鉄道を使っての流れ者だからレイルロード・バム〔図㉕〕で、彼らは他の放浪者、浮浪者、ホーボーやトランプとも違った人種だった。

流れる人、路上の人、移動する人たちを呼ぶ言葉はいろいろある。ホーボーやトランプやバムといったごく一般的な呼び名から、ランブラー、トラヴェラー、ヴァガヴォンド、ワンダラー、ヴェイグランド、ボヘミアン、フローティング・ワーカーなど、状態やタイプ、行動などによってそれぞれ名前が異なる。ただ一般に、「さすらう」こと全体を指す言葉として、「ホーボーイング（hoboing）」という言い方もある。その「ホーボーイング」の中の細かなニュアンスの違いが、前記の呼び名になっているのである。

その中で「バム」という言葉がある。これは、たとえば bumming around という言葉は、当てなくさすらい歩く、といったニュアンスがあるけれど、bum はそういうことをする人という意味だとしても、浮浪者や放浪者といった常套訳語の中には収まらないものがある。もっともよく使われる言い方が「レイルロード・バム」で、食べていけるところや自由な生き方を求めて列車という便利な移動手段にただ乗りすることをもっぱらにする連中だ。これを単に「鉄道乞食」と訳してしまうと、もっとも重要なニュアンスが伝わらない。働き場所を探して移動するフローティング・ワーカーとは異なって、彼らは目的を持っているわけでも、当てがあるわけでも、夢を追うわけでもなく、ただ、さすらう。それも、列車に乗ってただ、さすらうのである。

この列車のただ乗りは、常に危険と隣り合わせだった。それでも、その危険を顧みずにただ乗りしようとするのは、車掌や機関手の目を盗み、時にただ乗り仲間のライバルを出し抜いて無賃乗車できた時の喜びや、肉体や精神に直接響く移動することの快感が身体の奥まで染み込むことで、ただ乗りが病みつきになったりするのだろうと思う。「ホーボーは病だ」という言い方があるけれど、それがこういうことにもつながっているように思われる。

ともあれ、そうやって列車の無賃乗車の常習者たちに愛された列車が、この〈ワバッシュ・キャノンボール〉だった。

7　ダディ・クラクストンとは誰か

カーター・ファミリーの曲ですぐに目につくのが、前にも述べた「ダディ・クリートン daddy Creaton」という名前だ。三聯目の三行目に登場する。彼の名前は courts of Tennessee で長く記憶されるだろう、というところは他の歌と同じだ。異なっているのはその次の行で、そこには、for he is a good old rounder とあることだ。rounder は一般に、「酔っぱらい」や「呑み助」、「はしご酒をする人」などと訳される。クリートンは「老いた善き酔っぱらい」としてもいいが、その酔っぱらいがなぜにテネシーの「コート」で、忘れがたい人物であるのかがわからない。

しかしまた一方、rounder には「あちこち」や「ぐるっと回って」という意味もあるから、むしろ「あちこちに行く人」、すなわち「ホーボー」のことなのではないかとも考えられる。ホーボーが、永遠に記憶される人となると、もう一つ何か隠された事実がありそうだ。

A・P・カーターにこの曲を教えた誰かは、このクリートンなる人物のことを知っていたのだろうか。A・Pはその名前を忠実に記録したものの、その背後の物語までは伝えてはくれなかった。それとも、このワバッシュの歌は口から口へと歌い継がれていって、その内容については誰も詳しく知らなかったということなのだろうか。

《ワバッシュ》の本来の姿を探るために、まずカーター・ファミリーの歌に出てくる「ダディ・クリートン」が、どうしてロイでは「ダディ・クラクストン」になったのかから調べていこう。どうやら、クリートンという男は、酔っ払いの老いた放浪者であるらしいことが、カーター・ファミリーの歌の雰囲気でわかる。このクリートンが〈I・Cリミテッド〉や〈ロイヤル・ブルー〉に乗った人物と同じだとしたら、彼は「放浪者」というより「旅人」というニュアンスの方が近いのかもしれない。

いずれにしろ、ロイの歌ではこの「クリートン」は「クラクストン」という男に取って代わられている。この一点だけでも、カーター・ファミリーの歌とロイの歌とは別の出典から採られたものだろうということが推察できる。

長い間、クラクストンが誰のことかわからないでいた。アメリカの鉄道に関する本もずいぶん集めたし、ことにワバッシュ・レイルロードにまつわる資料類を探して、アメリカ中部のインディアナやオハイオ、イリノイといった州の大小の町の図書館や資料館、アーカイヴ、時には個人の出生・死亡についての戸籍類を収納しているシティ・ホールなどを訪ね廻った。しかし何も得るものはなかった。

そのうち、ロイ・エイカフのミドルネームが「クラクストン」であることを知った。ああ、そうだったのか。彼が「ダディ・クラクストンの名前は永遠に不滅」と歌ったのは、実は自己宣伝だったということだろうか。だとしたら、ロイは案外に付き合いにくいやつなのかもしれない、と、かつて尊敬していたにもかかわらず、少しがっかりしたことを覚えている。そして、長い時間が過ぎた。

もう一つの謎は'courts of Alabama'や'courts of Tennessee'というフレーズだ。一般にcourtは、「法廷」や「裁判所」と訳されるということは前にも書いた。邸宅や王宮という意味もあるけれど、この場合にはちょっとそぐわない。クラクストンという人間が、どういう理由でテネシーやアラバマの裁判所で讃えられねばならないのか。それを調べるのは、クラクストン本人を調べるのと同じほど困難なことだった。

ある時、一枚の新聞のスクラップ［図㉖］が目に留まった。イリノイ州のシャンパーニュという町の小さなライブラリーだった。それは「スコッツボロ・ボーイズ」という見出しの記事で、黒人の少年ホーボーたちにまつわるある事件の顛末を伝える記事だった。一九三一年三月五日、テネシー州チャタヌーガから同州のメンフィスまでの貨物列車にただ乗りしていた何人かのホーボーの中に、若い黒人たちと数人の白人、そして二人の白人女性がいた。その車内で、この二人の女性が黒人たちに強姦されたと訴え出て、黒人たちは捕まって裁判にかけられたのだ。それがアラバマの法廷――「コーツ・オブ・アラバマ」だった。

一九三〇年代初期、まだ南部は人種差別のただ中にあった。公民権は遠いところ、誰にも想像できないような先にあった。黒人の少年たちは、十三歳の最年少者を含む九名の若い黒人で、いずれも無罪を訴えていた。アメリカ共産党（CPUSA）などの手助けで、アラバマの上級裁判所に持ち込まれたが、結局は有罪となり、死刑の判決を受ける者も出たし、保釈されて陸軍に入り、まともな生活に入った者もいた。

この事件の裁判で、もしかしたら「ダディ・クラクストン」と呼ばれて敬愛される弁護士なり判事なりがいたのではないかとあれこれ探ってみたが、これまたわからずに終わった。「コーツ・オブ・テネシー」ともあるから、たとえば'Hobos trial in Tennessee'といったキーワードで検索してみたが何もヒットしなかった。もっと根気よく、深いところまで入っていけば、もう少し何か見つかったろうか。ロイ・エイカフの《ワバッシュ》に出てくる'There's a girl from Tennessee'や'She came down from Birmingham'も、こうなると意味深長だ。犠牲者とされて女性たちの出身地や居住地、あるいはその後の人生で何か関係のある土地でもあったろうか。

「スコッツボロ・ボーイズ」の事件は、結局は冤罪だった。女性たちが嘘をついていたのだ。被害者の一人、ルビー・ベイツは一九三八年、虚偽だったことを証言、謝罪した。本にもなり、テレビのドキュメンタリー番組にもなった。二〇一〇年には、スコッツボロに「スコッツボロ・ボーイズ・ミュージアム・アンド・カルチャー・センター」が造られ、二〇一三年十一月二十一日には、アラバマ州恩赦保釈局（Alabama Board of Pardons and Paroles）から、数人に死後恩赦が与えられている。

同様のテーマで、同じくアラバマ出身の作家、ネル・ハーパー・リーの小説『アラバマ物語 *To Kill a Mockingbird*』は、一九六二年、ロバート・マリガン監督、グレゴリー・ペック主演で映画化された。これは黒人青年が白人女性を暴行した容疑で裁判にかけられ、陪審員すべて白人という中で弁護を引き受けた白人弁護士とその家族の物語で、その暴行事件もまた同じように白人女性被害者の虚偽であった。人種差別の強い土地と時代ならではの冤罪事件で、そこにはプア・ホワイトと呼ばれる人たちの黒人に対する被害妄想的なコンプレックスが遠因であるとも言われる。ハーパー・リーはこの小説で一九六七年にピュリッツァー賞を獲得している。

残念ながら、この「ダディ・クラクストン＝判事・弁護士説」は、すぐに行き詰まった。このスコッツボロ・ボーイズの事件が起こったのが一九三一年三月二十五日のことだ。もし、アラバマやテネシーの法廷でホーボーを弁護した正義感の強い判事や弁護士がいて、その活躍ぶり、人柄などが記憶されるべきだと歌に歌われたのなら、一九二九年に発表されたカーター・ファミリーの《ワバッシュ・キャノンボール》の四聯目に書かれた courts of Tennessee は時間的に無理がある。ただ、カーター・ファミリーの場合はクラクストンではなく「ダディ・クリートン」になっている。だからこれは別の話だ、とするのは少し強弁過ぎるだろう。

第一、スコッツボロ・ボーイズ裁判は一九三一年のこと。カーターの《ワバッシュ》は、一九二九年に録音されている。事件の二年前なのだ。その頃に、クリートンという判事の活躍した法廷闘争もなかった。だとしても、「ダディ・クラクストン」とは何者だろうか。単に名前が「クリートン」から「クラクストン」に変わったということで済ましていいのだろうか。ダディ・クリートンは歴史の闇に消えてしまったのだろうか。

しかしまだ目に留まらない何かで、テネシーやアラバマの法廷で《ワバッシュ・キャノンボール》に関係する特筆すべき人物や事件があったかもしれない、という思いは拭いきれないまま時は過ぎていった。

この列車についていろいろ渉猟しているうちに、興味深い歌詞に行き当たった。それは'boyscouttrail.com'のサイトにあった《ワバッシュ・キャノンボール・ソング *Wabash Cannonball Song*》の歌詞だった。ボーイスカウトの何かの集い、キャンプファイヤー、集会などで歌われたものだろうと思われる。その歌詞の第一聯は、こんな風に歌われている。

From the wide Pacific Ocean to the broad Atlantic shore
From the sunny California to ice-bound Labrador
She's mighty tall and handsome she's loved by one and all
She's the hobo's accommodation, the Wabash Cannonball.

詳しく訳す必要がないとは思うが、ここでは太平洋から大西洋、南は陽光きらめくカリフォルニアから、北はカナダのラブラドールまで、とある。そして興味深いのは、四行目でこの〈ワバッシュ・キャノンボール〉は誰にも愛されている hobo's accommodation だとあることだ。accommodation は通常「宿泊施設」と訳されるが、一方で「都合のいい」というニュアンスもある。〈ワバッシュ〉という列車は、ホーボーたちにとって都合のいい、便利な宿泊列車だったということなのだろう。この言葉は、カーターにもロイにも、ましてやキントのヴァージョンにも出てこないフレーズだ。どうしてこの言葉が出てきたのだろうか。ロイやカーターの歌では、カットされたのだろうか。

もう一つ、このボーイスカウト・ヴァージョンで興味深いのは、第四聯である。こう書かれている。

Now here's to Daddy Claxton, may his name forever stand
He'll always be remembered in the courts throughout the land
His earthly race is over and the curtain round him falls
Carryin' him home to victory on the Wabash Cannonball.

他のヴァージョンの歌と同じように、ここには讃えるべき人物、その人生の幕が降りた時には〈ワバッシュ〉で遺体を運んでいく、という歌詞は同じだ。そしてその人物は「ダディ・クラクストン」になっている。だが、彼が永遠に記憶されるのは、ここでは courts throughout the land になっていることだ。国中のコート、法廷、裁判所で、ということはどういうことだろうか。

アメリカ中の法廷で、ということはありえない。クラクストンなる人物が、よほど有名な判事か弁護士であったとしても、アメリカ中で知られるような人物だったのなら、他のメディアでも取り上げられてしかるべきだ。進化論裁判をはじめ、アメリカ中を賑わせた様ざまな事件で、死刑判決を受けた被告人の裁判の弁護を引き受け、その多くを減刑させた弁論で世界的にも名の知られたクラレンス・ダロウならまだしも、もし彼と同等の知名度がある人物なら、そして腕のある引っ張りだこの弁護士なら、「クラクストン」という人物の資料は山ほど見つかるに違いない。それがひとつも見つからないのは、やはり彼はある一部で知られた、敬愛される存在に過ぎないのだろう。

国中の法廷、ということがあり得ないのなら、もう一つの court の意味かも知れない。「テニスコート」、「コートヤード」などの意味の「広い場所」、「（建物などに囲まれた）中庭、空き地」の方だ。この言葉ですぐに浮かぶのは、人びとがたむろする場所、誰かが集まっている場所、それはホーボーたちの溜まり場なのではないか、ということだ。大きな町のそれらしい空き地に、いつも放浪者たちがたむろしている。日本でも、駅の地下街にダンボールの寝ぐらがあった。そういう場所で、ダディ・クラクストンの名前は不滅であった、ということなら、いくらか腑に落ちる。だがたとえ腑に落ちたとしても、肝心のクラクストンなる人物が誰だかさっぱりわからないのだ。

改めて鉄道に関する何冊もの本を繰り、あちこちのウェブ・サイトを探り探り、いろんな人のブログやツイッターも覗いてみた。いかにもアメリカだと思われるのだが、カントリー・ミュージックやアメリカ文化に興味のある人たちが実に多い。しかし、その中身となると、その人たちの調査報告や、クラクストンの名前はどこかで聞いたことがある、見たことがある、といったツイッターや、どこかのサイトの記述をそのままコピペしたもの、それもウィキペディアそのままを写し取ったものなど玉石混交である。中には自分の曾祖父は「ダディ・クラクストン」と呼ばれていて、近隣の人たちから愛されていた、といったものもあった。

面白いのは、ワシントン州に拠点を置く歴史研究サイト'HNN（History News Network）'のジム・W・ローウェンという人のブログ「ワバッシュ・キャノンボール」だろう。ローウェンによると、クラクストンはアラバマの農民であった、と書いている。その時代──一八九〇年代の農民の多くが黒人であったように、彼もまた黒人であった。鉄道が農作物の運送の独占事業であったことに苦しんでいたクラクストンは、その輸送代の高騰をどうにか打開しようと決心した。彼はすでに貨車に積まれた自分の農作物を取り返そうと考えたのだ。だが、一人では何もできるわけもなく、彼はすぐに窃盗罪で逮捕され裁判にかけられた。いくら自分のものでも、貨車に積まれたものは鉄道会社のものだという理屈だった。結果は言うまでもなく有罪で、服役する羽目におちいった。クラクストンの苦境を理解できる多くの貧しい農民たちは、体制に反旗を翻そうとした彼に心を寄せ、その名を称え、永遠に記憶しようと歌ったのだという。

この挿話が事実かどうかはまったくわからない。ただ、そういう時代のアメリカの鉄道のあり方、鉄道王という富豪の存在、あちこちで頻発した鉄道ストや労働争議、寡占によって運賃を思うままにすることへの反発などがこういったエピソードを生んだのだろうと思われる。すなわち「ダディ・クラクストン」とは、庶民にとってのある代表でもあったのだ。

こうして、ダディ・クラクストンを探す旅は続いていた。それからしばらく経ったある日、ほとんど偶然のようにデルモア・ブラザーズの不滅の大ヒット《ブルース・スティ・アウェイ・フロム・ミー *Blues Stay Away from Me*》の歌詞を確認したくて、ウェブ・サーフしていた。そして彼らもまた、〈ワバッシュ・キャノンボール〉を歌っているのを知った。タイトルは《ワバッシュ・キャノンボール・ブルース *Wabash Cannonball Blues*》である。〈ワバッシュ〉のことが気になっていたから、すぐにその歌詞を見た。そして、驚くべき事実に遭遇した。

デルモア・ブラザーズは、アルトンとラボンの兄弟のヴォーカル・デュオで、ヒルビリーからカントリー・ミュージックへと成長する過程のその初期、カントリー・ミュージックのパイオニアとしてスターになったグループだ。そのアルトンとラボンのデルモア兄弟が歌った《ワバッシュ・キャノンボール・ブルース》は、長い間の疑問に一条の光を差してくれた。一九三八年九月二十九日に録音され、翌三九年にRCAのレーベルであるブルーバードからリリースされた。その歌詞は、一九〇五年のウィリアム・キントのそれとよく似ていて、〈ワバッシュ〉が通る道筋の町の名前が比較的克明に書かれている。しかし、この歌での大問題は、第四聯である。

なぜか、「ダディ・クリートン」や「ダディ・クラクストン」に言及する歌詞は、どんな〈ワバッシュ〉の曲でも第四聯と決まっている。このこともまた、もっとたくさんあった聯の歌詞をカットした結果なのかもしれないとも思わないでもない。今はそのことを措くとして、デルモアの第四聯の歌詞を見てみよう。

Now, here's Daddy Claxton, may his name forever stand,
He's brakeman that's respected by the hoboes in the land;
And when his days are over and the curtains round hjim fall,
May his spirit ever linger on the Wabash Cannonball.

ダディ・クラクストン、彼の名前は永遠に不滅
彼は国中のホーボーたちから敬われる制動手
彼の寿命が尽き、終幕のカーテンが降りても
彼の魂はワバッシュ・キャノンボールと共にあり続ける

これには驚いた。「ダディ・クラクストン」という人物は、これまで様ざまに考えられてきたのだが、ここでは brakeman とある。すなわち制動手である。アメリカの列車は先頭に機関車、その後に客車や貨物列車が続き、最後に「カブース」と呼ばれる制動車が繋がれる。列車が牽引する車輛は非常に数が多く、歌でもよく取り上げられる、いわゆる「ロングトレイン」なのである。多数の貨客車を牽いて下り坂でブレーキをかけようとしても、先頭の機関車のブレーキだけではとても減速したり、停めたりすることはできない。そこで最後尾の制動車に、ハンドルをぐるぐる回してブレーキをかける制動器があり、その担当者を「ブレークマン」と呼んでいるのである。

前述したカントリー・ミュージックの草創期の大スター、ジミー・ロジャースは、プロの歌手になる前、父親と同じモービル&オハイオ鉄道に入った。やがて制動手になるのだが、彼の務めた路線は、南のアラバマ州モービルから、彼の生まれ故郷であるミシシッピー州のメリディアンを通って、オハイオ川近くのイリノイ州カイロまで走っていて、そのおおよそが平らな地形だった。そうすると最後尾のカブースに乗っている制動手は、ブレーキをかけることがほとんどなく、暇だったのだ。そこでジミー・ロジャースはギターを持ち込み、歌の練習をしたり、歌を作ったりして、やがて一世を風靡するスター歌手になるべく揺籃の時代を過ごすのである。そのことから、後年「シンギング・ブレークマン（歌う制動手）」と呼ばれるようになるのだ。

デルモア・ブラザーズの歌う《ワバッシュ・キャノンボール・ブルース》のダディ・クラクストンはこの制動手であって、国中のホーボーから尊敬されていたという。クラクストンはホーボーにやさしかったのだろうか。ただ乗りを見逃してくれたりしたのだろうか。あるいは、鍵のかかっていないただ乗りしやすい有蓋貨車を連結していなかったり、すべての貨車が貨物満載でただ乗りできそうもない時、クラクストンは寒さとひもじさに疲れ切ったホーボーたちを自分の持ち場のカブースにでも乗せてやったのだろうか。また時に、親切な車掌やブレークマンの乗務している路線を教えてやったり、ジャングルのある沿線の情報などを紹介してやったりしたのだろうか。ホーボーたちの間で、制動手が尊敬されるなんていうことは滅多にあるものではない。

一九七三年のロバート・アルドリッチ監督の映画『北国の帝王』に出てくる、暴力ばかりでなく殺人も厭わない強面の車掌、シャックのような存在、まあ、あそこまで冷酷、過激でなくとも、自分の乗務する列車に無断で無賃乗車をする輩を赦さないという乗務員は多かったろう。これまで、この映画でアーネスト・ボーグナイン扮する冷酷で残虐な車掌の名前が「シャック（shack）」というのだと思っていたが、いろいろ調べて行くうちに、シャックはホーボーたちの隠語で「車掌」のことだということがわかった。鉄道警察官をブル（bull）、留置所をビッグハウス（big house）、などと言うが、それは近年のことで、十九世紀末に鉄道でさまよう連中、レイルロード・バムたちの隠語では、機関車をブル、有蓋貨車をシャック、と言ったらしい。この世界にも流行りの言葉があるということなのだろう。

ともあれ、この腕っ節の強い車掌を会社は好んで雇ったし、その乱暴者の車掌のいる路線をホーボーたちは敬遠したろう。そしてその噂は、すぐにも広まったに違いない。中には、映画の主人公、リー・マーヴィン扮する北国の帝王こと、エース・ナンバーワンのように、そういう車掌たちの乗務する列車にわざと乗って鼻をあかそうとする者もいたと思われる。本来は、サム・ペキンパーが監督するはずだったという話もあるこの映画、荒々しい男たちの反目と闘いと、その底に流れる一本筋の通った豪胆な男らしさに共感する友情のようなものを、アルドリッチはうまく描いている。

貨車の下のブレーキ・ロッドや車軸にどうにか身体を引っ掛けて乗るホーボーたち［第一部扉］に、シャックは長い鎖を列車間の連結部から引きずって、それが枕木やその下の土台の石ころに跳ね返って、かろうじて摑まっているホーボーたちを叩き落とそうとするところなど、放浪者と車掌との闘いがいかに苛烈であったかがわかる。

シャックほどではないにしても、ホーボーを乗せまいとする車掌は、ごく普通の存在だったと思われる。その点、制動手はそこまで意固地にならなくとも、言葉を換えれば、車掌たちほど自分たちの鉄道会社を代表しているという意識は希薄だろうと思われるから、ある程度ホーボーたちの味方になって、仲良しになれたのかもしれない。

制動手のダディ・クラクストンがどういう理由でホーボーたちに敬愛されたのか、まだまだ調査が足りない。いつかはその真相にたどり着くのではないか、と諦めないでいる。そういうある日、やはりウェブを波乗りをしているうちに、《ワバッシュ・キャノンボール》の alternate version というのがあるのを見つけた。すなわち、カーター・ファミリーやロイ・エイカフ、そして彼らを追うフォロワーたちのカヴァー・ヴァージョンなどではなく、それらとは別のヴァージョンが存在していたのだ。その歌詞には、思いがけない一節があり、この歌の持つ性格について重要なことを示唆してくれたのである。

最初の一行から、およそ訳す必要のないお馴染みの歌詞が続く。そしてこの歌詞の大半は、前述したボーイスカウトのヴァージョンとほぼ同じなのである。初めて出てくるのは、第二聯で、「この列車は、メンフィス、イリノイ州マトゥーン、そしてメキシコ、イースト・セイントルイスのカーヴをスピードを緩めることなく走り抜け、コロラドを飛ぶように走り過ぎ、恐ろしげな悲鳴をあげる。それはワバッシュ・キャノンボールの汽笛だと人びとは言う」といった意味のことを歌う。

しかしその後、問題の第四聯では、こんな風に歌っている。

Now here's to Boston Blackie**, may his name forever stand
And always be remembered by the 'bos throughout the land
His earthly days are over and the curtains round him fall
We'll carry him home to glory on the Wabash Cannon Ball
(** The name "Boston Blackie" is often replaced by "Daddy Claxton")

全体に他の《ワバッシュ》とほぼ同じような歌詞なのだが、ただひとつ、ダディ・クラクストンでもクリートンでもない人物、「ボストン・ブラッキー」の名前が挙げられているのである。歌詞の最後に一行、「ボストン・ブラッキーの名前はしばしばダディ・クラクストンに置き替えられる」と注意書きがある。

『怪盗ボストン・ブラッキー』［図㉗］とは、二十世紀初頭、一九一四年から二〇年まで続いた人気の小説で、泥棒を主人公にした、いわゆる「ピカレスク・ロマン」である。作者はジャック・ボイル。宝石強盗で金庫破りの主人公は若く背が高く、ハンサムで女性や子供にやさしい、言うところの義賊だ。教養ある紳士だが、かつてカリフォルニアの刑務所に入っていた経験も持っている。作品はいくつかの雑誌に断続的に連載され、最後は『コスモポリタン』誌に一九一九年六月から翌年十二月まで連載された。一九一七年にはレッドブック出版社から短編集『ボストン・ブラッキーの妻メアリー *Boston Blackie's Mary*』が出版される。

本来は探偵小説ではないのだが、より巨きな悪に立ち向かったり、またハードボイルド小説の原型とも言えるスピードとテンポのある乾いた文体で読みやすいこともあって人気になり、やがて映画やラジオ、コミックス、のちには映画にもなって大変な人気だった。多くの読者、中でも政治や経済の発展に取り残されたと感じる貧しい階級の弱者が、悪をやっつけるボストン・ブラッキーの活躍に胸がすく思いをしただろうことは想像できる。その人物の名前が歌いこまれたことからも、それが理解できる。

丹念に《ワバッシュ・キャノンボール》のあれこれの歌詞を探っていくと、Cleaton や Claxton から変化したらしい名前もいくつか見つかる。それらの流れとは別に、前出のノーム・コーエンの『ロング・スティール・レイル』には、Greenwood という名前も見られる。その他にも Rock Smith Perkins というのもあれば、Utah Philipps というのもある。後者は実在の人物で、本名はブルース・ダンカン・"ユタ"・フィリップス〔図㉘〕。フォークシンガーとしての露出度がもっとも多いだろう。だが、彼にはもうひとつ、労働組合の優れたオルガナイザーという顔がある。その活動の中でも力を入れていたのがＩＷＷでの活動で、彼は歌やパフォーマンス、文章や直接行動によってこの組織とその運動を鼓舞し続けたことでも知られている。

彼の作った歌でもっとも有名なのは《お父さん、汽車ってどんなもの？ *Daddy, What's a Train?*》だろうか。汽車というものがなくなってしまった未来、「お父さん、汽車ってどんなもの？」と息子が訊く物語で、ジョン・デンバーをはじめとして多くのシンガーのカヴァーがある。《ハレルヤ、アイム・ア・バム *Hallelujah, I'm a Bum*》も《クイーン・オブ・ザ・レイル *Queen of the Rail*》もよく知られた歌だ。

本人もまたホーボーとして長く生きてきたから、その作品はやはり列車の歌が多い。そのパフォーマンスも定評があって、'Golden voice of the Great Southwest（大いなる南西部の黄金の声）'と呼ばれていることからもわかる。彼自身も、《ワバッシュ・キャノンボール》を歌ってもいるが、彼の名前そのものが使われた《ワバッシュ》を歌う人も実に多い。その理由は、やがて判明する。第四聯の例の部分では、こんな風に歌われている。

Here's to Utah Phillips his name forever stand

彼の民衆の側に立った生き方、社会の底辺を知り、自らも放浪の生活を体験することによって、アメリカ社会の持つ不公平さに目覚めさせたのだった。彼はそのことから社会主義的な思想を持つようになる。働いても働いても貧しさから抜け出せない「プア・ホワイト」と呼ばれる人びとにとって、そんな彼は、自分の夢や生き方を託すことができるヒーロウだったのだろう。

このユタ・フィリップスをはじめ、後述する何人かのホーボー、中でも「レイルロード・バム」としてこの国のあちこちを列車のただ乗りによってさすらう人たちの中には、多くの労働運動に関わる人びとがいた。そればかりでなく歌や小説や物語、映画や絵画などの芸術・芸能の世界でも、列車に乗って国中をさすらう人びとが多く、それがアメリカで自由に生きていくための必須の条件のようにもなっていた。

旅をやめられないというのは、先にも述べたようにアメリカに特によく見られる風土病のようなものだ。「放浪病」とでも言えるその病は、実は症状によっていくつかに分類される。一九三七年に刊行されたスチュアート・H・ホルブルックの『アメリカ鉄道物語 *The Story of Americanrailroads*』の中に、"Riders of the Rods and Blinds"というレイルロード・バムを扱った章がある。

ホルブルックは、もとは木樵だった。やがて俳優になり、その後漫画家《カトゥーニスト》、編集者、作家としても活躍するという多彩な人物で、木樵から、すなわち、底辺の肉体労働者から、アメリカ文化を代表する人物になっていくという図式は、たとえば、一介の投げ縄のうまいカウボーイから、ショウビジネスの世界を経て、エッセイスト、そして大統領のご意見番と言われるようになったウィル・ロジャースに相通ずるところがある。いや、この手の出世物語、一種のアメリカン・ドリームの成就者は、アメリカ大衆のヒーロウとして、いつの時代でも国民の人気者なのだ。

ホルブルックの本領は、いわゆる「アメリカン・ポピュラー・ヒストリー」で、自他共に認める〝ローブロー〟・ヒストリアンだった。ようするに、アメリカ史を正面切って正統的な視点と手法から書くのではなく、反則技に近い、思いもかけないところから、歴史の大河に流されない、微妙な物語を探り出して書くという大衆的な人気作家であった。

20

23

22

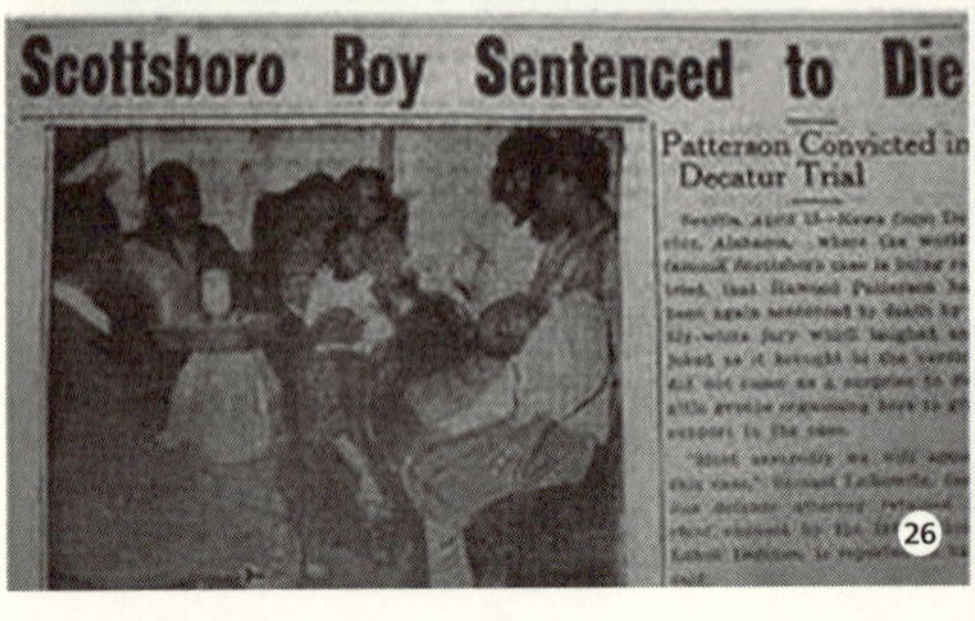

Scottsboro Boy Sentenced to Die

Patterson Convicted in Decatur Trial

26

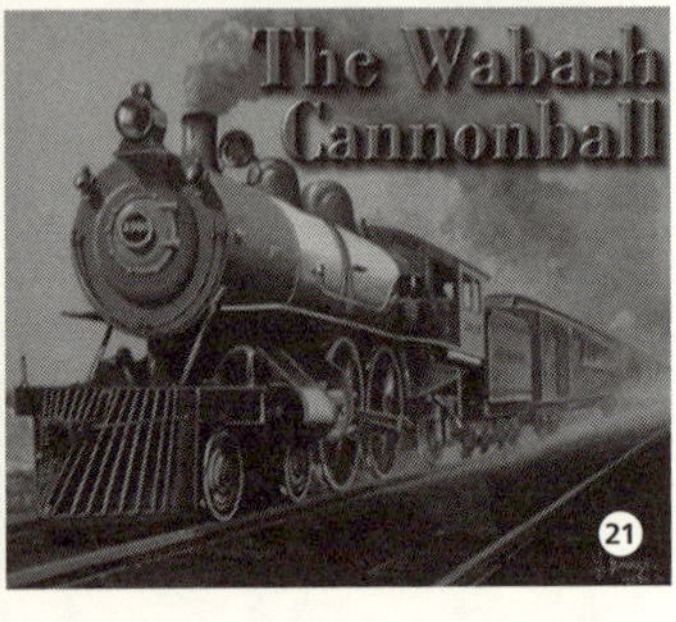

21

24

27

28

25

rodsはブレーキ用の蒸気や電気のワイヤーなどを各車輛間につなぐ管や動力を伝える桿《かん》のようなものだろう。blindは、死角と考えてもよさそうだ。ようするに貨車の下、車輪の間の隙間や車掌や機関士には見えない所にこっそりと乗る連中を指しているのだろうと思われる。あるいは、無計画な、とか、酔いつぶれた、といった意味もあるから、いずれにしても正規の乗客でない人間たちといったニュアンスがここにはあり、そういう連中のことを書いた章で、ホルブルックはトランプとホーボーとバムとの差に言及している。

それによると、「トランプはしばしばホーボーとかバムとも呼ばれている」とあり、だが三者とも移動する人間ではあるけれど同じではない、と断っている。長くトランプとして生活していたベン・ライトマンの「ホーボーは働きながら放浪し、トランプは夢を見ながら放浪し、バムは飲みながら放浪する」という言葉を引用しているところが面白い。バムは、「レイルロード・バム」と一語で呼ばれることが多く、もし「バム」が酔っ払いの放浪者だとしたら、引用した本章のタイトルのblindsが「酔いつぶれた」という意味にも符合するようだ。

ライトマンはリトアニア生まれのユダヤ系ロシア人で、トランプであるばかりでなく、アナーキストであり、ホーボーのような貧しい人間たちを治療する医者でもあった。そして同じくアナーキストで、女性解放運動の闘志であるエマ・ゴールドマンの恋人でもあった。エマは、日本の婦人解放運動家で、不倫を実践し、人工妊娠中絶や売買春について正面切って書いた無政府主義者の伊藤野枝に多大な影響を与えた人物として知られる。エマは産児制限運動で投獄され、また反戦運動でも逮捕されて二年間の禁固刑に処せられてもいる。ＦＢＩの初代長官で、正義と悪の両側に足を突っ込んで悪名高かったジョン・エドガー・フーヴァーをして、「アメリカでもっとも危険なアナーキスト」と言わしめた女性でもあった。

エマ・ゴールドマンは、その行動ゆえにひとつの町に腰を落ち着かせることができず、女性ホーボーとして放浪の中に生きていた。ライトマンがこのエマ・ゴールドマンをモデルにして書いたのが、彼女の自伝という体裁のフィクションである『シスター・オブ・ザ・ロード――ボックスカー・バーサの自叙伝 *Sister of the Road: Autobiography of Boxcar Bertha*』である。

この本では、移動労働者で組合のオルガナイザーのバーサ・トンプソンが主人公なのだが、彼女はBoxcar Bettyという、これもフィクションの女性闘士のモデルでもある複雑な話なのである。この本が広まるにつれて、ボックスカー・ベティは徐々に実在性を帯びていき、まるで生きた人間のように、あちこちの鉄道にただ乗りしては労働者のための組織づくりに尽力したと考えられるようになってい く。ついには、実際にベティに会った人もいるという噂が独り歩きするようになった。誰も本当には会ったことがないのに、彼女がこの広いアメリカの何処かを列車にただ乗りしてさすらっているという空想は、広く自由なアメリカの大地だからこそ育っていく夢のように思われて、そこもまたぼくがアメリカに惹かれる大きな理由のひとつなのだ。

このライトマンの小説を元に、一九七二年、マーティン・スコセッシ監督がバーサ・トンプソンを主人公にした『明日に処刑を……』（原題：Boxcar Bertha）という映画を制作している。この映画は、ようするにライトマンにしろエマにしろ、自由や権利を求めてアナーキスト志向を持つと、ひとところに落ち着く生き方ができずに、ホーボーやレイルロード・バムになる傾向があることを教えてくれるのである。

ライトマンは、自らを「トランプ」と呼んだ。トランプには「乞食」といったニュアンスがある。だが、彼自身の分類では「夢見る放浪者」になる。ライトマンの気持ちは、わかるような気がしないでもない。

カリフォルニア大学バークレイ校やミシガン州立大学で教鞭をとり、『サンフランシスコ・クロニクル』紙で書評や劇評なども手がけるフレデリック・フェイエッドは、その著書『ホーボー　アメリカの放浪者たち *No Pie in the Sky-the Hobo as American Cultural Hero in the Works of Jack London, John Dos Passos, and Jack Kerouac*』（一九六四年、邦訳＝晶文社、一九八九年）の序で、これまで混乱と誤解の中にあったトランプ、ホーボー、バムの三つの用語の定義として、こう書いている。「これら三つのタイプは、二つの点で共通している。ひとつは、ともにきわだって生活手段に欠ける。次は、性癖上、あるいは必要にせまられ、ともに渡り鳥的である。つねに移動しつづけるのである」（中略）と。そしてこう続ける。「心情や動機は千差万別である。国土の探究というものもいれば、生計を立てる、あるいは仕事を求めてという場合もある。さらに法の目を逃れんがためというのもある」（同前）

また、同書の解説によれば、フェイエッドは『フォーラム』誌に掲載されたE・L・ベイリーの「トランプとホーボー（Trumps and Hobos）」の中の数行を引用して、「トランプはホーボーではないし、ホーボーはトランプではない。ヴァグラント（宿なし）はいずれでもない」と書いている。トランプは「物乞い」と訳されたり、「浮浪者」、時に「乞食」とも訳される。女性の場合は、「娼婦」という訳が多い。ようするにろくでもない人間、クズのような人間と思われがちだった。フランク・シナトラの歌に《ザ・レディ・イズ・ア・トランプ *The Lady is a Trump*》というのがあって、ここで歌われる彼女は型通りの「淑女」ではなく、古い規範にとらわれない自由気ままに、昔ながらの殻を破って自由に生きる女、という趣があるが、一般的にはあまりいい意味には用いられないようだ。

一九五五年公開のディズニー映画『わんわん物語』は原題が'Lady and Trump'で、レディはアメリカン・コッカースパニエルの牝、トランプはスコッチ・テリアの牡の物語で、日本では「お嬢様と風来坊」とか「貴婦人と浮浪者」などと訳されていた。どうやらこの映画では、トランプは落ちぶれた人間というよりも、どこかねぐらの定まらない人物、半ばペテン師、といったニュアンスがあるようだ。

ホーボーはたいていが若者である。まだ働く気がある連中、働くために移動していく者たちが多かったのかもしれない。このベイリーの文章でよくわかるのは、十九世紀末にも、ホーボーやトランプがいて、彼らの存在をどうにかして分類し、理解しようとする努力がなされていたという事実だ。だが、実際のホーボーは、一般社会にはなかなか受け入れられない存在だった。それでも、文化的な存在としての彼らは、主として列車のただ乗りをしたり、人の車に乗せてもらうことで移動し、アメリカを見て廻り、様ざまなアメリカ人と出会い、それを文章にし、「ただ乗りの文化」というものを生み出し、人びとの夢をかき立ててきた。その文化と伝説を担ってきたのが、《ワバッシュ・キャノンボール》をはじめとするトレイン・ソングの数々だった。とくに〈ワバッシュ・キャノンボール〉はホーボーたちの御用列車のように伝えられ、多くの人に愛されてきた。

〈ワバッシュ〉ばかりでなく、あらゆる列車にただ乗りするには、いくつもの方法があった。たとえば、ジミー・ロジャースが作り、レイルロード・バムの名曲として知られる《汽車を待ちながら *Waiting for a Train*》がある。こんな風に歌われる。

All around the water tank, waiting for a train
A thousand miles away from home, sleeping in the rain
I walked up to a brakeman just to give him a line of talk
He said "If you got money, boy, I'll see that you don't walk
I haven't got a nickel, not a penny can I show
"Get off, get off, you railroad bum"

And slammed the boxcar door

給水タンクのあたりを歩き廻りながら、汽車がやってくるのを待っている
雨の中で寝るような旅を、家から一〇〇〇マイルも続けてきた
列車の後尾の制動車のブレーキ係のところに行って、ちょっとしたお喋りをした
彼は、金があるのなら歩かなくてすむようにしてやるよ、と言う
ところがおれは五セントどころか一セントだって持ってやしない
「なら向こうへいけ、このレイルロード・バムめ」
そう言うと彼は、貨車のドアを手荒く閉めた

この歌の主人公は、サンフランシスコでは仕事にあぶれて、今、故郷に戻る途中。広々とした気持ちのいい大好きなテキサスで途中下車、でも財布はカラッポだし、心は辛さで一杯、と歌う。

機関車の動力、蒸気を起こすための燃料として木材を使ったのは一八八〇年までで、この歌の時代、少なくとも一九二〇年代後半から三〇年代にかけては、機関車は石炭を燃やすようになる。熱を得る原料は何であれ、水を沸かして水蒸気を作り、その圧力でピストンを動かして動力を得ることには変わりがない。

ようするに、蒸気機関車にとってどうしても必要なのが「水」だった。そこで補給用の木材や石炭置き場のすぐ近くに給水塔《ウォーター・タンク》を設置するのが普通で、この燃料補給所、給水所が、ホーボーにとっては無賃乗車の絶好のチャンスだった。機関車は無防備に停車し、車掌や機関士、ボイラー係などは先頭の機関車での作業に集まっている。後続の貨物列車は空き家同然、彼らはうまく潜り込むことがで

きた。だが後年、この給水塔がホーボーたちには絶好のただ乗り機会なのだと周知されるようになり、車掌たちは列車の横を鉄棒や鎖、時に銃を手に巡回するようになったものの、初期は至極のんびりしたものだった。

この給水塔での秘かな乗車は、実は西部の開拓時代の列車強盗たちの手法を真似たものだ。強盗たちはタンクの水の中に首まで浸かって、列車の到着を待つ。その時代、列車強盗を阻止する保安官やピンカートン社の探偵たちは、列車の屋根の上で銃を携えて無賃乗車の連中を撃ち殺そうとしていたから、ホーボー時代よりはるかに状況は厳しかった。

この歌は、メロディーや曲調は明るく陽気だが詞の内容は後悔に溢れている。ジミー・ロジャースがこの曲を録音したのは、一九二八年十月二十二日のジョージア州アトランタでのことだ。奇矯と騒乱の年だと呼ばれた一九二〇年代も終わりに近づいた一九二七年からほぼ一年、人びとの興奮やはしゃぐ気持ちとは裏腹に、未曾有の不況の気配が忍び寄っていた。社会の最底辺をうろつくホーボーたちは、そういう空気に敏感だった。不景気は職の得にくさや人びとの態度、また恵んでもらう食料の質や量の低下などからうかがわれていた。失業した挙句の放浪者たちも増えはじめ、列車にただ乗りしようと試みる彼らへの処遇もきつくなっていた。だがホーボーたちは、流れることは止められなかった。それだけが人生だったからだ。

ホーボーにやさしい歌もある。それは紛れもなく、ホーボーにしか書くことのできない曲である。書いたのは、放浪のシンガー、ウディ・ガスリーだ。自分が経験した放浪の辛さややるせなさ、苦悩などを彼は飽くことなく歌ってきた。その中でも、名曲と言われる《さすらい人の子守唄 *Hobo's Lullaby*》は、こんな歌だ。

Go to sleep you weary hobo
Let the towns drift slowly by
Can't you hear the steel rails hummin'
That's the hobo's lullaby

I know your clothes are torn and ragged
And your hair is turning gray
Lift your head and smile at trouble
You'll find peace and rest someday

Now don't you worry 'bout tomorrow
Let tomorrow come and go
Tonight you're in a nice warm boxcar
Safe from all that wind and snow

（以下略）

「くたびれきったホーボーよ、眠るがいい、町は過ぎ去るにまかせるんだ。鉄路の響きが聞こえないか、それこそがホーボーの子守唄なんだよ。きみの服は破れぼろぼろなのは知っている、髪だって白く変わってしまった。けれどトラブルに対して頭を高くかかげ、笑みを絶やさないこと、いつの日にか、穏やかな休息の時がやってくるんだから。さあ、明日のことは思い煩わなくていい。明日という日は、来ては去っていくものだ、今宵、きみは暖かく素敵な貨車に潜り込むことができた。そいつが風や雪を防いでくれるんだよ」

ホーボーにとっての悩みのタネは警察官だ。でも、彼らは天国にはいない。だから今夜は、町が過ぎ去るにまかせて、ゆっくり眠るがいい、とウディは無事に無賃乗車できた幸運と安堵感を歌う。

またこの歌で歌われる「今宵、きみは暖かく素敵な貨車に潜り込むことができた」という安堵感は、《ワバッシュ・キャノンボール》の歌に出てくる'Bowes accommodation（ホーボーの宿泊所）'の意味を、具体的に教えてくれるようだ。

そういったホーボーたちの移動を肯定的に捉え、プライドを持ってそのことを歌ったのが前述のユタ・フィリップスだった。彼は自らがホーボーであり、シンガーであるというソフトな印象な背後に、IWWという左翼労働運動のアジテーター、オルガナイザー、プロパガンダの闘士という姿をも持つ。彼はフォークシンガー、またシンガー・ソングライターとしてのやわらかな人当たりと誠実な演奏態度によって、多くの「無産階級」である庶民、大企業に搾取される貧しい労働者、という昔ながらの階級に組分けされる人びとにとっての憧れのホーボーでもあった。そしてまた、多くのフローティング・ワーカーたちにとっては伝説のホーボーであり、自分たちの生活を守ってくれる守護神であるかのように崇める人もいた。

だからあの《ワバッシュ・キャノンボール》の第四聯の Daddy Claxton に替わる人名として、

Here's a Utah Phillips may his name forever stand

と歌われるようになったのだろうと思われる。

様ざまな資料、史料を漁ってみると、実は〈ワバッシュ〉に乗った多くのレイルロード・バムは、IWWのメンバーであることがわかってきた。彼らは列車にただ乗りして、アメリカ中を旅し、恵まれない職場にいる人たちに対社会、対企業の労働組合を結成させ、職場環境の向上や、賃上げまたは福利厚生の充実などを訴えるノウハウを教え、また集団交渉により、時に実力行使によって会社と対峙させて少しでも労働条件を有利にすることを目指させようとした。

社会主義や共産主義や無政府主義の思想に裏付けられたそれらの運動は、理想は気高く美しくはあっても、資本主義を掲げる企業側を硬化させ、対組合のスト破りやスパイやリンチといった陰惨で悲惨な出来事を引き起こし、両者を精神的にもうちのめし、残酷な結末を迎えることも少なくなかった。

そういう背景もあって、《ワバッシュ・キャノンボール》は、おそらくはラルフ・ピアに敬遠され、そして彼がなしたと思われるサニタイズによって、労働運動家とホーボーとが歌ったであろう歌詞が隠され、または削除され、きちんと歌詞の内容を知ろうとするものにとっては、どこか奇妙に思える歌詞を持った列車の歌として後世に残ることになったのだと思う。

8　悲歌《エレジー》である要素

もう一人、ユタ・フィリップスと同じようにIWWのオルガナイザーとして知られるモンタナ・ホワイティという人物名が歌い込まれた《ワバッシュ・キャノンボール》がある。そしてまた彼の場合、《ワバッシュ・キャノンボール》の歌が持つある種の悲劇性の原因の一つを教えてくれることになる。

モンタナ・ホワイティがどういう人物であるかは、まったく偶然に行き当たったアート・シームという人のブログで知ることができた。アメリカには無名の——と言っては失礼に当たるだろう——特にどこかの研究機関や大学の研究室などに所属することなく、また、格別に著作を発表するでもなく、だが、懸命にこつこつと何事かを研究調査している人がいる。そういう人の調査結果、研究成果に触れることができるのは実に幸せだ。

このアート・シームという人のブログもまた、そのひとつである。それによると、彼は一九六一年に、かつて「ウォブリー（wobbly）」と呼ばれたＩＷＷの闘士でありフィドラーでもある、ポール・ダーストという人物の歌を何曲か録音する機会を得た。その時、ダーストは九十三歳だったという。問題は、その彼が歌う《ワバッシュ・キャノンボール》で、その四聯目の歌詞は、こうなっていた。

Here's to Montana Whitey may his name for ever stand,
And always be remember by the 'Bos around the land

モンタナ・ホワイティの名前は永遠に不滅
彼のことを国中のホーボーたちはけして忘れない

Daddy Claxton でも Daddy Cleaton でも、Boston Blackie でも Utah Phillips でもない、Montana Whitey という人物もまたアメリカ中のホーボーにとってけして忘れることのできない人物だったのである。なぜ彼が、さすらいの人びとの記憶に残り続ける人物であるのか、それはシームのブログの続きに書かれている。ポール・ダーストが四十二歳だった一九一〇年、「ホーボー仲間だったモンタナ・ホワイティは、モンタナ州ミズーラの操車場《ヤード》から出ていく貨車に飛び乗ろうとしたとき、取っ手を摑み損ねて転げ落ち、そのまま車輪に轢かれて死んだ」と語ったという。それ以後、ポールはこの歌を歌うたびに「ホワイティの思い出のために」とモンタナ・ホワイティの名前を入れて歌うことに決めたのだそうだ。

ＩＷＷの闘士であったユタ・フィリップスをはじめＣＰＵ（アメリカ共産党）のオルガナイザーだったウディ・ガスリーのように、放浪生活の中から虐げられた者たちの苦悩や苦痛を知って社会主義的視点を持つようになった、あるいは、もともと社会主義的な思いを持っているから放浪生活に入っていったのかもしれないが、いずれにせよ、そういう中から人びとの生活の苦しみを歌うフォークシンガーが数多く排出してきた。彼らは、社会主義的教育普及のために歌う一方、庶民の感情や生活感、正義感や憤懣をうまく汲み取って歌にしていった。だから、ポール・ダーストの歌う《ワバッシュ・キャノンボール》は、ホーボーたちの思いをそのまま歌ったものだったろう。

鉄道事故による轢死にまつわる歌となったら、いつもある曲を思い出す。《イン・ザ・パイン *In the Pine*》である。いや、こう書くと正確ではないだろう。ブルーグラス音楽の創始者であるビル・モンローとその兄のチャーリーとのコンビ、モンロー・ブラザーズが歌ったこの曲は、黒人フォークシンガー、レッドベリーが歌ったメロディーもまったく同じ曲《ブラック・ガール *Brack Girl*》のほうを思い出す、と言ったほうがいい。この《イン・ザ・パイン》と《ブラック・ガール》に関しては、次章の「もう一人の鉄道ヒーロウ、ジョン・ヘンリー」で詳述するが、《ブラック・ガール》の第二聯にこんな歌詞がある。

My Husband was a Railroad man,
Killed a mile and a half from here.
His head, was found, in a driver's wheel

And his body hasn't never been found.

「私の夫は鉄道員」とこれは「ブラック・ガール」と呼ばれた歌い手の女性が、こう歌う。「彼はここから一マイル半先で死んだ。彼の頭部は機関車の車輪の下で見つかったけれど、胴体の方はまだ見つかっていない」

ホーボーたちの死は、列車への飛び乗りの失敗ばかりではない。これまであまり語られることのなかったのは、彼らのただ乗りを防ごうとする車掌たちによる暴力的な乗車阻止行動によることも多かった。だが、その裏には複雑な労使問題があった。通例「悪役側」に置かれる車掌たちもまた、ホーボーたちと同じように「流れ者」であるという事実がある。無論、彼らは鉄道会社には雇われているし、ある程度の収入を保証されてもいる。だが、その仕事は危険極まりない。死は、ホーボーたちと同じようにすぐ隣にある。鉄道員たちは、一九三〇年代の不況や鉄道事故によってたやすく仕事を追われ、ごく簡単に、彼らが取り締まってきたホーボー側に廻ることもあった。

そういう状況を示唆してくれる事象がある。IWWの会員証は、小さな赤いカードだった。これを見せれば、鉄道にただ乗りができる、すなわち無賃乗車パスの役割もあった、とする資料がある。ここには鉄道関係者、レイルロードマンたちもまた労働組合の一員であり、IWWの仲間の人間であったことを教えてくれる。IWWのメンバーをただ乗りさせてやることは、資本者側、鉄道会社への一種の戦いでもあったのだ。

ようするに、鉄道員とホーボーは同じ穴のムジナ、といっては言葉が悪いが、会社を馘首されてホーボー側にまわる鉄道員もいれば、人員不足からの求人募集に応募して車掌の仕事を得るホーボーもいたということなのだ。彼らはともあれ、お互い紙一重の関係にあったと言えるだろう。

《ブラック・ガール》の夫が、どういう状況で死んだのかはわからない。この歌のように、口から口へと伝えられていく歌は、多くの場合省略が施されているからだ。夫は、単なる鉄道事故なのか、あるいはホーボーたちとの、または仲間内の確執や諍いによって殺されたのかもしれない。歌詞には killed と書かれていて、「死んだ」とも取れるし、「殺された」とも取れる。事故か殺人かは、大きな隔たりがある。

これが仕事上のトラブルによる殺人なのか、あるいは事故死かは即座に判断できないとしても、すぐにわかるのは、この歌には奇妙な諦らめがあることだ。夫の死を悲しんではいるものの、どこか諦めの感情が読み取れる。覚悟と言い換えてもいい。無賃乗車を試みる相手との闘いが仕事でもある鉄道員の夫は、いつも死の危険と隣り合わせだった。ホーボーやトランプ、フローティング・ワーカーが頻繁に往来していた時代、車掌の妻は、兵士の妻と同じ覚悟が必要だったのではなかろうか。

それは、ホーボーたちにとっても同じことだ。いつ死んでもいいような日常の中にいた。だが、彼らにはそれとはまた別の形で、死は身近なものでもあった。それはホーボーとしての生き方の中に、いや、もっと根深い根源的な魂の奥の方に、諦念のようなものが居座っているのではないかと思われてならない。どうしようもない自分への諦め、というやつが。そして、その虚無感が彼らに悲劇性を与える。事故や乗車阻止による暴力沙汰ではない、もうひとつの死がある。

古くから伝わるアパラチアン・ルーツの曲で、バンジョーのインストルメンタル・ナンバーに《トレイン45》がある。原曲は、というか、歌ヴァージョンが《ルーベンズ・トレイン *Reuben's Train*》である。その中で、大切な部分だけ取り出してみよう。第二聯と三聯である。

Should been in town when Reuben's train went down

You could hear that whistle blow 100 miles
Oh me, oh my you could hear the whistle blow 100 miles

Last night I lay in jail had no money to go my bail
Lord how it sleeted & it snowed
Oh me, oh my Lord how it sleeted & it snowed

「ルーベンの列車が去っていった時、町にいるはずだった。一〇〇マイルも先の汽笛が聞こえる。ああ、なんと、一〇〇マイルも先の汽笛が聞こえる。昨夜は留置場にいた、保釈の金もなく。ああ、神よ、外はみぞれと雪、ああ、なんと神よ、外はみぞれと雪」

この歌詞には、〈ルーベンズ・トレイン〉という特定の列車の名前が出てくるが、内容的にはよく知られたホーボー・ソングとあまり変わるところがない。問題は第四聯で、こう歌われている。

I got myself a blade, laid Reuben in the shade,
I'm startin' me a graveyard of my own.
Oh me, oh my I'm startin' me a graveyard of my own.

「おれは自分の剃刀を持っている、ルーベンを影に残し、おれ自身の墓場へ向かう。ああ、なんと、おれ自身の墓場へ向かうんだ」

この部分は、明らかに他のホーボー・ソングの歌詞とは異質である。剃刀を持っているというのも剣呑だが、彼は自分で墓場に向かうとも言う。これは自死なのだろうか。それとも、自分の人生が終わるかもしれない闘いにでも行くというのだろうか。よく意味がわからない。一番の疑問は、'laid Reuben in the shade'というところで、ルーベンを影に入れる、ということらしい。ルーベンは列車で、それを日陰か、またはどこかの屋内に入れるのだとしたら、ルーベンを動かす彼は「機関士」か、少なくとも鉄道員でないとおかしい。そうなると、これは鉄道員の自死ということなのだろうか。もし彼がただ乗りのホーボーを取り締まる役目を持った人間だとしたら、剃刀が武器というのもしっくりこない。やはり剃刀は、髭剃りか自分を傷つけるためか、決闘用としか思えないのだ。

ルーベンの列車が、もうひとつ不幸な影を見せるのは、アメリカのトレイン・ソングに関する優れた研究書である、前掲したノーム・コーエンの『ロング・スティール・レイル』の中の《ルーベンズ・トレイン》の章で、これまで見たことのない歌詞を取り上げている。その紹介のところで、彼はこう書く。「機関士には飲酒問題があり、また時に不道徳な習慣がある」。不道徳な、とは、もしかしたら麻薬の問題かもしれない。その歌詞の重要な部分を抜き出してみよう。

Ole Reuben went to town an 'he drank that licker down,
O Ruebe, Reuben, dat you, Reuben? I don't know.
Reuben he got drunk, he pawned his watch and trunk
He was ten thousand miles from his home.

Say ol' Reuben had a wife, he's in trouble all his life,
Den dey leid Reuben down so low.

（以下略）

「ルーベンの列車が来る時、あんたは町にいるべきだ。ああ、一〇〇マイル向こうの汽笛が聞こえる、ルーベンは町に行って、酒に溺れた。ルーブ、ルーベン、そりゃあんただ、ルーベン？　わからんよ。ルーベンは酔っ払い、腕時計とトランクをかたに金を借りた。やつの故郷は一万マイルも彼方」

そして不思議な歌詞に移る。

「ルーベンには細君がいるという、彼女が人生の大いなる悩みなんだ、と。そこで連中はルーベンをそっと寝かせた」

この歌詞では、ルーベンか、あるいは彼を知る誰か、この歌い手は明らかに酔っ払っている。呂律も回らない。時計や財産一切の入ったらしいトランクさえ売り払って飲む金を手にするような呑み助だ。しかし、いや、だから、ルーベンの鬼門はカミさんだという。酔いつぶれた彼を寝かせたのはいいが……。その後に例の得体の知れない剣呑な歌詞が出てくる。

I took my razor blade, I laid Reuben in the shade,
And I started me a graveyard of my own, Lord knows, of my own.

おれは剃刀の刃を取って、ルーベンを日陰に横たえた
そしておれは自分の墓場に向かう、それは神のみぞ知る、おれだけの秘密だ

この歌詞は一筋縄ではいかない。言葉が足りないし、あちこちに思いが散乱している。訳自体、合っているかどうかもわからない。しかし、この歌の雰囲気、あるいは気分は伝わる。ルーベンは列車の名前ではなく、ホーボー自身の名前だと解釈するとわかりやすい。そしてこの歌は、どうやらルーベンの知り合い、ごく近くにいる人間が歌ったものだ。ルーベンの絶望的な生き方、酒癖、そして悲惨な家庭。歌い手は、ルーベンの生命を絶ってやったのかもしれない。この歌は自死ではなく、自殺幇助とも受け取れる。いずれにしろ、ホーボーと列車の物語は、いつも暗く痛ましい。自分の性癖、いやむしろ病癖と言ったほうがいいかもしれない放浪癖ゆえの悲しみ、苦しみ、まるで無間《むげん》地獄のような、あるいは蟻地獄のような、どうやっても抜け出せない世界と自分への絶望。それが自死を選ばせるのだろうか、とこの曲を聴くたびに思う。

事故や暴力、また自らの手で死ぬホーボーもいる。だが、自然死のホーボーもいる。老齢、体力の限界、あるいは根深い病ということもあり得る。フォーク、カントリー、ブルーグラスに至るまで幅広いジャンルで、そして多くのミュージシャンによって取り上げられた名曲に、《ホーボー・ビルの最後の乗車 *Hobo Bill's Last Ride*》がある。顚末を知ってもらいたいので、全編を引用してみる。

Riding on the eastbound freight train speeding through the night
Hobo Bill the railroad bum was fighting for his life

The sadness of his eyes revealed the torture of his soul
He raised a weak and weary hand to brush away the coal

No warm lights flickered round him no blankets there to fold
Nothing but the howling wind the driving rain so cold
When he heard a whistle blowing in a dreamy kind of way
The hobo seemed contented for he smile there where he lay

Outside the rain was falling on that lonely boxcar door
But the little form of Hobo Bill lay still upon the floor
As the train sped through the darkness and the raging storm outside
No one knew that Hobo Bill was taking his last ride

It was early in the morning when they raised the hobo's head
The smile still lingered on his face but Hobo Bill was dead
There was no mother's longing to soothe his weary soul
For he was just a railroad bum who died out in the cold

「夜を切り裂いて走る、東行きの貨物列車に乗る。レイルロード・バムのホーボー・ビルは人生に逆らって生きてきた。その目は、これまでの人生の苦悩を映し出して悲しげだった。彼は疲れた手を弱々しく上げて、石炭の灰を振り払った。その貨車には温かな明かりもなく、身にまとう毛布もなかった。雨まじりの吹きすさぶ風はひどく冷たく、汽笛の音は夢の世界へと誘うようで、横たわる彼の顔には、薄っすらと笑みが浮かんでいた」

そして第二聯の肝心な部分に入る。

「ボックスカーの外には雨が降りつのり、床に横たわる小さな塊はホーボー・ビルの身体だった。列車は風の猛る闇を切り裂いて走り、ホーボー・ビルにとって、それが最後の旅だったとは誰も知らない。朝早く、ホーボー・ビルは息を引き取ってはいたが、彼らはホーボーの頭を持ち上げると、その顔には笑みが残っていた。そこには、彼の悩める魂が救われるようにと、願いつづけた母親もおらず、寒さの中で、死んでいった彼は、ただのレイルロード・バムだった」

この歌での Railroad Bum を、どう訳すか悩む。「ただ乗りの放浪者」というのも、レイルロード・バムという言葉の持つ固有の雰囲気がうまく表せないし、かといって「鉄道乞食」と無神経に書くのも、彼らさすらい人たちの持つあるセンチメントを伝えることができないような気がする。仕方なく、そのまま「レイルロード・バム」を使った。

年老いた末だろうか、それとも何かの病のせいだろうか、いずれにせよ彼は一人、誰にも看取られない孤独のうちに、彼が愛してやまなかったろう貨物列車、ボックスカーの中で静かにあの世へと旅だった。列車は彼の遺体を乗せて、走り続ける。この歌にも、流れ者の悲しい性《さが》が歌われる。この「性」、英語ではよく weary soul と表現される。彼は、その weary soul のために、旅で命を落としたと言うしかない。

列車に飛び乗ろうと失敗して事故死したホーボー、病気や喧嘩や闘いによって死んだホーボー、彼らの遺体を、故郷までとは限らないけれど、近くの主要駅や設備の整った町まで列車は運んでいく。そこできちんと葬儀をしてもらえるか、あるいは六×三フィート（約一八三センチ×九一センチ）の孔にただ放り込まれ、墓碑も木の十字架さえも建てられないかもしれない。だが死んだホーボーたちは、《ワバッシュ・キャノンボール》の歌でも歌われるように、〈ワバッシュ・キャノンボール〉が栄光のうちに確かに天国に運んで行ってくれるのだ、と信じることはできたのではなかろうか。〈ワバッシュ・キャノンボール〉は、そういう列車だったのだ。アメリカ中を意気揚々と旅する列車も、病を得て故郷を目指す時の列車も、彼らには〈ワバッシュ・キャノンボール〉以外ではあり得なかった。そして、死んでから天国へと運んでいってもらいたいのも〈ワバッシュ・キャノンボール〉だった。その汽車こそ、「死の列車（Death Coach）」だったに違いない、と前述のユタ・フィリップスは語っている。

ウィキペディアには、「ホーボーたちは『ワバッシュ・キャノンボール』と呼ばれる伝説の列車は、『死の列車』だと考えていた。それは死んだ時に、その一生に報いるかのようにあらわれて、彼らの魂を運んでくれるのだ」とある。この話は、ウィキペディアでは、ユタ・フィリップスが語ったことになっているが、その出典、初出の原典の記載がない。ウィキペディアは他の項目では出典の記述を厳しく注文しているのだが、この部分にはどこにも見当たらない。

このウィキペディアの記述によって、実に多くのサイトのブログやFacebook、SNSなどでは、この言葉を当たり前のように引用している。ずいぶん調べてみたが、確実にユタ・フィリップスの言葉であると、確かめることはできなかった。ただ言えるのは、なるほどユタらしい、とは思う。

ユタ・フィリップスがDeath Coachという言葉を思いついたのは、彼がアイリッシュ系だからではないだろうか。Death Coach の言い伝えは、もともとヨーロッパ北西部の国々で知られたものだった。中でもアイルランドに強く伝えられており、ケルト系の民間伝承《フォークロア》だろうと思われる。

アイルランドではこの「死のコーチ」を「コイステ・ボダー（Cóiste Bodhar）」と言い、意味は「沈黙のコーチ」だそうだ。ここでの Coach は、本来馬車のことだったろうが、それを列車に結びつけたのはユタ・フィリップスで、彼は〈ワバッシュ・キャノンボール〉こそが Death Coach すなわち「死の列車」だと言い出したのだ。その発想から生まれたらしいユタの歌に《フューネラル・トレイン *Funeral Train*》がある。

その歌は、炭鉱の爆発による犠牲者を運んでいく歌で、そこに炭鉱労働者側に立つＩＷＷの一員であったユタの思い入れがある。整備された労働環境を望むべくもない、健康の不安、賃金の不満、劣悪な労働条件、そしていつ襲われるかも知れない事故の恐怖などを背負った貧しい移民労働者たち、企業を太らせるばかりの無理な操業や効率主義の犠牲者たちを、彼は好んで、そして温かい目で歌いつづけた。それらをあからさまな言葉で直截に口にするのではなく、誰もが耳を傾けるであろう歌によって彼は語りかけたのだった。

ユタ・フィリップスの「ワバッシュ・キャノンボールは天国行きの死の列車」というイメージは、アメリカ民謡界の偉大な歌手であり、映画俳優としてもすぐれた人物であったバール・アイヴスが歌った《天国行きの弾丸列車 *Cannonball to Heaven*》にも共通している。アイヴスの第一聯はこう歌う。

From the waves of the At-lan-tic to the wild Pacific shore.
From the coast of Cal-i-forn-ia to ice-bound Lab-rador.
There's a train, a super fli-er, O, hear her thrill-ing call,

"All a board, ye tired ho-boes, It's the Wa-bash Can-non Ball."

大西洋の波間から太平洋の岸辺まで
カリフォルニアの沿岸からラブラドールの氷原まで
超特急の汽車は結んでいる、ワクワクするような汽笛が聴こえるかい
「さあ、出発だ、疲れたホーボーたち、これはワバッシュ・キャノンボール」

明らかにホーボーのための列車であり、ホーボーは、その〈ワバッシュ・キャノンボール〉に乗って宇宙を、いや天国を目指していることを歌う。その第五聯は、

There are other places, partner; we will give a final look
To Terre Haute and Dayton, Kansas City, Keokuk.
Like a flash we'll travel upward, out of sight the earth will fall,
As we travel straight to glory on the Wabash Cannon Ball.

なあ、同僚、最後に他の場所も見せてやろうじゃないか
テラ・ホウトやデイトンやカンザスシティ、そしてケオクックなんかをね
閃光のように我々は空を目指す、やがて地球はどんどん遠くなって見えなくなる
ワバッシュ・キャノンボールでの栄光への旅路なんだ

そしてこう締めくくる。

On arival at the station, this train will not be late
To attend Saint Pete's reception just beside the pearly gate;
"Well done, my faithful servants," we'll hear the Masters Call,
"Welcome to all passengers of the Wabash Cannon Ball."

駅への到着は、天国への真珠の門《パーリー・ゲート》の脇で行なわれる
聖ペテロの歓迎の席には遅れることはない
神が「よくやった、わたしの忠実な僕《しもべ》よ」と言うのが聞こえる
「ワバッシュ・キャノンボールの乗客たちよ、よく来た」と神が言うのを

聖ペテロは、天国の入り口の責任者であることは、キリスト教圏ではよく知られている。彼は人の寿命を見極め、天国に招き、また、天国にやってきた人びとの罪の大きさや功徳の多寡をはかる役目をも引き受けている。そして、ペテロに無事招き入れられたものには、神の声（Masters Call）が聞こえるという。この歌は、死者は〈ワバッシュ・キャノンボール〉によって天国に運ばれていくのだ、とはっきり示唆している。

バール・アイヴスのようなシンガーとしても俳優としても著名な人物がこの歌を歌ったとなると、さぞや多くの人が耳にしたことだろう。そして〈ワバッシュ・キャノンボール〉の本来のイメージもまた広まったことだろう。アイヴスがこの曲を発表したのは、一九六二年の『アメリカの歌――音楽

的遺産 *Song in America: Our Musical Heritage*』である。アメリカでフォークソング・リヴァイバル・ブームが起こった六〇年代初期で、一九三〇年代、カーター・ファミリーやロイ・エイカフたちが懸命にホーボーやIWWの労働運動、コミュニストやアナーキストたちの匂いを消して、ただの列車讃歌へとサニタイズしたことを思えば、隔世の思いは拭えない。というよりも、ここにきて〈ワバッシュ・キャノンボール〉とホーボーたちによってアメリカの産業が維持されてきた歴史的事実が、ようやくヴェールを脱いだということなのだろう。

だが、フォークソングをはじめとする大衆文化を担ってきたと思われるホーボーやトランプの時代も、やがては陰り始める。ホーボーやトランプ、というよりも「レイルロード・バムの時代」といったほうが正確だ。そのレイルロード・バムの時代も、鉄道の衰退と共に終わりを迎えていくことになる。そして、アメリカそのものも変わっていく。鉄道ホーボーの時代の終焉、それをユタ・フィリップスは《トロノ *Tolono*》という曲で、〈ワバッシュ・キャノンボール〉への別れに仮託してこんな風に歌っている。全編を紹介しよう。

I was headed for Tolono on the Wabash Cannonball
Norfolk and Western all the way
St. Louis down the line, Detroit somewhere behind
I thought I heard that old conductor say

Chorus:
No round trip ticket, you're on the final run

This Cannonball is never comin' back
Tomorrow she'll just be another memory
And an echo down a rusty railroad track

I got off at Tolono, just below Champagne
A flagstop on the edge of yesterday
The whistle blew a song, I whispered "So long"
Waved my hand and slowly walked away

(Cho)

I think about tomorrow, wonder why it is
We give up all the things we love the most
Goodbye, you old hog. I'll have to ride the Dog
Till they build a subway coast to coast

(Cho)

ノーフォーク・アンド・ウエスタン鉄道を走るワバッシュ・キャノンボールで
トロノの町を目指していた
セイントルイスはこの先、デトロイトは背後の何処か
おれは以前、年老いた車掌の言ったことを思い出していた

（コーラス）
周回チケットは無しだよ、これが最後の乗車だ
この弾丸列車は、二度と戻ってはこない
明日には、この列車はまた別の思い出の中の出来事にすぎなくなるんだ
そして錆びた線路に、汽笛の音だけがこだまする

シャンペンの町のすぐ南のトロノで降りた
過去のものになりそうなフラグストップの駅
汽笛が歌を響かせ、おれは「さらば」と囁いた
そして手を振り、ゆっくりと歩き去った
（コーラス）

明日のことを考え、なぜなのか、と思う
自分たちの最高に好きだったものを手放してしまうのはなぜなのか、と
さよなら、オールド・ホッグ、おれは犬にするよ
連中が大陸の端から端までをつなぐ地下鉄をつくるまで

「フラッグストップ」の駅とは無人駅で、もしそこを通る列車に乗りたければ、プラットホームに備え付けられた、あるいはプラットホームなどない、ただの線路脇の空き地に置かれた手旗を振って機

関士に停車の合図を送るというシステムの駅だ。アメリカの内陸のだだっ広い平原や丘の斜面に張り付いたような線路の近くを通ると、このフラッグストップ・ステーションにたまに出会う。

「オールド・ホッグ」とは、貨物列車専用の牽引機関車のことだ。ほとんどがディーゼル・パワーで、ずんぐりむっくりしているところから「ブタ《ホッグ》」の名前がついたのだろう。バスの方は、原詞を見るとDogとある。これは長距離バスを意味していて、おそらくは「グレイハウンド・バス」の横腹に描かれたグレイハウンド犬から来ているのだろう。「ブタはやめて犬にする」、いかにも旅人たちのスラングらしく、面白い。

歌の主人公は、最後の〈ワバッシュ〉に乗ってトロノで降りる。歌にあるように、トロノはイリノイ州の中ほど少し東寄りのシャンペンの町の南にある。この町は、シカゴが起点のイリノイ・セントラル鉄道の沿線にあって、今は、〈シティ・オブ・ニューオルリーンズ号〉で有名なイリノイ・セントラル鉄道の路線になっているけれど、かつて「ワバッシュ・レイルロード」のルートだった。それが一九二七年にペンシルヴァニア鉄道の傘下に入り、その後一九六〇年秋、ペンシルヴァニア鉄道は〈ワバッシュ〉の路線をノーフォーク・アンド・ウエスタン鉄道に売却した。

だからユタは、この路線の列車で昔ながらの〈ワバッシュ〉を思い出しながら、トロノのフラッグストップ駅で降りる。それは一九六〇年以後のいつかだろうし、ユタがこの歌を作ったのも同じ六〇年代のいつかだ。六二年にバール・アイヴスの《天国行きの弾丸列車》が世に出て、〈ワバッシュ・キャノンボール〉という列車に対するホーボーたちの思いが、共有されていくようになる。

同時に、「列車へのただ乗り」という行為が、過去のロマンティックでセンチメンタルな色合いを帯びはじめる。「レイルロード・バム」は、ホーボーやトランプと同じように過去の遺物となり、絶滅危惧種となっていった。それだけに彼らの生きる場所は小説や映画や音楽といった、フィクションの世界に限られていくようになる。

そうやってレイルロード・バム、鉄道ホーボーの時代は終わった。

そうだろうか？

現代、車へのヒッチハイクは、乗る側、乗せる側のどちらにとっても危険な行為になってしまっている。よほどの知り合いでない限り、他人の車に便乗させてもらうのは不安だ。また、見知らぬ他人、通りすがりの人間を車に乗せるのも怖い。しかし今でもまだ、ハイウェイの出入り口で行き先を書いたボール紙などを持った若い男たちを見かける。彼らは危険を見越してのことだろうか。それでもなお、行きたいところがあるのだろうか。

そして、一九六〇年代、七〇年代の初めまでの、あのヒッチハイカーたちの姿が生き生きとしていたアメリカのハイウェイは、いつの間にかただ風が吹き抜けるだけの通路になってしまったようだ。

そうだったな、と思い出す。一九七三年のアメリカ映画、ジェリー・シャッツバーグ監督でジーン・ハックマンとアル・パチーノのホーボー・コンビの切ない映画『スケアクロウ』だ。

二人のホーボーがタンブルウイードが風に転がるだけの人気《ひとけ》のない田舎道で、お互いヒッチしようとしていた時に出会う。最初は胡散臭げに警戒する二人だが、そのうち煙草の火を点けてやろうと両掌を丸めてマッチの火を風からかばううち、そこに灯った火が二人の心の火でもあるかのように、両者は意気投合していく。あの時代が、ヒッチに夢を重ねられる最後だった。

そう考えるぼくには、スチュアート・ホルブルックの言うように、「自動車の出現こそ、様ざまな形で、ホーボーたちを蒸気機関車から遠ざけている」（前出『アメリカ鉄道物語』）という主張は、彼がこの本を書いた一九四七年の時点での見方だとしか思えない。確かに彼が書くように、アメリカをさすらうやり方は、列車の後は自動車へのヒッチハイクが全盛だった。だがそれも、今はほぼ絶えたとしたら、現代のホーボーやトランプ、バムやヴァガヴォンド、ヴェーグランドやランブラーやフローティング・ワーカーたちはどうやって旅をし続ければいいというのだろうか。

いや、彼らはまだちゃんと旅している。彼らなりのやり方で。手元に、ダニエル・リーンが書いた『貨物列車ただ乗りマニュアル *The Freight hoppers manual*』という薄い本がある。現代の列車ただ乗りホーボー志願者のための教科書というところだろうか。表紙には、貨車《ボックスカー》の貨物の出し入れ用の鉄のスライドドアに片手を掛けた、痩せた髭面のジーンズ姿の男が映っている。彼の横にはよれたリュックが置かれている。その男が、この本の著者なのだろう。

タイトルの下に、副題というか惹句というか、「赤い血が流れているアメリカ人なら誰も、その人生で少なくとも一度は貨物列車にただ乗りすべきである」と書かれている。

第一章は「なぜ貨物列車に乗るのか」、第二章が「貨物列車に乗ることのいいこと悪いこと」、第三章が「持参するもの」で、その中には寝袋、ポンチョ、着替え、ブーツ、雨用のパーカ、手袋、帽子、耳栓、小型のパックサック、エア・マットレス、ナイロン・ロープ、プラボトル、地図、そして食べ物。著者の経験では、と以下を推薦する。すぐに食べられる乾パンやビスケットなどの他に、チーズ、フランスパン、サラミ、オイル・サーディン、レーズン、ピーナッツ、ヨーグルト、チョコレート、ピーナッツバター・クッキー、りんご、オレンジなどなど。そして、折り畳式の軽量自転車などというのもある。

第四章が、炎暑への対処法。それに、鉄道警察官への対処法などもある。面白いのは、貨物列車はどのようにできているか、という項目がある。これは貨車のどこに乗ればいいのかを教えてくれようというのだ。操車場《ヤード》に関する知識、どの貨車を選ぶか、貨車への飛び乗り方、安全に乗り続けるにはどうしたらいいのか、うまい跳び降り方などもあり、最後には、後続のホーボーたちのための連絡や忠告、それらを伝えるための注意書きをどうやって残すか、またホーボーたちにだけ通じる、すなわち警官や鉄道管理者にはわからないように書く「ホーボー・サイン」のあり方などなど、読んでいるうちに自分でも簡単に列車にただ乗りできそうに思えてくるし、今すぐにでも出かけて行きたくなる。

手元にあるのは一九七二年版だが、サブタイトルに'Hoboing in the 21st century（二十一世紀の放浪）'とあるように、その後もまだまだ改訂版が出ているに違いない。

「レイルロード・バム」は、けして過去の存在ではない。彼らもまた、かつてのホーボーたちと同様、泥の河のように絶えることなく続く日常生活の中には身の置き所がなく、癒やされぬ心を抱いてただ旅にある人もいることだろう。少なくともアメリカという国が広大で、そこに均質の文化を敷衍させようという意思がある限り、アメリカ式生産システムは変わることなく、その向こうにまた別の生き方の可能性がありそうだと思える間、ホーボーたちは絶滅することはないだろう。

彼らはさすらいの旅の中で、《ホーボーズ・ララバイ》の歌にあるように、仮りそめの宿に安寧と安息を求め、だが一方、いつかは事故や暴力沙汰に出会うかも知れず、たとえ出会わなくとも《ホーボー・ビルの最後の乗車》の歌にあるように疲れ、病み、意気阻喪し、傷つき、絶望の中で貨物列車の中で孤独のうちに息を引き取る者もいるだろう。

彼らはボックスカーの木の床に身を横たえ、線路の接ぎ目を拾う車輪の振動を全身に感じながら、風に引き千切られる汽笛が閉めた鉄扉の隙間から忍び込んでくるのを聴く。もしかしたらそれは《ワバッシュ・キャノンボール》の歌に出てくる「ロンサム・ホーボーズ・コール」なのかもしれない。

風の音、雨の音も聴こえてくるようだ。そんな時、彼の夢はまだ旅にあるのだろうか。これから行こうとしていた、またはいつかは行きたいと思っていた遠い土地をさまようのだろうか。ちょうど死の床にあった芭蕉が思い描いていたように、彼の夢はまだ枯野を駆け巡っているのだろうか。

第三章　レイルロードマン・ブルース

ヒーロウがいなければ成り立たない、と言われるアメリカには、様ざまなジャンルでそれにふさわしいヒーロウが登場する。むしろ、ヒーロウを生み出すシステムを考え出した瞬間から、アメリカには他の国にない人的なエネルギーを生み出すことができるようになったのではないかと思えるほどだ。すなわち、ヒーロウになろうと努力することによって、生活レベルからスポーツ、学術、文化・芸能、そして政治や国のあり方を高め、それを維持し、あるいは推進し、変化させ、開拓していく力を生み出してきたにちがいない。

アメリカは公平な国であり、誰にでも機会は均等である、ということを標榜してもいる。誰もが望めば、その「機会」——きちんとした教育や医療の手当が受けられ、才能のあるなしはこの際措くとしても、どんな職業につくことも可能で、いつでもどこでも誰でもが好みのものを手に入れ、地域や季節、そしてほぼ貧富の差なく好きなものを口にすることができる、といったことを可能にするべく彼らは努力し、邁進してきた。

だが実際には、医療も教育も保険も、その他の生きて行く上でのあれこれは、けして公平でも機会均等だとも言えない。それを承知で、なおもそうするべく努力して来た人たちがいる。大声で、理念や建前、夢や希望を語るのではなく、ただ自分の身を粉にしてその理想、ようするに「アメリカの心を一つにしよう」としてきた人たちがいる。そういう人びとを、彼らは「ヒーロウ」と呼ぶ。

　アメリカには多くのヒーロウがいる。アメリカ中に知られたヒーロウもいれば、小さな町だけのホームタウン・ヒーロウもいる。ヒーロウはその行動の大小、影響の大小、有名無名に関わりなく同等である。そして多くのジャンルのそれぞれの分野に存在するヒーロウは、身分の差はなく、上下の差がない。ただ共通することが一つある。それは悲劇性だ。志半ば、あるいは叶いそうもない夢を追い、勝てるとも思えない相手に挑み、そして不慮の死を遂げる。彼らに共通するもう一つの要素は、早逝である。長生きをするに従って、ヒーロウ度は低減して行く。

　政治の世界、音楽、文学、絵画、料理、スポーツなどよく知られる様ざまなジャンル以外にも、実に多くのヒーロウが存在する。ことに産業の世界のヒーロウは、案外知られることが少ない。その中でも、アメリカ中の子供の誰もが知り、心に刻んでいるヒーロウが鉄道の世界にもいる。ここでは、カートゥーンになり映画になり、歌にも文章にもなって後世の子供たちに受け継がれる二人の鉄道ヒーロウを取り上げよう。

1　時刻表の背後に

　ある日、旅の途中で立ち寄ったシカゴで、〈シティ・オブ・ニューオルリーンズ〉号に乗ることになった。夕暮れ時、シカゴのセントラル・ステーションの地下ホームを離れて、夕刻の町に出た時の美しさは心に残った。ダウンタウンのスカイラインが黒く沈み、その向こうにオレンジ色の空が広がっている。こういう時間、どこへということもないホームシックが胸を満たす。イリノイ・セントラル鉄道のシカゴからニューオルリーンズまでの全線を乗るわけにはいかない。シカゴ駅近くに駐めたレンタカーのことが気になる。ニューオルリーンズからの戻りも、〈シティ・オブ・ニューオルリーンズ〉号の北行きにするとしたら、三日はかかる。だから、途中のイリノイ州の南端近くの町、カーボンデールで南行きを降りて、何時間か後にやってくる北行きの列車に乗り換えれば、朝方にはシカゴの町に戻れる、というプランを考えた。こういう乗り継ぎができるのも、一日に一回、南北双方から出発する〈シティ・オブ・ニューオルリーンズ〉号の運行システムあってのことだ。

先にも書いたように、アメリカには、世界のどの国よりも数多くの列車の歌、トレイン・ソングがあるけれど、この〈シティ・オブ・ニューオルリーンズ〉号を歌った曲、一九七一年にスティーヴ・グッドマンが作り、ウディ・ガスリーの息子、アーロ・ガスリーの歌でヒットした列車の名前をそのままタイトルにした《シティ・オブ・ニューオルリーンズ *The City of New Orleans*》は、アメリカが愛する列車と機関士や車掌、乗客や沿線のことなどにも触れていて、情緒豊かな名曲と言える。長いけれど、全部を引用する。

Riding on the City of New Orleans
Illinois Central Monday morning rail
Fifteen cars and fifteen restless riders
Three conductors; twenty-five sacks of mail.
All along the southbound odyssey-the train pulls out at Kankakee
And rolls along past houses, farms and fields.
Passing trains that have no name, and freight yards full of old black men
And the graveyards of the rusted automobile

Chorus:
Good morning America how are you?
Say, don't you know me? I'm your native son
I'm the train they call The City of New Orleans
I'll be gone five hundred miles when the day is done

Dealing card games with the old men in the Club Car
Penny a point-ain't no one keeping score
As the paper bag that holds the bottle
Feel the wheels rumblin' 'neath the floor
And the sons of pullman porters, and the sons of Engineers
Ride their father's magic carpets made of steel
And, mothers with their babes asleep rocking to the gentle beat
And the rhythm of the rails is all they feel

(Cho)

Night time on The City of New Orleans
Changing cars in Memphis, Tennessee
Halfway home- we'll be there by morning

Through the Mississippi darkness, rolling down to the sea
But, all the towns and people seem to fade into a bad dream
And the steel rails still ain't heard the news
The conductor sings his song again-the passengers will please refrain
This train got the disappearing railroad blues

Good night America how are you?
Say, don't you know me? I'm your native son
I'm the train they call The City of New Orleans
I'll be gone five hundred miles when the day is done

「月曜の朝、イリノイ・セントラル鉄道のシティ・オブ・ニューオルリーンズに乗る。十五輌連結、十五人の休むことのない車掌、そして機関士と助手たちの三人、二十五包みの郵袋。それらが南への旅の物語《オデッセイ》をつむぐのだ。列車がカンカキーの町を抜け、家々や農場や野原、貨車の操車場には名もない列車たちと、たくさんの働く老いた黒人たち、そして、錆びた廃車置き場を通り過ぎていく」

（コーラス）

「『おはようアメリカ、元気かい？　ぼくを知ってるかい』と、汽車は声をかける、『ぼくはアメリカ生まれの〈シティ・オブ・ニューオルリーンズ〉だよ、日暮れまで五〇〇マイルを駆け抜けるんだ』」

「クラブ・カーでは、老人たちがカードをやっている。一点一ペニーの賭けだけれど、酒壜を紙袋で隠し飲みする彼らの誰もが、結果など気にしてはいない。車体の下から聞こえる車輪の音を感じるだろうか。プルマン食堂車のポーターたちや、その時代の機関士たちの子供たち、彼らは父親たちの作った魔法の鉄の絨毯の上を走るんだ。そして、眠る子をあやす寝台車、それらが生み出すのは、誰もが知るあのリズム」

（コーラス）

「夜になればテネシー州メンフィスで、車輛を組み換える。朝着くまであと半分の道のり。ミシシッピー川が暗く、海へとうねっていく。けれどどの町も人びとも、低調だった鉄道時代の悪い夢は消え去ったことを知っている。もう鉄路は暗いニュースを耳にしない。車掌たちは喜びの歌を歌い、乗客たちもそれに応えて歌う。このシティ・オブ・ニューオルリーンズは、レイルロード・ブルースを吹き飛ばすんだ」

「『おやすみアメリカ、元気でね。ぼくを知らないのかい』と汽車は声をかける。『アメリカ生まれの息子だよ、〈シティ・オブ・ニューオルリーンズ〉と人が呼ぶこの列車は、日暮れまで五〇〇マイルを駆け抜けるんだ』」

ここに歌われている〈シティ・オブ・ニューオルリーンズ〉号は、もとはイリノイ・セントラル鉄道の看板列車だった。様ざまな鉄道会社が運行していた路線を統合して運営する「アムトラック」へと組み入れられて、生き残ることがはっきりした時代にこの曲は作られた。だから路線は存続され、未来は明るい。多くの消え行く運命にあった鉄道の暗黒時代は過ぎ去ったと思われていて、だからしてこの歌は明るく、楽しげなのだ。

夕刻、シカゴからその列車に乗って、真夜中少し前、イリノイ州南端近くのカーボンデールの駅で降りた。降りたのもぼく一人なら、ガランとした待合室にいたのもぼく一人。駅員はいるにはいるのだが、駅事務室に閉じこもって出てこない。彼がいることは、退屈のあまり、ホームのあちこちをうろついている時、事務室から洩れる明かりに引き寄せられてガラス窓を覗いてわかった。二時間近く経ったと思われる頃、思い切って待合室の外の板壁に打ち付けられた発車予定時刻表を確かめに行った。白地にひとけたの数字の書かれた三センチ四方ほどの厚紙をはめ込んで、時刻を示す。教会の礼拝堂などで、その日に歌う聖歌や賛美歌のページ番号を示す方式と同じだ。そこには、二行にわたって、それぞれに時刻が書かれていた。その数字はもうよく覚えていないけれど、その駅では少なくとも一日に二本の列車の発着のあることを教えてくれた。だが、何時何分に着いて、何時何分に発車するか、ここでは何分間停車するのか、といった細かなことは書いていない。ただ、南行きが先で、その下に北行きの四桁の数字が二列並べられているだけだ。それで充分なのだろう。充分でないのはぼくだけで、もうとっくに着いてもいい時間なのに、列車の気配もない。業を煮やして、事務所のドアをノックして何時頃着くのか、と痩せた背の高い、若き日のヘンリー・フォンダを彷彿させる駅員に訊いた。しかし、彼は、無頓着に顔を振ると、「もうすぐだろう」と言うだけだった。結局、それから三十分経った頃、ニューオルリーンズ発の北行き、〈シティ・オブ・ニューオルリーンズ〉は姿をあらわした。乗る間際、ランプを持った痩せた駅員に、「こんなに遅れるなら、あの時刻掲示板はいらないね」と精一杯の皮肉をこめて言ってやった。すると彼は予想外の、そして今もちょっと笑ってしまう返事をした。「あれがないと、列車がどのくらい遅れたのかわからないんだよ」と。

どうやら、アメリカの鉄道は、発着時刻を守ろうという気は端《はな》からないらしい。「アメリカ大陸を横断しているんだ、遅れるのは当然だよ」その後に会ったいろんな人にその話をすると、おかしくもないらしく、そう言われた。北米大陸を横断、または縦断するほどの長距離を走っている列車なのだ。遅れたって仕方なかろう、と彼らは言う。同時に、そう言った人たちの言葉の背後には、巨大な大陸、そこを走る人類の叡知の機械文明に対する誇らしさのようなものもまた、どこかにあった。

だがぼくは、そこに別の要素があると感じている。それは、人が介在するものは、この大陸では時間はあってないようなものだ、という、列車の発着時刻が正確極まりない国からやって来た人間の、また別の意味での諦念だった。

アメリカの駅のホームは低い。日本のそれとは違って、地面から階段のひと踏み分ほどしか高くない。これはずっと昔かららしく、たとえば西部劇の荒野のただ中にポツンとある駅もそうだし、都会の何番線ものホームを構える巨きな駅でも同じだ。だが客車の乗降口は高い。車輪の高さがあるのだから、アメリカの客車だって他の国の列車と同じような床下の高さが必要だろう。するとそこに落差が生まれる。乗客は降りる時、跳び降りないといけない。健常者ばかりではないだろうし、年配の人だっている。下手をすると足を挫いたり骨折したりするにちがいない。乗る時だって大変だ。そういう時どうするか。車掌の出番である。彼らは踏み台を用意していて、それを降車口にあてがい、客の乗降を便利にする。婦人たちには手を貸しもする。そして、チップが発生する。そしてそこに、列車の遅延もまた発生する。というのが、ぼくの考えだ。きっとそうに違いないと思い、アメリカ人はこと列車に関する限り、時間には無頓着な人種なのだと思うことにした。

だが、少ないながらも定刻通りの列車運行を試みようとする人たちもいる。

アメリカは鉄道王国でもあるが、同時に鉄道事故の王国でもある。なぜかと言えば、大方の路線が単線だからなのだ。原因はともあれ、あの国ほど多くの鉄道事故を記録し、それを歴史の教訓としようとする国も、珍しい。

ここに一冊の鉄道事故とその事故を歌った曲をテーマにした本がある。ケイティ・レッチャー・ライルの書いた『スコールデッド・トゥ・デス・バイ・ザ・スティーム *Scalded to Death by the Steam:*

Authentic Stories of Railroad Disasters and the Ballads That Were Written About Them』（1983）で、「蒸気による熱傷死」とでも訳そうか。すなわち、蒸気機関車の蒸気の熱傷による死亡事故のことだ。火による火傷ではなく、蒸気だから熱傷になる。この本のタイトルからもわかるように、蒸気機関車の事故では、脱線や衝突、崖っぷちの軌道や高架橋からの転落といった原因の死よりも、事故の副産物とも言うべきボイラーの破壊で噴き出した蒸気による熱傷死が案外多かった。この本には、一九一三年六月九日付けの『リッチモンド・タイムズ・ディスパッチ』紙の'Scalded to Death in Their Own Home（自宅での熱傷死）'という見出しの記事が紹介されている。N&W鉄道（ノーフォーク・アンド・ウエスタン・レイルロード）の機関車、二重連の貨物列車ナンバー85が、ヴァージニア州クリーヴランドを出発して、ブルーフィールドの西にさしかかった時に脱線事故を起こし、近くにあった家、ファニー・オーウェンス夫人の家に突っ込み、四十九歳の彼女と十七歳の娘ウィニー、そして機関士二人の計四人が、衝突によって壊れたボイラーから噴き出した蒸気で熱傷死したというものだ。巻き添えによる事故の中でも、こういった熱傷死があったことを教えてくれる。

かつての日本での蒸気機関車の事故で、この熱傷死はどのくらいあったのだろうか。日本の鉄道はアメリカのそれよりもはるかに安全な感じがするから、あまりそういう事故はなかったのかもしれない。アメリカの場合、それらの事故は、歌に作られ、歌い継がれていく。そして、市民の誰もが容易にその事故のことを知ることができ、歴史の中に埋没することなく、人びとの口に上り、歌われ、録音され、譜面にされ、一般に知られていった。そして大切なことは、その事故が多くの人の記憶の中に残っていくのである。「歌の力」とはそういうことだと思う。

この本は、十九世紀から二十世紀の初期にかけて、機関車、列車、貨物車などが人びとの身近な乗り物であり、誇りであり、それらに携わる人たちは国民のヒーロウであった時代の有名事故を、残された歌を頼りに調査し記録したものだ。多くの写真や路線図、譜面や関係人物の肖像などとともに克明に書きあらわした良書である。この本のタイトルは、記憶の中のどこかにひっかかるものがあり、長いこと何だろうと考えていた。その'Scalded to Death by the Steam'のフレーズを何度かくり返しているうちに思い出した歌が、《97年号の大破 *The Wreck of the Old 97*》という列車事故を歌った曲だった。ぼくがこの歌を最初に聞いたのは、トミー・コリンズというカントリー・シンガーの歌だった。そのトミー・コリンズが歌った《97年号の大破》は、かつてぼくの好きな歌だった。以下は彼の詞を載せる。この歌詞が一番わかりやすく、この事故の概要をまとめているように思える。長いけれど、事故全体がうかがい知れるので、あえて全部載せた。

They gave him his orders at Monroe Virginia
Sayin' Bill you're way behind time
This is not 54 but it's old 97
You must put her in Atranta on time

He looked round road sayin' to his black greasy fireman
You just keep on a little more coal
And when we cross that great big mountain
You just watch old 97 roll
（中略）

He was tearing down grade doin' ninety miles an hour
When his whistle began to scream
They found him in the wreck with his hand on the throttle
He was scalded to death by the steam

「ヴァージニアのモンローの出発地で、『ビル、この列車は遅れているんだ。こいつは、54号列車じゃない、オールド97なんだ。アトランタには定刻に到着してくれ』と彼らは命じた」
「ビルは、油にまみれた黒人の釜焚きをかえり見て、もっと石炭を放り込んでくれと命じた。機関車が大きな山に差しかかった時には、オールド97が、驀進していくのが見えるだろう」

ヴァージニア州リンチバーグから、州の南端、サウスカロライナとの州境近くのダンヴィルまでの道は三マイル（約五キロ）の急勾配のある、ひどくラフな路線だった。そこを通る時点でビルの機関車は、二十分の遅れ。そこで彼は、速度を増した。

「その急勾配を汽車が悲鳴を上げながら時速九〇マイル（約一四五キロ）のスピードで下っていった。救援隊が彼を見つけた時、スロットルを手にかけた彼は、蒸気による熱傷で死んでいた」

なぜ、このオールド97は、こんなにも急がねばならないのか。会社の上部から、こいつは54号列車じゃない、だからのんびり走るんじゃない、と命じられるのはなぜか。

この97号列車は「ファスト・メイル（Fast Mail）」とされている。「急行郵便列車」という意味だ。貨物列車の中でも、一般の貨物の他に郵便物を運ぶメイリング・カーだった。この名前は大きな意味を持ち、そのことが、この手の‘Train Wreck Song’列車事故歌謡という広大なジャンル形成に大きな影響を及ぼしたと言っていい。それが、訳詞の第一聯によくあらわれている。機関士のビルが、会社から与えられた命令は、ヴァージニア州モンローの町からアトランタの終着駅まで、遅れることなく到着しろというものだった。これは、54号列車じゃなく、オールド97《ナインティ・セヴン》なのだ、と。54号の方は、歌によって38号列車など、名前がまちまちである。しかし、それらの列車と97号との大きな差は、どうやら54号をはじめとする列車は、少々遅れたって構わない……というニュアンスがある。

ここで、ぼくのあの〈シティ・オブ・ニューオルリーンズ〉を待っていたガーボンデールの駅での出来事を思い出す。スティーヴ・グッドマンの歌では、〈シティ・オブ・ニューオルリーンズ〉は郵袋を運んでいると歌われている。だが、かつての、そう、この97号のようにオン・タイムで、遅れることなく終着駅へ走れと命じられているわけではないようだ。だからぼくは、あの暗い待合室で、二時間以上も手持ち無沙汰で過ごしていたのだ。ということは、とふいに思いつく。

ようするに人間を運ぶ以上に、郵便物の輸送は時間に厳しいのではないだろうか、ということだ。人間の旅程よりも、郵便物の遅延に厳しい目を注ぐ。それは、もしかすると、「機会均等」の一つのあらわれだろうとも思える。すなわち、知る権利、学ぶ権利の機会がすべての人に均等であるというアメリカの国是の具体例のひとつではないのか。知の、教養の拡大と敷衍をどんな人、どんな地域にも公平に届けようという意思なのだ。たとえば、学校の教科書の配布の遅れや、新聞の到着の遅れ、手紙や私信の遅れは、機会均等を享受するという個人の権利に抵触するのではないか。アメリカという国は、貧富の差、教養や文化や地域の差なく、いつでもどこでも同じ機会を享受できることを、もっとも大切にしているのではないかと思われるのだ。だから、郵便列車は遅れてはいけない。そういう命令が至上のことになる。そして、速度超過の列車は、事故を誘発する。

おそらくは、遅れまいとしたことで多発したろうこれらの事故で目立つのは、この歌にも出てくる'Scalded Death by the Steam'だった。このトミー・コリンズの歌を歌っていた頃のぼくは、この一行の意味を、深く理解していなかった。

前掲のスチュワート・ホール・ホルブルックの『アメリカ鉄道物語』という本の中の「ファスト・トレイン（Fast Train）」の部分が、この列車事故の真の姿を語ってくれていて、実に興味深い。

アメリカの列車は、人間を運ぶよりも、郵便物を運ぶこと、それも正確に遅れることなく輸送することに重点を置いていたのではないか。それは知る権利の機会均等の発想ではないか、とぼくは当初思った。それはそれで間違いはないようだが、もっと直截に手紙類を速く配達することが重要であり、その速さが誇りであるということも、特にアメリカ人の気性においては忘れてはいけないことだと気づかされた。ようするに、この国の「広さ」が遠因となっていることは確かだ。いい例が「ポニー・エクスプレス」だ。

ポニー・エクスプレスは、ミズーリ州セント・ジョセフからサンフランシスコまで全長一九〇〇マイル（約三〇六〇キロ）の郵便類の早馬便で、南北戦争がはじまる直前の一八六〇年四月初めから一八六一年十月までのわずか一年八カ月ほどの短命な伝説的な西部のヒーロウのひとつだった。この時代、すでにミシシッピー川の東部では電信が発達・充実していた。だからこの早馬便はミシシッピー河以西の未開の西部地方に、東部の情報を伝える最初の、そして当時ほとんど唯一と言ってもいい速達便だった。

騎手《ライダー》は、鞍に造りつけられた郵袋に何通かの手紙を入れ、ただひたすら目的地を目指した。彼らの募集広告にはこう書かれていた。'Wanted:Young, Skinny, Wiry Fellows Not Over Eighteen. Must Be Expert

Riders, Willing to Risk Death Daily. Orphans, Preferred.' 針金のように痩せた十八歳以下の若者で、日々死の危険があるため、孤児であることが望ましい、と。体重が軽く、若く元気で、死の危険を省みない者。たとえ死んでも、悲しむ者が少ない方がいい。こんな過酷で無慈悲な募集広告もそうあるものではない。だが、冒険好きで金の欲しい若者は少なくなかった。何よりも彼らは、自分たちが西部のヒーロウであることを誇りにしていたのだ。そういう若者を、ポニー・エクスプレスは常時八十人は抱えていた。足が速く、タフな馬をこれまた四百頭はいつでも使えるように用意していた。

東部の情報が西部の太平洋岸にもたらされた最速の記録は、リンカーンの大統領選当選の報で、一八六〇年十一月七日、東部側の最西端の電信所であるネブラスカ州カーニー砦で、東部発の当選の電文を受け取り、カリフォルニアの新聞社に、七日と十七時間余で、ワシントンD.C.からのニュースが届いた。通常、十日を要していた電報が、二日と七時間短縮することができたのだった。

速く確実に、そして安全に手紙類を運ぶ。それが、南北戦争がはじまる前にも、重要なことだと認識され、それを大切にし、それを守ることを誇りにしていたのだ。信書の配達は速いことがもっとも大切である。それは人間を運ぶための駅馬車のスケジュールとは、比べものにならないほど迅速を極め、正確を求められた。彼らの報酬は、その時代のカウボーイたちに比べれば十倍以上であったと言われる。だが、この若きアメリカン・ヒーロウたちは、スタートから短命を運命づけられていた。彼らは、一八六〇年四月から六一年十月までのわずか十九カ月間の命だった。それは、電信線と競争していたからだ。広大な西部の大平原を横断して、電柱を建て、電線を張り巡らす工夫たちの脇を馬を疾駆させて通り過ぎていく絵が残されているが、まさに近代化との戦いを活写したものだ。

話を戻そう。「ファスト・メイル・トレイン（Fast Mail Train＝速達郵便列車）」として生まれたサザン鉄道の〈97号〉は、いつかは事故を起こす宿命にあったと言っていい。郵便物を列車で運ぼうというアイデア「レイルウェイ・メイル・サーヴィス（Railway Mail Service）」の実現はひとえに、長い間USポストオフィスに勤めていたジョージ・B・アームストロングの功績に帰することができる。南北戦争が終結する一年前の一八六四年、シカゴ郵便局の副長官を務めていたアームストロングは、温めていたアイデアを実現しようとしていた。

実は、そのアイデアの元になるシステムを実行していた人物がいた。それは、ミズーリ州セイント・ジョセフの郵便係官だったW・A・デイヴィスである。デイヴィスは、一八六二年にセイント・ジョセフからイリノイ州クインシーまで、客車に郵袋を運ぶことを思いつき、すでに実行していた。セイント・ジョセフの町は、かの「ポニー・エクスプレス」の出発地でもあった。デイヴィスはその早馬便に接して、何かを感じるところがあったのだろう。

ターミナルから出発する客車か貨物列車は、途中のどこかの町で、貨物車か客車と連結する。その相手と合流するのが、定時にできるとは限らないにしても、だが馬車よりもはるかに確実なスケジュールを見込むことができた。そしてデイヴィスは、その確実な方法を取ってみることにした。それが全米初の郵便列車の登場だった。

ジョージ・B・アームストロングが、このデイヴィスのアイデアを全国に広げようと、上司である郵便局総監のモンゴメリー・ブライヤーに相談すると、ブライヤーはそのアイデアに興味を持ち、シカゴ発のいくつかの列車で実験してみてもいいという許可を与えた。そのどれもが予想外にうまくいった。実は、セイント・ジョセフという町は、かの西部の悪漢ジェシー・ジェイムズ・ギャング団の根城で、彼らはこの地で列車強盗などを働き、北部資本への打撃を与えようとする物騒な土地——裏切りと銃撃と騒乱のただ中にあった。だからこそデイヴィスは、この町での安全で確実で速い郵便類の配達に取り組んだのだろう。その三つの要素——安全、確実、迅速ということこそ、アームストロングが求めたものだった。

そして、シカゴのターミナルに、各地に向けてのレイルウェイ・メイル・サーヴィスが開始された。それはまたたく間に成功をおさめた。これまでの馬車による配達では時々あった遅配や誤配、そしてもっと重大な積荷の遺失や盗難といったものが大幅に改善されたのだ。そうやってアメリカは、郵便列車配達システムが定着していくことになる。

一八七一年、アームストロングの死後、この事業を受け継いだのは、意欲的な人物、部下のジョージ・S・バングスだった。その時代、合衆国の郵便物の管理は六つの管区に分けられていた。バングスは、それらを超えて統合して、国全体の鉄道網を利用して、全国規模の「レイルウェイ・メイル・サーヴィス」を展開しようと試みた。もう一つのとっておきのアイデアは、それまで客車を利用して運んでいた郵便物を、郵便専用列車に積もうという画期的なものだった。そうすれば、客の乗降駅をいくつも停車することなく、六つの中継駅に郵便物を直接運び、そこから支線を利用して各配送支部に運んでいけば、時間と費用が大幅に節約できる。

バングスは、このアイデアを手に、鉄道王コーネリアス・ヴァンダービルトのもとを訪ねた。この大物の応援と口利きによって、ニューヨーク・セントラル鉄道工場に郵便配送用の特別車輛を注文した。完成したその列車によって、シカゴを基点とする列車による「ファスト・メイル」（速達便）が登場することになったのだった。一八七七年、同じシカゴ駅を始発地として、西の太平洋岸へとユニオン・パシフィック鉄道を使ったファスト・メイル便が走るようになった。

当時の人びとにとって、これは大事件だった。新聞でも大きく報道され、そのニュースを記念するかのように数多くの歌が作られ、各地で、また幅広い人びとに歌われるようになった。まだラジオやレコードといった電波媒体が登場していないこの時代、人から人へと口づてに歌い継がれていくことによって、この出来事はアメリカ中の人びとの間に広まっていたのだ。
この郵便専用の特急列車がどれほど市民の間で人気であったか、その始まりの一八七七年から六十四年後の一九四一年の時点でも、郵便列車讃歌とも言える曲が大ヒットしたことで知れるだろう。カントリー界のソングライターとして優れた作品をいくつも残して、カントリーの興隆に尽力したフレッド・ローズの作で、一九四一年五月にロイ・エイカフとスモーキー・マウンテン・ボーイズによってレコーディングされ、翌六月にリリースされた《ファイヤーボール・メイル *Fireball Mail*（火の玉郵便列車）》がそれである。こんな風に歌われる。

Here she comes, look at her go
There she goes, eaten that coal
Watch her fly, look at her sail,
Let her by, by, by, the Fireball Mail
（中略）

Engineer, making up time,
Tracks are clear, look at her climb
See that freight, clear the rail,
I'll bet she's late, late, late, the Fireball Mail
（以下略）

「ほら、彼女の走りっぷりを見てごらん。さあ、来たぞ、石炭がくべられると飛ぶような速さで、風を受けて走る。さあ、ファイヤーボール・メイルを通してやれ」（中略）「機関士よ、時間を守れ。線路には邪魔者はいないんだ、見ろ、上りにかかっているぞ。あの貨物列車を線路からどけろ。でないとファイヤーボール・メイルは遅れてしまうんだ」

fireball は、これまでは「火の玉」と訳されていたが、本来は稲妻とか流星といったニュアンスがある。一九四一年といえば昭和十六年、太平洋戦争開戦の年である。その不穏な時代にも、アメリカでは郵便列車の無事の運行が歌になり、それがヒットするほどの人気であったことは、いかに郵便輸送が大切な問題であり、庶民の関心事であったかを教えてくれる。

面白いのは、このファスト・メイルの登場の結果、ファスト・メイルの郵便物取り扱いの係官の人気が急上昇したことだ。むろん、郵便配送専用列車〈ファスト・メイル〉そのものも、子供たちには大スターだった。ファスト・メイルをテーマにした漫画や物語がいくつも作られた。大人にとっても、ひたすらに郵便を配達する乗務員とそれを運行するシステムや鉄道会社に対して、ある種小気味良さを感じたのだった。子供たちにとっては、郵便列車に乗れるということだけでも憧れのヒーローウであったばかりでなく、娘たちにとっては、エリートである彼らを恋の対象として見るようになった。そういうことのすべてが、「ファスト・メイル・オフィサー」と呼ばれる係官たちをロマンティックなヒーロウに仕立て上げていた。

彼らが人気者であるもうひとつの理由は、その待遇にあった。「レイルウェイ・メイル・サーヴィス」、中でもファスト・メイルの係官、それは「メイル・クラーク（Mail Clerk＝郵便係）」と呼ばれるようになる。ライルの『スコールデッド・トゥ・デス・バイ・ザ・スティーム』には、一枚のメイル・クラーク募集の広告の写しが載っている〔図㉙〕。おそらくは、雑誌の広告なのだろう。上段に大きくWANTEDと大書してあり、大人と十六歳以上の少年と、「女性向きの数百の政府の仕事あり」とも書かれている。Steady work（安定した雇用）、No layoffs（一時解雇なし）、Paid vacation（有給休暇あり）といった魅力的な雇用条件が並ぶ。広告の中心に据えられているのは年収で、千六百ドルから二千三百ドルとある。これは驚くべき、実に法外な額と言うしかない。

面白いサイトがある。セントラル・パシフィック鉄道（CPRR）のディスカッション・グループのブログで、一八六一年三月三十一日、ヴァージニア州の「リッチモンド&ピーターズバーグ・レイルロード（鉄道会社）」の給料一覧表だ。いくつかの例として取り上げられているのは、

A few examples:
Annual wage:
President $2,000
Super. 2,000
Treasurer 1,750
Freight Clerk 300 and 420

Monthly:
Conductor 55
Baggage Master 40
Yard Master 70
Engine Runner（Locomotive Engineer）70

年収――
社長　二千ドル
監査官　二千ドル
財務係　千七百五十ドル
貨物係　三百と四百二十ドル

月収――
機関士　五十五ドル
手荷物係主任　四十ドル
操車場係主任　七十ドル
機関車点検係　七十ドル

Section Master 45
Master Machinist & Master Blacksmith 66
Master Carpenter 75

Daily:
Train hands & Firemen,
average 1.00
Machinists 1.75
Apprentices 0.50
Blacksmith 1.90
Carpenter 1.58

No pay:
54 Slaves

操車主任　四十五ドル
機械工　鍛冶係主任　六十六ドル
大工主任　七十五ドル

日当——
機関助手及び火夫
標準　一ドル
機械工　一・七五ドル標準
見習い工　〇・五ドル
鍛冶係　一・九ドル
大工係　一・五八ドル

無給——
奴隷　五十四人

これらを比べると、メイル・クラークは驚くほどの高給取りだ。上は鉄道会社の社長を超え、最低でも、財務係の少し下で、これでは経営陣並みである。貨物担当の係官（Freight Clerk）で、年収三百〜四百二十ドルだから、それに比べてメイル・クラークの仕事の魅力がどれほどのものだったのかわかる。人びとから憧れられるのも無理はない。この広告には女性の仕事もある。女性にとっての就労チャンスは、夢のような状況だと言えた。

その募集広告には、近代の匂いがした。新しい仕事、新しい職場、男女の雇用に対する機会均等、まぎれもない新しい時代の息吹きが感じられた。しかし、そこには近代化を明るい未来、幸福な生活と考えていた庶民の思いとは裏腹に、工業化時代、近代ならではの忙しない生活様式といった、地獄のような現実がすぐそこにあった。

ファスト・メイルに関して言えば、その名前通りの労役が待っていた。ファスト・メイルは、速く、確実で、遅れない。それが信条であり、宣伝文句だった。だから、ファスト・メイルの機関士には、定刻に列車を走らせるという義務が課せられた。正確に時間通りに着くということをモットーにしたならば、それを守れない者は罰金を支払わなくてはならない。そして、「レイルウェイ・メイル・サーヴィス」のお偉方は、こんな規則を押しつけた。「定刻三十分遅れるごとに百ドルの罰金」。その罰金額は、機関士の月収の二倍になる。しかも、三十分遅れでこの額である。この罰金制度は、結果的に、機関士たちに危険を押しつけることになった。遅延を取り返そうとするあまり、速度超過による事故が多発したのだ。

こうして無謀な速度オーバーによる事故の死者はどんどん増えていった。一八七六年から一九〇五年にかけてのほぼ三十年間に、列車事故は九千三百五十五件にのぼる。衝突、脱線、激突、橋からの転落、火災、蒸気釜の爆発などが原因で、死者は増えた。その事故のどの列車にも、郵便車《ポスタル・カー》が連結されていた。このうちレイルウェイ・メイル・クラークの死者は二百七名。これはホルブルックの前出の本に出てくる数字だ。重傷千五百十六名、軽傷三千七百六十八名。乗客や沿線住民の犠牲者五千二百八十名とある。

サザン・レイルウェイのニューヨーク－ニューオルリーンズ路線《ライン》で、ワシントン－アトランタ間だけの一九〇二年度の郵便貨物列車の損失は、十四万ドルにのぼると記録されている。

そういう時代、《97年号の大破》で歌われた97号列車が登場する。この路線での初運転は一九〇二年十一月二日。97という数字は、年式でもなければ、形式でもない。ただこれまで、年に一度程度しか走らせなかったので、誰言うことなく、引退したような感じから、「爺さん（old）」と呼ばれ、それが頭に付いて〈オールド97〉という名前になったという。

そして、一九〇三年九月二十七日、牽いていた機関車は〈エンジン1102〉である。これは四－六－〇という十輪構成で、前輪、動輪が二組四輪、従輪、副輪が三組六輪という組み合わせである。重量十六万ポンド（約七二・六トン）。その巨大な機関車が、貨物列車と客車の両方を牽いている「コンビネーション」という編成だった。この機関車は、当時として驚くほど力強く、「世界一速い列車」と呼ばれていた。

この場合、そして多くの場合、貨車と客車の両方を出発地で連結して走ることはほとんどないという事実が、この97号列車にもまた、これまで数多くの列車事故と同じ悲劇を見舞うことになったのである。ようするに、途中の様ざまな駅で各地から集結してくる郵便物取り扱いの列車が、その郵便物が届くのを待って、それを載せて出発せねばならなかった。列車には付きものの遅延があり、必然的に97号は出発が遅れることになる。つまり、定刻厳守という枷を課せられた97号の事故は起こるべき宿命にあったのだ。

その上、この時代のアメリカは、東部山岳地帯、アパラチア一帯は、鉄道の繁華街と言ってよかった。人里離れた地域だったから、客車の運行が盛んであるというよりも、この土地で産する数少ない産物――しかもそれに頼るしか生きていくすべがない貴重な資源、木材と石炭を、都市の大工業地帯に運ぶ貨物列車の運行が多かった。そこに郵便車を連結させる。その正確で緻密、そして繁雑な作業を時間通りに確実にこなしていくには、それなりの熟練の技と使命感を持ったやる気が必要だった。

移民たちの集合体であるアメリカ社会では、時として、そのあたりが均質にいっていないところがあった。

この土地でのもう一つの路線の特徴は、地形が峻険なことがある。山肌に沿って、谷を縫うように走る路線は、時に急な登りになるかと思えば、一転して奈落を目指すかのように急下降したりもする。だから車輪と線路との鉄同士の摩擦係数を増すための砂箱は欠かせない。もっとも危険なのは、橋だ。この時代、橋桁は木造だった。幸いアパラチアの山々には背の高いオーク類の樹々が繁り、その真っ直ぐに伸びる形状は、電柱や橋桁にはもってこいの建材だ。それらが精緻に組み合わされ、深い谷を跨ぐように建て上げられている。高さ五〇メートルにも達するのではないかとも思われる、その寄せ木細工のような、いや、マッチの軸を組み上げたように美しい造形は、古い鉄道写真を見る醍醐味のひとつだ［図㉚］。だが、木造だけあって、きちんと整備していない場合、脆くも崩壊することもある。見晴るかす平原を走る線路なら、そんな心配はないが、ヴァージニア、ウエストヴァージニアを中心とするアパラチア山系の鉄路は、峡谷をまたぐ路線が多く、平地では考えられないような危険が常にまとわりついている。

そういう土地を、ある日、一台の機関車が貨車と郵便車を牽いて走行していた。ある日ではなく、正確に一九〇三年九月二十七日、〈オールド97〉と呼ばれた機関車が、ヴァージニア州モンローの駅を出発した。すでにその時点で、ほぼ一時間遅れていた。機関士はジョセフ・アンドルー・〝スティーヴ〟・ブローディ［図㉛］で、彼は一カ月前、ノーフォーク・アンド・ウエスタン鉄道からこのサザン鉄道に移ってきたばかりで、この路線にまだ慣れていなかった。

どこにどんな勾配やカーヴがあり、どの程度の速度でならそれらを無事に乗り切れるか、身をもって体感していなかったと言っていい。だが、火夫《ファイアーマン》のアルビオン・G・〝バディ〟・クラップもその助手の黒人、ロバート・ダッジもともにこの路線はよく知っていた。ヴァージニア州モンローから次の停車駅、ノースカロライナ州スペンサーまでは一六七マイル（約二六九キロ）、登り下りやカーヴの多い、危険な箇所だった。

当時、この区間の所要時間は、普通、四時間十五分とされていた。そして、サザン・レイルウェイの郵便車の平均時速は三七・五マイル（約六〇キロ）。停車時間を含めてである。この時代、この速度は驚くに値する。しかしもっと驚嘆すべきは、97号はその倍以上の時速九〇マイル（約一四五キロ）で走ったのだ。その結果、途中のリンチバーグの手前六・八マイル（約一一キロ）の地点では、遅れはほんの数分になっていた。

ジェイムス川の鉄橋を猛スピードで越え、リンチバーグのユニオン駅に到着。郵便係《メイル・クラーク》が大慌てで乗り込むと、すぐに出発。次の停車駅は、六四マイル（約一〇三キロ）先のダンヴィル。そこに十三時四十分に着かねばならない。そして今、すでに十三時を過ぎていた。ダンヴィルの北には、ホワイトオーク・マウンテンが聳え、その裾野に展がる松の木の群生は、かなり急勾配をうかがわせる。その傾斜地の先は、ダン川になだれ落ちている。その川へと向かう線路脇には、‘Slow Up, Sharp Curve Ahead（速度を落とせ、急カーヴあり）’の標識と、時速一五マイル（約二四キロ）の速度制限の数字が注意を喚起している。

ダン川から流れる、スティルハウス・クリークを渡るスティルハウス構脚橋《トレッスル》は、その名の通り、長い角材を組み上げたマッチ棒細工のような橋だ。長さ三二五フィート（約九九メートル）、高さ七五フィート（約二三メートル）の木造橋は、その時からほぼ三十年前の一八七四年に造られたもので、それが三十三年後の一九三五年に取り壊されるまで、この地を走る列車にとっては、貴重な存在だった。だが、橋自体がカーヴを作っていて、見ただけでも心許ない構造で、危うい印象を与えた。この路線を通るベテランの機関士にとっても、長い傾斜と半径の小さな急カーヴ、そして突然のように眼下に展がる谷を渡る脆そうな橋は、危険極まりない悪魔のポイントと言えた。しかも、〃スティーヴ〃・ブローディは、この箇所に慣れていなかった。

小川の名前がスティルハウス・クリークというところからもわかるように、このヴァージニアでの酒造りたち――おそらくは、密造酒造りたちの蒸留所《スティルハウス》があり、その酒のための水をそのクリークから取水していたのだろう。だから、折しも、スティルハウス構脚橋を通過しようとする〈オールド97〉が速度の出し過ぎで、猛烈なエンジン音を響かせていたことに気づいた人びともいた。その目撃者たちの証言によると、今まで見たこともない猛スピードで橋にかかっていた、と伝えている。

ブローディは、慌ててブレーキをかけた。七〇トンもの巨体を支える鉄輪はロックされ、鉄同士がこすれる悲鳴にも似た凶暴な音をたてて、車体を震わせて滑っていった。すぐに、車輪は逆転しはじめ、火花が花火のようにあたりに散った。結局、その速度は無謀すぎたと言うしかない。〈オールド97〉は、橋が作るカーヴに沿って曲がることなく、直進して、空中に飛び出していった。橋の下には二人の子供が遊んでいた。しかし、幸運にも、彼らをかすめることなく、機関車は川沿いの湿けて柔らかな地面に突っ込んでいった。あたりは土埃が巻き上がり、蒸気が噴き上がって、何も見えない状態だった。この時代にしては驚くべき速さで、リンチバーグやダンヴィルから救助隊がやって来た。

そして十一人の犠牲者と、奇跡的な生存者数人を発見。しかし、〃スティーヴ〃・ブローディは、その奇跡にはあずかれなかった［図32　事故現場］。救助隊のこの即応は、実は人間と同時に、郵便物を救いたかったからでもある。個人の情報ばかりでなく、政府の公文書もまたこの郵便車で運ばれ、それを失ったり、遅延したりすることは、もしかしたら致命的な危機を生む可能性があるかもしれなかったからだ。その証拠として、事故後二十分ほどで、AUS（Army of United State＝アメリカ陸軍）の郵便係官が到着したという事実からもわかる。救助隊は〝スティーヴ〟・ブローディの遺体を発見した。真偽はともかく、彼はブレーキに手をかけて死んでいたとも伝えられた。だとしたら機関士席にいたわけで、となると、きっと蒸気釜の破壊によって熱傷死したのだとされて、あの歌の一節、'Scalded to Death by the Steam（蒸気による熱傷死）' が生まれたのだろうと思われる。前出のトミー・コリンズの歌と違って、事故が起こってから二十一年後の一九二四年に、この事故の顚末を歌にして最初に録音したケリー・ハレルの歌、ヘンリー・ホイッターのギターと歌のコンビのレコードは、アパラチア・ルーツの曲としては、アメリカ初のミリオンセラーのヒット曲になった。

まず、何がこの曲をミリオンセラー・ヒットにしたかということだ。ヴァージニアやノースカロライナの山中だけに留まらずに、広く全国的に知られるようになったのは、ひとつには、レコードとなって全国的に知られたことがある。ということは、それを販売しても、それに見合うだけの儲けが見込まれたということだ。すなわち、そのレコードを買うと思われる〈オールド97〉の事故に興味を持つ人びとが確実に、それもかなりの数が存在していた証拠になる。同時に、なぜそれだけの購買層が見込まれるほどこの曲が知られたのかは、ひとつの謎と言っていい。

現在、曲はレコードで知られるよりも、ラジオやテレビやCDやインターネットで広まっていく時代だけれど、そのレコードさえもない頃に、ひとつの事件を歌った曲が長く、少なくとも事故後二十一年間も人びとの口の端にのぼり、記憶されつづけ、愛されつづけたのはなぜか。前出の『ロング・スティール・レイル』を書いたノーム・コーエンは、この歌が、十九世紀のアメリカが生んだ二大音楽家、北部のフォスターと双璧である、南部のヘンリー・クレイ・ワークが作ったヒット曲《帰らざる船 *The Ship That Never Returned*》のメロディーを借りて歌われたからだと書いている。このことはアメリカの初期の音楽の根本的なあり方、庶民の歌の本質的なありようを教えてくれる。

はっきり言えることとは、アメリカには当初、自分たちのオリジナルの歌がなかったということだ。移民たちが持ち寄ってきた各国の文化がアメリカを作り上げたとするなら、文化そのものと同じように、アメリカには当初独自の音楽というものがなかったということになる。二〇〇〇年の映画、マギー・グリーンウォルド・マンスフィールド監督の『歌追い人 *Songcatcher*』でも描かれたように、アメリカの初期の音楽は、移民してきた人びとのそれぞれの故国で歌い継がれた曲をそのまま借りていたのである。そして、その借り物の音楽に、彼らは自らの歌を乗せて新しい曲として歌ったりした。ありものの曲に新しい詞を乗せて、別の曲に仕立てる。言い方を換えれば、「替え歌」と言ってもいい。替え歌が普通であったのは、第一章の「トラヴェリン・マンとランブリン・ボーイ」で書いたように、実はアメリカ社会のあり方——仕事の現場での労働者自身が取り替え可能な互換性部品のような存在であったことからくる、アメリカそのものの構造的本質から来ているのではないかと思う。歌も文芸もファッションもスポーツや娯楽も、いつでも取り替え可能で、既存のものに新しいものを入れ替えて別のものにするということが、まだ自らの文化を確立できなかった若いアメリカでは、ごく簡単に起こり得たと思われるのだ。こういうアメリカ的新文化は、互換性の台頭というファクターを通して見るとわかりやすいのではないだろうか。

アパラチア系の音楽は幸いにして二つや三つ程度のコードで歌える歌が多い。一九三〇年代以降、いわゆるミンストレルやヴォードヴィル、ジャズやオペレッタなどの影響から広く浸透してきて、いわゆるアメリカ小唄とも呼ばれるような小粋なコード進行が登場するものの、多くの場合、アパラチア・ベースの歌曲は単純でわかりやすく、メロディーや構成もシンプルで、誰にでも親しみやすいものばかりだった。そういう人たちにとってこの〈オールド97〉の事故の詞を乗せるのは、一八六五年にヘンリー・クレイ・ワークによって作られた《帰らざる船》のメロディーだったのだ。こんな風に歌い出される。

On a summer day, as the waves were rippling
By the soft and gentle breeze
Did a ship set sail with her cargo laden
For a port beyond the seas. Did she ever return?

No she never returned
And her fate was yet unlearned
Tho' for years and years there were fond ones waiting
For the ship that never returned.

「ある夏の日、やわらかく優しいそよ風に波頭はくずれ、貨物満載の船は港を後にした。その船は祖国に戻れるだろうか」

「いや、その船は戻ることはなかった。そのことを彼女は不幸にも知らなかった。何年も何年も、彼らは帰らない船を待ち続けた」

この歌が人びとに愛されたのは、まず作者の存在が大いに関係している。ワークは、奴隷制に反対していた父親からの影響で、強い意志を持った反奴隷制論者だった。ただ南部の奴隷制に反対するだけでなく、実際に行動を起こしもした。それが南部諸州の奴隷たちを北部の自由労働州へと逃がすための「地下鉄道《アンダーグラウンド・レイルロード》」の車掌《コンダクター》の一員になることだった。この自由州への逃亡列車については、本書の第三部で詳述する。その彼の曲で最初に有名になったのは、南北戦争中の一八六二年に発表された《王国は来たる *Kingdom Coming*》だった。Day of Jubilo（祝祭の日）とも呼ばれたこの曲は、北軍がやってきて、いよいよ奴隷解放の日、自由の王国がやってくるといった意味のことを訛りの強い黒人英語で書いたものだ。

一八六五年、北軍のウィリアム・シャーマン将軍は、南部の主要都市、ジョージア州アトランタに攻め入り、その徹底した焦土作戦によりアトランタの町は灰燼に帰した。その様子は映画や小説の『風と共に去りぬ』で知ることができるが、ワークは、この時のジョージアが壊滅した戦い、大西洋岸に至る「海への進軍」を、北部の視点から称えた行進曲《ジョージア行進曲 *Marching Through Georgia*》を書いた。その覚えやすいメロディーと軽快な曲調は大変な人気を呼んだ。この曲については後述する。

だが、ワークの代表曲となると、一八六七年に書き、現在も世界中で愛唱されている《グランドファーザーズ・クロック *Grandfather's Clock*（邦題：おじいちゃんの古時計／大きな古時計）》だろう。

そして、南北戦争後の彼の作品でもう一つのヒット曲が、先に挙げた《帰らざる船》だったのだ。

ここには載せなかった歌詞では、その船は軍の輸送船で、若い息子を見送った母親や、これが最後の航海にするよ、その後は死ぬまで二人で居心地のいい小屋で過ごそう、と妻に言い残して出て行った上官たちとその家族の物語が綴られる。この歌が多くの人たちに愛され、歌いつづけられたのは、南北戦争ではじめて登場した装甲艦や潜水艦による海戦による悲劇というばかりではない。また、南北戦争が終わってから何十年もの間、人びとの口にのぼりつづけた理由は、メロディーが親しみやすかったり、そのストーリーの悲劇性によるというだけのものでもない。この時代を通して、またこの南部、特にアパラチア地方に住む人びとにとっては、そのメロディーと内容がけして他人事ではなく、いつまでも耳が覚え、心に染みつき、記憶の底に残りつづけた理由がある。それは、この地方の人びとの大半が、スコッチ・アイリッシュであり、アイルランド系であり、あるいはドイツ系で、彼らは南北戦争の前から、旧世界から船に乗ってやってきた移民たちだったからだ。そして、タイタニック号の沈没によって多くのアイルランド人が犠牲になったように、その移民船による航海でも海難事故がつきものだった。何十隻という船が、何万人という人びとが、希望の新天地を見ることができなかった。だから、この《帰らざる船》の悲劇は、いつ自分たちの身に起こったかもしれない身近で切実な物語だったのだ。

一九六四年、時の大人気フォーク・グループ、キングストン・トリオが《M.T.A.》という曲を発表した。正しくは《チャーリー・オン・ザM.T.A. *Charlie on the M.T.A*》というタイトルで、ボストン市民のチャーリーが、地下鉄に乗っているうちに、家に帰れなくなるという、コメディ・タッチの曲だ。M.T.A.は、ボストンの地下鉄システム、'Metropolitan Trasit Authority（首都圏交通会社）'の頭文字だ。ある朝、家を出て、この地下鉄に乗った通勤客のチャーリーは、いつもの乗車料金しか持っていなかったところ、突然料金が値上がりしてしまって、別の地下鉄路線に乗り換えることも、降りることもできなくなってしまう。チャーリーの妻は毎日、スカリー・スクエア駅のホームで彼を待ち、サンドウィッチを届けるという話だ。

なぜ、サンドウィッチではなく、乗車賃を手渡さないのかなどと訊いてはいけない。実はこの曲、コーラスの部分の歌詞、'Well, did he ever return? No, he never returned.'でもわかる通り、かのワークの《帰らざる船》のテーマとメロディーを借りたもので、一九四九年にボストン市長選に立候補した進歩党のウォルター・A・オブライエンの、地下鉄値上げ反対のキャンペーンで使われた曲なのである。

ワークの曲は、一九四九年のオブライエンの選挙運動を超え、一九六四年にキングストン・トリオに取り上げられるほど、その影響は根強いのだということを教えてくれる。
話を《97年号の大破》に戻す。ぼくはこの歌で不思議に思えるところがあった。前出の歌詞のところでは、意識的に書かなかった最後の聯の歌詞である。そこにはこうある。

Oh ladies you must take warning
From this time on and learn
Never speak cross words to your true loving husband
He may leave you and never return

「だからご婦人方、この事故から学ぶんだ。気をつけないといけない、傷つける言葉を、本当に愛している人には投げつけないこと、でないと、彼はあなたから去り、二度と戻らないだろうからだ」と。いったいこの歌詞は何を意味しているのだろうか。機関士の〝スティーヴ〟・ブローディの妻が夫に対してつらく当たり、そのことに腹を立てたスティーヴが無茶な運転をして事故を起こしてしまった。だから、ご婦人方よ、本当に夫を愛しているなら厳しい言葉をかけてはいけない、と忠告しているのだ——普通ならこう解釈できる。しかし、実際のブローディは独身であったことがわかっている。だから、この詞の部分は、ブローディの事故を借りて、世の主婦たちに向けて語りかけているのだとも思われる。もしかすると、この部分と関わりのある事件や歌やバラッドや物語があるのかもしれないが、まだ見つけられないでいる。ただ、この詞から、この時代のアパラチア周辺の家庭では、女たちが案外に強かったのだろうなということは推察できそうだ。

史実のスティーヴ・ブローディは、歌にあるようにスロットルと汽笛の紐に手をかけて死んではいなかった。だが、そのように報じられたのは、きっと彼の死が英雄的なものだとしたかった庶民たちの願望だったのだろう。だがもう一人、実際にブレーキと汽笛を手にして死んだ英雄がいる。その彼の死は、〈オールド97〉の事故に先立つ二年前のことだった。その事実が、このブローディの死にも影響したのかもしれない。

2　機械との闘い

〈オールド97〉の事故の二年前、すでに列車運行上の定刻厳守主義の犠牲者がいた。その彼の死は、アメリカ鉄道界のひとつの美談として多くの人に記憶されていた。その事故は、〈オールド97〉のように、アパラチア山系の急カーヴ、急勾配の路線ではなくミシシッピー州へと続くほぼ平坦な平原でのことで、それは機関士の腕の過信ばかりでなく運行管理上のミスでもあった事故だった。近代鉄道の初期、速いことが至上命令であった時代の悲劇と言っていい。

その「定刻厳守思想」の犠牲者は、ケイシー・ジョーンズ［図㉝］という名の通った機関士だった。日本でも、このケイシー・ジョーンズという名前はよく知られている。勇敢な機関士であるばかりでなく、トラック運転手やカートゥーンの主人公たちの名前として、いくつものアメリカのテレビ番組に登場してきた。トラック・ドライヴァーのケイシーのシリーズを見たという友人も何人かいる。

歌でのケイシー・ジョーンズの存在を知ったのは、ハンク・スノウの歌う《彼の名は、ケイシー・ジョーンズ *Casey Jones was His Name*》だった。低音の艶のある美声で滑舌も良く、歯切れ良い早いテンポの軽快な曲は独特で、時どき聞かれる生ギターの間奏やオブリガードも素晴らしく、これぞハンク・スノウ節と、ハンク・ウィリアムス、ハンク・トンプソンと並んで、「三大ハンク」と呼ばれる人物のことだけはあった。
その彼の歌った《彼の名は、ケイシー・ジョーンズ》は、こんなに風に歌われる。

A long time ago in a town in Tennessee
There lived a man and he was great as he could be
By the sweat of his brow he earned fortune and fame
Casey Jones was his name.

（中略）

Runnin' late thru Sardis past Winona on the fly
Like lightnin' chasin' thunder through the stairways of the sky
When we heard his engine moanin' and the story is claimed
Casey Jones was his name.

Then on that fatal night he made his final run
Near Vaughan, Mississippi he knew his time had come
Too late he saw the smoke of an old freight train
Now a legend, Casey Jones was his name.

「昔々、テネシーにやがて偉大になる人物が住んでいた。名誉と栄光のために額に汗した彼の名前は、ケイシー・ジョーンズ。サーディスの駅で遅れていたからウィノナを飛ぶように走りすぎる。まるで雷鳴を追う稲妻のように、空への階段を登って行く。そのエンジンの呻きに彼の出来事が語られているようだ。彼の名前はケイシー・ジョーンズ。そしてその最悪の夜、彼にとっての最後の走行になった。ミシシッピー州ヴァーノンの近くで、彼はその時が来たのを知った。前方の貨物列車の煙を見つけるのが遅かった。そして今、ケイシー・ジョーンズという男は伝説になった」

彼の生き方のあらましはうかがえるが、彼の人生の最期のところがよくわからない。ケイシー・ジョーンズという人物は、その「死」の在り方によって歴史に残り、アメリカン・ヒーロウになり、長く子供たちの「ロスト・アイドル」として君臨することになったからだ。極端に言えば、彼は自分では選ぶことも、決定することもできなかった死によって、図らずも傑出した人物になってしまったのである。それは一九〇〇年四月二十九日、小雨降るミシシッピーの小さな寒村での夜中の出来事だった。

ジョナサン・ルーサー・ジョーンズは子供の頃、ケンタッキー州ケイス（Cayce）に住んでいたことがあり、それから「ケイス出身の男」という意味で「ケイシー」呼ばれるようになり、本人はそれをCaseyと綴った。アメリカの鉄道ヒーロウ、Casey Jonesの誕生だった。若い頃から鉄道の仕事に憧れ、いつかは花形の機関士になりたかった彼は、最初モービル・アンド・オハイオ鉄道で制動手の仕事を得た。だが、彼の目標は機関士。それも地方鉄道ではなく、主要路線を持つ大手の鉄道会社に入りたかった。

そのチャンスは、一八八七年、アメリカ中部、中西部を襲った黄熱病の流行でやってきた。当時のシカゴを拠点とするイリノイ・セントラル鉄道の多くの列車乗務員が病に倒れ、死ぬ者も少なくなかった。その欠員を埋める募集に、ケイシーは早速応募して火夫《ファイヤーマン》の仕事を得ることができた。

機関車乗務は、才能だと言われる。安全第一の実直なだけでは、頭角をあらわすことができない。ケイシーにはその才能と、機関士になりたいという強い意志とチャンスを逃さない機転と、自分を認めさせる才覚があった。それらが結実して、彼は機関士の地位を手に入れるや、まもなく周囲に認められる存在になっていく。それは、彼の運転する列車が、一度たりとも定刻に遅れたことがなかったからだ。ローカル駅の駅員たちの中には、ケイシーの列車を時計代わりにする者もいたという。

もう一つ、ケイシー・ジョーンズという機関士を有名にしたものがあった。それは、彼独自の汽笛の鳴らし方だった。普通、機関車に設置されている汽笛管は、音程の異なる管が三本一束にされ、その和音の美しさはアメリカの鉄道の大きな魅力になっている。ケイシーはその汽笛をもう三本増やして、六つの音を一挙に出して鳴らした。鳴らし方も独特で、長いトーンとその半分の長さの短いものとをうまく組み合わせ、時に応じて鳴らし分けたのだった。そのやり方は、出だしはごく小さく、次第に大きく盛り上げて行き、最大音に達した後徐々に小さくなって、最後は囁くように弱くなり、そして消えて行くという方法だった。

沿線の人びとは彼の汽笛を聞くと、「まるでウィップル・ウィル（ヨタカ）が啼いているようだ」とか、「ヴァイキングの雄叫びのようだ」と評判になったものだった。彼の汽笛は、イリノイ・セントラル鉄道の路線、テネシー州ジャクソンからミシシッピー州ウォーター・ヴァリー間に住む人びとは、夜半この汽笛を聞くと、ああ、今夜もケイシーが無事に走っている、と言い交わしたという話も伝えられている。

一八九三年に行なわれたシカゴ万国博覧会は、イリノイ・セントラル鉄道の機関車にとって大きな変革のチャンスになった。それは〈ナンバー638〉という新しい貨物用の機関車、動輪八、先輪二、言うところの「2－8－0型コンソリデーション・タイプ」の登場で、この最新の機関車を万博に出展した途端、多くの観客を魅了したのだった。

フェアが終わり、この〈ナンバー638〉をジャクソン機関区のウォーター・ヴァリーまで運んで行かなければならなかった。それをケイシーが引き受けた。その機関車が気に入ったと同時に、ジャクソンには家族が住んでおり、彼はその機関車と家族のためにジャクソンに戻って働くことを決意したからだった。

一九〇〇年二月にテネシー州メンフィス機関区に移るまで、この〈638号〉に乗り続け、その後メンフィスに移った彼を待っていたのは、ロジャース機関車工場製の動輪六、先輪四の十輪のロジャース4－6－0型の〈オールド384〉だった。動輪の高さが六フィート（約一・八三メートル）もある大型の機関車だ。そしてケイシーは、この機関車とともに運命の日を迎えることになる。

もう一つ、その運命の日の五年前、ケイシー・ジョーンズの名前を不滅にした出来事、「少女救出劇」のことも書いておこう。一八九五年頃、まだケイシーが火夫であった時代、彼の乗務した機関車がミシシッピー州ミシガン・シティの近くを走っていた時のことだ。前方の線路上で、一人の少女が遊んでいるのを見つけた。機関士のボブ・スティーヴンソンは汽笛を鳴らし、急ブレーキをかけた。その音で少女が立ち上がるのが見えたが、怯えのためすくんで動けないようだった。

ケイシーは咄嗟に機関室を出ると、車体の横に張り出したオイル管のバルブを摑んで蒸気溜まりへとボードを進み、前方ライトの取り付け器具を摑んで、機関車の最前部に張り出した排障器に飛び乗った。その時、少女との距離三〇ヤード（二八メートル弱）。あっという間に近づいてくる少女をすくい上げようとしたが、手が届かず、しかたなく少女を手で押し飛ばしたのだ。幸いにも擦り傷程度で済んだ少女が駅員に語ったことから、ケイシーは「勇敢なる機関士《ブレイヴ・エンジニア》」と呼ばれることになった。この怖いもの知らず、恐れを知らない勇猛な男という評判が、ケイシーの独特の人格を際立たせていくことになる。

この時代、運向上優先されるのは郵便列車と客車で、それも主要路線を走るものほど「順位」が高かった。たとえば、イリノイ・セントラル鉄道の場合、シカゴからニューオルリーンズへと向から大陸縦断の看板路線では、トレイン1からトレイン4までのナンバーが振られている。奇数は南行き、偶数が北行き。これらの列車はもっともプライオリティが高い。この列車が走る時は、他の列車は道を譲らないといけない。すなわち退避線《パッシング・トラック》に入って、1から4までの列車に進路を譲ることになる。この退避線に入ることを、Go in the hole（孔に入る）と呼ぶ。

一九〇〇年二月の時点で、これら客車と郵便車からなる特急列車は一般に〈キャノンボール〉と呼ばれていた。「弾丸列車」と言うところだろう。かつてカーター・ファミリーは《キャノンボール *The Cannonball*》という歌をレパートリーにして人気を呼んだが、A・P・カーターの歌うキャノンボールは、ニューヨーク州バッファローからワシントンD.C.まで走っている路線で、おそらくはペンシルヴァニア・レイルロードだろうから、ケイシー・ジョーンズとは縁遠い。

この〈キャノンボール〉は後に〈ロケット〉と名前を変える。ロケットとなると、ハンク・スノウの歌で《ゴールデン・ロケット *Golden Rocket*》が思い出される。こちらのほうはモンタナからアラバマまで走る列車の話で、女性に振られた男がその列車に乗って去っていくという歌だ。これも、イリノイ・セントラル鉄道とは関係がない。ただ、こうして見てくるとこの二つの名前、〈キャノンボール〉と〈ロケット〉は速い列車の代名詞として、その路線とは無関係の列車もまたその名前で呼ばれていたことがわかる。それだけこの列車は、人気があったという証拠だろう。

一九〇〇年四月二十九日、ケイシー・ジョーンズは〈ナンバー３８４〉という機関車で、北行きのトレイン２として、メンフィスのポプラー駅に到着した。本来なら、その夜はお役御免のはずだった。だが、そのすぐあとに南へと出発することになっていたトレイン１の機関士、サム・テイトが胃痙攣を起こして運転できなくなった。その代役として手を挙げたのが、ケイシーだった。彼は生来の面倒見の良さや義侠心、また少しでも上の方の覚えを良くしようという気持ちもあったろうし、その分の手当も期待していたろう。だが何よりも彼は、機関車が好き、それを走らせることが好きだったのだと思う。

こうしてケイシーは、火夫のシメオン・T・ウェッブと共に、トレイン１、一般に〈ザ・シカゴ・ニューオルリーンズ・リミテッド〉、後に〈パナマ・リミテッド〉と呼ばれることになる列車の機関車、〈ナンバー３８２〉のスロットルを握ることになった。

担当する列車は本来午後十一時十五分発、終着のミシシッピー州カントンに朝の四時〇五分に着けばいい、一八八マイル（約三〇二キロ）の楽な旅のはずだった。しかし、引き継いだのは十二時五十分を過ぎ、すでに一時間三十五分遅れていた。ケイシーは持ち前の頑張り精神と負けず嫌いが頭をもたげ、どうにかしてこの遅れを取り戻そうと、トレードマークの汽笛を鳴らすとおもむろにスロットルを引いた。

六輛の客車と郵便車を牽いた〈ナンバー３８２〉は、ゆっくりとポプラー駅を出て行った。ポプラーの町は、その五十年後、歌手になることを夢見て、そこから世界に羽ばたいていったエルヴィスが住むことになる町だった。ようするに、ダウンタウンの庶民の居住区と言っていい。

ケイシーの機関車は、五〇マイル（約八〇キロ）ほど南下したミシシッピー州サーディスで給水のために停まった。この区間、彼は時速八〇マイル（約一二九キロ）での走行だった。次の給水ポイント、五〇マイル南のグレナダに着いた時は、それまでの九十五分の遅れを五十五分にまで縮めていた。次の二五マイル、ウィノナまでにさらに十五分稼いだ。そこから先、ミシシッピー州デュランまでは直線が続き、減速を余儀なくされるカーヴがないこともあって、ほぼ定刻で通過した。ケイシーは、得意の絶頂だった。自分の運転技術と勇猛心に酔ってもいた。

その後、北行きのトレイン2をやり過ごすために側線に入り、本線に戻って最高速で走ると、まもなくローカルの客車〈ナンバー26〉に追いついたが、26号は退避線でケイシーのトレイン1、〈ナンバー382〉を優先させるという指示に従って、両車は何事もなくやり過ごした。

ヴォーンが問題だった。この駅で三台の貨物列車と遭遇することになっていた。〈ナンバー83〉と〈ナンバー26〉は、うまく追い抜くことができた。貨車は客車を優先させる、というルールがうまく機能した結果だった。だが、もう一台の〈ナンバー72〉は、数多くの貨物車を牽いた、いわゆる「ロング・フレイト・トレイン」で、最初からもたもた走ることはわかっていた。それでも、うまく退避線に入ってくれれば、ケイシーたちにはなんの問題もなかったはずだ。

だが、運命は二つの罠を用意していた。一つ目は、〈ナンバー72〉のエアブレーキが突然の不調で不意に減速して、全車輛が退避線に入りきらずに後部の四輛が本線に残ってしまったことだ。この時点で、ケイシーのトレイン1は、時速四七マイル（約七六キロ）でこの退避線に向かっていた。もうひとつが、その退避線までの手前一・五マイル（約二・四キロ）から左カーヴになっていたことだ。機関士の席は進行方向の右側にあり、火夫は左側に位置する。

最初にシメオン・ウェッブが、〈ナンバー72〉のカブースの後尾の赤ランプに気がついた。彼は、大声でそれを告げ、ケイシーは慌ててブレーキをかけ、スロットルを逆進《リヴァース》に入れた。だが巨大な鉄の塊は、そう簡単には止まれない。見る見る赤い光は近づいてくる。ケイシーは大声で「飛び降りろ、シム！　飛べ！」と命じた。

結局シムは、72号の三〇〇フィート（約九一メートル）手前で、機関車から飛び降りた。彼が聞いたのは、長い長い汽笛だった。ケイシーは、前方の貨物車と牽いている客車の乗客たちの注意を喚起させようとしたのだろう、と後にシムは語っている。そしてトレイン1、〈ナンバー382〉は、貨物列車〈ナンバー72〉に激突した。驚くべきことにその衝突の瞬間、ケイシーはそれまでのスピード、時速七五マイル（約一二一キロ）を、三五マイル（約五六キロ）まで落としていた。定刻の二分遅れの事故だった。このことは、事故後に見つかったケイシーの、止まったままの懐中時計から知れた。何よりも、ケイシーは片手で汽笛の紐を摑み、もう一方の手をエアブレーキのハンドルに掛けたまま息絶えていた。

かくして、勇敢なる機関士《ヴレイブ・エンジニア》、ケイシー・ジョーンズの伝説は生まれた。こういった細部にわたる克明な記録が残されているのは、むろん生き残ったシメオン・T・ウェッブらの関係者による証言もさることながら、イリノイ・セントラル鉄道の事故調査班の努力があった。ここに書いたのは‘IC official report’に負うところが多い。そして、この克明な事故の記録は単に「記録」のためばかりでなく、この事故を起こしたケイシー・ジョーンズという稀有な機関士が、アメリカ鉄道史においてどれほどの意味を持っているかを教えてくれるのである。ヒーロウを生み、作り、その地位を不動にしようとする姿勢がここにはうかがえる。ケイシーの死から二年後に起こった〈オールド97〉の事故の機関士のジョセフ・ブーロディもまた、「汽笛とブレーキは手放さなかった」という伝説を生むことになったのは、この時期「機械との闘い」の崇高な犠牲者を賛美したいという為政者と庶民たちがいたことを忘れてはいけない。

ケイシー・ジョーンズは結局、自分が作り上げた「オン・タイム神話」と、アメリカが近代産業国に成長していく上で、どうしても必要であった「効率」を求める風潮の中のヒーロウであった。時間短縮ということは会社のためであり、ひいては国のためになるのだと信じた、近代化の犠牲者であったのだ。しかしその背後には、「国や企業よりも人間のため」といった、機械優先、効率優先思想に反発する人びとがいたことも確かだ。

ケイシー・ジョーンズの勇敢な行動、また人を助けようとする行為を讃える歌は多い。ここには載せなかったが、一九六〇年代から九〇年代にかけてのロック界の大きな存在であったグレイトフル・デッドもまた、ケイシー・ジョーンズの曲を一九七〇年にリリースしている。その歌では、ケイシーの高揚感とコカインとの関係を示唆するような歌詞がある。サイケデリック時代の反映かもしれない。

しかし、ケイシーの死後十年ほどたって、一人の放浪の歌手、そしてまたＩＷＷの闘士でもあったジョー・ヒルが《ケイシー・ジョーンズ――ユニオン・スキャブ *Casey Jones—Union Scab*》という曲を吹き込んだことは重要だ。ようするに、ケイシー・ジョーンズはスト破りだ、というケイシーの仕事熱心さと企業に忠実だったその行動に対する批判の歌なのである。こんな歌だ。

The workers on the S.P. line for strike sent out a call
But Casey Jones the engineer, he wouldn't strike at all
His boiler it was leaking, and the drivers on the bum
And the engines and the bearings, they were all out of plum

Casey Jones, kept his junkpile running
Casey Jones, was doing double-time

Casey Jones, got a wooden medal
For being good and faithful on the S.P. line

（以下略）

サザン・パシフィック鉄道の労働者たちがストライキを決行しようとした時、機関士のケイシー・ジョーンズだけは加わらなかった。それに憤慨したジョー・ヒルは、ケイシーの機関車のボイラーマンを密告屋であり、機関士助手もロクでもない人間だし、彼の機関車そのものも彼同様ゆがんだ代物だ、と歌う。そして、ごみ溜めを漁るようにガツガツと働いても、それが会社への貢献や忠誠のためならその褒美は金や銀のメダルではなく、安っぽい木製のメダルだろう、とスト破りの裏切り者をこっぴどくこき下ろす。

ケイシー・ジョーンズは、企業側にとっても、そしておそらくは同じ機関士仲間たちからもウケの良い存在だったのではなかろうか。時には、その自己中心的な行動やがめついとも思える仕事熱心ぶりには、眉をひそめる人もいたろうが、このアメリカが大きく発展していく時期、彼のようながむしゃらさが必要に思えたこともまた確かだったろう。一方、当時の労働者たちの様ざまな欲求は企業側には受け入れられず、企業の傍若無人ぶりに抵抗しようという動きが活発だった時代でもあった。そういう労働者たちの目からすれば、ケイシーの働き方はストライキ権の妨害以外の何ものでもなかったし、その姿は企業の飼い犬のように思われたのである。

だがケイシーは、労働者側や企業側の思いとは別の時点で、鉄道界のヒーロウであったことには変わりがない。その後の長い時代、彼にまつわる歌やドラマや映画やテレビ番組が陸続と作られたことが、彼がどれほどアメリカ人に愛されたかの証拠だろう。

職種や立場、時代や状況は異なりはするが、同じ鉄道界でケイシーを超えるだろうヒーロウがいる。

彼もまた鉄道に関わる仕事で、死を迎えた。彼は列車乗務員ではなく鉄道工夫であったが、同じく産業の近代化に伴う悲劇の体現者だった。世界のどこにだって産業の近代化に伴う多くの悲劇があったことは、よく知られている。しかし、そのことを「ヒーロウ譚」として定着させ、いくつもの芸術、芸能作品によって庶民文化にまで仕立てあげるのはいかにもアメリカらしい。

そのもう一人の鉄道ヒーロウ、ジョン・ヘンリーの物語を書こう。

ヒーロウの王国と言われるアメリカで、おそらく最初の黒人ヒーロウは、線路工夫というよりも、トンネル掘削工夫であるこのジョン・ヘンリーだろう。その人生とその死とはケイシー同様、機械との競争、機械との闘いであった。人間は機械のように効率もよくないし、疲れを知らないわけではない。人間は機械にとって代わる存在ではなく、機械にない何ものかを持った存在なのだ。人は機械に血を通わせ、生命を吹き込む力を持っている。そうなって初めて、機械は人間の役に立つ道具になる。

ジョン・ヘンリーの物語は、人間と機械が共生する以前の、効率という一点だけが存在意義のあった時代の物語ではある。しかし、それだからこそこの物語の、近代化が宿命的に持つ悲劇と進歩に対する苦悩、そして肉体を懸けて闘った人間の、結果はどうあれ、その充実感、充足感に対する喜びが人の心を打つのだ。これはすなわち、「効率的な」機械と闘ったひとりのトンネル工夫の意地の物語なのである。

3　もう一人の鉄道ヒーロウ、ジョン・ヘンリー

ジョン・ヘンリーの物語は、まず歌によって世に広まっていった。中でもジョン・ヘンリーという男の生涯を歌った歌は黒人白人双方に愛されていて、現在、民謡の世界では、白人系と黒人系とが宗

教歌以外、ほぼ歴然と分かれていることを考えると非常に興味深い。ジョン・ヘンリーがどういう人物なのか、アメリカでどういう人間として知られているのか、まずは一般的なジョン・ヘンリーの物語を、一九六二年発行のポケット・ブック版の家庭愛唱歌集の『ソングス・フォー・ピッキン・アンド・シンギン *Songs for Pickin' and Singin'*』に載っている《ジョン・ヘンリー *John Henry*》の歌詞を引用してみよう。

When John Henry was a little baby, sitting on his papa's knee
He grabbed a hammer and a little piece of steel,
Said, "This hammer'll be the death of me, Oh Lord
This hammer'll be the death of mine."

John Henry said to his captain
"A man ain't nothin' but a man,
But before I'll let your steam drill beat me down,
I'll die with a hammer in my hand!"
Oh, Lord! Die with the hammer in my hand!

John Henry got his thirty-pound hammer,
And by that steam drill he did stand,
And he beat that steam drill three inches down,

Then he died with his hammer in his hand!
Oh, Lord! Died with his hammer in his hand!

They carried John Henry to the graveyard
And they buried him underneath the sand,
And every locomotive goes roarin' by
Says, "There lies a steel drivin' man!
Oh, Lord! There lies a steel drivin' man!"

「ジョン・ヘンリーはまだ赤ん坊の時、父親の膝にのってハンマーと小さなノミを手に、『このハンマーが将来自分を殺すことになるだろう』と言った」。これが一番の歌詞だ。その後、大人になった彼は工事監督《キャプテン》に言う。「男は男以外の何ものでもない。おれは男なのだ。だから、堂々と機械に立ち向かう。けれど、蒸気ドリルがおれを打ち負かす前に、おれはハンマーを手に死ぬだろう」と。ジョン・ヘンリーは三〇ポンド（約一三・六キロ）のハンマーを持ち、蒸気ドリルの横に立った。そしてわずか三インチ（約七・六センチ）の差で掘削機械に勝ったものの、彼はハンマーを手に息を引き取った。彼らはジョン・ヘンリーの遺体を墓に運び、砂地に埋めた。その横を列車が通るたび、人びとは言う。「あそこにスティール・ドライヴィン・マンが埋葬されているんだ」と。

　この本にある歌詞は四番までで、実際にはもっと長いものをページの関係で短くしたのか、それとも一般にそのように歌っているのかは不明である。こういった民間伝承の曲は、原作者が特定できないのが普通で、歌う人、演奏する人によって歌詞もメロディーも、コードやリズムも変わる。オリジナル性を発揮したいために、わざと変えることもある。いずれにしろジョン・ヘンリーの物語に馴染みのない国の人にとっては、この歌詞だけでは物語の全体はわかりにくい。ジョン・ヘンリーの歌は、黒人系、白人系を問わず、多くのミュージシャンが取り上げているし、フォークソングやブルース、マウンテン・ミュージックやブルーグラスといったジャンルばかりでなく、現代のカントリー界やロック界のスターたち、ジョニー・キャッシュやブルース・スプリングスティーンまでがレパートリーに取り入れている。

そういう中で、ジョン・ヘンリーの物語を比較的バランスよく歌っているのが、カントリー・シンガー、ハンク・トンプソンの《ジョン・ヘンリー》だろう。

John Henry was just a little bitty boy, no bigger than the palm of your hand
His mammy looked down at John Henry and say
Johnny you're gonna be a steal drivin' man Lord lord,
Johnny you're gonna be a steal drivin' man.

John Henry he said to his Captain, "Captain I wanna hear you sing,
I'll swing forty-nine pounds from my hips on down,
I like to hear that cold steel ring Lord, Lord, I like to hear that cold steel ring"

John Henry had a little woman, and her name was Polly Ann,
John Henry he got sick and he had to go to bed,

But Polly drove the steel like a man Lord Lord Polly drove the steel like a man.

John Henry went to the tunnel to drive steam hammer by his side,
Well he beat that drill till the end of the tunnel,
Laid down his hammer and he cried Lord Lord laid down his hammer and he cried.

John Henry drove the steel on that mountain till his hammer caught on fire,
And the last words we heard John Henry say,
"Cool drink of water before I die Lord, Lord, a cool drink of water before I die".

Well they took John Henry to the graveyard, stuck him six feet under the sand,
Everytime the freight train that go puffin' by,
They say "There lies a steel drivin' man Lord, Lord, yonder lies a steel drivin' man".

「ジョン・ヘンリーがまだ掌にのるほど小さい時、母親は彼を見下ろし、あんたは将来スティール・ドライヴィン・マンになるんだよ、と告げた。ジョン・ヘンリーは監督《キャプテン》に言った。『歌を聴きたいんだ。腰を落として四九ポンド（約二二・二キロ）のハンマーを振るう時、冷たく硬いスティールが鳴る歌を』。ジョン・ヘンリーの女はポリー・アンという名前だった。ジョン・ヘンリーが病に臥せった時、ポリーは男のようにハンマーを振るってスティールを打った。ジョン・ヘンリーがハンマーを振るうためにトンネルに入ると、彼の横には蒸気ハンマーがあった。彼がトンネルの端までドリルを打ち続けた後、彼はハンマーを置いて泣いた。そのハンマーが火を噴くまでスティールを打った彼の最期の言葉は、『死ぬ前に冷たい水を一杯くれないか』だった。彼らはジョン・ヘンリーの遺体を墓地に運び、砂地を六フィート（約一・八三メートル）掘って埋めた。その横を貨物列車が通り過ぎるたび、乗客たちは、あの向こうにスティール・ドライヴィン・マンが眠っているのだと言う」

ここで言う「スティール」は、岩石に孔を開ける鋼鉄製の穿孔用の、たがねとも呼ばれる道具である。そのスティールをハンマーで打って細い孔を開け、そこに発破用の火薬を入れて爆破させ、山を崩したり、トンネルを掘ったりする。その作業を行なう人間を「スティール・ドライヴァー」あるいは「スティール・ドライヴィング・マン」と呼んだ。

ジョン・ヘンリーは、トンネル掘りの作業員、スティール・ドライヴィング・マンだった。だがいつの間にか、線路を枕木に固定するための犬釘を打つ線路工夫になってしまった。とくにディズニーのアニメなどでは、両手にハンマーを持った黒人の大男が、新しい路線の開設に間に合うように、猛烈なスピードでハンマーを振るう超人的な様子が描かれている。思うに、暗いトンネルの奥底で長さ六フィートものたがねをハンマーで打つ姿よりも、青空の下でハンマーで犬釘を打って線路を敷設していく方が絵になるのだろう。列車を通すために新たに線路を敷いていく光景からは、アメリカ開拓時代の線路工事が思い浮かぶ。未開の西部の荒野を切り拓いていくイメージは、パイオニア・スピリットを尊ぶ国民性にも合致する。人間の力によって自然が拓かれていく開拓精神が、ジョン・ヘンリーの物語を借りて広まっていったのだろうとも思える。

もっと端的に言えば、ジョン・ヘンリーの職種の混乱は、鉄道関係者の誰もが「レイルロード・マン」と呼ばれていることからも来ているように思われる。駅員も機関士も車掌も線路工夫も、すべて「レイルロード・マン」なのである。だから「レイルロード・マン」だけでは、トンネル工夫か線路敷設工夫かの厳密な区別がない。

別の見方では、この線路工夫のイメージは、労働歌《ワーク・ソング》のひとつ、それも屋外での集団労働での声の掛け合いから生まれた「フィールド・ホラー・ソング（field holler song＝野外での呼びかけ歌）」からの影響を強く受けているとも言われている。おそらく囚人たちの屋外労働、道路造りのための岩石を打ち崩す共同作業などで、このジョン・ヘンリーの雄姿は彼らに力を与えたと思われる。

だが実際にはジョン・ヘンリーは暗い坑内で働いていた。だから、最初にジョン・ヘンリーをヒーロウとして愛したのは炭鉱労働者たちだったのだ。彼らも同じ暗い洞窟の中で、いつ発破による崩落が起こるかもしれない危険を背負って働くしかなかった。そんな人びとにとって、ジョン・ヘンリーは紛れもない英雄だった。そして彼の死は、彼ら自身の過酷な労働環境を認識させるのに充分だった。

いくつかの歌をもとにジョン・ヘンリーの物語を要約してみよう。子供の頃に自分の運命を予言したジョン・ヘンリーは、大人になると女の存在を明かす。彼女はジョン・ヘンリー同様力強い人間で、またとないパートナーである。彼は宿命的に蒸気動力の回転式ドリルとの掘削能力、穿孔速度を競う闘いに挑み、最終的には勝ったものの死ぬことになる。その遺体は列車の通る線路近くの砂地に埋葬され、そこを通る乗客からは今も賞賛の声が上がる、というのが主なストーリーである。

幼児期の予言、愛する女との共同作業、強敵との宿命的な対決、そして殉教的な死といった要素は、十九世紀後半アメリカでよく読まれたヒロイックな物語に共通するものだというのが、民話・民謡研究者の言うところである。だがそれ以前に、ここには南部の労働者階級、アフリカから奴隷として連れてこられた黒人たちの悲劇が色濃く滲み出ていることもまた忘れてはならない。

アメリカの公共放送、NPR（National Public Radio）の番組でこのジョン・ヘンリーの歌を調査したアメリカン・フォークソングのミュージシャンであり研究者でもあるステファン・ウェイドによると、その歌を最初に世に送り出したのは、一九二四年三月にレコーディングしたジョージア州出身のフィドリン・ジョン・カーソンの《ジョン・ヘンリー・ブルース *John Henry Blues*》だとされている。無論それ以前にも歌った人、聴いた人は大勢いただろうが、今も残る記録として年代がはっきりわかっているのは、このフィドリン・ジョン・カーソンが最初である。

　つづくのは一九二六年、「グランド・オール・オープリー」の初期の大スターである、アンクル・デイヴ・メイコンの《ジョン・ヘンリーの死 *The Death of John Henry*》だという。翌二七年、テキサスのラグタイム・ヘンリー・トーマスが黒人として初めて《ジョン・ヘンリー》の別ヴァージョンを歌っている。そして二八年には、ミシシッピー・ジョン・ハートがジョン・ヘンリーのテーマを借りた《スパイク・ドライヴァー・ブルース *Spike Driver Blues*》を発表している。

　ここに登場する四人ともが、三つの名前を連ねていることに気づく。フィドルの演奏がうまいゆえに「フィドリン」という名をつけられた男、コミュニティの人びとには「おじさん《アンクル》」のように温かく親しみやすい性格で親しまれていた男、ラグタイム・ミュージックが得意であった男、ミシシッピー出身の男……それぞれのジャンルや地域を代表するミュージシャンたちだった。それゆえに綽名《あだな》がつけられ、親しまれてきたのである。彼らはオリジナルの歌曲を作るばかりではなく、その地域の有名な曲や、珍しい曲を、集まりのたびに披露しては人びとを楽しませていたのだ。

　彼らの歌が残っているのは、ひとつには文化財保護に力を入れるスミソニアン協会などが資料として収録したり、アラン・ロマックスやカール・サンドバーグといった研究者が個人的に蒐集したり、商業目的でレコード会社が地方に住むミュージシャンたちの歌をレコーディングしたり、また都市部のラジオ局の番組のために地方に出かけていった番組制作者たちによって録音されたからである。一九二〇年代に南部から都会に働きに出ていった者たちにとって、故郷の歌や演奏をラジオで聴くことは大いなる娯楽だった。やがて聴取者にすぎなかった彼らの中から腕に覚えのある連中が、故郷に残してきた家族や恋人や風物などを恋い歌う曲を作っては、週末に集まる酒場や食堂で演奏するようになる。現在、ケンタッキーやウエストヴァージニア、ノースカロライナといったアパラチア地方に誕生したマウンテン・ミュージックや、そこから派生したブルーグラス・ミュージックの多くが、都会を本拠地として発信されているのはそのためである。

ともあれ、フィドリン・ジョン・カーソンをはじめとする各地方で活躍する地元のミュージシャンは、自分のコミュニティで愛好される曲を歌い、録音していった。その歌われる内容が史実であれ、伝説であれ、またホラ話《トール・テール》であれ、口伝であれ、残された音源によって、当時その歌を歌い、聴き楽しんだ人たちが、その出来事をどんなふうに受け取っていたかがわかる。

ジョン・カーソンの《ジョン・ヘンリー・ブルース》の内容はこうだ。

子供のジョン・ヘンリーが母親の膝の上でハンマーを手に、これが自分を殺すことになるだろう、という予言をする。大人になった彼は蒸気ドリルと闘うことになり、監督《キャプテン》に、町に行って一二ポンド(約五・四キロ)のハンマーを手に入れてきてくれと頼む。決着は着いた。蒸気ドリルを発明した人間はそれが最高の道具だと思ったろうが、ジョン・ヘンリーは一四フィート(約四・二七メートル)掘り、蒸気ドリルは九フィート(約二・七四メートル)だった。彼は相棒のシェイカーを、よくやったと褒める。「もし六フィートのスティール・ドリルをうまく仕上げてくれなかったら、明日はおまえの葬式になったはずだ」と。

この「シェイカー」というのは、スティール・ドリルの先についた石屑を拭い、鈍《なま》った先端を研ぎなおす役目を担っている。こういう作業の状況を正確に歌い込んでいるのは、やはり《ジョン・ヘンリー》の歌の周辺に、トンネル穿孔に詳しい人間がいて、彼らの間でこれらの曲が作り上げられ、歌い継がれていったからに違いない。

そしてジョン・ヘンリーは、闘いの後に頭が痛いと訴える。彼が病で臥せっている間に、彼の女、ポリー・アンが彼と同じようにハンマーを振るった、というのだ。ここには、ジョン・ヘンリーの家庭の姿もうかがえるようだ。

ジョン・ヘンリーは伝説の人物ではなく実在の人間だっただろうことを示唆してくれたのは一冊の本、ブレット・ウィリアムズの『ジョン・ヘンリー――一代記書誌研究 *John Henry: A Bio-Bibliography*』（一九八三年）だった。ウィリアムズはこの本の中でジョン・ヘンリーを知っているという人たちへのインタビューを集めた資料類に言及していて、そこに抜粋された証言を読むにしたがってこの黒人坑夫は実在していたのだという思いを強くしていった。

ジョン・ヘンリーは本当に実在していたのか。それを確かめるには、彼が働き、そこで死んだと伝えられるビッグ・ベンド・トンネルのあるウエストヴァージニア州東部にあるサマーズ郡ヒントンの町に行くしかない。

ヴァージニア州の西の端を南北に走る州間高速道路《インターステート・ハイウェイ》64は、レキシントンの町でインターステート81と分岐して、西隣のウエストヴァージニアへと向かう。このあたりは、初期移民――イングランドのカトリック教会を制圧するために北アイルランドのアルスター地区に送り込まれた人びと、後にスコットランド系アイルランド人、スコッチ・アイリッシュと呼ばれる人たちが入植した。その彼らの西部地帯への進出を厳しく拒んだ鋭い山々が幾重にも連なっている。

インターステート64が84号線と合流して南下するその左手には、ブルーリッジの山並みが併走する。その山脈の頂上近くを走る「ブルーリッジ・ターンパイク」はアメリカ東部の自然の景観を楽しめる人気の観光道路になっている。84と分かれてからの64は、アパラチア山脈の南の尻尾を越える急な登り道になっていく。まもなくヴァージニアとウエストヴァージニアの州境を渡る。

かつて両州はひとつだった。南北戦争の時にヴァージニア州が連邦を脱退することになって二つに分かれ、山々を抱えて鉱業、林業を主産業とする北西の部分が独立してウエストヴァージニア州となった。チェサピーク湾を懐に、その先に広がる大西洋に面する豊かな漁場を持ち、一方平坦な内陸は肥沃で煙草産業や酪農が栄え経済的にも安定しているヴァージニアにくらべ、このウエストヴァージニアは州の大半が山と森林で、急勾配の斜面は耕作に不向きなため、その峻険な山襞《ひだ》に住まう人びとは石炭や石油が産出するまではただ貧しかった。それが彼らを孤立させ、近代化から取り残させることになった。だが一方、イングランド、スコットランド、アイルランドからの移民の持ちこんできた生活様式や宗教観、料理、音楽などの文化が古いまま残されており、アメリカにとっては貴重な文化遺産の土地になっている。そういう土地だからこそ、ジョン・ヘンリーの伝説が生きつづけてきたのだろうと思われる。

あたりは襞を折り重ねるようにして、アパラチア造山帯がのびている。その斜面を上り下りするうちに、時折まばらな集落が樹々の奥に、あるいはふいに開けた森の向こうに散在するのが見える。白い屋根の上に十字架を戴いた小さな教会があり、フロント・ポーチを備えた木造の、どこかくたびれたような小屋がある。今もそのポーチでバンジョーやフィドルを弾いたりするのだろうか。こういう土地で生まれたのが、マウンテン・ミュージックなのである。

ヒントンの町はまさに鉄道によって生きてきた町だった。C&Oと略して呼ばれる、チェサピーク・アンド・オハイオ鉄道があったればこそ生まれ、育ち、生き残ってきた町だ。現在はその鉄道も、貨物はトラック輸送に奪われ、客足は航空機にとられて、ほとんど息も絶え絶えの様子が見て取れる。町にも勢いがなく、あたかも昼過ぎの陽射しの中でうずくまってまどろんでいる大型犬を見るようだ。

あっという間に端から端にたどり着けそうなメイン・ストリートのテンプル・ストリートをゆっくり車を走らせながら、まずどこから調べはじめようかと考えていた。

ジョン・ヘンリーという男は伝説の超人的なスティール・ドライヴァーではなく、実際には人間的な弱さもやさしさも、そして機械相手に闘わねばならなかった組織の人間としての苦悩をも抱えていた、ごく普通の人間だったろう。彼が生きていたと確信したのは、例のフィドリン・ジョン・カーソンの《ジョン・ヘンリー・ブルース》の中の一節からだ。大意はすでに紹介した。だが、あえて省略した部分がある。それはジョン・ヘンリーの女性にまつわるエピソードなのである。

彼にはポリー・アンという名前の女がいたことは、他の曲でも取り上げられている。しかし、カーソンの十一聯目のヴァースの最後の部分は、もう一人の、ポリー・アンではない女、「青いドレスの女」の存在を匂わせている。紹介しなかったその最後の歌詞の部分は、こうなっている。

John Henry had another little woman,
The dress she wore was blue;
She went down the track and she never looked back,
"John Henry, I've been true to you."

ジョン・ヘンリーには、もう一人別の女がいた。彼女の着ていたドレスは青地だった。そしてジョン・ヘンリーの死後、二度と振り返ることなく去っていく。彼女の残した最後の言葉は「ジョン・ヘンリー、あたしはずっとあなたに忠実だった」というものだ。この一行で、この物語はずっと生臭くなってくる。ジョン・ヘンリーは、力自慢のヒーロウであるばかりでなく、温かな血の流れる男として女との関係を持つこともあった人間であることがわかってくるのである。

最初、ジョン・ヘンリーの歌に出現する女性たちを調べれば、彼のことがもっとわかるかもしれないとも考えた。ポリー・アンという、どうやらジョン・ヘンリーと同じぐらい力仕事のできるらしい女は、ほとんどの人たちの歌にその名前のまま登場する。ジョン・ヘンリーとのコンビとして一組にされて、多くの人に受け入れられていたのだろう。

だが、青いドレスの女の存在はどことなく奇妙だ。この女のことと同時に、ジョン・ヘンリーにまつわる奇妙なエピソードが綴られているのは、レッドベリーの歌う《ジョン・ヘンリー》である。一九六〇年に録音されたフォークウェイズ・レコードの『ニグロ・フォークソング・フォー・ヤング・ピープル *Negro Folk Songs for Young People*』が、一九九九年に『レッドベリー・シングス・フォー・チルドレン *Lead Belly Sings for Children*』というタイトルでCD化されたが、その中の《ジョン・ヘンリー》を少し長いが引用してみよう。

"Jon Henry was a steel-drivin' man—well that's mighty fine—he was a double-jointed man, I don't guess you knew that, did you? That's made him drive so much steel. He drove steel from Newport News to Cincinnati, Ohio, and he drove all that by himself. So I'll tell you a story about it."

John Henry was a newborn baby, sitting down on his mama's knee.
Say "That Big Bend Tunnel on that Savannah Road.
It is going to be the death of me, Lord, Lord,
It is gonna be the death of me."

John Henry had two women, one was named Mary Magdalene,
She would go out on the job and she would sing,
"Can you hear John Henry's hammer ring, Lord
Lord, can you John Henry's hammer ring?"

John Henry had a another little woman, her name was sweet Polly Ann,
John Henry taken sick, boy, and he had to go to bed.
Polly Ann drove steel like a man, Lord, Lord
Polly Ann drove steel like a man.

John Henry was sick, he called Polly Ann to his bedside,
And this is what he asked her.
"Baby, who's gonna shoe your little feet? baby, who's gonna glove your hand?
Tell me, who's going to kiss your sweet little lips?
Tell me, who's gonna be your man, Lord, Lord,
Tell me, who's gonna be your man?"

"This is what she told him."

"My papa's gonna shoe my little feet, My mama's gonna glove my hand.
My sister's gonna kiss my sweet little lips,
And you know I don't need no man, Lord, Lord
You know I don't need no man."

Then they take John Henry to the White House, and they bury him in the sand,
And every locomotive comes a-rollin' by sayin'
"There lie that steel-drivin' man, Lord, Lord,
There lie that steel-drivin' man."

最初の部分は、歌う前に子供たちにジョン・ヘンリーという人物を紹介しているところである。ここで興味深いのは、「彼はダブル・ジョインテッド・マンだった」とあることだ。「知らないと思うけどね」とだけ、彼は言う。それでたくさん掘れたんだよ、と説明している。しかし、CDのジャケットに写っている子供たちは、幼稚園児ではないかという年頃なのである。レッドベリーは決して器用ではなく無骨なシンガーだったらしいが、子供に理解できるとも思えない用語を平気で使うところなど彼の面目躍如というところだろうか。

ダブル・ジョインテッドとは、ようするに腕や脚や指の関節が通常よりも大きく、あるいは広く曲げられることで、まさに関節が二重に開くように見えるところからこの名前がついた。ジョン・ヘンリーがそうだったとは、初耳だった。彼が力強く、逞しい男であることは歌の端々にうかがわれるけれど、その肉体的特徴をこれほど具体的に語ったものはなかった。レッドベリーには、ジョン・ヘンリーにつながるまた別のルートの原曲があったのではないかと思わざるを得ない。伝説上の男にとって肉体的細部の説明は必要ない。実際に彼が生きていたからこそ、この特徴が語られたとしか思えない。だが、その肉体的特徴がジョン・ヘンリーにとって何かの意味があったのだろうか。レッドベリーの説明からでは、よくわからない。

また別のこともレッドベリーは教えてくれる。これもまた、ポリー・アン以外の女の存在だ。彼の歌の中に「ジョン・ヘンリーには二人の女がいた。一人はメアリー・マグダレーンで、彼女は外に働きに出ており、しかも、ジョン・ヘンリーのハンマーがスティールを打つ音が聞こえるかい？と歌っていた」という部分がある。これは彼の仕事を伝える手段として歌ったものなのか、あるいは、ジョン・ヘンリーという近辺でも評判の偉丈夫のことを人びとに知らせようと歌ったのだろうか。もしかすると、彼女の仕事は、歌うことだったかもしれない。メアリーは人の集まる酒場のようなところで歌う、芸人でもあったのだろうか。そして、彼女は「青いドレスの女」と同一人物だったのだろうか。レッドベリーの歌からだけでは、これらのこともまたうかがい知れない。

もう一人の女、ポリー・アンは他の歌にもある通り、ジョン・ヘンリーが病に倒れた時に、彼に代わってハンマーを振るったとある。そして彼は、ベッドサイドにポリーを呼んで訊く。「誰がお前の足に靴を履かせ、手袋を与え、その唇にキスをしたというのか。さあ、言ってごらん、お前の男は誰なのか」と。ポリー・アンは答える。「靴をくれるのはパパ。ママは手袋をくれる。あたしにキスをするのは妹。わかってるでしょうけど、あたしは男なんていらない」

ここには小さな諍いがある。メアリー・マグダレーンが外で働く女であるのに対して、ポリー・アンは外に働きに出るタイプではない。この二人の女の間には、何かの葛藤があったのではないか。ジョン・ヘンリーはその死の床で、最後まで看取ってくれる女、心底自分に仕えてくれる女を必要としたが、ポリー・アンはジョン・ヘンリーにつれない。

レッドベリーの最後の行は、「それから彼らはジョン・ヘンリーをホワイトハウスに連れて行った。そして砂地に彼を埋めた。蒸気機関車が通るたび、人は、あそこにスティール・ドライヴァーが横たわっていると言う」というものだ。レッドベリーはどこでこのヴァージョンを習い覚えたのだろうか。その原曲はもっと長くてレッドベリーが省略したのか。「ホワイトハウス」というのはどういう意味なのだろうか。機械と闘ったヒーロウとして、大統領官邸に呼ばれたのだろうか。あるいは、そういう名前の葬儀屋でもあったのだろうか。女たちの問題にしろ、このホワイトハウスの一件にしろ、何か奥深い物語が彼の歌の背後にはあるように思える。彼の歌う《ジョン・ヘンリー》は、他とまったく趣を異にする異色の歌だ。しかし、他の誰の歌とも違う生々しい人間像がここにはある。

もしかしたら、誰か別の人間の物語を、ジョン・ヘンリーの歌に入れ込んだのではないのか。伝えられるジョン・ヘンリーとは、まるで別人のようなエピソードではないか。いや、ここにある姿こそ、本物のジョン・ヘンリーだったのかもしれない。だがやがて多くの無垢な人たちや純真な子供たちが彼の存在を認識するようになるにしたがって、毒気が抜かれていったのかもしれないのだ。つまり、サニタイズされたのだ。

ジョン・ヘンリーの正体――彼が確実に存在した証拠を調べる手懸かりは、この二人の女を追うことでは得られなかった。ポリーもメアリーも共に歌に出てくるだけの女で、実在を確かめることはできなかった。歌としてはどんな女でもよかった、または別の名前でもよかったのかもしれないとは思うものの、こんなに現実感のある女たちが空想の世界だけに存在するものだろうか、と不思議に思う。

あれこれのジョン・ヘンリーの歌を聴き込んでいくと、彼の物語は地域によって少しずつ変化していることに気がつく。たとえば、一九〇九年にルイーズ・ブラウンという人がノースカロライナで蒐集したフォークソングには「ジョニー・ヘンリーは激しい労働の末、ハンマーを手に死んだ」と歌った二行の歌がある。ここでは「ジョン」ではなく、「ジョニー」と愛称で呼ばれている。

一九一四年にサウスカロライナでヘンリー・デイヴィスがコレクションしたフォークソングに「そのハンマーこそがジョン・ヘンリーを殺した」という一節があった。同じ頃、アラバマやウエストヴァージニアで「ハンマー・ソング（Hammmer Song）」と呼ばれるジョン・ヘンリーの歌と似ている曲が採集されているし、一九一八年、当時の「ヴァージニア・ハンプトン校《インスティテュート》」の黒人の生徒たちから蒐集したフォークソングには、ジョン・ヘンリーにまつわるハンマー・ソングがいくつもあったという。このことは、ジョン・ヘンリーという人物の名前を借りて、一種の労働讃歌として、あるいはその代償としての事故や悲劇がこめられて歌われていたのではないのかと推測される。

肉体を使って働く者の陶酔と敗北、それが二十世紀初頭のアメリカの地方の救いであり、悲しみであったのだ。現在、ジョン・ヘンリーの歌のヴァージョンがいくつも存在するのは、その地方地方によって彼の姿を借りて歌うその思いがそれぞれに異なっていた証拠ではなかろうか。それによって、ジョン・ヘンリーという男の人格や人間像も変わっていく。そう考えると、彼の歌のヴァリエーションの多さにも納得がいく。

ジョン・ヘンリーという男は実在していた。血の通った人間だった。彼にまつわる歌を聴けば聴くほど、そう思えてならなかった。

いくつかのジョン・ヘンリーの歌には、彼はビッグ・ベンド・トンネルで働いていたという歌詞や、C&Oで働いていた、という記述がある。もう少し具体的な描写としては、レッドベリーが子供たちに歌うCDの中の説明に、‘He drove steel from Newport News to Cincinnati, Ohio.’という部分がある。

ニューポート・ニューズはヴァージニア州の東端、ジェームズ川がチェサピーク湾に流れ込む河口の港町だ。だからこのチェサピーク湾からオハイオ州シンシナティの町までの間で、ジョン・ヘンリーはトンネル仕事をしていた、ということになる。レッドベリーは、歌の中でもう少し詳しく述べている。それは、'That Big Bend Tunnel on that Savannah Road.' だ。しかし、このサヴァンナ・ロードがわからない。ジョージア州オーガスタ近くにあるオールド・サヴァンナ・ロードは、インディアンのクリーク族との交易路だった。ウエストヴァージニアのヒントンとは直線にしても三〇〇マイル、五〇〇キロ近くも離れている。サマーズ郡のどこかにも「サヴァンナ・ロード」という道路があったのかもしれないが、今は見つけることができない。

C&Oつまり、チェサピーク・アンド・オハイオ鉄道を走る機関車は〈チェシー〉と呼ばれていた。その〈チェシー〉を走らせるために、ジョン・ヘンリーが働いていたというビッグ・ベンド・トンネルは、そのC&Oのニューリヴァー・ラインの途中、ヒントンの町から西に九マイル（約一四キロ）ほど行ったところにある［図㉞ トンネル前のジョン・ヘンリーの銅像］。もし歌にある通り、ジョン・ヘンリーがこのトンネルで働いていたのなら、その時期はわかる。このビッグ・ベンド・トンネルが造られたのは、一八七〇年から七二年にかけてのことだからだ。

ヒントンの町の図書館や市庁舎、鉄道関係のあれこれを集めた記念館などで、本や小冊子類、新聞の切抜きからメモ類、報告書、申請書、未整理のコピー類などを読み漁った。『ヒントン・ニュース』という新聞社で過去の記事にも目を通した。そうして、少しずつジョン・ヘンリーという男の、そうであっただろう人生、に近づいていった。

一八七〇年代の初め、ジョン・ヘンリーが働き盛りの三十代だとしたら、生まれは一八三五年から四〇年頃だろう。となると彼は、南部の奴隷であった可能性が高い。十九世紀半ば、ジョンもヘンリーも男性奴隷のごく一般的な名前だったようだ。一八三〇年に出版されたカーター・ウッドソンの

『一八三〇年の合衆国自由黒人筆頭者 *Free Negro Heads of Families in the United States in 1830*』には、ジョン・ヘンリーという名前の元奴隷が十一人記録されているとある。

もう一つ、ヘンリーが苗字だとしたら、家族名かプランテーションの名前——たとえばヴァージニア州ウィンチェスターにあった巨大な「ヘンリー・プランテーション」所属の奴隷であったということもありうる。ともかく、ジョン・ヘンリーという名前だけからではこの人物を追うことはできない。

彼は一八三〇年代にノースカロライナかヴァージニアあたりの奴隷家族に生まれたか、あるいはもっと南部のジョージアかアラバマからの産業奴隷《インダストリアル・スレイヴ》であったのかもしれない。この時代、深南部《ディープ・サウス》の奴隷オーナーは自分のところで奴隷を使うより、産業奴隷として北部の鉄道や運河工事や炭鉱に貸し出したほうが儲かったのである。いずれにしろジョン・ヘンリーは奴隷として、この頃もっとも危険な労働である炭鉱に働きに出されたと思われる。彼が後年、トンネル工事で実力を発揮できたのは、炭鉱労働での技術を学んでいたからだろうと考えられるからだ。

一八七〇年、キャプテンと呼ばれる工事請負人のW・R・ジョンソンが、C&O鉄道のビッグベンド・トンネル工事を引き受け、約一千人の工夫を使って掘削を開始した、という記録が残っている。この男ジョンソンは、ジョン・ヘンリーについてもっともよく知った人物だったろうと思われるのだが、一九一一年、家族にさえ何も語らずに他界してしまった。

当時ビッグベンドは、長さ一・二五マイル（約二キロ）のアメリカ最長のトンネルを目ざして工事が行なわれたのだが、赤色頁岩の岩石質はもろく、難工事を極めたと伝えられている。トンネル内でもっとも危険なのは、導坑の先端部だった。ドリルを水平に打ち込むたび、充分に支えられていない天井からよく落石が起こった。

シェイカーまたはターナーと呼ばれるコンビの相棒は、ドリルの先にへばりついた石屑を払い落とし、すぐに鈍るその先端を、ドライヴァーのペースを崩すことなく新しく研がれたものと取り替えねばならなかった。ドリルは数分で鈍り、ドライヴァーたちは一日数千個のドリルを消費したと言われている。

そのシェイカーが研いだドリルを使って一四フィート（約四・三メートル）の長さの孔が掘れたら、発破の準備にかかる。〝パウダーマン〟と呼ばれる火薬係がその孔に黒色火薬とニトログリセリンを入れ、全員避難して点火する。この時代の爆破装置はまだ未発達で、点火してから爆発するまでの時間が一定せず、坑道内の安全確認が終わる前に爆発してしまうことがしばしばあった。ほとんどの事故はこれが原因だった。

仕事はきついばかりでなく、遅々として進まなかった。六人のスティール・ドライヴァーが十二時間交代で丸一日かかり、ようやく一回の発破が可能だった。そうやって掘れた坑はわずかに六フィートだったという。

そんな時に登場したのが、蒸気ドリルだった。アメリカで最初の削岩ドリルの特許は一八四九年のカウチ・アンド・ファウル社のもので、岩石面に対して蒸気の力で錐のように回転しながらピストン運動する機能を開発し、この方法は他のメーカーに大きな影響を与えた。次いであらわれたのが、ブルックス、ゲイツ、それにバーレイ社だった。ことにバーレイ社が一八六五年に作ったバーレイ・ドリルは三七二ポンド（約一六九キロ）の大型だったが、大岩を崩すには最適だと評判だったようだ。

一八七一年、インガソール・ランド社はインガソール・ドリルで特許をとり、それまでのバーレイの天下を覆した。同じ年アメリカン・ダイヤモンド・ドリル社のブラック・ダイヤモンド・ドリルは、砂岩だったけれども一一インチ（約二八センチ）穿孔するのに五十五秒という記録を作って『サイエンティフィック・アメリカン』誌で絶賛されている。

年代的に見て、ジョン・ヘンリーはこれらの蒸気ドリルと闘ったにちがいない。しかしビッグ・ベンドでは、バーレイ、インガソール、ブラック・ダイヤモンドのどれを使ったかという公式の記録は残っていない。ということは、採用テストだったとも考えられる。将来、人力を排して機械化を図ろうとする下準備だったのだろう。機械に対峙するテスト要員として、もっとも優秀なスティール・ドライヴァーが選ばれた。

闘いの日はほぼ推定できる。トンネル工事も佳境の、一八七〇年の夏から秋。おそらくは十一月に完成した東工区のあたりだろう。そこは近くを流れるグリーンブライアー川にもっとも近接していて、蒸気動力用の取水ができる唯一の場所だったからだ。

一八七〇年秋、おそらくは十月頃、ウエストヴァージニア州サマーズ郡のビッグ・ベンド・トンネルの東工区で、ジョン・ヘンリーと最新型の八馬力の蒸気ドリルとの闘いが行なわれた。人間対機械の闘い――人間の方が分が悪そうだが、一八六五年にマサチューセッツで行なわれた性能テストでは、六つの異なったドリルの穿孔速度の平均は一分間二・〇一インチだったという報告がある。一分間二インチ（約五センチ）なら、ジョン・ヘンリーにもできそうだ。

勝負はジョン・ヘンリーの勝ちだったと、どの歌にもある。三インチ差で勝ったというのが多いが、ジョン・ヘンリーが一四フィート掘り、蒸気ドリルは九フィートだったというもの、また彼は七フィートの孔を二本、計一四フィート掘ったというものもある。その時の彼は同時に二つのハンマーを振るって、それぞれが二〇ポンド（約九キロ）あったとも伝えられている。

ヒントンの町からそう遠くないタルコットの町の図書館で、前述のブレット・ウィリアムズの『ジョン・ヘンリー――一代記書誌研究』にも紹介されていた、一九二九年に出版されたガイ・B・ジョンソンの『ジョン・ヘンリー――ある黒人伝説を追って *John Henry: Tracking Down a Negro Legend*』

の一部を要約したものを見つけた。一九二〇年代、ジョン・ヘンリーと一緒に働き、あるいは目撃し、また噂を聞いた人たちもまだ存命中だった。彼らの証言を集めたこのインタビュー集は、眉唾に近い証言もあれば、初めて知るジョン・ヘンリーの人間らしい側面をもうかがわせてくれてとても興味深い。その本によると伝説の男は、背の高さが五フィート八インチ（約一七三センチ）から六フィート（約一八三センチ）まで、体重は一七〇ポンド（約七七キロ）から二〇〇ポンド（約九一キロ）。年齢は三十歳から三十五歳というあたりになる。

想像より小柄だと証言したヴァージニア州のジョン・ヘンドリックという人物は、ジョン・ヘンリーは黄色人種との混血で、巨体の黒人の相棒を連れて歩いていたという。その相棒がスティール・ドライヴァーで、ジョン・ヘンリーは彼のマネージャーか主人だったとも考えられる。巨軀の黒人を引き連れた小柄の東洋人――なんだか映画にでもなりそうだ。

ジョン・ヘンリーの本名はジョン・ヘンリー・ダブナーで、ダブナー家の奴隷だったと証言したのは、ソルトレイクシティのC・C・スペンサーという男だ。トンネルの工事請負会社が「シーア・アンド・ダブナー」社で、そこに売り込んできた蒸気ドリルとダブナー家の奴隷であったジョンという名前の坑夫が闘ったのだという。ただしそのトンネルは、ビッグ・ベンドではなく、アラバマ州のグレート・サザン鉄道のものとされている。

証言した中には、自分がビッグ・ベンドで働いていた一八六九年から七二年までの間、ジョン・ヘンリーという男はいなかったし、機械と人間の闘いもなかったと主張したW・H・コッテルという人物もいる。

ジョン・ヘンリーの死因についても、興味深い証言がある。これまでは蒸気ドリルとの闘いの末の疲労困憊の挙句の心臓麻痺か何かだろうと考えられていた。ジョン・カーソンの歌でも、頭の具合が悪く、頭がrollin'（揺れる）していると訴えている場面があるし、別の歌では、頭がroarin'（吠える）したとある。これは脳卒中の症状ではなかろうか。ウエストヴァージニア州リンドサイドのジョージ・ジョンストンは、祖父から聞いた話として、闘いが終わって家に帰ったジョン・ヘンリーは頭の具合が変だと妻に訴え、彼女は夫に夕食を食べさせてから寝かせたが、翌日起こしに行くとすでに死んでいたという。そして、ボルティモアから来た二人の医師が検死した結果、脳の血管が破裂していたという報告書を提出した、と証言している。

ジョン・ヘンリーは、闘いの後しばらくしてから落盤や発破による落石などで死んだという話もある。実際、Ｃ＆Ｏ鉄道は事故の多い路線だった。もっとも多くの黒人労働者が死んだのは、一八七〇年の東出口付近の落盤事故で、その犠牲者のほとんどは名前さえわかっていないし、一八八三年にはビッグ・ベンドでのトンネル崩落事故の多発に、ヒントンの地方検事局がＣ＆Ｏ鉄道を法廷に引きずり出し、その後十年にわたる膨大な時間と金をかけてトンネルの内部、とくに天井付近を補強させたという記録もある。

その他、いろいろと資料を漁ってみた結果、ジョン・ヘンリーが実在したらしいということはわかったものの、もうひとつの別の謎が頭をもたげてきた。それは、あの蒸気ドリルとの闘いが、当時ビッグ・ベンドで働いていた人たちの間ではあまり知られていなかった、という事実だ。いくつかの証言の中に、そんな闘いはなかった、聞いたことがないというのが散見できる。

だが、様ざまな資料を見ると、当時穿孔速度を競う闘いは幾度も行なわれていたらしいことがわかった。機械相手ばかりでなく、腕自慢の坑夫同士、それも別の工区の代表が腕を競い合い、勝者には賞金が出たし、見物人たちは金を賭けたりして楽しんだという記録がある。町からの見物人も時には二、三百人を超えて、その闘いは、いわば彼らの数少ない娯楽のひとつであったようだ。

それにしては、ジョン・ヘンリーの闘いは娯楽色が薄い。彼の伝説を〝ホラ話《トール・テール》〟と片づける人もいるが、だとしたらあまりにも楽天的な要素が少なすぎるし、その背後に漂う悲劇のニュアンスはいったいどういうわけなのだろうか。

ジョン・ヘンリーの闘いは秘密裏に行なわれた、と考えたらどうだろう。機械が勝ったら坑夫たちは職を失うのではないかと不安になるし、労働意欲を減退させるだろう。機械が負けたら合理化は遅れ、文明の進歩そのものも遅滞させる……。その結果が、ジョン・ヘンリーは勝ったが死に、機械は負けたが生き残る、という図式ではなかったかと思えてならないのだ。そして、いや、だからこそ彼の英雄的活躍と殉教者的勝利は、歌となって秘かに人びとに歌い継がれていったにちがいないのだ。

それはやがて、鉄道、炭鉱のストライキへと受け継がれていく。一八七三年のヨーロッパの経済不況のあおりで、アメリカの失業率は極端に増え、職に就いている者も年の半分しか働けず、賃金も半分近くまでカットされるという状況の中で、七七年、ウエストヴァージニア州のボルティモア・オハイオ鉄道での一大ストライキへと流れ込んでいく。結局は連邦軍の出動による暴動鎮圧によってこのストライキは終結するが、その後も鉄道ストライキはあちこちで起こりつづけたのだった。

一方、一九〇〇年代に入ってペンシルヴァニア州ウエストモアランド郡での炭鉱労働者のストライキ、一九二〇年にはウエストヴァージニア州メイトワンの町での炭鉱労働者と会社側との銃撃戦にまで及んだ暴動事件などのほか、機械化と合理化、近代化と利益追求のあり方と労働条件闘争にまつわる多くの物語の中で、ジョン・ヘンリーはストライキをせねば生きていけない労働者たちにとっては、大いなる守護神だったのではなかろうか。

そればかりでなく、彼の物語は肌の色を超えていた。たとえば、《ジョン・ヘンリー・ブルース》を歌ったフィドリン・ジョン・カーソンは白人であり、一九二六年に《ジョン・ヘンリーの死》を歌ったアンクル・デイヴ・メイコンもまたれっきとした白人であった。その二人の白人たちの歌を聴いても、黒人のジョン・ヘンリーに対する差別的なニュアンスは何らなく、むしろ身体を張って危険なトンネル工事に立ち向かった一人の労働者に対する、敬慕や愛惜の念さえうかがえる。だからジョン・ヘンリーの歌が、黒人白人のどちらからも好んで歌われてきたのだろう。だがしかし、それはいったいなぜなのか。

たとえば前出のビル・モンローの《イン・ザ・パイン》とレッドベリーの《ブラック・ガール》とは同じ旋律でほぼ同じ内容、陽も射さない深い松林の中の悲しみを歌っているにもかかわらず、《イン・ザ・パイン》には具体的な女性の姿はない。一方《ブラック・ガール》は別名が《ホエア・ディド・ユー・スリープ・ラスト・ナイト》というだけあって「肌の黒い娘よ、昨夜はどこで寝たのか」という浮気女をなじる一行が挿入されている。白人系の歌には、この部分がまったく欠落している。意図的に除かれたと考えてもいい。すなわち、白人系の《イン・ザ・パイン》はタイトルも含めて、黒人系の要素を一切削除したのだとも思える。ひとつの曲が、そうやっていくらか手を加えられて共存していった。それが、こと音楽の世界では普通のことだったのではなかろうか。それがいつの間にか、黒人系、白人系と区別されていくことになっていったのだろう。

そうした小さな差異はあるにしても、ジョン・ヘンリーの物語はなぜ白人からも黒人からも受け入れられ、アメリカン・フォーク・ヒーロウの一人として現代でも愛されつづけているのか。

ジョン・ヘンリーは鉄道労働者だった。炭鉱や金鉱で働く人びとと同じハンマーをふるう人間であった。炭鉱や金鉱は、その採掘地がある程度限定されるのに比べて鉄道は全国に張り巡らされている。だからトンネルを掘削する工事現場ではそれぞれに特有のヒーロウ話があったろうし、そこにジョン・ヘンリーの物語が口づてに伝えられもしたろう。各地のヒーロウがジョン・ヘンリーに影響されて、それぞれのヒーロウはいつの間にか「ジョン・ヘンリー化」されていったのではなかろうか。そして同時に、ジョン・ヘンリーに仮託して自分たちの労働環境に抵抗する姿勢を示しもしたろう。そうやって彼の歌は歌い継がれていった。ジョン・ヘンリーの歌の内容が土地によって少しずつ異なる理由がそれだ。レッドベリーの歌はルイジアナのものだし、アラバマやジョージアのジョン・ヘンリー伝説のある土地ではまた別の内容が盛り込まれた。そうやって、各地の労働者がジョン・ヘンリーを味方としていった。

そう、ジョン・ヘンリーは旧世代の労働者の代表だった。そればかりでなく、彼は何よりも、その後何十年とつづく機械の進歩による合理化反対の象徴だった。だから彼はこう言う。'Man ain't nothin' but a Man.' 男は男以外の何ものでもない。だが、もしかしたら彼は、人は人以外の何ものでもない、と言いたかったのかもしれない。人は人なのだ。機械とは違う。機械にはないものを持っている。機械には敵わないかもしれないが、それ以上の何ものかが人間なのだ、と。彼は血を吐くような思いでそう言い、宿命の闘いに立ち向かっていった。それは機械に対する人間の、避けることのできない宿命であったのだ。

そうなのだ。《ジョン・ヘンリー》の歌は、肉体を使って労働するという高貴なる肉体派の最後の一人に対する挽歌、あるいは鎮魂歌ではなかったかと思われてならないのである。

4　九ポンドのハンマー

最後に、この歌の中のもうひとつの大きな謎について探っていきたい。ジョン・ヘンリーの物語で、興味深いのは、彼がトンネル工事で用いたハンマーの重さである。彼の生涯を歌った歌は数多くあり、当然歌う人によって様ざまなヴァージョンの《ジョン・ヘンリー》がある。そして、ここが面白いのだが、そこに出てくるハンマーの重さは一二ポンドや三〇ポンドなどまちまちで、中には四九ポンドという突拍子もない重さのものまであることだ。一ポンドは約四五四グラムだから四九ポンドは二二キロ少々、一〇キロの米袋二つの重さである。どうして、こんなにハンマーの重さが異なるのだろうか。

一つ考えられることは、ジョン・ヘンリーがいかに超人的であったかを如実に伝えることができるのは、彼の振るったハンマーの重さによるのがわかりやすいということだ。どれだけ彼が重いハンマーを振るうことができたのか、それによってどう機械と闘ったか、それは子供たちにもすぐに理解できることだったと思われる。

しかし、果たしてどれが正しいのだろうか。その疑問を残しながらも、いつの間にか、ジョン・ヘンリーのハンマーは「九ポンド」であるというのが定説になっていく。それはなぜなのだろうか。なぜ九ポンドでなくてはならなかったのか。

ジョン・ヘンリーは九ポンドのハンマーを使ったと歌ったのは《九ポンドのハンマー *Nine Pound Hammer*》である。

This Nine Pound Hammer, is a little too heavy,
For my size, baby for my size.
I'm a-goin' to the mountain, gonna see my baby.
But I ain't comin' back, no. I ain't comin' back.

Roll on, buddy, don't ya roll so slow.
How, can I roll, when my wheels won't go.

Well. it's a long way to Harlan, it's a long way to Hazard,
Just to get a little brew, Just to get a little brew.

When I'm long gone, don't you make my tombstone,
Outta number nine coal, outta number nine coal.

「この九ポンドのハンマーは少し重いけれど、だがおれのサイズだ。ベイビーに会いに、山に行く。だがもう帰ってこないかもしれない。さあ、相棒、ぐずぐずするな……」と歌うこの曲は、もともと炭鉱関係者たちが歌っていた歌なのだろう。歌詞の一部が独立して別の歌に用いられたり、歌う人によっては新たな歌詞が付け加えられたりもしている。どうやら、最初から意図的にまとまった一曲として作られたものではないようだ。

この《九ポンドのハンマー》を最初にきちんとまとめ上げたのはマール・トラヴィスという男だった。ケンタッキー州東部の炭鉱夫だった彼は、炭鉱の仕事の経験からいくつもの炭鉱労働者歌《コールマイナーズ・ソング》を作っているが、中でも有名なのは、ケンタッキーの炭鉱夫から聞いた坑内での辛い生活を歌にした《牢獄のように暗く *Dark as a Dungeon*》や大ヒットした《一六トン *Sixteen Tons*》で、こちらは一日一六トンもの石炭を掘らねばならない男の生きようをユーモアをまじえて歌ったものだ。一九五〇年代後半、小坂一也によって歌われて日本でも大ヒットした。

マール・トラヴィスはこの自作の《九ポンドのハンマー》の導入部で、ハーランやハザードといった町のある東ケンタッキーではこのような歌がよく歌われていると語り、それからおもむろに「九ポンドのハンマーは少々重いが、おれにはちょうどいいサイズだ」と歌い始め、最後にこう歌う。

Buddy when I'm gone, won't you make my tombstone
Out of number nine coal, out of number nine coal.

「おれが死んだらナンバー9石炭《コール》で墓を作ってくれ」と。ナンバー9石炭とは何か。アメリカの炭田の分布によると、シーム（seam）と呼ばれる石炭の薄層が、それぞれの土地によって異なっていて、その薄層の種類によって番号が振られている。たとえばイリノイ州の炭田はナンバー5とナンバー6の石炭を主として産出しており、ケンタッキー、とくに東ケンタッキーの薄層はナンバー9の石炭がとれるのである。

《一六トン》にも、このナンバー9石炭が登場する。

「ある人は、人間は泥でできているという。けれど、貧しい男は筋肉と骨、皮膚と血によって創られているんだ。心は弱いけれど、しかし背中は頑丈だ。一六トンもの石炭を担いでいるのだから。聖ペテロ様、お願いだ、まだ天国には呼ばないでくれ、おれの魂は組合のかたに取られているんだから……」そして彼は、一日一六トン、ナンバー9の石炭を掘り出しているのである。

この「ナンバー9石炭」という言葉だけで、《一六トン》で歌われる炭鉱はケンタッキー州東部にあるということがわかるのである。

一方、一九二八年にミシシッピー・ジョン・ハートが録音した《スパイク・ドライヴァー・ブルース *Spike Driver Blues*》は、ハンマーを手に働く男が、そのあまりに過酷すぎる仕事から逃げ出して、「このハンマーを監督のところに持っていってくれ。そうすればおれが逃げ出したことがわかるだろうから」と歌い、つらいハンマー仕事で使われる「このハンマーこそがジョン・ヘンリーをも殺したのだ。けれど、そいつはけしておれを殺せやしない」と続く。

Take this hammer and carry it to my captain,
And tell him I'm gone, tell him I'm gone, tell him I'm gone,
I'm sure is gone.

This is the hammer that killed John Henry,
But it won't kill me, but it won't kill me, but it won't kill me,
Ain't gonna kill me.

（以下略）

マウンテン・ミュージックやブルーグラス系のバンドによく取り上げられる曲《テイク・ジス・ハンマー *Take This Hammer*》と、《ジョン・ヘンリー》の歌とを混ぜ合わせたようなハートのオリジナル曲だが、そこにも「このハンマーはジョン・ヘンリーを殺した」とはあっても、ハンマーの重さは出てこない。

そのジョン・ヘンリーを殺したのは九ポンドのハンマーだと歌詞の中で直接特定したのはビルとチャーリーのモンロー・ブラザーズだ。一九三六年にレコーディングした《九ポンドのハンマー》は、マール・トラヴィスの歌詞とほとんど同じだが、最後の歌詞はこのようになっている。

Somebody stole my ninepound hammer,
They've took it and gone, they've took it and gone.

That nine pound hammer that killed John Henry,
Ain't a gonna kill me, ain't a gonna kill me.

「誰かがおれの九ポンドのハンマーを盗んで、どこかに持っていってしまった。そしてその九ポンドのハンマーは、ジョン・ヘンリーを殺したが、おれを殺せはしない」と歌っているのだ。

ジョン・ヘンリーの歌を最初に録音したとされるフィドリン・ジョン・カーソンの歌詞では、ハンマーは一二ポンドだったが、ここでは九ポンドになっている。ケンタッキーの炭鉱のナンバー9の石炭と、九ポンドのハンマーの重さ、このどちらにも出てくる「九」という数字には何か意味があるのだろうか。

長くアメリカの音楽に親しんでくると、いくつかの不思議に出会う。その不思議のひとつ、大きな謎のひとつがこの「九」という数字についてだ。

「四」という数字は日本では忌み嫌われている。「死」に通じる「四」のつくホテルの部屋番号がなかったり、時には四階の表示のないビルがあったりするが、「苦」に通じる「九」はある程度嫌われはしても、四ほどではない。九階も九号室もよく見かける。

ところがアメリカでは、「九＝ナイン」が不運で悲しみの数であるらしいことが、いろんな曲を聴いているうちにわかってくる。アメリカの歌では、「九」を避けてはいない。むしろ他の数字よりも露出度が高い。そしてそのほとんど、いや、ほぼすべてといってもいいが、不吉で不運で、悲劇の象徴として九という数字が使われているのである。

「九」という数字を意識した最初は、前述したハンク・ウィリアムスの、一九五一年に録音された名曲《淋しい汽笛 *Lonesome Whistle*》だった。

I was ridin' number nine……

と歌い出されるこの歌は、「ぼくは第九号《ナンバー・ナイン》列車で、カロライナから南を目指している。淋しい汽笛が聞こえてくる」と一人の男の物語を語る。歌の主人公は、母親の忠告も聞かず、子供っぽい見栄から銃を振り回して人を殺してしまい、恋人や母親の心を傷つけ、今ジョージア州の監獄に連れられていくところなのだ。後にかまやつひろしによって「今夜の夜汽車で旅立つ俺だよ……」と歌う《どうにかなるさ》に改作されてヒットした。

　子供の頃は「ナンバー・ナイン」の意味がわからなかった。それが列車番号であると知ったのは、カントリー・ミュージックを自分でもやるようになってからだ。けれど、ハンクが「トレイン」や「ロコモーティヴ」ではなく、わざわざ〈ナンバー9〉という列車番号を指定したのはなぜなのか。

　この《淋しい汽笛》は、ワルツであること、列車がテーマであること、悲劇を歌っていることなどから、その元歌とまでは言えないかもしれないが、かなり大きな影響を受けたらしい歌が、先に紹介した《イン・ザ・パイン》ではないかと考えられている。

The longest train I ever saw,
Went down that Georgia line.
The engine passed at six o'clock,
And the cab passed by at nine.

Chorus:
In the pines, in the pines
Where the sun never shines.
And we shiver when the cold wind blows;
Whooee-whoo-hoo; whoo-hoo-hoo,
Whooee-whoo-whoo hoo-hoo!

Little girl, little girl, what have I done,
That makes you treat me so?
You caused me to weep, you caused me to mourn,
You caused me to leave my home.

《イン・ザ・パイン》は陽も射さない松林《イン・ザ・パイン》の中、冷たい風に身震いしながら自分を捨てていった女性への恨みを歌うものだ。「リトル・ガールよ、おまえに冷たい仕打ちをされるような、何をしたというのか。おまえゆえに泣き、おまえゆえに呻き、おまえゆえに家を出るのだ」と歌う。出だしのメロディーの流れもまた、《淋しい汽笛》によく似ていて、その影響は大きいと思われる。
前述したように、この《イン・ザ・パイン》はまた《ブラック・ガール *Black Girl*》（あるいは《ホエア・ディド・ユー・スリープ・ラストナイト *Where Did You Sleep Last Night?*》）というタイトルでも知られていて、その原曲は一八七〇年まで遡れるという。その歌詞を二聯まで引いてみよう。

Black girl, black girl, don't lie to me,
Tell me where did you sleep last night?
In the pines, In the pines, where the sun never shine,
I shivered the whole night through.

Black girl, black girl, where will you go,
I'm going where the cold wind blows.
In the pines, In the pines, where the sun never shine,
I will shiver the whole night through.

自分を捨てた、またはその浮気に苦しめられる女性を《イン・ザ・パイン》では「リトル・ガール」と歌い、《ブラック・ガール》ではそのタイトル通り「肌の黒い少女よ」と歌っている。この《ブラック・ガール》では、おまえは昨夜どこに行ってたんだ、嘘は言わないでくれ、という歌詞で、それが浮気かと思われているが、よくわからない。しかし、松林の中、冷たい風に一晩中震えていた、という歌詞は、《イン・ザ・パイン》と共通している。

《イン・ザ・パイン》を一般的に知らしめたのは〝ブルーグラス・ミュージックの父〟として知られるビル・モンローで、一九四一年のことであり、一方の《ブラック・ガール》は黒人シンガーのレッドベリーが一九四四年に歌っている。

この《イン・ザ・パイン》の歌詞の中に、こんな部分がある。

The longest train I ever saw, went down that Georgia line.
The engine passed at six o'clock, and the cab passed by at nine.

「ジョージア路線の列車ほど、長いのを見たことがない。機関車が朝の六時に通過したが、最後尾の制動車は九時に通り過ぎた」と、ここでも「九」という数字があらわれている。やはりハンクには、このビル・モンローの《イン・ザ・パイン》が頭にあったのだろうと思われる。

「第九号列車《トレイン・ナンバー・ナイン》」を歌ったもうひとつ有名な曲に、エリザベス・コットンという女性が作り歌った《フレイト・トレイン *Freight Train*》がある。「疾走する貨物列車よ」と歌いだすこの曲は、「わたしがどの列車に乗ったか誰にも言わないでほしい。そうすればわたしがどこに向かったかわからないから」とつづく。ここには奴隷時代からの自由への希求、そして家庭に縛りつけられているしかなかった南部の女性たちの「家」からの脱出、暴力的な夫たちからの逃亡の夢がある。つづく二番は、

When I die, oh bury me deep,
Down at the end of old Chestnut Street.
So I can hear old Number Nine,

「わたしが死んだらチェスナット・ストリートの突き当りに深く埋めてほしい。そうすればオールド・ナンバー・ナインがやってくる音を聴けるだろうから」と歌われる。九号列車がどういう列車かわからないものの、ここでもまた悲しみの様相を帯びている。

ロジャー・ミラーの歌った《エンジン・エンジン・ナンバー・ナイン *Engine Engine Number Nine*》もまた列車の歌だが、この場合の「エンジン」は機関車のことだ。九号機関車の牽く列車で彼女は去っていってしまった。茶色のスーツケースを持った彼女を見なかったろうか、と歌う。

九の数字が出てくるのは、何も機関車の歌ばかりではない。タミー・ウィネットの歌った《アパートメント・ナンバー・ナイン *Apartment #9*》は、アパート九号室であなただけを待っているわたしを見つけるでしょう。陽も射さず孤独だけが満ちているアパート九号室、この階段を上がれば一人ぼっちのわたしの世界にこられる、という内容だ。

同じくハンク・ウィリアムスの作った歌の《ゼアズ・ア・ティアー・イン・マイ・ビアー *There's a Tear in My Beer*》には「ぼくの飲むビールには涙が入っている。きみゆえの涙なんだ。最後の九杯のビールを飲みながら、百万粒もの涙をぼくは拭った」とある。

「九」が時間をあらわす曲はとても多い。たとえば、盲目のフォークシンガーで名ギタリストのドク・ワトソンの歌う《ザ・ガール・イン・ザ・ブルー・ヴェルベッド・バンド *The Girl in the Blue Velvet Band*》では、夜の九時、サンフランシスコのチェリーとパイン通りの中間で会った青いベルベッドのヘアバンドをしていた女性を殺してしまい、今はサンクエンティン刑務所にいる、と歌っている。あるいは、ロンスターというグループの歌う《ミスター・マム *Mr. Mom.*》は、失業して働きに行く妻の代わりに家事と子守を引き受ける男の歌だ。おしめの世話からクレヨンのいたずら書き、赤ん坊の髪の毛にはチューインガム、自分のソファーにはサツマイモがぺったり、ミルクは朝六時、お昼寝は朝の九時……と職を失った男の悲喜劇が歌われる。ジョニー・キャッシュの歌った《コカイン・ブルース *Cocaine Blues*》では、コカインでハイになった挙句に女を殺してしまい、留置場から法廷に引き出されたのは朝の九時、そして判決は禁固九十九年、なのだ。サラ・エヴァンスの歌う《サッズ・イン・ザ・バケット *Suds in the Bucket*》は父親と住んでいたおとなしい十七歳のポニーテールの娘がいつの間にか女になって、ある朝、洗濯物を干している最中、石鹼水の入ったバケツもそのままに迎えに来た白いピックアップトラックで家を出て行く。それが朝の九時過ぎだった、というもの。

時間ばかりでなく、トランプのカードの九を歌ったものや、九マイルという距離を歌うものもある。その多くが、九は歌詞の行の最後につけられている。そこから当初、九が多く出てくるのは作詞上の都合なのかもしれないとも考えた。いわゆる詩の韻を踏むのに便利な言葉なのではないかということだ。

日本の歌、とくに歌謡曲や演歌の場合には根強く五七調が踏襲されているが、韻を踏むということは少ない。だがアメリカの歌は、古い民謡からカントリー、ブルーグラス、ジャズや最近のロックに至るまで忠実に韻を踏む。それも「脚韻」と呼ばれる「ライム」である。詩の構造の基本はたいがい四行で一節をなし、普通は二行目と四行目の最後の言葉に韻を踏ませるようにする。

ところがブルースはこれとは違う。基本的な構成は十二小節で、A・A・Bの形式をとる。Aは同じメロディーで、ほとんどの場合同じ歌詞である。BはAの歌詞の結末、そして締めのメロディーになる。すなわちAの四小節は同じメロディーで同じ歌詞を二度繰り返し、最後のBの四小節は別の歌詞で別のメロディーになるように構成されている。

アフリカから強制的に連れてこられた黒人たちが、西洋風音楽と西洋風楽器を借りて日常のあれこれ――生活苦や失恋や労働の辛さなどを歌ったものがブルースで、おそらくは英語にまだ堪能でなかった彼らは韻を踏むほどの語学力も語彙もなく、したがって二行は同じ詞の繰り返し、最後はその結末を歌った「起起結」の形をとることで、韻を踏まなくてもすむようにしたのではないかと思うのだ。

ともあれ、九＝ナインは他の似たような単語と組み合わせて脚韻を踏みやすい。-ine で終わる単語を思いつくままに上げてみても、bine（植物のつる）、chine（小渓谷、背骨）、cline（連続変異現象）、dine（食べる）、entwine（からまる）、fine（良質の、罰金、曲の繰り返し部分の終わり）、kine（cowの複数形）、line（線、行列、電話線、衣服に裏地をつける）、mine（わたしのもの、鉱山）、shine（輝く、光る）、spine（脊柱）、tine（鋭い先端、鹿の枝角）、twine（より糸、麻糸）、vine（ブドウの木）、wine（ぶどう酒）、whine（くんくん鳴く）……等々、nine は韻を踏みやすいのである。

だから「九」が多く用いられたと考えたくなるが、実は韻の問題では解決のつかない用いられ方もある。それは行の途中に出てくる場合だ。また数や番号としてだけではなく、地名としてもよく用いられる。

たとえばタニヤ・ケリガンという女性シンガーの歌ったカントリー・ソングに《ナイン・マイル・ラン *Nine Mile Run*》という土地を歌ったものがある。「あたしたちはナイン・マイル・ランのそばの川べりで一晩中キャンプをした」と歌う。むろんその場所の長さから「ナイン・マイル」が地名になったのだろうが、韻を踏みやすいがためにその土地を選んだわけではなく、この土地でなければこの歌は成り立たなかった。この地名がこの歌にある彩りを与えた、その土地でなければ、歌の印象はまた違ったものになったに違いない。

しかし、たとえ nine が韻を踏みやすい言葉であったとして、その言葉が常にある悲しみの色合いを帯びているのはなぜだろう。もちろん、辞書や辞典類を調べても「九」に悲しみの意味はない。それでもこの「九」には、韻を踏むためばかりでなく、何かの意味、それも悲劇や不幸や不運を表象する何らかの理由があるように思えてならない。でなければ、こんなにたくさんの曲に悲しみの表現として九の数字が使われるはずがないではないか。

ジョン・ヘンリーの《九ポンドのハンマー》は、ある種の誤伝ではないかという説も否定できない。一九二〇年代、ジョン・ヘンリーに関するインタビューを集めたもう一人の研究者ルイズ・チャッペルが書き残した記事にはこうある。ジョン・ヘンリーの歌は一八九五年、ジャマイカのサンタ・クルス・マウンテンで歌われた歌が流れ流れて、やがてビッグ・ベンド・トンネルの話になったのではないかと推理したものだ。その根拠がジャマイカ国有鉄道の主任技師H・R・フォックスの、自分の働いていたポート・アントニオからボグ・ウォークまでのトンネル工事にジョン・ヘンリーという名のジャマイカ人坑夫がいて、彼は一〇ポンドのハンマーを使い、働いていた第九トンネルではタフで有名な存在だった、という。

一〇という数字よりも第九トンネルの九の方が記憶に残りやすい。それで語り継がれ、歌い継がれていくうちにハンマーの重さは九ポンドになり、やがてそれがジョン・ヘンリーの命を奪うことになった……。そんな想像をめぐらしてはみたものの、結局答えは見つからないまま、ヒントンの町をあとにした。

ヒントンの町の帰り道、インターステート64の途中にクリフトン・フォージという町がある。この町は、〈エンジン1256〉の事故現場に近い。ヴァージニア、ウエストヴァージニアにまたがるアパラチア山脈の山間のこの土地はまた、鉄道の集散地としても知られている。ジョン・ヘンリーの戦ったビッグ・ベンド・トンネルのあるニューリヴァー・ラインは、ニューリヴァー地溝帯にへばりつくようにその鉄路を延ばしている。そのニューリヴァー・ラインを歌った――これも後述するが――《ニューリヴァー・トレイン *New River Train*》という歌でも、この路線はよく知られている。

アメリカには機関車や列車、鉄道仕事や鉄道関係者を歌った曲が実に多い、ということは前に書いた。それも実在の路線や列車や機関車やそれに携わる人びとを歌っているのである。

そういう中で、1256機関車、〈エンジン1256〉［図㉟］のことを知った。その曲は「オリジナル・トーマス・A・エディソン・ヒストリカル・レコーディング」と銘打たれたアルバム、鉄道歌曲《レイルロード・ソング》の史上初録音であるヴァーノン・ダルハートのレコードの中の《一二五六号の大破 *The Wreck of the 1256*》である。先にも書いたように、ヴァーノン・ダルハートはカントリー、フォーク、ロック界最初のミリオンセラー・シンガーだ。その彼の歌う《一二五六号の大破》は案外に地味な曲だ。

On that cold and dark cloudy evenin'
Just before the close of the day,
There came Harry Lyle and Dillard,
And with Anderson they rode away.

From Clifton Forge they started,
And their spirits were running high……

（以下略）

「冷たく曇った暗い夕方、一日が終わる直前、ハリー・ライルとディラード、そしてアンダーソンがその列車に乗務していた。クリフトン・フォージを出発し、彼らの気持ちは高ぶっていた……」と歌いはじめる。

1256号はジョン・ヘンリーの働いていたC&O鉄道のヴァージニア州側のジェームズ川線を走っていた。主として貨物だったが、リッチモンドからの客車を連結して走ることもあった。

この1256号は、日本にも縁があった。機関車のニックネームが〝ミカド〟なのである。ボールドウィン機関車工場製のこのK3機関車は、一八九七年、明治三十年、日本鉄道（後の国鉄）が二十輌注文した時、天皇の国に送る機関車なので〝ミカド〟と名づけたという。〝ミカド〟はいわば型式であって、一台の機関車の名前ではない。日本で言うところの1－D－1、すなわち先輪一組二輪、動輪四組八輪、従輪一組二輪の、アメリカでの2－8－2形式の機関車の総称で、かのD－51、デゴイチもこれである。

一九二五年一月二十五日、1256号はクリフトン・フォージの町を出て一二五マイル（約二〇一キロ）先のヴァージニア州グラッドストーンを目ざし、午後七時過ぎに出発した。この夜もまたリッチモンドからの客車を、一マイル離れたアイアン・ゲートで連結した。

クリフトン・フォージから七マイル（約一一キロ）のところにあるアルム・ロック・ブラッフのカーヴにさしかかった時、機関車は脱線し二〇メートル下を流れるジェームズ川に突っ込んでいった［図㊱］。死傷者は少なかったが、犠牲者の中に主制動手のハリー・ライルがいた。三十九歳になる彼は、この乗務が結婚前の最後のものだった。結婚式は翌日、相手はクリフトン・フォージに住むメアリー・E・デイヴィス……。

これとほぼ同じ内容を歌った歌がある。それが《九号列車の大破 *Wreck of the Number Nine*》である。実は、１２５６号がアイアン・ゲートで連結した客車はナンバー・ナインだったのだ。《一二五六号の大破》と《九号列車の大破》は同じ事故を別の列車をテーマに歌ったものだった。

On the cold winter night not a star was in sight,
And the north wind kept howling down the line,
With a sweetheart so dear stood a brave engineer,
With his order to pull old Number Nine.

As she kissed him goodbye with tears in their eyes,
And joy in their hearts they could not hide,
For all the world seemed bright, when she told him that night,
That tomorrow she would be his blushing bride......

（以下略）

「星ひとつ見えない寒い冬の夜、北風は線路を吹きぬけていく。いとしい恋人は、オールド・ナンバー・ナインの勇敢な機関士に寄りそっていた。彼女は目に涙を浮かべ彼にキスをした。喜びに震える鼓動を隠すことはできなかった。その夜彼女は、世界が光り輝いているようだと、彼に語った。なぜなら、明日彼女は彼の花嫁になるのだから」

だが、婚約者ハリー・ライルを失ったメアリーは一生独身で過ごし、《九号列車の大破》は、ナンバー・ナインの事故は人びとの同情をひいた。事故直後に歌が作られ、その《九号列車の大破》は、瞬く間に広まっていった。

そして〈九号列車〉はある悲しみを持って人びとの心に残り、その後いくつもの列車の歌の中に悲劇の象徴として登場してくることになる。

ハンク・ウィリアムスのあの《淋しい汽笛》もそうだし、エリザベス・コットンの《フレイト・トレイン》もそうだ。そしてそれらにつづく、多くのカントリーやブルーグラス・ソングはやがて列車番号を離れて、不運や不幸や不吉、悲しみや悲劇の象徴として「九《ナイン》」を用いるようになった。そしてジョン・ヘンリーを殺したハンマーも、悲しみの番号を持った九ポンドでなければならなくなった……とは考えられないだろうか。それらの歌は、この〈エンジン１２５６〉と〈オールド・ナンバー・ナイン〉の事故のあった一九二五年の冬以降に作られ、あるいはそれ以前に歌われていた曲の数字が改竄されていったのではなかろうか。

この第九号列車の事故以前から歌われていた《いとしのクレメンタイン *Oh My Darling, Clementine*》にもまた、九の数字が登場する。アメリカ民謡、フォークソングの名曲として多くの人が今も愛唱しているこの《いとしのクレメンタイン》が日本でも知られるになったのは、《雪山讃歌》というタイトルによってだ。文献では、一九二七（昭和二）年に、京都帝国大学の山岳部の一員で、後に第一次南極観測越冬隊長の西堀栄三郎らが、山岳部の歌を作ろうと、アメリカ民謡《いとしのクレメンタイン》のメロディーに新しく歌詞をつけて歌ったものだという。やがて、ダークダックスが歌って有名になるが、彼らがこの曲を知ったのは一九五〇年頃だとされている。だが、それ以前にそのメロディーが人びとの耳に届いたのは、一九四六年制作のジョン・フォード監督の名作西部劇『荒野の決闘』の主題歌になったからだろう。日本では翌四七年、上映されている。映画の原題も「マイ・ダーリン・クレメンタイン」だった。ヘンリー・フォンダ扮するワイアット・アープが、ヴィクター・マチュアのドク・ホリデイを追ってきた女性、キャシー・ダウンズのクレメンタインにほのかな恋心を抱くサイド・ストーリーは、この映画を奥行きのあるものにした。しかし、歌の方のクレメンタインは、映画と違って悲劇的である。その歌詞はこうなっている。

In a cavern, in a canyon, excavating for a mine,
Dwelt a miner forty niner, and his daughter Clementine.

Refrain:
Oh my darling, oh my darling, oh my darling, Clementine!
Thou art lost and gone forever, dreadful sorry, Clementine.

Light she was and like a fairy, and her shoes were number nine,
Herring boxes, without topses, sandals were for Clementine.

Drove she ducklings to the water ev'ry morning just at nine,
Hit her foot against a splinter, fell into the foaming brine.

（以下略）

クレメンタインの父親は、カリフォルニアのゴールドラッシュで一旗あげようとやってきた〈四九《フォーティ・》年組《ナイナーズ》〉と呼ばれた金鉱掘りの一人だ。その父親に連れられてサクラメント郊外にやってきたクレメンタインは、妖精のような女性でありながら靴の大きさが「ナンバー・ナイン」だった。それが大きいのか小さいのか、実際の靴の九サイズは二七センチ程度だから、現代の女性にはこのぐらいの大きさは特別ではないかもしれない。ただし、クレメンタインは「蓋を取り払ったニシンの箱をサンダルにして履いていた」という。アメリカ西部特有の〝ホラ話《トール・テール》〟だとしても、そこからは大柄でやさしく、丈夫で母性的な美しい女性を想像することができそうだ。

このクレメンタインの悲劇は、川で溺れて死んでしまうところにある。彼女は毎朝、飼っている小鴨を川に連れて行くのだが、その日彼女はあやまって流れにはまり溺れ死ぬ。その時間が朝の九時だった。ルビー色の唇が水面にあらわれ、やわらかな泡が浮かんだのだが、無念にもわたしは泳げなかった……。この曲でも靴のサイズと事故の時刻に九の数字が当てられている。

一般には、一八八四年にパーシー・モントローズが作った曲だと言われているが、バーカー・ブラッドフォード作という説もあるようだ。もともとはスペイン系のメロディーで、ゴールドラッシュの時にメキシコ人たちの掘削キャンプで歌われていたと言われているが、一九〇九年にボーイスカウト運動がアメリカに紹介されてから、学生やスカウトたちのキャンプ・ソングとして好んで歌われたという。一般によく歌われるようになったのは一九二〇年代になってからのようだ。一八八七年にヘンリー・ランドール・ウェイトの書いた『カレッジ・ソング *College Songs: A Collection of the Most Popular Songs of the Colleges of America*』という本には、パーシー・モントローズの作としての《いとしのクレメンタイン》が掲載されていて、その歌詞はすでに九サイズの靴と朝九時の散歩、とが書かれている。

もうひとつ、第九号列車の事故よりも古くから「九」を歌った曲がある。《五〇〇マイル》とそのオリジナルだとされている《九〇〇マイル》については、前にも記した。そしてこの両方の原曲であると思われる《ルーベン *Reuben*》の九にまつわる部分の歌詞を取り出してみよう。

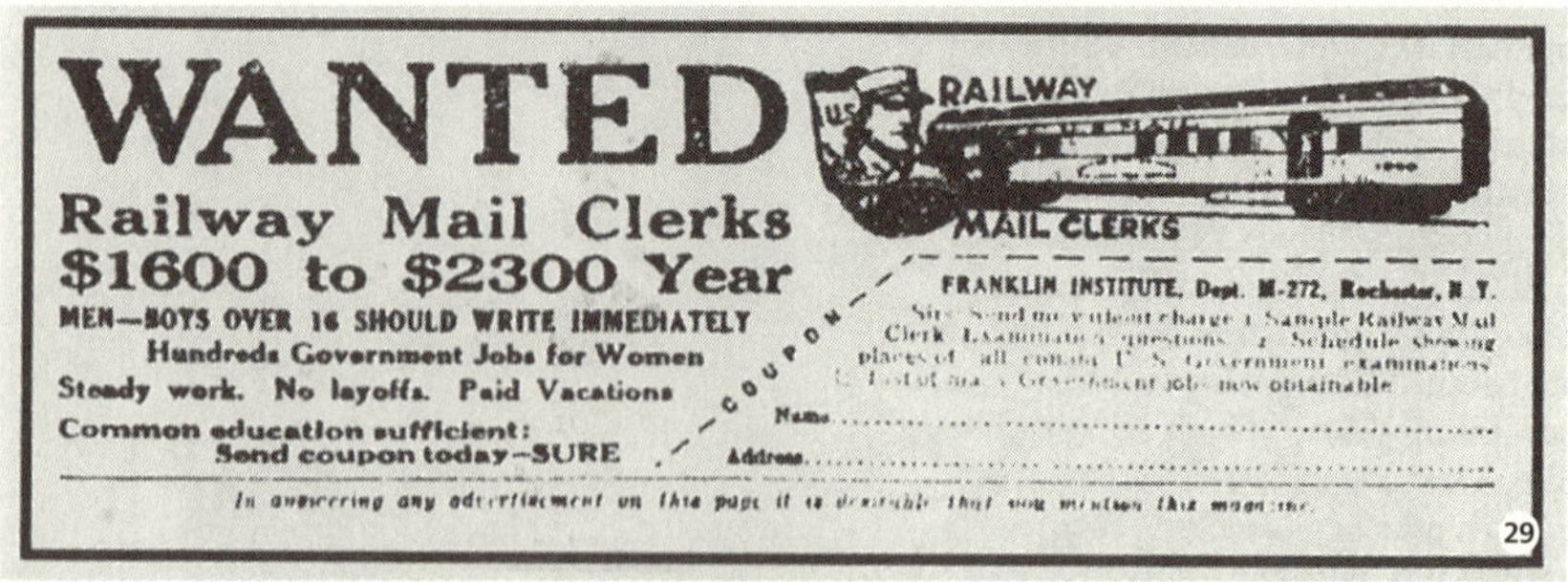
WANTED
Railway Mail Clerks
$1600 to $2300 Year
MEN—BOYS OVER 16 SHOULD WRITE IMMEDIATELY
Hundreds Government Jobs for Women
Steady work. No layoffs. Paid Vacations
Common education sufficient:
Send coupon today—SURE
RAILWAY
MAIL CLERKS
US
COUPON
FRANKLIN INSTITUTE, Dept. M-272, Rochester, N. Y.
Name
Address

29

31

30

I.C.R.R

33

32

34

35

36

If I die a railroad man, you can lay me in the sand,
Where I can hear old number nine as she goes by.

Yonder comes that train and it's numbered number nine,
And I'm goin' to catch that train and ride that line 1…
Lord knows and ride that line.

「もし鉄道員として死んだら、砂地に埋めてほしい。そうすればナンバー・ナインが通り過ぎるのが聞こえるだろうから」という最初の部分と最後の歌詞は、エリザベス・コットンの《フレイト・トレイン》などにも見られる死後の希望を歌っている。そして「向こうから九の数字のふられた列車がやってくる。それにただ乗りするつもりだ」とつづく。

この《ルーベン》の歌を一九〇〇年代初期に聴いたことがある、と弁護士で民謡研究家で、自ら歌い演奏もしたバスコム・ラマー・ランスフォードが、人に語っている。彼の聴いた《ルーベン》を、後に彼は自分のレパートリーとしてこんな風に歌っている。

If the train side-tracks, I'll ride that freight train back,
I'll catch old Number Nine as she rolls by......

列車が側線に入ったら家に戻る貨物列車に飛び乗るつもりだ
やってくる、その第九号列車をつかまえるつもりだここには望郷の列車としての〈ナンバー・ナイン〉が登場する。だが、その数字には悲しみの色合いはない。一方の《いとしのクレメンタイン》は、その悲劇的な死にともなった、九サイズの靴や朝九時の数字が印象的だ。

こうは考えられないか。ランスフォードがこの歌を聴いた時代、九号列車は悲劇の象徴ではなかった。だが、クリフトン・フォージでの〈エンジン1256〉の牽く〈ナンバー・ナイン〉の事故のニュースを聞いた時、人びとは《いとしのクレメンタイン》の悲劇の数字と結び合わせて、事故以前にもあった「九」という数字の悲劇、不運……ああ、やはり、とその不幸に吐息を漏らした。そうやってアパラチアの人たちにとって、「九」は悲しい数字になっていった——。そして《ルーベン》に登場するナンバー・ナインもまた、事故を起こした〈第九号列車〉に比定されていった。ここにあるのは、列車事故の悲劇だ。《ブラック・ガール》も《ルーベン》も愛する人を列車事故で失っている。

ジョン・ヘンリーのハンマー、クレメンタインの靴と死亡時刻、そして列車事故。それらを「九」という数字が結んでいる。その三者に共通するのは何か。ジョン・ヘンリーを代表とする「トルネル掘り」、クレメンタインの父親を代表とする金鉱掘り、そして鉄路敷設とその上を走る機関車、そして墓石を石炭で作ること、そのすべてにハンマーがからむ。それらの職業の持つ「隣り合わせの死の危険」の象徴が、端的に「九」という数字ではなかったろうか。

金鉱掘りの娘の悲劇から、鉄道事故の悲劇、そこに通底する「九」という数字は、まさに肉体を使って労働する者の持つ苦しみや悲しみを象徴するものだった。「九」という数字を見れば、あるいは聴けば、そこにあるひとつの背景を人びとは容易に理解した。そういう意味では、日本の歌謡曲の

「上野駅」や「赤いランプの終列車」という言葉に似ているかもしれない。その言葉が醸すある時代の北の土地と都会とのつながり、そこにあったろう悲しみや苦しみ、そして果てしない望郷の念、それらがある感情を持って迫ってくるのと同じだ。

少なくとも「九」という数字は、南北戦争直後からの字の読めなかった人びとに対して、本や学問ではなし得なかった「ある思い」を伝える手段だったのではないか。歌にしかできないことがある。それがジョン・ヘンリーの物語に込められた「九」の意味だと思えてしかたがない。

だからして、ジョン・ヘンリーのハンマーは、「九ポンド」でなくてはならなかったのである。だが、ジョン・ヘンリーの九ポンドというハンマーの重さは、彼の悲劇性を象徴するために、あとで変更されたものであることはわかったとしても、では、なぜ「九」という数字がそれを象徴するのか。ここまで「九」という数字は不運や不幸の象徴ではないだろうかと歌の世界から探り、そして「九」という数字に託した物語や出来事や事件の顚末を語っているものを見てきたが、なぜ「九」という数字自体がそういう意味を持っているのかという直接の理由にたどり着くことは、なかなか困難であることがわかってきた。確かに「九」は悲劇を表象してはいるが、それがなぜなのか、というところまでは、いくら探ってもわからなかった。

5　九という数字に秘められた謎を追って

焦ることはない。少し時間をかけてあれこれ調べてみようと、「九」というタイトルの抽斗を作っておいて、いつもそれを開けておくことにした。時が経つにつれて、そこに少しずつ「九」にまつわる事柄が集まってきた。その中で、興味深いものをいくつか書き出してみよう。

キリスト教の聖書の正典として認めていいかどうかが、長い間多くの議論を呼び起こしてきたものに「ヨハネの黙示録」がある。こちらは紀元三九七年のカルタゴ会議で、ようやく正典と認められて現在新約聖書の最後に付け加えられている。

その「ヨハネの黙示録」は、二つの部分からできている。最初は、使徒ヨハネにイエスが、今あること、これから起こることを見せてくれたことを書き留めたものだ。そのあとに、これから起こることの予言が書かれる。肝心な部分は、十二章から始まる天界での戦いで、その戦いで悪魔は地上に落とされる。その後から赤い竜が登場して人びとを迫害するが、大天使ミカエルが神の使いとともに竜を退治する。この巨大な竜は、年を経た蛇、悪魔とかサタンとか呼ばれるものだ。

そして、十六章からこう続く。

「また、小さな者にも大きな者にも、富める者にも貧しい者にも、自由な身分の者にも奴隷にも、すべての者にその右手か額に刻印を押させた。／そこで、この刻印のある者でなければ、物を買うことも、売ることもできないようになった。この刻印とはあの獣の名、あるいはその名の数字である。／ここに知恵が必要である。賢い人は、獣の数字にどのような意味があるかを考えるがよい。数字は人間を指している。そして、数字は六百六十六である」（新共同訳聖書「ヨハネの黙示録」十三章十六〜十八節）

人間の数字が「６６６」であるという。これはしばしば上下逆さまにされて、「９９９」は人間とは反対の獣の数字、すなわち悪魔が再生することを示す、とされている。

ピタゴラス学派では、十が完全な数字であるとされる。ところが十に一欠ける九は、その完全に至らない不完全で未熟な数、アンラッキーな数字なのである。英語の辞書に'Nine as unlucky as it is one short of ten. The Pythagoreans considered ten to be Perfect.' と書かれると、いかにも不運な数字のように思われる。

「九」をテーマにした「リドル・ソング（riddle song）」と呼ばれるジャンルの、謎々歌がある。歌詞の中に謎の言葉を歌い込んだもので、「謎々歌」または「問答歌」とでも言うべき歌たちだ。たとえば、サイモン&ガーファンクルが歌って大ヒットしたイングランドのバラッドの《スカボロー・フェア *Scarborough Fair*》や、同じくイングランド・バラッドの《アイ・ゲイヴ・マイ・ラヴ・ア・チェリー *I Gave My Love a Cherry*》などがある。後者はリドル・ソングとして有名で、十五世紀頃からイングランドで歌われたものらしいが、アパラチアに入植したスコッチ・アイリッシュの手によって運ばれていったようで、長い間アパラチア発祥のアメリカの曲だと考えられていた。

同じ趣向の謎掛け歌で、九にまつわったものが《悪魔の九つの質問 *Devil's Nine Question*》だ。第一聯と二聯だけを取り出してみた。

If you don't answer my questions nine, sing ninety-nine and ninety
I'll take you off to hell alive, you're the weaver's bonny

Down is softer than the silk, sing ninety-nine and ninety
And snow is whiter than the milk, I'm the weaver's bonny

もし九つの質問に答えられなかったら、九千九百九十回歌え
そしたら地獄から生きたまま連れ出してやる、おまえは機織りの恋人だから

綿毛は絹よりもやわらかい、九十九と九十回歌え
そして雪はミルクよりも白い、わたしは機織りの恋人

この後に、「ラッパよりも大きな音は何か、トゲよりも鋭いものは何か」という質問に「雷鳴はラッパよりも大きな音を出す、空腹のほうが棘よりも辛い」といった質問と応答が繰り返される。わからないのは「九千九百九十回歌え」（sing ninety-nine and ninety）や「わたしは機織りの恋人」（weavers bonny）だ。結局九つの質問のすべてを答えると、

You have answered my questions nine, sing ninety-nine and ninety
You are God's, you're not one of mine, you're the weaver's bonny

と、最後には「おまえは九の質問に答えた、おまえは神のもの、人間の仲間ではない」といった意味の言葉で締めくくっている。これこそがリドル・ソングの本質なのだろう。どうやら「機織りの恋人」ならば、この謎掛け言葉に答えられなくとも、その罪から逃れられるらしい。機織りの恋人とは何だろう。その職業が何かを意味しているのだろうか。

トランプのカードの中で「ダイヤの九」が、呪いや災いを表しているという事実がある。スコットランドのカトリック王、ジェームズ二世を援護するジャコバイトと、イングランドがそのジェームズの後継として担ぎ上げた国教会派のウィリアム三世の率いるウィリアマイト軍との最後の戦いに話は及ぶ。一七四五年のボニー・プリンス・チャーリーこと、チャールズ・エドワード・スチュアートの王位奪還の戦いにまつわって、ダイヤの九がスコットランドにもたらした災厄、そしてその紋様と数

字は、彼らにとっての永遠の恨みの象徴なのである。

一七四六年四月十六日のスコットランドはハイランド地方、インヴァネス近郊に広がるカロデン湿原《ムア》での、ジャコバイト軍が完敗を喫した戦いでのことだった。「愛しのチャールズ王子《ボニー・プリンス・チャーリー》」と呼ばれる王子は亡命先のジャコバイト軍と援軍のフランス軍を率いて王権簒奪を試みたが、装備も士気も不足する寄せ集め軍は所詮、イングランドの相手ではなかった。

惨憺たる敗北後、王子はハイランド中を逃げ廻った挙句、スカイ島からフランスへと船で脱出した。この海外に逃亡したプリンス・チャールズの再来を願って歌ったのが、昔から親しまれ、中でもビートルズがロック・ヴァージョンで歌って若い人にもアピールした《マイ・ボニー *My Bonny*》である。

戦闘終了後、戦場に残された負傷兵や逃げ遅れたジャコバイト兵たちを、イギリス軍の司令官、カンバーランド公ウィリアム・オーガスタスは無情にも全員皆殺しの命令を下した。彼はトランプ・ゲーム好きだった。その時も戦後処理の命を受けに来た部下に、身近にあった紙に全員処刑の命令文を書き記した。それが手元にあったトランプ・カードのダイヤの九だったというのだ。本当のことかどうかはわからないが、少なくともそれ以来ウィリアム・オーガスタをスコットランドは恨み、このカンバーランド公を「皆殺し公爵《ブッチャー》（Butcher Duke）」と呼ぶようになる。そして「ダイヤの九」は、不吉の象徴になったことは間違いのない事実のようだ。

この「カロデンの惨劇」よりも、もう少し信憑性があると思われる「ダイヤの九」の物語がある。それもまた「虐殺」が大きな背景になっている。この事件もスコットランドのハイランド地方で起こった。その南西部に位置するグレンコーの谷でのことだ。一六九一年、イギリス国王ウィリアム三世はジャコバイト軍との戦いに備えるために、ハイランドの氏族長《クラン・チーフ》たちにイングランドとウィリアム王に従うという誓約するように求めた。それに従わなければ、血の粛清に及ぶ、とも書かれていた。

ハイランドの氏族長たちは躊躇し、フランスに亡命中のジェームズ二世にお伺いをたてた。だが国王自身も大いに悩み、結論をだすのに時間がかかった。業を煮やしたイングランド側は署名の期限を決め、それに遅れた者は粛清するという命令を出した。この命令は、同じハイランド北西部海岸寄りの氏族《クラン》、キャンベル氏族の狙いでもあった。イングランドとの仲介役だったキャンベルは、クラン同士ではよくあることだが昔から不仲で、小競り合いを続けていた宿敵のマクドナルドを壊滅させたいという下心があったのだ。

そのキャンベルは、イングランド政府内の革命支持強行派であるステア伯ジョン・ダルリンプルやウィリアム三世たちとともにマクドナルド氏族の粛清を謀り、キャンベル氏族の士官ロバート・キャンベルが命を受けて、部下百二十名とともにマクドナルド家を訪れた。客として滞在していた彼らは、夜明けを待って家々に火をつけ、クラン・チーフ以下三十八名を殺し、子供を含む四十名が焼死した。

この事件は、イングランドと国王ウィリアムに対するスコットランドの反感を強め、その後に続くジャコバイトの反乱の連鎖を招くことになる。同時に、ハイランドのクラン同士の反目もまた続くことになった。

この虐殺事件、後に「グレンコーの虐殺（The Massacre of Glencoe）」と呼ばれることになる残虐行為の主導的役割を負ったステア伯ジョン・ダルリンプルは、非難の対象となった。悪名ばかりでなく、彼は今に続くスコットランドの災厄の張本人として名を残すことになったのである。そして、「ダイヤの九」である。

実はこのダルリンプル家の紋章、上着の袖章として使われるそれは盾形の中に、「スコットランド十字（Scotland Cross）」または「聖アンデレ十字（St. Andrew's Cross）」と呼ばれる文様、これはスコットランドの旗である青地に斜めに白い十字架が描かれているものと色違いなのである。ダルリンプルの袖章は黄色地の盾形にこの青い斜め十字が描かれていた。その中に九つの黄色い菱形が描かれているのである。この菱形は、明らかにトランプのダイヤのカードを思わせる。

この九つの菱型から、トランプのカードの「ダイヤの九（Nine of Diamond）」は、ステア伯ジョン・ダルリンプルを表象することになり、「ダイヤの九」はスコットランド人にとっては、中でもハイランドの人びとには不幸や悲劇、不運、災厄の象徴となっていったのだった。

「九」という数字にまつわることで、一スコットランドの問題ではなく、世界に広がる悲劇の元凶となった可能性の高い事柄がある。それは、イエスが十字架にかけられて息を引き取ったのが「九時（ninth hour）」だという言い伝えだ。このことは、現在普通に手に入れやすい日本聖書協会発行の新共同訳の「聖書」ではわからない。省略のあまりその背景というか、根本のことがわからなくなってしまっているのだ。

イエスの十字架上での死の描写は、たとえば「マタイによる福音書」では、

「さて、昼の十二時に、全地は暗くなり、それが三時まで続いた。／三時ごろ、イエスは大声で叫ばれた。『エリ、エリ、レマ、サバクタニ。』これは、『わが神、わが神、なぜわたしをお見捨てになったのですか』という意味である。（中略）しかし、イエスは再び大声で叫び、息を引き取られた」（二十七章四十五節〜四十六節、五十節）

となっている。

この午後三時という時間は、「マルコによる福音書」や「ルカによる福音書」でも同じである。ただ「ヨハネによる福音書」には、時刻の記述はない。英語の新約聖書では、「マタイによる福音書 *The Gospel According to St. Matthew*」では、こう書かれている。

Now from the sixth hour there was darkness over all the land unto the ninth hour. And about the ninth hour Jesus cried with a loud voice,saying, Eli, Eli, Lama sabachthani? (...)

以下略したが、問題はそこに書かれた時間だ。日本語訳聖書では「十二時から」と「午後三時ごろ」という現代に時間で書かれているが、英文では sixth hour と ninth hour とある。この違いはどこから来ているのだろうか。イエスの生きた紀元一世紀頃、すでに昼の時間は十二時間であることは、ヨハネによる福音書十一章九節にあるイエスの言葉「昼間は十二時間あるではないか。昼のうちに歩けば、つまずくことはない」（新共同訳）という言葉からもわかる。

ただその十二時間の時刻の表し方は、今とは違う。ユダヤ時間というのがあって、これはユダヤ暦と同じように、今の我々の時間軸とはまた別の刻の測り方なのである。それは一日の昼の始まりは朝の七時で、これが「第一時」、すなわち first hour である。それから順に第二時、第三時……と進んでいって、昼の十二時は sixth hour、午後三時が ninth hour になる。新共同訳では、このユダヤ時間で表されていないために、'ninth hour' の持つ意味が失われてしまっているのだ。

正しく訳した聖書もある。それが田川建三訳の『新約聖書　本文の訳』（作品社）で、その中の「マタイによる福音書　二十七章四十五節〜四十六」の部分の引用してみよう。

「第六時（正午）から全地に暗闇が生じ、第九時（午後三時）にいたった。第九時頃にイエスは大きな声をあげて叫んで言った、『エーリ、エーリ、レマ、サバクタニ』、すなわち『我が神、我が神、なんぞ我を見捨て給いし』と。」

このように田川訳新約聖書には、きちんとユダヤ時間が書かれていて、少なくとも英語話者のキリスト教徒にとって、「九」が不吉だと考えていることのおおもとを教えてくれるのである。

アメリカの歌、ことにアパラチアを拠点とする長老派のスコッチ・アイリッシュたちは、聖書の記述に忠実であった。聖書無謬説を信じる者も多く、そういった土地柄からもカントリー・ミュージックやブルーグラス、また古くからスコットランドやアイルランドからの移民たちの歌う、言うところのフォークソングに歌い込まれた「九」という数字の持つある悲劇性がうかがわれるのではないかと思うのだ。

そして、彼ら、「スコッチ・アイリッシュ」の遺伝子の中に組み込まれたかもしれない、「九」にまつわるある伝説があることを知った。

アイルランドやスコットランドの人びとは、基本的にケルト民族である。すべてとは言わないまでも、ゲール語文化圏の民族である。そのケルト文化のあれこれを解説した本『ケルトの伝統 *The Celtic Tradition*』(1995)に「三の特性と九の倍数」(Triplicites and the Ninefold)という項目があって、これまでしっくりと来なかった「九」の謎が一挙に解けた感じがした。

その本では、ケルトの数秘学によると「三」と、その倍数である「九」は、聖なるものとされているという。もっとも一般的なケルトの「三」の特性を表現したものは、女神《ゴッデス》が三人一組であることだろう。ウェールズ地方のケルト伝説でも、いくつもの物語に「三つ組」のエピソードがあらわれている。「三」は聖なる数とされることが多いが、それを三倍した「九」の方は災いが隠されていると言われている。

その物語の原典は、ゴッデスの一人であるマカ(Macha)が、アルスターの王に競馬を持ちかけられたことから始まる。その時、不運にもマカは妊娠中だった。レースのせいかどうかはわからないが、マカは早産し、その出産の苦痛に耐えかね五日と四夜、彼女は苦しみの悲鳴を上げ続けたという。当時のアイルランド北東の王国、ウラド(現ユリード)に住むすべての人はその声に苦しめられたばかりでなく、その後九世代にわたって苦しみ続けることになった。それは強力な呪いだった。それによって被った肉体的、精神的打撃ははかり知れず、その呪いを解くにはNovenaと呼ばれるロザリオの祈りを九日間毎日あげなければならないとされた。この他にも「九」の呪いとそれを解く「九」にまつわる祈りや儀式などがいくつもあるが、ここでは省く。

このゴッデス、マカのアルスターへの呪い、恨みの強さは伝説となって、後世の北部アイルランド地方に深く浸透していったのだろう。その伝説はスコッチ・アイリッシュたちの心に刻まれ、時を経てアメリカはアパラチア地方へともたらされたに違いない。多くのアメリカの歌曲、それも白人系の音楽にこの「九」の悲劇性や不吉の象徴性が深く根ざしていったのだろうと思う。

第二部

戦場は歌う

第一章　独立を支えた歌たち

1　アメリカ、戦いの国

振り返れば、アメリカという国はいつも戦いの中にあった。ピルグリム・ファーザー（巡礼始祖）と呼ばれるピューリタンをはじめ、初期にアメリカに渡ってきた人びとの多くは、戦いの日々を逃れて新天地にやってきたのだ。言ってみれば、祖国での様ざまな事情――貧困や差別、宗教的な軋轢《あつれき》、教育面や職業的貴賤、何よりも周囲に充満する排除と抑圧、反乱や動乱、暴力や破壊活動といったものから避難してきた「難民」たちだった。「難民」、「避難民」というよりも、もう二度と祖国へは戻らないと決めた「ディアスポラス」、すなわち「離郷者」、「棄郷者」なのである。

アメリカの植民史、移民史を見るとよくわかる。アメリカ新大陸への最初の植民は、一六二〇年のピルグリム・ファーザーとそれ以外の人びとの計百二名だった。うちほぼ半数が清教徒たちで、後述するが、カトリックの教会から分かれたプロテスタントからの排斥や迫害、差別や暴力による排除から逃れて、自分たちの信じる教義を自由に訴えられる場を求めてアメリカへと渡って行ったのだった。

その彼らは、新天地アメリカを自分たちだけのものだと考えたことからの悲劇がはじまる。アメリカ史上消すことのできない汚点は、入植第一陣のピルグリム・ファーザーたちから始まる。入植後の一年間は、彼らと現在のワンパノアグ・インディアンとの蜜月の期間だったものの、その後十六年たった一六三七年には、インディアンとの最初の大規模な武力衝突を招くことになった。戦った部族名から「ピークオット戦争」と呼ばれるこの衝突から三十四年後の一六七六年には、同じワンパノアグ・インディアンのリーダー、メタコム、英名キング・フィリップたちとの間でもっと大きな戦い「キング・フィリップ戦争」が起こっている。この植民地戦争に敗れたキング・フィリップは処刑され、その首は戦いの後、二十四年間も晒されることになった。先住のインディアンと戦うことによって、自らの土地を確保していく過程での悲劇は、こうして長く記憶されることになる。

先着のプロテスタントの戦いは先住の人びとにとどまらず、後続のプロテスタントの入植者たちを追い払おうと戦いを挑んだりしていく。それはやがて、ボストンの湾岸植民地の植民者に対してばかりではなく、その後に続くイングランドからの入植者たちに対しても迫害と殺戮を働いたのだった。中でも、デラウェア渓谷やペンシルヴァニアに入植したクエーカー教徒たち、後のペンシルヴァニア州の名前になるウィリアム・ペンをリーダーとするクエーカーの入植者たちは、英国国教会のアングリカン・チャーチやカトリック、プロテスタントなどの正統教義である、神と子（イエス）と聖霊が同じであるという「三位一体」を認めないことで、イングランドにいる間と同じようにひどい迫害と殺戮にさらされた。

その後、アパラチア地方に入植したスコットランド系アイルランド人たちにとっても、同じインディアンとの戦いの悲劇が襲った。それはこの一帯をテリトリーとするチェロキー、チョクトー、ショショニー、チカソー、クリークといった部族との戦いだった。

先住のインディアンたちの土地だった新大陸に、英欧からの人びとがやってきて、勝手に土地を分割、収奪していった。まさに侵略者だった。その土地の先住の民たちが、それに抵抗して戦うのは当然なことだ。この先住の人びとと植民者たちとの「戦争」は、各地で起こった。とりわけアパラチア地帯一帯は、言うところの「インディアン・フロント」、インディアン部族の最前線であった。両者の戦いは苛烈そのものだった。

二〇〇〇年に制作されたローランド・エメリッヒ監督、メル・ギブソン主演の映画『パトリオット』は、独立戦争において十三植民地によって編成された大陸軍とイングランドとの戦いを描いたものだが、主人公は、イングランド軍に妻子を殺され、それまで傍観者だった彼は復讐の鬼と化して、一人ゲリラ戦を展開していく。その彼の武器が、インディアンたちの専用だとされてきたトマホークなのである。その事実ひとつとっても、彼がそれまでインディアンとの戦いによって、彼らの武器と戦法を学びとっていたということをあらわしている。

両者の戦いは熾烈を極めた。インディアンは殺した白人の頭の皮を剝ぐ、という話をずいぶん昔から聞いていた。ところがあれは逆で、白人側の騎兵隊やインディアン討伐隊が報酬目的に、何人殺したかの証明に頭皮を剝いで本隊に持ち帰ったというのが真相のようだ。だが白人たちは、インディアンはかくも残虐な人種だから成敗しても当然だと思わせたくて、自分たちの仕業を、さも相手がやったかのように流布したのだった。かくのごとく、白人侵略者たちの先住インディアンたちへの殺戮はすさまじいものがあった。

時代は下るが、対インディアン政策について述べるには、第十三代大統領アンドリュー・ジャクソンの存在は欠かせない。ジャクソンは、サウスカロライナのアイルランド移民の両親のもとに生まれたとされ、後にテネシー選出の上院議員から大統領へと上りつめた。軍人時代はインディアン討伐隊の隊長としてクリーク・インディアンを殲滅した戦いを指揮し、特に女子供の足の腱は柔らかくしなやかで、馬の鞭や馬具のあれこれに向くとして、数多くの女性や子供たちを殺したという話はよく知られている。彼の現職時代、インディアン排除令とも言える「インディアン移民法」を制定し、強制移住を強いた。同法によってクリーク族たちも、自らのテリトリーであるテネシー、ケンタッキーといったアパラチア一帯から、その頃、まだ準州であった未開地オクラホマへと追いやられたのだが、この悲惨な徒歩による長距離移動で彼らの人口の四〇パーセントが失われたとされている。この強制移動は、〈トレイル・オヴ・ティアーズ（涙の道）〉として、アメリカのインディアン迫害史の中でも重く語り継がれている。

アパラチア地方を居住地域とするアメリカ旧南西部の四大インディアン部族、チカソー、クリーク、チョクトー、チェロキーたちいずれもCを頭文字とする部族の恨みによる反抗、反乱、暴動を「白人入植者」は大いに怖れていたという事実がある。

カントリーのシンガー・ソングライター、ハンク・ウィリアムスは、生前、コンサートやライヴで、ステージの最後にバンドのテーマソングである《ハッピー・ローヴィン・カウボーイ *Happy Rovin' Cowboy*》を演奏した後、いつも聴衆・観衆にこう語った。'If the good Lord willing and the creek don't rise, we'll meet again soon.'「神の御旨ありて、河川の流れ穏やかなりせば、再会の日久しからずや」。かつてそう訳され、ハンク伝説のひとつとして多くの人に愛されてきたエピソードである。現在残されているハンクのライヴのCDなどでも、ステージのエンディングとともに彼がこの言葉を口にするのを聞くことができる。

この言葉はどことなく聖書の一節であるかのような雰囲気で訳されているが、実際にはアンドリュー・ジャクソン大統領の時代、一七九六年から一八一八年までのインディアン局の責任者であったベンジャミン・ホーキンスが大統領官邸に来るようにという大統領の命を受け、'God willing and the Creeks don't rise' と返答したところから、この言葉が有名になったとされる。

当時クリーク族はオハイオ川沿岸に展開している部族で、そのこともあって「クリーク・ドント・ライズ」が、河が氾濫しなかったらと解釈された面もあるようだが、実際にホーキンスの書いたものはクリークの「C」が大文字であり、最後にsが付いているので、正しくは「神の意志ありて、クリーク族の反乱なかりせば」という意味だろう。

だからこの有名な言葉、実は、一八一八年以降も多くの人によって引用され、語られてきた。そうなると少しずつオリジナルの文脈が変化し、新しい言葉が付け加えられていったと考えられる。ハンク・ウィリアムスがこの言葉を使うようになったのは、同じカントリーの大先輩、一九二〇年代半ばから三〇年代終わりにかけて、ヒルビリー、マウンテン・ミュージックの世界で人気を博したブラッドリー・キンケイドが、この言葉を好んで用いたからだとされる。おそらくはキンケイドも意味を取り違えていたのだろうし、ハンクもまた、「河川の流れ穏やか」ならばと思って使ったにちがいない。でなければ、一九五〇年代後半には、クリーク族の反乱を怖れる理由がないし、もしハンクが正しい意味を知っていたら、毎回のライヴの後で観衆への挨拶にそれを使うとも思えないからだ。ハンクは、インディアン人形をテーマにした《カウライジャ *Kaw-Liga*》という歌を作り歌い、インディアンに対する、ある種同情的な思いを持っていたことがうかがわれる人物であるとされていることから想像できそうだ。

ここで言いたいのは、そういう言葉をベンジャミン・ホーキンスが残すほど、白人たちはインディアンたちの復讐や反乱を怖れていたという事実だ。ホーキンスがこの言葉を口にする二百年も前から、白人たちはこのアメリカの大地でインディアンと戦いつづけ、血を流し、殺しつづけてきたのである。

イングランドにつづくヨーロッパやアジアからの植民、移民、難民、少なくともアフリカから強制的に連れてこられた人びと以外は、この地に自由と平和を求めてやってきたはずだった。だが実際には、悪と憎悪と暴力と血と涙と悲しみの地だった。この土地にやってきた人びとが「アメリカ人」になる前、この新大陸を我がものとしようとする大規模な大国同士による戦いが起こった。

イングランドの植民地は、当初からほぼ東海岸か南北に延びる海沿いの土地に限られていたが、フランス側の植民地は、北東部はセントローレンス川と五大湖の周辺と、そこから離れた南西部のミシシッピー川流域との二つに分かれていた。この分かれた植民地をつなげようと、フランスは軍隊をオハイオ川流域に侵攻させた。自分たちの領地の背後を襲われた思いのイングランドは、このフランスの進出を許せなかった。

もうひとつは、東部の人びとがアパラチア山脈を越えて西へ進出していこうとする際に、このフランス軍の侵攻は大きな脅威であった。領土内でのインディアンとの交易が阻害されるばかりでなく、イングランドの植民地政策に大きな齟齬を来す怖れがある。そこでイングランドは対フランス戦争に踏み切ることになった。一方のフランスは、現地のインディアンたちと古くからの交流があり、そこで六つの部族からなるイロコイ連邦などがフランス側につき、結果としてイングランドがフランスとインディアンとの連合軍を相手にすることになったことから、この戦争はイングランド側からの呼び名、対「フレンチ＝インディアン戦争」として知られることになる。

当初、フランス側の優位で戦いは展開されたが、イングランドは、「大ピット」こと、初代チャタム伯爵ウィリアム・ピットの肝煎りにより戦力を充実させて、作戦を展開、フランス軍がオハイオ河上流に築いた要塞を奪ってから戦いの形勢は逆転した。このフランス軍の砦が陥落したことによって、イングランド軍は勝利へと転じた。そこから、その要塞の町をピットに因んで「ピッツバーグ」と名づけたのだった。

ともあれ、最初の世界大戦とも言われる「七年戦争」のアメリカ版でもあるこのフレンチ＝インディアン戦争で、イングランド軍によって歌われた曲があった。それが今に知られる《ヤンキー・ドゥードル *Yankee Doodle*》だった。メロディーは古く、中世のヨーロッパ諸国、イングランドやフランス、スペイン、オランダやハンガリーなどで知られていた曲だったらしい。そのメロディーをアメリカに持ち込んだのは、イングランド王国軍の兵士たちだった。その楽しげなメロディーを鼓笛隊の二大楽器であるファイフ（横笛）とドラム（太鼓）で演奏して兵士たちを鼓舞し［図㊲］、行進の歩調合わせに用いた。

そのメロディーに新しい詞をつけて歌ったのは、この戦いでイングランドを応援すべく編成された植民側の緊急招集部隊、ミニットマン（Minuteman）たちに向けての応援歌のようなものだった。彼らは軍服などあるわけもなく、ほとんどボロに等しい普段着、または狩猟服まがいのものを着て馳せ参じたことから、そのおかしな田舎臭い格好を茶化すために歌ったものだと言われている。よく知られている歌詞は、こうだ。

Yankee Doodle went to town,
A-riding on a pony
Stuck a feather in his hat,
And called it macaroni.

Chorus:
Yankee Doodle, keep it up,
Yankee Doodle dandy

Mind the music and the step,
And with the girls be handy!

ヤンキー・ドゥードルは仔馬にまたがり、
街に繰り出して行った
その帽子に挿された羽根飾りを、
みな「マカロニ」と呼んだ

（コーラス）
ヤンキー・ドゥードル、今のまま、
ヤンキー・ドゥードル、ダンディでいて
曲とステップにご注意、そして女の子をものにして

歌詞にある Yankee に関しては諸説があり、一般にコネティカットのイングランド系移民たちが、ニューアムステルダム（今のニューヨーク）のオランダ系移民に対する蔑称として彼らを Yan Kees と呼んだという説が有力だ。オランダ語の Yan は英語での男性名詞「ジョン」で、Kees は「チーズ」だという。すなわち、英語では John Chees で、ゴーダチーズ、エダムチーズで知られる酪農王国、オランダ人を「チーズ野郎」と呼んだことからきているというのだ。この Yan Kees が、英語の Yankee となり、やがてはアメリカ北東部に住むイングランド系アメリカ人の呼称となった。
Doodle に関しても多くの説があって、様ざまに解釈されているが、おそらくは、オランダ語とよ

く似ているドイツ低地語で「愚か者」とか「間抜け」とかを意味する dodel から来ているようだ。この言葉が英語の doodle になったのは、一六〇〇年代のことらしい。いずれにしろ、この二つの言葉 Yankee Doodle が、アメリカ大陸北東部のイングランド系移民たちへの蔑称、「間抜けなアメリカ植民地人」として使われるようになった。やがて、その言葉を用いた茶化すような歌詞が作られることになったのである。

一般に、その歌詞の作者は、これまで詠み人知らずで通ってきたが、すでに紹介したアメリカ民謡蒐集家・研究家のアラン・ロマックスと、やはりアメリカの音楽を通しての民族的遺産の研究で大きな足跡を残した音楽学者であり民俗学者である父親のジョン・ロマックスの共著である『アメリカのバラッドとフォークソング *American Ballads and Folk Songs*』（1934）の《ヤンキー・ドゥードル》の解説には、アメリカ議会図書館《ライブラリー・オブ・コングレス》音楽課の元主任であったオスカー・G・T・ソネックの書いた大部なヤンキー・ドゥードル論の中で、ドクター・リチャード・シャックバーグの作詞ではないかという噂に関して、「これまでと同じように、ミステリーのまま」と書いていると紹介している。だが、肝心のロマックスたちの本ではソネックの引用文の注として欄外に ‘Dr. Shuckburg is generally know as the author of “Yankee Doodle”’（シャックバーグ博士は一般にヤンキー・ドゥードルの作者だと認められている）’と書き込んでいる。

リチャード・シャックバーグは、ニューヨーク州立博物館のサイトによると、一七四〇年代、五〇年代を通してニューヨーク州オールバニの陸軍医官として滞在していた人物とある。おそらく一七三〇年代の中頃、独立戦争の時の大陸軍の将軍であるホレイショ・ゲイツに命じられて、フレンチ＝インディアン戦争でのイングランド植民地連合軍のあったフォート・オールバニにあるニューヨークの病院の外科医として赴任したのではないかと思われる。その後彼はオールバニの病院に腰を据えて、傷病兵たちの治療、診察に活躍する。現在、正しく《ヤンキー・ドゥードル》がシャックバーグの作であるとは断定できないとしても、メロディーの方は、イングランドの子供のゲーム・ソング《ルーシー・ロケット *Lucy Locket*》か、同じイングランドの《フィッシャーズ・ジグ *Fisher's Jig*》を元にしているとするのが定説のようだ。

時どき、この《ヤンキー・ドゥードル》という曲は、そのメロディーが特別なのではないかと考えることがある。というのも、このメロディーを借りて、その後も様ざまな歌が作られているからだ。「トライポッド（TRIPOD）」というウェブサイトの「アメリカ国歌（American Anthems）」の項では、英米両国がこのメロディーを用いてお互いを馬鹿にしあっていたことを教えてくれる。またアメリカ議会図書館の「リリカル・レガシー（Lyrical Legacy）」というサイトには、この《ヤンキー・ドゥードル》がどう歌われていたかが、教師向けの教材としてこう書かれている。

「独立戦争の時代、この《ヤンキー・ドゥードル》は、ほとんど誰もが様ざまな状況で歌っていた。娯楽の場で、礼拝の場で、そしてそれぞれの仕事の場で。しかし、もっとも重要なのは、皮肉やからかいの道具として用いられたことだ。その対象は、公によく知られた人物、その隠された噂を誇張して笑いものにしたり、また時に敵に対してふざけたり茶化したりした」。説明は続く。

「やがてアメリカ人たちはそのからかいの対象を、自分たちの側の偉ぶった人間や身近にいる傲慢な人びとから、ブリテンの島の王、酔っぱらいの専制君主、ジョージ三世に向けるようになった。一方のイングランド側は、その返歌のように、アメリカ辺境の田舎者をあざけるように歌った。それらの歌詞は、愚図のヤンキーたちの服装が粗末で何の統一もなく、まるでボロを着た乞食同然のような格好を笑うものになり、イギリス軍は独立戦争開戦の日、隊列を組んで行進する時にその歌詞で歌うようになったのである。独立軍側はすぐに反発して、そのメロディーを大陸軍司令官であるジョージ・

ワシントンに置き換えて、自分たちを鼓舞する歌に替えて歌った。

彼らは、その歌を歌いながら独立戦争［第二部扉］を戦った。そしてついに一七八一年、ジョージ・ワシントン将軍麾下《きか》の大陸軍とフランス軍とは、ヨークタウンのイギリス軍を包囲、その十月、イギリスのコーンウォルス軍七千名の軍隊全員が降伏し、それがイギリス軍全体の敗北を招き、ついに休戦協定のもと、独立戦争は終わった。ヨークタウン包囲戦に勝利した瞬間、この《ヤンキー・ドゥードル》は愛国の歌として、歴史に残ることになったのだ」と書いている。

この《ヤンキー・ドゥードル》をはじめとして、アメリカでは、その歌の存在とあり方、またそこで歌われ、やがて変遷していった歌詞やメロディーの中に、国の成り立ちやそこに住んだ人びとの生き生きとした思いや気持ちや感情を探り、それをきちんと記録していこうとする。その彼らの努力には、頭が下がる。

この《ヤンキー・ドゥードル》で、多くの人が気にかけるのが、第一聯の最後の行の末尾の「マカロニ」という言葉だ。その前の行の「帽子に羽根飾りを挿して、仔馬に乗って町に出かけるヤンキー・ドゥードル」を、人びとは「マカロニ」と呼んだということで、この羽根飾りの帽子の人物は、セオドア・ラフの書いた『アメリカン・ソング・トレジャリー *The American Song Treasury*』(1964)の《ヤンキー・ドゥードル》の解説によると、清教徒革命で知られるオリヴァー・クロムウェル［図㊳］が一六五三年頃、長い羽根飾りをつけた帽子を被って馬に乗ったことから歌われたものだ、とある。清教徒革命を起こしたクロムウェルを、その革命で苦しめられた王党派のイギリス人たちが、彼を嘲ったのだろう。この長い羽根飾り帽がイタリアン・スタイルであることから「マカロニ」と呼ばれた、とも書いてある。やがて、二つの文化をごちゃまぜにしたようなものを「マカロニ」と呼ぶようになったり、または文体学の用語になったりと、この「マカロニ」は、その意味や背景の奥行きが深い言葉なのであるが、それについては後述する。

前述のトライポッドの「アメリカ国歌」の記述の中に、この「マカロニ」に関する面白い話が載っている。当時のロンドンで評判のいい「マカロニ」という名前のクラブがあった。そのクラブにヤンキーがやってきた時、店内に入るには帽子に羽根飾りを挿さないといけない、というジョークを馬鹿正直に守ったことをからかったことからのネーミングだというのだ。どちらにしても、クロムウェルを代表とする清教徒を、そしてそのピューリタンたちが中心となった植民地軍を、ひいては当時のアメリカ全体を茶化し、馬鹿にした言葉であることに変わりはない。そういう言葉であり、それを歌った《ヤンキー・ドゥードル》を、結局は独立戦争の愛国歌謡として定着させ、その後も北部を超えてアメリカ全体の愛唱曲となり、現在、コネティカット州の州歌にまでなっているのである。やはり歌に対する考え方が、アメリカは違う、と思うのはこんな時だ。

2　独立戦争で歌われた歌たち

しかし、独立戦争で歌われ愛された曲は、なにも《ヤンキー・ドゥードル》だけではない。むしろ《ヤンキー・ドゥードル》よりも、この戦いそのもの、そしてその戦いに挑んだ人びとの気持ちを歌った曲がいくつもある。《ヤンキー・ドゥードル》と並んでこの独立戦争の歌としてよく知られているものに《チェスター *Chester*》がある。これはボストン生まれの作曲家、ウィリアム・ビリングスが、一七七〇年に作った曲だ。ビリングスは、対イギリス反抗をリードし、独立戦争へと導いたアメリカ建国の父の一人とされるサミュエル・アダムスや、同じ時代の愛国者として有名で、独立戦争の契機となったレキシントン・コンコードの戦いで、真夜中に馬を飛ばして英国軍の動きを伝えてアメリカ史に名を残すポール・リヴィアとも友人であった。《星条旗 *Stars And Stripes*》が国歌に制定される以前の波瀾の時代、少なくとも独立戦争時代には、国歌的な位置にあったこの《チェスター》は実に荘厳な合唱曲で、一七七〇年のビリングスの歌集『ニューイングランド詩篇シンガー *The New England Psalm-Singer*』が初出である。それはこんな風に歌われている。ここでは二聯までを書き出してみよう。

Let tyrants shake their iron rod,
And Slav'ry clank her galling chains,
We fear them not, we trust in God,
New England's God forever reigns.

Howe and Burgoyne and Clinton too,
With Prescott and Cornwallis join'd,
Together plot our Overthrow,
In one Infernal league combin'd.

独裁者に鉄の棒を振るわせろ
そして従属する者の忌まわしい鎖を震わせろ
我々は神に忠実だから恐れない
ニューイングランドは神の永遠の御世

ハウとバーゴイン、そしてクリントンもまた
プレスコットとコーンワリスも加わり
彼らの地獄の集団を
共同作戦でやっつけろ

この曲は、領主国イギリスの税をはじめとする様ざまな横暴な押しつけと締めつけに対して、それら圧制の下で苦しむ奴隷状態での怒りを歌っている。二聯目には、Howeという名称が出てくる。イギリス軍の北アメリカ総司令官ウィリアム・ハウのことであり、Burgoyneは、一七七七年のニューヨーク州サラトガの戦いで独立軍に降伏したイギリス軍の指揮官ジョン・バーゴインのことである。Clintonはハウ将軍の後のイギリス軍の総司令官で、独立戦争の名実共に最終戦となった一七八一年のヴァージニア州ヨークタウンの戦いでの敗軍の将であるヘンリー・クリントンのことだ。Prescottは独立戦争初期の大陸軍がカナダ侵攻作戦をケベックで迎え撃ったイギリス軍の中将リチャード・プレスコットのことである。そういう面々が集まっている敵軍を、自分たち独立軍は打ち破る、と言いたいらしい。曲調は恭しいが、内容はありがちな戦意高揚ソングである。なお、チェスター（Chester）とは、古英語及びラテン語で「兵士たちの夜営」を意味する。

独立戦争の時に作られ歌われたこのような戦時歌謡は、実に多い。たとえば、'American Revolution.org'というサイトでフランク・ムーアという人が書いた'Songs and Ballads of The American Revolution（アメリカ独立の歌とバラッド）'には、'Taxation America（課税アメリカ）'から'A Sonnet on Disbanding The Army（軍の解体ソネット）'まで、九十二曲の愛国的戦争歌謡が集められている。そのサイトの説明によ

ると、それらの曲たちは当時の新聞や定期刊行物、また町中で配布された「バラッド・シート（Ballad Sheet）」と呼ばれる歌詞の書かれた印刷物、そして独立戦争で生き残った人びとの記憶をもとに、当時の戦場の駐屯地や野営地で歌われていた歌などを集めたものだという。

その歌は、富や名声を目的に書かれたものではない。そこに使われている言葉は真っ直ぐで飾り気はないが、正直な気持ちのあらわれである、と書かれているように、独立戦争当時、町で家で戦場で、また酒場で歌われた庶民の思いの籠もった歌ばかりなのである。「カーペンターズ・ホール（Carpenters' Hall）」は、ペンシルヴァニア州フィラデルフィアにあり、第一回大陸会議を開催し、「権利の宣言」などの決議を採択した、事実上の独立革命運動の出発地だ。同ホールの「ソングズ・オヴ・レヴォリューション（Songs of Revolution）」のサイトでは、それらの歌を六歳から十二歳までの小学生向けに、独立戦争時代の歌を教材とする教師たちへの学習指導要綱としてまとめている。その中で、いくつかのよく知られた歌を取り上げ、その背景を説明し、定番の歌詞を載せている。そればかりでなく、導入部には、これらの歌についての教え方、たとえば、「大陸軍はけして反逆者ではない」とか「アメリカに住むおよそ三分の二は、なんとなく、またははっきりと自分が英領植民地の一員であることに違和感を持っていなかった」といったことをきちんと教えることとある。また、これらの歌の歌詞は誰が歌っているのか、すなわち歌の主人公は誰なのか、これを歌う歌手はどういう気持ちで歌っているのか、その歌の意味するところは何なのか、そしてその歌がアメリカの独立戦争にとってどれほどの意味があったのか、などを考えさせディスカッションさせる。また、クラスをグループ分けして、それぞれがこの曲たちのことを分析、研究して、それをクラスで発表させる。あるいはそれぞれがこの歌を自分たちで歌ったり、既存の歌詞の後につづく歌詞を作詞させたりするといった授業のための教師向けサイトなのである。そこには子供たちに、アメリカが独立戦争を起こさざるを得なかった事情を、歌によって教えようとする姿勢がうかがわれるのである。

植民地アメリカが領主国イギリスに反旗を翻して独立の戦いを始めることになった原因の一つ、少なくともそのきっかけ、行動の端緒となった事実を子供たちに理解できるようにと作られた歌がある。

一七六五年のイギリス国会によって、アメリカ植民地に課せられた最初の直接的内国税である印紙税は、関税以外に課せられたはじめての税金だった。それは重税であり、アメリカのあらゆる階級と地域に課せられたもので、植民地通貨では三〇〜一〇〇パーセントの増税となった。あらゆる法定文書、学校などの教育機関への寄附、アルコール類の販売免許、土地の権利書、新聞、それに掲載する広告、暦、トランプ、ダイス、その他もろもろのすべてに、印紙税を支払わねばならなかった。だがこの無謀な税は、結局一度も徴収されないで終わった。

次いであらわれたのが、一七六七年六月にイギリスの下院を通過したアメリカへの新しい課税、これまた悪法で名高いタウンゼント諸法だった。このタウンゼント諸法による輸入税の施行にイギリスは十七万ポンドを使いながら、初年度にはわずか二百九十五ポンドしか徴収できずに、三年後の一七七〇年には撤回せざるを得なかった。この法に、アメリカの人びとはあらゆるイギリス商品をボイコットすることで対抗した。

だがボイコットそのものが、必ずしもアメリカ人たちの独立の気運を高めたわけではない。彼らが求めたのは、国会の議席。すなわち、本国に支払っている税金に見合った発言力を持てる議席数を与えてほしいということだった。母国に納税する義務を押しつけられながら下院の議決権を持てないこと、それに彼らは憤慨したのだ。実際には、イギリス本国でも、誰もが選挙権を持っているわけではなかったのだが。

アメリカ植民地の人びとの様ざまな形での不買運動によって、タウンゼント諸法や印紙税法が失敗するや、イギリスは今度は紅茶をターゲットにした。その頃のアメリカでは紅茶が日常の必需品になっていて、一七七〇年には、ボストンに約五〇万ポンド（約二二万六八〇〇キロ）もの紅茶が輸入されていたほどだった。その年に撤回されていたタウンゼント関税だったが、その時も、植民地に入る紅茶にだけ関税が継続されていた。それが一ポンド当たり三ペンスの紅茶税だった。その時代、アメリカの十三植民地だけでおよそ一九〇万ポンド（約八六万二〇〇〇キロ）近くの紅茶を輸入し、ほぼ同程度の量を密輸入していた。イギリスはそれまで紅茶の輸出・販売を担当していた英国東インド会社に、イギリスへ輸入される茶の関税を廃止して値段を下げ、同時に仲買人を除外することで、アメリカの紅茶の値段を密輸品よりもはるかに安くして提供させようとした。しかし当時のイギリスの首相、ノース卿と呼ばれた第二代ギルフォード伯爵のフレデリック・ノースは、一ポンド三ペンスの紅茶税に固執しつづけた。

そうやって課せられた紅茶税に対して、アメリカ植民地のイギリスへの素直な思いを皮肉を込めて歌ったのが《革命の紅茶 *Revolutionary Tea*》という曲である。子供向けとも思えるユーモアを持った楽しい歌だ。

There was an old lady lived over the sea
And she was an Island Queen.
Her daughter lived off in a new countrie,
With an ocean of water between;
The old lady's pockets were full of gold
But never contented was she,

So she called on her daughter to pay her a tax
Of three pence a pound on her tea,
Of three pence a pound on her tea.

"Now mother, dear mother," the daughter replied,
"I shan't do the thing you ax.
I'm willing to pay a fair price for the tea,
But never the three penny tax."
"You shall," quoth the mother, and reddened with rage,
"For you're my own daughter, you see,
And sure, 'tis quite proper the daughter should pay
Her mother a tax on her tea,
Her mother a tax on her tea."

（以下略）

「裕福な女性が海の向こうにいた。彼女はある島の女王だった。その彼女の娘は、新しい国に住んでいた。二人は広い海を隔てて住んでいた。母親は大金持ちで、たっぷりの黄金が彼女の手元にあったが、まだ十分とは思わなかった」第一聯は、そう歌う。金の亡者のような母親は娘に、一ポンドの紅茶に三ペンスの税金を支払うように命じる。それに対して娘は言う。「お母さん、愛しのお母さん、あなたの要求は呑めません。公正な税金をかけてください」と。だが母親は怒りで顔を赤らめ、「わかっているね、お前は私の娘なんだよ。言う通りにしなさい」そして、母親は娘に紅茶の税金をかけた。

ここでうかがわれるのは、アメリカ植民地の人びとは、この騒動を半ば楽しんでいるのではないかということだ。皮肉たっぷりにこの事態を面白がり、いつかは他の税金と同じように、やがては廃止されるだろう、イギリスが植民地に課した様ざまな税制度も間もなく雲散霧消するだろう、とどこか楽天的に、そしてどうせイギリスは弱腰で、我々が本気を出せば敵わないに決まっている、と茶化す余裕と理由のない自信のようなものがここにはある。だが、彼らが考えるほどイギリスは弱腰ではなかった。

伝記作家としても名の知れた歴史家のアラン・ネヴィンスと歴史家のヘンリー・スティール・コマジャーの書いた『*A Pocket History of the United States*』(1942)〔邦訳『アメリカ史』原書房、一九六六年〕には、この三ペンスの税金に固執したのは、「国王がこれは権威の問題とみなしておられるからと言っていた」(黒田和雄訳)と書かれている。それに対してサミュエル・アダムスが創設したボストンの「自由の息子たち(Sons of Liberty)」は激昂した。そしてそれが「アメリカの反乱の直接の原因となった」と書いている。

「自由の息子たち」は、「自由の子供たち」とも訳される独立以前の十三植民地在住の血気盛んな若者たちの、独立を目的とした愛国的急進派のグループである。日本の幕末で言えば、開国派で攘夷、という少し矛盾した感じだろうか。すなわち、国は開きたいが、イギリスという夷敵に対しては戦うという姿勢だった。ただし、尊王ではない。イギリス国王のジョージ三世に対しては、尊王のソの字もない。はたして彼らは、開国派ではないのではないかという疑問もなくはない。アメリカ、特に南部はその農産品の多くを英国に輸出することによってうるおっていた。一方の北は、工業関係において保護貿易派であった。

　この二つの大きなギャップが、将来この国を二分する戦いを導くことになる。それは後述しよう。あたかも幕末の日本を思わせる開国派、攘夷派の存在だが、一方の会津藩のような命を賭してまで旧体制を死守しようという守旧派は、アメリカにはいなかったということだ。頑なな守旧派はいなかったけれど、イギリスの植民地であることに反対ではない人たち、英国植民地であることに不自由や不便を感じている人もまた少なかった。すなわち、アメリカ植民地人の大多数は、イギリスに与《くみ》していることを良しとしていた。しかし、日本の維新への原動力となった坂本龍馬たちのような熱心な開国派はアメリカにもいたのだ。それがサミュエル・アダムスを中心とする「自由の息子たち」だった。そして彼らは、ひたすら「自由」を求めようとする激烈な愛国の徒だった。

　彼ら、「自由の息子たち」は、当時のイギリスの首相、第二代ギルフォード伯爵フレデリック・ノース卿の「紅茶税は、イギリスの権威の象徴だと国王がみなしている」という発言に激昂したが、当時は紅茶が運び込まれるどの港でもこの税に反抗する人びとがいた。

　一七七三年十二月、紅茶を満載した東インド会社の船が、ヴァージニア州チャールストン、ペンシルヴァニア州フィラデルフィア、ニューヨーク州ニューヨーク、そしてマサチューセッツ州ボストンの港に着岸した時には、すでにアメリカ側では輸入拒否の準備が整っていた。その中でも、もっとも決意が固く、実力をもって抵抗しようとしたのが、ボストン港だった。その先鋭となったのが、ボストンのサミュエルの率いる「自由の息子たち」だった。

　多くの人が、港に入ってきた東インド会社の輸送船を横目にしての大衆集会で、サミュエルは「この国を救うためには、なしうることは他にはない」という演説をぶち上げた。それが若者を奮い立たせ、ただちに彼らは身分を隠そうと、モホーク・インディアンに扮したり、顔を黒く塗って黒人になりすまして、紅茶の運搬船として用いられていた捕鯨船の「ザ・ビーヴァー」「ダートマス」そして完全帆装の「エレノア」号に忍び込み、紅茶の大箱三百四十二個、九万二〇〇〇ポンド（約四一七〇キロ）、金額にすれば百七十万ドル相当分を海に投げ落とした。これがかの有名な「ボストン茶会事件（Boston Tea Party）」である。「ボストン茶会」の名前は、海に紅茶を投げ込んで盛大にお茶を娯しむ祝会をやろうとう意味からつけられたものだ。

アメリカ人にしてみれば、いや、「自由の息子たち」にしてみれば、紅茶の輸入を阻止しようと本気で考えたわけではなかった。彼らは、ただイギリス政府を怒らせたかっただけなのだ。怒らせて戦争に持ち込みたかったのだと思われる。勝算があるとも考えていなかったのではなかろうか。それでも彼らの思惑通りだと言いたかったのか、このボストン茶会事件はイギリス政府をひどく怒らせ、無差別の復讐行動に走らせることになった。そしてついに、両者は我慢の限界に達してマサチューセッツ州コンコードで戦端の火蓋が切られた。

そうやって、サミュエル・アダムスを筆頭とする過激な「自由の息子たち」の願い通り、戦いに突入することができた。そして独立軍の兵器や戦術での不利な条件を克服する、様ざまなゲリラ的な戦術が工夫された。その一つの作戦を歌った興味深い歌がある。イギリス海軍の力は強大で、東部海岸の大きな港湾は、イギリス軍艦によって封鎖されていた。それは、反イギリスで共通しているフランスからの援助もまた届かないことを意味していた。アメリカ側はなんとか打開しようという作戦を考え出した。その面白いアイデアを歌ったのが、《バトル・オブ・ケッグス *The Battle of the Kegs*》という曲だ。「樽の戦争」というところだろうか。

'T was early day, as poets say,
Just when the sun was rising,

A soldier stood on a log of wood,
And saw a thing surprising.

As in amaze he stood to gaze,
The truth can't be denied, sir,
He spied a score of kegs or more
Come floating down the tide, sir.

A sailor too, in jerkin blue,
This strange appearance viewing,
First damn'd his eyes, in great surprise,
Then said, "Some mischief's brewing.

（以下略）

「詩人の言うところの暁光、朝日が出たまさにその時、森の倒木際に立っていた兵士は、驚くべき光景を見た。彼はそれを目の当たりにして、現実を受け入れられなかった。数え切れないほどの樽が流れに乗って下っていくという事態を。船員たちもまた、この奇妙な様子を見て青ざめた、最初に目に飛び込んできた動転する風景に、彼は思わず『こいつは酒造り連中のいたずらだろう』と言った」

歌詞を書いたのは、最初の大陸会議のメッセンジャーの一人であり、独立宣言書にニュージャージーの代表として署名し、しかも合衆国の国旗「スターズ・アンド・ストライプス」をデザインした中心人物とされているフランシス・ホプキンズで、一七七三年に作詞したものだ。実際には二十二聯までの歌詞があって、この事件の顚末が書かれているのだが、ここには冒頭の部分だけを載せた。面白いのは、その他多くの戦意高揚的な戦時歌謡と視点が異なっているところだ。第一聯の最初の一行にあるように「早朝」、森近くに詰めていた監視兵は、目の前の川の異様な光景に驚く。興味深いのは、その目撃者がイギリス軍兵士に設定されていることだ。そのイギリス兵が驚いたのは、樽が流れてきたからなのだ。keg とも barrel とも言われる木の板を丸く合わせて、鉄の帯で締め上げたもので、それがいくつもいくつも川を流れていく様子に驚愕したのだ。それはアメリカ植民地軍が流したものだった。

一七七八年に、ペンシルヴァニア州フィラデルフィアのデラウェア河の河口の湾を、イギリス軍の軍艦によって封鎖された時のことだ。植民地側はこの封鎖をなんとか解こうと、突拍子もない戦術というか、武器を考え出した。それは樽に火薬を詰めて、上流から川に流すという方法だった。樽が流れに乗って河口まで漂い着き、そこに碇泊しているイギリス軍の軍艦を爆破しようというものだった。

一月六日、火薬を詰め込んだ樽を、デラウェア河の下流に碇泊している英軍艦目がけて放流した。だがその冬、生憎と川は氷結しはじめていた。氷結によって身動きが取れなくなることを怖れたイギリス側は、艦を河口の湾口に避難させた。翌朝、イギリスの歩哨たちは樽が川を下っていく光景に驚愕した。それがこの《バトル・オブ・ケッグス》の歌である。その戦法は、やがてやってくる次なる戦争への新しい展開への布石となっていく。

当初イギリス海軍は、なぜこれほどの樽が流されてきたのか、不思議がるばかりだった。それはまるでウィスキー造りの連中が自棄《やけ》を起こして樽を川に投げ込んだような感じだったのだ。河口に流れ着いた樽は、イギリス艦の周辺にプカプカと浮かんでいた。イギリス兵たちはそのうち、その樽の中に独立派の民兵が潜んでいて、機会を見つけてはその樽から船へと乗り移って、ゲリラ的な破壊活動を目論んでいるのだと考えた。そこで水兵たちは、樽を狙って発砲しはじめた。そして当然の結果、樽は大爆発した。それはイギリス軍艦を傷つけ、破壊し、中には小型の補給艦HMSサーベラスのように沈没したものがあった。その他、四人の水兵が死亡、数人が怪我をしたという記録が残っている。

この漂流爆薬、英語では floating mine/keg と表現しているが、すなわち浮遊機雷、イギリス海軍兵が人が入っていると感じて狙撃したことをヒントに、アメリカ軍は後に本当に人間を潜ませた漂流物を造った。それが、独立戦争に登場した「タートル潜水艦」で、やがては南北戦争で潜水艦の活躍を迎えることになる。ともあれ、歌にも歌われたこの漂流火薬樽は多くの人に親しまれたばかりでなく、アメリカ人の愛国の灯に油を注いだのだった。

これらの愛国的戦争歌謡をいくら羅列しても、実はあまり意味がない。どこの国にも戦意を高揚させる文芸作品や映画や音楽がごく当たり前のように作られ、流布されてきた。しかし、この独立戦争では同じ戦争を歌った歌でも、その意図するところが正反対の歌がある。端的に言えば、「反戦歌」の部類に入るものだ。

次章では、独立戦争時代にそういう歌があったことは、一般にはほとんど知られることのない、ある胸を打つ反戦の歌について書こうと思う。そしてそれは、その戦争の後でも長きにわたって、アメリカで愛され、歌い継がれ、ついには、アメリカを代表する曲となった悲しい歌なのである。

第二一章　小声で歌う反戦歌

1　鋼の剣を買う女

一九六〇年代のフォークソング・ブームを知る人なら、あるいはもっと積極的に自分でもギターを弾いたり、バンドを組んだりした人なら、おそらくはピーター・ポール&マリーのヒット曲、《虹と共に消えた恋 *Gone The Rainbow*》を聞いたり、歌ったりしたことがあるだろうと思う。一九五〇年代後半、ブラジルのフォークソングに英語の詞をつけてアレンジしたものを、一九六二年、ピーター、ポール&マリー（以下、PPM）がデビュー曲として発表した《レモン・トゥリー *Lemon Tree*》が大ヒットして、彼らは一躍フォーク界のスターになった。

翌六三年、彼らはこの《虹と共に消えた恋》を歌い、これまた多くの若者の心をとらえた。少し長いが、全体を知ってもらいたいので全文を引用しよう。こんな風に歌われている。

Chorus:
Shule, shule, shule-a-roo,
Shule-a-rak-shak, shule-a-ba-ba-coo.

When I saw my Sally Babby Beal,
Come bibble in the boo shy Lorey.

Here I sit on Buttermilk Hill;
who could blame me, cry my fill;
Every tear would turn a mill,
Johnny's gone for a soldier.
(Cho)

I sold my flax, I sold my wheel,
to buy my love a sword of steel;
So it in battle he might wield,
Johnny's gone for a soldier.
(Cho)

Oh my baby, oh, my love,
gone the rainbow, gone the dove.
Your father was my only love;
Johnny's gone for a soldier.
(Cho)

シュール、シュール、シューラールー、
シューラー、ラクシャク、シュラババ、クー
私のサリー・バビー・ビールを見た時は
カム、ビブル・イン・ザ・ブー、シャイ、ローレイ

バターミルク・ヒルに座っている
涙にくれるわたしを、誰も責めることなんかできやしない
その涙の一滴一滴が、粉挽き水車を回す
ジョニーは兵士になるため去って行った

紡いだ麻糸を売り、それを縒《よ》った糸車を売り
恋人のために鋼《はがね》の剣を購う
彼は戦場でそれを振るう
ジョニーは兵士になるために去って行った

わたしの愛する赤ちゃん
虹は消え去り、鳩も飛びたってしまった
あなたのお父さんは、わたしがただ一人愛した人
ジョニーは兵士になるため去って行った

これを歌っているのは女性で、彼女は糸を紡ぐ仕事をしているらしいことを示唆している。自分が大切にしている糸車と、それで紡いだ亜麻糸を売ってしまい、得た金でジョニーが戦場で戦えるように鋼製の剣を買ってやるのだ、と歌う。彼女は戦場に行ったジョニーを思い、バターミルク・ヒルで涙にくれている。三聯目では、二人は夫婦かそれに近い関係にあり、二人の間には赤ん坊がいる。あなたのパパは私の唯一愛した人、彼が戦いに行ってしまったことで、夢見た希望や平和な家庭が消え失せてしまったのだと、赤ん坊に語りかけるように歌っている。

歌詞を見てもらえればわかるが、各聯の間にコーラスで歌われる「シュール、シュール……」の部分は、この曲が生まれたアイルランドの本来の言葉、ゲール語に似せた歌詞だ。

現在、アイルランド・ルーツの様ざまな名曲や新しい歌を歌って人気のグループには、二〇〇四年に結成された女性四人のケルティック・ウーマンや女性一人男性四人のクラナドたちがいる。ケルティック・ウーマンは、フィドルをはじめ楽器演奏も達者な上、いかにもアイルランドらしい高く澄んだ美しい歌声で歌うケルト音楽の代表的なグループであり、アイリッシュ・ミュージックの大スターのエンヤがかつて在籍していたことでも知られるクラナドもまた、アイリッシュの魂を今に伝えるすぐれたグループだ。だから、アイルランド発祥であるこの《虹と共に消えた恋》を当然、レパートリーに入れている。

だが、本家アイルランドではこのタイトルではない。世界的に通用しているのは、ゲール語のタイトルをそのまま英語表記にした《シューラ・ルーン *Shule Aroon*》だろう。正しくゲール語表記すれば Siúil A Rún で、英訳すれば 'Walk, oh dear' すなわち「歩いて、愛しい人」というところだろうか。ケルティック・ウーマンは、このタイトルで歌っている。

一方、クラナドは《シューラ・グラ *Siuil A Grah*》というタイトルで歌い、英語では Shule Agra と書かれ、意味は 'Walk, my love,'「歩いて、恋人よ」になる。
この両者はタイトルばかりでなく、歌詞も小さな部分で少しずつ違っているが、ここではケルティック・ウーマンの歌を載せた。

Shule, shule, shule aroon
Shule go succir agus, shule go kewn,
Shule go durrus oggus aylig lume,

Chorus:
Shule, shule, shule aroon
Shule go succir agus, shule go kewn,
Shule go durrus oggus aylig lume,
Iss guh day thoo avorneen slawn.

I wish I was on yonder hill
'Tis there I'd sit and cry my fill,
And every tear would turn a mill

I'll sell my rod, I'll sell my reel

I'll sell my only spinning wheel
To buy my love a sword of steel
（Cho）

I'll dye my petticoats, I'll dye them red
And 'round the world I'll beg my bread
Until my parents shall wish me dead
（Cho）

Shule, shule, shule aroon
Shule go succir agus, shule go kewn,
Shule go durrus oggus aylig lume

最初に、shule...と歌い出すリフレインの部分は、英訳ではこうなる。

Walk, walk, walk, O love,
Walk quickly to me, softly move;
Walk to the door, and away we'll flee,
And safe may my darling be.

歩いて、歩いて、歩いて、わたしの恋人
わたしのところに急いで来て、そして慌てずに
家のドアロまで、そしたらわたしたちはもう自由
どうか無事に、わたしの愛する人

というのをくり返して歌う。この部分をＰＰＭは、語呂を合わせのほとんど意味のない言葉に置き換えているのだ。《シューラ・ルーン》の続きを訳すとこうなる。

遠くの丘にいたらいいのに
そこでなら座り込んで思いっきり泣けるのに
その涙の一粒一粒が水車を回すだろう
（リフレイン）

撚り棒《ロッド》（よりぼう）を売る、糸車《リール》も売る
たったひとつしかない糸繰り車《スピニング・ホイール》も売ってしまおう
愛する人に鋼の剣を買ってやるために
（リフレイン）

ペティコートを染めよう、紅く染めよう
そしてパン乞うて世界を廻ろう

両親がわたしが死ぬのを願うようになるまで

（リフレイン）

古くから伝わるアイルランド生まれの曲で、その後の長い年月の間に多くの人に歌われたためにいくつものヴァージョンが生まれ、そのうちのどれが正しい歌詞かは一概には言えなくなっている。だが、少なくともケルティック・ウーマンのヴァージョンは、いくらかの差異はあっても、ほぼオリジナルの持つ要素を十分に残している。ＰＰＭの歌詞と共通しているのは、「丘の上で泣くこと」、「その涙の一粒一粒が水車を回すだろうこと」、「自分の仕事道具である糸繰りの道具一切を売り払って、愛する人のために鋼の剣を買うこと」などだ。

一方、ＰＰＭにある「男がジョニーという名前である」こと、「二人の間には赤ん坊がいる」ことは、ケルティック・ウーマン版の歌詞にはない。ジョニーという男について、その彼が戦争に行ったことを歌うものはいくつかある。同時に、これはＰＰＭのヒットの影響なのか、'Johnny Has Gone for a Soldier'をタイトルとする曲もかなり多い。

だが、二人の間に子供がいるというエピソードは、ケルティック・ウーマン版ばかりでなく、《シューラ・ルーン》や《シューラ・グラ》をオリジナルとするほとんどすべての歌にはない。その代わりに、「ペティコートを紅く染める」こと、「世界中をパンを乞うて歩き廻る」こと、それを「自分が死んでくれればいいと両親が願うようになるまで」続ける、というエピソードはほぼどのヴァージョンにもある。そしてこれらのテーマ類は、最初の三つとともに、両曲を原典とするすべての曲に共通する物語なのである。

このアメリカに伝わったアイルランドの曲がいつ作られたものなのか、はっきりしない。アメリカの独立戦争の時にはすでに歌われたという記録があり、それも反戦の歌として知られていた。それから長く歌い続けられてきた。その強い生命力をこの曲に与えたのは何だったのだろう。どんな動機がこの曲を作らせたのだろうか。この曲を作らねばならなかった必然とは、一体何だったのだろうか。

　この曲の発生に関して、明確に一つの説を唱えた人がいる。それがアイルランドの歴史家で作家、アイリッシュ・ミュージックのコレクターで、同時にアイルランドの様ざまな地名の研究家であるパトリック・ウエストン・ジョイスである。そのジョイスは、アイリッシュ音楽に関して、三冊の本を上梓している（没後、編集されて出版されたものは別とする）。

　一冊は『古代アイルランド音楽 *Ancient Irish Music*』（1873）で、その十五年後に出された『アイルランドの音楽と歌 *Irish Music and Song*』（1888）、そして三冊目の『旧きアイルランドの音楽と歌 *Old Irish Folk Music and Songs*』（1909）である。彼のすぐれた業績は、ことに一冊目の『*Ancient Irish Music*』が、ジョン・ウィリアム・グローヴァーによってピアノ・アレンジされた譜面付きで、これは貴重な資料である。それまでのバラッドやフォークソング・コレクターのように、たとえば《チャイルド・バラッド》の編纂者として知られる民俗学者であるフランシス・ジェイムズ・チャイルドの詩だけを蒐集するやり方ではなく、それが歌われている大まかな旋律もまた後世に残すことができたからだ。

　このことについては、人によっては賛否が分かれている。バラッドやフォークソングとして世に残されている歌の多くは、無伴奏で、時に自由旋律の傾向が強く、それまでの古典音楽《クラシック・ミュージック》で培われてきた西洋音楽式の記譜法では、その曲の持つもっとも重要な要素——口伝でこそ伝えられる微妙なニュアンスや感情表現を切り捨てなければならないことが多かった。そのことは、曲の持つ本質的なものを削ぎ落とし、時にはまた違った雰囲気が付け加えられてまったく別の曲のようになってしまう危険性をも持っていた。それは、口伝によって伝えられた昔からのバラッドや民衆の歌にとっては、致命的な欠陥ともなった。だが、そのことはここではこれ以上追究しない。

このジョイスの説を世界的に広めたのは、アメリカのトラディショナル・フォークソングの蒐集家で研究者であるジョンとアランのロマックス父子が書いた『フォークソングＵＳＡ *Folk Song USA: The 111 Best American Ballads*』（1966）である。この本の表紙には惹句として「この本はアメリカのベスト・フォークソングを集めたもので、百一曲の馴染みのバラッド・ソングを歌詞とピアノとギターの伴奏譜付きである」とある。

著者、編曲者については、「ロマックス父子が蒐集し、譜面に記録し、歌詞とメロディーとをうまく調節し、それにピアノとギターの伴奏譜をつけたのがチャールズとルース・シーガーの二人である」と書かれている。チャールズ・シーガーは《花はどこへ行った *Where Heve All the Flowers Gone?*》などで知られるフォークシンガーで社会運動家でもあるピート・シーガーの父親であり、ルースは、ピートの弟で同じくトラディショナル・フォークシンガーであるマイク・シーガー、妹のペギー・シーガーの母親である。すなわちピートの継母に当たる。このチャールズとルースの二人も優れた音楽家で、そういう意味でもこの『フォークソングＵＳＡ』は貴重な本だと言える。

このロマックスの本の中で、《シューラ・ルーン》は《バターミルク・ヒル》というタイトルで収録され、その説明に、「アイルランドのフォーク・バラッドのコレクターであるジョイスは、この曲は一六九一年から一七四五年にかけてアイルランド人がフランス軍に加わって戦った時の歌だ」と書いている。父子がこのジョイスの説を紹介することにより、彼の説はアイルランド、スコットランド、そしてイングランドばかりでなく、アメリカの研究者、フォーク・コレクター、愛好家などの間で常識化されていく。

この時代的背景をもっとよく知るために、ジョイス自身による文章を引用しよう。先に挙げた

『*Old Irish Folk Music and Songs*』の《シューラ・ルーン》について書かれた解説である。「このバラッドは、数千人もの若きアイリッシュたちが、『ワイルド・ギース』または『アイルランド旅団』としてヨーロッパ大陸の、主としてフランスの軍隊に加わるために海を渡っていった時代、一六九一年から一七四五年のものである」と明確に規定している。ワイルド・ギースという軍団がアイルランドを追われた一六九一年から、アメリカの独立戦争の起こった一七七五年までの八十四年間、この歌は少なくともアイルランドで静かに歌い継がれていたことになる。それほどまでに人びとの心に深い思いを残したワイルド・ギースとは、どういう存在だったのだろうか。

2　傭兵部隊「ワイルド・ギース」の登場

この物語の背景を知るために、アイルランド、スコットランド対イングランドの戦いについて書かねばならない。「ワイルド・ギース」の正体を知ってもらいたいからだ。すなわち、カトリックとプロテスタントとの「宗教戦争」についての大まかな物語である。

ＡＤ四三二年、ローマ司教の命を受けたパトリキウスは、カトリックの宣教師としてアイルランドに初めて上陸した。アイルランドの守護聖人として、人びとに広く深く敬愛される聖パトリックその人である。その後カトリックはブリテン島にも広まるが、一五四三年、ヘンリー八世は自己の離婚を合法化するためにカトリックを離れて、新しく英国国教会、アングリカン・チャーチ、またはチャーチ・オブ・イングランド、日本で言うところの聖公会を創った。

ヘンリー八世は、このアングリカン・チャーチをスコットランドにも広めようとしたが、スコットランドはもともとカトリックの国であり、時のジェームズ五世はヘンリー八世のカトリック離脱の強要を断った。一つには、イングランドのアングリカン・チャーチがドイツの宗教改革者であるマルティン・ルターによって始まったルター派キリスト教の影響を強く受けていたのと対照的に、スコットランドはフランスと昔から同盟関係にあり、フランス出身の神学者であるジャン・カルヴァンが唱えたカルヴァン派キリスト教がすでに入っていたからだ。

カルヴァン派は、フランスではユグノー、ドイツではゴイセン、オランダではフーゼン、イングランドではピューリタン、スコットランドではプレスベタリアン（長老派）と呼ばれる宗派で、教会を統率するのは聖職者ではなく、長老たちによる会議で牧師を任命する形式をとる。長老が主体であるところから、「長老派教会」と呼ばれている。このプレスベタリアンがアメリカの、特にアパラチア地方や南部に広まっているのは、一六〇三年にイングランドとアイルランドの王、ジェームズ一世になったスコットランド王のジェームズ六世のある政策によってだった。

彼はイングランドの王として、スコットランドのケルト文化を低く見て差別、排斥した。イングランドとスコットランドとの戦いに勝つと、ジェームズ一世はスコットランドのローランド、イングランドと国境を接するボーダー地区の長老派の人びとをアイルランドの北、アルスター地区に入植させたことにより、アイルランドのカトリックとスコットランドの長老派たちはその後長きにわたって戦いをくり広げ、その対立は根深く、ついには二十世紀の「北アイルランド紛争」にまで引きずられていくのである。

十八世紀末、この北アイルランドに入植したスコットランド人たちは、やがてスコットランド系アイルランド人（スコッチ・アイリッシュ）と呼ばれるようになり、アイルランドとスコットランドの融合文化を手にアメリカのアパラチア地方へと入植していくことになる。それが、アパラチアに長老派が多い理由のひとつなのである。

ジェームズ一世の死後、イングランドに君臨した息子チャールズの時代、スコットランドとの戦いでの敗戦による財政赤字と、特権的な地位にいる王党派への反発からピューリタンたちの反乱、清教徒革命が起こった。だがその首謀者、オリヴァー・クロムウェルの死後に即位したジェームズ二世のカトリック復活と絶対王政に反発したイングランド議会は、オランダからジェームズ二世の娘、プロテスタントのメアリー二世と、その夫で、同じくプロテスタントのオランダ総督オレンジ公ウィリアム三世を新王として呼び寄せ、彼らを即位させて二人の共同統治を実現する。これが「名誉革命」であって、前述の「清教徒革命」と合わせて「イングランド革命」と呼んでいる。

名誉革命は、一六八八年のクリスマスに成功し、オレンジ公ウィリアム三世にその地位を追われたジェームズ二世は、フランスのルイ十四世の庇護を求めてフランスに亡命する。この背景には、フランス系カルヴァン派の後ろ盾が見逃せない。以後、スコットランド、アイルランドのカトリックたちの陰には、常にフランスの存在が見え隠れすることになるからだ。この時点でスコットランドとフランスは、対イングランドという点では強固なコンビであったと言っていい。一方のイングランドにはドイツのルター派が背後にあり、アメリカの独立戦争でもこのフランスとドイツとの確執をうかがうことができる。

名誉革命の翌年、ジェームズ二世はフランスの援護を受けて、ウィリアム三世との王権を懸けた最後の戦いのためにアイルランドに上陸する。迎え撃つのは、イングランドのウィリアム三世軍。名誉革命で王位に就いたウィリアム三世を支持して、彼を王位に就けることを強力に後押しした人びと、ウィリアムの名前からの「ウィリアマイト」と呼ばれる面々と、ジェームズ二世をイングランドの正当な国王であるとして、彼を支援、支持するカトリック教徒の集団、ジェームズのラテン名の「ジャコバス（Jacobus）」から「ジャコバイト」と名付けたグループとの戦争でもあった。

ジェームズ二世がフランスからの一万六千人に及ぶ援軍を引き連れてアイルランドに到着し、アイルランドのジャコバイト軍を加えて、北部アルスターの都市、ロンドンデリーに立てこもるウィリアマイト軍を攻撃すべく包囲戦を展開した。一方のウィリアマイト軍は、現地アイルランドの民間人を集めて軍備を固めたこともあって、ロンドンデリー包囲網を簡単に突破した。一つには、アイルランドのジャコバイト軍は訓練も兵装も乏しく、大部分が恐ろしく無組織の、いわゆる「農兵」であったことにも原因があった。

その年、一六九〇年の七月一日、アイルランドのレンスター地区、首都ダブリンの北に位置するドロヘダを流れるボイン川の上流河畔、オールド・ブリッジの戦いでジェームズ二世軍は徹底的に撃破される。

だが、彼らは諦めなかった。翌九一年七月十二日のオーグリムでの戦いと、それに続くリムリックの戦いで奮闘するも力尽き、ついにジェームズ二世軍は降伏した。この時、敗れたアイルランド軍はボイン川の敗戦でフランスに逃亡したジェームズ二世のもとに行くか、ウィリアム三世とメアリー二世に忠誠を誓ってアイルランドに留まるかのどちらかを選ぶことで処刑は免れること、同時にアイルランドのカトリック教徒は、チャールズ二世時代に得ていた特権を引き続き許される、といった内容の「リムリック条約」を突きつけられることになった。アイルランド兵の大半、およそ一万四千人が祖国を捨てフランスに渡ったという。むろん、ウィリアマイトの軍門に降り、イングランド側に与した者、戦時捕虜や傷病兵、そして家族とともにいることを望んだ者たちもいた。

残るほぼ全員が、フランス軍に編入される形での傭兵になった。当初は、フランス軍の一部として、様ざまな土地での紛争や戦争に積極的に出ていき、やがて、フランス軍傭兵ではなく、独立した傭兵部隊「ワイルド・ギース」として世界中に名前が知られる存在になっていく。

十七世紀後半、アイルランドは名産のブランディやワインなどをフランスへ密輸していたことがあり、その密輸船の荷の中に、いつの間にか人間が潜り込むようになった。イングランドの弾圧によってアイルランドにいられなくなったカトリックの兵士たちで、その彼らの積荷名を受け手側のフランスでは「ワイルド・ギース（野生の鴨）」と書類上書いた。そこから、このワイルド・ギースという名前は、世界中に強者の名前として広がっていったのである。

彼らが戦争に加わった多くの国の中での最高の戦場は、アメリカの独立戦争だった。相手がプロテスタントのイングランド兵だったからだ。だが、独立戦争後、ワイルド・ギースの名前は消える。その後も彼らは、いや、彼らの血を受け継ぐ者たちもまたアメリカのいくつもの戦場で戦っている。だが、そこには「ワイルド・ギース」の名前はない。なぜなら、その頃には彼らはすでにアイルランド人の傭兵ではなく、アメリカ人として自分の国のために戦うようになっていたからだ。

カトリック系アイルランド人が、アメリカの独立戦争にどの程度加わっていたかを知ることのできる資料がある。「ハイバーニアン友好団体フロリダ委員会（Ancient order of Highbernians Frolida State Board）」のサイトで、独立戦争の時の各戦場でいったいどれくらいのアイルランド人が戦ったのかの数字を掲げている。

ハイバーニアンとは、アイルランドのカトリック教徒のことである。また、なぜフロリダかというと、スペインでの戦いに加わったワイルド・ギースたち、「スペイン・ヒブラニア連隊（Hibernia regiment of Spain）」が、一七八一年フロリダ州ペンサコラでイングランド軍と戦っているからだ。そのフロリダにはワイルド・ギースたちも住んでいた頃から、彼らの名誉、栄光などを伝えていこうとするフロリダ州での委員会が設立されたのである。

このサイトに書かれている独立戦争におけるアイルランド人たちの参戦の例として、

・一七七五年四月十九日のケンタッキー州レキシントンの戦いでは、百七十四名のアイルランド人が参加。
・一七七五年六月十七日のボストン郊外のバンカーヒルでの戦いには、六百九十八名のアイルランド人が戦っている。
・また独立戦争時代の反革命派、イングランド支持の英国王党派として有名なジョセフ・ギャロウェイは、一七七九年十月二十七日に開かれたイングランド下院議会で、ワシントン麾下の革命軍の半数はアイルランド人であると報告している。

戦後半年経った一七八四年四月二日、後のマウントジョイ伯爵、ルーク・ガーディナーは、イングランド議会で「我々はアメリカという国を、移民の連中によって失った。彼の地の戦場に詳しい人物から、はっきり言われた。アメリカ軍の大部分はアイルランド人によって占められ、アメリカ部隊では英語ではなく、アイルランド語が『ごく普通に話されていた』とね」と証言した。

イングランド軍の敗北はアイルランド人たちの功績による。その理由の一つが彼らが戦場で使ったゲール語だった。それによってイングランド兵たちは、相手の作戦指示が理解できず、アメリカ軍の作戦行動は意表をつくものばかりだった。この戦い全体では千五百人の士官、二十二人の将軍、十二人の海軍艦長のアイルランド人がいたという。やはり、フランスで百戦錬磨の軍人だったことがわかる数字だ。

国防ジャーナリストで写真家のタイラー・ロゴウェイはこの戦争に関して取材と調査を重ね、以下のような数値を自身のサイトに掲載している。

独立戦争の最盛期、八万人の民兵と独立軍兵士が戦闘に参加、一方のイングランド植民地軍は総勢五万六千人、そのほかに「ハシアンズ（Hessians）」と呼ばれるイングランドに援助契約を交わしたドイツから送られた傭兵が三万人いた。またすべてのアイルランド人がアメリカの独立に賛成したわけではなく、少なくとも二つの連隊がイングランド側に与したことで知られる。一つはアイルランド義勇軍（Volunteer of Ireland）の第一〇五歩兵連隊と、ローマン・カトリック義勇軍（Volunteer of Roman Catholic）の連隊である。

これらの事実を考えると、このアメリカ独立戦争はキリスト教の二派の戦いであり、その背後には、それぞれを支持するヨーロッパの国々の確執であったことがわかる。すなわちドイツのルター派を下敷きにしたイングランド国教会派と、フランスのカルヴァン派から強い影響を受けたスコットランドの長老派とカトリック。同じくフランスのカトリックに通じているアイルランドのカトリック派との戦いであったのだ。それは、カトリック王ジェームズ二世と国教会派のウィリアム三世との、スコットランド・アイルランド対イングランドの長い戦争を経てアメリカにまでつづく、フランスの援助を後ろ盾にしたアメリカ独立軍と、ドイツ人傭兵を巻き込んだイングランド王立軍との新たな、いや、その諍いの長い流れの下流に位置するようなアメリカ独立戦争であったのだ。

ハイバーニアン友好団体の正式な発表によると、アイルランドとスコッチ・アイリッシュ兵の数は総員の四分の一から三分の一を数えるという。彼らを含めた民兵と独立軍正規兵八万に加えて、約五万五千人のアメリカ市民が個人として参戦したとされている。

犠牲者を忘れてはならない。一七七九年九月半ばからの一カ月間、ジョージア州サバンナでの包囲戦で、かのフランス貴族、ジルベール・デュ・モティエ・ラファイエット侯爵とともに戦ったアイルランド兵のうち六百三十七名が戦死している。ラファイエットは、独立戦争を控えてヨーロッパ諸国に支援を求めて大陸に渡ったベンジャミン・フランクリンの要請に応えて、アメリカの独立の戦いに加わったフランス人貴族だった。

独立軍の戦死者は戦時中で二万五千人、うち八千人が交戦中の傷がもとで死亡。一万七千人が病没している。その多くは傷の治療不十分による感染症と衛生環境の悪さからの食中毒と赤痢などの伝染病が原因とみられる。一方のイングランド軍の戦死者は、二万四千人を数える。また、イングランドの植民地維持派の王党派《ロイヤリスト》十万人がカナダに逃亡した。この戦いでは植民地住民の四五パーセントが独立戦争を支援、逆に二〇パーセントがイングランド植民地の継続を望んでいた。またこの時代、一七七六年の時点でのアメリカ全体の人口は三百万人と見積もられるが、同じ時期のロンドンの人口は百万人だったという統計がある。

3　アメリカでの再生

独立の戦いでの、アイルランド兵たちのことを長々と書いた。それは彼らが、故国で歌われていた《シューラ・ルーン》をアメリカに紹介し、定着させていっただろうことを書きたかったからだ。この激しく残忍な戦いの時代、自分の生活を犠牲にしてまで愛するものを戦場に送り出した女性への、愛情と哀惜と尊敬、それらがこの歌を歌わせつづけたのではないか、と今になって思うのである。

しかしこの曲も、アイルランドにあった時代とアメリカに渡ってきてから、明らかにまた別のニュアンスを付け加えられていく。それは取りも直さず、この曲が生きて歌われていることを表している。

アメリカで広まり認知されていくその過程で、『草の葉』で知られる国民的詩人のウォルト・ホイットマンもこの歌の魅力に触れている。ホイットマンがニューヨーク・シティの印刷屋で働いたのは一八三五年からの十年間、一八四五年にはブルックリンに戻り、短期間だが『ブルックリン・スター』紙に勤めているから、おそらくは一八三五年以後、独立戦争が終わってから六十年ほど経った頃に、この《シューラ・グラ》と出遭ったと考えていいだろう。その間、この曲はアメリカでも歌い継がれていたことを教えてくれる。

その時代、激しい肉体労働、危険な職業の多くには、アイルランドからの命知らずの荒々しい男たちが就いていた。高所ビル建設、消防士、兵隊、カウボーイ、森林伐採、運河建設、港湾労働、ボクサーや警官など、自分の身を危険にさらしての重労働、汚れ仕事といった人の嫌がる仕事が多かった。そういう中でも消防仕事は、アイルランド人の独壇場と言ってよかった。

消防士にアイルランド人が多いということは、9・11のビル倒壊の時でも、その犠牲者が多かったことでも知られている。焼け落ちた現場の瓦礫の中には、アイルランドの国花である三つ葉のクローバー、シャムロックを象《かたど》った指輪が溶けて銀の塊になったものが多く見つかり、悲劇を新たにしたのだった。

ジョアン・P・クライグが、ウォルト・ホイットマンのアイルランド人に対する思いを書いた『ホイットマンとアイルランド人 *Whitman and the Irish*』(2000)には、当初ボランティア消防隊のような形で多くのアイルランド人が消防の仕事に進出していき、まるで赤い消防車を緑色に塗り替えるような勢いだった、とまず書いている。緑色はアイルランドの色として有名で、それだけアイルランド人の消防隊への進出の多さを教えてくれる。そうやって大勢が消防仕事に参加するようになると、やがて正規の消防士として認められるようになり、彼らが消火作業の合間の待ち時間に歌われるアイリッシュ・ソングが、ニューヨークでは名物のようになっていったという。

そういう中でも「〈ドライドックの甘き歌声〉(Sweet Singer of Dry Dock)〉の異名で人気だったジェームズ・ハーリーは'Shule, shule, shule agra (Walk, walk, walk my love)'のリフレインで知られるアイリッシュ・バラッドを歌っては、消防隊を勇気づけた」と書いている。そして「ホイットマンはまた、このニューヨークの消防隊の歌を愛唱していて」、後に『草の葉』の一部となる'Song My Self（ぼく自身の歌）'の三十二節の最後近く、自分が消防士で瓦礫に埋もれ、肋骨が折れた状態の中、仲間がやさしく抱き抱えて救い出してくれた、といった内容の詩を書いている、と記している。ホイットマンにとっては火事に遭遇した経験があってのことだろうけれど、アイルランド人消防士への賛美と、彼らが自己を奮い立たせるために歌っていたという《シューラ・グラ》の歌には強い印象を受けたようだ。

また別の資料がある。手元に、一九〇一年九月四日付の『ニューヨーク・タイムズ』紙のコピーがあり、その土曜版の『サタデイ・レビュー』に'A Ballads of 1837'というタイトルで、古いバラッド'Shule, shule, shule, agra'の歌詞と記事を載せている。「一八六二年か一八六三年頃、ニューヨークで歌われ始め、その歌詞はオリジナル・バラッドのパロディではないか」という説明があるが、この「パロディ」の意味がはっきりしない。諷刺や揶揄を目的とした模倣、でなければ、単なる替え歌や本歌取りもまた「パロディ」というようだから、この場合は後者の意味で使っているのだろう。

書いているのは、C・E・マクドナルドという記者で、このバラッドは、一八三七年頃のアイルランドからの移民が持ってきたものだろう、と解説し、もとのゲール語ヴァージョンはもっと古くからあり、恋人が戦争に行ってしまったことを嘆く貧しい娘の哀歌《ラメント》だとして、その歌詞を引用している。これまでの歌詞と少し趣を異にしているので、それを書き写してみよう。

I'll go to yonder grassy hill,
There I will sit and cry my fill,
Till every tear would stir a mill
They took my Johnny for a soldier

Chorus:
Shule, shule, shule, Agrra,
Shule, mavourneen, shule, Aragh
My lovely lad to the war must go,
They took my Johnny for a soldier.

「向こうの草深い丘に行く　そこでなら座り込んで思い切り泣けるだろう。涙の一粒一粒で水車が回せるほど　彼らは私のジョニーを兵役に就かせてしまった」

と歌い始める。そして、コーラスになる。次の聯は、糸巻き棒も糸巻き機も売って、彼に剣と盾を買ってやる、とあり、

I'll dye my skirt and mantle red,
All round this world I'll beg my bread.
My love and I can never wed,
They took my Johnny for a soldier

スカートとマントを赤く染めて、世界中をパンを乞うて廻る、と続く。二人は結婚の約束をしていたのか、私たちはもう結婚はできないという諦めの一節が、他の歌詞とは異なっている。

この歌が、一九〇一年、『ニューヨーク・タイムズ』紙に載ったということは、それだけ記事にす

る意味と価値があったということだろうし、新聞に取り上げられた「アイルランド移民たちの歌」という範疇を超えてアメリカの歌になったということである。そのことがはっきりとわかる歌がある。

ロマックス父子の前掲書『フォークソングUSA』には、アメリカに渡ったこの曲についてこう書かれている。「この歌は美しく精緻なアイリッシュ・ソングの名曲の一つで、アメリカ全国に広まり、愛されてきた。帆船の船乗りたちは錨を巻き上げ、帆を張る時に歌い、木樵たちは木樵小屋の前に据えられた長いベンチで休息しながら歌い、農民たちは納屋でのダンス・パーティーで歌い、黒人の子供たちはゲームの時に歌う」と。その解説通り、おそらくは木樵や船乗りや農民たちが自分たちの歌として歌っただろう曲が残っている。それが《アイル・セル・マイ・ハット、アイル・セル・マイ・コート *I'll Sell My Hat, I'll Sell My Coat*》である。

文献的な出典としては、この曲はジェームス・P・リーリーの書いた『ウィスコンシンのフォークロア *Wisconsin Folklore*』（1990）に載っているもので、一九三二年九月、M・J・ジェイコブスが歌ったという譜面である。アメリカ議会図書館には、一九四〇年にポール・ジェイコブ・ボラスキーが歌った譜面が収録されている。しかし、その元歌はずっと前、おそらくは一八四〇年代辺りから歌われたものではなかろうか。こんな風に歌われている。

I'll sell my hat, I'll sell my coat
To buy my wife a little flat boat.
Down the river we shall float, and
Come bib-ble in the boo-shy-lo-ree.

Chorus:
Shule, shule, shule-i-rue,
Shule-i-rack-a-shack, shule-a-bar-be-que.
When I sell my ally bab-a-yeal,
Come bib-ble in the boo-shy-lo-ree

I'll sell my pants, I'll sell my vest
To get enough money to go out west.
And there I think I can do my best,
Come bib-ble in the boo-shy-lo-ree .

ぼくは帽子を売り、コートを売る
妻のため小さな平底船を買うために
それで川を流れ下る

（コーラス）
シュール、シュール、シューライルー……

ズボンを売り、チョッキを売る
西へ行く十分な金を得るために

　そこでなら、自分のベストを尽くせると思うから

この男は、妻のために小さな船を買って、西へ向かおうとしているらしい。彼女は、ここウィスコンシンでの生活やその他のことで不満があるようだ。それで男はこの地を離れて、新天地を目指そうと考える。そのために平底船を買って、西へと川を下って行く。なぜ平底船かというと、水深が浅いからだ。ウィスコンシンの北、水源に近い細い流れから川底にひっかからないように船を漕ぎ出さねばならないことを教えてくれる。

アブラハム・リンカーンの青年時代、弁護士になろうという夢を抱く以前、彼はケンタッキー州ルイヴィルの川岸からバーボン・ウィスキーを平底船に積んでオハイオ川を下っていた。ミシシッピー川に合流して南下、メキシコ湾に面した歓楽街ニューオルリーンズへの運搬仕事だった。そこで酒を売り、平底船は解体して木材として売り払い、帰りは川縁を歩いて帰ってきたと書き残している。このように十九世紀前半から、船腹や船尾に取り付けた外輪を回して進む蒸気船でもわかるように、アメリカの河川航行はもっぱら平底船だった。

歌の二人はウィスコンシンの土地を出て、もっとましな生活ができるところを目指す。彼らは源流からの細い流れに乗って、ミシシッピーからミズーリ川、スネーク・リヴァーなどを通って西の土地へ向かうのだろう。そこが自分のベストを尽くせる土地だと根拠のない思いを抱いているのは、それが成功の土地、「可能性の土地《ランド・オブ・オポチュニティ》」だと言われる夢の土地カリフォルニアがあるからだ。時代としては、おそらくは一八四九年のカリフォルニア・ゴールドラッシュの時代ではないかと思われ、したがってこの歌もまた、その頃に歌われたものだろうと考えられる。この地で黄金が見つかったというニュースは瞬く間に世界中に広がり、アメリカばかりでなく世界各地から、一攫千金を目論んで夢見る人び

とが大挙して押し寄せたのだった。

なお、コーラスで歌われる'Schule, schule, schule I-rue Schule I rack-a-shack...'は細かな部分で異なるが、それは聞き間違いや発音違いという程度で、後にヒットして世に知られるようになるPPMの《虹と共に消えた恋》の繰り返しと、ほぼ同じである。少なくとも一九四〇年に録音されたポール・ジェイコブ・ボラスキーの歌った歌詞と同一だと言ってもいい。もし、ロマックスたちの言うように、この曲が黒人少女たちのゲーム・ソングだとしたら、かなり昔から子供たちに愛唱されていたことがわかる。

持っているものを売り払って新しい生き方を目指すという一点で、この曲はアイルランドで生まれ歌われた《シューラ・ルーン》と共通するものを持っている。それがこうやって姿を変え、アメリカの歌になっていく必然的要素なのだろう。

《シューラ・ルーン》または《シューラ・グラ》がアメリカに渡って、歌の内容が変わっていくと同時に、歌そのものもまたアメリカナイズされたものになっていった。そうした変化を見ていくうちに、どうしても気になることが出てきた。それはこの歌に出てくる「丘」の存在だった。そのことに気がついたのは、アイルランドやスコットランドで歌われていた時には、その丘に名前がなかった、という事実である。

4　丘を探して

ケルティック・ウーマンでは'I wish I was yonder hill'であり、クラナドの歌では'I wish I was on yonder hill'だ。ともに yonder hill、すなわち「向こうの丘」である。この《シューラ・ルーン》が、スコットランドでもある存在感を持っていたことは、スコットランド歌曲で有名な《アニー・ローリー *Annie Laurie*》の作詞者として知られるアリシア・アン——ジョン・ダグラス・スコット卿と結婚した後の名前はレディ・ジョン・スコット——が、おそらくは一八四〇年代に書き留めたと思われる詩の草稿によっても知ることができる。ただ、草稿であるから、タイトルがない。その第一聯だけを取り出してみた。

I wish I were on yonder hill
Tis there I'd sit and mourn my fill
Till every tear should turn a mill
Escadil mavourneen shaun

遠くの丘にいたらいいのに
そこでなら座り込んで思いっきり泣ける
その涙が水車を回すほど

ここで歌われる'Escadil mavourneen shaun'はゲール語で、英語では'May my darling go safely'、恋人が無事に行けますように、と祈る言葉だ。

レディ・ジョン・スコットが作ったとされるこの詩の後半には、「糸車」や「涙と水車」、「世界をさすらう」といった《シューラ・ルーン》に共通する言葉の痕跡が見られる。もしかしたら、彼女はどこかで聴いた元歌を聞き覚えていて、それを自分の詩に改作したのかもしれない。ともあれ、彼女の丘もまたyonder hill（向こうの丘）と名前がない。中にはGrassy hill（草深い丘）と表現するものもある。だがそこにも、固有の地名は出てこない。

ところが、いったんアメリカに渡ると、ＰＰＭの歌ではButtermilk hillになり、ジョンとアラン・ロマックス父子の『フォークソングＵＳＡ』ではButternut hillになる。Portland hillというのもある。なぜ、アイルランドでは丘には名前がなく、アメリカに渡るとある特定の丘になってしまうのだろうか。

「バターミルク・ヒル」から探っていこう。ＰＰＭの《虹と共に消えた恋》では、'Here I sit on Buttermilk Hill' と歌う。バターミルクとは、牛乳を攪拌して脂肪分を分離させ、その脂肪分でバターを作った後の液体のことで、これで作ったパンケーキ、「バターミルク・パンケーキ」はアメリカ南部の名物のようになっている。酸味のあるカルチュレーテッド（培養）・バターミルクのパンケーキもとてもいい。だが、この「脱脂肪ミルク」と名付けられた丘は、食べ物とは関係はないだろう。その場所がどのあたりにあるのか、まずアメリカのあちこちを州ごとに、その州内の土地ごとに探していった。そして、どうやらイリノイ州にあるバターミルク・ヒルが、この歌の背景にもっとも近いように思われた。

イリノイ州は一六七三年、フランス人宣教師ジャック・マルケットとフレンチ・カナディアンの探検家ルイ・ジョリエが、ミシシッピー川とイリノイを探検してこの一帯をフランスの植民地にした。その「ヌーヴェル・フランス」は、しかしフレンチ・インディアン戦争も末期の一七六三年にイギリスの手に渡り、フランスはアメリカから撤退することになる。それから十二年後の一七七五年、アメリカはイギリスからの独立を求めて戦争に突入する。

そのイリノイの南端近くにジャクソン・カウンティがあり、そこには多くの独立戦争の退役軍人たちが埋葬されている丘がある。その名前が「バターミルク・ヒル」で、人びとはその地に葬られている愛国の戦士たちに敬意を払い、その功績を偲び、多くの人が訪れるという。

独立戦争に参戦したアイルランド人たちの手によってもたらされた《シューラ・ルーン》、戦いに出て行く男も、その男を送り出す女もともに苦しんだ戦いを歌うこの悲歌が、やがて戦死者を弔う「丘で泣く」という歌詞に収斂していったのではないか。それが、独立の戦士たちの多くが葬られているイリノイ州の「バターミルク・ヒル」の歌詞になったとは考えられないだろうか。

ロマックス父子が採譜した《シューラ・ルーン》の出だしは、'Sad, I sit on Butternut Hill' となっている。バターナットは、一般に「バターナッツ・スクワッシュ」［図㊴］と呼ばれるかぼちゃの一種だ。日本かぼちゃの品種の一つでもあり、果肉は黄色、表皮は赤味を帯び、全体の形はひょうたん型であるのが普通だ。秋に収穫される冬かぼちゃ（ウィンター・スクワッシュ）としても知られていて、蒸したり、バター炒めにしたり、ポタージュに仕立てたりして愛されている。

ロマックスたちの著作、前掲の『フォークソングUSA』の原注に、この本に掲載したヴァージョンは、「バターナット・ヒルの近くハドソン川の西岸」、ニューヨーク州レンセラー近郊に数世代にわたって住んでいるジョウン・アリソンが教えてくれたもので、アリソン一家の祖先の一人が、「ジョージ・ワシントン将軍の兵士として行進した時、中の一人がこの忘れ難い曲を歌っていた」と語った、と記している。それで出典の大まかはわかったとしても、ワシントン麾下《きか》の兵士たちの歌のタイトルが《バターナット・ヒル》だったとは考えにくい。わざわざ曲名を訊ねたとは思えないし、兵士たちが告げたとも考えられない。しかし時を経て、歌い継がれたその曲はやがて、タイトルがついた。それが《バターナット・ヒル》だったのではないか。だが、なぜ《バターナット・ヒル》なのだろうか。そしてある日、南北戦争での両軍の軍服の色に気づいた途端、《バターナット・ヒル》の由来らしいものにたどり着いた。

北軍の軍服は「青」または「紺」とされていて、北軍の隊列を Ranks of Blue というのはそこからきている。ところが南軍の軍服の色となると、北軍ほどはっきりしていない。無論、当時の写真はモノクロというか、銀版写真と呼ばれるダゲレオタイプの写真で、そのどれもがほとんどセピア色に変色していて、もともとの色がはっきりとはわからない。それでも保存されていた南軍兵士たちの軍服を写したカラー写真が、手元にあるウィリアム・C・デイヴィスの『南軍と北軍――南北戦争の戦士たち *Rebels & Yankees: Fighting Men of the Civil War*』（1999）にあった。濃いめの砂色というか、濃茶色というか、ようするに土色をしている。この色を「バターナット色」というのだと、後で知った。

もしかしたら、と不意に思い当たった。この「バターナット・ヒル」はニューヨーク州のレンセラー近郊の丘はもとより、南北戦争で南軍がひどく負けた戦場、屍々累々だったあちこちの丘を「バターナット・ヒル」と呼んだのではないか。人は、地名をある印象を持って呼ぶことが多い。南軍兵士たちの悲しみの丘、それがバターナット・ヒルの名前になったのではないのだろうか。

もうひとつ、Portland hill と歌うものもある。フォークソング・コレクターの一人、ロン・クラークのコレクションにはこの丘のことを歌うヴァージョンの歌詞が出てくる。丘の名前だけが異なっていて、その他の歌詞は他と変わるところがない。その歌で 'I'll go up on Portland Hill'、ポートランド・ヒルに登っていく、と歌われる丘はどこにあるのだろうか。

探しつづけて、ようやく判明した。「ポートランド・ヒル」は、カナダのノヴァスコシアにあった。ハリファックス地方のモリス湖の東、通称「ポートランド・ストリート」と呼ばれるルート207の沿線にある丘だ。どうしてノヴァスコシアというアメリカからは遠い土地にある丘が出てくるのか、そのことを理解するには、スコットランド史の中のある出来事を書かないといけない。

アイルランド王、イングランド王としてのジェームズ一世はアングリカン・チャーチの信徒だった。彼は一六〇四年にイングランド国教会派や国教会に反発する清教徒たちなど宗教界の代表たちを招集して、一つの会議を開いた。そこで国王はこの先、ピューリタンとカトリックの両極の宗派を排除すると宣言した。当然、両派の信徒たちは激しく反発した。そして、スコットランドのカルヴァン派ピューリタンとカトリック教徒たちへの迫害が始まった。

ジェームズ一世に苦しめられたカトリック教徒たちの中には、かつてスコットランドの征服者であったヴァイキングたちの航路をたどって、当時まだ「カナダ」と呼ばれていなかった、今の北アメリカ大陸北東部へ逃げ出していくものもいた。そしてもう一人、その地の将来性を見込んだジェームズ一世が、サー・ウィリアム・アレクサンダーをノヴァスコシア植民地建設に送り込んだ。彼らはその地をフランス語で「ノヴァ・スコシア」、すなわち「新しいスコットランド」と呼んだ。それによってカトリック教徒たちばかりでなくカルヴァン派の人びともまた、翌一六〇五年には、ノヴァスコシアのポート・ロイヤルへ大挙して入植していった。

《シューラ・ルーン》がスコットランドに渡って行ったことは、前述したレディ・ジョン・スコットの詩でもわかる。スコットランドに残る《シューラ・ルーン》の流れを汲む歌たちを手に、ジェームズ一世のカトリック狩りによって亡命したスコットランドのハイランドの人びとが、カナダのノヴァスコシアに移り住んだのである。その彼らが唇と心に刻んだ《シューラ・ルーン》の歌に出てくる丘の名前を、身近なところにある丘「ポートランド・ヒル」に比定した、ということはないだろうか。あるいは、この丘はまた多くのスコットランドから逃げてきた開拓者たちの墓所でもあったのかもしれない。

それにしてもこの歌は、なぜこうまで丘にこだわるのだろうか。丘の名前、丘のある場所はまちまちであるにもかかわらず、必ず「丘」が出てくるのはなぜか。「丘」は、どうやらこの歌では必須の言葉らしい。歌に出てくる女性は、なぜ丘の上で泣きたいのか、丘でなければならない理由はなんなのか。どうして、それほど丘が大切なのか。そういったことのすべての疑問に答えてくれる、また別の《シューラ・グラ》の歌詞が見つかった。

ジェームズ一世軍であるジャコバイトたちは、ボイン川の決戦でウィリアム一世のウィリアマイトたちに敗北してフランスに追放される。そのことを歌った貴重な歌詞で、「キング・ジェイムズが亡命し、ワイルド・ギースたちもその翼を広げて海を渡る」と歌っているメロディーは同じだが、異なるヴァージョンだ。それを引用しよう。この歌では「ブランドン・ヒル」という丘が特定されている。

But when King James was forced to flee,
The Wild Geese spread their wings to sea,
And bore mabouchal far from me,
Go-thee-thu, mavourneen slaun !

I saw them sail from Brandon Hill,
Then down I sat and cried my fill,
That every tear would turn a mill,
Go-thee-thu, mavourneen slaun !

bore mabouchal は、ゲール語で my boy のこと。'Go-thee-thu, mavourneen slaun !' は 'Farewell, my darling' になる。二聯目の訳は「ブランドン・ヒルから彼らが船出していくのを見た。それから座り込んで思い切り泣いた。それらの涙は水車を回す。さようなら、恋人よ」だろう。

「ブランドン・ヒル」はアイルランドのキルケニー地方、アイリッシュ・フォークソングによく出てくるウォーターフォードの町の北に位置する丘だ。標高は五一五メートルと低いが、それだけに女性の足でも簡単に登っていける。その丘の上からなら、セイント・ジョージ海峡からアイリッシュ海を抜けてフランスへ向かうか、南に出て北大西洋に出るか、ともかく、ワイルド・ギースたちを乗せた船がフランスに向けて出航していくのを見送ることができる。

そして実際に、そこから眺めた人びとがいたのだろう。そうでなかったら歌にはされない。たとえ後年に作られた歌詞でも、事実は曲げられないし、なかったことを創作することもできない。でないと、その歌は真実味を失い、誰からも顧みられなくなるものだ。

そういった事実が人びとの記憶に残り、言い伝えられ、丘の上からフランスへ追いやられる恋人を見送る女の悲しみを伝え、そしてたとえ低かろうと平地よりかは少しはましかもしれないと、丘を探してそこに登り、船を見送る女のイメージが生まれ、また、もしかしたらそういう丘に登ってでも自分を見送ってくれているだろう愛する女のことを思う男たちのありようが、この歌を聴く人やそれを歌う人の心に深く刻まれたに違いない。

丘の上から去って行く恋人を見送る悲しさは、世界中の誰もが理解可能だし、同感できることだった。そしてこの歌が「ブランドン・ヒル」から遠く離れた土地で歌われるようになると、丘のイメージだけが残され、それぞれの土地の身近な丘の名前に取って代わられたのではなかろうか。あるいは、この歌に出てくる男のように戦場に赴き、だが不幸にして生命を失った男たちへの鎮魂の証として、具体的な丘の名前を歌い込んだ。そして、様ざまな戦いで愛する者を失った人たちにとっては、身近な丘が思い慕る場所であったのだろう。だからこの歌には、ともかく「丘」が必要であり、アメリカに渡ってからも「丘」のイメージは連綿と続いていったのだとは思えないだろうか。

5　マカロニについて

最後に、もう一つだけ触れておきたいことがある。それは、なぜこの歌には英語とゲール語が混在しているのか、という謎だ。ＰＰＭの《虹と共に消えた恋》には、繰り返しのリフレインの部分は、こう歌われる。

Shule, shule, shule-a-roo,
Shule-a-rak-shak, shule-a-ba-ba-coo.
When I saw my Sally Babby Beal,
Come bibble in the boo shy Lorey.

前述したように、この一見ゲール語風の言葉の羅列は、歌った時の音の感じはいかにもゲール語なのだが、実際にはよく似てはいても何の意味もない言葉の塊なのである。ＰＰＭがこの意味のない言葉を歌ったのは、彼らの歌の第三聯の一行目「わたしの愛する赤ちゃん」と呼びかけていることからもわかるように、彼らはこの歌を、子守唄のように、あるいは、子供たち向けのゲーム・ソング、遊戯歌として歌ったからで、遊びのための囃子言葉だから意味よりもむしろ語呂のいい言葉を選んだということだろうと前にも書いた。

　これも前述したように、こういった地域語とまた別の語源の言葉、この歌の場合、英語の歌詞とゲール語を同居させることは「マカロニ」、「マカロニック」と呼ばれている。

　もとはイタリアのパスタ「マカロニ」と同じ語源だという。かつてパスタを作る時には、オリーヴオイルの代わりにバター入れていたという話もあり、同じくラテン系の食文化の二大巨頭であるフランスとイタリアとは、「タマネギ・バター派」と「ニンニク・オリーヴオイル派」にはっきりと分かれていたと聞く。タマネギを使うイタリアン・レストランは信用できず、ニンニクを使うフレンチ・レストランは眉唾ものだと言われてきた。だから、マカロニを作る時にデュラム・セモリナ粉とオリーヴオイルを使うのが本来であったところに、バターをオリーヴオイルの代わりに使うというのは、二つの食文化が混淆されたもので、フランスのイタリア風というマカロナイズされたものとして、「マカロニック」という言葉が生まれたのではないか、という説がある。

　ようするに二つの異なる文化を一つに混じり合わせることで、これはやはりヨーロッパのような多文化が隣接するような地域で生まれた文化なのだろうと思われる。そこから連想するのは、前にも記したアメリカの独立戦争時代のもっとも有名な歌の《ヤンキー・ドゥードル》の不思議だ。その第一聯の歌詞 'Stuck a feather in his cap it call the macaroni' は、「帽子に羽根飾りを一本挿したヤンキーを、マカロニと呼んでいる」と一般に訳されている。この「マカロニ」自体、イングランドのダンディ、平たく言えば「伊達男」の意味で、「その真似をするアメリカ大陸の田舎者」、すなわち「田舎っぺのアメリカ人がイングランドのおしゃれを取り入れた」といったニュアンスがこの歌詞にはある。二つの文化の無茶な混合。アメリカという田舎の国で、洗練されたヨーロッパの文化を見よう見まねで真似をする愚かさ、身の程知らずを笑い者にしたのだと考えていいだろう。

この「マカロニック」には、どこか侮蔑的なニュアンスがあり、まともな文体からは低く見られがちだ。だが、それを逆手にとって、諧謔や諷刺、パスティーシュやユーモアや皮肉に用いることがある。そこでは、生き生きとした「パロディ文化」が花開く。文章の場合、別の言葉、異なる言語を混ぜて書く文章、すなわち異種言語混合文体を一つの武器にしたのは、たとえば現代文学のウンベルト・エーコの『薔薇の名前』や『パウダリーノ』、ジェイムズ・ジョイスの『ユリシーズ』などもそれに加える人もいるが、それはどうだろうか。

《シューラ・ルーン》が、このマカロニックの典型の一つであることは、ヌーラ・オコナーの『*Bringing It All Back Home*』（1991）〔邦訳『アイリッシュ・ソウルを求めて』大栄出版、一九九三年〕という、ボブ・ディランのアルバム・タイトルを思わせる本に書かれている。この本は、祖国アイルランドの音楽がアメリカという混合文化の国でどう定着し、アパラチアやロンドン、ニューヨーク、シカゴなどそれぞれの土地で影響を受け、変容し、より魅力的な音楽形態を身につけて、ふたたびアイルランドへと戻っていく音楽的成長の記録をわかりやすくまとめたすぐれたもので、もとはBBCの同名のドキュメンタリー番組を活字化したものだ。日本語の翻訳本『アイリッシュ・ソウルを求めて』は、まるで別の本であるかのような大部な本だが、それはひどく充実した注釈ページの重量感による。書き下ろしかとも見紛う本書は、アメリカの白人音楽の定礎に、アイリッシュ・ミュージックが大きく寄与したことがよくわかるいい本である。

この『*Bringing It All Back Home*』の 'The Wild Rover' の章ではマカロニックについて触れ、《Súili A Rún》は「トラディショナル・ソングの中でもごく少ない『マカロニック』の例だということが知られている」とし、それはアイルランドの言葉がイングリッシュへと変換させられる、正しくはゲール語を捨てさせられて英語しか使えなくなったその時代にまでさかのぼるだろうとしている。

ことアイルランド系の音楽、バラッドやフォークソングの世界では、一般にマカロニックといえば、ゲール語と英語とが混合されることが多いのだが、この曲はヴァースとリフレインの部分にかなりはっきりと分けられ、くり返しのコーラスの部分だけにきちんとゲール語の歌詞が残されている。これがアメリカに渡った時にどうなったのかを、オコナーはこう説明している。

「ゲーリックによるコーラスという問題を克服するために、アメリカン・バージョンでは、ゲーリックの言葉の響きに大まかに似せた意味のない文をかわりに歌っている。ゲーリックのコーラスの最初の行は“Siuil, siuil, siuil, a, run”歩け、歩け、歩きつづけよ、わが愛しの人よ”である。アメリカン・バージョンではこれが“Shule, shule, shule――i rue”となり、この調子でつづけて、ゲーリックのコーラスの韻律に、意味のない語を当てはめていく」（茂木健・大島豊訳）

それが、前述したＰＰＭの《虹と共に消えた恋》なのである。

さて、もう一度最初の設問に戻ろう。設問というよりも、謎と言ったほうがいいかもしれない。なぜ、この《シューラ・ルーン》には、ゲール語の、あるいはゲール語もどきのコーラスがついているか、ということだ。

6　なぜゲール語のままなのか

もし、ヌーラ・オコナーの言うように、アメリカではアイリッシュ・ゲール語の歌詞がネックになったから、音を似せた無意味な言葉にしたのなら、それこそが意味のない仕業だとぼくは思う。むしろ、きちんとしたアイリッシュ・ゲール語のままにしたほうが、ゲール語がわかる人にも、わからない人にとってもいいはずだ。

一つ考えられるのは、ゲール語を思わせるがまったく意味のなさない言葉を用いたのは、アメリカという国での彼らアイルランド人が、カトリック教徒であり、また遅れてやってきた貧しく、身一つで腕に何の技術も持たない人間たち、ジャガイモ飢饉によって国を捨てざるを得なかった「窮民」、「離郷者」であったからだ。すでに階層と生活様式、ことに住み分けや差別構造の出来上がっていた都会では、彼らはクズ白人（White Trash）であり、邪魔者でしかなかった。

また自分たちの居場所、アイデンティティーを持てない都市の下層社会で自己を主張して生きていくために、暴力や麻薬や殺人などに手を出すことによってしか生きのびていけない連中もいた。人の嫌がるような汚れ仕事を引き受けるしかない人たちや、もともと放浪の生き方しかできない「アイリッシュ・トラヴェラーズ」と呼ばれる下層民、賎民の位置に甘んじなければならなかった人も多かった。

そんな彼らは、差別構造の最底辺、黒人たちと同じ階層に追いやられる身分であった。この下層民同士、黒人とアイルランド人とは、よく似た環境の中で共存し、音楽や文化や言語的なものもまたお互いに影響を受け合うことになった。そこから生まれた音楽、ミンストレル・ミュージックは、この両者の共同作業によってもたらされた芸能の真髄だろうと思う。

とにかく、そういう低い身分の扱いをされてきたアイルランド人たちは、少しでも自分の出自を隠してアメリカ人に早く同化したがった。だからゲール語を捨て、だがそれとよく似た正体不明の言葉を用いたのだろうという考え方もできる。しかし、それから何十年もたち、少なくともPPMが《虹と共に消えた恋》を発表した一九六三年からすでに五十年以上も経った現在、彼らのヒットを超え、正真のゲール語を使った《シューラ・ルーン》、アメリカに渡ってからは《ジョニーは戦場へ行った *Johnny Has Gone for a Soldier*》や《バターミルク・ヒル *Buttermilk Hill*》と名を変えた曲が広まっていった。それは量的にも質的にも、また認知度においても、ＰＰＭ時代の歌をはるかに凌駕している。

五十年前、ゲール語まがいだったコーラスは、今は正しくゲール語、それもアイリッシュ・ゲール語で歌われることが普通になった。一つには、アイルランド人、アイルランド系の人びとのアメリカという国に対する献身ぶりが影響しているのだろうと、考える。彼らは独立戦争でアメリカのために多くの血を流している。南北戦争では、北軍と南軍に分かれて同郷の人びとが殺し合ったし、その後の様ざまな戦争でも彼らは自らを捧げて国を維持してきた。それは、この新大陸に身を寄せた祖国の人びと、同胞たちが少しでも認められ、人間らしく扱われて生きていけるようにという思いからだったろう。

以前、祖父が聖公会（英国国教会《アングリカン・チャーチ》）の伝道所《ミッショナリー》に、おそらくは伝道師として赴任していたカナダ北部の町、太平洋岸のアラスカ州の南隣に位置するプリンス・ルーパートという町を訪れたことがあった。その時、町の小さな記念館のようなところの壁に貼られた一枚の写真に出くわした。そこには何人かの東洋人が写っていた。写真の上部には、丸く囲われた数人の顔写真もあった。下の方に書かれた名前でそれが日本人、日系人であることがわかった。説明文を読むと、彼らは第一次大戦に従軍した日本人たちだった。大半が、日露戦争を経験したベテランだった。

彼らは、移民としてやってきたが、当時、北アメリカにおいては東洋人は差別の対象だった。移民の階層は、先に着いたものが後から来たものの上位に位置する。自分たちの後に来たものによって、自分たちは一段階梯を上がれたのである。被差別者が、次の差別の対象が出現することによって「アメリカ人」、祖父の場合は「カナダ人」になれたのである。そうやってアメリカやカナダの移民は、それぞれの国の「国民」になっていった。

さて、プリンス・ルーパートの日本人である。彼らは移民としてカナダに渡った頃、第一次大戦が起こった。カナダは英連邦の一員であることから、ただちに参戦した。そこで彼らもドイツと戦いにヨーロッパ大陸に渡っていった。その目的はただ一つ、カナダに住む日本人の地位を少しでも上げたかったからだ。英国側に立って戦うことにより、自分たちもカナダ国民の一人であることを示し、普通の市民であることを認めてもらいたかったからだ。

第二次大戦でのハワイイの日系人部隊、「第442歩兵部隊」が、ヨーロッパ戦線で勇名を馳せたことはよく知られている。プリンス・ルーパートの日系人たちと、まったく同じ構図である。それは同胞への献身、祖国の名誉であると言っていい。アメリカのアイルランド人たちもおそらくは同じ思いで、いくつもの戦いに出て行ったのだろう。戦場ばかりでなく、若き国の開拓、西部への移住や都市部での肉体労働や人の嫌がる仕事を通して、彼らはアメリカという国を創り、高めてきた。

だから、とぼくは考える。《シューラ・ルーン》の歌にゲール語のコーラスを残すことは、彼らにとっては一つの誇りであったろうと思うのだ。「アイルランド人、ここにあり」という心境かどうかはわからないにしても、この歌に歌われる女性の自己犠牲の美しさ、哀しさ。運命の過酷さに耐えながらも、自分の道を行こうとする女。自分は犠牲にしても、貫こうとする愛の純粋さ。そういうものと同じ線上に、アイルランド人そのものが等身大で迫ってくるのである。

話をマカロニックに戻したい。『バラッドの世界 ブリティッシュ・トラッドの系譜』(春秋社、一九九六)を書いた茂木健は、「なぜ《シューリ・ルゥ》にはゲーリックと英語が混在しているのだろうか?」と書き、その理由を二つ挙げている。ここは大事な部分なので、引用してみよう。まず、混在の理由である。

「最初からふたつの言語を混在させつつ成立したとは、他に例があまり見られないことを思うと考えにくい。定かなことはわからないが、まずゲーリックの歌として成立し、後年何者かがヴァースの部

分のみ英訳したのではなかろうか」（同書）

そして、そう推測する理由の一つ目は、「この歌の要諦でありヴァースとコーラス双方の最後で必ずくり返される『わたしの愛しい人が、どうか無事でおりますように』という祈りの一節が、一貫してゲーリックで歌われる点。英語で歌われるヴァースに混じるこのゲーリックの祈りは、いかにも唐突であり、もともとゲーリックで歌われていたこの歌の精髄を、意図的に残そうとしたのではないだろうか」（同書　傍点原文）ということであり、ふたつ目は、「ゲーリックで歌われるコーラスの部分で娘が兵士に『脱走』をほのめかしている点だ。このコーラス部分は、イングランド官憲の前で英語で高吟するわけにはいかなかっただろう。このような理由から、娘の嘆きを伝えるヴァースの部分は英語で、逃亡を奨励するコーラス部分はゲーリックのまま、という現在の構造ができあがり、伝承されていったのではないだろうか」（同書）と推理している。

この説は、ぼくには少し物足りない。まず、茂木が引用した今やアイルランドを代表するバンドの一つクラナドが一九七六年に発表した《Siúil《ママ》 A Run》のコーラス部分の原詩はこうなっている。

Shule, shule, shule aroon,
Shule go succir agus, shule go kewn,
Shule go dheen durrus oggus aylig lume,
Iss guh day thoo avorneen slawn.

ゲール語である。これを茂木は、こう訳している。

進め　進め　わたしのたいせつな人
静かに進め　そっと進め
わたしの家のドアまで進め　そしてわたしと逃げましょう
わたしの愛しい人が　どうか無事でおりますように

この部分の英訳がある。

Go, go, go my love
Go quietly and go peacefully
Go to the door and fly with me
And safe for aye may my darling be

最後の行に出てくる Aye は、古語で詩的表現に用いる語で「いつも」の意味だが、for がつく for aye となると、「永遠に」や「とこしえに」を意味する。この aye の存在が、意味深い。また、go でなく come と訳したものもある。

Come, come, come, o love,
Quickly come to me, softly move;
Come to the door, and away we'll flee,
And safe for aye may my darling be!

comeとgoとは話し手の方向によって意味が異なるが、いずれにしろどちらも「行く」とされることがある。しかしここでは、素直に「来る」または「来い」という意味だと解釈した方がいいだろう。となると、この訳詞の場合、「来て、来て、来て恋人よ、急いでわたしのもとへ、静かに歩んで来て、家のドアまで、そして私たちは自由になる、だから恋人よ、いつまでも無事でありますように」とでも訳すのが適当だろう。

これらの訳を読むと、茂木の言う「脱走」をほのめかしているらしいことは十分汲み取れる。しかし、shuleをgoやcomeと訳さないものもある。

Walk, walk, walk my love,
walk quietly and walk boldly
Walk to the door and flee with me,
Here's a health to you, my darling

「歩け、歩け」とは、何を意味しているのだろうか。思いつくのは、これは行進ではないのか、ということだ。二行目のboldlyは、「大胆に」とか「勇敢に」、「堂々と」、「力強く」と言った意味がある。その前のquietlyは普通「静かに」だが、「落ち着いて」という意味もある。「落ち着いて、堂々と歩め」となると、やはり行進を意味しているようにも取れる。

原点に戻ってみよう。本来この歌は、ゲール語で作られたはずだ。時代を経て、英語に翻訳されるようになった。それはゲール語を話す集団の垣根を越えて、拡がっていったことを意味しているだろう。英語を話す世界でも認知され、人びとから愛されるようになったこの歌は、しかし、リフレインの部分だけはゲール語から翻訳し残され、その後もゲール語のまま歌われてきた。

なぜ残されたのか。茂木の言う、歌の内容を知られないための意図的なものだという説は、おそらくは正しいのだろう。だが問題は、その脱走、逃亡を勧める相手が誰かということだ。そのほのめかしを聴いてもらいたい相手は、英語環境にいるゲール語を話す人間だということになる。周囲に英語を話す人が大勢いて、その人たちにわからないように本心から伝えたい思いをゲール語のままにした。

それはどういう人たちだろうか。これまで知り得たことから類推して可能性がもっとも大きいのは、リムリック条約でジェームズ一世の後を追ってフランスに追放された、後のワイルド・ギースたちではなく、ウィリアム三世に対して敬意と忠誠を誓ってウィリアマイトに与した、いわばジャコバイトの挫折派、寝返り派の残党だろうと思われる。

同時に、ここに来てこの歌がアメリカの独立戦争で歌われた理由が、はっきりしてくる。ようするに王党派、グレートブリテン王国の一員としてアメリカ革命軍と戦ったイングランド植民地軍の一部、ジャコバイトの敗北によりリムリック条約でイングランド軍に投降した、アイルランド兵の末裔たち、所属はグレートブリテン軍だが心はアイルランド人であるはずの兵たちに向けて脱走を誘ったのではなかろうか。一時は、イギリス軍に与した同朋の仲間に、もう一度アイルランド側、ジャコバイト側に戻ってこないかと誘ったのではないかと思う。その歌の本当の意味するところ、ゲール語で歌われる部分は、グレートブリテン軍には理解不能だったからだ。いや、こうも考えられる。

この《シューラ・ルーン》のタイトルは'Walk, oh dear'であり、《シューラ・グラ》は'Walk, oh love'だと、一般にはされている。だが、この shule は go や come、または walk など様ざまな訳語があるように、実は、この歌を聴くものによってその内容はどうにでも解釈できるものなのではなかったのか、ということだ。ある者には脱走をほのめかすようにも取れ、別の者には、ともかく家に戻って来て欲しいという嘆願のようにも受け取れ、そしてまた他の者には、堂々と胸を張って進軍して欲しいと背中を押しているように感じられる歌なのではなかったのかということだ。だからこそ、コーラスは長い間、ゲール語のままにされてきたのではないかと思うのだ。

この曲は、一六九一年、ジェームズ二世に率いられたジャコバイトたちの敗北により、フランスに追放されて傭兵「ワイルド・ギース」となった男たちのことを思って歌われたものだというのが定説になっている。だがそれ以前から、アイルランドは幾度もの戦いを経験してきた。そのつど、愛する男がすでに兵士として召集されたことの悲しみや決意などが歌われてきたのではないのか。すなわち、ジャコバイトの追放の時期よりももっと前に作られたとも考えられるのだ。となると、少なくとも四百二十年以上も前に作られ、その後も延々と歌い継がれてきたという可能性だって否定できない。

そういう背景を持ったこの歌の大きな特徴は、アイルランドやスコットランドでのその後につづく様ざまな戦いがある時にはいつも甦り、やがてアメリカに渡ってからはフレンチ・カナディアン戦争をはじめ、独立戦争や南北戦争、それに続く二十世紀の戦争、そしてPPMが歌ったベトナム戦争の時代やそれ以後のアメリカの戦争のたびに思い出したように歌われてきた曲だということだ。言うなれば、この《シューラ・ルーン》、《シューラ・グラ》は不死鳥の曲、枯れることのないエヴァーグリーンの曲なのである。

この曲が歌われたそれらの戦いは、それぞれに事情も目的も、規模も戦う相手も異なっていただろうが、兵士を送り出す女性たちの思いは少しも変わることなく、歌に込められた思いが微妙に変化することはあっても、歌の本質は作られた当時そのままの強い思いをもって歌い継がれてきたのである。それが「戻ってきて」であったり、「逃げて」であったり、「堂々と進軍して欲しい」であったりしたのではないだろうか。

だがどんな言葉を使おうと、この曲を歌ったろう多くの女性たちの血を吐くような苦しみ、悲しみ、不安と恋慕の情はこれまでの長い年月、そしてこの先も長く聴く人、歌う人の胸に迫ってくるだろうことだけは確実に言えるのである。

第三章　国を二分した戦い

1　敵か味方か

激烈な奴隷制廃止論者であったジョン・ブラウンが反乱蜂起のために立てこもったヴァージニア州ハーパーズ・フェリーの北軍兵器倉庫を見たいと、ワシントンD.C.からUSハイウェイを外れた田舎道、いわゆるカウンティ・ハイウェイを走っていた時だった。三分も走れば行き過ぎてしまうような小さな町の出はずれたところで、突然郡警察の保安官に停止を命じられた。何か違反でもしたかと一瞬ぎくっとしたが、彼は温厚そうな顔で「すまないが、十分間ほどの忍耐を」と笑顔で頼み込んできた。

その理由がわかったのはそのすぐ後で、不意に道路脇の家並みの間から黄土色の軍服をまとった男たちの一団が手に手に銃を持って道路に出てきた。男たちが道を横切り終わると警官は行っていいと手を振ってくれたが、何事かと、少し先で車を駐めて降りた。彼らの去った集落の背後の野原に向かうと、そこは戦場と化していた。砂色の軍服の男たちのある者は立ち、他の何人かは跪《ひざまず》いて銃を構えてリーダーの掛け声で一斉に発砲した。白い大仰な煙が銃口から噴き出る。空砲に違いないが、それでもかなりの音がする。

彼らは南軍の小隊なのだ。南北戦争当時の隊の規模はわからないが、あるいは分隊なのかもしれない。撃ち終わると横一列に並んで荒々しく行進して、二〇メートルほど行ったろうかというところで再び発砲した。近くに立って同じように見物していた丸い眼鏡の白髪の男に訊くと、どうやら南北戦争最中の一八六四年にこの小さな町で、ちょうどその日に戦闘があったのだそうだ。その日を記念して、彼らは百六十年間もこの儀式を続けているという。

日本でも、昔の戦争を再現する催しや行事はある。川中島の戦い、長篠の戦いなどよく知られているけれど、アメリカでも、たとえば南北戦争でのゲティスバーグの戦いやアンティータムの戦いを史実に沿って模擬戦を展開することもある。ことにアンティータムの戦いでポトマック軍を率いた北軍の将軍ジョージ・マクラレンが慎重に過ぎ、南軍を徹底的な敗北に至らせなかったとリンカーンが非難し、マクラレンを罷免することになったその作戦行動は、現代でも幾度となく机上でも現場でも再現検討されている。

しかし、今目の前で展開されている軍事行動は、けして歴史的研究のためでもなければ観光目的でもない。町の人以外の見物人はぼくを含めてほんのわずか。たまたまそこを通りかかった、という程度の人たちだろうと思う。また、そのバラバラな行進、隊列の乱れ、力の抜け具合を見れば、日頃の訓練のほどを披露しようという意図もないらしいことははっきりしている。といってピクニックや運動会を楽しむような気分でないことは、誰の顔にもそれらしい笑みも楽しげな表情も浮かんではいないことでわかった。

ぼくがその時に感じていたのは、鎮魂だった。ある種の連体感、そしてそこにあるのはうっすらと漂う怒りの空気だった。彼らは、見えない敵、つまり、かつての「北軍」に向かって銃撃しているのだろうと感じ取れた。彼らはいまだに、南北戦争を戦っているのだ。彼らにとっては、あの戦争は今も終わっていないのである。

アメリカという国を徹底的に傷めつけたのは、国の南北を二分する戦い、「南北戦争」だった。その戦争の原因は様ざまな要素があって、とても一口に説明することはできないが、簡単に言えば自由貿易派と保護貿易派との戦いと言えるだろう。もう一つが、自由労働派と奴隷労働派との軋轢であった。

根本には、土地の豊かな南部と地味が痩せている北部、という図式がある。農業や牧畜に適した肥沃な土地を持つ南部では、それらの豊かさを維持する労働力が必要であった。一方の北部は、農業にしろ牧畜にしろ、せいぜいが家族と使用人を賄う程度の収穫しか見込めず、そう大した労働力を必要としなかった。そして何よりも、人権の問題があった。

たとえば、聖書を読むために識字率を上げようと、教育を充実させる努力をした北部。そのことは、最初の植民者であるピルグリム・ファーザーたちのプリマス着岸の一六二〇年からわずか十六年後の一六三六年、彼らがハーヴァード大学を設立したことでもわかる。片や奴隷を使役する南部は、聖書に書かれた「神のもと人はみな平等」という理念は、奴隷制度という身分差によって維持されていく日常生活にとっては、迷惑極まりなかった。彼らはそのことを教える教会はもとより、教育を広めるための学校や、教育の機会均等に対しては二の足を踏み、また知識や情報の公平な取得を推進する図書館や郵便局などの設置に乗り気ではなかった。

そういうことのすべてが、この国を二つに分けて戦わせることになったのだった。

その戦争の傷痕は深く、たった今、これを書いている時点でもまた、あの国は南北関係の諍いをもとするトラブルから血を流し続けている。その傷の深さと癒し難さは、あの戦いでの犠牲者の多さから来ていると思われる。

様ざまな統計数字があるが、中でも信頼できる数字によると、南北双方の合計戦死者は六十二万人。内訳は北軍三十六万、南軍二十六万だとされている。この数字は独立戦争での約四千四百五十人、第二次世界大戦での太平洋戦線、ヨーロッパ戦線合わせてのおよそ三十万人、朝鮮戦争でのほぼ三万四千人、ベトナム戦争での約四万七千人、湾岸戦争での一千七百人、イラク戦争での百三十六人に比べると格段の差がある。

南北戦争が惹起する今に至る深い恨みは、どちらかというと南部の人びとに多く残っているように感じられる。一方の北部は、雑多な移民たちの、まだ融合しきれない自己中心的傾向の強い個人主義的な人間たちの集まり、そして彼らのとらえどころのない価値観の多様さ、信仰心のまとまりのなさ、経済や商売優先の都会でのギスギスした人間関係、といったものがわだかまっているように思える。そういう様ざまな志向を持った人びとに共通する利益、いや、理想と言い換えてもいいが、そういった彼らの思いを一にする何ものかが必要であった。それが「人権」だった。キリスト教国であることから、特に北部の人びとは聖書に書かれた「神のもと人は誰も平等である」という教えを土台に、人心をまとめようとした。ただ、その「人権」の持つ意味が人によって微妙にずれ、異なっていたことにより、意思統一しきれない要因となったのである。要するに、北部の人びとにとっては、この戦いは理念的なものが先立ち、自分たちの利害に直結するものではなかったということなのだ。

そのことはこの戦いに対する熱意にもかかわることだった。この戦争での戦場は、主として南部に属する土地が多く、極端な言い方をすれば北軍にとっては、あるいは北部の人間にとっては失うものはそう多くなく、南部人たちが感じていた切実さとは少し温度差があるように思えてならない。

その点南部は、古き良きアメリカの価値観と神への敬虔な思い、素朴な家族主義、そして昔ながらの生き方や家族伝統の食、磊落な気質から来る人間関係や文化、楽天的な音楽や不器用とも言える愛情の表し方のどれもが根底に居座っていて、その気になればこの揺るぎのない保守性も至極居心地がいい。それらは「南部」という土地からくる独特の空気であり、その南部に入植、移住した人びとの先天的気質と、その地の空気や水に染まった挙句の後天的な性癖でもあった。そして、そういう「南部」を、南部人は心から愛し、誇りに思っていた。だから、南部人にとって南北戦争は、愛情のこもった自分たちの土地を蹂躙されてしまったという痛切な思いに満ちた戦いなのである。この「自分たちの地」での戦い、多くの場合は南部が主戦場となったことが北軍の兵士の戦死者の多さの理由だと思われる。

南北戦争の時代、その戦争を題材にして歌われた曲はどれもセンチメンタルな風情を持ち、物語性が豊かで抒情的、人の心を打ち、胸の奥深くに入り込んでいつまでも忘れさせない佳曲が多い。むろん、独立戦争の時に取り上げたような、兵士たちや家に残る者の士気を高め、戦意を高揚させるような曲もある。だがそれらは、その時代の戦いに必要とされた勇気や戦うことの意義、覚悟などを歌ったもので、なるほど戦時のありようや社会情勢を伝えはしても、ほとんどどの時代の戦争にも共通する通り一遍の詞の展開であり、言葉の選び方だった。そしてそれらは、正義の名目や戦う人びとの名前は異なっても、世界中のどの国にも通じる。そうした戦時歌謡は時代を語ってくれはするが、その戦いに生き死にを懸けた人の吐息までは、ほとんど伝えてくれない。

だからここでは、戦争を戦い、傷つき、家族を思う兵士たちが歌った歌、また愛する者たちを戦場に送り出した側が歌う歌を取り上げたいと思う。為政者が、あるいは戦争を引き起こす必要のあった国家の側がある意図を持って生み出した戦いの歌は、けして人の心を動かすことはないと思うからだ。

ここでは、その戦いに生きた人たち、我が戦いとした人たちの思いを探っていこう。

北で作られ歌われた歌と、南軍の兵士やその家族を歌った歌とが違っているのは当たり前のことだが、興味深いのは、北は、人権といった抽象的な理想を主題に、理性に訴えるような曲が多いのに比べて、南軍の歌は、故郷の土地や家族、恋人や人情といった情緒的、感情的な曲が目立つことだろう。だからといっていいと思うが、南軍の戦いの歌は、心に沁みるものが多い。

たとえば北の戦いの歌としてよく知られている歌に《ジョージア行進曲 *Marching Through Georgia*》がある。日本では《ジョージア行進曲》という名前よりも「ナミちゃんたらギッチョンチョンでパイのパイのパイ」という歌い出しで、すぐにメロディーが浮かぶのではなかろうか。明治・大正期に活躍した演歌師の添田《そえだ》啞蟬坊《あぜんぼう》の息子の添田知道が作詞した、《東京節》または《のんき節》と日本では呼ばれている。「ナミちゃん」は、「マルちゃん」、「ナメちゃん」などの名前で歌われることもある。

《ジョージア行進曲》を作ったのは、奴隷制反対論者であり、前述した世界的に知られるアメリカの代表曲の一つ《グランドファーザーズ・クロック *Grand Father's Clock*（大きな古時計／おじいさんの古時計）》の作者であるヘンリー・クレイ・ワーク［図㊵］である。彼がこの曲を作ったのは、南北戦争も終わりに近い一八六五年。その前の年、北軍の少将、ウィリアム・T・シャーマンが南部連合軍の早期壊滅を狙って、南部連合国の中心とも言えるジョージア州アトランタから大西洋に面するサヴァンナの町まで、幅五〇キロから一〇〇キロに及ぶ徹底的破壊行軍「シャーマンの海への進軍（Sherman's March to the sea）」に感激してのことだ。

北軍にとっては、勝利への大いなる作戦行動ではあったが。この行軍によって軍事拠点や軍事施設ばかりでなく、南部の産業の基幹である鉄道や橋、工場や機械類、穀類、綿花畑やさとうきび畑などの農業や牧畜、個人の家屋や菜園に至るまで徹底的に破壊し尽くした。この焦土壊滅作戦によって、南軍の組織的な抵抗は終わったとされている。

ウィリアム・シャーマンのこの行進は、マーガレット・ミッチェルの『風と共に去りぬ』の主要な題材でもあり、後世の近代戦における焦土化殲滅総力戦の端緒ともなった残虐とも言える作戦で、ヘンリー・クレイ・ワークにとっては感動ものだったろうが、南部の人間たちにとっては現代に至るまで遺恨を残すものになった。
ワークは当時、サヴァンナの解放で自由を得た「自由黒人《フリード・ブラック》」たちが、進軍する北軍の旗を見て歓喜する様子に感動して書いた作品だとされている。ここでは、その歌の第一聯とコーラスの部分を取り出してみよう。

Bring the good ol'Bugle boys! We'll sing another song,
Sing it with a spirit that will start the world along,
Sing it like we used to sing it fifty thousand strong,
While we were marching through Georgia

Chorus:
Hurrah! Hurrah! We bring the Jubilee.
Hurrah! Hurrah! The flag that makes you free,
So we sang the chorus from Atlanta to the sea,
While we were marching through Georgia.

「さあ、使い込んだラッパを吹いて　新しい曲を奏でよう。神の御心にかなった新しい世界がはじまるのだ。ジョージアを行進する五万もの兵士たちのように、歌おうではないか。（コーラス）フラー！

フラー！　我われは歓喜をもたらす。フラー！　フラー！　北軍の旗は汝らを自由にする。さあ、アトランタから海まで声を和して歌おうではないか。ジョージアを通り抜けて行進する間に」

ここではラッパ手《ビューグル・ボーイ》に、勝利のラッパを吹け、新しい歓喜の曲を吹け、と言っている。その音を聞けば、北軍の勝利が皆に広まるだろうと。その後に続く、二聯、三聯、四聯の一行目が、この歌へのワークの思いが現れているようだ。

第二聯は、'How the darkeys shouted when they heard the joyful sound,'「そのラッパの喜びの音を聴いた黒人たちは、どれほど喜ぶだろうか」とあり、第三聯は、'Yes and there were Union men who wept with joyful tears,'で、「そう、そこには喜びの涙を拭う北部人たちがいた」と書き、第四聯では、'Sherman's dashing Yankee boys will never make the coast!'「シャーマン軍の猛進撃にはもう邪魔者はいない」と、その勝利を讃えている。

北軍の戦いの大義名分は、奴隷たちの「自由を勝ち取る」ということであり、そこでは人権の問題が大きなテーマになっていた。この「人権」というとらえどころのない言葉は、人によって受け取り方に様ざまな差があると書いたが、その言葉が漠然としているからこそ人は共感を覚えやすかった。北部の人びとが、人種的にも社会的にもバラバラな存在であったからなおさら、この言葉によって人びとの意思はまとまりやすかったと言ってもいい。この、意思の統一という問題は、やがて彼らは「アメリカン・ヒーロウ」という、国民全体が容易に心を寄せることのできる存在を生み出す。この「アメリカン・ヒーロウ」はまさに、移民の集合体の国にとって意思統一を象徴する好都合のイコンだったのだ。

一方、心ある人にとっては据わりの悪い、ある思いがこの戦いにはあった。というのも、この戦いは、「奴隷解放を目的とした正義の戦いである」という「北」の単純な認識ではこの戦争の隠れた本質には近づけないところがあったからである。

確かに、奴隷制をとっている南部連合国の軍隊を打ち破れば、奴隷制を維持してきた体制が崩壊し、奴隷制度は解消するかのように思われた。問題は、奴隷となっている黒人たちの存在であった。彼らのある者は、南部の奴隷制を逃れて戦争前に密かに北部に逃げ出していた。また、戦争になってから、南軍と戦うために北部に逃げ出して北軍に加わった者もいた。少なくとも当時の大統領リンカーンは、南部からの逃亡兵たちを北軍の戦力として期待するところがあった、と漏らしている。

リンカーンの頭の中には、黒人奴隷にとっては「自分たちのための戦いなのだから」南軍と戦うのは当たり前だろう、という思いが大きく居座っていただろうことは間違いない。だが実際には、彼の考える奴隷たちのすべてが北に逃げ出し、北の軍隊に加担したのではない。当たり前のことだ。逃げ出せなかったも者もいたし、逃げ出さなかった者もいた。この後者の「逃げ出さなかった者」、すなわち、自主的に南軍の一員として戦う者たちの存在が、この問題を複雑にしている。それは、黒人奴隷たちの誰もが、南部の体制、プランテーションという産業システムと生活環境を憎んでいたわけではないという事実からきている。

ハリエット・ビーチャー・ストウの書いた『アンクル・トムの小屋』の主人公、シェルビー家に仕える黒人奴隷のトムは、白人奴隷主《スレイヴ・ホルダー》の息子に慕われる幸福な日々を過ごしていた。問題は、そのシェルビー家が経済的に困窮し、ついに奴隷を抱える経済力がなくなったことだ。そうなると、奴隷は別の奴隷主に売られていくしかない。その後のトムは白人少女と仲良くなるなど、これまで普通考えられていた、「悲惨な奴隷生活」というイメージとは違う世界があることを示唆している。むろん、次に買われた新しい奴隷主には残虐な仕打ちをされたりもするが、ここでは白人のすべてが悪者とは限らないことが強調されている。

この本を書いたストウ夫人は白人で、彼女もクレイと同じように、北部への奴隷の逃亡ルートである「地下鉄道《アンダーグラウンド・レイルロード》」（これについては、第三部で詳述する）のコンダクターの一人であった。その点からも、当然いい白人と悪い白人が存在していることを改めて教えてくれるのである。同時に、南部の黒人奴隷たちの中には、奴隷主の白人たちに対してある種の親しみと愛情を抱いていたということも事実だ。彼らの中には、プランテーションが我が家であり、西アフリカから否応なく連れてこられた人間としては、そこが第二の祖国のようなものだと考える者もいたのである。

マーガレット・ミッチェルの『風と共に去りぬ』で、主人公のスカーレットの面倒を見る女性黒人奴隷のマミーの場合は、この傾向はもっと顕著である。マミーは、スカーレットの母親のエレンがオハラ家に嫁ぐ時に実家から連れてきた忠実な召使だった。召使というよりも、スカーレットに助言し、時には忠告もする「女性執事」のような存在であった。マミーがそういう立場になったのは、エレンの母親、スカーレットの祖母から厳しく躾けられたからだ。それは白人社会の礼儀作法、しきたりであり、宗教であり、料理であり、テーブルマナーであり、女性としての倫理観であった。

大切なのは、それはすなわち「黒人の白人化」に他ならないということだ。そしてそういう「ホワイト・ニグロ」と呼ばれる人たちを、嫌い憎む黒人たちもいた。その典型が、イスラム教徒であり、攻撃的な黒人解放指導者として知られるマルコムＸだろう。彼の父親は、白人に媚びへつらう黒人たちを忌み嫌い、白人社会にも黒人社会にも属さない孤立した自給自足の生活を送るなど、黒人のプライドを持って生きたために、当時のＫＫＫ《クー・クラックス・クラン》に殺された。その父の血と民族の誇りと悲劇が、マルコムＸことマルコム・リトルをして、白人社会に迎合する黒人たちを「白人に従順になるように調教されたことに気づかない哀れな家畜だ」と呼ばせるようになる。

マミーの召使としての出自はともかく、彼女はその経験と人柄と性格から、オハラ家の奴隷たちを取り仕切る立場になっていた。映画や小説では、とくにスカーレットの作法や言動に対する愛情のこもった口やかましさは、まるで母親か優しい伯母そのものだ。そこには、オハラ家を代表する自負と誇りがうかがえる。このマミーは、南軍の敗北によって奴隷から解放された後もプランテーションにとどまり、オハラ家に仕え続けるのである。スカーレットの三回目の結婚、レット・バトラーとの新婚生活にも仕え、彼らの子供、ボニーの乳母として働く。それはマミーにとって、オハラ家の三代にわたる乳母の仕事だった。

マミーばかりでなく、このプランテーション、「タラ」に仕える奴隷たちの中にも、奴隷解放後もプランテーションで働き続けたポークとその妻ディルシー、その子供のプリシーの一家がいる。ポークとディルシーは、自分たちだけでなくディルシーの連れ子のプリシーの三人を、バラバラにせずに買ってくれたスカーレットの父親のジェラルド・オハラに恩義を感じていたからだ。

このことは、通常奴隷たち一家は一人ひとり別々に売られていくこと、また家族揃って住み、働き、喜びや悲しみを共有しただろうプランテーションは、まさに彼らにとっての家、心から頼れる居場所であったことを教えてくれる。そういう南部の体制、奴隷制ゆえの、ある面での「安住」であった。南部の奴隷であったからこそ、決められた仕事と制約のある生活に従ってさえいれば、彼らにはある程度の安定した、これは言い過ぎかも知れないが、もしかしたら「安逸」で「安穏」な生活ができたとも言える。その奴隷制をとる南部の崩壊は、そんな彼らの生活をも破壊することであった。

そういう事実や、あるいは北部人の想像、歌や物語から得られるイメージによって、黒人奴隷たちは「古き良き南部のプランテーション」に戻りたいのだという誤解が生まれたのではないかと思う。そしてそのことは現在、大きく修正されつづけているのである。奴隷は南部が恋しいと誤解させた曲の話を書こう。

2 南部を恋うる歌の本質

西部の風物詩といえば、牛の群れとカウボーイが一幅の画として、ぼくらの頭の中にある。これまでの印象としては、カウボーイたちはたいがい白人の若い男だった。一九六〇年代まで全盛を誇った西部劇映画に登場するカウボーイたちは、ほとんど若い白人だった。時に老人たちもいないわけではないが、この傾向はテレビドラマでも同じで、ガンマンにしろ保安官にしろ、悪漢たちでさえも必ずと言っていいほど「白人」であった。むろんそれは、当時の映画界では、インディアンを除く有色人種やコーカソイド以外の人びとが登場しにくいということもあったが、およそ西部劇映画は白人映画と言い換えてもいい作品群だった。

しかし、実際のカウボーイには黒人、ヒスパニック系、インディアン、アジア系などが多くて、白人は少数派だったと言われている。その少数派の中の多数派は、アイルランド、スコットランド系だったことは、今に残るカウボーイソングの多くがアイルランド、スコットランド民謡からの転用であることからもわかる。

カウボーイ全体の多数派は黒人たちで、南北戦争が終わって奴隷の身分から解放された彼らは、南部では働く場が見つけられず、また北部では先に定住した北部黒人たちとの軋轢があり、居場所さえ見つけられなかった。北部の黒人たちはマルコムXが感じたと同じように、南部の黒人たちのことを「白人に飼いならされた黒人たち」という目で見ていた。そういう土地は彼らには居づらく、畑仕事や家畜の世話以外、手に技術を持たないプランテーション出の黒人たちの多くは西部の未開の土地へ、農業や牧畜仕事を得ようと拡散していった。そうやって、カウボーイに肌の黒い人びとが増えていったのだ。そういう人たちの中にも挫折する者もいる。そのことを示唆する歌がある。

もう一度ヘンリー・クレイ・ワークの《ジョージア行進曲》の話に戻ろう。この詞から伝わるのは、「南軍からの解放」という感情である。この感情を理解するいい曲が、《懐かしのヴァージニア *Carry Me Back to Old Virginny*》である。

生涯七百もの曲を作った黒人音楽家、ジェームズ・A・ブランドが、一八七〇年、南北戦争が終わり、奴隷が解放されて五年後に作った曲である。彼の父親は、アメリカで最初に黒人を受け容れた大学のひとつとして知られるオバーリン・カレッジを卒業した人物で、その影響もあってブランドもまたワシントンD.C.のハワード・ユニヴァーシティを卒業するという、かなりの高等教育を受けていながら後にミンストレル・ショウの一員になるなど、この時代の音楽家としては特異な存在であった。

そのブランドの作った《懐かしのヴァージニア》は、日本でも馴染みの曲だろう。こんな風に歌われる。

Chorus:
Carry me back to old Virginny.
There's where the cotton and corn and taters grow.
There's where the birds warble sweet in the spring-time.
There's where this old darkey's heart am long'd to go.

There's where I labored so hard for old Massa,

Day after day in the field of yellow corn;
No place on earth do I love more sincerely
Than old Virginny, the state where I was born.
(Cho)

（以下略）

「（コーラス）懐かしのヴァージニアに連れ戻して欲しい。そこは綿とトウモロコシとジャガイモが育つ土地。春には鳥たちが甘やかに歌う土地。そして、この年老いた黒人の魂が戻りたいと思い焦がれる土地だから」

ここに歌われるのは、奴隷主である主人夫妻が死んで自由奴隷《フリード・スレイヴ》になった男の望郷の思いだ。コーラスにつづいて、実り豊かな畑でのイエローコーンをはじめとする収穫仕事は充実していたし、それは自分を買ってくれたご主人のための意味ある仕事だから懸命に働いた、と歌う。そここそ、自分が本領を発揮できる土地、楽しい日々を過ごせ、帰属感を持てる場所だった。そこに、もう一度戻りたい。今、年老いた彼はことさらにそれを感じるのだ。

この歌には、南北戦争で自由になった奴隷たちの悲哀がある。むしろ「自由」にならないほうが幸せだったのではないか、と感じているフシがある。南部でこそ、生きる意味があったかもしれない彼らに、自分たちの考える「自由のため」という名目で奴隷解放を目指す北部の人間たちは、果たしてありがたい存在だったのだろうか、とこの歌は考えさせる。南軍に与して北軍と戦った黒人奴隷たちは、むしろ自分たちの不自由のために戦ったのではないか。その不自由な身分と生活を守るために、北の軍隊と戦ったのではないか、この歌を聴くたび、そんな考えが頭をよぎる。

この《懐かしのヴァージニア》は、もとは一八四七年にエドウィン・ピアース・クリスティが、その元歌となる《懐かしのヴァージニアを平底船で漂う *On de Floating Scow ob Ole Virginny*》を自分のミンストレル・ショウ「クリスティ・ミンストレル」での挿入曲として作ったものだとされている。クリスティはこの曲を作り、自分たちのステージの人気演し物《だしもの》に仕立て上げた。

On de floating scow ob ole Virginny,
Dad I worked from day to day,
A raking among de oyster beds,
To me it was but play;
But now I'm old and feeble,too
I cannot work any more,
Oh, carry me back to ole Virginny
To ole Virginny shore.

（以下略）

「懐かしのヴァージニアで平底船に乗り、日々、岩にへばりついたオイスターを掻き取る仕事をした。それは楽しかった。けれど、今はもう歳をとり、力も出なくなったし、骨もきしんで痛い。だから、懐かしのヴァージニアに連れ戻して欲しい、あの懐かしのヴァージニアの岸辺に」

この歌詞でもわかるように、かなり楽天的な反面、老いへの悲哀が込められている。重要なことは、この詞には黒人の気配があまり感じられないということだ。この歌はミンストレル・ショウのために作られた歌なので、歌い演ずる人間は顔を黒く塗って「黒人」を装っているので、歌を聴いてもすぐに黒人を連想したろう。だから、歌詞にあえて黒人を表象しなくとも良かったのだ。

一方、この曲をミンストレル・ショウのステージを見ずに聴いた人たちは、この曲が黒人の曲だとは気づかなかったかもしれない。歳をとることの悲しみ、苦しみなどは肌の色には関係なく、誰もが等しく感じることだからだ。その点、クリスティはこの曲を書いた時点では、人種の問題を超越していた。だから、多くの人がこの曲を愛した。一八四〇年代後半には、南部で、ことに南軍の兵士たちの間で人気を呼んだと言われている。

この《懐かしのヴァージニアを平底船で漂う》の歌詞の中の「老いることの悲しみ」と「もう一度ヴァージニアに連れ戻して欲しい」という部分に触発されて、ブランドは《懐かしのヴァージニア》を作ったものと思われる。今に残る《懐かしのヴァージニアを平底船で漂う》の譜面を見るだけでは、《懐かしのヴァージニア》とは、ほとんど別の曲のように思える。ただ、繰り返される「懐かしのヴァージニアに連れ戻して欲しい（carry me back to ole Virginny）」というフレーズは共通していて、その言葉にブランドは発想を得たのだろうと思われる。

ブランドは、それまでも純粋の自作ではなく、すでにあった曲を編曲、補作、またヒントを得る形で自作曲として発表してきた。有名なのは、カントリーやブルーグラス・ミュージック、また黒人系の民謡としてもよく知られている《オー、デム・ゴールデン・スリッパーズ *Oh,Ddem Golden Slippers*》がある。この曲はもともと、黒人たちの歌ったスピリチュアルの一曲《ゴールデン・スリッパーズ *Golden Slippers*》を改作したもので、テネシー州ナッシュヴィルのアメリカ最初の黒人専門学校、フィスク・ユニヴァーシティの学生たちによる黒人霊歌を歌うグループ「フィスク・ジュビリー・シンガーズ」によって歌われて知られるようになったものだ。

これらのことを踏まえると、今に残されているアメリカン・フォークソングの原点を探る作業というのは、ことアメリカでは一六〇〇年代の後半から大衆芸能の人気舞台ショウとしてのミンストレル・ショウの影響、その演目とレパートリーというフィルターがあることを考慮しなければならないことがわかる。アイルランド、スコットランドなどからの移民の手によって運ばれてきた旧大陸の音楽がアメリカに渡って来て、ある意図を持って変化し、作り変えられたことを知っておかないと、正しいアメリカ音楽の姿は見えてこない。ミンストレル音楽に関しては、また別の機会に譲りたいと思う。

3　戦い合う者たちの歌

南北戦争は、前述した通りアメリカ北部の「アメリカ合衆国」と、南部の「アメリカ南部連合国」との間で戦われた、同じアメリカ人同士の戦争であった。独立戦争の時のアイルランド系の人びとを例に取ると、そこには二組のアイルランド人の集団がいた。プロテスタント王ウィリアム三世のウィリアマイトたちとの戦いに敗北したカトリック王ジェームズ二世のジャコバイトの兵たちに課せられた二者択一――フランスに追放されるか、イングランドに忠誠を誓ってイングランド兵として戦うかであった。すなわち前者の、フランスに渡ってアイルランド人傭兵部隊、「ワイルド・ギース」になった一万四千人の兵たちと、後者の戦時捕虜や志を曲げてイングランドの軍門に降ってその仲間になった兵たちの二派である。

彼らの悲劇は、お互いを敵としてアメリカ独立戦争で戦い合ったことだ。一方はアメリカ独立派植民地軍兵士として、片や領主国イングランドの政府軍としてだ。その戦場は、まるで近親憎悪の見本のように悲惨を極めたという話も残っていれば、祖国を同じくする同士のそこはかとない連帯と同情があった、とも言われている。そしてこの悲劇的な宿命は、南北戦争にまで引き継がれていった。

その原因の一つに、彼らアイルランド系の人びとが英語を話せる民族だったということがある。というよりも、本来の言葉、アイリッシュ・ゲール語をイングランドによって捨てさせられ、強制的に英語を使わなくてはならなくなった結果ではあるが。ともあれ、彼らはアメリカの共通語である英語も話すことができた。同時に彼らが、なべて手に職を持たない、すなわち職能集団ではない、基本的には農民出身の未熟練労働者であったから、仕事の種類を問わずに働いたということもある。それが、彼らの居住地がアメリカ全土に広がっていった理由だ。すなわち、英語さえ話せれば、どんな土地にでも住むことは難しくなかったのだ。英語に慣れていない移民たちは、必然的に言葉の通じる仲間とひと塊になりたがる。リトル・イタリーやチャイナタウン、リトル・トーキョーやジャーマン・タウンなどの小さなコミュニティが、アメリカのあちこちの都市にあるのがその証拠だ。

アイルランド人たちがアメリカの様ざまな土地、南部や北部にかかわりなく住んでいたために、その両者が戦うことになった時、必然的に南軍、北軍の兵士に分かれて戦わざるを得なかった。同胞同士が戦うことになった戦場を歌った名曲というか、世代を超えて、またジャンルを超えて愛されている曲に《二人の少年 *Two Little Boys*》がある。

この曲を最初に聴いたのは、カントリー・ジェントルメンという六〇年代のフォークソングの影響を受けたソリッドでモダンなブルーグラス・グループによってだった。

一人きりではじめてのアメリカを旅したのは、一九六一年の夏のことで、その時にシカゴのダウンタウンのレコード・ショップでカントリー・ジェントルメンのレコードを見つけた。二枚あって、一枚は一九六〇年に三月に出た『Country Song Old & New』、もう一枚はその年、一九六一年に出た

『Folk Songs & Bluegrass』で、ともにフォークウェイズ（現在のスミソニアン・フォークウェイズ）というオーセンティックなフォークソングが専門のレコード会社からリリースされていた。どちらも、実に斬新なブルーグラス演奏で、試聴室から転げ出るようにしてレジに走ったものだった。

この《二人の少年》の入ったＬＰは三枚目、一九六二年にスターデイから出された『Bluegrass at Carnegie Hall』である。このタイトルから、本当にカントリー・ジェントルメンはポピュラー・ミュージックやクラシック音楽の殿堂カーネギー・ホールに出たのだろうか、と疑わしく思ったものだ。それぐらい、当時ブルーグラス・ミュージックはマイナーで、ほとんど認められていない音楽ジャンルだった。

彼らの演奏する《二人の少年》は歯切れがよく、テンポも軽快、ジョン・ダフィのマンドリンやエディ・アドコックのバンジョーはどれもソリッドで、パリパリ、カリカリと潔く、チャーリー・ウォーラーのリード・ヴォーカルも張りがあって鋭く、コーラスも実に見事な名演奏だった。そういう演奏で歌われるこの曲は、いかにも南北戦争の両軍が対峙する戦場を駆ける馬のイメージを彷彿させた。こんな内容だ。

Two little boys had two little toys
Each had a wooden horse
Gaily they played each summers day
Warriors both of cause
One little chap then had a mishap
Broke off his horses head

Wept for his toy, then cried with joy
When he heard his brother say

"Do you think I could leave you crying
When there's room on my horse for two
Climb up here, Jack and don't be crying
We'll mend up your horse with glue
When we grow up we'll both be soldiers
And our horses will not be toys
And maybe you will remember
When we were two little boys"

（以下略）

二人の少年は夏の日、木馬に跨っては兵隊ごっこをしていた。だがその一人の木馬の首が取れてしまった。泣き出す少年に、兄は自分の馬で一緒に遊ぼう、あとで直してあげるから、と慰めた。年月が過ぎ、子供たちの遊びは本物の戦争が舞台になった。向き合う隊列に向けて砲弾が炸裂し、その後に瀕死のジョーが横たわっていた。その時、紺青の隊列から一頭の騎馬が駆け寄り、ジョーを助け上げた。それは兄のジャックだった。二人は子供の時と同じように一頭の馬に跨り、走り去っていった。内容としては、ほぼそういう歌だ。

　wooden horse を木馬と訳してしまうと、木彫の馬の四脚の下の両端がそり上がった、いわゆる揺り椅子のような形のものか、または四肢に車輪のついたものかのどちらかを想像する。この揺らす方の木馬は rockin' horse と言うらしいが、車輪の着いた方はなんというのか知らない。ただ、この歌の場合、動かずただ揺らすだけの「木馬」では、子供たちの兵隊ごっこにはふさわしくないように思う。となると、一本の棒の片方の端に馬の頭部がついていて、反対の端には車輪のあるもので、これにまたがって、馬の口からのびている手綱を握って走ったりして遊ぶ、日本では「棒馬」、英語では hobby horse または cock horse とよばれるものではないかと思う。

ranks of blue は、青い軍服の隊列、すなわち北軍を意味している。傷ついたジョーが倒れ伏すところに、その北軍の隊列から一騎駆け出してきて彼を助ける。それがジャックで、彼は北軍に加わっていて、一方助けられるジョーの服装の色や彼の所属軍のことは語られてはいないが、物語上、南軍に参加しているらしいことがわかる。

この、兄弟が敵味方に分かれて戦わねばならなかったという悲劇を歌った曲は、エドワード・マッデンの作詞、セオドア・F・モースの作曲で、一九〇二年に作られている。最初に歌ったのはハリー・ラウダーで、当時盛況だったミュージック・ホールのレパートリーとして人気があったという。

興味深いのは、この歌の二人の互いに助け合った子供時代の思い出が、大人になってから再現されるという物語形式は、十八世紀後半の児童書などで一つの定形として確立されていたらしいことだ。この《二人の少年》の歌の子供二人と木馬のエピソード、そして大人になってからの救出という物語は、一八八四年、ヴィクトリア朝末期の子供向けの本のベストセラー作家であったイギリス人、ジュリアナ・ホレイシア・ユーイングの書いた『ジャカネイプス *Jackanapes*』という本の中にも似たような形で書かれている。

ジャカネイプスとトニーは、幼い頃からの仲良しで、ある日二人は毎年恒例のフェアに遊びに行く。そこで、メリー・ゴーラウンドの子供版「ギディー・ゴーラウンド」に乗ることにした。これは回転木馬ではなく、円型の鉄製の座席が、中央の軸を中心にぐるぐると回転するものだ。だがトニーは、自分の家で経営する葉巻煙草作りのにおいと、おそらくは充満するニコチンやタールの影響でか、キディ・ゴーラウンドに乗っている間に気持ちが悪くなってしまい、ジャカネイプスに助けられてどうにか元気を取り戻す。

そして二十年という歳月が経ち、二人はナポレオン戦争に出征する。その戦場で、トムは落馬して脚を骨折し、やむなく拳銃で敵に応戦する。その時一頭の馬が駆け寄ってきた。ジャカネイプスだった。こうしてトムは救われた……。話はまだまだ続くし、登場人物の名前も異なっているし、子供時代に救われた相手が今度は救い手になるという主客逆転のストリーでもないが、明らかに《二人の少年》の発想に近い。

ジュリアナ・ユーイングがこの物語を書いたのは一八八四年で、《二人の少年》の詞を書いたエドワード・マッデンが六歳の時。それ以後『ジャカネイプス』を読んでもらったり、自分で読んだりするチャンスはあったろう。マッデンがどこから発想を得ようとそれは問題ではなく、十九世紀末から二十世紀初頭、まだ戦いは日常の片隅にあったということだ。子供たちにとって「戦争ごっこ」や「兵隊さんごっこ」がそう遠い遊びではなかった時代なのだということがわかる。そう、ここに来て見えてくるのは、この《二人の少年》は子供たち向けの歌だったのではないかということだ。だからしてこの歌は息が長く、言うところの「エヴァーグリーン」、すなわちいつまでも現役である曲になったのだとも考えられる。マッデンの功績は、二人の少年を南北の戦いに相敵対する側に置いたことだ。それによってこの曲の持つ、アメリカの宿命とも言える悲哀が生まれたのだ。

この曲を発掘したのは、カントリー・ジェントルメンで、それは少なくとも一九六一年以前のことだったろう。その後ブルーグラスの世界ではよく知られるようになるが、ポピュラー・ソングとして披露されたのは一九六九年十二月十八日のテレビ番組で、オーストラリア出身のエンターテイナー、歌手でソングライター、コメディアン、そして画家でもあるロルフ・ハリスの歌による。彼はオーストラリアを代表する曲《悲しきカンガルー *Tie Me Kangaroo Down Sport*》をヒットさせた人物としても知られている。その彼がテレビ番組でこの《二人の少年》を歌うと大変な人気で、噂ではその年末、ジョン・レノンが「クリスマスソングばかりでうんざりしているこの時期、ベトナム反戦につながるこの歌はすごくよかった」とロルフに祝電を送ったとも言われている。

同じ年の少し前、オハイオ州シンシナティのコーヒーハウスで、ジョン・デンバーもまたこの歌を歌ったと言われているが、レコードになったのはもっと後のようだ。続く一九七一年、まだソロ活動をしていないケニー・ロジャースも、カントリー・ロックのバンド「ファースト・エディション」で吹き込んでいる。ジョン・デンバーにしろケニー・ロジャースにしろ、ポピュラー・ソングとしての出来栄えから見ると、ロルフには引けを取る。何しろロルフ・ハリスの《二人の少年》は、時のイギリス首相だったマーガレット・サッチャーが、一九七九年に出演したラジオ番組で、「もっとも好きな歌だ」と宣言してその名を一層高めたほどの出来だったからだ。

ロルフ・ハリスは二〇〇八年、第一次世界大戦終結九十周年の式典で、ウェールズ男声合唱団とともに、三十九年ぶりにこの《二人の少年》を歌ったとBBCが報じた。現在、ロルフ・ハリスのこの歌の動画の背景は、第一次大戦の場面が集められている。

4　悲劇的なニュアンスを持った南軍歌

南軍を歌った歌は、戦況が敗色濃厚になるにつれ、その曲調や詞に諦念の色合いが濃くなっていく。

同時に悲しみの風合いを強め、勇ましさよりも苦悩、望郷の念が屈折した形の人恋しさの気配が強まってくる。そんな空気を伝えてくれる名曲で、今もなお多くの人に歌われている《南軍兵士 *The Rebel Soldier*》では、こんな風に歌われている。

Oh Polly Oh Polly its for your sake alone,
I have left my old Father, my Country, my home
I have left my old Mother to weep and to mourn
I am a rebel soldier, and far from my home

The grape shot and musket and the cannons lumber lie
Its many a mangled body the blanket for the shroud
Its many a mangled body left on the fields alone
I am a rebel soldier and far from my home

Here is a good old cup of brandy and a glass of wine
You can drink to your true love and I will drink to mine
You can drink to your true love and I will lament and moan
I am a rebel soldier and far from my home.

様ざまなヴァージョンがあって歌詞にもいろいろあるが、ここはレッドネック・ロックの雄、ウェイロン・ジェニングスのものを載せた。

「ポリーよ、おまえを守るために故郷に父を残し、悲しみに涙する母を残し、南軍兵士として遠くに赴く。ぶどう弾《グレープ・ショット》、マスケット銃、カノン砲が轟音を響かせて着弾する。惨たらしく死んだ兵士たちの身体に毛布が掛けられたまま戦場に取り残されている」

そしてこう続く。

「ここにカップに注がれたブランディーがあり、グラス一杯のワインもある。きみは真実の恋人のため、おれも自分の恋人のためにそれを干そう。そして嘆き悲しもう」と。残して来た恋人と死んだ戦友のために、杯を掲げる男たちのことが歌われる。ぶどう弾というのは、大砲の弾の中に飛散用の弾を詰め込んで、炸裂した時に小さな金属弾が飛び散るように考えられたもので、本来、帆走戦艦の帆や索具類の破壊と船員殺傷に考案されたという凶悪な砲弾である。

初出は一九九一年の、ウェイロン・ジェニングスのアルバム『南北戦争の歌 *Songs of the Civil War*』だ。作詞・作曲者は不明だが、その原典は、一般に南北戦争時代のアパラチアン・フォークソングだとされている。《南軍兵士》の歌が切実であるのは、南北戦争が始まった一八六一年から終結した六五年までの四年間、南部連合兵士として動員された兵士の数は、およそ七十五万人から百二十三万人だとされている。その六九パーセント、四人のうちの三人弱が農民だったという記録があることだ。彼らはやむなく農地を離れ、家を後にして戦場に赴いた。

この歌では、彼らは国を守るため、両親のためというのは二の次で、第一にはポリーのため、ポリーを守るため、それはポリーとの生活をこのまま続けていけるように、平和で、何の不安も心配も、悩みもなく暮らしていけるために自分は戦場に赴き、敵と戦う、と歌っているのだ。

《二人の少年》の持つ悲劇性の大元であるアイルランド人にとっての戦いは、そのままアメリカ人としての戦い、そして何よりも南部人としての戦いであったことだ。すなわち敗軍の兵の悲しみなのである。アイルランド人たちにとって、この戦いがどういうものであったかを教えてくれる歌がある。それが《南軍兵士の伝説 *Legend of the Rebel Soldier*》だ。オリジナル曲との差を紹介したいので全詞を引用してみる。

　こんな歌である。

In a dreary Yankee prison where a rebel soldier lay
By his side there stood a preacher ere his soul should pass away
And he faintly whispered parson, as he clutched him by the hand
Oh parson, tell me quickly, will my soul pass through the Southland?

Will my soul pass through the Southland, through Old Virginia grand?
Will I see the hills of Georgia, and the green fields of Alabam?
Will I see the little churchhouse, where I pledged my heart and hand?
Oh parson, tell me quickly, will my soul pass through the Southland?

Was for loving dear old Dixie, in this dreary cell I lie
Was for loving dear old Dixie, in this Northern State I die
Will you see my little daughter, will you make her understand?
Oh parson, tell me quickly, will my soul pass through the Southland?

Then the Rebel Soldier died.

南軍兵士が横たわっているのは、暗鬱な北軍の牢だった
彼の横には、臨終に立ち会おうと牧師が立っていた
兵士は教誨師に手を伸ばし、弱々しい声で囁いた
牧師さま、正直に言って欲しいのです
私の魂は、南部に戻れるのでしょうか

私の魂はあの懐かしいヴァージニアの大地を抜け、南部に戻れるでしょうか
あのジョージアのなだらかな丘やアラバマの緑野を
ふたたび見ることができるでしょうか
そして正々堂々と戦うことを、手を挙げて心から誓った
あの小さな教会をもう一度見ることができるでしょうか
ああ、牧師さま、正直に言ってください
私の魂は南部に戻れるでしょうか

我が愛するディキシーのゆえを持って
今、この牢獄に横たわっている
我が愛するディキシーのために

この北部の土地で死ぬ
牧師さま、私の幼い娘に会ってもらえるでしょうか
娘は父親の死を理解してくれるでしょうか
ああ、牧師さま、私の魂は南部に戻れるでしょうか

そして南軍兵士は死んだ

この歌は、北軍に捕えられた南軍兵士の、牢獄での死のありようを歌っている。死に瀕した彼の横には、preacher が立っている。preacher は「説教師」、「伝道師」などと訳されるが、ここでは「教誨師」である。教誨師とは、受刑者などの精神的な救済を行なう役目を負った者で、大概は宗教者がそれにあたっている。

parson は英国国教会やその他のプロテスタントでの「牧師」のことで、この南軍兵士がプロテスタント、それもディキシーに戻りたいという希望から、長老派の信徒であるらしいことは、彼のこの呼びかけでわかる。

その牧師に兵士は、はっきりと、まわりくどくなく、直截にずばりと言って欲しい、と頼む。自分が死んだら、その魂は、あの愛する南部を通るだろうか、と。pass though は「通り過ぎる」だが、きっと彼は、自分の魂が天に上る時に、我が南部を通っていくだろうか、と訊きたかったのだろう。ここでは「戻る」と訳した。

この南軍兵にとっての故郷の南部、それはヴァージニアであり、ジョージアやアラバマであり、それらはいずれも激戦地を抱えた土地だった。その愛する南部を、自分の生命を懸けてまで守ろうとし

たその行為を、自分の幼い娘は理解してくれるだろうか、と、彼は娘のことを思いやる。この思いは、故郷に子供たちを残して来た兵士たちに共通する思いだったろう。

自分たちが決死で戦った意味、南部の土地、そこに住む人びと、家族、そして何よりも南部という土地を支えている人びとの思い。それらを守るためだ。その南部に、死んだら戻っていきたい。その思いこそが、この歌が多くの南部人に愛されてきた理由だ。

だが彼は今、牢獄に囚われ、やがて死を迎える。その死が病からでないことは側についている人物が医者ではなく、牧師であることから死刑による死であるだろう、と想像がつく。まあ、怪我を負って死ぬ時も、従軍牧師が立ち会うから、ここでは必ずしも「死刑」とは言い切れないけれど、しかし、獄にまで牧師がやってきたのは、彼が死刑に処されるのだと考えた方が自然だろう。だとしても、普通の戦時捕虜だったら、独房に入れられて死刑に処せられることはまずあり得ないのではないか。ということは、この男は裏切り者かスパイで、しかもよほどの高位の士官か将校ではないだろうか。

この歌は、ブルーグラス・シンガーのチャーリー・ムーアによって、一九六三年に発表された。その内容もさることながら、メロディーも素晴らしく、ブルーグラス、カントリーの世界では大いにヒットした。少し遅れてカントリー・ジェントルメンの一員だったチャーリー・ウォーラーが、新規のメンバーを入れて再開した、新しいカントリー・ジェントルメンでもこの曲を歌い、彼の張りのある豊かなバリトン・ヴォイスと相まって、チャーリー・ウォーラーの代表曲の一つとされている。

俘囚となった南軍兵士の悲劇を歌ったこの歌は、国を愛する思いの強さと、娘の気持ちを思いやるやさしさもあって、南北戦争をテーマにした名曲の誉れが高い。だが、この場合の'Rebel Soldier'を探っていくと、「南軍兵士」というよりも、「反逆兵士」と訳すべきだと知れる。それはそのルーツがアイルランドの独立を懸けて戦った、アイルランド独立軍の兵士たちにたどり着くことができるからだ。それが、《我が魂は懐かしきアイルランドに戻れるか *Shall My Soul Pass Thru Old Ireland*》である。まったく同じメロディーで、こんな風に歌われている。《南軍兵士》と対比させるために、全文を載せる。

In a dreary British prison where an Irish rebel lay.
By his side a priest waits standing were his soul to pass away.
As he gently murmurs father, the priest takes him by the hand.
Father tell me if I die shall my soul pass thru Ireland.

Chorus:
Shall my soul pass thru old Ireland pass thru Cork city grand.
Shall I see the old Cathedral where Saint Patrick made his stand.
Shall I see the little chapel where I placed my heart in hand.
Father tell me when I die shall my soul pass thru Ireland.

Was for loving dear old Ireland in this prison cell I lie.
Was for loving dear old Ireland in this forign land I die.
When you see my little daughter won't you make her understand.
Father tell me if I die shall my soul pass thru Ireland.

With his soul pure as a lily and his body sanctified.
In that dreary British prison our brave Irish rebel died.
Prayed the priest his wish be granted as his blessing he did (give).
Father grants this brave man's wish may his soul pass thru Ireland.

アイルランドの反乱の兵士が横たわっているのは、暗く惨めな大英帝国の牢獄だった
彼の横にはその死を見届けられるように教区司祭が立っていた
彼は静かに、神父さま、と呟き、神父は彼の手を取った
神父さま、私が死んだらこの魂はアイルランドに戻れるでしょうか

（コーラス）
我が魂は、アイルランドに戻れるでしょうか、コーク・シティのあの大地に
もう一度、聖パトリックがその存在を示したあの古い大聖堂を見られるでしょうか
そして、私が心を捧げたあの小さな教会をふたたび見られるでしょうか
神父さま、言ってください、私が死んだら魂はアイルランドに戻れるでしょうか

我が愛する懐かしのアイルランドゆえに、この牢獄に横たわり
我が愛する懐かしのアイルランドのゆえに、この異国で死ぬ
あなたが私の幼い娘に会った時、私の死の理由を理解させてくれますか
神父さま、言ってください、私が死んだら、この魂はアイルランドに戻れるのでしょうか

彼の魂は百合のように清らかで、その肉体もまた浄められた
大英帝国の暗く惨めな牢獄で、勇敢なアイルランド兵は死んだ
神父よ、彼の最後の願いを聞き入れてやってほしい
彼の魂がアイルランドに戻れるように

この歌では北軍の牢獄ではなく、British prison に囚われている男の話になっている。

これまでいくつものアイルランド系の曲に出てくる England や English、そしてこの British という名前は、自ずとその意味するところがはっきりと異なっていることを理解しておかないと、この言葉遣いのニュアンスがもう一つしっくりこない。

一八〇一年、イングランド、スコットランド、ウェールズを統合したグレート・ブリテン王国は、アイルランド王国を統合した結果、「グレート・ブリテン、アイルランド連合王国」が成立した。一九二二年、アイルランドが分裂して、アルスター地区を含む北部アイルランドを除く南のアイルランドが独立して抜け、アイルランド自由国となったため、残った国は現在の呼称「グレート・ブリテン及び北アイルランド連合王国」が正式名称となった。

この長い名前の国を、日本では「イギリス」とまとめて呼んでいる。漢語では「英国」である。これはポルトガル語の Ingress から、といった説明はここでは省略する。そして、この「イギリス」も、当然のことだが「英国」も、日本だけに通じる言葉だ。では世界は何と呼んでいるかというとGB、すなわち「グレート・ブリテン」か、UK、「ユナイテッド・キングダム（連合王国）」と呼ぶのが普通である。そしてこの呼称は、イングランド、スコットランド、ウェールズの地域を内包する島の名前

で、日本語の「イギリス」は、その一部の地域イングランドの日本的呼び名だと考えるとわかりやすい。

さて、この歌での牢獄は、British prison と書かれている。すなわち、一九二二年の「グレート・ブリテン及び北アイルランド連合王国」成立以前、ようするに南のアイルランドが分裂する以前の、アイルランドとイングランドとの連合王国の一部、「ブリティッシュ」とも呼ばれるイングランドの牢獄に囚われているのは、それに敵対するアイルランドを連合王国から独立させたいという「アイルランド独立派」の反乱者ということになる。

その男は、側にいてくれる聖職者を father と呼び、その「ファーザー」は priest であると書かれている。priest は正しく、カトリックの聖職者、司祭の意味であり、それが正しい呼称であることを教えてくれると同時に、この男の無念の思いが切々と伝わってくるのである。いったい、この男は誰なのだろうか。

そう考えながらあらためて歌詞を見直すと、奇妙なことに気がつく。第一聯の一行目だ。'In a dreary British prison where an Irish rebel lay.'（アイルランドの反乱の兵士が横たわっているのは、暗く惨めな大英帝国の牢獄だった）とある。

どうしてこの囚人は、横たわっているのだろうか。すぐ脇に、教誨師である教区司祭が立っているというのに。普通なら、お互いに立つか、座るかする。だが、この男は横たわっている。なぜだろうか。そのことが気になって、アイルランドの rebel と呼ばれる人間たちを探して、近代史を見直してみた。すると、ここで歌われている兵士は、テレンス・マクスウィニーという男をモデルにしているらしいことがわかった。

テレンス・マクスウィニー（Terence McSwiney, Terence MacSwiney とも）［図㊶］は劇作家で作家、政治家でもあった。一九一六年、イギリスの支配を終わらせ、アイルランド共和国を樹立しようと、その年のイースター・ウィークに武装蜂起する。通称「イースター蜂起《ライジング》」と呼ばれるその反乱は、結局は鎮圧されて終わるが、この時の武力闘争がカトリック教徒を中核とするアイルランド共和主義者たちにとって、アイルランド政治の基本理念、すなわち「武力」によってしか独立を獲《か》ち取れないという認識を植え付けたのである。

そして三年後の一九一九年、アイルランドのナショナリズム（民族主義）政党であるシン・フェイン党（Sinn Féin）によって国民議会が開かれ、アイルランド共和国の独立が宣言された。これ以後、非合法の軍事組織、義勇兵軍であるアイルランド共和軍（Irish Republican Army＝ＩＲＡ）が中心となってアイルランド独立戦争が戦われていく。その戦いは一九二一年まで続くが、その三年間はアイルランドの反英闘争史での大きな意味を持つ月日となった。

この時代、テレンス・マクスウィニーはシン・フェイン党からコーク市の市長に立候補したが、それらの活動に対して彼はイギリス側に治安妨害のかどで逮捕され、ロンドン南部のブリストン刑務所に投獄されたのだった。マクスウィーニーはその処遇に抗議してハンガー・ストライキを敢行、七十五日後、衰弱の末死亡した。

《我が魂は懐かしきアイルランドに戻れるか》は、このマクスウィーニーの獄中での最後の様子、その祈りを歌にしたものだろう。彼は生まれ故郷、アイルランドのコークから遠く離れたロンドン南部の牢獄に収監され、ハンストによって体力が衰弱して起き上がることもできない状態だった。だから彼は、教誨師の前でも横たわっていたのである。だが魂だけは、遠い祖国アイルランドの大地を飛翔することができるだろうか、アイルランドにキリスト教をもたらしたパトリキウス、聖パトリックがその確固たる信仰心を具現した大聖堂《カテドラル》や、自分が若い頃に通った教会の上を飛んでいけるだろうか。

そういう願いの中、テレンスは一九二〇年十月二十五日、天に召された。四十一歳だった。

巷間では、この歌はテレンス・マクスウィニーの挽歌だとされている一方、もっと具体的に一人の人物の名を挙げて歌う歌もある。それは、同じくＩＲＡのメンバーの一人、そして同じく一九二〇年に死んだケヴィン・バリー［図㊷］の挽歌《ケヴィン・バリー *Kevin Barry*》だ。メロディーは、《南軍兵士の伝説》や《我が魂は懐かしきアイルランドに戻れるか》とまったく同じだ。シンガーによって、ニュアンスが少し異なることはあっても、根本の旋律は変わるところがない。こんな内容で歌われる。ここでは、第一聯、第二聯とコーラスの部分だけを取り出した。

In Mountjoy jail one Monday morning
High upon the gallows tree,
Kevin Barry gave his young life
For the cause of liberty.
Just a lad of eighteen summers,
Still there's no one can deny,
As he walked to death that morning,
He proudly held his head on high.

Chorus:
Shoot me like an Irish soldier.
Do not hang me like a dog,

For I fought to free old Ireland
On that still September morn.
All around the little bakery
Where we fought them hand to hand,
Shoot me like an Irish soldier,
For I fought to free Ireland

Just before he faced the hangman,
In his dreary prison cell,
British soldiers tortured Barry,
Just because he would not tell.
The names of his brave comrades,
And other things they wished to know.
Turn informer or we'll kill you
Kevin Barry answered "No".

ある月曜の朝、マウントジョイ牢獄の高い絞首台で
ケヴィン・バリーの若い魂は、自由のために捧げられた
彼の十七歳の夏のことだった
その朝、誇りをもって頭を高く掲げ、死へと歩みを進める彼を

いまだ誰一人、否定することなどできない

（コーラス）
アイルランド兵士のように銃殺刑にしてくれ
犬のように吊るさないで
穏やかな九月の朝、古きアイルランドの自由のために戦ったのだから
パン屋の周辺では、われわれは手に手を取り合ってよく戦った
アイルランド兵らしく銃殺刑に処してくれ
アイルランドの自由のために戦ったのだから

絞首刑の直前、暗く惨めな牢獄で、英軍兵士はバリーを拷問した
独立を戦う勇敢な仲間の名前を喋るか、
あるいはその他の彼らが知りたいことを告げるか
そうでなければお前を殺す、と
バリーの答えは「ノー」だった

ケヴィン・バリーは、テレンス・マクスウィニーが死んだ同じ年の十一月一日に、絞首刑に処された。十八歳だった。ダブリンで生まれた彼は、十四歳の時にダブリンのベルヴェデーレ・カレッジに入学。翌年アイルランド義勇軍に入る。十七歳でダブリン大学の医学部に入った頃、アイルランド独立運動の指導者マイケル・コリンズの下で戦われていた独立戦争が深刻化し始め、ケヴィンはダブリ

ン市の北を担当するゲリラ部隊「C分隊」の分隊長に任命された。その活躍ぶりは、マイケル・コリンズにも認められるほどだった。

一九二〇年九月二十日の月曜の朝、教会でミサに出てからIRAの集会に参加、午前十一時にボルトン・ストリートのパン屋に、イギリス軍が食料を調達にくる時を狙って襲撃。彼らの武器を強奪する予定だった。十一時の襲撃なら簡単に済ませて大学に戻り、午後二時からの試験を受けることができるとケヴィンは考えていた。歌詞の中にパン屋が出てくるのは、この襲撃が理由だ。

だが襲撃は、イギリス軍の強硬な抵抗で失敗した。ケヴィンは捕まり、マウントジョイ刑務所に送られた。そこでは拷問が待っていた。彼は仲間の名前を漏らせと、連日攻められたが、答えはいつも「ノー」だった。そして死刑の判決。ほぼ一カ月半後の十一月一日、彼は絞首台の露と消えた。テレンス・マクスウィニーが死んで六日後のことだった。

わずか十八歳の青年を拷問の末絞首刑にするなんて、とイギリス軍の無慈悲さに抗議するダブリン市民も多かったが、イギリス側は、ケヴィンに襲われた兵士たちも同じ十八歳だったと強弁した。ケヴィン・バリーのことは、多くの人が文章にしている、よく知られているのは、アイルランドの移民がニューヨークへ移住したときの様子を、いきいきと描いて評判のフランク・マコートの小説『アンジェラの灰』に登場してくるほか、アイルランドの劇作家バーナード・ショーの戯曲を一九五九年に映画化した、カーク・ダグラス、バート・ランカスター出演の『悪魔の弟子』でも触れられている。

歌の方のケヴィン・バリーは、古くは黒人作家で公民権運動家、俳優で歌手として名高いポール・ロブソンが歌ったり、カナダ生まれの詩人で小説家、シンガー・ソングライターとしても有名なレナード・コーエンも一九七二年に歌っている。その他アイルランドのミュージシャンとしては、ウルフ・トーンズやクランシー・ブラザーズなどのレパートリーとしてもよく知られている。

ブルーグラス・ソングの《南軍兵士の伝説》から、アイルランドの独立戦争のヒーロウたちを歌った《我が魂は懐かしきアイルランドに戻れるか》や《ケヴィン・バリー》へと、その元歌が遡れることがわかってきたが、その内容は実はもっと古いイングランドの詩人の詩から来ているらしいことを知った。それはイギリスの社会運動家で詩人でもあったキャロライン・ノートンが一八五〇年前後に書いたとされる「ビンゲン・オン・ザ・ライン *Bingen on the Rhine*」がその原点だろうとされていることだ。少なくともその詩の内容、状況はよく似ている。ここでは第一聯、第二聯だけを書き出した。

A soldier of the legion lay dying in Algiers,
There was lack of woman's nursing, there was dearth of woman's tears;
But a comrade stood beside him, while his life-blood ebbed away,
And bent, with pitying glances, to hear what he might say.

The dying soldier faltered, as he took that comrade's hand,
And he said, "I never more shall see my own, my native land:
Take a message and a token to some distant friends of mine;
For I was born at Bingen, --- at Bingen on the Rhine.

アルジェへの派遣部隊の兵士が、瀕死で横たわっていた
そこは看護婦も不足していたし、泣いてくれる女性もいなかった
だが、生命が失われていく彼の脇には、一人の戦友が立っていた

彼は哀れみの眼差し向けながら屈んで、最後の言葉を聞こうとした
死に行く男は弱ってきていた、彼は戦友の手を握ると言った
「もう二度と、生まれ故郷を見ることはできないんだ
遠くにいる友人たちにぼくのこと、ぼくのメッセージを伝えてくれないか
ぼくはビンゲン……ビンゲン・オン・ザ・ラインに生まれた

この詩を見ると、紛れもなく、《我が魂は懐かしきアイルランドに戻れるか》の曲に大きなヒントを与えたのではないかと思われてならない。ただわからないことばかりだ。「ビンゲン・オン・ザ・ライン」は、ライン川沿いにあるドイツのラインラント地方、「ロマンティック・ライン」と呼ばれる美しい河川沿いの名所の一つであるビンゲンの町のことだ。正しくはBingen am Rheinで、この地で、この歌の主人公は生まれたという。

その男が、なぜアルジェリアの首都であるアルジェに行ったのかはわからない。第一、彼はドイツ人なのか、それともこの詩の作者、キャロライン・ノートンと同じイギリス人なのだろうか。十九世紀中頃、ドイツがアルジェリアはもちろん、北アフリカに軍を派遣したという事実は見つけられない。

一方、十九世紀はじめに地中海沿岸にあったバーバリ王国の海賊によって膨大な通行料を搾取されたことから、アメリカをはじめこの海域を通行するイギリスやフランスなどは、バーバリに対して戦闘を展開していたことがある。中でもアメリカとオスマン帝国北アフリカ諸国との間に交わされた「第一次、第二次バーバリ戦争」はよく知られている。その時期、イギリスも周辺の防御などに加わっていたかもしれない。だが、はっきりしたことがわからない。イギリス人だとしたら、なぜビン

ゲン生まれの男がイギリスの戦闘に加わっていたのか、あるいは、この話はもとからドイツ人の兵士の話として、キャロライン・ノートンが書いたものなのか。ではなぜノートンは、ドイツ人の兵士のことをあえて取り上げたのか。すべてわからないことだらけだ。

しかしいずれにしろ、これらの曲、すなわち《二人の少年》から《南軍兵士》までのどれもが、南北戦争当時に作られたものではない。《二人の少年》が一九〇二年、《南軍兵士の伝説》が一九六四年。そして《南軍兵士》は作られた年代は不明だが、ウェイロン・ジェニングスが発表した初出の一九九一年。どの曲も二十世紀に入ってから登場したものばかりだ。とくに《二人の少年》以外は、どれもつい最近、と言っていいほど新しい。

このことは、いかに彼ら、南部に生まれた者、そこに身を置く者、あるいは南部に心を寄せる者が現代にまでその悲哀や苦悩を引きずっているかを如実に示している。この章の冒頭に書いた、田舎町で出遭った南軍兵士姿の男たちの戦闘シーンは、そういった彼らの、今に至ってもなお安らかに眠ることのできないRebelたちへの思いがどれほど篤く、深いものであるかをよく知らせてくれるのである。

5　南北戦争の歌

南北を問わず、戦いは悲劇であり、大いなる損失と消耗であるのは変わらない。戦うものは敗者と勝者に関わりなく、苦悩の淵を覗き込み続ける。彼らは戦場にあって、今日一日の命を永らえられたことを神に感謝し、明日の無事を祈り、そして何かを食べ、寒さに震えながらも眠りにつこうと冷たい地面に横たわる。頭と心に去来するのは故郷であり、家族であり、知人たちのことだった。

だが、何よりも恋しいのは両親や家ではなく、愛する女性のことだ。それはいつの時代の、どこの戦場でも共通だったことだろう。恋人や妻が恋しいと歌う、南北戦争の歌は多い。残されているいくつもの望郷や恋慕の歌の中で、圧倒的に女性に向けてのものが多いのは、おそらくは故郷や家族の状況は人それぞれ異なっているだろうが、恋しい女性像については誰もが同じ色合いを持っているからではないか。恋情や愛情、思慕や恋慕などは、ほとんど誰にとっても変わらない感情だろう。その思いを歌にすれば、多くの者がその気持ちを共有することができる。音楽、とくに歌曲の中に「ラヴソング」が大きなジャンルを占めるのはそれが理由であり、どんな人でも受け入れやすく、年代を経てもいつまでも愛される理由でもある。

南北戦争当時ばかりでなく、どんな時代にも名曲として歌い継がれ、親しまれ、愛されている曲を二曲取り上げてみる。一つは《ロリーナ *Lorena*》である。

一八五六年、牧師のヘンリー・デラフェイット・ウェブスターが自分の失恋を題材にして書いた詞に、友人のジョセフ・フィルブリック・ウェブスターがメロディーをつけたものだ。と書くと正確ではない。ジョセフ・ウェブスターの方は、すでにメロディーを作り上げており、それに合う詞を探していたというのが真相である。二人は同じ姓だが、どうやら親戚関係ではないらしい。

ジョセフ・フィルブリック・ウェブスターは、この《ロリーナ》の他、聖歌や賛美歌でよく知られている佳曲《遥かに仰ぎ見る *In the Sweet By and By*》（聖歌四八〇番、賛美歌四八八番）の作者としても名を残している。

《ロリーナ》はこんな歌詞だ。最初の二聯までを抜き出した。

Oh, the years creep slowly by, Lorena,

The snow is on the ground again.
The sun's low down the sky, Lorena,
The frost gleams where the flow'rs have been.
But the heart beats on as warmly now,
As when the summer days were nigh.
Oh, the sun can never dip so low
A-down affection's cloudless sky.

A hundred months have passed, Lorena,
Since last I held that hand in mine,
And felt the pulse beat fast, Lorena,
Though mine beat faster far than thine.
A hundred months, 'twas flowery May,
When up the hilly slope we climbed,
To watch the dying of the day,
And hear the distant church bells chime.

「ロリーナ、年の過ぎ去るのは、まるで這うように遅いね。今年また、雪が地面を覆ったよ。ロリーナ、陽は低く、かつて花が咲いていたところには、霜が光っている。けれど今も胸のときめきが心を温める。それはまるで雲一つない空に、陽が高く輝く夏の日のようだ。ロリーナ、百カ月もの時が過ぎたね。きみの手を愛しく握った時から、ぼくの鼓動はきみよりもずっと速くなったように思えたよ、ロリーナ。百カ月も前の花咲く五月、丘に登り陽が沈むのを眺め、遠くの教会の鐘が鳴るのを聞いたね」

長い歌で、全体の詞はまだまだ続く。この《ロリーナ》は、別れてしまった恋人への恋慕を歌ったもので、実際に作詞者のウェブスターが恋したオハイオに住む女性、エラ・ブロッサムへの想い出から作られたとされている。南北戦争時代、美しい旋律を持ったこの歌は南北どちらの兵士にも愛された曲で、今も多くの人がもっとも好きな曲の一つに挙げているのもわかる。映画好きならば、『風と共に去りぬ』でも背景に流れていたから覚えている人もいるかもしれない。

同じくこの時代、女性に対する切ない気持ちを歌った曲に《オーラ・リー *Aura Lea*》があり、この曲もやはり南北両軍の兵士たちに愛されたことでよく知られている。

シート・ミュージックとして出版されたのは、南北戦争が始まった一八六一年。作詞はW・W・フォスディックで、作曲はジョージ・R・ポウルトンである。詞としては《ロリーナ》よりも単純で、オーラ・リーという女性に対するストレートな思いを、四季に合わせて歌っているものだ。しかし、シンプルでストレートでわかりやすいからこそ、南北を問わずに兵士たちに人気があったと言えるだろう。こんな詞で歌われる。

When the blackbird in the Spring,
'On the willow tree,
Sat and rocked, I heard him sing,

Singing Aura Lea.
Aura Lea, Aura Lea,
Maid with golden hair;
Sunshine came along with thee,
And swallows in the air.

Chorus:
Aura Lea, Aura Lea,
Maid with golden hair;
Sunshine came along with thee,
And swallows in the air.

In thy blush the rose was born,
Music, when you spake,
Through thine azure eye the morn,
Sparkling seemed to break.
Aura Lea, Aura Lea,
Birds of crimson wing,
Never song have sung to me,
As in that sweet spring.

「春にはブラックバードが柳の木にとまり、オーラ・リーの歌を歌うのを揺り椅子を揺らしながら聴いた。オーラ・リー、オーラ・リー、金色の髪の娘よ。陽の光はきみとともに輝き、そしてツバメが飛ぶ。(コーラス)オーラ・リー、オーラ・リー、金色の髪の娘よ。陽の光はきみとともに輝き、そしてツバメが飛ぶ。きみの恥じらいのようにバラは咲き、きみの言葉は音楽のようだ。きみの蒼い瞳が朝の帳《とばり》を切り開く。オーラ・リー、オーラ・リー、朱い翼の小鳥たち。あの春の日のように、私に歌いかけることはもうないのだろうか。(コーラス)」

この《オーラ・リー》を聴けばすぐにわかるが、一九五六年、エルヴィス・プレスリーの初めての主演映画『やさしく愛して *Love Me Tender*』の同名の主題歌にこのメロディーが使われたことで、世界中に知られるようになった。

作詞・作曲はケン・ダービーとされているが、レコードのクレジットにはケンの妻、ヴェラ・マトソンとエルヴィスの名前が併記されている。なぜエルヴィスの名前があるかを、ヴェラはこう説明する。彼女は自分なりの詞をつけてアレンジしたものを、一度彼に歌って聞かせてみた。するとエルヴィスは、即座に自分の歌として新しい情感を交じえて歌い上げてみせた。そこには、彼らの曲とは思えないニュアンスがあり、まったく別の曲のようになったから、エルヴィスを作者の名に入れたのだ、と。「エルヴィスは譜面は読めなかったけれど、譜面など必要もなかった。彼はたった一度聴いただけで、その歌を自分のものにした」と彼女は感嘆している。それにしても、すでに《オーラ・リー》という有名な曲のメロディーをそのまま借りながら、「作曲」とするのはどういうことだろうか。アメリカ音楽史の不思議のひとつである。ここでは、第一聯とコーラスの部分だけをとりだしてみよう。

Love me tender,
Love me sweet,
Never let me go.
You have made my life complete,
And I love you so.

Chorus:
Love me tender,
Love me true,
All my dreams fulfilled.
For my darlin I love you,
And I always will.

「やさしく愛して、甘く愛して、けして追い払わないで。きみがいなければぼくの人生は成り立たない。ぼくはきみを愛している。（コーラス）やさしく愛して、心から愛して、ぼくの夢をかなえてほしい。きみを愛している、これから先も永遠に」

映画『やさしく愛して』は、南北戦争の初期から戦後にわたる、いわゆる西部時代、列車強盗を主な生業とする悪党団、アウトロウ・ギャングである長男のヴァンスから末弟クリントまでの四人の実在したリーノウ兄弟［図㊸］を主人公とした物語である。南北戦争で戦死したと思われたヴァンスの婚約者キャシーと、エルヴィス扮するクリントは結婚してしまう。だが、ヴァンスは生きて戻ってきて……と、ロバート・ルイス・スティーヴンソンの冒険活劇小説『バラントレーの若殿』と似たシチュエーションは、やはり戦争の悲劇のもうひとつの側面だろう。

この映画の元になった実話では、兄弟四人とも市民のリンチによって首を吊られて死ぬという結末を迎える。その悲劇性ゆえにリーノウ・ブラザーズは悪党ではあっても人びとの胸に、特に南部人の胸深くに残る悪党の若者たちだった。なぜ、南部人にとって忘れられない存在になったのか、ヒーロウのように扱われたのかといえば、実は列車強盗、銀行強盗という悪事は、そのまま北部資本へのゲリラ活動を意味したからだ。この二つのアメリカ西部発信の悪事を発明したと言われる、ジェシー・ジェイムズと兄のフランク・ジェイムズたちをはじめ、このリーノウ・ブラザーズやその他多くの悪漢たちは、ほとんどが反北部戦線の戦士たちだったのだ。ここにも南北戦争の影があり、そのことを踏まえないと、アウトロウやガンマンのことは理解できずに終わる。

『やさしく愛して』はエルヴィスが出演した映画でありながら、彼の名前がトップスターにリストアップされなかった唯一の映画でもある。モノクロ映画で小品のような扱いだったが、物語としてはなかなか面白く、またエルヴィスの大ヒット曲を世に送り出したことでも忘れ難い映画だ。

日本でもよく知られ、よく歌われ、愛されているホーム・ソング的な温厚に見える名曲でも、その歌の奥に戦いの悲惨さが隠されていることを知って驚かされることがある。そのいい例として、子供たちや家庭の唱歌として親しまれ愛され、歌われてきた歌を二曲、紹介しようと思う。

日本でも国民歌謡のように親しまれているこの二曲は、もちろん南北戦争当時にも、両軍兵士、とくに南軍兵士にとっては忘れることのできない曲だった。一つは《ホーム、スウィート・ホーム *Home! Sweet Home!*》である。作詞は、アメリカ人俳優で劇作家のジョン・ハワード・ペインで、一八二三年、オペラの『クラリ、あるいはミラノの娘』を上演した時に用いた台詞を使ったものだとされている。

その詞に曲をつけたのは、イギリス人サー・ヘンリー・ビショップである。当初彼はこのメロディーを《シシリー風の曲 *A Sicilian Air*》として発表。後に、これを《ホーム、スウィート・ホーム》の詞にあてはめたということらしい。そして、今に至る誰もが愛する名曲の一つになったのだった。

そのオリジナルの詞がこれだ。

'Mid pleasures and palaces though we may roam,
Be it ever so humble, There's no place like home.
A charm from the skies Seems to hallow us there,
Which seek thro' the world, is ne'er met with elsewhere.

Home, home, sweet sweet home,
There's no place like home, there's no place like home.

「人生の喜びや瀟洒な住まいを求め彷徨っていても、質素ではあっても我が家にまさるものはない。我々の聖なる天国と地上にそれを探し求めても、けして出会うことはない。我が家、温かき我が家、それに勝るものはない」

日本では、この《ホーム、スウィート・ホーム》を里見義《ただし》が訳詞し、題名も《埴生の宿》として、一八八九年の末に出版された『中等唱歌集』（東京音楽学校編纂　一八八九（明治二十二）年十二月発行）に収載された。その訳詞は、お馴染みだろう。今現在も、歌っている歌詞である。

埴生《はにふ》の宿も　我が宿　玉の装い　羨《うらや》まじ
のどかなりや　春の空　花はあるじ　鳥は友
おゝ　我が宿よ　たのしとも　たのもしや

驚くほどの意訳だが、この時代、歌のメロディーとその内容の趣旨だけを借りて、日本の唱歌に作り替えることが多かったようだ。

この曲が南北戦争とどういう関係にあるかは後述するが、もともとの歌が目指したものと、その歌が表象する「温かい我が家」というイメージ、そしてその家への思いがこの戦争では悲劇の歌として扱われたのである。

またこの《ホーム、スウィート・ホーム》は、賛美歌としても歌われている。賛美歌第二編の一四八番の《父なる神の授けましし》がそれだ。「賛美歌」は主としてプロテスタントが用いる礼拝用の歌集であり、カトリックと聖公会の場合は「聖歌」である。そしてこの《ホーム、スウィート・ホーム》は、聖歌の中には入れられていない。

もう一曲は《蛍の光 *Auld Lang Syne*》である。《故郷の空》という曲名で有名な《ライ麦畑で出逢ったら *Comin' Thru' the Rye*》などで知られる、スコットランドの国民的詩人と呼ばれるロバート・バーンズが、一七八八年に作ったとされる。Auld Lang Syneはゲール語で、英語にするとOld Long Since である。一般には 'Let the drink to days gone by'「過ぎ去った日々に乾杯」という意味で、新年を迎える大晦日のカウントダウンなどの時に好んで歌われたもののようだ。こんな風に歌われる。

Should auld acquaintance be forgot,
and never brought to mind ?
Should auld acquaintance be forgot,
and days of auld lang syne?

Chorus:
For auld lang syne, my dear,
for auld lang syne,
we'll tak a cup o' kindness yet,
for auld lang syne.

「旧き友は忘れ去ってしまうのだろうか。過ぎ去った日々も消え失せてしまうものだろうか。（コーラス）友よ、古き年月、過ぎ去りし日々のために、この心温まる杯を掲げよう」

日本では、一八七九（明治十二）年、文部省によって学校教育用に編纂された小学生唱歌集の初編、一八八一年十一月二十四日に掲載するために、稲垣千穎《ちかい》の作詞したのが《蛍の光》である。初編の二十番、《蛍》という名で載っている。「作詞」というぐらいだから「訳詩」ではなく、まったくの新しい詞である。

蛍の光、窓の雪、
書《ふみ》読む月日、重ねつゝ、
何時しか年も、すぎの戸を、
開けてぞ今朝は、別れ行く

原曲にはない、日本特有のセンチメンタルな別れの曲になっている。卒業式や、船の出港、デパートや店舗の閉店時間に流されるそのメロディーは、日本らしい独特の情感を呼び起こす。

なぜ、これらのイングランドやスコットランドで生まれた曲が、アメリカの南北戦争と深く関わっているのか。それはこれらの曲が、それだけ愛唱されたからという理由からではない。むしろ愛唱されることがなかったがゆえに、人びとの記憶に残ったのである。この二曲は、実はどちらも「禁止曲」だったのだ。歌うことを禁じられた曲、歌うばかりでなくハミングすることも、何かに歌詞を書くことも許されなかった。ようするにこの二曲は、兵士たちにとって、中でも南軍兵士たちにとっては、苦しいぐらいにホームシックを患わせる曲だったのだ。

これらの曲を口にすると、故郷を思い、残してきた人びと、親友たち、恋人や両親を思い、飼い犬や近隣の住民を思い、寂れた家を思い出さずにはいられなかった。結果は、脱走兵の増加である。南北戦争当時、両軍の司令部は脱走兵の多さに大いに苦慮した。彼らはこの歌を禁じ、それでも脱走するものを追跡し、捕まえ、隊に連れ戻すと敵前逃亡の罪で銃殺刑に処した。それは見せしめのためだった。銃殺を担当したのは、同僚の兵たちだった。特にアイルランド系の脱走兵士の刑の執行は、同じアイルランド兵に任された。戦友を、同僚を、同胞の親しい仲間を射殺せねばならない兵は、精神に深い傷痕を残した。

南軍からの脱走を扱った映画がある。二〇一六年制作のアメリカ映画『ニュートン・ナイト　自由の旗をかかげた男』（ゲイリー・ロス監督、マシュー・マコノヒー主演）で、実話である。

ミシシッピー州ジョーンズ郡で生まれたニュートン・ナイト［図㊹］は、南部連合軍に徴兵される。配置されたのはミシシッピー第七歩兵大隊所属のF中隊。だが、実際の役目は戦場からの戦傷兵の運搬と手術の介助だった。介助と言っても、ろくに麻酔がなく、弾丸の摘出や脚や腕の切断手術で暴れる兵士を押さえつけるのが主な仕事だった。

彼は、死者は扱わなかった。治療の甲斐もなく息を引き取った者たちの埋葬は、また別の人間が受け持ったが、すべての死者を埋葬することは叶わず、遺体の多くは長時間捨て置かれていた。当時の戦闘の様子は、映画や小説、あるいは現地でのデモンストレーションを兼ねたセレモニーなどでもうかがうことができるが、緑野の丘や平地で一列横隊になった敵の前線へと歩行前進する形が多い。攻め行く側と待ち受ける側との区別は、その地の布陣の利と作戦による。

だがどちらの側にとっても、それは不幸な戦闘だった。近づいてくる敵を待ち受ける側も、その戦陣へと向かう側にとっても、あるのは横一列の戦列からの一斉射撃で、その水平射撃によってバタバタと倒れていくのは当たり前のことだった。すぐ横にいる同僚が射たれ倒れても、歩みを止めることはなかった。倒れ伏した者を踏み越えて前進した。典型的な消耗戦だ。戦場で死んだ者は、そのまま捨て置かれる。今に残る多くの南北戦争当時のダゲレオ・タイプの写真でも、野原に転がる累々たる屍《しかばね》を見ることができる。

ニュートン・ナイトは、そういう残酷な戦場で心を荒ませていった。隊を抜けようと決心させたのは、残してきた故郷、ミシシッピー州ジョーンズ郡のリーフ川近くの家や農場を、こともあろうに味方であるはずの南軍が強制的に調達していったことだ。南軍の戦いは、南部の人びとのための戦いではなかった。それが彼の怒りに火を着けた。

もう一つは、「二十人黒人法（Twenty Negro Law または Twenty Slave Law）」と呼ばれる、南軍独特の徴兵免除法だった。この「二十人黒人法」は、ようするに、二十人以上の奴隷を保持している家の息子は、徴兵されないという法律だった。もし四十人以上抱えていれば二人、たとえば長男と次男は免除された。二十人や四十人の奴隷を持っているとなれば、当然普通の家ではなく、大規模農場、いわゆる「プランテーション」が対象だったことは言うまでもない。公平、公正な徴兵ではなく、そのしわ寄せはごく普通の人たちに行くことになる。このこともまたナイトを怒らせた。

確かに、この「二十人黒人法」は、不公平の極みのようにも思えるが、一方、二十人以上の奴隷を抱えている家では、もし主人側の男性が少なくなってしまったら、いつ奴隷たちが反乱を起こさないとも限らない、という主人側の恐怖がその根底にあることも書いておこう。

しかし、いずれにしてもニュートン・ナイトにとっては、もはや隊にいる理由はなかった。彼は自らの手で家や故郷の人びとを守るために、隊を抜け出す。脱走兵である彼を、南軍は追いかける。そして、同じように隊を逃げ出したり、奴隷という身分から逃亡したりした者たちとともに、ジョーンズ郡を、自由を守る土地、「ジョーンズ自由州（Free State of Jones）」として戦う。

映画は、実話をもとにかなり忠実に作りあげている。しかしこの映画の制作が二〇一六年であることから、史実よりいくらか人種問題に傾いているように思えるのは、時世からのことかもしれない。この映画でのニュートン・ナイトは、貧富の差や肌の色の差のない誰でもが平等であるという、アメリカ合衆国憲法の大本やその憲法の修正条項第十五項に書かれたことと同じ思想を持つ人間として描かれる。だが一方、彼はただの反南軍の徒であり、反体制の人間にすぎないという意見も多い。こういうタイプの人間に対する判断は、両極に分かれる。

奴隷解放のために反乱を主導し、その「暴挙」から絞首刑となったジョン・ブラウンのように、後に《ジョン・ブラウンズ・ボディ *John Brown's Body*》という曲を通して彼の業績をたたえ、その曲がやがては北軍の行進曲《リパブリック賛歌 *Battle Hymn of Republic*》に用いられるようになったものの、彼の行動に対する判断は、大きく分かれる。南部の奴隷制廃止への戦いの先陣を切ったとも言える彼のことを、当時のリンカーン大統領は「見当違いの狂信者」と断じている。この《ジョン・ブラウンズ・ボディ》は、この映画でも歌われる。

ニュートン・ナイトもまた同じだ。ただ、彼の場合は、白人の妻と別れた後、祖父の奴隷だった黒人の伴侶を持ったことで、もうひとつ別の評価が加わった。当時、ミシシッピー州では黒人と白人が結婚するのは、許されない行為、法律違反だったのだ。そのことはずっと後の世代になって、彼らの血を引く子孫に対する扱いにも大きな影響を与える。そのことを映画『ニュートン・ナイト　自由の旗をかかげた男』では、はっきりと描かれている。

ニュートン・ナイトの脱走の理由は《ホーム、スウィート・ホーム》による望郷からではない。

そして今、南北戦争から遠く隔たって《ホーム、スウィート・ホーム》も《蛍の光》も禁じられた曲ではなくなり、その記憶はあらかた薄らいでしまった。だが今、これらの曲があどけなく、また楽しげに歌われるのを聴いたら、かつて祖父や父たちがこの歌が引き起こす当たり前の感情に苦しんだろうことを知る家族にとっては、どんな風に聞こえるものだろうか。戦いの歌は、時に人を高揚させもするし、戦意を喪失させもする。どちらにしても「戦いの歌」は悲しい。

ニュートンたちの戦いは、南軍に対するばかりではなく、人種差別への戦い、その因子を持つ南部への戦いでもあった。今、南軍の敗北を哀惜を込めて歌う歌の数々は、このナイトの戦いを克服しただろうか。

なお、映画『ニュートン・ナイト　自由の旗をかかげた男』のエンディング・ロールのタイトルバックの音楽は、《南軍兵士》のメロディーを借り、黒人の悲劇を歌う歌詞が付いている。

第四章　海を渡っての戦い

1　二十世紀最初の国外の戦争

アメリカの二十世紀は、まさに「戦争の世紀」と言っていい。アジアや中東などに見られる、宿敵や仇敵との戦い、部族間闘争、宗教上の葛藤、民族的な差別をめぐっての長年にわたる紛争ではなく、相手国に対して宣戦布告をするという形での正式な、あるいはそれに準じた明確な開戦意志を持った「戦争」を、この一世紀の間、これほど多く行なった文明国はアメリカを措いてないのではなかろうか。

イラク戦争とアフガン戦争を別のものだとすれば、アメリカはこの百年間に七回の戦争を経験している。単純に平均すれば、十五年弱に一度の割合になる。それだけ、敵や味方を殺し、殺されてきたという事実を忘れてはいけない。この七十年以上戦争を経験していない国に住む者としては、ただ呆然とする。

アメリカが戦争を止められないのは、移民国家としての国民それぞれが、自ら「アメリカ人」であることのアイデンティティを確認する拠り所でもあったろうし、軍産共同体の意思でもあったろう。また、アメリカという国自体が、国民を一体化するための「戦争」というイヴェントを必要とする国でもあるからに違いない。そういう背景を思うと、この国では「厭戦」はあっても「反戦」というものはあまり表立って表現しにくいのではないかと考えてしまう。

二十世紀に入ってからアメリカの戦争は、それまで経験してきた戦争とは大きく違っている。十八、十九世紀の戦争はどれも、アメリカ国内で戦われたものだった。独立戦争に先んじるフレンチ・インディアン戦争も、国の独立を懸けて領主国イングランドと戦った独立戦争も、それに続く第二次独立戦争も、テキサスの独立を求めてのメキシコとの戦いも、その他のここには書き切れない数多くの戦争のどれもがほとんどアメリカ国内から出ることはなかった。

だから、二十世紀以前に作られ歌われていた歌と、以後に作られた歌との大きな違いは「海」という言葉の有無で、二十世紀に入ると「海の向こう」、「海を渡る」、「海の彼方」が必須の単語になり、それが近代の戦争歌を象徴するものになる。

二十世紀に入ってからの七回の戦争の時どきに歌われた歌は、戦意高揚を目的とした曲が多いのだろうと勝手に思っていた。しかし、それぞれの時代のそれぞれの戦争の時に歌われた多くの、実に多くの歌たちは、その大半が反戦歌、anti-war songだったのである。この事実には、驚くしかなかった。

反戦歌、プロテスト・ソングといえば、一九六〇年代から始まった「モダン・フォークソング・ブーム」の後半、その末期に一種の流行のようになったことを思い出す。何にプロテストするかというと「戦争」、それも「ベトナム戦争」にである。

本来ならプロテスト・ソングとは、人びとの生活や生き方にとって不自由や不都合なことに対して、またそれぞれの時代の為政者たちに抵抗する意味で、歌に託してその不満や鬱憤をより多くの人に伝えようとしたものだった。それがこの時代あたりから、世界的に「プロテスト・ソング＝ベトナム戦争反対」という図式が出来上がっていった。

それはこの時代特有の、若者たちのある種の目覚め、自分もまた徴兵されて戦地に出かけ、死の淵を彷徨うだろうことに対する拒否の声だと思われていた。祖国が戦っている最中に「ノン」と言うことは、卑怯者、腰抜けであるとされ、それはそれまでのアメリカ的な考え方によれば非難されることだった。だが反戦を歌うことは、この時代だけの特別な問題ではなかった。

アメリカ人は、すべての国民がそうだとは言わないにしても、かなり大多数の国民が戦争遂行、アメリカの正義と自由の国を守り、その自由と「アメリカの正義」を他国に押し付けるために喜んで戦争を応援しているのだろう、という印象がぼくなんかにはあった。なるほど、都会を中心とする「リベラル派」の市民たちは、おおむね反戦への傾斜が強いのだろうが、その他の地域、中部、西部、南部の人びとは好戦的とは言わないまでも、国のために、という思いが強いだろうという感じがあった。それらすべてがおよそ間違っていた。

十八世紀、十九世紀のアメリカの大規模な戦争は、独立戦争、南北戦争ともに国内での戦いであり、それが二十世紀に入った途端、その戦いの場は海を越えた異国との戦争へと移って行ったことは前にも書いた。二十世紀に入って戦いの場が海外に移ったのは、アメリカに経済的、軍事的な地力がついた証拠であり、西部開拓のスローガンとして、十九世紀半ばに提唱され、その後のアメリカのある種精神的な根幹を形成した「明白な運命《マニフェスト・デスティニー》」、つまり、恵まれた者が、苦境にある者を助けることを自らの天命とするという考えによる拡張主義、覇権主義、帝国主義的な志向があったことは見逃せない。

もう一つ、彼らが十七世紀、十八世紀の世界に君臨したヨーロッパ列強諸国による植民地主義に出遅れたこともある。彼らは、自国内の充実を図ることで手一杯だったからだし、またその結果の出遅れは、むしろアメリカにとっては幸運であったと言っていい。それはそれぞれの植民地が大国の搾取に対抗して独立運動を起こすなど、様ざまな問題を内包する植民地経営の苦労によって、列強諸国が国力を衰退させていたのに対し、アメリカはそれを免れることができたからだ。
アメリカは、ヨーロッパ列強の植民地主義衰退の流れに逆らうように、遅ればせながらスペインとの植民地争奪の戦いを展開する。米西戦争は、一八九八年二月、キューバのハバナ湾に停泊していた米戦艦メイン号が爆発・沈没したことがきっかけだった。キューバの独立をめぐっての対スペイン戦争が勃発、その頃キューバに滞在していたアメリカ人を救出する目的で派遣したのがメイン号だった。この艦の爆発・沈没が原因で米西戦争がはじまった。だが、この戦争は十九世紀末期のことなので、二十世紀の戦争には入れなかった。ともあれ、この章では、二十世紀の百年、アメリカが経験した戦争にまつわる歌について触れたい。

高校の時からカントリー・バンドを始めて、やがてブルーグラスに移り、今もまだギターを弾いてはブルーグラスをやっている。初めてブルーグラスに出遭ったのが高校三年の頃だから、そのとき十八歳だとして、それから延々六十年近く、ブルーグラスと付き合ってきたことになる。

そのブルーグラスの中で、何が一番好きな曲かという設問はとても難しくて即座には答えられないけれど、確実に五指に入るのが、《メリー・ディア *Mary Dear*》という曲だ。歌い手によっては、《アイル・ビー・ゼア、メリー・ディア *I'll be There, Mary Dear*（そこに行くよ、メリー・ディア）》というタイトルで歌う人もいる。

この歌を最初に聴いたのはビル・クリフトンという人のレコードで、一九六〇年代初期、おそらくは六二年か六三年だったのではないかと思う。ビル・クリフトンはヴァージニア生まれのブルーグラッサーなのだが、やわらかな美声と知的な雰囲気でこの時代のフォークソング・ブームにも合致するようなムードを持った歌手だった。正当なブルーグラスを得意にもしたが、彼の長く記憶されるだろう歌たちは、カーター・ファミリーの曲を取り上げたシリーズだろう。

カーター・ファミリーの演奏やレパートリーは、ブルーグラスと一直線には結びつかないところがある。要するに、カーターたちの歌は、都会で歌われる、いや、都会や町に住む人びとの心象に同調しやすい内容を持ったフォークソングで、一方マウンテン・ミュージックから生まれたブルーグラスは、都会よりも田舎、平野部よりも丘や山に伝わるフォークソングなのである。したがって、同じアメリカン・フォークソングのフィールドにありながら、カーターたちの曲とブルーグラスのレパートリーとは、必ずしも同じ地平にはないと言っていい。

確かに、カーター・ファミリーの歌った何曲かは、マウンテン・ミュージックでも歌われるものもある。彼らはヴァージニア生まれだから、その根底にはアパラチアン・ミュージックの音楽が流れていることは理解できる。ただ、カーターたちはその後アパラチアから離れて「庶民の歌」、シティズン・ソングの旗手として都市部の人びとの心を歌うようになっていった。

カントリーの世界ではカーター・ファミリーの歌を取り上げる人は存外少なく、かといってブルーグラッサーたちが取り上げるかと言うと、何かの特集ものでもない限りレパートリーに加えることは少ない。カーター・ファミリーは言わば、昔ながらの、オーソドックスなフォークソング・グループなのである。その彼らの音楽は、ある時代のアメリカを象徴する、あるいは代表するものであり、また社会の断面をくっきりと見せてくれる曲だった。庶民の夢や不安、苦悩や喜び、貧しさや地方出身ゆえに受ける差別感、社会の歪みに対する怒り、家庭内の悲しみや苦しみ、時に喜び、時に傷つき、病み、祈り、死の恐怖を神に癒やされようとし、人を妬み、羨み、排斥し、憎み、そういったどんな人もが持っている感情を、彼らは歌った。だから、その歌は誰にも愛され、この先も長く歌われていくことだろう。

ブルーグラスは、本来狭い地域、ある共通した感性を持つ人びとの集団の中で輝く歌だった。だから、カーター・ファミリーの歌とははじめから共通の基盤を持っているはずもなかった。その垣根をいとも簡単に、そして見事に跳び越えて見せたのが、ビル・クリフトンだった。そういう意味では、彼は貴重な存在だった。

そのビル・クリフトンが歌った《メリー・ディア》は、実に良かった。彼の誠実な人柄が、そのまま この歌の主人公の青年の誠意と失意と悲しみとを、とてもうまく歌い上げているように思えた。《メリー・ディア》はこんな風に歌われる。第一聯とリフレインだけを紹介しよう。

“Goodbye Mary I must go” said a lad “now don’t grieve so
For it’s duty calls me far across the sea”
“Take this autumn leaf of gold” said the maid “‘Twill never grow old
Always wear it near your heart and think of me”

“Meet me yonder down the lane when I come back home again
’Neath the tree where this autumn leaf once grew.
“Kiss me Mary then we’ll part” said the lad with a broken heart
“When the leave begin to fall I’ll be with you”

Refrain:
“I’ll be there Mary dear, I’ll be there
When the fragrance of the roses fills the air

Neath that oak tree grand and tall when the leaves begin to fall
I'll be there, yes, I'll be there, sweet Mary dear"

（以下略）

「行ってくるよ、メリー、行かねばならないんだ」青年は言った。「そんなに悲しまないで
国が、海の向こうの戦いにぼくを必要としているんだ」
「この黄葉した落ち葉を持っていって」娘は言った。「これはけして朽ちないわ。だから
いつもあなたの胸につけて。そして私のことを思っていて」
「戦争が終わって帰ってきたら、この道を下った、木の葉を拾った木のところで会おう。さあ、メリー、お別れのキスをしてくれないか」胸張り裂ける思いで、青年は言った。
「再び木の葉が散る頃、ぼくはきみとともにいるよ」

（リフレイン）
「戻って来るよ、愛しのメリー、そこに戻ってくる
バラの香りがあたりに満ちる時
高く大きなオークの木の下、落ち葉が降る頃
ぼくは戻ってくるよ、メリー・ディア、そこにぼくは行く」

この先の第二聯は、戦後の話になる。メリーと約束した場所に、片腕のない男が歩いて行く。時はまさに落ち葉散る秋。残された腕だけで彼女を抱きしめようと、待ち合わせの場所にやってきた彼は、

そこに一基の墓を見つける。メリーのそれだった。跪いた彼の目から落ちる涙は、メリーのくれた、あの黄金色の葉を濡らした、と物語は終わる。

この曲を歌い始めた時、物語がすぐには伝わってこなかった。それは、ここには三人の人間が登場するからだ。戦争に行かねばならない青年、彼の帰りを待つ娘、ここには出てこないが第二聯に登場する狂言回しの男。しっかりと内容を把握しないと、どういうふうに感情移入して歌えばいいかがわかりにくいのだ。そう気づいてから、この歌の内容が気になってきた。

ビル・クリフトンがレコーディングしたのは一九五七年九月十七日で、一九五七年といえばフォークソング・リヴァイヴァルが起こる前、ごく一部のフォーク・ミュージシャンが、昔ながらのアメリカの民謡（フォークソング）を思い出したように歌い、それが少しずつ一般に知られ始めた頃だ。

このクリフトンの《メリー・ディア》が現在手に入るのは、四曲入りのEP盤「Bill Clifton and the Dixie Mountain Boys」で、一九五八年六月にマーキューリーから出されたものだ。他の三曲は《レイジー・ハート・ブルース *Lazy Heart Blues*》、《パル・オブ・イエスタデイ *Pal of Yesterday*》、《小さな白塗りの煙突 *Little White Washed Chimney*》である。特に《小さな白塗りの煙突》は、一九六〇年代半ば頃の日本の学生ブルーグラス・バンドの定番レパートリーで、大人気の曲だった。

ブルーグラスの世界でビル・クリフトンの次に印象的だったパフォーマンスは、一九六九年十月にリリースされたカントリー・ジェントルメンの《メリー・ディア》だった。ことにリード・ヴォーカルのジョン・ダフィのハイテナー・ヴォーカルが、聴く者の心を捉えた。しかし、それが一九六九年だったというのは、ずいぶん遅いという感じが強い。逆にビル・クリフトンの一九五七年は、非常に早かったと感じられる。その十二年間という年月の間に、通奏低音のようにベトナム戦争の暗い影が響いている。五五年、アメリカはベトナムを植民地としていたフランスの敗退にともない、十一月に南ベトナム政府軍への軍事教練を目的として、軍事援助顧問団を送り込む。これがアメリカの正式なベトナムへの介入となった。

その二年後、ビル・クリフトンが《メリー・ディア》をリリースした。その歌の背後に、海を渡って戦地に赴く若者と、故郷で帰還を待ちわびる娘との悲劇を通しての反戦の思いがあったろうと思う。一九六九年、それまでのベトナムの戦場ではアメリカ軍が優勢であるというアメリカ国内での宣伝は、実は間違いであるという認識が広まっていった。七〇年代を前に、アメリカではベトナム反戦の気分が拡がっていった。

そういうところにカントリー・ジェントルメンは、この曲を打ち出した。ブルーグラスの土地であるアパラチア・エリアの各州は、多くのスコッチ・アイリッシュ系の若者を戦地に送り出していた。だからこの歌は、格別に彼らの心に響いたろうと想像していた。

フォークソングやブルーグラスの曲のオリジナルの作者を特定するのは、そう簡単ではない。このビル・クリフトンのEPレコードのラベルに書かれているのは'Tilzer & Sterling'である。その名前を手掛かりに、あれこれ調べてみるとTilzerは作曲者のHarry Von Tilzer、ハリー・ヴォン・ティルザーのことらしく、作詞者はアンドルー・B・スターリング（Andrew B.Sterling）であることがわかった。

作曲者のヴォン・ティルザーは、短いバイオグラフィによると、一八七二年デトロイト生まれのユダヤ系ポーランド人で、ティルザーの名前は母親の結婚前の姓だったようだ。それにVonをつけた。英語のofに当たる、王侯や貴族の姓の前につける前置詞とされるが、彼はそのどちらでもない。兄が二人おり、二人とも音楽家で、ともにVon Tilzerの名前に変えて、音楽の名門の出のように思わせたかったということらしい。ハリーは十三歳か十四歳の時に家を出て、サーカス団の楽隊に加わり、やがて曲を書くようになって最後にはプロフェッショナルの作曲家になった。その後スターリングらの作詞家と組んで、いくつものヒット曲を残している。

一方の作詞を担当したアンドルー・B・スターリングは、一八七四年にニューヨークで生まれ、高校を卒業すると当時人気だったヴォードヴィル・ショウのための作詞家になる。彼にとっての運命の出会いは、一八九八年のヴォン・ティルザーとのそれだった。以後二人は、いくつもの曲を残している。その中の一曲が、《アイル・ビー・ゼア、アイル・ビー・ゼア、メリー・ディア *I'll be There, I'll be There, Mary Dear*》だった。驚いたのは、その発表年が一九〇二年だったことだ。最初に歌ったのはバイロン・G・ハーラン（Byron G. Harlan）とフランク・P・バンタ（Frank P. Banta）の二人で、レコーディング・デートは一九〇二年六月十五日になっている。

トーマス・エジソンが錫箔を貼った円筒に音の高低の振動による溝を作り、その溝を針でなぞることで音を再生するという器械を発明したのが一八七七年。その後錫箔の代わりに蠟を塗ったより音のいい、今で言う「蠟管蓄音器」を考え出したグラハム・ベルの器械が取って代わり、一八八七年には円筒管ではなく、今のレコード盤のような円盤型に録音・再生できる蓄音器を考え出したのが、ドイツからの移民エミール・ベルリナーだった。そうやって「グラモフォン」が誕生した。

その後、様ざまな録音再生道具が試みられ、また音質やノイズ除去もいろいろ工夫改良され、ようやく一般人が、この蓄音機に金を出してもいいと考えるようになったのは一九〇〇年からで、翌〇一年、グラモフォンは径一〇インチ（約二五センチ）の円盤レコードを五ドルで売り出した。一年後の一九〇二年三月には、イタリアの大人気テナー歌手であるエンリコ・カルーソーが、《*Massenet - Manon - Il Sogno*》（『マスネ・マノン』第二幕）を録音している。

そしてまさしくその年、この《メリー・ディア》もまた吹き込まれているのだ。このハーランとバンタの歌を探してみたが、どうしても見つけることができず、どういう曲なのか確かめられない。おそらくどこかのアーカイヴなどには、保管されているのかも知れない。

問題は、このリリース・デートに間違いがないのなら、この歌で歌われている一九〇二年あたりの海の向こうの戦いとはなんだろうかということだ。ぼくは当初、漠然と一九一四年に始まり、一九一七年にアメリカが参戦した第一次世界大戦のことだろうと思っていた。しかし、それよりも十五年も前にこの歌は生まれていた。そんな戦いがあるのだろうか。そしてある戦争が見つかった。

一八九八年、キューバ独立を巡るスペインとの戦いで勝利してフィリピン、プエルトリコなどを領有したアメリカは、翌九九年、フィリピン独立の援助という名目で、マニラ湾のスペイン艦隊を攻撃した。この時、フィリピン独立派のリーダー、エミリオ・アギナルドに協力を求め、スペインを破った後にはフィリピン独立を認めるという約束をしたにもかかわらず、アメリカはそれを反故にして二千万ドルでフィリピンを購入するという暴挙に出た。要するにフィリピンにとっては、スペインからアメリカの植民地に変わったというに過ぎない。

フィリピンを手に入れたアメリカは、この先邪魔になる独立軍一万八千人の掃討を始めた。これに対して独立軍を率いるアギナルドは、一八九九年の一月フィリピン第一共和国を建国し、その初代大統領に就任した。一九〇二年まで続いたアメリカ・フィリピン戦争（米比戦争）で、アメリカ軍部隊を指揮した三十人の将軍のうち二十六人は、かつて北アメリカ国内での対インディアン掃討の戦いで、残虐な皆殺し作戦に関与した者だと言われている。その人材が力を発揮した、と言うべきだろうか。このフィリピン戦争では同じく残酷な戦闘、ゲリラ掃討戦、処刑、虐殺が行なわれた。

一般に一八九九年からの四年間の戦いで、アメリカ側は二十万人のフィリピン兵を殺害したと言われるが、民間人、それも女性、子供、老人、赤ん坊までを含めると、百五十万人に上るのではないかとされている。このアメリカの虐殺の系譜は、インディアン討伐から、このフィリピン人虐殺、そしてベトナムでの無差別空爆や枯葉剤散布などの大量殺戮につながる「負の系譜」だと、良識ある人びとから言われ、アメリカの大きな暗部になっている。

こういう残虐行為もあって、このマッキンリー政権によるフィリピン併合に対して、マーク・トウェインからアンドルー・カーネギーに至る多くの文化人、経済人、また前大統領のクリーヴランドなどの政治家たちからも強い反対の声が表明された。そして何よりも、アメリカがようやくフィリピンの独立を認めたのは、太平洋戦争での日本の降伏の一年後の一九四六年のマニラ条約によってだったことは、記憶されるべきだろう。

一九〇二年に作られた《メリー・ディア》というやわらかな反戦歌は、この対フィリピン戦争によって海を渡っていった兵士たちを歌ったものだと思われる。国のために戦いに出て行った青年は、片腕を失って帰ってくる。そして帰郷したら再会しようと約束した恋人も、すでにこの世にはいない。残されたのは、黄金色に黄葉した落ち葉だけ。それらはただの反戦歌ではなく、その奥に、フィリピンで戦うことで自身もまた傷ついたアメリカの姿、相手を苦しめた、その仕返しのような犠牲、まるで罰を与えられたかのような恋人の死、そして残されたのはかつて黄金色に輝くかと思われた栄光のアメリカの朽ちた落葉のような姿だけ。そんなふうにも読み解ける。

それにしても《メリー・ディア》は、内容が良かった。少なくとも戦場に赴く男と、故郷でその帰りを待つ女の切ない思いは、戦時にあった人びとの胸によく響いた。だからこの歌は長生きした。一九〇二年のハーランとバンタの《アイル・ビー・ゼア、アイル・ビー・ゼア、メリー・ディア》から、二十六年経った一九二八年にはロイ・ハーヴェイ・アンド・ザ・ノースカロライナ・ランブラーズが《アイル・ビー・ゼア、メリー・ディア》というタイトルで歌っている。ハーランとバンタがどんなふうに歌っていたかは今のところ確認できないが、ロイ・ハーヴェイの歌は聴くことができる。ロイのバンジョーにフィドルとギターが加わっている。そのメロディーは現在よく知られている《メリー・ディア》とは少し違っているが、内容は正しく《メリー・ディア》である。

同じ年、《メリー・ディア》というタイトルで、リチャード・ハロルドが歌っている。翌一九二九年八月、ノースカロライナ・ランブラーズをバックに、リーダーでありメイン・ヴォーカリストであるチャーリー・プールが《グッバイ、メリー・ディア Good-Bye, Mary Dear》というタイトルでリリースしている。ここまでの年代は、おそらくは第一次大戦がそのパフォーマンスの底に流れるイメージだったのではないかと思われる。

それから十一年後の一九四〇年、歌うカウボーイ、ジーン・オートリーが、《メリー・ディア》のタイトルで発表している。彼の心には、おそらくは第二次大戦のヨーロッパの風景があったことだろう。そしてビル・クリフトンの登場になる。彼の時代、朝鮮半島とインドシナ半島のアジアの国での戦火が、歌の背後に見え隠れする。

カントリー・ジェントルメンがこの曲を取り上げたのは、十二年後の一九六九年。ベトナムの暗い影がアメリカ中を覆っていた時期だ。そして一九八三年、ハーブ・ペーカー・アンド・フレンズがリリース。一九九八年には、アイルランドのカントリー歌手、ミック・フレイヴィンがワルツにアレンジし、アコーディオンの伴奏で新しい感覚の《アイル・ビー・ゼア、メリー・ディア》を発表した。ここにはカントリーやブルーグラスのニュアンスはなく、むしろどこかシャンソン風でもある。一皮むけたというか、アメリカ以外の世界にアピールする魅力を持っている。そして、ダレル・マッコールが二〇〇四年にリリースした《メリー・ディア》が続く。

一九九八年十二月には米英軍がイラクを空爆し、この頃から中東でのきな臭い空気がやがてイラク戦争、アフガン戦争へとなだれ込み、九〇年代から二〇〇〇年代にかけての《メリー・ディア》には焼けた熱い砂の匂いが歌の行間から漂ってくる。

これまでも何度か書いてきたが、カントリー・ソングには、「エヴァーグリーン」という褒め言葉がある。常緑樹のように枯れたり朽ち果てたりせずにいつの時代にも歌われ、いつも新鮮でどの時代にもいきいきと歌い継がれる歌のことだ。アメリカで歌われる戦争の歌、それも反戦を歌った歌がこのエヴァーグリーン・ソングの中に入るのは悲しい。戦争のたびに生き返る歌、古くて新しい歌たちの悲劇の連鎖、反戦歌の悲しい宿命を見るようだ。

2　第一次世界大戦

二十世紀の初めの半世紀が、「アメリカの近代」だろうと思う。その近代は、まさに激動の連続だった。政治、軍事、産業、社会、風俗、どれをとっても、古い慣習が新しい秩序に取って代わろうとする産みの苦しみの時代だった。

二十世紀に入り、それも一九一〇年から三〇年にかけての二十年間、大きな事件が続いて、アメリカは大きく変わっていく。

一九一〇年には隣国メキシコでの「メキシコ革命」が起こり、二年後の一九一二年には世界を震撼させたタイタニック号の沈没事故が起こった。この船の船底には、アメリカを目指したアイルランドからの移民がいて、百十人もの犠牲者を出したとされる。

この時代、各国からの移民の大波がアメリカへ押し寄せ、タイタニックの事故から二年後、第一次大戦が勃発した一九一四年の一年間だけでも、百二十万人の移民がやってきている。そういう時代、世は頻発する労働争議や連邦機関内での人種隔離政策からくる黒人たちへのリンチ事件の多発など、騒がしく荒々しい空気に充ちていた。

当時の大統領ウッドロー・ウィルソンは、ヨーロッパですでに始まっていた第一次大戦に対して、当初中立の立場をとった。だが、英国などの要請もあって、連合軍側への物資や武器、そして多額の戦費を貸しつけるなど、実質的には中立国の立場、義務を果たしてはいなかった。同時に、彼は反戦運動を抑え込み、アメリカの軍事体制を充実させようとしていた。翌一五年五月、ドイツの無制限潜水艦作戦によるUボートの魚雷攻撃によって、イギリスの客船ルシタニア号が撃沈された。船客千九百五十九人のうち、千百九十八人が犠牲になり、そこにはアメリカ人百二十八人が含まれていた。それが、アメリカ国民の反発と戦意を煽った。一九一七年四月、ついにアメリカは参戦に踏み切ったのである。

この戦争は、当時世界の五分の四を植民地化していたヨーロッパの列強同士の覇権争いで、全戦域で七千万人、ヨーロッパだけで六千万人の兵士が動員された史上最大の戦争だった。それまでの戦争のように騎馬による突撃戦ではなく、塹壕戦での避難と突撃の持久戦であり、また塹壕に潜む敵兵に向けての毒ガス攻撃、相手の突撃を阻止するための有刺鉄線の使用、塹壕から出てくる敵への一斉射撃用の機関銃の発明、塹壕を越えて進軍するためのタンクなど、この戦争では強力で残酷な新兵器が多く発明使用されたことでもよく知られている。そういう戦争で、アメリカでは反戦の歌が歌われていた。

参戦前のアメリカ国民は、マスメディアを通してこういった無残な戦場を知る機会はいくらもあった。それによって大きな反戦運動のうねりを生んだし、好戦的な気分の中で衰退していったＩＷＷ（世界産業労働組合）の陰に労働者の希望の喪失があり、そして何よりも女性参政権の運動の拡大による目覚めが、この戦いの意味のなさを教えてくれた。この戦争でよく知られた、非常に顕著な傾向を見せた歌がある。それが《わたしは息子を兵士に育てなかった *I Didn't Raise My Boy to be a Soldier*》である。

二十世紀初頭、ブロードウェイやハリウッドで作詞家として活躍したアルフレッド・ブライアンが詞を書き、ニューヨークのイタリアン・コーナー生まれでヴォードヴィル・ショウのピアノ弾きだったアル・ピアンタドーシの作曲で、《スウィート・アデリン *Sweet Adeline*》、《バイ・ザ・ライト・オブ・ザ・シルヴァリー・ムーン *By the Light of the Silvery Moon*》や《レット・ミー・コール・ユア・スウィートハート *Let Me Call You Sweetheart*》などの現代でも愛されているヒット曲で人気のピアレス・クワルテットが歌って大変な評判を呼んだ。

一九一五年、まだアメリカは参戦してはいなかったものの、黒煙はヨーロッパ大陸を覆い始め、遠からずアメリカはその戦いに加わるだろうという予感を、庶民、中でも母親たちは敏感に感じ取っていた。その大戦は、すでに後戻りできる地点を通り過ぎていたからだ。その歌は、こんな内容を持っている。その雰囲気を知ってもらうため、全体を引用する。

Ten million soldiers to the war have gone,
Who may never return again.
Ten million mothers' hearts must break
For the ones who died in vain.
Head bowed down in sorrow
In her lonely years,
I heard a mother murmur thru' her tears:

Chorus:
I didn't raise my boy to be a soldier,
I brought him up to be my pride and joy.
Who dares to place a musket on his shoulder,
To shoot some other mother's darling boy?
Let nations arbitrate their future troubles,
It's time to lay the sword and gun away.
There'd be no war today,
If mothers all would say,
"I didn't raise my boy to be a soldier."

Verse 2:
What victory can cheer a mother's heart,
When she looks at her blighted home?
What victory can bring her back
All she cared to call her own?
Let each mother answer
In the years to be,
Remember that my boy belongs to me!

（Cho）

一千万もの兵士たちが戦争に行った
その多くは、再び戻るまい
一千万もの母親たちの胸は張り裂ける思いだろう
無駄に死んだ者たちのせいで
悲しみに頭を垂れた孤独な日々
涙にくれる彼女のささやき声が聞こえた

（コーラス）
兵士にするために子供を育てたんじゃない
息子はわたしの誇りと喜び
誰かが彼の肩にマスケット銃を担がせ
また別の母親の愛おしい息子を射たせるために
国々は子供たちの未来のために戦いをやめ
今こそ銃や剣を収める時だ
母親たちが声を揃えれば
今日にも戦いは終わる
「兵士にするために子供を育てたんじゃない」と

どんな勝利が母親の心を躍らせるというのだろう
かつてあれほど輝いて見えた我が家を見ながら思う
どんな勝利が、心を砕いて育ててきたものを
取り戻せるというのか
それは母親たちに答えさせよう
この先どんなに時が過ぎようと
「忘れないで、わたしの子供はわたしのもの」という思いを
（コーラス）

この曲は発表されてからすぐ、一九一五年一月から七月にかけてヒットチャートのベスト20にランクインし、三月から四月にはナンバーワンを記録している。この人気の大もとは、タイトル通り、母親たちの力に負うところが多い。ようするに女性たちの目覚めだった。そういうムードもあってか、その五年後の一九二〇年の憲法修正第十九条の発布よって婦人の参政権が認められた。ウィルソン大統領が、第一次大戦では女性の力が必要だと考えたからだと言われてもいる。

いずれにしろ、この歌は女性たちに支持され、女性の権利保護主義者や平和主義者などが後押しし、ついにはアメリカの中立的立場にも影響を与えるほどだった。そして、何よりも重要なのは、この曲がアメリカで最初の anti-war song（反戦歌）の一つとされていることだ。それは、これ以前にこれほどあからさまに反戦を歌った曲はなかったということなのだ。この瞬間にアメリカ国民は、国と国が遂行しようとする戦争への準備に対して、新しい視点を持った。それまで個人の心の中にあった「反戦」という思いが、歌という表現手段として公になり、人前でそういうことを言ってもいいのだ、と

気づき始めた。そこから、アメリカは少しずつ変わっていった。

当然、こうした傾向に反対を唱える者もいた。第十五代大統領セオドア・ローズヴェルトもその一人で、「男の世界」を愛する彼は、第一期の任期を見る限りでは、最良の大統領であるという思いは変わらないが、ようするに時代遅れの人間だった。一期だけで大統領職を去ったことは賢明だった、とぼくは、今にして思う。

この歌には多くのパロディやサタイアの歌を生み、反論や非難が集まった。何よりも、この表現'I didn't raise my boy to be a soldier'にかけて'I didn't raise my dog to be a sausage'（私は飼い犬をソーセージにするために育てなかった）といった手のジョークが流行した。これは、この時代シカゴの食肉工場で死んだ牛や犬をソーセージにしているという話を、アプトン・シンクレアが『ジャングル』という本で暴露したことから来ている。そのシンクレアの調査の背中を押したのが、セオドア・ローズヴェルトだったのは皮肉だ。

《わたしは息子を兵士に育てなかった》のヒットから二年後、《アイル・ビー・ゼア、アイル・ビー・ゼア、メリー・ディア》を書いたアンドルー・B・スターリングとアーサー・レインジのコンビが《アメリカ、ヒアーズ・マイ・ボーイ *America, Here's My Boy*》を発表する。こんな内容である。

第二聯の歌詞を引用してみよう。

There's a million mothers waiting by the fireside bright
A million mothers, waiting for the call tonight
And while within each heart there'll be a tear
She'll watch her boy go marching with a cheer

「一千万もの母親たちが暖炉のそばで待っている。一千万もの母親たちが、今宵、国からの呼び出しを待っている。彼女たちの心には息子たちとの別れの涙があるだろう。だが、彼女たちは息子たちが奮って行進して行くのを見るに違いない」

そして、リフレインになる。

America, I raised a boy for you
America, you'll find him staunch and true
Place a gun upon his shoulder, he is ready to die or do
America, he is my only one, my hope, my pride and joy
But if I had another, he would march beside his brother
America, here's my boy!

「アメリカよ、あなたのためにこの子を育てた。アメリカよ、彼の誠実さと正直さを目にするだろう。どうか彼の肩に銃を担わせてください、彼には事を成し遂げるか死ぬ覚悟があります。アメリカよ、彼は私のたった一人の息子。彼は私の希望、私の誇り、私の喜びなのです。でも、もしもう一人恵まれたら、彼は兄とともに行進することでしょう。アメリカよ、私の息子を捧げます」

もしこの曲だけなら、この時代、第一次大戦に参戦しようというアメリカの国民たちの、世界を巻き込んだ戦争に加わることへの義務感と使命感のようなものをストレートに感じ取ったに違いない。だが、《わたしは息子を兵士に育てなかった》を知った今、この歌は単なるパロディかもじり、戯作か下手な本歌取りのように思えて仕方がない。おそらくは、多くのアメリカ人もそう感じたのではなかろうか。

歌ったのは、《わたしは息子を兵士に育てなかった》と同じ、ピアレス・クワルテットで、体制になびくしかない自由業の音楽家のやるせなさが透けて見えるようだ。

もう一曲、紹介しよう。《ア・マザーズ・プレイヤー・フォー・ハー・ボーイ・アウト・ゼア *A Mother's Prayer for Her Boy Out There*》で、「出征した息子への母親の祈り」とでも言うところだろうか。リフレインの部分は、こう歌われる。

Just a little prayer
When shadows are stealing
Just a little prayer,
A voice appealing;
To a baby shoe she's clinging
While the Angelus is ringing,
Come the words that start
From an aching heart:
"May angels guard him tenderly
Tonight and send my baby back to me."

That's a mother's prayer
For her boy "out there."

「か弱き祈る人、影がしのび寄る頃、このか弱き人の祈りの言葉が聞こえる。アンジェラスの鐘がなる間、彼女は幼子の靴を抱きしめていた。そしてその痛む心から、こんな言葉が漏れた。『天使様今宵彼をやさしく見守ってください。そして私のもとに無事に戻してください。戦地に赴いた息子を持つ、それが母親の祈りです』」

一九一八年に発表されたこの曲もまた、アーサー・レインジとアンドルー・B・スターリングのコンビの作品だ。彼らはプロの作り手だった。時代の勢い、人びとの思い、そして国際情勢の空気を敏感に読み取って、戦争に対する気持ちをどちら側からも書ける技量を発揮していることがわかる。それを聴いて、人びとの心は右往左往させられるのである。ここにも母親が登場する。この時代、女性の力がどれほど強く、大きな影響力を持っていたかがわかる。同時に、これ以後の戦争の歌、中でも反戦を歌う歌の多くは、どこかに母親の姿が見え隠れするようになってくるのである。

3　第二次世界大戦

第二次世界大戦は、日独伊三国を中心とする枢軸側と、英仏米ソ中の連合国側とによって一九三九年から四五年までの六年間、ヨーロッパ各地を戦場として戦われたヨーロッパ戦線と、イギリス、アメリカ、オランダ三国を中心とする連合国側と日本などとが戦った一九四一年から四五年までの太平洋戦線との二つの戦争の総称で、全世界を巻き込んだ人類史上最大の戦争である。

何が原因で、どういう経過をたどり、その結果と戦後の問題はここでは述べない。ただぼくらの知る第二次世界大戦となると、日本が実際にかかわった太平洋での戦いが主となっているのではなかろうか。ヨーロッパ戦域での戦いは、ともすれば五〇年代、六〇年代に放映されたテレビ番組や映画、また冒険小説やスパイ小説などの書籍によってどこか絵空事や他人事のように受け取ってしまうという傾向にあるように思われる。

『コンバット』や『ギャラント・メン』、『ラット・パトロール』や『頭上の敵機』などの分隊や飛行小隊の兵士たちの活躍とエピソードは、戦争全体の姿をかなり歪めてしまって、ぼくらの中に痛快物語として残る危険性がある。どうしてもアメリカ軍を善とする構造で、これも戦後教育の一種かと思いたくなるほどだ。一方、ナチスの残虐さや強制収容所、絶滅収容所の悲劇もまた、それとは別の次元での「戦争の悪」を強烈に印象づける。特にナチスのオカルト趣味やヒトラーの性癖など、戦争そのものよりもスキャンダラスなエピソードに目を奪われがちなのも考えものだ。

それらの映画には搭乗員や乗組員、戦闘員たちの思いや苦悩、悲しみや喜びは、一般のメディアが、報じることは滅多にない。絶無と言っていい。しかし、歌の世界ではその限りではない。ことにカントリー・ミュージックやブルーグラスの曲の中には、戦いに出て行った人びとの思いが歌いこまれた曲が、いくつか見つかる。驚くのは、その多くが反戦への思いがこもっていることだ。その思いは、当然ながら歌によって強弱がある。同時に色あいの変化がある。たとえば、聞き流せば戦争讃歌のような、アメリカの戦いを是認する歌のように思えるが、よく聴くと戦場の悲劇を忍ばせたものもある。そういう曲の代表的と思われるのが《星条旗はためくもとに *There's a Star Spangled Banner Waving Somewhere*》だろう。全文を載せる。

There's a Star-Spangled Banner waving somewhere
In a distant land so many miles away.
Only Uncle Sam's great heroes get to go there
Where I wish that I could also live some day.
I'd see Lincoln, Custer, Washington and Perry,
And Nathan Hale and Colin Kelly, too.
There's a Star-Spangled Banner waving somewhere,
Waving o'er the land of heroes brave and true.

In this war with its mad schemes of destruction
Of our country fair and our sweet liberty,
By the mad dictators, leaders of corruption,
Can't the U. S. use a mountain boy like me?
God gave me the right to be a free American,
And for that precious right I'd gladly die.
There's a Star-Spangled Banner waving somewhere,
That is where I want to live when I die.

Though I realize I'm crippled, that is true, sir,

Please don't judge my courage by my twisted leg.
Let me show my Uncle Sam what I can do, sir,
Let me help to bring the Axis down a peg.
If I do some great deed I will be a hero,
And a hero brave is what I want to be.
There's a Star-Spangled Banner waving somewhere,
In that heaven there should be a place for me.

「何マイルも離れたどこかに星条旗はためくところがある。そこにはアンクル・サムの偉大なヒーロウたちだけが住む場所、ぼくも、いつかはそこに住みたいと願っているんです。そこにはリンカーンやカスター、ワシントンやペリーがいるでしょうし、ネイサン・ヘールやコリン・ケリーたちもまたいるでしょう。星条旗はためくどこか、そこは勇気と真実のある場所なんです。／この戦争は、ぼくらの公正で自由な国に対する頭の狂った腐敗した独裁者による悪魔的な破壊計画なんです。このぼくのようなマウンテン・ボーイにも、アメリカという自由な国に住む者の当然の権利を与えてくれませんか。その崇高な権利のためなら、ぼくは死ぬこともできます。星条旗はためくどこか、そここそ死んだ時に行きたかった場所なんです。／気がついた時には片脚が不自由になっていました、本当です、閣下。この曲がった脚で、ぼくの勇気を推し量らないでください。どうかアンクル・サム、ぼくに何ができるかやらせてください。そして枢軸国側に鉄槌を下させてください。もしそれがやれたなら、ぼくはヒーロウになれます。そのヒーロウへの勇気が、ぼくの運命を変えてくれるのです。星条旗はためくどこか、そここそぼくが行くべき天国なんです」

星条旗がはためくところ、それはアメリカ人にとっての天国なのだが、そこにはアメリカのヒーロウ、アブラハム・リンカーンやカスター将軍、黒船のペリー提督の他に、独立戦争での英雄、アメリカ初のスパイとも言われているネイサン・ヘールや、太平洋戦争で、日本の零戦に最初に撃墜された飛行士であるコリン・ケリーたちもまたそこにいる、と歌っている。彼らにとってのヒーロウのありようがわかりそうだ。

一見、愛国的な戦意高揚を目的とした歌と思わせながら、実はそれとない、やんわりとした反戦歌なのだろうと思えて仕方がない。主人公は、自分は「マウンテン・ボーイ」であると言っている。アパラチア地方に住む少年であることを、自ら明かしている。そして気がついた時には片脚が不自由になっていた、と漏らしてもいる。生まれつきだろうか、事故だろうか。アパラチア一帯は、アメリカの最貧地帯の一つだとされ、以前から栄養失調や偏食が問題になっていた。

いずれにしろ、彼は片脚が不自由である。その少年が、自分もまた戦争に行って勲功を上げてヒーロウになりたい、と願う。おそらく彼は、入隊検査で落ちるだろうことは聞かされていたろう。それでもなお、そういう少年までもがこの戦いに加わりたいと思っている、という美談仕立てにしながらも、山間僻地の貧しい少年たちをも駆り立てずにはおかない戦争の悲劇をここでは歌う。

ポール・ロバーツ作詞、シェルビー・ダーネル作曲のこの歌は、一九四二年、第二次大戦の真っ只中に発表された。歌ったのは、カントリー・シンガーの中でもヨーデルの名手として知られるエルトン・ブリットで、歌が発表された年にレコーディングし、リリースされた。発売後、当然と言うべきだろうが大変なヒットで、同年のビルボードのカントリー・チャートで七位にランキングされている。

一九六〇年、この曲に、少しだけ歌詞を変えたヴァージョンが発表されて、注目を浴びた。その年、ソ連上空を高高度で飛ぶ偵察機U－2がソ連側に撃墜され、乗員のゲイリー・パワーズが捕虜になったのだ。この事件を歌ったのがカントリー・シンガーのレッドリヴァー・デイヴで、同名のタイトルだった。

一九六二年のベトナム戦争の時代にも、同じくカントリー・シンガーのウィン・スチュアートがこの歌を歌っている。カントリーの世界での感性のパターンがうかがわれるようだ。この手の戦意高揚の衣をまとった反戦の思いが垣間見える歌は、幾度も繰り返される戦争のたびに、まるでゾンビのように生き返ってくる。

この《星条旗はためくもとに》よりももっとはっきりと反戦を歌うカントリー・ソングに、アーネスト・タブの歌った《兵士の最後の手紙 *Soldiers Last Letter*》がある。アーネスト・タブとレッド・スチュアートによって作られ、タブが歌って一九四四年にリリースされた。作詞家のレッド・スチュアートは、太平洋戦争に招集され、南太平洋での激戦を生きのびて軍曹で除隊すると、その時の経験からカントリー・シンガーとして戦いにまつわる歌を作り歌うようになる。時代もあってこの曲はヒットし、発表された一九四四年には四週間にわたって、カントリー・チャートで第一位にランクされたのだった。《兵士の最後の手紙》はこんなふうに歌われる。

When the postman delivered a letter
It filled her dear heart full of joy
But she didn't know 'til she read the inside
It was the last one from her darling boy

Dear Mom, was the way that it started
I miss you so much, it went on
Mom, I didn't know, that I loved you so
But I'll prove it when this war is won

I'm writing this down in a trench, Mom
Don't scold if it isn't so neat
You know as you did, when I was a kid
And I'd come home with mud on my feet

（以下略）

息子から届いた手紙、その内容を知るまで彼女の心は喜びに溢れていた。それは彼からの最後の手紙だった。息子はそれを塹壕の中で書いていた。そして書いている途中に出撃の命令が来る。だから、と息子は、続きは後から書くから、今は大好きだよ、とだけ書くね、と書き残していた。その手紙の末尾に彼のサインがなかったことで、彼が死んだことを知った。およそ、そういう内容である。

家族にとって辛いのは、息子や夫たちの戦死の知らせだ。正式な通知は、軍や政府からもたらされるのだろうけれど、この《兵士の最後の手紙》では、息子の書きかけの手紙だけが届けられる。その手紙の最後に息子の署名がないことで、母親は息子の死を知るのである。そしてそれを、同じ部隊の戦友が投函するという、なかなか考えられたシチュエーションが歌われている。

いろいろ見ていくと、実は第二次大戦での反戦歌は、思ったよりも見当たらない。それはこの戦争には、日独伊という明確で強力な敵がいて、それは「悪の枢軸」と呼ばれるにふさわしい、叩くべき強大な相手だった。だからアメリカにおいても、国を挙げてこの残虐な敵に立ち向かうことには何の疑念もなかった。だから、というのも、反戦歌が少ない理由になるかも知れない。

それに比べて、この第二次大戦が終結してわずか五年後に勃発した朝鮮戦争では、多くの反戦歌が作られ、歌われた。

4　朝鮮戦争

戦前、日本の植民地であった朝鮮半島は、終戦間際の一九四五年に開かれたヤルタ会議によって、米英中ソ四国の信託統治領とすることが決定された。だが、その年の八月のソ連の対日参戦によって共産軍の南下を恐れた当時のトルーマン大統領は、朝鮮半島の南北分割占領をソ連に提示、ソ連が受け入れて北緯三十八度線の北側をソ連、南をアメリカが占領することになった。

それで落ち着いたかに見えた半島は、一九四八年、北部に朝鮮民主主義人民共和国、南に大韓民国が建設され、この半島の分離は決定的なものとなった。二年後の一九五〇年、前の年に毛沢東率いる共産党軍によって建国された中華人民共和国と、スターリンのソ連との同意と後押しによって武力統一を目指す金日成の北朝鮮軍は、三十八度線を越えて南下、進軍を開始した。これに対抗して韓国に進駐していたアメリカをはじめとするイギリス、カナダ、オーストラリア、ベルギー、フィリピン、タイなどの国連軍が迎え撃った。

この戦争の内容や経過についてはこれ以上書かない。ただ、共産主義思想に対する恐怖が、主な戦争理由であったこの戦争に対するアメリカの反応は、また自国への直接的な侵略の恐怖がいくらか薄かったのか、同時に正義の戦いといったニュアンスも希薄に感じられたのか、この朝鮮戦争にまつわる反戦の歌は案外に多い。その中でも、この戦争のある側面を象徴するような曲を三曲取り上げよう。《フロム・マザーズ・アームズ・トゥ・コリア *From Mother's Arms to Korea*》は、一九五三年、カントリー界に多い兄弟グループでもその美しいハーモニーとレパートリーの良さで人気だったチーム、アイラとチャーリーのルーヴィン・ブラザーズが作り、歌った曲だ。

Refrain:
From mother's arms to Korea
And tomorrow I'll face the front lines
Then the next line was wrote by his buddy
From a foxhole to a mansion on high

They sent her an unfinished diary
That she once gave her darling son
It starts the day when he left her
And ends 'neath the enemy's gun

(Ref)

Last night I saw mother kneeling
By the old hearthstone to pray
In my dream I thought I was with her

And that's all my darling could say
(Ref)

Please tell his sweetheart who's waiting
For his ship to anchor at shore
To change her plans and forget him
Her lips he'll kiss no more
(Ref)

韓国の戦場へ送られ、明日前線へと向かう息子から、タコツボ《フォックス・ホール》の中で書いた日記が届けられる。それは息子の戦友が送ってくれたものだった。その日記帳は戦場に行く前に母親が贈ったもので、出征前から書き始められ、最後は「昨夜ママが暖炉の脇でひざまずいて祈るのを夢に見たよ」とあった。それが息子の書いたすべてだった。そして母親は言う。「あの子の帰りを待っている彼の恋人に、もう息子の帰りを待たないで、彼を忘れてほしい」と。

この歌では息子が書き終えることのできなかった日記の最後の部分を、同じようにタコツボの中で敵と対峙したろう戦友が書き終えて送ってくれた。それで事の次第を、母親は知った。そして息子の恋人に、もう彼を待たないように、彼の帰還するはずだった船はもう錨を上げることもない、と伝える。

この歌には、兵士の住んだ田舎の、または郊外の小さな町のたたずまいが見える。そこには芝生のポーチを前にしたこぢんまりとした二階家があり、穏やかな両親とおそらくは年老いた犬がいるだろう。近所の人たちも彼のことをよく知り、そして彼のガールフレンドにも町の人たちは温かな目を向けていたに違いない。アメリカ中の、およそ何百万という似たような家と家族と町から、青年たちは戦場に駆り出されていった。彼らからの最後の手紙は、その町にぽっかりと、一人分の孔が空いたようだったろう。町の人びとにとってその後の町の風景が、少し色褪せたかも知れない。

アメリカはそういう戦いを繰り返し、人びとに痛みを与え、こういう歌を残していった。

もうひとつ、朝鮮戦争の歌を象徴する言葉にＭＩＡがある。Missing in Action（戦闘中行方不明）だ。おそらくは、その他のあらゆる戦争でも、生死のわからぬ行方不明とされる兵士たちは数多くいたのだろうけれど、少なくともＭＩＡということをきちんと歌にしたのは、朝鮮での戦争からだったと思う。そのことを歌った曲の一つ《サーチング・フォー・ユー、バディ *Searching for You, Buddy*（相棒、きみを探して）》は、一九五四年、デイヴ・マッキネリーが書き、同年レッドリヴァー・デイヴが歌って、聴く人にあらためて戦場の悲しみを伝えた曲だった。こんな風に歌われる。

（前略）

I was wounded in the very first of battles
They all said you were the bravest 'til the end
With a victory, Uncle Sam had lost a hero
While I lost my dearest and most precious friend

Dearest buddy, I have searched the service over
You are listed "missing", I know what that means

Though I lost you here on Earth, somewhere I'll find you
I keep searching for you buddy, in my dreams

You remember how we talked about our future?
I've a wife now and a little family too
Yes I told them how you saved my life, dear buddy
And we named our little soldier after you
With the passing years it's almost all forgotten
How we fought and died 'mid unfamiliar scenes
'Til me meet someday, old pal, in Valhalla
I'll keep searching for you, buddy, in my dreams

「ぼくはあの日の最初の戦闘で負傷した。だからきみの行方不明を後で知った。みんなはきみが最後まで勇敢だったと言っていた。あの戦いに勝利したとしても、アンクル・サムはヒーロウを失ったのだ。きみは『行方不明者』のリストに載っている。その意味はわかっているけれど、この地球上で行方がわからなくなったのなら、きっとどこかにいるはずだ。ぼくはきみを探し続けるよ、夢の中ででも」

　子供の時から仲の良かった友人を失った男は、彼の死を信じられず探し続けると決意する。そして最後は、こう歌う。

覚えているかな、ぼくらが将来について語り合ったこと
今は妻もいるし、子供もいる
もちろん、きみがどうやってぼくの命を救ってくれたのかもね、相棒
息子にきみの名前をつけさせてもらった
けれど、年が過ぎ、すべてのことはおぼろげになってしまった
ぼくらがどうやって戦い、死んでいったか、あの非日常的な状況の中でのことは
いつの日にか、友よ、死者の殿堂《ヴァルハラ》で会おう
それまでは、友よ、きみを探しつづける、夢の中でも

二人は同じ分隊で作戦に従事した。激しい戦闘だったようで、歌い手の主人公は傷つき、野戦病院で気がつく。その時にはすでに仲の良かった戦友は死んだか、生きて行方不明なのかわからなくなっていた。相棒はその激戦のさなか、すぐ隣にいたのかもしれない。彼の助けによって自分だけが助かった。おそらくはそういう事情で、この男は一生相棒を探し続けるようになったのではなかろうか。

軍当局や同じ作戦を戦った中隊、小隊、分隊の仲間たちに、相棒の消息を訊ねて廻ったことだろう。その友人とどれほど仲が良かったか、そして自分の命を救ってくれたことに感謝しているかは、相棒の名前を息子につけたことでもわかる。そして彼はいまだに相棒を探しつづける。それは夢の中であったりする。もし探し当てることができなくても、二人はあの天国の「死者の殿堂《ヴァルハラ》」で再会できると、この男は考えている。

この朝鮮戦争ほど、死者への思いが強い歌が生まれた戦争はない。そして死者は、やがて忘れ去られていく。彼らの犠牲的行為は何だったのだろうか、と《フォーゴットゥン・マン *Forgotten Man*（忘

れられた男)》で、ドン・リーノウとレッド・スマイリーたちは歌う。

「テネシー・カッタップス」というグループ名を持つこの二人、バンジョーとギターのデュオはブルーグラス・グループとして、とくにリーノウのバンジョー演奏はまさに画期的なものだった。五本の弦を三本の指でメロディーと伴奏とをともに奏するという、近代バンジョー奏法を生み出したのはアール・スクラッグスだが、そのファイヴ・ストリング・ピッキング・スタイルに多彩な奏法、和音奏法や複雑なトレモロ奏法のようなものを紹介して、バンジョー演奏に独特の派手やかさと奥行きの深さを与えたのは、このドン・リーノウに他ならない。彼らの優れたバンジョーを中心とするインストゥルメンタル・ナンバーもさることながら、二人のデュエットが生み出す新鮮なゴスペルやヒム(賛美歌)を中心とするセークレッド・ナンバーも、他の追随を許さないところがある。また、コメディタッチのノヴェルティ・ナンバーも多くのファンを集めた。

その二人、ドン・リーノウとレッド・スマイリーが一九五六年に発表したこの《フォーゴットゥン・マン》は、戦争の虚しさとその悲惨な戦いと、そこで戦った兵士たち、そして犠牲者たちが忘れ去られていく痛切な思いをよく伝えてくれる。こんな歌だ。

Forgotten men who lie asleep across the ocean waves
Who fought and died for the flag that waves across their lonely graves
The flag still waves so proud and free across our land today
Let's not forget the boys who died across the watery spray

Forgotten men who lie asleep across the ocean waves
Who fought and died for the flag that waves across their lonely graves

（以下略）

「海の向こうの地で眠れる兵士。彼は忘れられた存在だ。アメリカの地にある、彼が埋葬されていない無名戦士の墓地にはためく星条旗のために彼は戦い、死んだ。その旗は誇り高く翩翻《へんぽん》とひるがえっている。その旗の下、死んだ者たちを忘れないようにしよう。今や彼の故郷では、すでに彼のことは忘れられようとしている。彼の恋人の写真が、まだ彼の部屋の壁に貼られているにもかかわらず。そうやって年月とともに、死んでしまった愛する人のことも忘れられていくのだ」

忘れられた者は、いないも同じ。その虚しさが、この歌の底を彩っている。こういう歌が、これまでの、いや、あらゆる戦争で歌われたことがあったろうか。アメリカだけでなく、世界のどこでもだ。この歌が、具体的な国名は出していないが、その地で戦われた朝鮮戦争の意味をあらためて問い直しているように思われてならない。

朝鮮戦争は、それまでの戦争とは違う新しい悲劇を残していった。それまでの戦争のように、自分の国を守る、自分の国の人びとを守る、といった具体的な目的のない、端的に言えば「思想」、「主義」によるイデオロギー的な戦いだったので、以前の戦いのように国を挙げての大義名分がなかった。主義や思想といった形のない漠然たるものに命を懸けられるか。また、命を懸ける意味があるのか。そういう気持ちの揺らぎや隙間に、ヒステリカルな赤狩り旋風がアメリカを襲う。アメリカ人たちの朝鮮戦争に対するある種の不安感が、ジョセフ・マッカーシーという男の出現によって「赤狩り」に大きく振れたのではないか。あの戦争への確信を得たいために、「赤がかった」と思われる人たちを断罪し、思想や主義を「正義の盾」にしたのではないか、と思えて仕方がない。

朝鮮戦争は、結局両陣営のどちらにも勝利をもたらさず、現在もなお「休戦」という状態のままになっている。その朝鮮戦争の休戦から二年後の一九五五年、もうひとつのアジアでの戦争が始まる。この両者、ともに「思想」「主義」が主人公であった。そこにまたアメリカの不幸、悲劇が生まれ、しかしそれゆえにこそ、アメリカは大きな変身を遂げていくのである。

5　ベトナム戦争

ベトナム戦争もまた、アメリカが経験した宣戦布告なき戦いのひとつだった。だから正確に、いつ戦いが開始されたのかがはっきりしない戦争でもある。朝鮮戦争が、朝鮮半島を舞台にして戦われた、中国をはじめとする共産主義陣営と、アメリカを代表とする国連軍との代理戦争の観を呈したのと同じように、こちらはインドシナ半島での代理戦争であったと言える。

もとをたどればフランスのアジアへの植民地拡大政策から始まったものだ。第二次大戦以前のベトナムは、フランス領インドシナ連邦の一部で、フランスの植民地であった。だが、第二次大戦でのドイツの攻勢によってフランスが降伏、フランスはベトナムから撤退して、そこに日本軍が進駐した。

しかしその日本も太平洋戦争での敗戦によって撤退し、後にベトナムの建国の父と呼ばれることになる、革命家ホー・チ・ミンが「ベトナム民主共和国」を樹立して独立を宣言する。ところが今や欧州での戦争で最終的に戦勝国となったフランスはこの独立を認めずに、ホー・チ・ミン軍との間でインドシナ戦争を起こしたものの、八年続いたこの戦争でもフランスは敗北、その結果、北緯十七度線でベトナムは分断されることになった。北はホー・チ・ミンのベトナム民主共和国、南はアメリカを後ろ盾にしたゴ・ディン・ディエム率いるベトナム共和国に分かれたのだった。

だが、南の政権は汚職が横行し、そこから大衆や農民の支持離れが始まる。その弱みを突こうと北ベトナムは武力による統一を試み、ソ連を後ろ盾にしたベトコンと呼ばれる南ベトナム解放民族戦線を結成して南下をはかり、ここに内戦が始まったのだった。万一、北ベトナムが勝利したなら東南アジアの国々が相次いで共産化してしまうのではないか、という恐怖に駆られたアメリカは、南ベトナムを支援するという名目で介入することになった。こうして、一九七五年まで、十年以上続いた泥沼のベトナム戦争が始まったのだった。

思えば、ジョン・F・ケネディが一九六一年に、四千名の特殊部隊を投入したほんの当初だけが、アメリカ国民はこの戦いに前向きだったのではないかと思う。それは、もしかしたら「正義の戦い」であるかも知れないと思えたからだった。だが、その後の十数年、彼らの思いは、一言で言えば「うんざり」であり、辟易であり、絶望と失意、悲しみと苦しみの毎日だったろう。だが、とあえて言いたい。アメリカという恐竜が苦しみに身悶えするようなこのベトナムの経験があったからこそ、その後のアメリカは大きく変身していくことになったのだ。少なくとも、アメリカ文化は新しい階梯を上り、類のない国になっていくのである。それは若者の目覚めであり、旧来の若者文化からの脱皮でもあった。

若者たちは、この戦いに懐疑的であった。徴兵の知らせが来ると、戸惑い、この戦争の正当性を見出そうと悩んだ。それがやがては徴兵カードを燃やしたり、ベトナム戦争を強行する社会から逃げ出そうと、「ドロップ・アウト」するようになっていく。この社会を逃げだし、同じ仲間のコミュニティで生きていこうとする、いわゆるヒッピーと呼ばれる連中の集団「ヒッピー・コミューン」を作るような社会現象が生まれてくるのである。

また、現実から逃避するように、マリファナ、LSDといった幻覚剤やその酩酊状態と興奮をロックのリズムにからめた「サイケデリック・ロック」や、それを芸術表現手段とした「サイケデリック・アート」などが流行し始める。この時代を象徴するムーヴメントになったのは「フラワー・パワー」である。戦争反対を主張するように、銃口にデイジーの花を挿したポスターが代表する、反戦というよりももっと穏やかな「非戦」の姿勢を示す「フラワー・チルドレン」という言葉も生まれたのだった。

当時流行した歌に《花のサンフランシスコ *San Francisco* (*Be Sure to Wear Flowers in Your Hair*)》がある。これは一九六七年の「モントレー・ポップ・フェスティヴァル」のプロモーションのために、当時人気グループだったママス&パパスのメンバー、ジョン・フィリップスが作詞・作曲したもので、同じくメンバーのスコット・マッケンジーが歌ってヒットした。原題は、訳せば「サンフランシスコではきっと髪に花を挿す」というところだろうか。こういう曲もあって、花は「反戦・非戦」の表現「フラワー・パワー」になっていくのである。

そういう時代、徴兵カードを手にした若者の戸惑いとやるせない思いを歌った曲、それは言葉を換えれば、この時代のどうしようもない空気、揺るぎなく重くのしかかってくる悪しき体制、旧態依然の家庭のあり方、見えない身分制度、なかなか表立って見えてこないが、確実に存在する学歴の差、そして何よりも出身地域の差、そういう重層的な閉塞感から逃げ出そうと歌う歌たちだ。「逃避」ではなくて「避難」、すなわち目を背け、あるいは目をつぶり、耳を閉ざして自分たちだけの世界に入り込み、座り込む雰囲気が濃厚だ。

今思えば、それは「優しい時代」だった。徴兵カードを受け取った男は、その入隊の日に一緒に住む女性を起こすまい、ひとりでそっと出て行こう、そして無事に戻ったら、今度こそ……と決心する。

招集の日の朝の躊躇と未練、それをうまく歌ったのがジョン・デンバーが一九六六年に作り歌った《悲しみのジェット・プレーン *Leaving on a Jet Plane*》だ。しかし、我われにとって印象深いのはPPMのそれで、彼らはデンバーから一年後の一九六七年にアルバムに収録、そして《花のサンフランシスコ》からもわかるような「やさしさの時代」に合った内容と曲調、そして時まさにベトナム戦争という時代背景もあってじわじわと人気が出てきて、二年後の一九六九年にあらためてシングル・カットされてヒットし、全米一位となった。こんな内容を持った歌だ。

All my bags are packed I'm ready to go
I'm standin' here outside your door
I hate to wake you up to say goodbye
But the dawn is breakin' it's early morn
The taxi's waitin' he's blowin' his horn
Already I'm so lonesome I could die

Chorus:
So kiss me and smile for me
Tell me that you'll wait for me
Hold me like you'll never let me go
Cause I'm leavin' on a jet plane
Don't know when I'll be back again

Oh baby, I hate to go

荷造りも済んだ早朝、あとは出かけるだけ。呼んだタクシーが焦れてホーンを鳴らす中、ベッドルームのドアの前でたたずみ、きみに別れを告げようとしている。だから出かけるぼくにお別れのキスをして、行かないでっていうように強く抱きしめて、笑顔で待っていると言ってほしい。この日が来るのは予想していたけれど、こんなに別れが辛いとは。そして彼は思う。「これまで一人で遊び廻ったりして、きみに寂しい思いをさせたけど、これからはどこへ行ってもきみを思い、この先作るすべての歌はきみへ贈る歌。戻ってきたら、きみが欲しがった結婚指環を贈るよ」と。

（以下略）

今まで、なんとなく一緒に住んでいた二人。それが、変わった。少なくとも、男の気持ちが変わった。今更のように、この歌をPPMのマリーが歌ったことで、損をしたなあ、と思わざるを得ない。特に日本の場合、ほとんど歌っている歌詞の内容に頓着しないから、マリーが歌うのとジョン・デンバーが歌うのとでは、どれほど大きな差があるか気がつかないのだ。確かにこの歌には「性差」の表現がない。She でも He でもない。You とあるだけだ。ただ一言、bring your wedding ring とあることで、通常結婚指輪を贈るのは男性から女性だと考えれば、この歌い手は男ではないかと想像がつく。そう、これは男が歌うべき歌だった。そうでなければ、この歌はほとんど意味をなさない。

この曲が日本で流行った時代、この歌は一体何を意味しているのかよくわからないで歌っていた。そしてマリーが歌ったことでなおさら内容が漠然としてしまい、女性が男と住んだ家を出ていく歌なのかという程度の理解で終わった。ところがこれは、ベトナムの戦場へと旅立っていく歌だった。ストレートにそうとは気づかせない、ソフトでやさしい歌で、アメリカという国そのものと、その自然とそこに住む人を愛するジョン・デンバーらしい一連の歌の中でも、それまで触れようとしなかった時勢という側面をやわらかなタッチで歌い上げている。それはとりもなおさず、大多数のごく平凡なアメリカ人の、ベトナム戦争に対する思いそのものだった。ベトナム戦争当初、反戦を口にしたいがそうはできない環境、あるいは育ち、教養と言ってもいい、人間性、もっと言えばアメリカ人としての「矜持」といったものが、その底にはあったと思う。あの時代、アメリカはまだそういう国だった。

男は、招集を受けたのに、その底にはあったと思う。

男は、招集を受けたのに、そしてそれが人生にとっては大事なことであるはずなのに、ただ、一緒に住む女性を起こしたくないと、ベッドルームのドアの前でたたずみ躊躇している。だが、お別れのキスをしてほしい、そして行かないでという彼女の本当の思いを表すようにしっかりと抱きしめてほしい。だからといって、行かないわけにはいかない。そんなことは、わかっている。でも、彼女のその気持ち、その行為だけを糧に戦場に向かおうとしている。そして、もし無事に戻ってくることができたら、彼女が望んでいる結婚指環を贈ろう。それは、きちんと結婚しようということだ。アメリカの多くの男女が、ともに住む相手と正式に結婚していない。ガールフレンドやパートナーという呼び方をする。日本よりも、結婚指環を贈り贈られる儀式が大げさに喜ばれるのは、そういうことだ。

だとしても、空港までのタクシーを呼んで、それが焦れるようにホーンを鳴らしているのに、彼の愛する女性は起きてもこない。彼女は、寝室で泣き崩れているのだろうか。それとも病気なのだろうか。この歌は、ベトナム戦争時代のごく普通の青年を描いた歌であるだけに、様ざまに想像できる。

しかし、その底辺に流れているのは、こういう青年たちが黙々と戦場に出て行ったこと、それは徴兵カードを燃やしたり、反戦を声高に叫んだり、プロテスト・ソングを歌ってアジったりする以外の多くの若者がいたという事実なのである。この歌はそのことを教えてくれ、そして、そういう青年たちがいたからこそベトナムの悲劇はより痛切に、より厳しくアメリカにのしかかっていったのだ。そして、そのことがわかるからこそ、この歌が反戦の歌として、今でも歌い継がれている理由だろうと思うのだ。

もう一曲、やさしい反戦歌を紹介したい。ジミー・ウェッブが作り、一九六九年にグレン・キャンベルによって歌われて、多くの人の心を揺さぶった《ガルヴェストン *Galveston*》である。ガルヴェストンは、テキサス州南部の海沿いの町で、メキシコ湾を望める美しい港町であり、観光地でもある。作者のジミー・ウェッブは、同じグレン・キャンベルの出世作である大ヒット・ナンバーの《バイ・ザ・タイム・アイ・ゲット・トゥ・フェニックス *By the Time I Get to Phoenix*（恋はフェニックス）》や、同じくヒットした《ウィチタ・ラインマン *Wichita Lineman*》など、一九七〇年代前後の新しいアメリカの若者たちの孤独ややさしさを、斬新なタッチのメロディーと雰囲気で表現したミュージシャンでありソングライターだった。

《ガルヴェストン》は、その町から戦場に出て行った若者の、故郷とそこに住む恋人への思いを歌った曲だ。こんな内容を持っている。

Galveston, oh Galveston, I still hear your sea winds blowin'
I still see her dark eyes glowin'
She was twenty-one when I left Galveston

Galveston, oh Galveston, I still hear your sea waves crashing
While I watch the cannons flashing

I clean my gun and dream of Galveston

I still see her standing by the water
Standing there lookin' out to sea
And is she waiting there for me?
On the beach where we used to run

Galveston, oh Galveston, I am so afraid of dying
Before I dry the tears she's crying
Before I watch your sea birds flying in the sun
At Galveston, at Galveston

「ガルヴェストン、ああ、ガルヴェストン。海風が今も耳によみがえる。彼女の黒い瞳のきらめきも目に浮かぶ。その彼女は、ぼくがガルヴェストンを後にした時、二十一歳だったんだ」と、男は故郷に残してきた彼女の思い出が胸にしみる。その彼は今前線で、目の前で発射される大砲の閃光を見つめ、次の突撃、あるいは偵察、戦線移動を待ちながら、M－1カービンの泥を拭い、遠い故郷のガルヴェストンの海のきらめきと、海からの風の香りや、その風に髪をなびかせる彼女のことを思っている、ごく普通の青年なのだ。そして彼は、死にたくない、もう一度故郷に戻りたいと、静かに願っている。この《ガルヴェストン》が日本に登場した時、故郷讃歌だと思われていた。だがそうではなく、やわらかな反戦歌であるところが大切だし、何よりも当時非常にヒットしたことでもこの歌の意味があった。

少しだけ時を遡る。一九六五年のことだ。ベトナムでの南北両軍の戦闘が激しくなり、両者の犠牲は目にあまるようになってきていた。南ベトナムでの武装共産ゲリラたち、正しくはベトナム解放民族戦線、通称〈ベトコン〉の陣地や塹壕を破壊し、優位に立とうとしていたアメリカ軍とオーストラリア軍は、その年の十一月八日、南ベトナムのビエンホアで、'Hill 65' と呼ばれるベトコン側の陣地を攻撃しようと、アメリカの173空挺旅団のC中隊とB中隊はオーストラリアのロイヤル・オーストラリア連隊第一大隊とともに早朝出撃の命令を受けて、丘を目指し前進を開始した。こうして「オペレーション・ハンプ（起伏作戦）」が始まった。そしてその時……。

いくつもあるベトナムの悲劇のある一つの、それが始まりだった。そのことを歌った歌が、《一九六五年十一月八日 *8th of November 1965*》で、二〇〇六年、ビッグ・アンド・リッチによって作られ、歌われ、発表された。まずは、歌詞を見てほしい。全文を載せる。

Said goodbye to his momma as he left South Dakota
To fight for the red, white and blue
He was 19 and green with a new M-16
Just doing what he had to do
He was dropped in the jungle where the choppers would rumble
With the smell of napalm in the air
And the sergeant said...look up ahead
Like a dark evil cloud, 1,200 came down on him and 29 more

They fought for their lives but most of them died in the 173rd Airborne

Chorus:
On the 8th of November the angels were crying
As they carried his brothers away
With the fire raining down and the hell all around
There were few men left standing that day
Saw the eagle fly through a clear blue sky
1965, the 8th of November

Now he's 58 and his pony tail's gray
But the battle still plays in his head
He limps when he walks but he's strong when he talks
About the Shrapnel they left in his leg
He puts on a gray suit over his Airborne tattoo
And he ties it on one time a year
And remembers the fallen as he orders a tall one
And swallows it down with his tears

（Cho）

ママにさよならを言って、彼はサウスダコタを後にし
アメリカのために戦いに出て行った
彼はその時十九歳、まだ小僧っ子で
ただ義務を果たすためだけに　新しいM－16を渡された
彼が降ろされたヘリコプターが頭上を飛び回るジャングルは
ナパーム弾のにおいに満ちていた
その時、軍曹が……上を見ろ、と言った
まるで邪悪な雲のように千二百の敵が、彼と二十九人を超す仲間に襲いかかってきた
何人かは生き残ったが、１７３空挺部隊のほとんどが死んだ

（コーラス）
十一月の八日、天使たちは泣いた
そして仲間たちを天国に連れて行った
火は雨のように降り注ぎ、あたりは地獄そのものだった
その日、ほんの数人がそこに立ちつくし
青く澄んだ空に鷲が飛ぶのを見た
一九六五年十一月八日のことだ

今や彼は五十八歳、ポニーテイルにした髪は灰色になったが
頭の中ではまだ戦いが続いている

歩く時足を引きずるが、話をする時はまだしっかりしている
彼の足には敵の榴散弾の破片が残っている
空挺部隊の入れ墨の上にグレーのスーツを着
年に一度だけネクタイを締める
死んだ仲間の思い出に、彼はロングネックのビールを注文し
それを涙とともに飲み下す
（コーラス）

「オペレーション・ハンプ」は、待ち伏せていたベトコンの総攻撃にあって、ほとんど壊滅した失敗作戦だった。アメリカ軍の死者は四十八名、オーストラリア軍は二名、後にＭＩＡ（戦闘中行方不明）として二名が追加されている。アメリカ軍の屈辱的な敗北だった。

ビッグ・ケニーこと、ケニー・アルフィンとジョン・リッチとが作ったこの歌は、第二聯の歌詞に出てくる一人の男、ナイルズ・ハリスの経験を歌ったものだ。この作戦で生き残ったハリスは、このビッグ・アンド・リッチの曲の公式ヴィデオでその姿を見せている。You Tube で見られるオフィシャル・ヴィデオのオープニングでは、シンガー・ソングライターで俳優として知られるクリス・クリストファーソンが登場して、この歌の背景説明をしている。

その中で、ナイルズ・ハリスが助かったのは従軍看護兵のローレンス・ジョエルの救助があったからだと語っている。このジョエルは、この時の戦いの勲功により名誉勲章を受けた。時の大統領から直接与えられるアメリカでは最高位であるこの勲章の受勲は、一八九八年の米西戦争以来、黒人として初めてのことだった。ジョンソン大統領から勲章を授けられるジョエルの姿も、この公式ヴィデオ

で見られる。

　この歌にあるのは、戦いの現実、そしてその戦いに出て行った初年兵の現実、そして敗戦の現実を正面から見据えようとする姿勢だ。勝った作戦、勝利した戦い、うまくいった戦術や戦略は、目にしやすい。だが、実際の作戦遂行の一九六五年から、この歌が発表された二〇〇六年までの四十年以上この戦いは語り継がれ、そして歌が作られた。その事実は、きちんと見つめないといけない。この歌はカントリー・ミュージックのジャンルで歌われ、ビルボードのヒットチャートで十八位にまでランクされたことも重要だ。

　アメリカの多くの戦争に出ていったのが、アパラチアをルーツとするスコッチ・アイリッシュ系の若者で、前述したように彼らはまた、カントリーやブルーグラス音楽を生み出した人びとである。その彼らが、ともすれば忘れたいことを諦めずに語り継ぎ、歌い継ぐそのエネルギーとポテンシャルは、侮るわけにはかない。彼らは都会の人びとと違って、忘れっぽくないのである。


　こういった戦いの続くアメリカで、戦争はもうたくさんだ、と思っている女性たちが、反戦の歌では大きな存在感を示す。母親からの反戦の歌は前にも紹介したが、残された妻もまた、戦争反対の意志を明確に表明する。「オペレーション・ハンプ」の作戦失敗の一年後、カントリー界を代表する女性シンガーであるロレッタ・リンが、《ディア・アンクル・サム *Dear Uncle Sam*（拝啓　アンクル・サム様）》を発表した。作ったのは、その前の年の一九六五年で、まさにビエンホアでの戦いの年であった。カントリーの世界で、はじめてはっきりと反戦を表明した作品として、記憶されるべき曲である。こういった内容だ。この曲も、全文を紹介したい。その意味があると思うのだ。

Dear Uncle Sam
I know you're a busy man
And tonight, I write to you
Through tears with a trembling hand

My darling answered
When he got that call from you
You said you really need him
But you don't need him like I do

Don't misunderstand
I know he's fighting for our land
I really love my country
But I also love my man

He proudly wears the colors
Of the old red, white and blue
While I wear a heartache
Since he left me for you

{Dear Uncle Sam
I just got your telegram
And I can't believe that this is me
Shaking like I am
For it said, "I'm sorry to inform you"}

拝啓アンクル・サム様
お忙しいことはわかっています
でも今夜、あなたへの手紙を書きます
涙と震える手で

夫はあなたからの呼びかけに答えて
従軍しました
あなたは彼が必要だと言います
でもそれは、わたしが彼を必要とするほどじゃない

誤解しないでください
彼が国のために戦いに出たことはわかっています
わたしはこの国を本当に愛しています
同時にわたしは、彼のことも愛しているのです

彼は誇らしげに
アメリカの軍服をまといました
彼が出て行ってからわたしが身につけたのは
胸の痛みです

アンクル・サム様
たった今、あなたからの電報を受け取りました
それが、こんなにもわたしを震えさせるなんて信じられません
それはこんなふうに始まっていたのです
「辛いお知らせがあります」

この歌は、一九六六年のビルボードのホット・カントリー・シングルのチャートで四位にランクされている。直截な反戦への思いが、人の心を打ったのだ。

戦場に出ていって、歩いて国に戻れる者もいれば、担架や車椅子で戻る者も、あるいは棺に入って戻ってくる者もいる。中には、本来、棺を覆う星条旗を三角に畳んだその旗だけを家族に手渡される者もいる。二〇〇五年、カントリー・シンガーのトレース・アドキンスが《アーリントン *Arlington*》を発表した。アメリカ合衆国の国立墓地であり、戦没者慰霊施設であるこの墓地に埋葬された男が歌う歌である。

I never thought that this is where I'd settle down
I thought I'd die an old man back in my hometown
They gave me this plot of land
Me and some other men, for a job well-done
There's a big white house
Sits on a hill just up the road
The man inside
He cried the day they brought me home
They folded up a flag and told my mom and dad
We're proud of your son

And I'm proud to be
On this peaceful piece of property
I'm on sacred ground
And I'm in the best of company
I'm thankful for those thankful
For the things I've done
I can rest in peace
I'm one of the chosen ones
I made it to Arlington

（以下略）

「こんなところが自分の居場所になるとは考えていなかった。いつか故郷に戻り、そこで年老いて死ぬと思っていた。けれど彼らは、ここに安息の地を与えてくれた。ぼくも仲間も、この地に来られるだけのことはやった。この先に建つホワイトハウスの住人は、ぼくが国に戻ったその日、涙した。そして国旗をたたんで、父と母に手渡し言った。あなたの息子さんを誇りに思います、と」

　この歌の主人公は今どこにいるかというと、墓地なのである。歌はこうつづく。

「この静かで聖なる場所で永眠できるぼくは、誇られる存在なんだ。ぼくは最高の仲間に恵まれたんだ。ぼくがやってきたことを喜んでくれる人びとに、感謝する。それでこそ、ぼくは安らかに眠れるんだ。神に選ばれた人間の一人だと信じて、そしてぼくらはアーリントンを、アーリントンたらしめる存在なんだ」（以下略）

　この歌の主人公は、アーリントンの墓地で眠っている。その彼の言葉で歌われている。彼は八つの時に父に連れられて、祖父の墓を探すため、このアーリントン墓地にやってきたことがある。そして今、そのアーリントン墓地で今は亡き祖父と再会する。祖父は自分への敬意のしるしに、かかとを鳴らして直立不動で敬礼してくれた。アーリントンに埋葬される者は誰もが尊敬される兵士なのだ。この歌は、そのことを誇りをもって歌う。

　作詞作曲は、ディヴ・ターンブルとジェレミー・スピルマンの二人。二〇〇五年のビルボードのホット・カントリー・シングルで十六位にランクされた。アーリントン国立墓地に埋葬された兵士の視点から歌われるこの歌は、二〇〇三年に勃発したイラク戦争で戦死した海兵隊伍長、パトリック・ニクソンの父親から息子の話を聞き、ターンブルが着想を得て作詞したと言われる。彼はそこに「自己犠牲と栄誉、そして自由の代償」を見た、と語っている。
だが、そういった側面ばかりでなく、大量破壊兵器があると盲信させられて意味のない戦争に駆り出された兵士たちの遺族もいて、彼らの無駄な死を「自由」という大義のための犠牲と栄誉を押し付けられることに反発を表明したのだった。二〇〇五年の半ば、ヒットチャートの十六位をピークに、以後あっという間に下降する。それは、歌ったアドキンスが、反戦の意思を持った遺族からの抗議に歌うことをやめたからだった。それ以後この曲は、反面教師として知られるようになった。

アーリントンが国立墓地として、独立戦争から第一次大戦、第二次大戦、朝鮮、ベトナム、そしてそれ以後の戦争とテロの犠牲者などが埋葬されている戦没者慰霊施設であるのとは別に、ワシントンD.C.の国立公園「ナショナル・モール」内のリンカーン記念堂の北東、ポトマック河畔からもそう遠くないところに、ベトナム戦争の犠牲者を祀った場所がある。それがベトナム戦没者慰霊碑（VVM＝Vietnam Veterans Memorial）〔図㊺〕で、中国系アメリカ人の建築家マヤ・リンの設計した花崗岩の黒いメモリアル・ウォールは、そのデザインをめぐっての賛否が話題になったが、実に美しい。美しいと言っては不謹慎かもしれないが、二枚の黒光りする壁が屏風のように途中で折れて、低い位置で横に長く続いている姿は、美しいという以外の言葉が見つからない。壁の片側の端に立つと、ずっと向こうにワシントン記念塔がうかがえるし、夕刻暮れなずむ時間にここに立つと、黒い壁に夕日が照り映えてこのデザインでどれほど良かったかと思わずにはいられない。

実は、設計者が中国系であることも含め、またその斬新なデザインを理由に反対する意見が多かった。その結果、彼女の望まない三人の兵士たちの立像〔図㊻〕が慰霊碑の傍に建立された。何度かこのVVMを訪ねたけれど、正直に言えば、やはりこの銅像はここにはふさわしくないように思える。ここを訪れる人にとってそこはメモリアル・ウォールに彫られた犠牲者の名前をたどり、亡き人たち、この国のこと、その将来、その夢と夢の崩壊、まだ残る希望とその消滅、混沌たるアメリカの未来、だがまだ信じられる何ものか、そういったことに思いを馳せる場所なのではないか。そこには具象的な兵士像は不似合いであるように、ぼくはまったくの他人、無関係の他国人であることを承知で考えていた。だがその後、おそらくは多くの人の思いとは裏腹だろうと思うが、行くたびに新しい像が増えている。

このメモリアル・ウォールを中心としたＶＶＭとその家族を歌ったいい曲がカントリー・ソングにはある。兄弟グループの一つスタットラー・ブラザーズによって作られ歌われた《モア・ザン・ナ・ネーム・オン・ナ・ウォール *More Than a Name on a Wall*（壁に書かれた名前以上の）》である。こんな内容で歌われる。

I saw her from a distance
As she walked up to the wall
In her hand she held some flowers
As her tears began to fall

She took out pen and paper
As to trace her memories
She looked up to Heaven
And the words she said were these

She said "Lord my boy was special
And he meant so much to me"
And oh I'd love to see him
Just one more time You see

All I have are the memories
And the moments to recall
So Lord could You tell him
He's more than a name on a wall

She said "He really missed the family
And being home on Christmas day"
And he died for God and country
In a place so far away

（以下略）

彼女が壁に向かって歩いていくのを、遠くから見ていた。その手には花束があり、その目には涙が溢れ始めていた。彼女はペンと紙を取り出し、想い出の痕をなぞり始めた。そして天を仰ぎ、こう呟いた。

「神さま、この子は特別でした。私にとって大きな意味がありました。ああ、もう一度彼を見ることができるなら。でもそんなこと、できないことはわかっています。私にあるのは、思いだすことだけ。

そして、彼を思いだす瞬間だけ。神さま、彼に伝えてくださいますか、おまえは壁に書かれた名前以上の存在だったということを」

彼女は言う。

「あの子は本当に家を恋しがっていました。クリマスには家に居られるようにって。そして彼は神と国のために、ここから遠く離れたところで命を落としました」

そしてこう続ける。

「だから想い出に感謝します。思いだす瞬間があることにも。でも神さま、彼にお伝えください、おまえは壁に彫られた名前以上の存在だったということを」

スタットラー・ブラザーズがこの歌を歌ったのは、一九八九年だった。その頃にも、失った息子の名前を確認するかのように、その想い出に触れようと壁を訪ねる人もいただろう。その後時間が経ってつい最近、ブルーグラス・グループ、デイリー・アンド・ヴィンセントがこの歌を歌い、ベトナム戦争から縁遠くなった若者たちにもアピールしている。彼らにとって、戦争は過去のものではなく、今現在、そして未来の問題でもあるのだろうことを教えてくれる。

ワシントンD.C.に行くたびに、VVMのメモリアル・ウォールを見に行く。そこには、ベトナム帰りの老いた元兵士たちが片脚を引きずりながらキャンプしている姿もあれば、母親や妻らしい女性たちがバラの花一輪を持ってやってくる姿も見られる。年老いた人が孫らしい子供に壁の文字を透し見させている姿もある。様ざまな年齢の人間が、様ざまな服装と態度で壁に対峙しているのを見ることができる。それは、戦没者慰霊祭、といった特別な日の出来事ではなく、いつもの日常のありようだ。そのことが、いつもぼくをこのメモリアルで頭を垂れさせせる。

38

39

42

40

37

44

43

46

41

FRED O STALLINGS
DANIEL M BAUGH Jr
SAMUEL T GUNN
WILLIAM F MORROW · DAVID W HILL
BRUCE A BAKER · ORVILLE D WELLS
OSCAR CRUZ · RANDY D BROSNAN
FRANKLIN C EUCKER · RICHARD J CURRIER Jr
DANIEL W HARMON · RONALD L FENSTERMACHER
STEPHEN R KITTLE · WILLIAM H HAWKINS
CHARLES G McINTOSH · DENNIS C KNUTSON
JAMES R NASH · DAVID P SPEARS
RAYMOND L TRUDEAU
GARY N BASS · DAVID CLEELAND · MICKEY RAY CRABLE
JOSE DEJESUS FLORES
LEO C LAWSON
DONALD E SCHUMACHER
45

第三部

北行き列車に乗って

第一章　ニグロ・スピリチュアルに秘められた思い

1　《聖者の行進》の聖者とは誰のことか

アメリカの州歌には、日本では考えられないほど楽しいものがある。たとえば、テネシー州の州歌は《テネシー・ワルツ *Tennessee Waltz*》である。一九四八年にピー・ウィー・キングによって作られたこの歌は、一九五〇年、パティ・ページによって歌われ大ヒットし、二年後の五二年、日本では江利チエミが歌って、これまた一世を風靡した。テネシー州がこの曲を州歌に制定したのは一九五六年である。

ピー・ウィー・キングの歌詞では、恋人とテネシー・ワルツを踊っている時、たまたま来合わせていた友人に恋人を紹介するのだが、その友人と恋人が踊っている間に恋に落ち、彼女を奪われてしまう。「あの夜と、あのテネシー・ワルツのことはけして忘れない……」と、失恋を歌ったこの曲を、州を代表する曲に制定するという感覚が面白い。

ルイジアナ州のそれは、日本でも多くの人が知っている《ユー・アー・マイ・サンシャイン *You are My Sunshine*》である。他にもコネティカット州の《ヤンキー・ドゥードル *Yankee Doodle*》やフロリダ州の《スワニー川 *Swanee River: Old Folks at Home*》、ジョージア州はレイ・チャールズの大ヒット曲

《わが心のジョージア *Georgia on My Mind*》で、ヴァージニア州では、一九四〇年から九七年までは《懐かしのヴァージニア *Carry Me Back to Old Virginny*》だった。その他、カンザス州の《峠の我が家 *Home on the Range*》、ミズーリ州の《ミズーリ・ワルツ *Missouri Waltz*》などがある。新しいところでは、二〇一四年にウエストヴァージニア州の州歌に制定されたのが、ジョン・デンバーのヒット曲《故郷へかえりたい（カントリー・ロード）*Take Me Home, Country Roads*》がある。

　そして、ケンタッキー州の州歌は一九二八年に制定されたフォスターの佳曲《ケンタッキーの我が家 *My Old Kentucky Home*》である。ケンタッキー州バーズタウンはバーボン・ウィスキーの蒸留所が多く集まっていて、「バーボン・ウィスキーの聖地」として有名だ。こぢんまりとした、いかにもおだやかな地方の町《ルーラル・タウン》で、いつ行っても心温まるところだ。その町のフェデラル・ヒルに建つジョン・ローワン判事の家［図㊼］に、親戚関係にあったスティーヴン・フォスターは子供の頃に訪れている。ローワンの家が建ったのは一七九五年。一八二六年生まれのフォスターがその家を訪れたのは四、五歳ぐらいだったとしたら、一八三〇年頃だろうか。その時の記憶が、それから二十数年後の一八五三年に結実して生まれたのが《ケンタッキーの我が家》だった。かのアメリカ三大競馬のひとつ、五月はじめのケンタッキー・ダービーは観客全員起立してこの歌を斉唱してはじまる。

　現在、ケンタッキー州の州歌になっている、その一聯目の歌詞はこうだ。

The sun shines bright in the old Kentucky home,
'Tis summer, the people are gay ;
The corn-top's ripe and the meadow's in the bloom,
While the birds make music all the day.

（以下略）

ところがフォスターの書いた第一聯の歌詞は、これとは違う。次がそれだ。

The sun shines bright in the old Kentucky home,
Tis summer, the darkies are gay;
The corn-top's ripe and the meadow's in the bloom,
While the birds make music all the day.

二行目の'people'が'darkies'になっているのである。ダーキーズとは、黒人たちのことだ。子供の頃に聴き覚えていた歌詞が、いつの間にか'people'に変えられてしまっているのには驚いた。それがまず最初の疑問だった。「ダーキーズ」は「ニグロ」に近いということで、その言葉をケンタッキー州議会が差し替えたのは一九八六年である。ヴァージニア州の州歌《懐しのヴァージニア》もまた歌詞の中に「ダーキーズ」が入っていて、一九九七年、州議会はこの歌を州歌からはずすことにした。その「ダーキーズ」という蔑称を「ピープル」に変更したことで、むしろその背後に隠されている事実に目が行くようになった。

なぜ、ダーキーたちは屈託なく陽気でいられるのだろう。フォスターが訪ねた頃のケンタッキーはれっきとした南部の奴隷州で、しっかりと奴隷制度を維持していた。その奴隷の身分にあった黒人たちがgay、快活でいられるのは、いったいなぜなのだろう。

アメリカの歌には、細部を見ていくと、どうしてそういう言葉、あるいは歌詞があるのだろう、と疑問を持つようなものが多い。たとえばほとんどの人が知っているだろう、そして歌心のある人なら一度はそのダミ声を真似しただろう、サッチモことルイ・アームストロングの歌で有名な《聖者の行進 *When the Saints Go Marching in*》である。この曲はかつて黒人霊歌《ニグロ・スピリチュアル》として作られ、歌われていたものだが、一九二〇年代からジャズのスタンダード・ナンバーとして確固たる地位と人気を占めるようになった。本来は墓地へ向かう葬送の時に歌われたもので、ジャズ発祥の地といわれるルイジアナ州ニューオルリーンズは低地の沼沢地を埋め立てて作られた町なので、墓地は少し離れた高台か堅固な地盤の場所に造るしかなかった。住宅地からその墓地までの葬送行進の間に、この曲を歌い演奏したものだと伝えられている。だから、セインツ――聖者とは、その葬列に参加している人びとなのだと言われてきた。

一九五九年の映画、ダニー・ケイ主演の『5つの銅貨』の中で、サッチモがこの歌を歌ったことから一躍世界的にヒットした。その歌詞の最初の部分はこうなっている。

Verse:
We are traveling in the footsteps
Of those who've gone before,
But we'll all be reunited
On a new and sunlit shore.

Chorus:
Oh when the saints go marching in
When the saints go marching in,

Oh Lord I want to be in that number
When the saints go marching in.

（以下略）

まだ歌詞はつづくが、人により本によりいろいろと異なっている。ヴァースにつづく一聯目の歌詞は、聖者が行進してきたらその行列の仲間になりたい、と歌っている。なぜだろう。もし、その聖者たちが葬送の人びとなら、その行列には簡単に加わることができるのではないか。それとも、葬列に加わるためには厳密な人選があるとでもいうのだろうか。あるいは、「聖者」が本当の意味での聖なる人びとであるなら、この先、品行を正しくして生まれ変わって聖者の仲間入りがしたいということなのだろうか。

問題は、ヴァースの部分だ。

「我われは先に行った人びとの足跡をたどる旅をする。けれど、その人びととは新しく光り輝く岸辺で再会するのだ」

これは何を意味しているのだろうか。「聖者」というのが「死者」であって、彼らが旅立ったあの世で再び会うことができるという、天国での再会を歌っているのだろうか。苦しみばかり多いこの世を早く後にして、聖者の群れに加わりたいと。これが黒人奴隷たちの現世の苦しみから逃げ出して、来世への夢と希望を歌ったものだとしたら、ある程度納得はいく。少なくとも、死んだ後、先に旅立った人びとの仲間に加わって聖者になりたいというほうが、葬列の聖人たちの仲間に入りたいという解釈よりもはるかにわかりやすい。

原曲は一八九六年に作られたキャサリン・E・パーヴィスの詞に、ジェイムズ・ミルトン・ブラックが曲をつけたもので、現在のような詞にまとまったのが一九二七年頃だろうと一般には言われている。しかし、それ以前からこの《聖者の行進》というイメージは存在していた。十五世紀、全聖人の行列を描いたフレスコ画が有名だ。そしてその古くからのイメージは、ある形をともなってニグロ・スピリチュアルとして歌われたとも考えられる。しかし、それが葬送の行進に歌われるというのは不思議だ。死は苦役からの解放、とも考えられるが、ならそれは単に死への願望に過ぎないのだろうか。

2 《漕げよマイケル》の舟はどこを目ざすのか

もう一曲、気になる曲がある。一九六〇年代のフォークソング・リヴァイヴァル・ブームの火付け役のひとつになった、ハイウェイメンというグループが一九六一年に歌った《漕げよマイケル *Michael Row de Boat Ashore*》だ。モダン・フォークソングとしては、その四年前、五七年に出たボブ・ギブソンのレコード「カーネギーホール・コンサート」に入っていて、それが一般に知られた最初ではないかと思う。むろんそれ以前にも、アメリカン・フォークソングの記念碑的存在であるウィーヴァーズというグループが歌っていて、彼らの歌集にも掲載されている。つまり、もともとファミリー・ソングとしてアメリカの一般家庭でも歌われ親しまれていた大ポピュラーソングなのである。

この曲がフォークソングとしてヒットした一九六〇年代初期、歌ったグループたちからもわかる通り、白人系の、宗教的なニュアンスを持った民謡だと思われていた。だが実際は古い黒人系の民謡、ニグロ・スピリチュアルなのである。

最初にこの《漕げよマイケル》が記録されたのは、南北戦争の時、サウスカロライナ州でのことだという。カロライナから北のヴァージニア州にかけての海岸線は砂州が広がり、小さな湾を抱えた防波堤のような細い半島や飛び石のように連なる小島が並んでいる。そのひとつ、サウスカロライナの沿岸、シー・アイランド諸島の中のセイント・ヘレナ島でのことだ。北軍の海軍が島を封鎖すると知ったこの島のプランテーションの主が逃げ出し、取り残された元奴隷たちがこの歌を歌っていたのだと伝えられている。

奴隷主《スレイヴ・ホルダー》のいなくなった彼らは、今や奴隷の身分ではなく「解放奴隷《フリード・スレイヴ》」と呼ばれる自由の身になっていたのだが、それ以前の奴隷の時には対岸の本土に逃げられれば自由になると信じて、「大天使ミカエルがそこへ渡る舟を漕いでくれる、ハレルヤ！」と歌っていたものだろう。そのもっとも古いヴァージョンを、一八六二年から三年間、このセイント・ヘレナ島のプランテーションの監督官としてやってきた、ハーヴァード大学出身の奴隷制反対論者チャールズ・ピッカーズ・ウェアが聴いている。また一八六三年、この島に滞在中のウェアを訪ねてきた従兄弟のウィリアム・フランシス・アレンが、解放奴隷たちがステーション・クリークの河口を渡る舟を漕ぎながら、この歌を歌っていた、と記述している。

一八六七年、このアレンとウェアとルーシー・マッキム・ギャリソンの三人が、この地区で歌われていた元奴隷たちの歌を集めて『合衆国奴隷の歌 *Slave Songs of the United States*』を編纂した。その中に、この《漕げよマイケル》も入っている。そのもっとも古い歌詞は次のようになっている。

Michael row de boat ashore, Hallelujah!
Michael boat a gospel boat, Hallelujah!

I wonder where my. mudder deh
See my mudder on de rock gwine home.

本来は長い歌詞なのだが、二行で一節の歌詞で、その二聯までをここに取り出した。de は the であり、mudder deh は、mother there を黒人たちが訛って発音したものだ。同じように、'See my mudder on de rock gwine home' は 'See my mother on the rock going home' で、揺れる舟で家に向かう、という意味だろう。一、二行目の最後に「ハレルヤ！」とついているが、三、四行目にはついていない。これは「韻を踏まない《アンライムド》・二行連句《カプレッツ》」と呼ばれるスタイルだから、そのまま歌ったものだと思われる。だが、アレンのリポートでは、黒人たちはボートを漕ぎながら歌った、とあり、おそらくは一種の力合わせの労働歌として歌われていたものらしいから、ここには書かれなくとも、調子付けのために末尾に「ハレッルヤ！」と歌っていたかもしれない。

この歌で気になるのは、「母はどこに行ったのか」という三行目の歌詞と、「母が舟に揺られて家に行くのを見る」という四行目の歌詞の意味だ。母親は、舟に乗ってどこへ行くというのだろうか。それが「家」だとしたら、この大天使ミカエルの漕ぐ舟は、日本で言う冥界との間に横たわる「三途の川」を渡っているようにも思える。実際、その後の多くの口伝の歌の中には、

Michael row the boat ashore, Hallelujah.
Michael row the boat ashore, Hallelujah.
Jordan's River is deep and wide, Hallelujah.
Meet my mother on the other side, Hallelujah.

Jordan's River is chilly and cold, Hallelujah.
Chills the body, but not the soul, Hallelujah.

のように歌われるものがあり、これは現在、フォークシンガーのピート・シーガーのヴァージョンでも聴くことができる。この「マイケルの舟」が渡るのは、いつの間にか実際の川や湾ではなく、ヨルダン川に仮託したあの世への境界であり、ここで歌われる舟はあの世への「渡し舟」になっているのである。

ハイウェイメンやその他のフォークグループ、そして現在も家庭で歌われているもっともオーソドックスな歌詞はこうだ。

Chorus:
Michael row the boat ashore, Hallelujah.
Michael row the boat ashore, Hallelujah.
Sister help to trim the sail, Hallelujah.
Sister help to trim the sail, Hallelujah.

The river is deep and the river is wide, Hallelujah.
Green pastures on the other side, Hallelujah.
(Cho)

Jordan's river is chilly and cold, Hallelujah.
Chills the body but not the soul, Hallelujah.

この詞では、ピート・シーガーのように「彼岸」には母が待っているという一節はないけれど、そこには「緑の沃野《グリーン・パスチュア》」があるという歌詞がある。そして明らかに向こう岸には、こちら側にはない安寧や平和や喜びがあることがわかる。それはやはり天国を意味しているのだろうか。彼ら黒人たちが飽くことなく歌う川の向こうの約束の地《プロミス・ランド》は、天国と考えていいのだろうか。それにしては、全幅の信頼というか、全身全霊をそこにあずける、という心底からの希求のようなものが足りないように思われてならない。あるいは、すべてをゆだねる安心感とでもいうか。それとも「向こう岸」は天国ではなく、もっと別のことを意味しているのではなかろうか。

黒人たちもまた、彼らの歌は確かに天国での再会や邂逅を望み、そこには喜びがあり、平安があり、現世では求められない幸せを求めたいという、強い希求が示されている。しかし、様ざまなニグロ・スピリチュアルと呼ばれる曲、あるいはその近隣の「あの世」を歌う歌たちを聴けば聴くほど、天国での新しい生を生きたいということだけでなく、そこにはもっと別の意味が隠されているのではないかと思われてならないのである。その意味を伝えたいために、黒人奴隷たちはキリスト教から学んだ神への畏敬の念や旧約聖書に書かれた物語を題材にして、そこにある意味を込めて歌を作っていったのではないか。そう考えることで、これらニグロ・スピリチュアルと呼ばれる一群の歌の不思議さやその本質を、真に理解することができると思われるのだ。

3　ニグロ・スピリチュアルの誕生

《漕げよマイケル》などの歌は、奴隷たちが作り歌ったことから「スレイヴ・ソング」と呼ばれたり、彼らが荘園《プランテーション》で働いていたことから「プランテーション・ソング」とも呼ばれていたが、結局は前述のアレンやウェア、ギャリソンたちの労作から、総合して「スレイヴ・ソング」に統一されるようになる。そしてこの《漕げよマイケル》のように、大天使ミカエルの名前が出てくる、いわばキリスト教信仰にまつわる題材が歌い込まれた歌は、自然と「ニグロ・スピリチュアル」と呼ばれるようになっていったのである。なぜスピリチュアルなのかは、まず彼らのキリスト教の受容と同化の歴史を辿ることからはじめなければならないだろう。

現在、アフリカの黒人がはじめてアメリカに奴隷として連れてこられたのは、一六一九年だという記録がある。ピルグリム・ファーザーたちがメイフラワー号でプリマス・ロックに着岸する一年前のことだ。アフリカの黒人を「奴隷」という商品として西インド諸島に運んでいったのは、ポルトガル人である。彼らが運んだアフリカ人は、西インド諸島でサトウキビ狩りの重労働をさせられ、そのサトウキビから作られた糖蜜は北アメリカのニューイングランド地方に運ばれ蒸留されてラムとなる。今度はそれをアフリカに運んでその代価として黒人たちを西インド諸島へと奴隷にしたてて運んでいく——。それがかの悪名高き、三角貿易である。

黒人が労働商品として、当時の植民地大国にとって欠かせない財産であった時代、奴隷を運送する仕事はその頃の海運王国であったイギリスが主として担っていた。その奴隷貿易で今に残るエピソードが、ゴスペルの名曲として名高い《アメイジング・グレイス *Amazing Grace*》の作者、ジョン・ニュートンのそれだろう。奴隷商人であった彼は、ある日奴隷を乗せての航海中に嵐に遭い、必死の祈りが通じてか無事にアメリカに着くことができた。奴隷貿易という悪行をなしたにもかかわらず、神は自分を見捨てずに救ってくれた、という悔恨と感謝の気持ちを後年歌にした。一七二六年のことだ。その神の偉大なる愛への感動と賛美の歌《アメイジング・グレイス》は、今も多くの人に歌われつづけている。

しかし、いつでも見逃されがちの、もっとも重要なことは、その黒人たちを奴隷商人に売り渡したのは誰か、ということだ。それは現在もなおつづくアフリカでの部族間闘争の勝者――すなわち、アフリカ人がアフリカ人をヨーロッパやアメリカに売ったのである。白人がアフリカ人を無理やり連れ出して売った、という図式はわかりやすいが、それは真実とは言えない。とはいえ、それを商品として売買した白人奴隷商人の罪が免れるわけではない［図㊽　奴隷売買のポスター］。

アメリカに強制的に連れてこられたアフリカの黒人たちは、当初、祖国の文化を守っていたが、ある面では強制的に、また一方では自発的に新大陸のやり方や風習を受け入れていった。

たとえば奴隷商人は買い主たちに、売った奴隷の故国の食糧――穀類や野菜、香料や調味料をまるで犬や猫などのペットの餌のように渡していたのだ。しかし所詮、そうした配給食糧が長つづきするはずもなく、結局はアメリカの食材を使い、アフリカ風の調理法で自分たちの食事を作るようになる。この「アメリカの食材をアフリカの調理法で」という料理が、やがて「ソウル・フード」と呼ばれるようになっていく。奴隷たちはプランテーションの畑を耕しながら、奴隷小屋の裏手の空き地などで自分たち用の農作物を作らねばならなかった。そうやって彼らは新天地での生き方を自ら工夫し、食べ物、衣料、言葉、歌、考え方、価値観といったものを取り入れてアメリカに同化していくしかなかった。

一般に彼らは祖国の神を捨てるように強制され、無理やりキリスト教を押し付けられたかのように思われがちだが、そうでもなかった。まず、奴隷を必要とした南部ははっきりとした二層社会だった。先にも述べたように、イギリスからやってきた国教会《アングリカン・チャーチ》派の王党派は上流階級の人間たちで、自分たちの身分や地位を守り維持していくための労働者階級が必要であった。それが手っ取り早くには黒人奴隷だった。

彼ら奴隷主がもっとも恐怖したのは、奴隷たちが字を覚え、本を読み、知性を磨くことだった。字が読めないということは聖書が読めないということで、この点が重要だ。なぜならば、聖書は、神は誰をも等しく愛し、救う、神のもと、人はすべて平等だ、と教えていたからだ。この平等という概念は、この時代の南部では危険なことだった。だからこそ奴隷主たちは黒人奴隷たちをキリスト教から隔離するべく、彼らに教育を施すことを頑なに拒んだのである。ことに一八三五年のナット・ターナーの奴隷反乱の蜂起以降はその傾向が顕著になった。

だが、それまで上流階級専用だったキリスト教を、南部で強引に教え広めようとする人間がいた。それがニューイングランドに入植した、清教徒《ピューリタン》たちだった。ピューリタン的な宗教観の問題点は、自己の宗教が正しいと信じ、それを他人に押し付けようとするところだ。それが世界中で多くの悲劇を生んだことは、世界史に如実に示されている。しかし、その強い使命感が多くの人びとを救ったこともまた事実である。そうして南部の黒人奴隷社会には、それら熱心な宣教師や伝道師たちによって、少しずつキリスト教が浸透していった。

キリスト教を知った奴隷たちは、奴隷主に隠れて礼拝に加わるようになった。礼拝場所は彼らの住まい――奴隷小屋であったり、野外の隠れ場であったり、納屋や物置の片隅であったりした。それらを「見えない教会《インヴィジブル・チャーチ》」と呼んだ。そこで秘密の礼拝を行なうことを仲間に知らせるのは、歌によるしかなかった。彼らは文字を読めず、書くこともできなかった。もともとアフリカ大陸のあちこちの土地の言葉の異なる部族からなる彼らは、共通言語を持っていなかった。しかたなく、習い覚えた不慣れな英語で意思を疎通するしかなかったのだ。そういう人びとに向けての、容易な伝達方法が歌だった。その中で、有名なのが《スティール・アウェイ *Steal Away*》という歌だ。「こそこそ行く」とでも訳せばいいだろうか。

Chorus:
Steal away, steal away, Steal away to Jesus!
Steal away, steal away home, I ain't got long to stay here.

My Lord, He calls me, He calls me by the thunder;
The trumpet sounds within my soul, I ain't got long to stay here.

「こっそりとイエスのもとへ行こう。こっそりと我が家へ帰ろう。ここには長くはいないから。神は呼んでいる、雷のように。トランペットが魂に響く。ここには長くはいない。だから、こっそりとイエスのもとへ……」と歌うこの歌は、ウォーレン・スミスというチョクトー・インディアンのテリトリーに住む自由黒人《フリード・ブラック》が、少なくとも一八六二年以前に作ったと言われている。この歌をチョクトー寄宿学校の牧師であったアレグザンダー・レイドが聴き、詞や曲調を整えて世に知らしめようと、一八七一年、黒人コーラス・グループのジュビリー・シンガーズにこの曲を歌ってほしいと依頼した。

彼らはテネシー州ナッシュヴィルにあるアメリカ最初の黒人大学、フィスク・ユニヴァーシティに所属するコーラス・グループで、大学の運営資金調達のためにアメリカばかりでなく海外にも出かけて公演をしていた。レイドの依頼があった時、彼らは初めてのニューヨークとニュージャージー公演を控えており、この歌を発表するにはいいチャンスだった。これがきっかけとなって、東部の大都市でニグロ・スピリチュアルという音楽が一般の人びとの耳に届くことになったのである。「スピリチュアル」という言葉は、最近では「魂の救済」とか、「心の癒し」といったニュアンスで用いられるが、本来は「宗教的な」という意味が一般的で、したがってスピリチュアル・ソングはそのまま「宗教的な歌」ということになる。だが「スピリチュアル」には、精神的なという意味よりも、むしろ「霊的な」といったニュアンスのほうが強かった。もっと言えば「聖霊」である。聖霊に満たされる状態がスピリチュアルであって、そういう時に歌うのがスピリチュアル・ソングだと言ってもいい。

以前は、スレイヴ・ソング、あるいはプランテーション・ソングと呼ばれていた奴隷たちの歌が、キリスト教の影響を受けてスピリチュアル・ソングと呼ばれるようになっていった。奴隷たちが歌っていた歌が、すべて宗教的な歌かというとむろんそうではなく、日常の生活の苦しみや悲しみ、恋や仕事の喜びなどを歌う曲もあった。それら非宗教的な曲は、やがて「ブルース」という名前で呼ばれる音楽ジャンルに収斂されていくことになる。

スピリチュアル・ソングという名前が生まれたきっかけは、おそらくは一冊の賛美歌集からではないかと思われる。先にも述べたように、植民地時代の初期、南部にキリスト教を熱心に伝道したのは、東部ニューイングランド地方に入植したピューリタンたちだった。彼らの伝道に必要な道具は二冊の本。祈禱書と賛美歌集である。その賛美歌集には二種類あった。ひとつは一六四〇年――ピルグリムたちがプリマス・ロックに足を乗せてから二十年後にマサチューセッツ州ケンブリッジで印刷、発行されたという『湾岸詩篇書 *Bay Psalm Book*』〔図㊾〕である。

詩篇（Psalm）というのは、旧約聖書の一部であり古代ヘブライ人が神を讃えた歌で、全部で百五十編ある。それを英訳した労作『湾岸詩篇書』は植民地で最初に書かれた本として、また印刷された最初の本として歴史的に重要なものとされてきた。現在、この『湾岸詩篇書』の実物は十一冊現存している。

記録に残るもう一冊は、一六五一年に発行された『旧約、新約聖書における詩篇、讃美歌及び宗教的な歌 *The Psalms, Hymns and Spiritual Songs of the Old and New Testament, faithfully translated into English metre: being the New England Psalm Book*』［図㊿］だった。とくにこの本のタイトルと内容が、黒人奴隷たちに影響を与えた。十七世紀後半、ニューイングランドのピューリタンの宣教師たちが、この二冊を手に南部へと伝道の旅に出た。

それらの本を手にしての宣教・伝道活動によって、黒人奴隷たちはキリスト教に心を開いていった。プランテーションの主人たちとその家族の多くは、プロテスタントで熱心に教会に通っていた。その白人たちの集う教会の外で、黒人たちは讃美歌や詩の詠唱を聴いていたのだった。やがて彼らも宣教師たちの建てた黒人用の教会の礼拝にも加わっていく。

だが、キリスト教が黒人たちの間に一挙に拡がっていったのは、一七三〇年代に興り、その後数回にわたってくり返された「大覚醒《ザ・グレイト・アウェイクニング》」つまり「信仰復興運動《リヴァイヴァル》」によってだった。

このリヴァイヴァル運動は、信仰の再生、本質への立ち戻りを目的に、教会内や野外に張られた天幕内、あるいは露天で行なわれる野外集会による熱狂的な福音の会合を経験しようというものだった。「大覚醒」とは、ようするに新たなるキリスト教の解釈、神への新しいアプローチの発見と言えるかもしれない。

そのリヴァイヴァルのきっかけを最初に作ったのは、一七三〇年代、マサチューセッツ州のプロテスタント、会衆派《コングリゲーショナル》の神学校の牧師で、後にプリンストン大学の学長になるジョナサン・エドワーズで、その説教は、それまでの聖書を解説するような理性的な説教ではなく、人の情動に訴える新しいタイプの情熱的な説教だったと伝えられる。そのジョナサン・エドワーズを受け継いだのが、イギリス人のメソジスト派の伝道師、ジョージ・ホイットフィールドで、彼はすぐれて激情的な説教を展開し、多くの信者を惹きつけると同時に、その説教を聴いた者たちは皆陶酔し、涙を流し、説教に大声で和し、時に身体を震わせ、中には失神する信者も大勢いたという。それが「聖霊が降りた」または「聖霊に満たされた」状態として、そういう状況に身を置いた者が作り歌うようになった曲が「スピリチュアル・ソング」と呼ばれるようになっていく。ともあれ、その経験は魂の洗浄ともいえる新しい回心運動を興し、これがアメリカ南部のキリスト教の状況を大きく変えた。

この時期、一七三〇年代からのリヴァイヴァル運動を、第一次大覚醒と呼んでいる。第二次はそれから六十年ほど経った一八〇〇年から一八三〇年代にかけて起こったもので、その特徴は、それまではおおむね教会内で行なわれたリヴァイヴァル運動だったのに対して、野外に移って、多くの信者を集めて終夜、時に数日間キャンプ生活をしながら自分たちの信仰復興運動——衆人の前で懺悔や告解と祈りに熱中し、時には踊り、歌いながら確認しあうものだった。

この野営天幕集会《キャンプ・ミーティング》と呼ばれる祈りの場は、とくにテネシー州やケンタッキー州が盛んで、メソジスト派とバプテスト派の教会が中心となってその勢力を伸ばしていった。今もこのあたりを車で旅すると、周辺のコミュニティの情報源であり、釣りやキャンプなど各種のライセンスの発行所を兼ねた土地の「ゼネラルストア」と呼ばれるスーパーマーケットの掲示板などには、キャンプ・ミーティングのお知らせと参加者募集のチラシが張られていたりする。また、ごく狭いエリアを可聴範囲とするローカルのミニ・ラジオ局にカーラジオのダイヤルを合わせていると、キャンプ・ミーティングへ誘う宣伝バンドの演奏の実況中継に出くわすことがある。そういう時の音楽は主として、フィドルやバンジョーを使ったオールド・タイプのマウンテン・ミュージック系のセークレッド・ナンバーであり、もう少し南に行くと、ゴスペルやスピリチュアル調の曲が多くなっていく。

ともあれ、一七〇〇年代後半から一八〇〇年代初めにかけて黒人奴隷たちは、このリヴァイヴァル・キャンプ・ミーティングの最中だけは差別のない、心の底から解放された歓喜を味わうことができた。それが奴隷たちの間に、キリスト教が爆発的に広まっていく大きな原動力になった。彼らは故郷であるアフリカのダンスを踊り、みんなで跳ね飛び、輪唱し、熱狂して祈った。白人も黒人もなかった。誰もが陶酔して神の存在を実感した。

リヴァイヴァル・キャンプ・ミーティングには、驚くほど多くの信者が集まった。第二次大覚醒の初期、一八〇〇年七月にケンタッキー州南西部にある「クリーデンス・クリアウォーター・リヴァイヴァル・チャーチ」が主催したケイン・リッジでのキャンプ・ミーティングには、二万人の信者が集まり、長老派《プレスベタリアン》、バプテスト、メソジスト派の各教会の多くの牧師たちが礼拝を取り仕切ったという記録が残っている。

この「大覚醒」によって浸透したキリスト教の教義と、黒人特有の音楽的感性をフルに発揮して、彼らは新しい音楽を作った。そこで覚えた宗教的題材——聖書からの教えや牧師たちの説教をヒントに、あるいは旧約の物語を題材にして自分たちなりの言葉や表現を交じえ、独自のメロディーやリズムやテンポに乗せて宗教的内容を持った神への讃歌、揺るぎのない信仰、福音による喜びの歌を作っていった。それは教えられ、与えられた聖歌や讃美歌ではなく、詩でもなかった。彼らはそれを、かつて伝道師たちに学んだ讃美歌の本から「スピリチュアル・ソング」と呼んだ。自分たちの歌が「詩篇《サルム》」でも「讃美歌《ヒム》」でもなく、聖霊に満たされたスピリチュアルだったからだ。

4　アフリカへの帰還運動

キャンプ・ミーティングを通しての目覚めは、彼らに、神の愛のもとすべての人間は平等であるという意識と、神の加護によって自由を獲得できるのだという勇気を持たせた。その自由を手に入れるには、いろいろな方法があった。

一六一九年、ヴァージニアのジェイムズ・タウンにオランダ船によって運ばれてきた二十人の黒人奴隷からはじまり、一六四一年には北部マサチューセッツ植民地ではじめて奴隷制度が確立されてからほぼ二百年、「労働力としての必要悪」という考えから脱して、はっきりと奴隷制に反対する人びとが増えていった。奴隷制という体制そのものに反対して、それを政治的に解決しようとする人や、黒人たちを奴隷という身分から救い出そうと行動する人間たちもいた。

奴隷たちをその身分から救おうとする運動でよく知られているのは、クエーカー教徒たちが奴隷市場で正式に奴隷を購入して、その後に解放するというやり方である。一方、アメリカ国内での奴隷状態から救い出しても、国に奴隷制度が存在する限り真の奴隷状態からの脱出はありえないと、黒人たちの故国であるアフリカに送り返そうという動きもあった。

その代表的な例が、「アメリカ植民協会」の設立だ。通称'American Colonization Society'となっているが、正式な名称は'The Society for the Colonization of Free People of Color of America'である。ようするに「自由黒人のための植民協会」ということになる。自由黒人《フリード・ブラック》というのは、何らかの理由で——たとえば後に奴隷制反対を掲げて黒人蜂起を起こすデンマーク・ヴィージーの場合、宝くじに当たったその金で自由の権利を買い取ったし、自分の買い主である奴隷主が死亡したり、プランテーションを放棄したりした場合や、あるいは主人の目をかすめてうまく逃げおおせた者などが「自由黒人」になった。だが、自由を獲得しても差別の問題は解消せず、黒人たちの中には自らアメリカを離れて故国アフリカの地へ戻ろうと考える者も増えていった。

アフリカへの帰還運動は、黒人たち自らによるものだけでなく、奴隷主に管理されない、自由黒人たちによる組織だった反乱を恐れる南部の白人や、自由黒人たちの安い労働力によって自分たちの仕事が奪われるのではないかと考える北部白人の貧民層たちの不安も後押ししていたということを見逃すことはできない。

自由黒人たちのための植民地をアフリカに創ろうという発想はかなり古くからあり、独立宣言の起草者である第三代大統領のトマス・ジェファーソンもその提唱者のひとりだった。一八一六年に設立されたこの協会は、白人と黒人という、異なった人種がひとつの国に住むことの問題の多さや、将来の多難さなどへの思いもあって賛同者は徐々に増え、アフリカ大陸中央付近の西海岸に接した土地に植民地を創ることにした。そしてそこを「リベリア」と名づけた。ラテン語の「自由な」からきている。

リベリアへの移住は一八二〇年からはじまり、四七年にはリベリア議会は独立国家であることを宣言した。リンカーンもかつてはリベリア植民計画に賛同していたが、やがて大統領になり南北戦争によって北軍兵士が払底しはじめると、北部に逃げた自由黒人たちを「自らの自由獲得への戦いのため」として北軍兵士に仕立てて南軍と戦わせる必要が生まれて、黒人たちの海外送還反対へと考えを変えたと言われている。

だが皮肉なことに、差別され排斥されたアメリカから故国アフリカに戻って、「アメリコ・ライベリアン」と呼ばれるようになった彼らは、先住部族に対して自分たちが受けたと同じ差別や排斥行動を行なうようになった。まさに「被差別者が差別する」という図式がここにあった。内戦に次ぐ内戦がこの国を不安定にし、植民協会そのものは一八四七年に破産した。

その後、二十世紀に入って、リベリアは二度の内戦の末、世界最貧国のひとつになってしまったが、二〇〇五年のアフリカ初の選挙によって、女性大統領エレン・ジョンソン・サーリーフが選出され、新しいリベリアを予感させた。二〇一九年現在、元サッカー選手のジョージ・ウェアが大統領を務めている。彼は二〇〇八年に福島県の社会人リーグ「バリエンテ郡山」の総監督に就任したこともあったが、その後運営会社が解散して、来日することはなかった。

結局アフリカへの植民計画は失敗したわけだが、より根本的に黒人奴隷という身分、人種による差別を撤廃するために、実力行使しようとする人間たちもいた。それが南部白人たちの恐れる黒人たちの反乱で、有名なところでは一八一五年ヴァージニア州スポッツルヴァニアでのジョージ・ボクスリーの反乱や、一八二二年サウスカロライナ州チャールストンで起こったデンマーク・ヴィージーの反乱、そして前に少し触れた一八三一年ヴァージニア州サザンプトンで起こったナット・ターナーの反乱などが知られている。

それら黒人たち自身による反乱に混じって、もっとも屹立した行動を起こしたのは白人の奴隷制反対論者のジョン・ブラウンだった。

5　ジョン・ブラウンの奴隷制廃止運動

子供たちの愛唱歌の中に《おたまじゃくしは蛙の子》や《権兵衛さん（太郎さん）の赤ちゃんが風邪引いた》がある。誰もが一度は口にしたろうこの二つの曲はどちらも、南北戦争での北軍の行進曲の歌として一般によく知られ、よく歌われた《ジョン・ブラウンズ・ボディ》の旋律を借りたものだ。

John Brown's body lies a-mold'ring in the grave,
John Brown's body lies a-mold'ring in the grave,
John Brown's body lies a-mold'ring in the grave,
His soul goes marching on.

Glory, Glory! Hallelujah!
Glory, Glory! Hallelujah!
Glory, Glory! Hallelujah!
His soul is marching on.

（以下略）

「ジョン・ブラウンの肉体は墓に横たえられ、朽ちていく。だが彼の魂は今も行進をつづけている」。一聯の歌詞は、おおまかそう歌われる。そしてこのジョン・ブラウンは、奴隷解放に殉じた人物だと考えられている。

だが、実在のジョン・ブラウンは、一八〇〇年にコネティカット州に生まれたピューリタンだった。その後、オハイオ州に移住、なめし革工場を営む父親の後を継ぎ、なめし業ばかりでなくその材料となる皮を取るための羊の飼育や羊毛関係の仕事を、終生曲がりなりにもつづけていく。その人生は浮き沈みが激しく、二人の妻との間に二十人の子供をもうけたが、その大半を赤痢やコレラで喪っている。

彼を奴隷制廃止運動に走らせたのは、一八五五年、カンザス準州に住む息子たち一家が、好戦的な奴隷制援護派によって襲われる危険があると知らせてきたことによってだった。ブラウンは家族を守るために、その援護派に対抗する決心を固めてカンザスへと向かった。当時ニューヨークに住んでいた彼は、途中の各地で奴隷制廃止の演説をして、支持者や資金を集めていった。その資金によって彼は、武器と共に行動する仲間を増やしていったのだった。

その年の六月、ニューヨーク州オルバニーで開催された「反奴隷制度大会《アンティ・スレイヴリー・コンヴェンション》」に出席すると、自由労働州のためには実力行使もやむをえない、という彼の演説に対して賛否分かれる激しい議論が巻き起こったにもかかわらず、ブラウンの行動への財政的援助を申し出る者が大勢いた。

ブラウンにしてみれば、援護派の横暴もさることながら、むしろ反対派の弱腰のほうこそ腹に据えかね、ことあるごとに彼らを「臆病者！　あるいはそれ以上だ」とののしったという。

一八五六年五月、彼はカンザス準州ポタワトミーで奴隷制反対派の開拓民襲撃に対する報復として援護派五人を殺した。その後ふたたび東部に戻って資金集めをつづけ、一八五九年七月三日、ヴァージニア州ハーパーズ・フェリーに滞在。この町にある円形機関車庫を利用した合衆国軍の武器庫を襲撃する計画を練った。

十月十六日、二十一名の部下（その中には彼の息子もいた）を引き連れて武器庫の襲撃に向かう。武器庫には十万挺のライフルやマスケット銃が保管されていて、ブラウンはこれを確保して地元の奴隷を武装させ一斉蜂起しようと計画していた。抵抗もなく町に入り、守衛一人が守る武器庫に押し入ったが、十八日の朝までに町の人びとや民兵が反撃を開始。十八日の朝には、後の南部連合軍の司令官になるロバート・E・リー大佐に率いられたアメリカ海兵隊一個中隊が機械室を包囲し、降伏の勧告をはねつけたブラウンたちに攻撃を仕掛けた［第三部扉］。ブラウンたちの反撃も空しく、機械室を破壊して進入した海兵隊に三分足らずで拘束された。ブラウン側の死者は十人、脱走は五人、ブラウン以下七名が逮捕され、彼の夢見た、黒人たちの蜂起は結局起こることはなかった。

ブラウンの罪状はポタワトミーでの四人の白人と一人の黒人殺し、奴隷に対する反乱の教唆、およびヴァージニア州に対する反逆罪だった。収監されている間、彼は手紙を書くことを許された。その時に書いた手紙の格調の高さと、奴隷解放は正義であるという強い信念は、新聞紙面にも取り上げられて北部に多くの奴隷制反対の支持者を増やすことになった。

十二月二日、ブラウンは聖書を読み、妻への最後の手紙をしたため、遺書とも思われる言葉を書き残して絞首台に上った。そして、十一時十五分その死が確認された。

ジョン・ブラウンの奴隷制度廃止を訴える激烈な行動は、たとえその蜂起は完全な失敗であったにもかかわらず、多くの人の心に強烈な印象を刻みつけた。黒人の自由を勝ち取るために黒人自身が行動を起こすのではなく、白人もまた黒人を奴隷の身分から救うために死をも賭すという行動が、人びとに衝撃を与えたのだった。

運動のためには殺人をも辞さないジョン・ブラウンは狂信者なのか、あるいは奴隷解放の殉教者なのか、今なおその評価は分かれている。ヴィクトル・ユゴーは、時のアメリカ政府にブラウンの恩赦を乞う手紙を書き送り、南北戦争前からの奴隷制廃止運動の黒人リーダーであったフレデリック・ダグラスは「(ブラウンは)奴隷制を終わらせる戦争をはじめ、自由の共和国を創った」と書いた。一方、前述したように、リンカーン大統領は「見当違いの狂信者《ミスガイデッド・ファナティック》」と一刀両断している。

その後も時代が変わるたびに、ブラウンの行動への解釈は揺れ動いている。だが少なくとも、彼が南北戦争の背中を押したことだけは間違いがないだろう。そしてその戦いが黒人奴隷を解放する目的だったということから、北軍の兵士たちは自分たちもまたそのために戦っているのだと、彼の名前を冠したマーチを誇らしげに歌ったのだろうと思われる。

だが実は、ここで歌われているジョン・ブラウンは、ハーパーズ・フェリーの英雄ではなく、一八六〇年頃にマサチューセッツ州民兵隊第二歩兵大隊、通称タイガー大隊の兵士、スコッチ・アイリッシュ系のジョン・ブラウンという、反乱を起こしたヒーロウと同じ名前の兵士をからかうために歌いはじめたものだという説がある。真相はどうあれ、この曲の元になった歌がキリスト教のキャンプ・ミーティングで歌われたニグロ・スピリチュアルの《カナンの幸せの岸辺 *Canaan's Happy Shore*》または《兄弟よ、会いに来てくれるのか *Brothers, Will You Meet Me*》と題される曲、つまりは黒人たちの自由への希求の歌にあることを忘れてはいけない。両者は同じ曲である。こんな詞で歌われる。

Say, brothers, will you meet us.（3x）
　On Canaan's happy shore.

Refrain:
Glory, glory, hallelujah!（3x）
For ever, evermore!

（Ref）
By the grace of God we'll meet you,（3x）
　Where parting is no more.

（Ref）

Jesus lives and reigns forever,（3x）
On Canaan's happy shore.

普通、キャンプ・ミーティングは川のそばで開かれたとされる。とくに、バプテスト派の信仰告白をともなうキャンプ・ミーティングは、この教派の名前の由来であるところの、罪の悔いあらためや、信仰告白の儀式としての「洗礼」、ことに全身を水につける「浸礼《バプタイズ》」を行なうために川や池の近くである必要があるからだ。

他方、このリヴァイヴァル運動に加わらなかったクエーカー教徒たちもまた、川のそばでの集会を行なうことで知られている。南北戦争前のノースカロライナ州での彼らの集会場所が、州の北西部寄りのラーレイの町の西側にある、ハイ・ポイント湖から流れ出ているディープ・リヴァーのほとりであった。その川を歌った歌がある。《深い川 *Deep River*》がそれだ。

Deep River, my home is over Jordan,
Deep River, Lord,
I want to cross over into campground.
Oh don't you want to go to that gospel feast,
That promised land where all is peace.

「深い川、我が家はヨルダン川を越えて、深い川、主よ、そこを越えて野営の場所《キャンプ・グラウンド》に行きたい、神の与えたもうた食べ物を欲しくはないのか、約束の地はこのうえもなく平和なのだ」

約束の地を目ざして深いヨルダン川を渡れば、そこには神の祝祭がある、そこは完全な平和である、一緒に行かないか、と歌っているのである。この詞は一見、エジプトの地からモーセに率いられて約束の地のカナンを目ざすイスラエルの民の四十年に及ぶ苦難の旅を歌っているかのようだ。あるいはここで歌われる「キャンプ・グラウンド」は、クエーカー教徒たちが行なうディープ・リヴァーのほとりでの野外集会場だとも考えられる。
別の《深い川》の歌詞では、次のようになっている。

Deep river, my home is over Jordan,
Deep river, Lord,
I want to cross over into camp ground.

My Lord, he calls me,
He calls me by the thunder.
The trumpet sounds within my soul:
I ain't got long to stay here.

Deep river, my home is over Jordan,
Deep river, Lord, I'm gonna cross over into campground.

第二聯の「主はわたしを呼ぶ、雷に乗せて。魂に響くトランペットの響き、ここには長くはいられない」とは、あの「見えない教会《インヴィジブル・チャーチ》」での礼拝のことを歌ったと思われる《スティール・アウェイ》と同じヴァースなのである。ということは、この曲で歌われるディープ・リヴァーでのキャンプ・グラウンドでの集会もまた、奴隷主には内緒で行なわれる秘密裏の「見えない教会」と同じ祈りの場であったと考えられなくもない。

しかし、《ジョン・ブラウンズ・ボディ》の原曲となった《カナンの幸せの岸辺》や《兄弟よ、会いに来てくれるのか》もともに、最初のヴァースは、

Say, brothers, will you meet us on Canaan's happy shore.

「兄弟よ、カナンの幸福な岸辺で、我われと会えるのですね」となっている。この歌詞もまた、この川辺のキャンプ・ミーティングでのことを意味しているとも受けとれる。だとしたら次の二聯の二行はどういう意味なのだろう。

By the grace of God we'll meet you
Where parting is no more.

一行目は、「神の恩寵によって我われはあなたに会う」とあるが、この you（あなた）とは誰のことだろうか。「神」とは考えにくい。神の恩寵によって神に会う、というのはおかしいからだ。では、誰なのか。そしてその次の行の「そこではもう我われは二度と別れ別れにはならない」というのも、またどういう意味なのだろうか。you は複数の「あなたがた」なのかもしれない。となるとますます

意味が深くなる。

その意味を知るには、ジョン・ブラウンが「将軍」と褒めたたえた女性、「地下鉄道」の運営において大きな力を示した、ハリエット・タブマンという女性の存在について語らねばならない。

第二章　地下鉄道に託した思い

1　二人のハリエット

ジョン・ブラウンが、自らの命を賭してまで黒人の自由を獲得しようと激越な行動を起こしたのには、彼の父親、オウエン・ブラウンの関わっていた組織の影響が大きかった。オウエンは地下《アンダーグラウンド》・鉄道《レイルロード》と呼ばれる、黒人奴隷たちの北の自由な土地への逃亡を援助しようとする秘密組織の支持者であり、自らもコンダクターと呼ばれる運営係の一員だった。

一八三一年、ケンタッキー州から自由州《フリー・ステート》のオハイオへ逃げたタイス・デイヴィッツを追った奴隷主が、彼の行方を捜しあぐね「まるで地下の迷路にもぐりこんだようだ」と語ったという。その言葉を、奴隷解放論者のウィリアム・コックラム大佐が「実に多くの奴隷たちが自由の地へと逃げていった……それを奴隷主たちは、オハイオ川の下を走る北へ向かう地下の鉄道があるに違いないと語った」と記したことから、後世に「地下鉄道」という名が伝えられるようになった。

その組織の中心をなしていたのは、クエーカー教徒だとされている。少なくとも南北戦争前、クエーカー教徒は反奴隷制運動の中心であり、強力な推進団体であった。一八一六年、ノースカロライナのクエーカーたちは、七月に奴隷解放協会を創設して協会員に献金を依頼してそれを資金にして、その後多くの奴隷を購入してアフリカのリベリア植民地へと送り返すということをやっていた。やがて彼らは南部の奴隷たちを国内の北の自由州へと送り込む、というこの地下鉄道の運営方針に邁進することになる。

　このクエーカーたちの、奴隷を南部から北部へと逃がす計画は以前から政府部内でもよく知られていて、一七八六年には、三年後に初代合衆国大統領になるジョージ・ワシントンが、フィラデルフィアにいる逃亡奴隷《フュージティヴ・スレイヴ》たちは、逃亡を援助するために作られた「ソサイエティー・オヴ・クエーカー」によって自由を勝ち得ている、と書き残している。ワシントン自身多くの奴隷を所有していることで知られており、それゆえにか逃亡に力を貸していると見られる「ペンシルヴァニア奴隷制度《アボリション》廃止協会《ソサイエティ》」の動向を調査させてもいる。この協会には、クエーカー教徒以外のその時代の傑出した人物たち、ベンジャミン・フランクリンをはじめ、大陸会議の代表で独立宣言に署名もしているベンジャミン・ラッシュ、イギリスの支配を脱してのアメリカの独立を説いた当時のベストセラー『コモンセンス』の著者であるトマス・ペインや、フランス人でありながらアメリカの独立戦争に義勇兵として従軍し、後にフランス人権宣言の起草に関与したマルキ・ド・ラ＝ファイエットなどが加わっていた。

　この時期、インディアンもまた奴隷たちの逃亡を手助けした。オタワ・インディアンの首長《チーフ》キンジェイノはほとんど初期からの逃亡援助者であったし、セミノール・インディアンは逃亡奴隷たちを匿った。彼らのテリトリーはフリー・ステートで、そこに隠れていた奴隷たちのために彼らはアメリカ政府と戦ったりもしている。一八三〇年代、セミノールが別のテリトリーに移住する時には五百人ほどの黒人がその部族にいた、という証言もある。この人数は彼らの人口の一五パーセントにあたっていた。セミノール族との混血も進み、その子孫は「ブラック・セミノール」［図51］と呼ばれている。彼らに関する研究書であるウィリアム・ローレン・カッツの『ブラック・インディアン *Black Indians: A Hidden Heritage*』（1986）は、資料的にもすぐれた本である。彼ら、ブラック・セミノールたちは後のアメリカ陸軍に入ってアパッチやコマンチ・インディアンと戦うという皮肉な運命にあったと、『ナショナル・ジオグラフィック』誌の調査にある。

またポルトガルの漁師たちも、南の地域からマサチューセッツやコネティカットやロード・アイランドの自由港へと、逃亡奴隷たちを運んでいったという証言もある。だが何よりも、この北への逃亡に多くの無名の庶民たちの協力があったことを忘れてはいけない。そういう中でハリエット・タブマンが果たした功績は、図抜けていた。

この時代、二人のハリエットがいた。一人は一八一一年生まれのハリエット・ビーチャー・ストウ［図52］で、若い頃は教職についていたが、一八三二年、父親がオハイオ州シンシナティのレイン神学校に転勤した時、彼女は召使いに雇った黒人女性を連れ戻しにきた夫から逃がして知り合いの家に匿ってもらうよう力を尽くした。その時の経験が、後にハリエットの人生を変えることになる。二十二歳の時に姉の名前で子供向けの地理の本を書いたりしたことから、文筆の世界に足を踏み入れることになった。やがてカルヴィン・ストウと結婚して、七人の子供をもうけた後、夫の勧めもあって筆を執り、一八五二年に出版されたのが『アンクル・トムの小屋』で、これが大変なベストセラーになり、多くの人に奴隷制度の悲惨さを知らせたのだった。

一八五四年、奴隷制反対のスローガンで共和党が新しく生まれ、六年後、その共和党から出馬したアブラハム・リンカーンが大統領になると、彼は南北戦争の最中ストウ夫人をホワイトハウスに招び、彼女を'The little lady who made this big war（この大きな戦争を引き起こしたか弱き婦人）'と紹介した。リンカーンの言う通り、彼女は確実に南北戦争の原因の一つを作ったのだった。

もう一人のハリエットが、地下鉄道の一員としてその組織を大きくし、多くの奴隷を自由の土地に連れていった女性、ジョン・ブラウンが「タブマン将軍」と呼び、多くの人びとが「女モーセ」と呼んだハリエット・タブマン〔図53〕である。

ハリエットは、一八二一年メリーランド州ドーチェスターで奴隷の両親から生まれ、本人もまたいやおうなく奴隷の人生を歩まなければならなかった。一八四四年、同じ奴隷仲間のジョン・タブマンと結婚する。ある時彼女は、奴隷監督の言うことを聞かないということで、監督の投げた一キロほどの秤用分銅が頭にぶつかって頭蓋骨陥没の重傷を負う。そして残る一生を睡眠発作のナルコレプシーや癲癇の発作に悩まされることになった。一八四七年、自分たちの奴隷主が死亡して他の奴隷主に売られると知った彼女は、渋る夫を残して単独で逃亡。フィラデルフィアに逃げた時に地下鉄道を支えていたクエーカー教徒の存在を知り、自らもその運動に加わることになった。

彼女は常に拳銃とモルフィネを所持し、身の危険が迫れば容赦なく銃で応戦し、また怯えた女性や泣き止まない赤ん坊には躊躇なくモルフィネを使ったという。そういう逃亡援助活動に明け暮れる日々がつづいた後、ようやく彼女は年老いた両親を荷馬車に乗せて逃亡させることができた。

一九一三年三月十日、彼女は両親のために購入したニューヨーク州オウバーンの家での死の床で、これまでいつも逃亡中に奴隷たちを勇気づけるために歌ってきた《スウィング・ロウ、スウィート・チャリオット *Swing Low, Sweet Chariot*》を、仲間が歌ってくれるのを聴きながら息を引き取った。彼女がたたえられるのは、奴隷であり、黒人であり、女性であるという、当時にあっては大きなハンデを克服したことだ。二〇〇三年八月二十七日、時のニューヨーク市長ジョージ・F・パタキが、三月十日を「ハリエット・タブマン・デイ」としてニューヨーク市の休日にした。

他にも、多くの地下鉄道に貢献した重要な人物がいた。ビーチャー・ストウもまた、後にオハイオ州シンシナティ近くのウォルナット・ヒルズ近郊で地下鉄道の駅を運営していたし、前述した《マイ・グランドファーザーズ・クロック *My Grandfather's Clock*（大きな古時計／おじいさんの古時計）》を作ったヘンリー・クレイ・ワークもまた、熱心な地下鉄道の援護者だったことはよく知られている。クエーカー教徒のリーヴァイ・コフィンもノースカロライナからインディアナまでの逃亡ルートを作り上げ、妻のキャサリーンとともに総計二千人もの逃亡奴隷を助けたと言われている。オハイオ州ハドソン近くのハインズ・ヒル・ロードには、かつてジョン・ブラウンの住んだ家がある。そこは、彼の父親が運営した地下鉄道の駅だった。

地下鉄道をはじめとする、黒人たちの自由州への逃亡を援助したのはクエーカー教徒ばかりではない。カトリック教徒やプロテスタントの信徒たちもまた協力した。南部からアパラチアを抜けて北部へ向かうルートはもっとも安全だと言われていたが、そこに住むスコッチ・アイリッシュ系の人びとは、自ら手を差し伸べることはしない代わりに、自分たちの領地を通り抜けることは黙認していた。その他、書き切れないほどの援助者や、実際に身の危険を顧みず手助けをした人たちがいた。

むろん、その逃亡を妨害し、逃亡奴隷を逮捕し、元の奴隷主に連れ戻すばかりでなく、罰金を科し、体罰を与え、時には命を奪うことも辞さない追っ手たちがいた。彼ら「スレイヴ・ハンター」は法律の援護もあって、南部だけでなく北部でも大手を振って逃亡奴隷たちを追跡することができた。その後ろ盾となった法律は、一七九三年に制定された「逃亡奴隷法《フュージティヴ・スレイヴ・ロウ》」で、一八五〇年にはさらに効力を強めた条文が発令された。これによって合衆国中のどこの法廷も警察も、この逃亡奴隷法を執行しなければならなくなり、スレイヴ・ハンターたちは自由州内でも好き勝手ができるようになった。捕まったら六カ月の禁固刑と千ドルの罰金、そして奴隷主もまた管理不行き届きの罰として、奴隷一人当たり千ドルの罰金が科せられた。こうして、逃亡奴隷たちにとってアメリカのどこにも安全な土地はなくなってしまったのである。

　スレイヴ・ハンターの中でももっとも悪名が高いのは、パティ・キャノンだろう。彼女は南行きの地下鉄道を運営していたと言われている。表向きは北の自由州への逃亡路であるかのように見せかけながら、実は誘い込んだ逃亡奴隷たちを南の奴隷州へと送り返していたのだ。スパイを大勢雇ってもいたし、暗殺グループを使って自由黒人や逃亡奴隷を殺してもいた。彼女はやがて誘拐・殺人の罪で逮捕されたが、一八二九年五月、デラウェア州ジョージタウンの監獄で毒を飲んで自殺した。

　パティ・キャノンが誘い出すやり方からも類推できるように、南部のプランテーションで奴隷生活を送っている黒人たちはどうにかして地下鉄道の組織と連絡を取り、その鉄道ルートにしたがって北へと逃げて行こうとした。では、どうやって地下鉄道と接触し、どうやって北へと逃げて行ったのだろう。逃げたいと思っている奴隷は、まずは周囲にいるはずのエージェントと接触しなければならない。しかし、誰が奴隷主のスパイか、スレイヴ・ハンターの手先かを見極めるのは大変難しく、危険も待ち構えている。誰かに訊くわけにもいかない。ならば、エージェントだと確認するにはどうすればいいのか。

　こんな曲がある。一九六〇年代からはじまったフォーク・リヴァイヴァル・ブームでもヒットしたニグロ・スピリチュアルの《ジス・リトル・ライト・オブ・マイン *This Little Light of Mine*》だ。

This little light of mine, I'm going to let it shine.
This little light of mine, I'm going to let it shine.
This little light of mine, I'm going to let it shine.
let it shine, let it shine to show my love.

Everywhere I go, Im gonna let it shine.（3x）
I let it shine to show my love.

Even in my home, I'm gonna let it shine.（3x）
I let it shine to show my love.

When I see my neighbor coming, I'm gonna let it shine.（3x）
I let it shine to show my love.

（以下略）

「わたしの小さな灯りを点そう、それはわたしの愛のしるし」と歌っている。どこにいても、たとえ家にいても、近所の人がやってきても、わたしはこの小さな愛の灯りを点そう、と。これは、新約聖書のマタイによる福音書第五章十四節以下にある「あなたがたは世の光である」や十六節の「あなたがたの光を人々の前に輝かしなさい」からの発想であるかもしれない。また、「マタイによる福音書」五章四節にも、同じく「あなたがたは世の光である」とあり、それに続く十五節、十六節には「ともし火をともして升の下に置く者はいない。燭台の上に置く。そうすれば、家の中のものすべてを照らすのである。／そのように、あなたがたの光を人々の前に輝かしなさい」（新共同訳）と書かれている。この人の前に輝かせる光こそ、逃亡ルートの合図に用いられたのではなかろうか。同時にこの詞は、いつでも扉は開いておいて来るものは拒まない、という教会のありよう、迷える人をいつでも迎え入れてあげよう、と歌っているように思えるが、そうした宗教的な意味合いよりも、もっと具体的に、この「灯」は、誰かに合図を送るために点したものではないかと思えてならない。灯りを点すことで、自分の存在を相手に教えようとしているのではないか。では、それを知らせる「小さな灯り」とは何か。それはこの歌を、神の教えを、あるいはキリストの福音を伝える宗教歌としてイノセントに歌うことでカモフラージュしながら、相手に真の目的を伝えたのだと考えることはできないか。そう考えれば、この歌を歌うものこそがエージェントだったということができる。

どんな方法であれ、うまくエージェントと接触できたとしよう。逃亡奴隷は、彼らを地下鉄道に乗せて連れて行くコンダクターと呼ばれる人間によって、夜中こっそりと物陰に隠れながら歩いて逃げていく。前述したように、病弱な人、脚の悪い人や年老いた人、子供たちなどは荷馬車に乗せることもあった。仲間の家である「駅《ステーション》」に着くと、そこで次のコンダクターが来るまで隠れている。そうやって次々といくつかのステーションを経由して逃げ、ついにはオハイオ川を渡って自由州へ、あるいは海から北のボストンなどのニューイングランド地方へと逃げて行く。

そこで問題がある。身近にエージェントがいない場合はどうするのか。逃亡を諦めて、一生を奴隷のままで生きていくのか。それとも、何のあてもなくどうにかして一人きりで逃げ出していくのか。そうではない。おそらくは、誰でもが口にして疑われない暗号を使ってある意思を伝えたに違いないのだ。

2　ニグロ・スピリチュアルに隠された暗号

ニグロ・スピリチュアルをじっくり聴きなおしてみると、おかしいな、というか、よく意味がわからない歌詞に出くわすことが多い、と書いた。あるいは、どんな曲にも、共通した表現や言い回し、また同じような場面や情景が繰り返し使われていることにも気づく。そういう目で見ると、どうやらニグロ・スピリチュアルにはダブル・ミーニングがあるのではないかと思えてしかたがない。ではいったい、その二重の意味の裏で「何を」「誰に」知らせようとしたのだろうか。

奴隷生活から自由な大地へと逃げ出して行こうという思いは、おそらくはすべての奴隷にあったろう。そのことは、たとえばこの歌で知ることができる。もっとも初期に作られたニグロ・スピリチュアルだとされている曲、それが《モーセよ、下れ *Go Down, Moses*》という曲である。

When Israel was in Egypt's Land,
Let my people go,
Opressed so hard they could not stand,
Let my people go.

Chorus:
Go down, Moses,
Way down in Egypt's Land.
Tell ol' Pharoah,
Let my people go.

（以下略）

長い歌で十一聯まで歌詞があるのだが、最初の第一聯とコーラスだけを取り出した。よく知られている旧約聖書の「出エジプト記」を題材にした歌だ。ルイ・アームストロングも歌っているので、世界的にもよく知られている。「イスラエルの土地がエジプトのものだった時、耐えられないほどの弾圧を受けた」と歌う合間に、「吾が民を解き放て」と神の言葉が繰り返される。そしてコーラス。「モーセよ、行け、エジプトの地を離れて。そしてファラオに告げよ、吾が民を解き放てと」

これはエジプトに囚われていたイスラエルの民、ヘブライ人たちがモーセという預言者に導かれてエジプトを脱出し、神が約束した土地「乳と蜜の流れる地」を目ざして砂漠を漂泊していく、その苦しみと勇気、そしてそれを見守る神の恩寵を歌ったものだ。黒人奴隷たちは、自分たちをその囚われのイスラエルの民と同じだと考えていた。いつかは自分たちのところにもモーセがあらわれて、今の奴隷の生活から救い出し、自由の大地、約束の地へと連れ出してくれるに違いないと考えていたのだ。だから、反乱を起こしたデンマーク・ヴィージーは「黒いモーセ」と呼ばれ、ハリエット・タブマンも「女モーセ」と呼ばれていたのである。

そうやってニグロ・スピリチュアルは二重の意味を持つ音楽になっていった。キリスト教の題材やイエスの教え、聖書にある物語に託して歌を作り、歌によって自分たちの本心を人びとに伝えていったに違いない。ハリエット・タブマンが好きだった歌、彼女が奴隷たちを北へと連れて行く間、彼らを勇気づけるために歌い、そしてまた彼女の死の床で、ベッドの周囲に集まった彼女の仲間や彼女に助けられた人たち、彼女の支援者たちが歌いながらハリエットを見送ったのが、《スウィング・ロウ、スウィート・チャリオット》だったということは、前にも書いた。その詞はこうなっている。

Chorus:
Swing low, sweet chariot,
Comin' for to carry me home ;

Swing low, sweet chariot,
Comin' for to carry me home.

I looked over Jordan,
And what did I see,
Comin' for to carry me home,
A band of angels comin' after me,
Comin' for to carry me home.

(Cho)

If you get there before I do,
Comin' for to carry me home,
Tell all my friends I'm comin' too,
Comin' for to carry me home.

（以下略）

ここで言う「チャリオット」は、通常「二頭立ての戦車」と訳されている。一九五九年のウィリアム・ワイラー監督、チャールトン・ヘストン主演のアメリカ映画『ベン・ハー』のクライマックス、闘技場での戦車同士の競走の場面が印象的で、それが「チャリオット＝戦車」というイメージを定着させた。だが、本当の「チャリオット」の意味は「荷馬車」である。農作物や農機具やその他の道具類を運搬するための貧しい馬車である。ハリエット・タブマンはその馬車を使って、多くの人を夜陰に乗じて北へと運んで行った。むろん牛やラバが牽いたのでは音が出るし、気配を隠すことが難しいので人間が牽いたり、押したりした。そんな時、この歌が人を勇気づけた。

「静かに揺れよ、愛しい馬車よ。わたしを家に連れて行ってくれ。ヨルダン川を望む時、わたしが見たのは、天使の群れがわたしの後についてくる姿だった。もしあなたが、わたしよりもそこに先に着いたのなら、すべての友にわたしもすぐに行くと伝えてくれ」

　この歌もまた、これまでは天国への旅立ちを歌ったものだと解釈されてきた。だがヨルダン川の向こうにあるのが、自由の土地であるとしたらどうだろう。そこへ馬車と徒歩で向かう一団がいる。人目につかないよう密やかな逃避行。それはモーセの出エジプトのように堂々としたものではなかったとしても、追っ手が迫っているのは同じだった。モーセの場合、行く手を阻む海が割れて道があらわれるといった神の奇跡による援助があったけれど、ハリエットの一行には奇跡など期待できず、ただひたすら無事に目的地に着くことを祈っていた。ともすればくじけそうになる逃亡者たちにとって、「自分たちの後に大勢の奴隷たちがつづいているのだ」というフレーズは、大いなる勇気を与えたことだろう。そして何よりも、「先に着いたのならどうか自分もすぐに行くからと伝えてほしい」という希望が、彼らを頑張らせたのではなかろうか。これが先に天国に行った人への伝言であるなら、このような感動を伴って後世まで歌い継がれる曲になったろうと思う。何よりも、チャリオットを戦車と考えてしまうことからの誤解――それは意図を隠すためにわざとそうしたのかもしれないが、それがいっそうこの曲の真意を汲み取りにくくしているのである。

《聖者の行進》の歌い出しのフレーズを思い出してほしい。あそこには先に北へと逃げて行った人に待っていてほしいという願いが歌われていたのである。

　これらの歌には、共通して川が出てくる。なぜ川なのか。キャンプ・ミーティングでの「浸礼《バプタイズ》」のための川であるかもしれない、ということは前にも書いた。だが、奴隷たちの誰もが、その身を清めるための全身を水に浸ける「浸礼」を施してもらうバプテスト派の信徒であるとは限らない。たとえバプテスト派がアメリカ南部でもっとも多くの信徒を集めているとしても、ほとんどすべてのニグロ・スピリチュアルに川が出てくる謎は解けない。

川をテーマにした、こんな歌もある。《川辺に下れば *Down by the Riverside*》である。

Gonna lay down my sword and shield,
Down by the riverside.
Down by the riverside.
Down by the riverside.
Gonna lay down my sword and shield,
Down by the riverside.
Ain't gonna study war no more.

Refrain :
I ain't gonna study war no more,
I ain't gonna study war no more,
Study war no more.
I ain't gonna study war no more,
I ain't gonna study war no more,

Study war no more.

（以下略）

ここでは、「川岸に降りて剣と盾を下ろそう」と歌い、「もう戦いのことを学ぶのはやめだ」とつづく。これまで生きてきた世界では、自分を防御し、相手を攻撃するばかりの生き方しかできなかったけれど、この川の向こうでは戦わなくてもいい、と歌っているのである。ここでも、川はひとつの境界線を意味している。こちら側の戦いの世界と向こう側の平穏な世界との境である。

　また別の歌詞がある。これはエルヴィス・プレスリーも歌っているヴァージョンだ。

I'm gonna lay down my burden, down by the riverside,
Down by the riverside, down by the riverside.
I'm gonna lay down my burden, down by the riverside,
I'm gonna study war no more.

　この歌では下ろすのは「剣と盾」ではなく、「重荷《バードゥン》」なのである。人生の重荷、この世での重荷を川べりで下ろす、やはりこの川はあの世とを隔てる「三途の川」のように思えなくもない。もしその重荷が、ゆえのない差別による奴隷状態だったらどうだろうか。

　これまで何度か歌に登場してきたヨルダン川そのものを歌った、その名も《ヨルダン川 *Jordan River*》という曲がある。

Jordan river, I'm bound to cross,

Jordan river, I'm bound to cross;
I've got one more river to cross.

Mother will be waiting,
she can't help me to cross.
Mother will be waiting,
she can't help me to cross;

Father will be waiting,
he can't help me to cross.
Father will be waiting,
he can't help me to cross;

Jesus will be waiting,
He's gonna help me to cross.
Jesus will be waiting,
He's gonna help me to cross.

「ヨルダン川をわたしは渡る、向こう岸では母や父が待っていてくれるけれど、どちらも川を渡る手助けはできない。そこではイエスもまた待っていてくれるだろう。彼はわたしを助けてくれる」と、おおむねそういう意味だ。主の助けによって、自分自身の力で渡らねばならない。そういう、試練にも似た努力によってヨルダン川の向こうに渡ることができる。そして天使もまた助けてくれる。大天使ミカエルが、疲れ切り、迷える自分の代わりに舟を漕いでくれると歌ったのが、《漕げよマイケル》なのである。

　どうして、こうも川が問題なのか。川がキーワードであることは、これまで見てきた数々のニグロ・スピリチュアルでわかる。中には、その川岸まで行けば、と歌い、その川を渡るために大天使ミカエルの力を借りねばならないと歌う。その川の向こう側には「約束の地」、「乳と蜜の流れる地」、神がアブラハムに与えると約束した地、カナンがある、と歌う歌もある。そここそが、黒人奴隷たちが夢見た、自由の天地。北部の自由州、正しくは自由労働州に違いない。そこに渡ることで、南部の奴隷の身分を捨て、はじめて自由の身になるのだ。

　では、その川はどこにあるのか。それはまぎれもなく北部と南部の境界をなす川、オハイオ川なのだ。ハリエット・タブマンをはじめとする人びとが運営した地下鉄道のメインルートは、ケンタッキー州からオハイオ川を渡ってオハイオ州などの北部自由州に入るというものだった。

　そこで思い当たる。あのケンタッキー州バーズタウンにある、フォスターの《ケンタッキーの我が家》のモデルになったジョン・ローワン判事の家は、地下鉄道のほとんど奴隷州最後のステーションだったのだ。今の地図でも、インディアナ州との州境であるオハイオ川までは五〇キロ少々である。

　ハリエット・ビーチャー・ストウも友人とこの「ケンタッキーの我が家」を訪れたことがあり、その経験がついには彼女を地下鉄道の援助者に志願させることになった。州歌の《ケンタッキーの我が家》で消し去られてしまった「黒人たちははしゃぐ《ダーキーズ・アー・ゲイ》」という歌詞は、深南部《ディープ・サウス》の奴隷州から苦労して北を目ざし、オハイオ川を渡って後もう少しで北部の自由州に逃げられるという、彼らの喜びを表したものではないか。フォスターはそのことを知っていたのだろうか。その家が地下鉄道のステーションであったことを知っていて、この歌を作ったのだろうか。おそらくは知っていたのだろう。だからこそ、ダーキーたちは喜びはしゃぎ、という一節を書いたのに違いない。

だが、この最後の川を渡るのは簡単なことではなかった。父も母も助けることはできない、神の加護がなければ容易に渡ることのできない難行だった。前述の《漕げよマイケル》にある「ヨルダン川は凍って冷たい、だが身体を凍らせはするけれど、魂までは凍らせはしない」と歌っているように、このオハイオ川を渡るのは、たとえ舟を漕いで行っても辛かった。

《川を歩いて渡る *Wade in the Water*》という歌がある。ゴスペル・グループの名門、ゴールデンゲイト・クワルテットも歌っているこの曲は、れっきとしたニグロ・スピリチュアルで、そこには川を渡ることのはっきりした意志がうかがえる。

Chorus:
　Wade in the water.
　Wade in the water, children.
　Wade in the water.
　God's gonna trouble the water.
（中略）
Jordan's water is chilly and cold.
God's gonna trouble the water.

It chills the body, but not the soul.
God's gonna trouble the water.
(Cho)

If you get there before I do.
God's gonna trouble the water.
Tell all of my friends I'm coming too.
God's gonna trouble the water.
(Cho)

「川を歩いて渡る、子供たちよ、川を歩いて渡る。神よ、川は大いなる悩み」というコーラスの後に、もう何度か出てきたお馴染みの歌詞がつづく。「ヨルダン川は冷たく広い。川は大いなる悩み」そして、「もし先に着いたのなら、友たちにわたしもつづくからと伝えてくれ」と。どの歌も、同じことを示唆しているのだと思えるではないか。

「川は大いなる悩み」という言葉は、単に川を渡ることが大変だということばかりではない。実は、渡る川を探すことも、その川の水位もまた彼らにとっては大きな問題だった。それは、逃亡奴隷を追うスレイヴ・ハンターたちが放つ猟犬《ハウンド・ドッグ》から逃れるためだった。川を裸足で越えれば臭跡を消せる。できうるならば、せせらぎのような小川ではなく、腰まで、あるいは胸まで浸かれるような流れだったら確実に犬をまける。

スティーヴン・フォスターが一八五一年に作った《バンジョーを鳴らせ *Ring, Ring de Banjo*》は、一般に陽気で楽しげで、黒人たちがダンス・パーティーのようなところでバンジョーをかき鳴らしながら歌い踊るところを歌ったものだ、と解釈されがちだけれど、それは違う。無論、この曲はもともとフォスターがミンストレル・ショウのために作ったものだから、楽しげで陽気で軽快で、というのは必須条件だったろうけれど、その内容は一人の男の奴隷生活でのあれこれ、そしておそらくは同じプランテーションの中で恋人を見つけて、初めて彼は将来を考えるようになった。だから彼女を残してプランテーションから逃げて外の世界で金を作って、あらためてきみを迎えにくる、といった意味合いが濃厚な曲なのだ。第五聯の歌詞を取り出してみよう。こんな風に歌っている。

My lub, I'll hab to leabe you while de ribber's running high:
But I nebber can deceibe you -- so don't you wipe your eye.
I's guine to make some money; but I'll come anodder day --
I'll come again my honey, if I hab to work my way.

ここに書かれた英詞は、わざと黒人訛りを使ったものだ。Vが発音できないとして、Bに置き換えてある、だから一行目は本来、

My Love, I'll have to leave you while the river running high

と書かれるべきものだ。フォスターは、黒人たちの話し言葉を用いて、あたかも黒人たちが歌っているかのように、その訛りを積極的に使ったのである。実際には、彼は短期の旅行はしても、一度も南

部に住んだこともなければ、真の黒人音楽を聴いたこともなかったのだが。この歌の一行目には地下鉄道を旅する要諦の一つ、水位が高い間に川を渡る、ということがきちんと書かれている。そうすれば、追っ手の猟犬には臭跡をたどれない。

フォスターが奴隷解放論者であった、とペンシルヴァニア大学をはじめとするフォスターを研究するグループは、その音楽的功績に意味を持たせようとすることに力を入れがちだ。だが一方、彼の描く、黒人を主題とした歌たち、彼の言う「エチオピアン・メロディーズ」は、白人社会から見た都合のいい黒人の歌なのだ、という意見も根強い。

フォスターが、およそ二十年間に作った総計二百八十六曲は、家庭で楽しめる「パーラー・ソング」と、当時大流行したミンストレル・ショウ用の「エチオピアン・メロディーズ」に大きく分けられる。その後者の大半は、黒人たちはなべて昔の奴隷生活を過ごしたプランテーションを懐かしみ、そこにもう一度帰りたい、と歌っているのである。そういう点からすれば、この《バンジョーを鳴らせ》は、プランテーションを抜け出そうという歌詞からも、特筆すべき曲かもしれない。

川を渡ることに戻ると、彼らは何も身近なところにある川を渡るばかりではない。もっと大きな川をも渡らねばならないのだ。前述したが、それは南北を隔てる大河、オハイオ川なのである。

このオハイオ川は、ビーチャー・ストウが『アンクル・トムの小屋』を書く動機ともなったエピソードのひとつ、奴隷のイライザ・ハリスは北に逃げる時に、真冬の凍ったオハイオ川の川面を歩いて渡ったことで知られている。このオハイオ川を渡ることは《川を歩いて渡る》でも歌われているように、大変な難業だったが、比較的楽だったのが冬の氷った川面の渡河だったのである。

だがしかし、南部の孤立した地域での奴隷生活を強いられていた人間たちは、そしてハリエット・タブマンたちのようなコンダクターやエージェントに出会えなかった人間たちは、いったいどうやってこのルートを探り、川を渡って行くことができたのだろうか。ここに、決定的な歌がある。どうやって北に向かい、オハイオ川を渡ればいいのかを具体的に示した歌、《水飲み柄杓を追え *Follow the Drinking Gourd*》である。その全歌詞を見てみよう。

When the sun comes back,
and the first Quail calls,
Follow the drinking gourd,
For the old man is waiting
for to carry you to freedom
If you follow the drinking gourd.

Chorus:
Follow the drinking gourd,
Follow the drinking gourd,
For the old man is waiting
for to carry you to freedom
If you follow the drinking gourd.

The riverbank will make a very good road,
The dead trees show you the way.

Left foot, peg foot traveling on,
Following the drinking gourd.

The river ends between two hills,
Follow the drinking gourd,
There's another river on the other side,
Follow the drinking gourd.

When the great big river meets the little river,
Follow the drinking gourd.
For the old man is waiting
for to carry you to freedom
If you follow the drinking gourd.

「太陽が戻ってきたら、そして最初に鶉《うずら》が鳴いたら、水飲み柄杓を追え。老人があなたを自由の地に連れて行ってくれる。川岸はいい道。立ち枯れた木が道を教えてくれる。左脚、義足の脚、そのまま行け。川の突き当たりに二つの丘がある。別の方からもう一本の川が、そのまま水飲み柄杓を追え。大きな川が小さな川と交わったら、老人があなたを自由の地に連れて行ってくれる。もしあなたが水飲み柄杓を追ったなら」

全体の感じはこうなる。「水飲み柄杓《ドリンキング・ゴウルド》」〔図54〕とは、ひょうたん類に柄をつけたもので、これは別名「ビッグ・ディッパー」とも呼ばれる「北斗七星」のことなのである。もし、北斗七星の方角に歩みを進めていけば、やがて川に出る、そこからは……と具体的な指示になる。

「太陽が戻れば」とは、キリスト教で復活祭の基点となる春分の日のことで、この日から彼らは太陽が戻ってくると考えたのだ。鶉は渡り鳥で、冬の間南にいたのが、やがて春になるとまた北に渡ろうと鳴きはじめる。この時期に、南部を離れて北を目ざせば、オハイオ川には冬に着き、川面は凍っていて泳いだり舟を調達しなくとも渡ることができることを教えているのである。第一、オハイオ川は川幅が広すぎて泳いで渡るのは大変危険だった。老人というのは、ペッグ・レッグ・ジョーと呼ばれる案内役で、彼は義足《ペッグ・レッグ》であったことで知られている。

川岸のいい道があるのはトンビグビー川のこと。この川に沿っていくと大きなテネシー川に出る。そこを渡るといい、とこの歌は示唆している。

オハイオ川を渡った向こう岸のリプリーの町のリバティー・ヒルには逃亡奴隷たちの強力な援助者として名の知れたジョン・ランキン牧師［図55］の家がある。その家は丘の上にあるために見晴らしがいい。ということは川の手前岸からもよく見えるわけで、牧師は夜毎、川に向いた窓に明かりを入れて逃亡奴隷たちへの目印にしたのである。これこそが、《ジス・リトル・ライト・オブ・マイン》の「我が灯火」に違いない。そして、何よりも彼の家は南から見てピッタリと北斗七星の方角にあった。水飲み柄杓を追って歩いていけば、ほとんど間違いなくこのランキン牧師の窓の灯を目にすることができたのだ。

だが、ランキン牧師の家に長く留まることはできない。それに、そこからどこか別の北部の町に逃げたとしても、逃亡奴隷法のあるアメリカ国内では安心していられる居場所はない。いつパティ・キャノンたちのような、残虐なスレイヴ・ハンターがあらわれるかわからないのだ。逃亡奴隷にとって、安住の地はそう簡単には見つからない。では、彼らは最終的にどこを目ざして行ったのか。それは、マヘリア・ジャクソンの歌う《カナンを目ざして *I'm on My Way to Canaan*》が教えてくれる。

I'm on my way to Canaan Land,
I'm on my way oh to Canaan Land.
On my way Canaan Land,
On my way glory hallelujah!
I'm on my way.
（中略）

Now if you don't go, don't you hinder me,
If you won't go, please don't hinder me.
If you won't go, don't hinder me,
On my way glory hallelujah!
I'm on my way.

最初の部分がコーラスである。ここを繰り返す。この後にもう二聯続くけれども、ここでは省略した。ここに出てくる「カナンの地」は、ヨルダン川の向こうにある約束の地であるカナンだ。もしそこが、神が約束してくれた土地なら、二聯目の歌詞は奇妙なことになる。もし、あなたが行かないのなら、「邪魔しないでくれ《ドント・ヒンダー・ミー》」というのだ。自分たちをモーセに率いられて約束の地を目指すイスラエル人と同じ境遇なら、カナンに行きたくないはずはない。どうして邪魔をすることがあるだろう。
この曲は、名曲としてニグロ・スピリチュアルばかりでなく、ブルーグラスでも歌われている。よく歌われる典型的なその詞、ここではレスター・フラットとアール・スクラッグスのフォギー・マウンテン・ボーイズの詞を書き出してみよう。

If sister don't go won't hinder me,
If sister don't go won't hinder me.
If sister don't go won't hinder me,
I'm on the way（yes my Lord）I'm on my way.

If father don't go won't hinder me,
If father don't go won't hinder me.
If father don't go won't hinder me,
I'm on the way（praise the Lord）I'm on my way.
I'm on my way...

コーラスの部分を除いて、二聯と三聯だけを取り出した。ここでは、もし妹が行かないのなら、邪魔をしないでくれ。そしてもし、父親が行かないのなら、やはり邪魔しないでくれと歌っている。「女モーセ」のハリエット・タブマンの夫が、北への逃亡を躊躇したように、逃げることに怯え、どうか行かないでくれ、と嘆願する親族もいたはずだ。ここでは、そういう人たちを振り切ってでも行

47

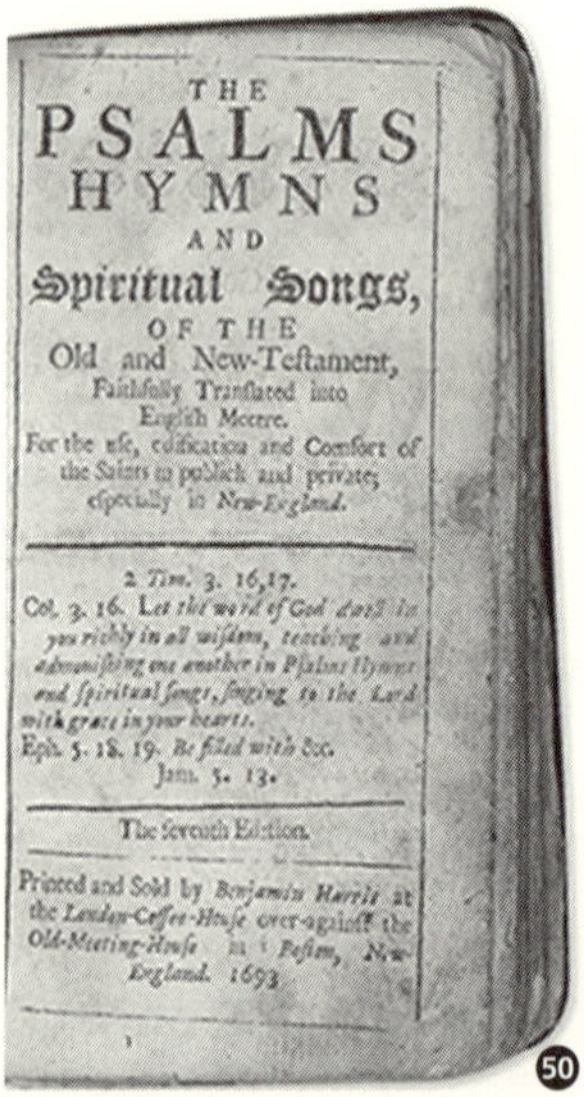

THE
PSALMS
HYMNS
AND
Spiritual Songs,
OF THE
Old and New-Testament,
Faithfully Translated into
English Meetre.
For the use, edification and Comfort of
the Saints in publick and private;
especially in *New-England.*

2 *Tim.* 3. 16,17.
Col. 3. 16. *Let the word of God dwell in you richly in all wisdom, teaching and admonishing one another in Psalms Hymns and spiritual songs, singing to the Lord with grace in your hearts.*
Eph. 5. 18. 19. *Be filled with* &c.
Jam. 5. 13.

The seventh Edition.

Printed and Sold by *Benjamin Harris* at
the *London-Coffee-House* over-against the
Old-Meeting-House in *Boston, New-England.* 1693.

50

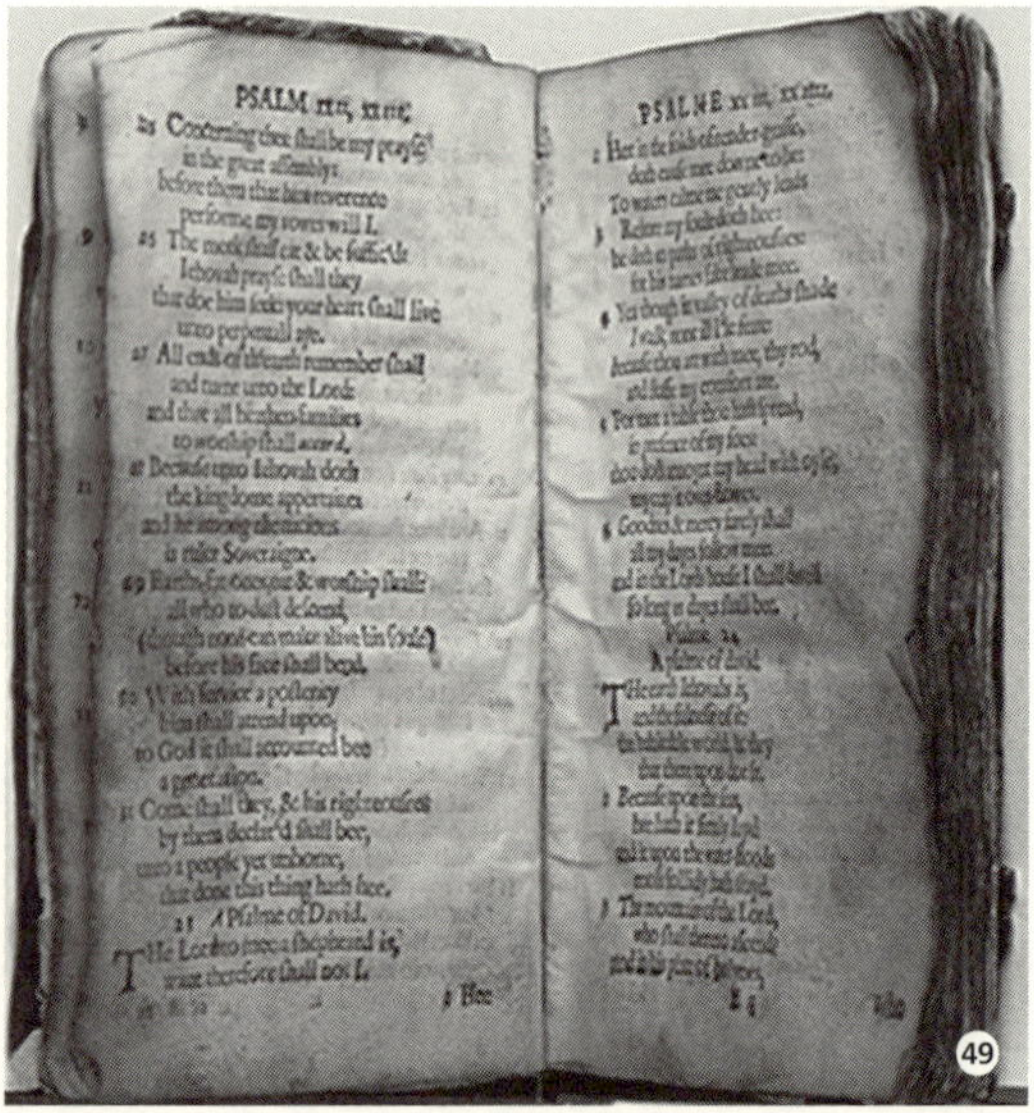

PSALM XXII, XXIII.

Concerning thee shall be my prayse
in the great assembly:
before them that him reverence
performe my vowes will I.
The meek shall eat & be sufficed
Iehovah prayse shall they
that doe him seek: your heart shall live
unto perpetuall aye.
All ends of th'earth remember shall
and turne unto the Lord:
and thee all heathen-families
to worship shall accord.
Because unto Iehovah doth
the kingdome appertaine
and he among the nations
is ruler Soveraigne.

A Psalme of David.
The Lord to mee a shepheard is,
want therefore shall not I.

PSALME XXIII, XXIIII.

49

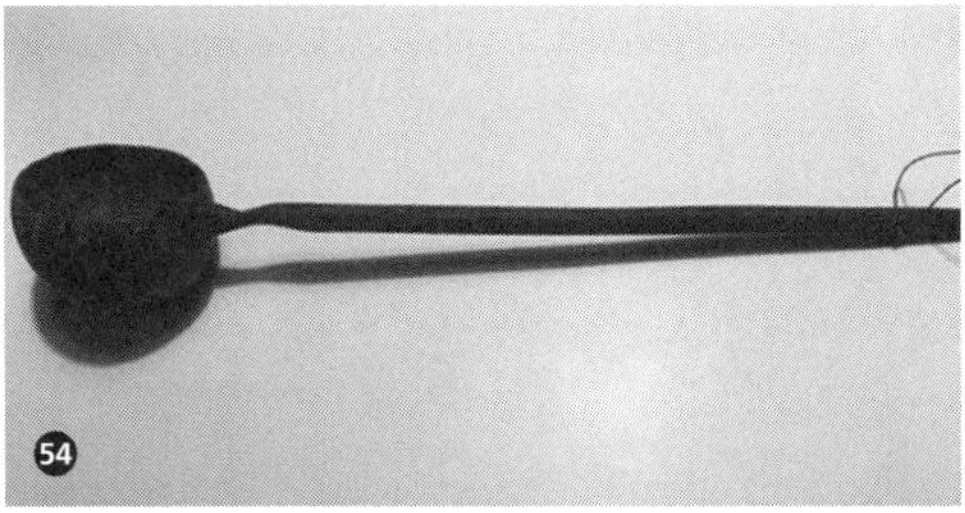

54

51

52

53

55

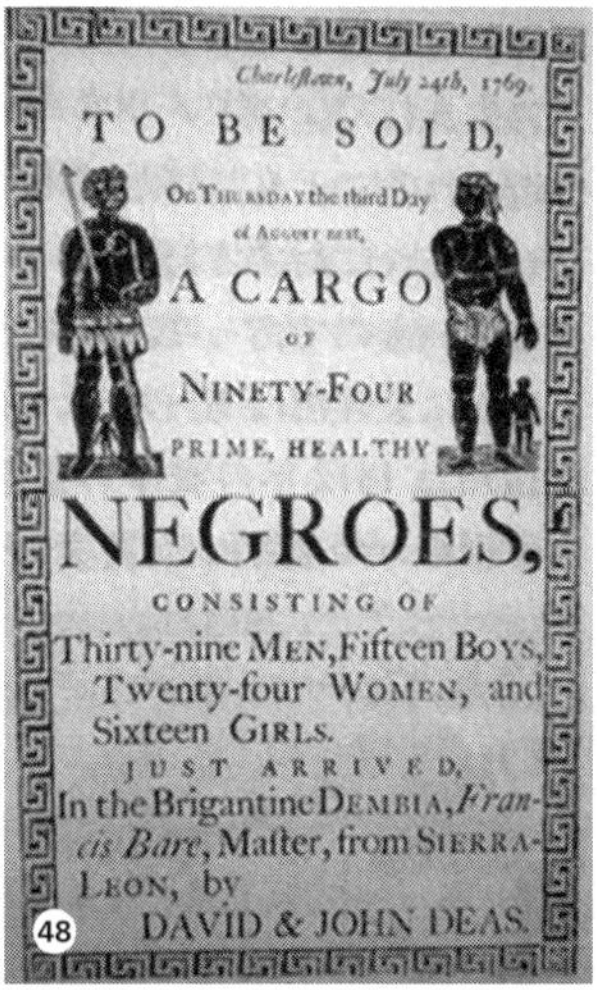

48

こう、という決心があらわれている。そして彼らが目ざすのは「カナーン」、つまり「カナダ」なのである。奴隷たちは、北部諸州よりももっと北を目ざして、奴隷制度のない自由なカナダの地に向かったことをこの曲は教えてくれるのだ。

実際、一八五二年にカナダでは二万五千人の逃亡奴隷がいたと、反奴隷法専門新聞の『リベレーター』の発行主である奴隷解放論者のウィリアム・ロイド・ギャリソンは書いているし、一八五〇年により強力な逃亡奴隷法が議会を通過した後の三カ月間に、少なくとも三千人の奴隷たちが入国したという記録がカナダ側に残ってもいる。また地下鉄道のコンダクターで歴史家のウィリアム・ミッチェル牧師は、この逃亡奴隷法が施行されてからの十年間、毎年千二百人の逃亡奴隷がカナダに越境したと証言している。現在、カナダの東部に黒人が多いのもそのせいとする人もいる。しかし、彼ら逃亡奴隷の多くは、その後の南北戦争に北軍の兵士として参戦するためにふたたび国境を越えたとも言われている。

だが、とここであらためて考えねばならないことがある。

逃げることのできた人間たちはいい。その人びとが、国の不正義を正すための戦いに加わろうとふたたびアメリカに戻ってきたとしても、それは自分の意志であるからいい。しかし、逃げることのできなかった、その何倍、何十倍もの人びとが南部の奴隷州に残ったことを忘れてはいけない。そういった人たちにとって、逃亡ルートの暗号を含んだこのニグロ・スピリチュアルはどういう意味があったのだろう、どのように受け取られたのだろう。

歌は、直接口にできなかったり文章では書けないことを人に伝えられる、それも心に直接に届けることができる。そこに込められた思いが力になる。歌には「力」があるという意味はそこにある。ニグロ・スピリチュアルに託された暗号を理解した人の中にも、自分は逃げられないという人もいたろう。だがその人たちは逃げていく人の背中を、無言で押したのではないか。逃亡を妨げないことで、自分もまた本当は自由なのだと理解したのではないか。逃げることのできる自由。逃げる人を助ける自由。それは個人の思いを超えた集団の意志となって、逃亡する人たちに力を与えたのではないか。自分の思いを彼らに仮託することによって彼らを力づけたのではないか。逃げられないにしても、黙っていてやること、逃亡の便宜をはかってやること、匿ってやること、励ましてやることならできる人がいる。また逃げる必要のない立場にいる人もいれば、どうにかして逃亡の援助をしてやろうとした人もいる。それが集団の意志でなくてなんだろう。

そう、ニグロ・スピリチュアルは神への畏敬や聖書の教え、主への祈りを歌いながらも、そこには自らの自由を勝ち取ろうとする黒人奴隷たちと、それを助けようとする黒人や白人たちとの共同の戦いという隠れた意味合いも強く、深く込められているのである。だからいっそう、ニグロ・スピリチュアルは輝きを増し、その美しさとそこから得られる共感とが、今もなお人びとに感動を与えているのではないだろうか。

彼らが絶望の日々に作り上げた「ニグロ・スピリチュアル」は、確かに神の福音を願った歌のようにも思えるし、あるいは北の自由労働州への逃亡を示唆する暗号が隠された歌であるとも考えられる。ただはっきり言えることは、差別からの逃避がその根っこにあったことは紛れもない。彼らがそこから逃避を試み、やがてはアメリカ憲法の修正条項によって建前上、その状況を脱することができたと、一応はされている。だが、アメリカには彼らほど簡単には逃げ出すことのできない、もう一つの被差別集団があった。それは女性たち、ことに南部に住む女性たちだった。彼女たちの差別からの脱出と自立の物語を次に取り上げたい。

第四部

女たちは歌う

PRESIDENT WILSON SAYS:
"This is the time to support Woman Suffrage."

第一章　川の流れる場所で

1　夕刻のそぞろ歩きに

アメリカには世界のどこの国にもない、独特の音楽ジャンルがある。なぜそういうものがあるのか、長い間不思議でならなかった。

その典型が、オハイオ川の岸辺を散策する若い男女の物語を、主人公の視点から歌った歌だ。一九三六年、ノースカロライナ州出身のアールとビルのボリック兄弟が、ブルースカイ・ボーイズの名前でRCAからレコードを出した。彼らの育ったアパラチアの山間地帯で歌い継がれ祖父や母から教わったそれらの曲の中に、ビルのマンドリンとアールのギターによる軽快でありながら悲しい内容を持つ《オハイオ川の岸辺で *Down on the Banks of the Ohio*》があった。それを聴いた多くの人びとが、それまで気がつかなかった音楽ジャンルがアメリカに存在することを知った。それは「殺人」を歌ったものだったのだ。こんな風に歌われる。

Come my love; let's take a walk just a little ways away.
While we walk along we'll talk, talk about our wedding day.

Only say that you'll be mine and in our home we'll happy be,
Down beside where the waters flow, down on the banks of the Ohio.

I drew my knife across her throat and to my breast she gently pressed.
"Oh please, oh please, don't murder me, for I'm unprepared to die you see."
Takin' her 'bout her lily-white hand, I led her down in the banks of sand.
There I plunged her in to drown and watched her as she floated down.

Returning home 'tween twelve and one, thinkin' of the deed I done.
I murdered the girl I loved, you see, 'cause she would not marry me.

（以下略）

男は恋人に、ちょっとそこらまで散歩に行かないかと誘う。そして自分たちの結婚式のことを話そう、と。「きみはぼくだけのものだ。ともに暮らすオハイオ川の岸辺の家は、どんなに幸せだろう」。男はナイフを引き抜くと彼女の喉を切る。彼女は男の胸をやさしく押し戻しながら、「お願い殺さないで、まだ死にたくない」と懇願する。「彼は彼女の白百合のような手を取って引きずり、岸辺の砂地から川に投げ入れ、彼女が流されていくのを見つめた。昼の十二時から一時の間に家に戻り、自分がやってしまったことを考えた。彼女を殺した理由は、彼女が結婚してくれないからだ……」と、ほぼそういう内容だ。

　二人は結婚式のことを話し合うために散歩に出たのではなかったのか。それが突然、彼女が結婚を拒否したというのだろうか。それとも、彼女は別に本当に好きな人がいた、あるいはあらわれたのだろうか。ともかく、二人の間に諍いが起こったのかもしれない。殺すほどの諍いが。そのあたりの詳しい事情は、歌からはうかがい知ることはできない。聴く限り、単に気まぐれで殺したとしか思えないふしもある。一体なぜ殺したのだろうか。何が理由だったのだろうか。殺す必要がどこかにあったのだろうか。

ブルースカイ・ボーイズ以後、この曲を多くのミュージシャンが取り上げてきた。人により、歌詞の細かな部分は少しずつ異なっている。カントリー界の大スター、ジョニー・キャッシュが一九九四年に歌った同じ曲にはこんな部分がある。

I held a knife against her breast and told her she was going to rest.
She cried "Sweet Willie, don't murder me! I'm not prepared for eternity!"
I drug her down by the waterside and told her she was going to die.
And then I threw her in to drown and I watched her as she floated down.

この歌では、「きみを抱きしめる人が誰もいないなら、きみはぼくだけのものだよ」と言いながらも、彼は彼女の胸にナイフを刺して殺す。ブルースカイ・ボーイズにはなかった男の名前が、「ウィリー」であるということがここでは知れる。

このように克明に殺人を歌った曲をマーダー・バラッドと呼ぶ。このジャンルの歌が特殊だと思われるのは、ただ女性を殺したというのではなく、どうやって殺したかを具体的に語っているところだろう。そういう一種不気味な歌が一般エンターテインメントとして、今もなおアメリカでは大いに楽しまれているのである。

アメリカばかりでなく、オリビア・ニュートン・ジョンによって一九七〇年に歌われたこの曲は、その年の十月オーストラリアのシングル・レコードのヒットチャートの一位に輝いている。こういう場合、日本ではよく「彼らは肉食人種だからな」とか、「狩猟民族だから」という言い方をすることがあるが、そういった通り一遍の解釈で、このマーダー・バラッドの存在を理由づけることができるとはとても思えない。

マーダー・バラッドは何もこの《オハイオ川の岸辺で》ばかりではない。ひとつのジャンルを形成するほど、その数は多い。ここではその代表的な何曲かを紹介しよう。そのひとつ《オハイオ川の岸辺で》の元歌だろうと思われる《オーミー・ワイズ *Omie Wise*》はこんなふうに歌われる。

Oh, listen to my story, I'll tell you no lies,
How John Lewis did murder poor little Omie Wise.
He told her to meet him at Adams's Springs.
He promised her money and other fine things.
（中略）
"Little Omie, little Omie, I'll tell you my mind.
My mind is to drown you and leave you behind."
"Have mercy on my baby and spare me my life,
I'll go home as a beggar and never be your wife."

He kissed her and hugged her and turned her around,

Then pushed her in deep waters where he knew that she would drown.
He got on his pony and away he did ride,

（以下略）

この《オーミー・ワイズ》は実話を歌にしたものだと言われている。ノースカロライナ州ランドルフ郡に住むオーミー・ワイズは一七八九年生まれで、近所のジョナサン・ルイスと恋に落ちるが、一八〇八年四月、彼女は行方不明になり捜索が行なわれた結果、ノースカロライナ州アッシュボロ近くの川岸で彼女の遺体が見つかった。アッシュボロの検視官は、彼女は妊娠していたと発表した。オーミーはナオミを短縮したもので、時に《ナオミ・ワイズ *Naomi Wise*》というタイトルで歌われることもある。

この歌詞はドク・ワトソンのものだが、彼はこの曲を母親から教わったと語っている。歌の冒頭、この物語が実話であるという証拠のように、「わたしの話を聞いてほしい。嘘は交えないから」と歌う。かつて多くの物語歌が、このような歌い出しによって歌い継がれてきた。《オーミー・ワイズ》もまたそう歌い出してから、犯人であるジョン・ルイスがいかにしてナオミを殺したかの顚末が歌われる。

ジョンは彼女に、結婚するために逃げよう、と誘う。そうすれば誰もその結婚を知ることはないから、と。このことで二人の関係が、許されぬ仲であることがわかる。彼女は彼に背負われて逃げていくが、途中深い淵のある川に出る。そこで彼女は彼の本心を質そうとするが、彼は彼女と一緒になる気はなく、川に突き落として殺そうと企んでいることがわかる。ナオミは慈悲を請い、けしてあなたとの結婚を望まないからと言うものの、ルイスは彼女にキスをし、川に突き落とす。ジョン・ルイスは結婚を餌に彼女を我がものとしたのだろうが、その結果の妊娠を知り邪魔になって殺すという、世界のどこにでも、そしてあらゆる時代を通して存在する男女の確執が歌われている。

　雨の日の木曜、人びとはナオミを探すが見つからない。だがある晴れた夏の日、魚釣りにやってきた二人の少年がナオミの遺体が流れていくのを見つけ、網を投じて遺体を岸辺に引き寄せて、濡れて泥に汚れたその亡骸《なきがら》を板敷きの舟寄せに横たえる。警察はジョン・ルイスを彼女の遺体に引き合わせたから、彼は彼女の死に顔を見たに違いない。彼は犯行を認めないまま牢に送られたが、友人も家族の誰一人保釈金を出そうとはしなかった……。歌はその後の物語を、そう歌っている。

　彼女が行方不明になったのは、史実では一八〇八年の四月。歌では、ある木曜、となっている。しかし少年二人が彼女の遺体が流れていくのを見つけたのは、夏の晴れたある日。あまりにも時間が経ちすぎている。たとえどこかに引っかかっていたとしても、数カ月水に浸かっていたら、それがナオミであると判別できるものか。歌にはそういった矛盾はあるものの、この歌によってこの事件は広まり、その犯行はまことしやかに流布していった。実際にルイスがナオミを殺したかどうかははっきりしないが、この歌を聴く者は彼がナオミを殺したのが既成の事実であるかのように考えてしまうだろう。

　ドク・ワトソンが母親から聴いたというこの《オーミー・ワイズ》を、それよりも古いヴァージョンで歌っているのは、ベティ・スミスというノースカロライナのトラディショナル・フォークシンガーである。彼女の歌では、最後の聯で逮捕されたジョン・ルイスが「おれを吊るして殺してくれ。あの哀れなナオミをミル・ダムで殺したのはこのおれだから」と告白する部分がある。

　史実としては、逮捕され投獄されたルイスは一カ月後、脱獄したという。だが再逮捕されたものの、目撃者の証言や証拠類があやふやなために無罪となる。そして無罪判決の五年後の一八二〇年、病に倒れたルイスはその死の床でナオミ殺害を自白するのである。それが真実であるとしたら、このベティ・スミスの歌は、その自白の報道以後にあらたに歌詞が書き足されたものかもしれない。実際に起こった殺人事件を歌にして人に伝えようとする時、その後判明した事実によって歌の中身が変わっていく、その典型と言えるだろう。

この《オーミー・ワイズ》が最初に録音されたのは、一九二七年ジョージア州アトランタでのG・B・グレイソンによってだった。グレイソンはその年、ヘンリー・ホイッターとコンビを組んで、今に残る多くの名作をものしている。前出の《オハイオ川の岸辺で》もそうだし、一九五〇年代末のフォークソング・リヴァイヴァル・ブームの火付け役キングストン・トリオで大ヒットした《トム・ドゥーリー *Tom Dooley*》の元歌《トム・ドゥーラ *Tom Dula*》も彼らによって紹介されたものだ。

トム・ドゥーリーは、正しくはトーマス・C・ドゥーラという名の元南軍の兵士だった。出身地はアパラチアの中でも特に貧しいとされているノースカロライナのウィルクス郡。南北戦争に従軍中に北軍の捕虜となり、そこで同郷の年配の男、ジェイムズ・メルトンと知り合う。戦後釈放されたある日、彼はメルトンの家を訪ねる。そこにはメルトンと年の離れた若い新婚の妻、アン・フォスターがいた。アンとドゥーラはすぐに惹き合う仲になってしまう。

そこで話は終わらない。アンのいとこのローラ・フォスターが登場するのだ。間もなくローラとドゥーラは退《の》っ引《ぴ》きならない関係になり、ローラの妊娠がわかると二人は駆け落ちすることにする。一八六六年五月二十五日、ローラはこっそりと父親の馬に乗って、待ち合わせの場所に行く。それが、生きたローラを見た最後になった。

同じく行方不明だと思われたトム・ドゥーラは、追っ手の一人ジェイムズ・グレイソン大佐に捕まり、ローラ殺しの犯人として有罪の判決を受ける。そしてローラの死の二年後の一八六八年五月一日、彼は絞首台の露と消えた。しかし、どうやら彼は無実だったらしい。

真犯人はアン・フォスターで、動機は嫉妬だったと考えられている。ひた隠しにしていたドゥーラとローラの仲をアンが疑ったのは、「梅毒《シフィリス》」だと言われる。ドゥーラが梅毒に罹ったのは、故郷に戻ってからすぐに関係したフォスターの係累の一人、ポーリーン・フォスターからで、それがアンに伝染《うつ》り、そしてローラも罹患した。アンはローラもまた梅毒を病んでいることを知り、ドゥーラとの関係を察したということのようだ。アパラチアのスコッチ・アイリッシュたちの、性に対する奔放さがここにもうかがわれる。そしてこの《トム・ドゥーリー》の歌もマーダー・バラッドに分類されているのである。

《オーミー・ワイズ》の話に戻ろう。ここで注目すべきは、実際に事件が起こった一八〇八年から、その歌が録音という形ではっきりと記録に残される一九二七年までのおよそ百二十年間、ナオミの事件は口伝で伝えられ、曲として確立していったということだ。殺人事件はそれだけ話題として長持ちするものであり、マーダー・バラッドというジャンルになっていくだけの要素があったのである。

この《オーミー・ワイズ》はマーダー・バラッドの原点とも言えるもので、川に突き落として殺す、あるいは死体を川に流すという行為は、前出の《オハイオ川の岸辺で》をはじめその後の多くの歌に登場してくる。なぜ川なのか、なぜ川の近くで殺人が行なわれるのか、それもまた興味深い点だ。

こういった殺人歌の根源、邪魔になった相手を殺すという、どの時代にも通じる身勝手さによる殺人という図式はわかりやすいせいか、この《オーミー・ワイズ》は多くの人に歌いつづけられている。最近では、二〇〇六年七月に発表されたグレッグ・グラフィンのアルバム『コールド・アズ・ザ・クレイ *Cold as the Clay*』の中にも入っていることからもわかる通り、現代にも生きている曲である。マーダー・バラッドはけして過去のものではなく、現在もなおミュージシャンは興味を持ちつづけ、聴き手もまた新たに楽しんでいることを、このことは教えてくれる。

2　克明な殺人の描写

実際の殺人事件を歌にしたものは他にもある。そのひとつ、《哀れなエレン・スミス *Poor Ellen Smith*》もよく知られている。

Poor Ellen Smith how was she found,
Shot through the heart lying cold on the ground.
Her clothes were all scattered and thrown on the ground,
The blood marks the spot where poor Ellen was found.

They pick up their rifles and hunted me down,
They found me a-loafing in all around the town.
They pick up her body and carried it away,
And now she is sleeping in some lonesome old grave.

（以下略）

哀れなエレン・スミスは、心臓を銃弾で撃ち抜かれ、あたりには血が飛び散り、剝ぎ取られた着衣が周囲に散らばっているという状態で見つかった。そのすぐ後、「彼らは銃を手に、俺を狩りはじめた」とあり、この二聯目の語り手はその殺人犯自身だとわかる。追っ手は、その頃あちこちの町をぶらついていた「俺」を見つけ、彼女の遺体を運び去り、寂しい墓地に埋葬した。そこから、牢の中での犯人の思いになる。「昨日届いた手紙では、彼女の墓前の花はみな枯れてしまった。いつの日にか家に戻ったら、彼女の墓に山ほどの花を飾ってやろう」と歌う。だが、彼は牢から出ることはなく、それから二十年、夜毎エレンの幻影を見ては苦い涙を流す。看守は慰めを言うが、結局、犯人はその罪ゆえに終生放免されることはなかった。

ここに引いた歌詞は、カントリー・ジェントルメンのものだ。彼らは当時のフォークソング・リヴァイヴァル・ブームの中で、古いアパラチアの民謡をまったく新しいブルーグラス・スタイルの演奏によって生き返らせた若いグループで、その音楽は全国区を目指すためにローカル色をできるかぎり払拭してスマートな形に変えて、地名などの固有名詞を省いているのが特徴だ。実際にノースカロライナで歌われていた歌詞の二聯目は、以下のようになっている。

They picked up their rifles and hunted me down,
And found me loafing in Mount Airy town.
They picked up the body and carried it away,
And now she is sleeping in some lonesome old grave.

ここで「俺」が捕まったのが、マウント・エイリー・タウンという町だと知れる。マウント・エイリー・タウンは、ノースカロライナ州の北部、ヴァージニアとの州境のごく近いところにある町だ。このエレン・スミスの殺人事件は十九世紀も終わりに近い一八九三年に、ノースカロライナ州ウィンストン・セイレムの町で起こった。エレンと絶望的な恋に陥ったのは、ピーター・ドゥグラフという男だった。事実この歌の、少なくともカントリー・ジェントルメンのレコードには、「ピーター・ドゥグラフ作詞」とクレジットされている。実話としては、ピーターの子を宿したエレンはその子を死産。それからの彼女は少し精神に変調を来したようで、その後ピーターを町中追いまわし、それを煩わしく思ったピーターは彼女を撃ち殺すことになったのだ、と伝えられている。そして逮捕された彼は絞首刑直前、この犯行を認めたという。

エレンは射殺された。殺人の手法としてはごくストレートで単純なものだと言えるかもしれない。もう少し手の込んだ、より残酷な殺し方をしているものに《ローズ・コネリー *Rose Connelly*》がある。《柳の園にて *Down in the Willow Garden*》と呼ばれることもある曲だ。

Down in the willow garden where me and my love did meet,
There we sat a - courting my love dropped off to sleep.
I had a bottle of burgundy wine, which my true love did not know,
There I poisoned my dear little girl down on the banks below.

I drew my saber through her, which was a bloody knife,
I threw her in the river, which was an awful sight.
My father often told me that money would set me free,
If I would murder that dear little miss whose name was Rose Connelly.

Now he sits by his old cabin door a wiping his tear - brimmed eyes,
Looking at his only son up on the scaffold high.
My race is run beneath the sun the scaffold is waiting for me,

For I did murder that dear little girl whose name was Rose Connelly.

この歌もまた一九二七年に《オーミー・ワイズ》他いくつものマーダー・バラッドを歌ったG・B・グレイソンとヘンリー・ホイッターによって録音されたが、それを一般に知らしめたのは一九四七年に発表されたチャーリー・モンローのレコードによってだった。したがってここではこのチャーリー・モンローの歌詞を載せた。またローズの姓は、Connelly や Connoley と一定しないが、ここではチャーリー・モンローの歌詞に従って Connelly（コネリー）とした。

この歌もまたローズを殺した犯人の口から語られる。「柳の園」と呼ばれるところで、男はローズに求愛する。彼女が眠りに落ちると、彼は用意した毒ワインを飲ませて毒殺する。そればかりでなく、サーベルで突き刺した挙句に、その死体を川に投げ捨てる。眠っている女性にどうやって毒ワインを飲ませるのか、すでに死んでいるのになぜ刺し殺す必要があるのか、その上、川に投げ捨てるのはなぜか。それとも彼は単に、サディスティックな性向の持ち主なのか。この歌詞だけからではよくわからない。

おそらくは長い歌が時代を経て、同時に、録音された段階で、録音時間の関係もあって短くされたのではなかろうか。その短くされたと考えられる歌詞だけを見ると、いくつかの疑問点が浮かぶ。まず、ローズを刺し殺した凶器が「サーベル」であることだ。男は軍人ででもあったのだろうか。それともサーベルは「片刃の重い剣」とも「両刃の鋭い刃物」とも訳されるから、そういうものをこの男は用意していたのだろうか。いずれにしろ、いくつもあるマーダー・バラッドの中で「サーベル」が出てくるのはこの一曲だけである。

もうひとつの疑問は、なぜ求愛までした女性を殺さねばならなかったのか、ということだ。何かのことで足手まといになったローズを柳の園に誘い、甘い言葉を囁いて彼女が気を許したところで用意した毒薬やサーベルで殺し、その遺体を隠すため、または発見を遅らせるため川へ流した。そうする前に、彼は父親の忠告を聞くべきだった。第二聯の三行目の詞、「父はいつも金で自由が買えると言っていた」という通り、彼は金で解決すればよかった。そうでない解決法を選んだがゆえに、父親は今、小屋の戸口にへたり込んで涙を拭い、自分の大切な息子が絞首台に上がるのを見つめることになったのだ。

最大の謎は、毒入りワインが「バーガンディ・ワイン」と歌われていることだ。現在よく聴くことのできる演奏者の多く、元サイモン&ガーファンクルのアート・ガーファンクルが歌うヴァージョンも含めて、なべて「バーガンディ・ワイン」と歌っている。バーガンディ・ワインは、フランスのブルゴーニュ産のワインのことだ。この歌が最初に楽譜になったのは、一九二五年にジョージ・ハリントン・コックスが、ウエストヴァージニアで歌われている曲を集めた『南部のフォークソング *Folk-Songs of the South, Collected Under the Auspices of the West Virginia Folk-Lore Society*』という曲集によってだ。もとはアイルランドで、一八〇〇年代初期には歌われていたらしいが、アメリカに渡ったのは十九世紀末だったと思われる。その頃のアパラチア地方では、フランス・ワインが簡単に手に入ったのだろうか。

ブルーグラス・ミュージックの研究誌である『インサイド・ブルーグラス』誌の二〇〇三年五月号で、ライル・ロフグレーンという人がこの「バーガンディ・ワイン」について疑問を呈している。彼は Burgundy wine ではなく、Burgaloo wine ではないかと言う。根拠は一八八九年に発行されたジョン・ラッセル・バートレット編纂の『ディクショナリー・オブ・アメリカニズム *Dictionary of Americanism*』第四版によると、Burgaloo は十九世紀末には一般的だった梨の種類だったという。当時いうのだ。

ヴァージニアではこの梨で作った「バーガルー・ワイン」の方が輸入のワインよりも普及していたと

同誌二〇〇七年二月号でボブ・ムーアという人物が、また別の意見を述べている。一九〇〇年生まれで八一年に亡くなった自分の母親が、その父親から聞いた話として Burglars wine だろうと語っていたというのだ。「バーグラー」は、押し込み強盗、家宅侵入窃盗犯のことだ。彼の母親の父ジョン・ダンカン・サリヴァンの時代、旅先での宿泊は道路脇の「イン」と呼ばれる素人宿のようなところと決まっていた。宿の主人《イン・キーパー》の中にはたちの悪い者もいて、客に痺れ薬のようなものを入れたワインを飲ませ、深く眠ったところで持ち物を盗むということがよくあり、「泥棒ワイン《バーグラーズ》」という言葉が流布するほどだったという。なるほど、ブルゴーニュ・ワインや梨のワインよりも、この強盗のワインの方が歌の筋が通りそうだ。

つまり、男はローズにこの「泥棒ワイン」と呼ばれる痺れ薬入りのワインを飲ませて自由を奪い、抵抗できなくなったところで刺し殺したのだと思われる。一九〇〇年生まれのボブ・ムーアの母親が父親から聞いたというのだから、少なくとも十九世紀後半には、この歌はウエストヴァージニアではよく知られていたのだろう。祖父のジョン・サリヴァンはまた、このローズ殺しの犯人を「パッツィー・オライリー」だと語っていたという。パッツィーはパトリックの愛称である。エルストン・C・スミスの『新アメリカン・ファミリーネーム辞典 *New Dictionary of American Family Names*』によると、パトリック・オライリーもローズ・コネリーもともにアイルランドの名前だとある。したがってこの《柳の園にて》がアイルランド生まれだということがはっきりとわかる。

この《柳の園にて》には、いくつものマーダー・バラッドの特徴が見受けられる。まず犯人の一人称で歌われること。ついで克明な、あるいは具体的な殺人の手口が語られ、最後は因果応報で終わる。

犯人は身勝手な都合によって相手の女性を無慈悲に殺しながらも、結果として逮捕され獄につながれ、長期刑か絞首刑かを宣告されて己の罪業を後悔するというパターンが多い。

　ともあれ、この《ローズ・コネリー》は、多くの研究者の研究対象となっており、それぞれにその成果をネットで発表している。中でも、エミール・ケーダーの「〝ローズ・コノリー〟再考——南アパラチアにおけるアイルランド再推理 *“Rose Connolly” Revisited: Re-Imagining the Irish in Southern Appalachia*』は、ネットで一般に公開されているので、誰にでも読むことができる。それだけこの曲のことを知りたいという人が多い証拠であるだろうし、また曲としては、新規のアレンジによって新しいカヴァー・ヴァージョンがリリースされたりもしている。新しいということでは、アメリカのカントリー、インディ・ロック系のシンガー、マーク・コゼレックが、二〇一七年にリリースしている。すなわち、この《ローズ・コネリー》または《柳の園にて》は、文献や資料の中に収められているばかりでなく、今現在もなお、生きて歌われつづけている曲なのである。

「柳の園」というタイトルにまつわる話を書こう。一九二三年にノーベル文学賞を受賞したアイルランドの詩人、ウィリアム・バトラー・イェイツの作とされる 'Down by the Salley Garden' は、邦訳では「柳の園のほとりで」と訳される詩である。実際にはイェイツの作ではなく、アイルランドに古くから伝わる詩で、それをある老婆が歌っていたのをイェイツが取り上げて復元を試みたものだと彼自身が書いている。なお、salley は、「サルヤナギ」を意味する sallow の旧綴りで、英詩ではこう書かれる。

Down by the salley gardens my love and I did meet;
She passed the salley gardens with little snow-white feet.

She bid me take love easy, as the leaves grow on the tree;
But I, being young and foolish, with her would not agree.

（以下略）

「私が『柳の園』のほとりで我が愛する人と会った時、彼女は雪のように白い裸足だった。彼女は言った。恋は枝先の葉が生えるように育つがままに、と。だが若く愚かだった私は、その言葉に頷くことができなかった」。ようするにこの詩は、若さゆえに臆病で優柔不断、自信が持てずせっかくの恋人を失ってしまう、若き日の深い後悔の思いが滲む詩なのだ。

この詩は、同じ「柳の園」でのことを歌ってはいるものの、アパラチア系の「柳の園」とは何の関連性も見受けられないが、なぜか「柳の園」という言葉だけが共通している。

子供の頃から知っている柳は、たとえば皇居のお堀端や銀座の並木、円山応挙の幽霊画の背景など、いずれにしてもどれも細めでそう大きな木でなく、しかも風になびくたおやかな印象が抜けきれない。だがアメリカで見たwillow treeは、樹幅は一〇メートル以上、高さも二〇メートルは超えるかというばかりの巨木だった〔図56〕。多くの場合、アメリカではweeping willow、すなわち「泣く柳」と呼ばれているのだが、日本で言うところの「シダレヤナギ」または「イトヤナギ」の種類である。しかし、あれほど巨きくなるとは、想像の埒外だった。

泣く柳と名付けられたのは、水辺に生えるこの木が水を汲み上げて葉先に水を滲み出させ、風が吹いて枝が揺れるとその水滴が雨粒のように降り注ぐことからの命名らしい。その柳の雨を浴びた経験から、その名前に納得した覚えがある。中には、葉が真っ白になる種類もあり、まるで白髪の老婆か白兎や白ギツネを思わせるものもある。それも巨大なものを想像できればだが。

アメリカではこの柳は馴染みで、ラグタイム・ピアニストの名手、スコット・ジョプリンも

《ウィーピング・ウィロウ・ラグ *Weeping Willow Rag*》という曲を作っているが、ヒルビリー、マウンテン・ミュージックの世界では、《柳の木の下に埋めてくれ *Burry Me Beneath the Willow*》、またの名を《ウィーピン・ウィロウ *Weepin' Willow*》という曲が愛されている。こんな風に歌われる。

Chorus:
Oh, bury me beneath the willow
Under the weeping willow tree
So he may know where I am sleeping
And perhaps he'll weep for me

My heart is sad I am lonely
For the only one I love
When shall I see him oh no never
'Til we meet in heaven above

Chorus:

（以下略）

ああ、柳の木の下に埋めて欲しい
ウィーピン・ウィロウの下に
そうすればわたしがどこに埋められているか彼にはわかるだろうし、
彼はわたしのために泣いてくれるだろうから

わたしの心は寂しく、ほんとうに孤独
ただ一人愛する人のせいで
もう一度彼と会えるでしょうか、あるいはもうこの世では会えないのでしょうか
天国で再会する以外には

ここでは、歌い手は女性とした。男性を主人公とする歌も多い。それは、歌い手の性によって変化するからだ。しかし、たとえばアパラチアの山間部のようなところから、都会に働きに出かけていった相手とは、もう二度と会えないのではないか、という場合は、残されるのは女性であることが多い。この地域ではろくな仕事口もなく、生きていくためには出稼ぎに行くしかなかったからだ。そして多くの場合、都会の魅力を知った男は、再び田舎へ帰ろうとするのは稀なことだった。この歌を、ただの失恋ソングと捉えることもできるし、あるいはホーボー・ソングの一種とも考えられる。さすらう男を愛した女の悲劇という図柄である。むしろこの歌が作られ歌われた地域特有の事情やアメリカという国の労働事情、各地をさすらう人の存在といったことを考える方が歌の奥行きが深くなるだろう。

自分が埋葬されている場所が柳の木の下で、その柳は見捨てられたような自分のために涙を流してくれる――ここでこの歌のタイトル「ウィーピン・ウィロウ」が効いてくるのである。

だが、これら三つの歌に共通する「柳」は何を意味しているのだろうか。イェイツの場合、柳は愛する女性との「別れ」を象徴しているようだし、《柳の園にて》の柳は、「殺人」をテーマにしているようだ。《ウィーピン・ウィロウ》の歌では「埋葬」をあらわしているように思える。そのどれもが、

悲しみと別れ、あるいは死といったイメージで共通している。そして、それらのイメージを表象する要素、または理由を、アメリカの旅で見つけたように思える。

アメリカの様ざまなジャンルの人物を追ったことがあった。それぞれの人生をたどるうち、結局はその人の死に場所、最後は墓所を訪ねないと物語は収まらないのだ。そこで自分でもあきれるぐらいにあちこちの州や郡、町の墓地を訪ね歩いた。それぞれの墓碑銘が面白くて、それで本が書けるのではないかと思ったりもするぐらいだった。その墓碑銘や埋葬者同士の関係性も興味深いがそれ以上に不思議に思えたのが、墓石の彫刻の意匠だった。

天使や幼児、むしろ童子と呼んだ方がいいかもしれない子供たちや十字架も目立つ。同じ十字架でも、十字の中央に丸い円がつけられているのは「ケルト十字架」で、埋葬されているのはアイルランド人なのだろう。ユダヤの星形、六芒星を象った「ダビデの星」もある。そういう中でかなり多いのが、柳の木のデザインだ［図57］。

それも、ユダヤの燭台、中央に一本、縦に伸びるろうそく立ての両端に三本ずつの曲がったろうそく立てが囲むように伸びているいわゆる六枝の燭台「メノーラ」にも似ているが、最上端のろうそくを差し込むところがそのまま伸びて下向きに、柳の枝が垂れるさまを描いたものだ。それが驚くほど多い。

一体、墓石と柳とはどんな関係にあるのだろうか。自分の旅の経験から言えば、北はマサチューセッツから、ペンシルヴァニア州、アパラチア山系の土地にも散見できるが、知る限り、南限はテキサスではないかと思う。いずれにしろ、東部に多く、西に行くに従って影を潜めていくようだ。

柳がアメリカにもたらされたのは一七三〇年のことで、それもナポレオンの墓地に植えられていた柳の木の枝を挿し木にしたものを運んできたとされている。真偽はさだかでない。そうやってアメリカに定着した柳の木は、高木巨大化して葉先から水滴を滴らせるという特性から「ウィーピン・ウィロウ」と名付けられ、それが埋葬者への涙と結びついて墓石には柳の木のデザインが彫刻されるようになったのかと、考えていた。

だが、実はもう一つ、見逃せない事実があった。一七六二年、ジェームズ・スチュアートとニコラス・レベット共著の『アテネの古代遺物 *Antiquities of Athens*』がアメリカで出版された。これをきっかけに、ことにアメリカ東部では豊かで成熟したギリシャ文化に対する憧れが流行現象のようになっていった。そのギリシャ文化の中の、アメリカには望むべくもない神々の神話に対する文芸的ロマンが、多くのアメリカ人の魂を捉えることになる。そういった様ざまなエピソードの中でも、大きな影響を与えたのがオルフェウス伝説だった。

ギリシャ神話に登場する吟遊詩人であるオルフェウス（オルペウス、オルフェとも）は、新婚の妻、エウリュディケー（エウリュデスとも）が毒蛇に咬まれて死んだ時、彼女を取り戻すために冥界、冥府、黄泉の世界に入っていく。そして得意の竪琴を奏でてどうにか妻とともにこの世に戻ろうとした時に、けして振り返ってはならないという禁忌をオルフェウスが犯したために彼は妻を失うことになるのだ。

この「見るなのタブー」は、古事記のイザナギ・イザナミ伝説をはじめとして「鶴の恩返し」や「浦島太郎」、西洋では「パンドラの匣《はこ》」や旧約聖書のロトの塩柱など、世界中に分布しているタブーの逸話である。そしてオルフェウスは、冥府から帰ってきた時に柳の小枝を手にしていたという。そこから、柳の木は死の世界と繋がりがあるのだと考えられてきたものらしい。

Willow Garden はすなわち、別れの場所、墓所なのではないか。そして「柳」は、そのまま別れや別離、死や墓や黄泉の国への入り口、といったイメージが定着しているのではなかろうか。したがって、マーダー・バラッドの名作の一つされるこの《柳の園にて》の歌は、そこでなら確かに人殺しが起こっても不思議ではない、いや、人を殺すのにそこほど適切な場所はないだろう、といった思いが一つの通念としてあったのではないかと思うのだ。

ここでふたたび、オライリーはなぜローズを殺さねばならなかったのかという疑問に戻ろう。第一に、彼にとってローズが足手まといになった、邪魔になった、あるいは他に女性ができた、と考えることができる。しかしどれほど邪魔であっても、相手を殺すことは自分の運命にも大きく影響するということがわからないはずがない。相手を殺して関係を絶ったとしても、自分が刑に服してしまったのではどうにもならないことははっきりしている。

では、二人が結婚できない間柄だとしたらどうだろうか。この歌のもうひとつの特徴は、父親の存在である。これまでのマーダー・バラッドには母親が登場して息子の罪を嘆きはしても、父親が涙ながらに悲しみ、悔やむという図柄はほとんどない。このことからうかがわれるのは、ローズとの結婚に父親が反対なのではないか、ということだ。だからその娘と別れるためには金を使え、それで自由になれる、といった意味のことを忠告したのではないか。なぜそこまでして別れさせねばならなかったのか。ひとつ考えられるのは、身分の差、あるいは家柄の差だ。一般にアパラチア地方に入植した人びとは、他の地域に入植した人たちに比べて、貧富の差が少なく、おしなべて貧しい人びとだったと言われている。それでもやはり、家柄の差というものがある。出身地によっても、また主徒的な上下関係による差というものもある。その点からローズとの結婚を許せなかったと考えることはできる。

実はこの家柄の格差、家族間の抗争はマーダー・バラッドの重要なテーマとなっているのだが、それについては後述することにして、そもそもマーダー・バラッドは、どういう経緯を経て生まれてきたものなのかからはじめよう。

3　マーダー・バラッドの原点

人殺しをテーマにしたマーダー・バラッドの源は、イギリスにある。つまり、イングランド、ウェールズ、スコットランド、そして海峡を隔てたアイルランドの四つを合わせた、正式には「グレート・ブリテンおよび北アイルランド連合王国」にその原点を見出すことができる。この地で歌われたトラディショナル・バラッドと呼ばれる古くからの音楽ジャンルのひとつが、マーダー・バラッドになったのだと言えるのだ。

その「マーダー・バラッド」は、もともとはブロードサイド・バラッド（broadside ballad）、またはブロードシート・バラッド（broadsheet ballad）と呼ばれる時事的な内容を歌う、ニュース性の高い内容を持った歌から枝分かれしてきたものだった。「ブロードサイド」という言葉からもわかるように、自分が見聞きした、または知り得た事実を「路傍《ブロードサイド》」に立って、大衆に向かって歌い知らせるという形をとってきた歌謡ジャンルである。いわば「瓦版」の歌版といっていいかもしれない。いや、この場合、まさに瓦版そのものなのだ。ブロードシートとあるように、「道端の紙」とでもいうか、十六世紀、トピカルな内容やユーモアを含んだ面白い物語、またかつてのロビン・フッドのような権力者に反抗する義賊の活躍、あるいは悪戯好きの妖精、かのシェイクスピアの『夏の夜の夢』でも知られる悪戯好きの小妖精、パックたちを扱った妖精物語などを印刷しては道端で売りながら歌ったのである。やがて十七世紀に入ると君主制に対する批判や王党派に対する皮肉を掲載するようになり、これが現代の新聞へと発達していくことになる。

これらのブロードサイド・バラッドの中で、誰もが面白がり、知りたがり、噂話やゴシップの種になった人気ニュースが、殺人をテーマにしたものだった。その手の歌は印刷物を通してではなく、ロ伝で広まっていった。それら口伝の歌を蒐集したことで有名なのが十九世紀後半、ハーヴァード大学の言語学・中世文学が専門の教授、先にも紹介したフランシス・ジェイムズ・チャイルドで、その彼が編纂したイングランドとスコットランドの民間伝承バラッドを三百五曲集めた『イングリッシュ・アンド・スコティッシュ・バラッド *English and Scottish Ballads*』(1825-96)は、後世『チャイルド・バラッド *Child Ballads*』と呼ばれ、その後の民謡研究の基礎になったすぐれた著作である。

この『チャイルド・バラッド』をはじめとする多くの民間伝承バラッドの蒐集研究家のお陰で、今は古いイングランドやスコットランド、アイルランドの歌が新大陸に渡っていったことが証拠付けられ、その後の変遷をたどることができるのである。たとえばカントリー、ブルーグラスの両ジャンルで、今もなお現役の曲として根強い人気のある《ノックスヴィル・ガール *Knoxville Girl*》である。テネシー州東部の町ノックスヴィルでの殺人を歌った、オーソドックスなマーダー・バラッドである。

I met a liitle girl in Knoxville, a town we all know well,
And every Sunday evening, out in her home, I'd dwell,
We went to take an evening walk about a mile from town,
I picked a stick up off the ground and knocked that fair girl down.

She fell down on her bended knees, for mercy she did cry,
Oh Willy dear don't kill me here, I'm unprepared to die
She never spoke another word, I only beat her more,
Until the ground around me within her blood did flow.

(以下略)

ルーヴィン・ブラザーズのヒット曲として知られ、ここでは彼らの歌詞を取り上げた。この歌もまた、ウィリーという犯人の男によって語られる。相手の女性の名前はなく、ただノックスヴィルの女性だとしかわからない。二人は日曜の夕方、町から一マイル（約一・六キロ）ほど離れたところに散歩に出かける。そこでウィリーはふいに、道端に落ちていた木の棒を拾うと相手を殴り倒す。彼女は膝を屈し、殺さないで、と命乞いするが、ウィリーは殴りつづけ、あたりは血にまみれる。そこで彼は彼女の金髪を摑んで引きずり廻し、ついにはノックスヴィルの町中を流れる川に投げ入れる。

ここで彼の犯行を嘆くのは母親である。

I started back to Knoxville, got there about midnight
My mother she was worried and woke up in a fright
Saying "Dear son, what have you done to bloody your clothes so?"
I told my anxious mother I was bleeding at my nose.

真夜中近くノックスヴィルへ帰ってきたウィリーを見て、母親は「何をしたの？　その服の血は何なの？」と問い詰める。それに彼は「鼻血だよ」と答える。しかし今やウィリーは、残る人生を牢獄で過ごす身になってしまっている——。この歌でも、心底愛した女性を殺す具体的な理由は見当たらない。結婚してくれないという、女の変心もここにはない。母親の心配ぶりから見ると、過保護のお坊ちゃんの我がままだったのだろうか。

この歌は十九世紀中頃のアイリッシュ・バラッドの流れを汲むもので、その時代のアイルランドのバルティモア市のウェクスフォードの町で起こった殺人事件をモデルにしている。その事件を歌ったのが《ウェクスフォード・ガール *Waterford Girl*》である。その一聯目の歌詞はこうだ。

It was in the town of Waterford, where I was bred and born.
It was in the city of Baltimore, that I owned a flowered farm.
I courted many a Wexford girl, with dark and roving eyes.

「ウォーターフォードの町で生まれ育ち、バルティモアの町で花卉園《かきえん》をやっているわたしは、人を誘うような黒い瞳のウェクスフォードの娘を見初め、結婚の約束をする」と舞台は異なっても、この後につづく物語は「その結婚の日取りを決めるために話しながら散歩に出たところで、柵から棒を引き抜いて彼女を殴り殺す……」と、この歌では彼女を引きずり回したり、川に投げ捨てたりしないが、歌詞は《ノックスヴィル・ガール》とほとんど同じといってもいいほどの類似性を見せている。ウェクスフォードの殺人歌を、アメリカに移住した人物がノックスヴィルの町に当てて作り変えたものだろう。

だが、この《ウェクスフォード・ガール》にもまたその元になった曲がある。イングランドのオクスフォードの町で生まれた娘との結婚の約束を取り交わしながらも、同じようにたいした根拠もなく殺してしまうという歌《オクスフォード・ガール *Oxford Girl*》だ。

'Twas in the town of Oxford, where I did live and dwell,
'Twas in the town of Oxford, I run my flour mill.

I fell in love with an Oxford girl, who had dark and darling eyes.
I asked her would she marry me, and me she nothing denied.

これは「リドルお祖母ちゃん《グラニー・リドル》」として知られるアルメイダ・リドルの歌った歌詞だ。一八九八年生まれのアーカンソー出身のフォークシンガーであるリドルが、一九七〇年、ランダール・マリンという伝承民謡研究家のインタビューで歌った録音から取り出した歌詞である。リドルはこの曲を父親から習ったと語っている。

内容としてはオクスフォードの町で生まれ育った男ウィリーが、同じ町に住む黒い瞳が魅惑的な娘と恋に落ち、散歩の途中に生垣の棒を取って殴り殺し、白く小さな手を取って彼女を引きずりまわして川に落とす……前二曲と粗筋は変わらない。これらの一連の歌によって、イングランドのオクスフォード、アイルランドのウェクスフォード、そしてアメリカはテネシー州ノックスヴィルへと舞台を変えながらも、同じ内容の歌が飽くことなく歌い継がれてきたということがわかる。

4　旧世界の血塗られた歌たち

こういったマーダー・バラッドは、グレート・ブリテンと北アイルランドばかりでなく、スカンディナヴィアにもまたその源があると認められている。北ヨーロッパ、ノルウェー、スウェーデン、アイスランド、オランダにも似た形のバラッドが散見されるが、少なくともアイルランドのマーダー・バラッドの大もとはスカンディナヴィアにあるようだ。《ノックスヴィル・ガール》の元歌である《ウェクスフォード・ガール》の舞台であるウェクスフォードの町は、かつてスカンディナヴィアのヴァイキングたちによって征服された過去がある。彼らがマーダー・バラッドそのものをアイルランドに植えつけたとは軽々には言えないが、彼らの血なまぐさく荒々しい人格と行動が、かの地に殺人歌を生み育てる何らかの種子をまいたと考えることは可能だろう。

スカンディナヴィア系のマーダー・バラッドの代表作は、フランシス・ジェイムズ・チャイルドも蒐集し、現在「チャイルド・バラッド13番」として知られる《エドワード *Edward*》だろう。もともとデンマーク、ノルウェー、スウェーデン、フィンランドなどで《*Svend i Rosensgård*》と呼ばれていた曲がスコットランドに渡り、その地で歌われていたヴァージョンを、北アイルランドのドゥロモアの司教であったトーマス・パーシーが一七六五年に出版したバラッド選集『古代イギリス詩拾遺 *Reliques of Ancient English Poetry*』に入れた。その曲の第一聯だけを取り出してみよう。

"Quhy dois zour brand sae drop wi' bluid,
Edward, Edward?
Quhy dois zour brand sae drop wi' bluid?
And quhy sae sad gang zee, O?"
"O, I hae killed my hauke sae guid,
Mither, mither:

O, I hae killed my hauke sae guid:
And I had nae mair bot hee, O"
"zour haukis bluid was nevir sae reid, Edward, Edward......"

この曲はスコットランドの古語だが、やがてこの《エドワード *Edward*》は《デイヴィッド *David*》、または《サン・デイヴィッド *Son David*》というタイトルで歌われるようになる。以下の詞は、スコットランドの詩人ウィリアムス・マザーウェルが一八二七年に編んだスコットランド・バラッドの研究書とも言うべき『バラッド集 *Minstrelsy, Ancient and Modern*』で取り上げた、より近代的なヴァージョンである。次のように歌われる。一聯目と二聯だけを取り出してみよう。

"What bluid's that on thy coat lap,
Son Davie, son Davie?
What bluid's that on thy coat lap?
And the truth come tell to me."

"It is the bluid of my great hawk,
Mother lady, mother lady:
It is the bluid of my great hawk,
And the truth I have told to thee."

こっちの方がわかりやすい。

ここに出てくる bluid は blood の意味だ。母親が息子デイヴィッドのコートの襟についた血はいったい何なのか、不安になって尋ねるが、息子は、これは鷹を殺した時の血だ、と答える。だが、鷹の血はそんな色をしていない、とその答えに疑問を持った母親はその後も何度も尋ねるものの、息子はそのつどはぐらかす。実際には、実の父親を殺した返り血なのである。ここには父を殺してその位につくという、ヴァイキングたちの権力闘争の様子が垣間見えるし、母と共に父王を廃位に追い込んだイングランド王エドワード三世のイメージもあり、ギリシャ神話のオイディプス王物語にも共通するものがうかがわれる。なお、このスコットランド版《エドワード》またの名《サン・デイヴィッド》が、アイルランドでは《ホワット・プット・ザ・ブラッド *What Put the Blood*（何の血か）》というタイトルで歌われている。

こういった古いスコットランドのマーダー・バラッドが、近年の歌や文学などその後の文化にまで及んでいるいい例が、《ランダール卿 *Lord Randall*》である。この「チャイルド・バラッド12番」は、一七八七年から一八〇三年の間に出版された古いスコットランドのブロードサイド・バラッド集の中の一曲で、「ランダール卿」はおそらくは、マーリー伯爵として知られるトーマス・ランダール卿のことではないかと考えられる。一三三二年にマッセルブーロウで死んだのだが、一説には、その死は彼の愛人が敵イングランドのスパイであって、その彼女に毒入り鰻のスープを飲まされた結果なのだと言われている。歌の第一聯の歌詞はこうだ。

Where did you go, Lord Randall my son?
Where did you go, my beloved one?
Down in the glen, down in the glen.
Make me my bed, I've a pain in me head.
And I fain would lie down, and I fain would lie down.

古謡にありがちな繰り返しの歌詞が多いので、そこを省いて二聯、三聯、四聯の二行目三行目だけを取り出してみよう。それで物語の筋が読み取れる。

二聯
What did you do there, my beloved one?
I dined with my true love, I dined with my true love,

三聯
What did you eat there, my beloved one?
Eels and eels broth, eels and eels broth,

四聯
I fear you are poisoned, my beloved one.
Indeed I am poisoned, indeed I am poisoned,

ここでも、母親が息子であるランダール卿に、どこへ行っていたのか、と問う。谷に行っていた、と答える息子。そして頭が痛いのでベッドに寝かせてくれと言う。そこで何をやっていたのか、と重ねて問う母親に、恋人と食事をしていたと答える。そこで何を食べたのか、と母親。彼は鰻と鰻のスープを食べたと答えるのである。

この恋人に毒殺されるというシチュエーションが、百三十年後の現代イギリスの文学作品に影響を与えた。それが一九三〇年、イギリスの作家、ドロシー・L・セイヤーズがミステリーに仕立てた『毒を食らわば *Strong Poison*』である。セイヤーズの名探偵のピーター・ウィムジー卿シリーズの長編五作目で、ここでは主人公が恋心を抱く女性が、同棲中の流行作家を毒殺した疑いで裁判にかけられる。それを傍聴したウィムジーが、彼女の無実を信じて真犯人を探し出すという物語だ。

もっと最近になって、この《ランダール卿》の特徴である「母親が尋ね息子が答える」という形式、「質疑応答パターン」の歌を、ボブ・ディランが一九六二年の《激しい雨が降る *A Hard Rain's a-Gonna Fall*》に取り入れている。この歌の背景は毒殺ではなく、冷戦時代のキューバ危機などでの原爆に対する不信と不安である。マーダー・バラッドが、現代のアメリカ音楽にも強い影響を与えているいい例だろう。

5　ダガーナイフを手にした女

マーダー・バラッドが殺人を歌う歌だとしたら、自分を殺す自殺もまた、このジャンルから抜かすわけにはいかないだろう。ここに、おそらくはアメリカで作られたと思われる《ウィリー・ムーア *Willie Moore*》という歌がある。マーダー・バラッドの多くが犯人の視点から描かれているのだが、この曲ははっきりと第三者によって歌われている。そしてこの曲もまた実際の事件を扱っていることを思えば、やはりブロードサイド・バラッドの形式を踏襲していると言えるだろう。

この《ウィリー・ムーア》は、一九二〇年代にケンタッキー出身の盲目のフィドルとバンジョー奏者でシンガーの、ディック・バーネットによって数多く録音されたレパートリーの中の一曲である。

Willie Moore was a king, his age twenty - one,
He courted a damsel fair ;
O, her eyes was as bright as the diamonds every night,
And wavy black was her hair.

He courted her both night and day,
'Til to marry they did agree ;
But when he came to get her parents consent,
They said it could never be.

（以下略）

「ウィリー・ムーアは二十一歳で、王のように奔放だった」と歌い出されるこの曲は、また別のヴァージョンではkingではなく、youngとなっている。いずれにしろ彼は本物の「王」ではなく、王のように自由気ままな男だった、ということだろうと思われる。その彼が、波打つ黒髪とダイヤモンドのように輝く瞳を持ったアンナという女性と恋に落ちる。二人は結婚の約束を交わし、彼女の両親に承諾を得ようと訪ねるが断られてしまう。その夜アンナは行方不明になるのだが、小川のそばの小屋で彼女は遺体で見つかる。アンナは白いドレスを着せられ埋葬され、ウィリーはやがてモントリオールに移り住み、そこで死んだという。

よくわからないのは最後の歌詞で、人によってはこの部分を歌わないこともあるようだ。

This song was composed in the flowery West
By a man you may never have seen ;
O, I'll tell you his name, but it is not in full,
His initials are J.R.D.

そこには、「この歌は花溢れる西部で作られた。作者は誰も知らないが、フルネームでなく、イニシャルだけをここに記そう。それはJ・R・Dだ」とある。別の歌では「J・R・G」となっているものもあるらしい。J・R・DにしろJ・R・Gにしろ、今ではそれが誰かわかりようもない。通常この手のバラッド、マーダー・バラッドばかりでなく古くから伝わる歌の多くは作者不明だが、この《ウィリー・ムーア》に限っては作者がいると示唆している。この物語が事実であると言いたいのかもしれないが、実に珍しく奇妙である。

だが問題はそのことではなく、アンナの死因が不明であるということだ。自殺であるらしいことは何となくわかる。だが自殺ではなく、ウィリーが彼女を殺してモントリオールに逃げて行ったとも考えられる。だが自殺だとしたら、なぜ彼女は自殺したのだろうか。あるいは、なぜ彼は彼女を殺したのだろうか。この時代、両親に結婚を反対されると死ぬしかなかったのだろうか。それとも、他に何か理由があったのだろうか。

もう一曲、一七四〇年代からスコットランドで歌われていたという「チャイルド・バラッド84番」の《バーバラ・アレン *Barbara Allen*》も、はっきりとした死因が特定できない。しかし、自ら死を選んだというニュアンスが強い。

'Twas in the merry month of May
When green buds all were swelling,
Sweet William on his death bed lay
For love of Barbara Allen.

（以下略）


と、この曲は歌いだされる。

シングル・レコードの売り上げ数世界一は《ホワイト・クリスマス *White Christmas*》だとされているが、英語圏で、しかも非宗教的な歌ではもっとも多くの人に歌われたのはその《ホワイト・クリスマス》ではなく、この《バーバラ・アレン》だと言われている。それだけ多くの人が歌っているのだが、ここではかつてフォークソングの女王と呼ばれたジョーン・バエズの歌詞を引用した。「花開く麗しの五月、ウィリアムはバーバラ・アレンへの愛ゆえに死の床についていた。彼は召使を彼女の住む町に遣わした。バーバラはウィリアムの許にやってきて、『あなたは死ぬわ』と言い、ウィリアムはみなに別れを告げた。家に帰ると彼女は母親に、今日ウィリアムが死んだ。明日にはわたしが死ぬだろう、と告げる。バーバラ・アレンは古い教会の墓地に埋められ、ウィリアムはその横に埋葬された。彼の墓には紅いバラが育ち、彼女の墓からはイバラが生え、二つの樹は真の愛をはぐくむかのように絡み合った……」というものだ。この愛する者同士の埋葬の場所に、イバラをはじめとする様ざまな植物が生え、それが絡み合って花を咲かせるという物語は、イングランド、アイルランドで古くまでたどれるストーリーで、いくつもの歌に登場しているのである。

この二人の死は、病からではないだろう。ウィリアムは病気でないとは否定できないが、自殺のように思えてならない。少なくともバーバラは後追い自殺のようだ。だが、なぜ自殺をしなければならないのか。ここにそのヒントになるような曲がある。古いアメリカ生まれの《愛しのケイティ *Katy Dear*》である。十九世紀末から歌い継がれてきたと言われているが、その旋律にはスコットランド的なものが香る。元はたどれないようだが、アメリカで作られ、歌い継がれてきたものだろう。この歌もまた、古い歌特有の繰り返しの歌詞が特徴である。

Oh, Katy dear go ask your mother
If You can be a bride of mine,
If she says "yes" comeback and tell me
If she says "no" will run away.

Oh, Willie dear I cannot ask her
She's in her room and taking of rest,
And by her side is a silver dagger
Two slater one that I love best.

（以下略）

登場人物はケイティとウィリー。ウィリーが彼女に、母親のところに行って自分の妻になれるかどうか訊いてきてほしい、もし駄目なら逃げよう、と言う。だがケイティは、とても訊けない、母は今部屋で休んでいて、横には銀のダガーナイフが置いてあるのだから、と躊躇する。だったら、とウィリーは重ねて頼む。父親のところに行って訊いてくれ……と。だがケイティの答えは同じ。それならと、ウィリーはダガーナイフを取って自分の胸に突き刺す。彼の最後の言葉は、「さよならケイティ、さよならダーリン、ついに別れの時が来た」だった。追いかけるようにケイティもそのナイフを手にして自分の胸に突き立てる。「さよならウィリー、一人だけでは死なせないわ」という言葉を残して。

これはダブル・スーサイド、心中である。ここで強調されているのは、親たちの反対だ。なぜケイティの両親がウィリーとの結婚を拒否するのか。ベッドサイドにダガーナイフを置いてまでも反対するのか。そしてそれを使うことをためらわないであろうことを娘はよく知っている。

もうひとつの不思議は、なぜ彼らはこうも簡単に死を選ぶのかということだ。せっかく逃げようとまで言いながら、そうはせずに男は自殺し、女もその後を追う。逃げても無駄だと感じていたのだろうか。ケイティの一家とウィリーの家とは敵対関係にあったとでもいうのだろうか。

この《愛しのケイティ》から生まれた曲だが、もう少し深い部分まで掘り下げた歌が、ジョーン・バエズやドリー・パートンの歌った《シルヴァー・ダガー *Silver Dagger*》である。《愛しのケイティ》は、現在も多くのブルーグラス・ミュージシャンによって歌われているが、そこから派生した《シルヴァー・ダガー》は古くからのゲーム・ソングにも似た繰り返しパターンを排し、現代的、文学的な色合いを加味している。こんな風に歌われている。

Don't sing love songs you'll wake my mother,
She's sleeping here right by my side.
In her right hand is a silver dagger,
She says that I can't be your bride.

All men are fools, so says my mother,

They'll tell you again love and lies.
And then they'll go and court someother,
Leave you alone to pine inside.

My daddy is a handsome devil,
He's got a chain five miles long.
On every link, a heart does dangle,
Of another maid he's loved and wronged, ohhh...

Go court another tender maiden,
In hopes that she might be your wife.
For I've been warned so I decided,
I'll sleep alone all of my life, ohh...

Beware, beware, a silver dagger.

「愛の歌は歌わないで、母を目覚めさせてしまうから。彼女はわたしのすぐ横で寝ているの。そして右手には銀のダガーナイフ。けしてあなたの妻にはさせないと言っている」

　この歌を聴くと、どうしても『ロミオとジュリエット』の、あの有名なバルコニーの場面を思い出さずにはいられない。

「どんな男もみな愚か、彼らは愛の言葉と嘘を幾度も口にする。そのくせ、他の誰かに求愛して去っていき、あんたに残されたのは、彼を思う心だけ」と母親は言う。娘はつづける。「父はハンサムな悪魔。彼の鎖は五マイルの長さがあり、そのどの環にも彼の愛した邪悪な女性たちが結びついている。だから、他のやさしい女性に求愛して。彼女はあなたの妻になるわ。わたしは一生一人で眠ると自分に言い聞かせているの。シルヴァー・ダガーにはくれぐれも気をつけて」

ここにもまた母親の過剰防御がある。自分の娘を誰にも取られたくない気持ちはあるだろうが、この歌の場合、特定の男に対してだ。父親は五マイル（約八キロ）四方のあちこちに女を作り、彼女たちの口があるから逃げても無駄だと娘は考えている。だから他の女性を……と彼女は諦めきっている。母親の忠告――男というものは信じることができない、という言葉は、自分の夫の浮気性のゆえかもしれない。娘にはその苦しみを味わわせたくない、とも解釈できる。だとしても、いつもダガーナイフを手元に置いているというのは異常すぎる。

この《シルヴァー・ダガー》と《愛しのケイティ》の、どちらが先に生まれたのかを判断するのは難しい。ただ、《シルヴァー・ダガー》の方は、省略が施されながらもひとつの物語が語られているのに比べて、《愛しのケイティ》は単なる男女の会話による結婚拒否の様子が歌われているだけだ。ようするに、後者は、前者の歌の一部を拡大したものに過ぎない。ということは《シルヴァー・ダガー》の方が先に生まれたことを意味しているのではないか。

その《シルヴァー・ダガー》は、一八二〇年代にイギリスでブロードサイド・バラッドとして歌われていた《オー、モーリー・ディア・ゴー・アスク・ユア・マザー *Oh, Molly Dear Go Ask Your Mother*》が、その元歌だと思われる。ここにはその歌詞を引用しないが、少なくともタイトルからも《愛しのケイティ》の歌詞と共通していることがわかる。そしてその第一聯の一行目は'wake up, wake up, your drowsy sleeper' と歌われていて、男が呼びかける相手の女性は眠っているか、あるいはウトウトとしている様子だ。そこから、また別のヴァージョンとしては《ドロウジー・スリーパー *Drowsy Sleeper*》というタイトルの歌もあり、その第一聯では部屋の中の女性を起こそうと呼びかけた後、第二聯では 'Oh, Who is at my bedroom window?' (ベッドルームの窓辺にいるのは誰?) と歌われる。だから、少し前に、『ロミオとジュリエット』のバルコニーの場面を思い出す、と書いたのもまんざら遠い感想でもなさそうだ。

その『ロミオとジュリエット』の物語を要約すると、イタリアは十四世紀のヴェローナ、対立する教皇派と皇帝派との確執の中、皇帝派のモンタギュー家の一人息子ロミオは、教皇派キャピュレット家のパーティーに潜り込んだ時、そこの一人娘ジュリエットに出会い二人は恋に落ちる。両家の和解を目論んで二人は結婚するが、つまらない喧嘩沙汰でキャピュレット夫人の甥を殺してしまったために追放されるロミオ、別の男との結婚を迫られるジュリエット、結局彼らは現世を悲観し、あの世へと旅立っていく、ということになる。何となく、《愛しのケイティ》を思わせる。

なぜ、この歌たちに歌われる男女の恋愛、結婚が禁じられているのか。これまで異人種間、異宗派間、被差別問題などの可能性を考えてみた。だが、どれも決定的な事柄ではないように思われる。

もうひとつ考えられるのは、敵国同士であるという場合だ。何年か前、テンプル騎士団のあれこれを知りたくて、スコットランドとイングランドとの境界線、かつての国境を行ったり来たりしたことがある。その時、そこには厚く高い石の塀が長く長く続いていることに驚いた。それは、今もまだ彼らの心の隔たりをあらわしているかのようだった。かつての、この両国は激烈な戦いに明け暮れていたことは先に書いたが、十八世紀後半から十九世紀にかけて、この両国は今では考えられないほど憎み合っていたのだ。

もし《シルヴァー・ダガー》に描かれるような男と女が、この二つの国にまたがって愛し合っていたのなら、敵国の人間とは結婚させない、と考える人びともまた皆無ではなかったろう。この両国、とくに北のスコットランドは、その後の「グレートブリテン」併合には心穏やかでなく、二〇一四年のスコットランド独立をかけた住民投票では独立は果たせなかったものの、彼らはまだ望みを捨ててはいまい。

もう一つ、《シルヴァー・ダガー》の歌詞で気になる部分がある。歌詞の第三聯を思い出してほしい。

My daddy is a handsome devil,
He's got a chain five miles long.
On every link, a heart does dangle,
Of another maid he's loved and wronged, ohhh...

そこをこう訳した。

「父はハンサムな悪魔。彼の鎖は五マイルの長さがあり、そのどの環にも彼の愛した邪悪な女性たちが結びついている」と。そのまま受け取ると、父親は五マイル四方のあちこちに女を作り、彼女たちは監視役も兼ねているから、とても逃げられない、と娘は言う。

これはどういう状況なのだろうか。ハンサムな父親は女好きで、あちこちに女を作り、そして彼女たちは当然父親の味方である。今も昔もそういう男はいただろう。だが、それが歌となるとあまり説得力がない。これはもっと別のことを意味しているのではないか。すなわち、この《シルヴァー・ダガー》がブロードサイド・バラッドとして作られ、人びとの口から口へと伝わっていった頃、五マイル、八キロ四方を我がものとするというのは、当時の農民や商人、鍛冶職人、粉挽き、牛飼い、羊飼い、木樵、パン焼き、大工などなどの庶民たちには、とても可能とは思えない。当時の人口密度を想像しても、そんなに女性が住んでいたろうか。では、どういう人間だったらそれが可能だろうか。

領主ではないのか、あるいは僧侶。歴史と特権を背景に、力を持った階層。実際には女がいたのかも知れないし、もしかしたら「女」を象徴とする権力の及ぶ範囲のことかもしれない。彼らの領地、領土が「五マイル」というのは余りに狭い感じがするが、それは歌の上の、つまりは歌詞上の表現だろうと思われる。

しかし、領主や僧侶といった当時の権力者に対してならスキャンダルや権威への皮肉を題材にしたバラッドはあり得たろうが、はたしてこれだけ広く歌い継がれる主題だったろうか、と思わないでもない。十八世紀末から十九世紀初めにかけて、彼らにとって日常の大きな問題は「クラン」の存在だった。スコットランドは、地理的な面から険しい山のある北部、ハイランド地方とイングランド北部に続く比較的なだらかな南部、ローランド地方とに分かれている。そのスコットランドにはゲール人やブリトン人、アングル人やノース人といった多様な民族が流入して居住し、お互い混在していくようになると、自ずとそれぞれ独自の自治体制を作り出していく。それを「クラン（氏族）」と呼ぶ。

彼らは時の王朝に対してある程度従いながらも、自らの自治はきちんと確保していた。そのクラン同士の関係がギクシャクしはじめたのは、前述した「ジャコバイト騒動」の時からだ。スコットランドのカトリック王ジェームズ二世を支持するジャコバイトたちに対して、プロテスタント王、イングランドのウィリアム三世はそのジャコバイトとの戦いに備えて、ハイランドの氏族長《クラン・チーフ》に「イングランドとウィリアム王」に従うという誓約を求めた。その誓約の強制の顛末から、もともと仲の悪かったマクドナルドとキャンベルの両氏族は、前述したようにやがて「グレンコーの虐殺」と呼ばれるキャンベル族によるマクドナルド族襲撃事件を引き起こすことになったのだ。そういった憎悪の連鎖が、アメリカのアパラチアに渡ったとも考えられる。

シェイクスピアの『ロミオとジュリエット』に戻ろう。この劇が書かれたのは、一五九五年前後とされている。一方の《シルヴァー・ダガー》が、イングランドでブロードサイド・バラッドとして歌われていたのは、記録をたどる限り、どう考えても一八二〇年頃だろう。そこには二百年の差がある。その間このシェイクスピアの名作が人びとの記憶の中に生きつづけ、また何度か上演された馴染みの物語で、二つの敵対する家族の狭間で不幸な恋に生きた男女の悲劇が生き続け、それが「マーダー・バラッド」の題材であり続けたというのだろうか。

いや、そうではないと思う。逆に、イングランドやスコットランドではそういう不仲の家族間の悲劇は昔からよくあって、シェイクスピアもその馴染みの題材をテーマに劇作したために受け入れられたのだと解釈する方が妥当ではなかろうか。人は、あり得ない物語も面白がるけれど、むしろよくある物語には自分を投影しやすい、または心を寄せやすいがゆえに好むものだ。だから、この家族同士の敵対やそこから生まれる死や殺人は、中世の庶民にとってはお気に入りのテーマだったとも考えられる。

そしてここが大切なところだが、バラッドのストーリーとして残ってきただけでなく、その本質、家族間同士の不和、不仲、その挙句の諍いもまた新世界へと延々と引き継がれていったのではないかということだ。

それには関して、前から気になっていた歌がある。もともとブルーグラスの曲は、その多くはマウンテン・ミュージックとしてよく知られ、多くの人が演奏してきたものだったが、ビル・モンローは大部分を自作の曲を使った。レコードに吹き込む時間的制約があったと同時に、伝統音楽を再現するのではなく、新しい「ブルーグラス・ミュージック」というモダンな音楽を普及させ、多くの人に知ってもらいたいという動機からだろう。彼の作り演奏する曲は短くて、しかもわかりやすい言葉、親しみやすいメロディーを持ったものが多かった。それはブルーグラスの近代化、大衆化、ポピュラー音楽へ脱皮するための必然だったと言っていい。

昔からの伝承ソングの場合、切り捨てられたのはバラッドのように深い内容を持ったストーリー性のある、しかも長い歌詞を持った曲だった。いくつかは残されたものの——インストゥルメンタルが多かった——が、その他は歌詞を短くカットされるか、エッセンスだけを残して内容もタイトルも変えられた曲が多かった。それが昔ながらの、アパラチア・ルーツのバラッドたちの運命だった。

新しく作られたブルーグラス・ソングは、どうしても面白味がない。中にはいいものもあるが、初期の歌を作る人びとは、ポピュラーソング界のソングライターのようなプロフェッショナルではなく、ブルーグラス音楽を演奏するのは巧みではあっても、曲作りとなるとほとんど素人に近かったからだ。それでもいい、マウンテン・ミュージックから生まれたブルーグラスなのだから、ヒルビリーらしさ、田舎臭さ、お山の人びとの生活感といったものが大切なのだ、という意見もあった。

だが、年を追ってブルーグラスの歌詞は変わっていく。深いテーマを持ち、広い視野に立ち、題材も多岐にわたり、使われる言葉も、詩の内容も繊細になっていく。それは「進歩」といってよかった。一つには、都会の大学生をはじめとする、知的な環境にいる人たちがブルーグラスを愛好するようになっていったからだ。そうした状況の中で、ブルーグラスという音楽が、知識階級の興味に合致する知的想像力を持っていたということだ。そうした状況の中で、同じアパラチアをテーマにした歌でも、かつてとは大きく変化していった。

たとえば、《ジョニー・アンド・サリー *Johnny and Sally*》という歌がある。これは、今言及している「結婚できない男女」の背景に、あるヒントを与えてくれる歌で、こんな風に歌われる。

Johnny and Sally grew up in the mountains
On opposite sides of the valley
She thought the sun rose and set in his brown eyes
And Johnny loved no one but Sally

But for 35 years their families had quarreled
Between them no words had been spoken
But the first time that Johnny laid eyes on fair Sally
The long silence finally was broken

He said meet me tonight when the moon lights the valley
And linger with me for a while
The love in their hearts started growing like flowers
Blooming unseen in the wild

Season to season love grew in the shadows
No matter that it was forbidden
They longed for the day they could walk in the sunshine

And no longer keep their love hidden

He said meet me tonight when the moon lights the valley
And we'll steal away and be wed
Altho' your daddy might wish he could kill me
Without you I'd rather be dead

こんなに風に歌はつづく。ここには、これまでのブルーグラスの歌詞にはない視点がある。サリーとジョニーは、同じ山の谷を隔てたところに住んでいた。彼女は彼の目の中に陽が上り、陽が沈むのを見るようだった、とある。それだけ彼女は彼の目を見つめ、その眼差しを思いながら一日を過ごしていたことを伝えてくれる。こういう形での女性の愛の表現は、少なくともこれまでのブルーグラスにはなかった。文学的と言ってもいい香りがする。だが二人の家は、この三十五年間諍いの中にあった。そしてある日、はじめてジョニーが目を上げサリーを見て言った。「今晩谷に月が上る頃、会わないか。そして少し歩かないか」。そうやって二人の恋の花はそっと開いていった。だが季節が移ろい、ふたりはもうその恋を隠さなくてもいいように、陽射しの中を胸を張って歩けるようにしたいと思った。彼は思い切って提案した。「今夜、谷に月が上る頃、会おう、そして逃げて一緒になろう」と。「たときみのお父さんに殺されようとも、きみを自分のものにできずに死ぬよりもずっといい」

しかし、ここまでならほかのブルーグラス・ソングとそうたいして変わるところがない。だが実は、この後がこの歌の本領だと思われるのだ。

Now you've heard the story of Johnny and Sally
And I've got just one thing to say
If not for the courage of Johnny and Sally
I wouldn't be here today

さて、あなたは今ジョニーとサリーの物語を聞いた
でも、たった一つ、隠していたことがある
もし、ジョニーとサリーの勇気がなかったら
ぼくは今、ここにはいないんだということをだ

ここには家族間闘争と、そこから逃げだした男女がいることを歌っている。そしてそれが、自分の両親であることを告白している。その背景には、アパラチア地方特有の後進性や後に述べるミソジニーの伝統などがあり、自分の両親はそういう土地で育った人間だった、と明言している。そして、その旧弊な体質から抜け出してきた両親の勇気を誇りに思っているのである。そこがかつてのブルーグラス音楽とは、精神の面でも、生き方そのものでも大きく違ってきていることを教えてくれるのだ。同時に、この開けた精神がブルーグラスとそれを生んだアパラチアという土地、ひいてはアメリカそのものを変えて行く力になっているのだと思えてならない。

この歌を歌ったのは、ブルーグラスの世界ではゴスペルやヒム、セークレッド・ナンバーでも定評のある、マンドリンとテナーヴォーカルの名手ドイル・ローソンとクイック・シルヴァーで、まさしく一聴に値する名曲と言っていいだろう。

この《ジョニー・アンド・サリー》は、明確に家族間闘争の存在を知らせてくれたが、それ以前にその諍いの存在についてヒントを与えてくれたのは、あるカントリー・ソングだった。

6　アパラチアのロミオとジュリエット

それはウェイロン・ジェニングスが歌った《ルッケンバック・テキサス *Luckenbach, Texas*》という曲だ。副題が「バック・トゥ・ザ・ベイシックス・オブ・ラヴ *Back to the Basics of Love*」で、愛することの根本に戻ろう、とでもいうところだろうか。「人生にとって価値あることは二つ、いい音楽を奏でてくれるギターと感情の安定した女。名前を売りたいとは思っていないんだ。そして今夜、自分自身の歌ときみの両方を手に入れた。たぶん今こそ、愛することの根本に戻る時なんだろうな」とこの曲は歌う。そしてコーラスの部分はこうなっている。

Let's go to Luckenbach, Texas with Waylon and Willie and the boys.
This successful life we're livin' got us feuding like the Hatfield and McCoy's.
Between Hank Williams pain songs, Newberry's train songs, and blue eyes cryin' in the rain,
Luckenbach, Texas ain't nobody feelin' no pain.

「テキサス州ルッケンバックの町に、ウェイロンとウィリーとそのバンドメンバーと一緒に行こう。今の成功した生活は、ぼくらをハットフィールドとマッコイたちの諍いのようにしている。ハンク・ウィリアムスの胸の痛くなるような歌やミッキー・ニューベリーの列車の歌、そして〝ブルーアイズ・クライン・イン・ザ・レイン〟の歌の間にある辛いものは、ルッケンバック・テキサスにはないんだ。そこでは誰も苦しまなくてすむんだよ」と歌う。

問題は、「ハットフィールド・アンド・マッコイ」という名前だ。その両家がウエストヴァージニア州とケンタッキー州の州境近くのアパラチア山中で、憎悪と暴力に明け暮れ敵対していた有名な家族だと知って、その地を訪ねてみた。


ウエストヴァージニア州ウィリアムスンの町へは、州都のチャールストンからUSハイウェイ119で下ってきた。ケンタッキー州との州境が近づくにつれて樹々は深くなり、人家の気配は遠くなっていく。この道は無駄に森を切り拓いて造られただけで、どこへもたどり着かないのではないかと思われた頃、ウィリアムスンの町が突然のように目の前に展けてきた。森が途切れたと思った瞬間、巨大な操車場が目の前に広がった。そこに居並ぶ無蓋貨車のどれにも石炭が山と積まれていて、そこが炭鉱地帯であることをあらためて思い起こさせてくれた。その操車場のはずれの跨線橋を渡って、ウィリアムスンの町に入る。人口、ほぼ四千。町に入ると人の動きは少ないながら、石炭を主産業に栄えてきたそれなりの活気がそこここにうかがえるたたずまいだった。

川沿いにあったウィリアムスンの公立図書館《パブリック・ライブラリー》で、司書に来意を告げて、資料の収納場所を教えてもらった。古い新聞のスクラップとハットフィールド家とマッコイ家関係の本を見つけた。それを読んでいる最中、一人の女性が寄ってきた。地元の新聞記者だった。日本から「ハットフィールド・アンド・マッコイ」を調べに来た人間を取材したいのだという。どうやら司書が伝えたらしい。彼女のインタビューのおかげで図書館滞在に思ったより時間を取られてしまった。

それによると、ハットフィールドとマッコイの両家は、ケンタッキーとウエストヴァージニア間を流れるオハイオ川の支流、ビッグ・サンディ川の分流であるタグ・フォーク川の両岸に、相対して住んでいた。その祖先をたどれば、おそらくはこの地に入植した初期の移民たちにまで遡れるだろう家同士で、当然最初から仲違いしていたわけではなかった。両家の主人公たちは、ウエストヴァージニア側に住む「悪魔のアンス《デヴィル・アンス》」と呼ばれたウィリアム・アンダースン・ハットフィールドと、ケンタッキー側に住む〝オールド・ラネル〟・ランドルフ・マッコイで、両者ともその祖父の代からと同じように丸太小屋《キャビン》に住み、急峻な斜面を耕すしかない農業と狩猟で自給自足の生活をしていた。

争いの原点は、南北戦争だった。この国を二分した戦争は、戦場だけが戦いの場ではなかった。むしろ、戦場ではない一般の住宅地、生活の場でこそ悲惨な戦いが行なわれていた。それがゲリラ戦だった。

ハットフィールドとマッコイの争いのきっかけは、北軍の兵士だったラネルの兄のアサ・ハーモン・マッコイが、タグ渓谷《ヴァリー》にある家に戻ってきて数週間後の一八六五年一月七日、その遺体が近くの洞窟で発見されたことだった。殺したのは、この周辺一帯で南軍の対北軍ゲリラ隊を組織していた、デヴィル・アンスとそのおじのジム・ヴァンスだろうとされた。

一八七〇年代後半、このコミュニティで「氏族《クラン》」を名乗るスコッチ・アイリッシュ系のハットフィールド家と、明らかに生粋のアイルランド系であるマッコイ家とは、いわばアメリカへやってくる以前からの仇敵と言ってもよかった。その両家の勢力が増大するにつれ、お互いの反目もまた激しくなっていった。この時オールド・ラネルは五十三歳、妻のサリーとともにポンド・クリークの支流、ブラックベリー・フォークに住み、近隣に散在するマッコイ一族だけでなく、タグ渓谷に住む誰もが彼らの存在を認めていた。

一方のデヴィル・アンスは四十歳。背が高く、猫背で、黒く長いひげとかぎ鼻の目立つその風貌は、すぐれた乗馬や射撃の腕とともにこの地域で侮りがたい人物として知られていた。

彼らの反目のピークは、一八七八年秋だった。オールド・ラネルが自分の飼い豚を盗んだ疑いでデヴィル・アンスのいとこのフロイド・ハットフィールドを官憲に突き出したのだ。しかも彼は、この地域のやり方にしたがい、銃を片手にフロイドの家に押しかけて自らの手でフロイドを捕まえたのだった。裁判の結果、両家の関係者による陪審員の中の裏切り者によって、フロイドは無罪となった。そして残ったのは反目と復讐心だけだった。その後の争いの日々、どちらの家族からも多くの犠牲者が出て、その殺害地点は今も地図に書き記されている。

話がそれだけなら、彼らの名前は歴史に残らなかったろう。翌七九年の秋に行なわれた公職選挙の日のお祭り騒ぎの中、デヴィル・アンスの息子で遊び好きのハンサム、ジョーンズ・ハットフィールドと、オールド・ラネルの娘で黒い瞳が魅力的なロジアンナ・マッコイが出会い、二人はすぐさま恋に落ちた。そのとき、ジョーンズは血気盛んな十八歳。言い伝えではロジアンナは十六歳とされているが、実際には二十一歳だった。その日から彼女は家には戻らず、二人はハットフィールドのところで一緒に暮らすようになる。

しかし敵対する両家の反対を押し切って暮らすことは、男はともかく女性には大きな苦しみだった。当時女性は、とくにこういった文明から隔絶されていた地域では、子供を産み、家事をする、単なる労働力としてしか認められていなかったのだ。翌年、臨月間近の身体でロジアンナはハットフィールドの家を出た。麻疹に罹り、流産の危険があったからだが、彼女は家には戻らずおばと暮らすようになった。

ある日、自分の兄三人が、密造酒造りの容疑者としてジョーンズを官憲に突き出そうと計画していることを知り、ロジアンナは馬に乗り、月明かりだけの細く険しい山道を駆け抜けて恋しいジョーンズに危険が迫っていることを知らせに行く。家族同士が敵対していなければ、そしてその敵対する家の息子と娘の恋愛沙汰でなければ、この物語は生まれなかったろう。このロジアンナの報せでデヴィル・アンスは息子を逃がしはしたが、まだ二人の結婚を認めようとはしなかった。

この無茶な行動がたたって、彼女は流産した。だが、不幸はそれだけではなかった。ロジアンナのジョーンズに対する思いを知らないでか、この頼りない男はよりにもよってロジアンナを振り、彼女のいとこのナンシー・マッコイと結婚したのだった。その悲しみの故か、ロジアンナは間もなくこの世を去る［図㊽　ロジアンナ（左）とジョーンズ］。

ロジアンナとの仲を許さなかったデヴィル・アンスが、なぜ同じマッコイの血族、しかも南軍ゲリラ当時、アンスが殺したアサ・ハーモン・マッコイの娘であるナンシーとの結婚を許したのかはわからない。そうした男どもの横暴の犠牲となって早死にした不幸なロジアンナの話は、今もロマンティックに語り伝えられている。そして、その後も両家の確執は長くつづき、多くの男女が殺されていった……。

ハットフィールドとマッコイの物語は、おおよそそういうことだった。図書館の資料の中にハットフィールド一族の写真があった［図㊾］。中央に長い黒ひげを蓄えた凶暴な表情を見せる家長ハットフィールドが座り、その横には子供たちがまぶしそうな目をしてカメラを見つめ、その周囲には彼の親族と使用人たちが手に手に銃を持って立っている。血と暴力と憎悪がにおい立つような写真だった。現在、彼の墓所には、大きな全身の石像がある。その姿は、この地方の首領《ドン》が、今もあたりを睥睨するかのように立っている。

ハットフィールド家とマッコイ家の闘争以外にも、この地域には家族間闘争《フュード》は数多く、サザン・マウンテン・ミュージックと呼ばれる山間伝承音楽の中には「フュード・バラッド」というジャンルがあるほどだ。

タグ・フォーク川周辺の土地は今も樹々豊かで、清涼で穏やかな空気が流れていて、殺人を誘発するような土地柄とはとても思えない。見た目にはどこの地方都市とも変わるところはない。だがその背後には、今もよく知られるアメリカとはまた別の、もうひとつのアメリカがあることを教えてくれる。

図書館を出て町中を抜け、人里離れた山の中に足を延ばすと、とたんに都会的な空気が消えてプリミティヴなアメリカが頭をもたげてくるようだった。

以前、カーター・スタンリーというブルーグラス・シンガーの墓に詣でたいと思って、この周辺のアパラチアの土地を歩き廻ったことがあった。一九二七年、三角関係の末、恋人に毒入りのワインを飲ませ、主人公もそれを飲んで心中するというマーダー・バラッド、《リトル・グラス・オブ・ワイン *Little Glass of Wine*》を作り歌ったのがカーターだった。ブルーグラス界では、今も絶大な人気を誇っている不滅のスターの一人だ。その墓がなかなか見つからず、道を尋ねようとようやく探し出した丸太小屋といったほうがいいような家に近づいて行った。不意に、何の用だ、と痩せて背の高い男が散弾銃を片手にあらわれた。用件を言ったが首を振るばかりで取りつくしまもない。しぶしぶ引き揚げたが、彼の背後、小屋の横手の奥に金網で囲まれた鳥小屋のようなものが目に入った。あとで、闘鶏の小屋だとわかった。現在、アメリカでは闘鶏は禁止されているが、ここでは国の作った「法」など関係ないのだ。ここらの土地はそういうところなのだと、車で走り去りながら少しわかった気がした。

一九七〇年、ジョージア州出身の作家で詩人のジェイムズ・ディッキーが『デリヴァランス

Deliverance』という小説を発表した。『わが心の川』（一九七一年、新潮文庫）と題して翻訳されたが、近年『救い出される』（二〇一六年、新潮文庫）と改題されて復刊された。

一九七二年、この本を原作とする映画『脱出』が作られた。ジョン・ブアマン制作・監督、ジェイムズ・ディッキー脚本、ジョン・ヴォイトやバート・レイノルズたちが出演したサスペンス映画で、ダム建設で失われてしまう川に、最後のカヌー下りをしようとアパラチアの山にやってきた男たちが、そこに住む人びととの些細な諍いから恐ろしい事態に巻き込まれていく――。導入部の土地の人間たちの不気味さは、「現代」という時制を忘れさせるに充分だ。アパラチアというのはそういう土地なのである。都会人とはまったく別の価値観と感性と習俗を持った彼らのことを、現代の世界観で理解することはかなり難しい。

しかしなぜこのアメリカに、今もこのような土地が存在するのだろう。そしてなぜ彼らは「現代」と同化せず、頑なに自分たちの世界を生きつづけているのだろう。いったい、アパラチアという土地はどういうところなのだろうか。

7　アパラチアという名のバックカントリー

アパラチアと呼ばれる地方は、ニューヨーク州南端からジョージア州、アラバマ州、ミシシッピー州北部に至る十三州（その四州以外、ペンシルヴァニア、メリーランド、オハイオ、ウエストヴァージニア、ヴァージニア、ケンタッキー、テネシー、ノースカロライナ、サウスカロライナ）にわたる、イギリス全土とほぼ同じ広さの独特の文化を持つ森林地帯だ。前述したように、もともとはショーニー、チェロキー、クリーク、チョクトー、チカソーといったインディアンの住む土地だった。

アメリカ東部海岸に入植した人びとはやがて内陸を目ざして移動しはじめたが、すぐにこのアパラチア一体を形成する山々に阻まれて足を止め、またこの一帯が森林や鉄鉱、石炭などの天然資源に恵まれていることがわかってこの地に留まる者も多かった。間もなくより西部への開拓が進むにつれて、アパラチア、アレゲニー山脈を越えての鉄道事業が進出してきて雇用が増え、そのこともまた多くの人びとをこの地に留めさせることになった。

アパラチア地方の文化は、オーラル・トラディションと呼ばれる口伝が主で、生活様式や医療、料理ばかりでなく、音楽の奏法、歌い方や歌詞などもまた口伝えに人びとに、そして子孫へと広められていった。峻険な土地であるから交通も不便で、そのため生活用具や食料、飲料のほとんどすべては自給自足であり、その生活は素朴で質素、人びとの性格は純朴だが頑固、そして強い信仰心を持っていた。

この地域の最大の問題は、貧困だった。教育機会の乏しさがそれを助長した。実際には一七九〇年代から丸太小屋の学校を造り、子供たちに教育をほどこしながら、この地域独特の教養、音楽、絵画、物語などを育んでいったのだが、隔絶された土地であるために近代的教育が入りにくかった。豊かな資源に恵まれながら、それによって富を得るのは進出してくる企業だけで、この地自体が豊かになることはなかった。なぜこの土地が長い間貧困から抜け出せないのかは、これまた長年の学術研究のテーマにもなっている。

貧困を招く開発の遅れは、実はその地が隔絶された場所であるというだけでなく、そこに住む人びともまた、外部に対して自ら扉を閉ざしていたからでもあった。彼らの文化が口伝であるだけに、もろく、壊れやすく、すぐに他の文化の影響を受けて変化し、歪み、やがて消滅してしまうことを恐れていたからだ。自分たちの価値観や信条を壊滅させせないために、彼らはおのずから閉塞していったのだった。

アパラチア地方という閉鎖的な地域が一般に知られるようになったのは、ラジオによってだった。一九二〇年代、ピッツバーグのラジオ局が出力五〇キロワットの放送をはじめ、東部全域をその聴取エリアにおさめてピッツバーグという町を世に知らしめ、この一帯での文化の中心となった。それと同じことが一九四〇年代から六〇年代にかけて、ウエストヴァージニア州ホイーリングのＡＭ放送局ＷＷＶＡが、夜間にはこの地域を越えて東部全体で聴ける番組を流し、このアパラチアという地方の存在を示した。ラジオによって、スコットランドと北アイルランドからやってきた人びとの故郷の音楽がこの山間地帯で独特に発達したマウンテン・ミュージックを世に知らしめることになった。

かつてイギリスの民間伝承音楽研究家のセシル・Ｂ・シャープが、アパラチア南部一帯の民謡を採集した時、その歌や詞の多くがスコットランドのローランドとアイルランド北部の音楽そのままの形態を維持していることに驚愕したという事実がある。これはいかにこの一帯が隔絶され、閉鎖された空間であったかを示しているだろう。同時に、他地域の人間が彼らをヒルビリー（田舎者）と呼ぶような社会的偏見をもたらす困窮と荒廃、教育の不備が、なぜいまだに継続しているのかをめぐって、文化人類学や社会学の分野での重要な研究テーマとなっていく。そうした要請を受け、東部の主要な大学や学術機関は、アパラチアが抱える諸問題を研究するアパラチアン・スタディーズ・アソシエーション（ＡＳＡ=Appalachian Studies Assosiation）を設立したのである。

アパラチアの貧困問題にはじめて正面きって対峙したのは、リンドン・Ｂ・ジョンソン大統領で、彼は一九六四年にアパラチア地方開発法（ＡＲＤＡ＝Appalachian Regional Development Act）を制定し、翌年、アメリカ議会は経済開発専門部署のアパラチア地方委員会（ＡＲＣ＝Appalachian Regional Comission）を設立した。これらの動きのわずか五年前の一九六〇年代初期、アパラチアに住む大多数の人びとは、アジア・アフリカ・中南米などの第三世界と同程度の経済レベルにあった。またアパラチア十三州内の二百十九郡のうち半数の百八郡が「真の貧困地帯」であるとされ、なかでも最貧困地帯とされたケンタッキー州マーティン郡の住民の三七パーセントは貧困ラインの下に位置していた。

だが、一九六五年のARCの設立後、その地域の貧困は目に見えて解消されていった。道路や学校などが新しく建設され、保健医療や上下水道が大幅に改良されていった。そういった経過をたどって、アパラチアという地域と、そこに住む人びとの独自の文化はアメリカ中に知られるようになった。しかし、このアパラチア地方、ことにウエストヴァージニア、ケンタッキー、テネシー、ノースカロライナ、サウスカロライナなどのアパラチア南部一帯が、なぜアメリカの後進地帯となってしまったのだろうか。そこに住むのはどういう人びとなのか、どういった人びとがこの地に入植したのか。それを知らなければ、この地域とその独特の文化を理解することはできない。それらの疑問に対するヒントがアメリカ入植史にあるのである。

8　アメリカ移民の四つの潮流

アメリカ大陸に最初に入植したのは、グレートブリテン島からの人びとだということはよく知られている。彼らが国を拓き、国政を確立し、やがて母国と戦って独立を勝ち取ったこともまたよく知られている。その端緒が、一六二〇年のニューイングランド地方、プリマスの地にメイフラワー号で着いたピルグリム・ファーザーたちで、それ以後、年代を経てグレートブリテンから多くの人びとがつづいた、という認識は一致している。

だが実際には四つの波――四つの時代に分けて、主としてグレートブリテン島の各地域から、各階級の人びとがアメリカに渡ってきて、これまた各地域に定住してアメリカ人の根本となる文化を創りあげていったのだ。それら四つの波は混合することなく、現在に至るまでアメリカ人の四つの基本的な気質的要素として、個別に存在しているのである。

この四つのグループ、四つの移民の波を最初にきちんと研究し分類して発表したのは、ブランディス大学の歴史学者、デイヴィッド・ハケット・フィッシャーで、その著書『白亜の種子——アメリカにおける四つのイギリス習俗 *Albion's Seed:Four British Folkways in America*』（一九八九）に詳しい。白亜《アルビオン》とはグレートブリテン島の古名で、この島の南部ドーヴァーの断崖が白い石灰質でできていることからきている。

フィッシャーの言う四つの移民の波の最初は、一六二〇年から四〇年にかけてエセックス、ケンブリッジなどのイースト・アングリア地方から、経済不振や伝染病の流行などに追われた市民と、英国《アングリ》国教会《カン・カルチャー》から激しく迫害され祖国を捨ててきた清教徒《ピューリタン》たちだった。その清教徒たちは一般にピルグリム・ファーザーと呼ばれ、主として自分たちの信教の自由を求めて新天地にやってきた。彼らが本国で迫害されたのは、腐敗を極めるカトリックに抵抗して生まれたプロテスタントの英国国教会もまだまだカトリック寄りだと反対し、より純粋《ピュリティ》な宗教を、ということでピューリタニズムを標榜したからだった。

彼らは聖書に忠実に従い、罪の意識と戦いながら腐敗を根絶しようとした。聖書だけが彼らの信じる源であり、聖書を読むことができるように子供たちには幼い頃から「読み書き」を教えた。その教育熱心さは、やがて東部の大学群、アイビー・リーグを生むことになる。かの世界有数の学問の府であるハーヴァード大学は、ピルグリム・ファーザーたちがプリマス・ロックに足を乗せてから、わずか十六年後の一六三六年に創設されたことは前にも書いた。

ピューリタンが迫害を逃れて新大陸に渡った後のグレート・ブリテン島では、一六四二年、クロムウェルによる清教徒革命が始まり、次にその島を追われることになったのは清教徒の敵、王党派（騎士党）だった。彼らの多くは、アメリカ南部ヴァージニアへと逃れていった。

ヴァージニアへの最初の入植は一六〇七年、ポカホンタスたちとの出会いで知られるジェイムズタウンだったが、これに失敗してあらたに一六四二年からの七十五年間が本格的なイギリス人たちの入植になった。この時のヴァージニアの総督はウィリアム・バークリー卿で、彼は、清教徒革命に敗れて一時ヨーロッパに避難していた英国国教会派の中の王党派をヴァージニアに招き入れた。後にチャールズ二世の下で再結集を図る彼らは、自らを「騎士《カヴァリエ》」と呼んで自分たちをひときわ高い位置に置き、広大な土地を支配して、数世代にわたって植民地経営の実権を握った。この独特の気質を持った王党派員たちが、アメリカ南部文化を特異なものにしていく。

彼らはイングランド南部と西部、そのほとんどがロンドンやブリストルの近郊とロンドン市内に在住する次男以下の子弟で、長子相続制度の下では土地の分配にあずかれなかった者たちだった。ヴァージニアへの移住の目的は、イギリスでは叶えられなかった自分たちの文化や身分の安定を構築し、再現しようというものだった。自己の文化は「保護されるべき貴重なもので、次世代のエリート社会に引き継いでいくべき」大切なものと考えていた。その大切な文化と、彼らエリート支配層の身分、およびイギリスから受け継いできた階級制度を維持していくために、彼らは身分の低い労働者階級を必要としたのである。その階層を形成したのは、軽犯罪人や折からの不況によってイギリスでは食べていかれない貧困層が、渡航費を負担してもらい、それを新天地で働いて返すという、いわゆる「年季奉公人」であった。

この第二派のヴァージニア植民地は、完全な上流階級と下層階級の二極化を呈していた。だが一六六〇年代になるとイギリスの経済は持ち直し、当時のヴァージニアの主産業だった煙草の価格が下落して、イギリスに戻る年季奉公人が多くなった。そこで彼らに代わる新しい労働力として、アフリカから黒人奴隷が輸入されたのである。

第三の移住者の波は、一六七五年から一七二五年までの五十年間、グレートブリテン島のイギリスの北ミッドランドのチェシャー、ランカシャー、ダービーシャー、ノッティンガムシャーなどの一帯からアメリカに渡ってきたクエーカー教徒の一団、現在のペンシルヴァニアの地名のもととなったウィリアム・ペンに率いられた二万三千人以上の人びとである。彼らが入植したのは北のニューイングランド地方と南のヴァージニア地方との中間、ペンシルヴァニア、北メリーランド、北デラウェア、そしてニュージャージーなどだった。

クエーカー教徒は十七世紀半ば、イギリス人ジョージ・フォックスが創立したピューリタン系プロテスタントの一派で、'Society of Friends' を自称している。聖書の解釈はそれぞれの信者にゆだねられ、個人個人の努力のみが救いの対象であって、教会や牧師や礼拝儀式といったものは不要であり、神の庇護のもと、すべての人間は平等で、階級や家柄、業績などで優劣があるとは考えなかった。当然、男女間にも性差別はなく、男女は平等であるべきだと考えていた。

彼らにとって重要なのは「規律」であり、「自制」も大切にされた。商取引でもっとも重要なのは「誠実さ」であって、返済できそうもない借金はしないことが不文律だった。そこから、何らかの商取引上のリスクに対して保険というものを考え出した。アメリカにおける保険制度の発展は彼ら、クエーカーたちによるところが大きい。

クエーカー教徒たちは、自分たちの入植地に他民族も快く迎え入れた。だが、そんなクエーカーたちからも排斥された人びとがいた。それが、第四の移民たちだった。

9　スコッチ・アイリッシュという人びと

第四の移民は、グレートブリテン島のイングランド北部とスコットランド南部のローランドが接する境界《ボーダー》地区と、ノース海峡を隔てた北アイルランドのアルスター地方からやってきた「ボーダラーズ」と呼ばれる人びとだった。彼らは一七一七年から七六年まで断続的に、およそ二十五万人ほどがアメリカに渡って行った。

実際、スコットランドは最初の王ダンカンが、シェイクスピア劇でも知られるマクベスによって殺された一〇四〇年から一七〇七年までイングランドとの戦いの中にあった。それぞれの戦いの詳細は避けるが、戦いに明け暮れる日々、強奪や殺人、破壊や略奪が横行していたためこの地方は非常に貧しかった。イングランドへの報復に次ぐ報復はますますエスカレートし、常時戦場に住んでいるのと少しも変わらなかった。そのため、この周辺の一般家屋は木材と石積みの粗末な小屋や、ダグアウトと呼ばれる塹壕の上に板を渡しただけのような小屋とも呼べない簡易な住居が多く、壊されてもすぐに建て直しがきくようにしてあった。

この暴力の充満する辺境《ボーダー》では、他の地区と異なる集団意識が生まれてくる。もっとも大切なのが、氏族《クラン》である。家族はクランの中で生まれ育ち、何よりもクランが大切だと教えられていく。彼らにとっては道徳心は意味がなく、すべては「報復法」によって解決された。こういった特有の暴力観は、この地方に独特の文化やルールとして影響を与えていくことになる。そのあたりの状況は一九九五年のメル・ギブソン制作・監督・主演の映画『ブレイブハート』や、同じ年のマイケル・ケイトン・ジョーンズ監督、リーアム・ニーソン主演の映画『レジェンド・オブ・ヒーロー　ロブ・ロイ』に詳しい。

十七世紀の初め、スコットランド王ジェームズ六世は、新たにイングランド王・アイルランド王ジェームズ一世として即位した。同時に十六世紀以来、イングランド王はアイルランド王を兼ねていたから、ジェームズ一世は歴史上初めてイングランド、スコットランド、アイルランド三国の王となり、この三国は一人の王による統治、同君連合国として統合されることになった。

ジェームズ一世は国教会派であり、それ以外のカトリックやプロテスタントのピューリタンや長老派を全否定した。おそらくは、と想像するのだけれど、その両方、少なくともスコットランドのローランドの長老派たちと北アイルランドのカトリック教徒の双方に打撃を与えようとしたのではないかと思われるが、ともあれ、イングランドの戦いに敗れたローランドのスコットランド人たちを、北アイルランドのアルスター地区へと植民の名のもと、強制移住させたのだった。

むろん、イングランド人たちもまた入植したのだが、やがて彼ら、特にスコットランド系の人びとはアイルランド人やその文化、風習に同化していき、スコッチ・アイリッシュ（またはスコッツ・アイリッシュ）と呼ばれるグループを形成していくようになる。

一七七〇年代初期、ひとつの悲劇がアイルランドを襲った。それは麻の値段の暴落による大恐慌だった。この未曾有の不況に弾き飛ばされるように多くの北アイルランド人たち、ことにスコッチ・アイリッシュたちが新大陸へと逃げ出して行った。

ニューイングランドに入植した第一波のピルグリムたちは自分たちの神への「信仰の自由」を求め、ヴァージニアに入った第二波の王党派の面々は自分たちの土地の「売買の自由」を求めて、またペンシルヴァニアに移住した第三波のクエーカー教徒たちは、聖書のマタイによる福音書第七章一二節にある「山上の垂訓（山上の説教）」の一部として知られる「おのれの欲するところに、人にもこれをほどこせ」の信条を遂行する自由を求めて新大陸に渡って行った。

そして第四波のスコッチ・アイリッシュたちは何者にも統治されず、税金を払わなくてもいい自由を求めていた。それは既存の法の埒外にいたいということだ。「無法」ではなく「外法」、ようするにoutlawであった。やがて西部が開拓される頃に、無数に登場してくるアウトロー、無法者、正しくは外法者たちの原点がここにある。

そのスコッチ・アイリッシュたちはアメリカに着いたものの、大西洋岸の土地、ペンシルヴァニアやヴァージニアやカロライナは、すでに先着のイングランド系の移民たちで溢れていた上に土地が高騰していて、貧しい彼らには手に入れることはできなかった。当初、フィラデルフィアとニューキャッスルに入って行ったが、彼ら特有の貧しさと後進性、粗雑さや居丈高な物腰、スコットランドやアイルランドから持ってきたウィスキーを手放すことのない生活振りや、女性たちの身体に張り付くような衣服といい、その反抗的でルールに従おうとしないマナーが、ペンシルヴァニアのクエーカーたちには我慢のならないものだった。

当時の入国管理係は「アイルランドからの五家族は、ほかの入植グループ五十家族分のトラブルを起こす」と記している。クエーカーたちはこれまでインディアンたちとはうまくやっていたのだが、同じコーカソイドの血を持ち、同じプロテスタントでありながら、宗派も気質も違う、これら新参者とはうまくいかなかった。そこから対立や迫害が始まった。

そこでイングランドとスコットランドの国境《ボーダー》近くに居住していたボーダラーを起源とするスコッチ・アイリッシュたちはクエーカーに追いやられるように、ほとんどの人が足を踏み入れない、また住むことのできそうにないと思われていたアパラチア山脈の僻地、「アパラチア・バックカントリー」と呼ばれる土地へと入っていった。アパラチアでの生活は厳しく、その峻険な山々に阻まれた彼らの多くは山脈に沿ってメリーランド、ヴァージニア、カロライナへと南下して行った。こうして英語文化圏が拡がって行ったのだ。一七九〇年の合衆国最初の国勢調査の資料を見ると、家族名で出身地を推理できるのだが、各地の植民地にスコッチ・アイリッシュ系の人びとが多く散在しているのがわかる。とくにアパラチアのバックカントリーと呼ばれる奥地——南西ペンシルヴァニア、メリーランド西部、ヴァージニア、ノースカロライナとサウスカロライナ、ジョージア、ケンタッキー、テネシーなどに多かった。非英語圏としてはドイツ人がペンシルヴァニア中部とメリーランドに集中していた。集中といっても人口のわずか五パーセントに過ぎない。彼らはやがて、「ペンシルヴァニア・ダッチ」と呼ばれて、アメリカ文化、ことに食文化に大きな貢献をすることになる。他にはフランスのユグノーたち、スイスのプロテスタント、ウェールズのバプテストたちがいたが、この奥地に住む人の九〇パーセントがスコッチ・アイリッシュだった。

彼らはこの地域に、スコットランドやアイルランドの地名を付けた。とくに戦いの場となったイングランド北西部のカンバーランドという地名は、アパラチア周辺一帯のあちこちに付けられた。そうした彼らのよそ者嫌いで、保守的な性質は、他の地域の人びとと交わることを敬遠させいつまでもエリザベス朝時代から抜け出すことができなかった。

彼らの個人主義的で強情、反抗的であるといった性格は、権力に対しても遺憾なく発揮された。いい例が、独立戦争後の政府に対してのある戦いによくあらわれている。一七九一年はじめ、独立後のワシントン大統領のアメリカ新政府は、独立戦争での負債が溜まりに溜まり、議会はウィスキーにも税金をかけることにした。この時代のウィスキーは、スコッチ・アイリッシュが祖国から携えてきた醸造・蒸留技術によって生産されていたのだ。だからこのウィスキー税は、そのまま直接スコッチ・アイリッシュの人びとに向けられたものとも言えた。

ペンシルヴァニアからジョージアまでの内陸の蒸留酒関係者たちは、連邦徴税吏に対してあらゆる手を使って反抗した。「ウィスキー・ボーイ」と呼ばれる彼らは、役人を待ち伏せして捕まえてはタールをかけガチョウやカモの羽毛をくっつけて、鶏や豚を火に焙って調理するように丸太に縛りつけてぶら下げ、それを担いでは町中を練り歩いたりした。これら「ウィスキー税反乱《ウィスキー・レベリオン》」〔図60〕と呼ばれる暴動に対して、ワシントン大統領は一万三千人の鎮圧部隊を出動して鎮圧につとめた。

スコッチ・アイリッシュたちにとってウィスキーは自家生産、自家消費の酒であり、食事の時には子供たちも薄めて飲んでいたという記録が残っているほどきわめて日常的な飲料だった。また寒さを防ぎ、時には母乳の出をよくしたり、麻酔薬などの家庭医薬品としても利用されていた。それだけに、ウィスキー造りに対する政府の干渉には極めて敏感で、そうした心情は禁酒法を経た今も根強く残っている。

アメリカのウィスキー――トウモロコシ原料のコーン・ウイスキー、ライ麦から造るライ・ウィスキー、そして大麦《バーレイ》とコーンを材料とする、一般に「バーボン・ウィスキー」と呼ばれることもあるこのウィスキーは、かつてケンタッキー州バーボン郡で造られたウィスキーが有名になったことからの命名で、その他の地域でもウィスキーは造られており、それらも含めて通常すべてを合わせた「アメリカン・ウィスキー」の蒸留の主体を担ったのがアイルランド人やスコッチ・アイリッシュたちだった。そのことはアメリカのウィスキーのスペルが‘whiskey’とeがあり、これはアイリッシュ・ウィスキーと同じスペルである。その他の五大ウィスキー生産国のうち残るカナダ、日本、スコットランドのどれも‘whisky’で、eがない。これはもともとeのないウィスキー原産国スコッチ・ウィスキーの影響を受けているからで、すなわち日本やカナダのウィスキーはスコッチ系統、アメリカのウィスキーはアイリッシュ系統で、この地にやってきたアイルランド人やスコッチ・アイリッシュたちの遺産であることがわかる。むろん、中にはeを使わないウィスキーを作るアメリカン・ウィスキーもある。テキサスの「BALCONES」などはその例だ。

このように政府と戦いながらも密造酒を造ることでその存在感を増してきたのが、このアパラチア地方のスコッチ・アイリッシュだった。この地域がマーダー・バラッドという特異な分野の音楽を生み、育て、歌い継いでいる大きな理由は、まず彼らの絶えざる戦いの中で育まれた暴力的傾向があげられる。そして教育機会の不足。閉鎖的で外に目が向かない性向も大きく影響しているだろう。彼らの価値観を形成しているのは社会の規範ではなく、家であり、血族であり、個人中心の思想だ。この地域では、戦力としての男が主であり、それを補佐する女性は、あくまでも二義的な存在であった。こうした考え方は、祖国のボーダー地帯で長いあいだ培われたものだったのである。

この地区の特徴として見逃せないのは他の植民地よりも性的にオープンであったことだ。あっけらかんとした性の習慣は、戦乱で失われる人的資源を補充するため、と推理する学者もいる。その正否は措くにしても、彼らがアメリカに渡ってからも、その独特な性向は人の目を奪うに充分だった。彼女たちの服はピッタリと身体の線にそったもので乳房があらわだった、と報告している。彼女たちは英国国教会派《アングリカン・チャーチ》の伝道師チャールズ・ウッドメーソンは、このアパラチアの若い女性はみな美しく、彼非常にスタイルがよく、人前で水浴びする時も恥じることなく全裸になった。そして狭く、個室のない家。粗末な小屋の中に住む大人数の家族。そこではあまり隠すことなく性の営みが行なわれた。ウッドメーソンはまた、一七六七年中に結婚した、このバックカントリーの花嫁の九四パーセントが結婚式当日にはすでに妊娠していた、とも書き記している。

これらの性的な奔放さは、ひとつはアルコールが潤沢だったこともあるだろう。酒好き、暴力志向、性的なゆるさ、といったものが、この地を比較的流血沙汰の多い傾向に招いているとも考えられる。先に紹介した「マーダー・バラッド」においては、殺害されるのは基本的に女性である。そうたいし

57

56

59

60

58

た理由や原因もなく、男が女性を殺す。そのマーダー・バラッドのもととなるものは何なのか。何がアメリカ人に、この手の歌を歌わせ続けるのか。いや、もっと言えば、なぜ「男性は女性を殺す」という定型のようなものを作り上げてしまったのか。少なくともアメリカでは、男は女を殺すもの、という暗黙の、そして隠れた情動を多くの人が認識し、その底深くには諦念のようなものがあるように思えるのだろうか。そういったアメリカの持つ暗い特質を、次章で探っていきたい。

第二章　もうひとつの女性像

1　失恋の歌が多いのはなぜか

人間には「三代本能」とか「五大欲」と呼ばれるものがあるようだが、その中に「教育本能」もしくは「教育欲」というのがあるとされる。すなわち、知ったことを教えたくてたまらない、という本能である。

その教えたい熱意で胸を一杯にした若い女性たちが、アメリカの女性を変え、彼女たちの運命を変え、アメリカそのものを変えることになった。その彼女たちが登場するアメリカならではの、ある歴史の断面から話を始めよう。

女性の目を通して、アメリカ西部を俯瞰するとこうなる。

十七世紀から十八世紀にかけての百年間、アメリカのフロンティアは最初の入植地、東部大西洋岸のニューイングランド地方、ペンシルヴァニア、ヴァージニア、カロライナ地方から西へ、アパラチアの山並みを越え、少しずつ西進していった。西への移動の大きな理由は、まず東部一帯の人口増加とそれにともなう耕作地の払底があげられる。ようするに人口過密によって人びとは、東部一帯では生きていくのが難しくなっていた。それに追い討ちをかけたのが、赤痢の流行だった。そこから逃げ出すように、彼らはまだ見ぬ内陸に生活の糧を求めて一家を挙げて移住していった。

その移住の先端、開拓線《フロンティア・ライン》は、十七世紀末にはミシシッピー川にまで達し、そこで足踏みするかと思われた。アパラチアから南部一帯、アラバマ、ジョージア、そして西寄りのルイジアナやミシシッピーは、すでに入植者によって開拓し尽くされていた。移住の人びとはそこから西へと移動するのではなく、その地で足を止めて定住するものが多く、「南部」は独特の文化とともにそこで固定化したといっていい。

だが、一八〇三年、アメリカの土地は一夜にして倍の大きさに拡がった。第三代大統領ジェファーソンが、フランスから領土を買収したのだ。世に言うところの「ルイジアナ買収《パーチェイス》」だった。フランスはミシシッピー川からロッキー山脈までの広大な土地をスペインから手に入れたのだが、時のフランス皇帝ナポレオン一世は、七年戦争での戦費高騰やイギリス侵攻に対する不安、またカリブ海の植民地経営の問題などから、手放すことにしたのだった。その広大な土地——ロッキーを越えて西の太平洋岸まではまだ未開の土地——インディアンの天地だった。その地を調べさせようと、一八〇五年、時の大統領ジェファーソンはアメリカ陸軍の兵士、メリーウェザー・ルイスとウィリアム・クラークの二人に、そのミシシッピー川以西の土地を探険させることにした。

その時の通訳兼案内人が、サカジャウィーア（サカガウィアとも）である。ショショーニ族の出身で、その当時フランス人罠猟師の妻であった彼女は、生まれたばかりの赤子を背に、この苦難の探検行を先導した。初めて西の未知の土地を旅した女性がこのサカジャウィーアだったと言っていい。以後、女たちの足でたどられることになるこの西部の地は、まさにアメリカ人女性の未踏の地への踏査の歴史——女性の地位向上への長い旅を象徴するかのようだった。

サカジャウィーアの功績が、アメリカにとってどれほどのものであったのかは、現在のアメリカの一ドル銀貨の裏面の意匠が赤子を負ぶった彼女の肖像となっていることでもわかる［図61］。なお、ハリエット・タブマンも新二十ドル紙幣の顔になることがオバマ政権で決まっていたが、トランプ政権になって延期とされた。

ルイス・アンド・クラークの探検の結果、その道筋が地図に残されるや、人びとは西への移住を現実のものとして考えるようになった。一八三五年、牧師マーカス・ホイットマンとサミュエル・パーカーが、ミシシッピー川の西岸の町、ミズーリ州リバティから太平洋岸北西部のオレゴン・シティまでの、今で言う東部から西の果てのオレゴン州までの移住・開拓路である「オレゴン・トレイル」を通って、キリスト教伝道の旅を完遂する。問題は、翌年の旅だ。その旅にホイットマンは、新婚の妻ナーシッサ・プレンティスを連れ、ふたたびオレゴン・トレイルを旅した。そしてナーシッサは、このアメリカ最大の移住開拓路を最初に踏破した女性となった。彼女の成功が多くの庶民、中でも女性たちが中心となる一般家庭が、子供たちをともなった一家を挙げての西への移住を計画させる勇気を与えたのだった。

一八四〇年には百人の男女が、四三年にはさらに百人が移住。一八四五年には三百人、四七年には四千人。一八四九年から五二年までの黄金騒動に沸いた「カリフォルニア・ゴールドラッシュ」もあって、一万人を超える人びとがこのオレゴン・トレイルを旅しながらも、途中、ユタ州、ネヴァダ州、アイダホ州あたりからカリフォルニアへと南下する道をとった。総計二十万から三十万の人びとが、ミシシッピーの東から太平洋岸の豊穣の新天地を目指して、約二〇〇〇マイル、三二〇〇キロに及ぶ道を旅したと記録されている。この移住によって女性は「文化」を運んでいき、男は「文明」を持っていったと言われたのである。

この西部開拓と大移動、家族ぐるみの移住によって、ミシシッピー川と太平洋岸との中間地帯もま散らばる西部が、ようするに辺境《フロンティア》であった。

アメリカは、約一万四千年前にアジアからのモンゴロイドの大移動によって定住したインディアンたちをはじめ、その後に続くやがて「アメリカ人」と呼ばれることになる人のすべてが入植者であり、移民であった。だから、生粋の「アメリカ人」というものはいないのである。ただ、初期の入植者がブリテン島、中でもイングランド系が主だったので、英語を喋るアングロ・サクソン系のプロテスタントの人びと、すなわち「WASP」と呼ばれる「アングロ・サクソン系の白人でプロテスタント信者」というのが、「アメリカ人」のプロトタイプになっていった。そこで、遅れてやって来た世界中からの移民たちは、そのプロトタイプに近づこうとするようになった。

すでに出来上がりつつあるWASPの社会で、世界のあちこちからやってきた移民たちはその社会に自分たちをコミットメントさせようと懸命に努力した。それが正しく、「アメリカ人」になるための道だったのである。そして、当時まだ未開拓だった西の辺境の地に、自ら志願して入植した人びとがいる。それが東部出身のアングロ・サクソン系の若い女性たちだった。彼女たちは、その「アメリカ人になろう」とする人たちへ、基礎的な教育をしようという意気込みに溢れていた。

一八二〇年代、移民の貧しい家庭の女性は学校に行くことができなかった。そればかりでなく、英語を母語としない国から来た彼女たちの両親の多くは英語を理解できず、彼女たちもまた、読み書きができないのが普通だった。書けないことはともかく、読めないことは致命的だった。薬や機械、電気や道具類の説明書を読むことができないために、怪我をしたり、健康を害したりした。何よりも社会とのつながりが言葉の通じる仲間とだけに限られていて、文字によって世の中の情報に接することができなかった。

この時代、貧しさからの脱却を図って女性たちは工場へと働きに出て行くことが多く、文字が読めないことから、そこでの作業手順や禁止事項や注意事項の認識ができないことが大きな問題だった。注意事項や正しい扱い方が理解できないことは、時に生命の危険にも及ぶことだったのだ。

こういった女性たちの環境を少しでも打開しようと、一八二四年、マサチューセッツ州ウースターで女性を対象としたパブリック・スクールが創設され、十三年後の一八三七年には、メアリー・リヨン女史によってマサチューセッツ州に「マウント・ホリヨーク・フィーメール・セミナリー」という女性専用のカレッジができた。これらの学校が持つ大きな意味は、教育の機会に恵まれなかった女性たちに学ばせると同時に、教育を受けた女性たちに「教える」機会をも与えたことだった。

そういった動きに勇気づけられ、それ相当の教育を受けた若き独身のプロテスタントの女性たちは、都会から遠く離れた西部の辺境に住む子供たちに教育を施そうと移り住んでいった。それが彼女たちが内包している「教育欲」なのだろうと思う。機会がないものには、率先して機会を与えたい。知ることによって、知らないままで過ごすよりもはるかに正しく生きていくことができる。不幸も減り、心配も減り、安寧な人生が送れるチャンスが多くなる。彼女たちの意気込みは、そういうところにもあった。

西の辺境に散在する集落に入り込んだ彼女たちのスタートは、まず教室を作ることだった。まず必要だったのは、誰も区別なく、子供たち全員を一堂に集められる教室。最初は平原に風除けの窪みを掘っただけの場所で授業が行なわれた。晴れた日はそれでよかったが、雨や陽射しをしのぐためには木の下や仮設のテント、定住者の多い集落では住民の協力によって掘っ立て小屋を作ったりもした［図62］。石版とロウ石だけが頼りのそういった教室で、彼女たちは「R」を含む三つの教科――READING（読み）、WRITING（書き）、ARITHMATIC（算数）を教えたのだった。

彼女たちの勇気は、讃えよう。だが、その後、彼女たちのその勇気と人に対する愛が、実は一方では不幸を招くことになったのだった。この西部の土地は家族単位での開拓者、入植者が多かったが、一方、独身男の自由の王国でもあった。そういう土地での彼女たちの持つ博愛と健気なさは、同時に嫉妬と怨嗟の種子でもあった。

ようするに未開の西部は、文字通りの「女日照り」の場所であったということだ。当時の西部での男女の比率をはっきり示す数字を見つけることはできないが、そこにいる人間の大半、縄猟師にしろ鉄道工夫にしろ、砂金採りや銀鉱、銅鉱の坑夫、農夫、森林伐採人にしても、すべて男性だった。彼女たちは、そういう男の天下の地に舞い降りた天使であり、悪魔でもあったのだ。

汚れ仕事をする力自慢、酒好きで粗野、荒くれで朴訥、多くの場合、無口で頑固で、本にも神にも縁遠く、自分の経験以外の世界を知らない、といった男たちの集団に、若くて清潔で、きれいで上品で無垢で信仰心の篤い女性たちが入ってきたらどういうことになるか誰にもわかる。男たちは興味津々ながらも遠巻きに眺めるだけだったが、中には尻の軽い剽軽者が近づいていって慇懃に腰を屈めるといった男もいたことだろうことは、容易に想像できる。

ともあれ、彼女たちの来訪は西部の秩序を乱し、男たちの世界のバランスを崩すことになった。彼女たちの気を引こうとする者、ちょっかいを出そうとする者、わざと無視する者、思いとは裏腹に冷淡な態度を見せる者、やがてその中の誰かと親しく口をきいたり、納屋や野外でのダンスパーティーで誰かと踊ったり、そして酒が入り、嫉妬心が芽生え、誤解によると喧嘩騒ぎ、おきまりの三角関係からの刃傷沙汰や殺し合い――。これまでの多くの本に書かれ、映画にされ、歌われてきた物語が展開する。

彼女たちは、男たちの争奪の的であった。誰かに射止められて家庭におさまる女性もいれば、身をもち崩す女性たちもいた。西部のあちこちの酒場は、彼女たちの職場になった。彼女たちの後悔は、男たちの後悔でもあった。女性さえいなければうまく折り合っていた男社会は、時に崩壊することもあった。そしてこのことは、アメリカ文化の中で特異な意味を持つことになる。それが「ミソジニー」という現象である。

「ミソジニー」は、普通「女性蔑視」と訳されるが、むしろ「女性嫌悪」、いや「女性憎悪」と訳すべきだろう。その根源にはユダヤ－キリスト教の宗教観にある、と指摘するのは『ミソジニーズ *Misogynies*』(1989)〔邦訳『男はみんな女が嫌い』筑摩書房、一九九二〕の著者ジョーン・スミスだ。スミスは、男がある理由をもって女を殺すそのおおもとは、彼らが幼い頃から教え諭されてきたキリスト教の影響――創世記のアダムとイヴ、ことにイヴに対する神の言葉をはじめ、新旧約聖書の各所に散見できる女性に対する見方が、その源になっているのだろうという。

よく知られているように、神はアダムのあばら骨から「女」を創る。二人は裸だったが恥ずかしがらなかった。二人が恥というものを知り、衣服をまとうようになるのは、イヴが蛇に誘われて知恵の果実を食べ、彼女のすすめでアダムもそれを食べてからだ。神はこれを怒り、二人に罰を与える。

女に対しては、神はこう告げる。「お前のはらみの苦しみを大きなものにする。お前は、苦しんで子を産む。お前は男を求め／彼はお前を支配する」(新共同訳)。はっきりしているのは、イヴは犯した罪から、神に「男を求める」性的欲望を与えられ、その結果としての妊娠に苦しむことになる。性欲に見合う苦痛、穢れた存在としての女性の原点がここにある。

いっぽうのアダムも罰を与えられる。生涯食べ物を得るために苦しむという罰だ。ただし彼が罰を与えられたのは、「禁断の果実」を食べたからではなく、女の誘惑に乗ったからだ。「お前は女の声に従い／取って食べるなと命じた木から食べた」(同前)からである。これ以後、女は誘惑するもの、それに乗るのは男が悪い、という図式が出来上がる。女の誘惑に負けてはならない、という暗黙の命令である。ここにあるのは「女は悪である」という認識である。

こういった聖書の言葉から汲み取れるのは、女は誘惑者、悪の権化というイメージだ。聖書に教えられたとおり女は本来誘惑者であり、その誘惑から逃れるのは至難で、男が誘惑にかられるのは女が悪いのだと責任転嫁し、女性蔑視から女性嫌悪、女性憎悪へとその感情は肥大していき、ついには殺人へと結びついていく。その隠された情動は現在もなお生きつづけており、今のハリウッドで作られる多くの作品——メリル・ストリープの『ソフィーの選択』、ハリソン・フォードの『推定無罪』、マイケル・ダグラスとグレン・クローズの『危険な情事』などをはじめとして、数多くの映画はいずれもミソジニーをテーマとした、あるいはそれをうかがわせる作品であり、先に挙げた本の中で「私たちは、女性ばかりを狙う殺人鬼を生み出すような女性嫌悪的文化の中で生きている」（鈴木晶訳）とスミスは書いている。

この「ミソジニー」は、アメリカ特有のものではない。世界中のどこにもあるし、日本にも根深く存在していて、それはこの国が男尊社会で父権社会であり、そのことは現在の天皇の皇位継承が男系に限られていることを見ても、その本質がわかる。その日本については、上野千鶴子の『女ぎらいニッポンのミソジニー』（紀伊國屋書店、二〇一〇）が、日常生活の中には隠された多面的な女性嫌悪に関するユニークな解説、分析をしていて、学ぶことが多い。

ここに書いたのは、「キリスト教圏」での宗教からくる女性嫌悪、女性憎悪だが、非キリスト教圏ではどうだろうか。イスラム教もまた男性優位で、女性にはその生き方への制約が多いことで知られる。慈悲の宗教とされる仏教でも、たとえば「増一阿含経《ぞういつあごんきょう》」では、女性の持つ九つの悪いことを羅列して、彼女たちは不浄で悪口を言い、浮気で嫉妬深く、嘘が多く、欲深く、怒りっぽい、などなどの欠点をあげつらっている。これもまた、女性嫌悪であり、女性蔑視の典型と言えるだろう。日本と同じくこれまで長い間仏教、儒教を奉じてきた隣国の中国も韓国も、やはり女性を低く見る傾向は強い。

女神信仰、母系社会などはあるものの、どんな宗教も「女」を不浄なもの、穢れたものと見ることが多く、それらは女人禁制、女子禁足などとして古くからの文化の中で生き続けているのである。

しかし、こういった女性を蔑視したり、嫌悪したりする傾向が根強い世界を見ても、「マーダー・バラッド」を歌う文化を持つ現代のアメリカほど女性嫌悪や、女性憎悪をあからさまに表象するところはない。その意味でも「マーダー・バラッド」が、アメリカ特有のある一面をあらわしていると言えるのではなかろうか。

いずれにしろアメリカ西部は、女性には生きづらい土地であったことは確かだろう。だが、そういう場所であるだけに、生きる意欲があり、生きる方策に長け、たくましく、生きる意味をしっかりと持った女性たちがいたこともまた、確かなことなのである。

そんな西部で生き生きと生き抜いて名を馳せた女性の一人が、南北戦争が終わった一八六〇年代後半に登場した、カラミティ・ジェーン［図63］だった。カラミティ（calamity）は「疫病神」と訳されているが、その名の通り男も酒も喧嘩出入りも、他人の人生そのものをも竜巻のように掻き回し、激しく生きた女性だった。時にサルーンで酔っては鏡を銃で打ち抜いたり、劇場では生意気な女優に嚙み煙草の汁を吐きかけたりすることでも有名だった。

後に「十セント雑誌《ダイム・ノヴェル》」の主人公として描かれた時には、アメリカ陸軍のインディアン討伐隊のインディアン・スカウト（斥候）として活躍したり、金鉱からの砂金運搬駅馬車の護衛《ガード》をやったり、バーテンダーとして酒場を取り仕切ったりした、と書かれてもいる。駅馬車の御者から保安官まで西部を自在に生きたガンマンであるワイルド・ビル・ヒコックとの純愛でも知られる反面、十人にものぼる男たちと結婚したとも伝えられ、まさに伝説の領域へと登りつめていった半生だった。

けして悪人ではなかった。破天荒ではあったが、当時の辺境で生きていく女性のある種の典型であったといっていい。本名マーサ・ジェーン・カナリーの生前のもっとも知られた写真は、鹿皮《バックスキン》の上着を着、同じ鹿皮のズボンを穿き、ウォーキング・ブーツにつばの狭いソフト帽に近いカウボーイ・ハット、そして手には銃身を長くした拳銃であるバントライン・スペシャルを持った姿だ。

この時代、女性はズボンを穿くことはなかった。どんな重労働の時にも、女性は長いスカートに長袖、首筋を隠すブラウスといったヴィクトリア朝の典型的な服装を崩そうとはしなかった。カラミティ・ジェーンは、アメリカで最初に、それまで男物とされていたズボンを穿いた女性だとされている。このことは後述するが、女性に対するあるタブーを破り、自由の意味を教えることになるのである。彼女の存在は、アメリカの女性史の中でも自由に自分の生き方を完遂していく力強さで、際立ったものだった。

彼女の生きた時代から六十五年ほど経った一九二〇年代の女性たちにも、カラミティ・ジェーンは魅力的な人物で、当時弱い立場にいる女性たちにとっては快哉を叫びたくなるような男を茶化す歌が作られた。それが、一九二九年、アデリーン・フッド［図㊿］と、当時《プリズナー・ソング》をはじめとするカントリー、ヒルビリー、マウンテン・ミュージック系の曲でいくつものヒットを飛ばした大人気シンガー、ヴァーノン・ダルハートとのコンビで、《カラミティ・ジェーン・フロム・ザ・ウエスト *Calamity Jane from the West*》という曲で、発表されるや大きな話題を呼んだものだった。

アデリーンがカラミティ・ジェーンに扮しダルハートがシェリフとなって、二人が軽妙なコメディタッチのやりとりを展開する。シェリフが「酒はどうかね」と勧めると、もちろんと応え、「ギャンブルは？」の誘いにも喜んで応じるといったジェーンの磊落で豪放な性格が描かれ、当時家庭や子育てに縛られていた女性たちにとって、その自由な生き方が憧れであったことを教えてくれる。その一部を書き出してみよう。

When it comes drinkin' likker, I can take a dozen men
And drink'em under the tables and up on their chairs again

「酒を飲むときは一ダースもの男が相手、テーブルの下でごちゃごちゃやって、また椅子に戻って知らんぷり……」

といったニュアンスを持ったこの歌は、伝説の西部の疫病神と呼ばれた彼女の気風とたくましい生き方、男を男とも思わぬ痛快さがこの時代、どれほど羨ましかったかがうかがわれるようだ。

この曲は、一九九九年に出された「R・E・S・P・C・T: A Country of Women in Music」のDisc One「Broadway, Blues, and Truth」に入れられている。全部で五枚組。一九〇九年に録音されたアダ・ジョーンズの《銀色の月明かりの下で *By the Light of the Silvery Moon*》から、一九九四年のサラ・マクラクランの《ポゼッション *Possession*》まで、二十世紀の女性たちの尊敬すべき歌たちが集められた記念すべきアルバムだ。むろん中にはタイトルにもなった、アレサ・フランクリンの一九六四年の名曲《リスペクト *Respect*》も入っている。

このレコードでもう一つ特筆すべきは、ボーナス・ディスクだ。女性初の世界一周飛行に挑んだ伝説の飛行家であるアメリア・イヤハート、『風と共に去りぬ』の著者のマーガレット・ミッチェル、産児制限論者のマーガレット・サンガー、『沈黙の春』の著者で生物学者のレイチェル・カーソンなどの生の声が録音されている。時代を動かした歌手や著名人、運動家を「尊敬」するその思いがこのCDセットには溢れていて、ジェンダーの問題を真剣に考える人たちのことをあらためて教えてくれるのである。

こういうアルバムにも組み込まれた「カラミティ・ジェーン」を歌った歌からも、彼女の存在感の大きさはうかがい知れる。そして実は、このカラミティ・ジェーンという女性のあり方は、荒々しいアメリカ西部の女性たちにとって、ある種の突破口であったのではないかと思わせられるのである。

彼女の生き方の奔放さから、その人間性には両面からの評価がなされてきた。サウスダコタ州の歴史研究家ドゥウェイン・ロビンソンは、カラミティ・ジェーンを「最低の女だ。身分的にも最低の女だ」と語り、モンタナ州ビリングスのW・A・アレン博士は「彼女は口汚く、酒飲みで、男の服を着るという当時は変人だったが、現代ではズボンを穿きジャケット・スーツを着る女性などごく普通の存在だ。彼女はようするに五十年も七十年も早く生まれたのだ」と語っている。紳士であるだろう歴史家の先生の言う「最低の女」というのは、当たっているかもしれない。彼女はまた、娼婦でもあったからだ。

2 愛してはいけない存在

時々、なぜアメリカの歌、特にカントリー・ミュージックやブルーグラスやマウンテン・ミュージックなどには、ああも失恋の歌が多いのだろうかと考えることがある。一説では、アメリカの歌のほぼ八〇パーセント近くが失恋の歌で、残る二〇パーセントが宗教的な歌、お笑いソング、人生の機微を歌うもの、夫婦間の物語などだとされている。その真偽や数値はともかく、確かにロスト・ラヴ

（失われた恋）、フェイデッド・ラヴ（色褪せた恋）、ブロークン・ラヴ（破れた恋）などの歌が圧倒的に多い。

なるほど、過ぎ去った恋は、人に詩作への衝動を起こさせ、創作意欲を湧かせる。なんでもない風のさやぎも、月の陰りも、星のまたたきや走る雲、吹く風に揺らぐ樹々から、川の流れや鳥のさえずりのどれもが何かを訴えかけ、傷ついた心に染みるのである。そうやって破れた恋は、人を詩人にする。

ひと口に失恋といってもいろいろある。よほど相手から嫌われたのか、それとも望みがあまりにも高すぎたのか。いや、そうではなく、もともと成就できない恋だったのではないか。アメリカの失恋ソングには、この三つめに挙げた、成就できないという恋を歌ったものが多いように思えるのだ。その理由は、カウボーイ・ソングやレイルロード・ソング、トレイン・ソングなどの労働者の歌や、その他一般的にアメリカで親しまれてきた、いわゆる「ファミリー・ソング」と呼ばれる、どんな世代、階層にも愛される曲の中にヒントが隠されているように思う。

たとえば日本でも、キャンプ・ソングやホーム・ソングと呼ばれる学校などで歌われる合唱曲や、音学好きの仲間の会合や、学生の合宿やキャンプでの野外の焚き火を囲むキャンプファイヤーなどで好んで歌われるアメリカ民謡、ウエスタン・ソングの中の、カウボーイ・ソングの名曲の《レッドリヴァー・ヴァリー *Red River Valley*（邦題　赤い河の谷間）》を見てみよう。現在、カウボーイ・ソングの世界での第一人者とされるマイケル・マーティン・マーフィーの《レッドリヴァー・ヴァリー》は、こんな風に歌われる。ここでは第一聯と繰り返しのところだけ取り出してみる。

From this valley they say you are going

We will miss your bright eyes and sweet smile
For they say you are taking the sunshine
That has brightened our pathways awhile

Chorus:
Come and sit by my side, if you love me
Do not hasten to bid me adieu
Just remember the Red River Valley
And the cowboy who loved you so true

「彼らはきみがこの谷から去って行くと言っている。ぼくらはきみの輝く瞳と優しい顔を失うんだね。これまでぼくらの行き先を照らしてくれた太陽を、きみは取り上げてしまうとみんなは言っているんだ」

そして繰り返しの歌に入る。

「さあ、ここに座ってくれないか。もしぼくを愛してくれているのなら、別れを告げるのは急がないでほしい。そしてただ一つ、この赤い谷間ときみを愛したカウボーイのことは忘れないでほしいんだ」

この歌を聴くたび、そして自分でも歌うたびに、この赤い河の谷間から去っていくのは、いったい誰なのか、ということが気になってならなかった。これまでこの歌の歌い手は女性で、谷を去って行くのは牛追いの長旅に出るカウボーイだろう、とごく自然に思っていた。けれど、このカウボーイ・ソングの《レッドリヴァー・ヴァリー》では、去っていく誰かを見送るのは、カウボーイなのだ。そしてその誰かが去って行くことを悲しく思い、その人を恋しく思っている。

この時代、女性がある土地を離れて行くのはどういう状況だろうか。十九世紀や二十世紀初頭、女性の一人旅というのはそう多くない。それこそ学校の先生や医療関係、また教会関係の伝道や宣教などのために、東部の女性が内陸に働きに行くことはあったろうが、男たちの多い駅馬車や鉄道ではひどく目立ったことだろう。観光旅行などはもってのほかで、よほどの覚悟や使命感がなければ女性のひとり旅は、ちょっと考えにくい。

では、この歌に出てくる女性はどのような理由で西部へやってきたのだろうか。突拍子もないと思われそうだが、ぼくはこの女性は娼婦の集団の一人ではなかったろうかと想像している。残され、見送るのがカウボーイであるのが、その想像に拍車をかける。

時どき映画にも出てくるが、十九世紀、娼婦たちは馬車に乗って西部の町を巡回した。あるいは町外れに一軒家を借りて、娼婦の館にした。カウボーイたちもそこに通い、なかには恋仲になった相方もいたことだろう。アメリカの娼婦のシステムに詳しくないが、日本の古典落語の廓《くるわ》ものにもあるように、吉原や品川の女郎衆や遊女や花魁《おいらん》たちと、年《ねん》が明けたら一緒になろうと約束したカップルもいたかも知れない。だが、この世界の常として、それは商売上の口約束にすぎなかったろう。そしてある期間その場所で稼いだら、彼女たちは次の土地に移って行く。

もし《レッドリヴァー・ヴァリー》のカウボーイが、好きな女性が谷から去ってどこかに行ってしまうことになったとしたら、普通はそのことを一対一で告げられたり、聞いたりするのではないか。だが、この歌では 'they said' なのである。「彼ら」が言ったのだ。複数の人間の噂話を漏れ聞いたようだ。この女性が、そんなに皆の噂になる存在というのが奇妙だ。皆が知っている女性、それはサルーンの踊り子か歌姫、あるいは大勢の男たちを相手にする娼婦のような存在ではなかったろうか。《レッドリヴァー・ヴァリー》のカウボーイが恋する女性が娼婦かも知れない、という推理に無理があると思われるかも知れないが、他にも例がある。アメリカの一般によく歌われているカウボーイ・ソングをはじめとする働く男たちの歌には、普通の歌と違う奇妙な部分があることに気がつく。

たとえば、もう日本でもお馴染みで、子供たちにも愛唱されている歌の《線路は続くよ *I've Working on the Railroad*》にも、奇妙に思える歌詞がある。こんな歌だ。少し長いが、その歌詞の流れが重要なので、全体を引用しよう。

I've been working on the railroad
All the live-long day.
I've been working on the railroad
Just to pass the time away.
Can't you hear the whistle blowing,
Rise up so early in the morn;
Can't you hear the captain shouting,
"Dinah, blow your horn!"

Dinah, won't you blow,
Dinah, won't you blow,

Dinah, won" you blow your horn?
Dinah, won't you blow,
Dinah, won't you blow,
Dinah, won't you blow your horn?

Someone's in the kitchen with Dinah
Someone's in the kitchen I know
Someone's in the kitchen with Dinah
Strummin' on the old banjo!

Singin' fee, fie, fiddly-i-o
Fee, fie, fiddly-i-o-o-o-o
Fee, fie, fiddly-i-o
Strummin' on the old banjo.

「これまでの一生、時が経つのも忘れて線路の仕事をしてきた。あの汽笛が聞こえないか。早朝の起床の合図だ。そして工事監督の声も聞こえないか。食事の合図に、ダイナ、ラッパを吹き鳴らせ！と叫ぶのを」

第一聯は、そう歌う。汽笛に起こされ、ダイナの吹くラッパで食事が始まる。ここでは、それが食事の合図だとはっきりとは書かれていないが、後の歌詞でそう想像できる。そして歌は監督の叫び声

「ダイナ、ラッパを吹いてくれ」を繰り返す。ダイナは料理番でもあるらしく、キッチンにいる。誰かと一緒なのだろう。バンジョーをかき鳴らす音が聞こえてくる。その後に笛とフィドルの囃子言葉が続く。

弾むようなメロディーとリズム、心地よいテンポの楽しい曲で、子供たちにも人気がある。日本でも、コマーシャルのバックにこの曲が使われることが多いのを見ても、好きな人が多いのだろう。ところが、その裏には思いがけない風景が広がる。

この歌は、新しい線路を敷設する仕事の歌である。大平原に枕木を敷き、その上に鉄路を横たえて行く。その仕事は大人数でやらねばならないから、工事人のための宿泊用の列車［図65］を、すでに敷かれた線路の先端まで運んで行き、そこでキャンプをしながら工事をやるのである。だから、この歌の背後には、各国からの様ざまな人種の移民たちが働いていること、その連中をまとめ上げていかねばならない仕事があることを教えてくれる。

この歌詞を見ると、どうやらダイナという女性は工事現場監督の助手のような役目も負っており、また料理人でもあるようだ。言ってみれば、工夫たちの取りまとめ役のような存在だ。実は、ここではわざと省略したが、もう一聯、最後に歌詞が入る。普通は、たいがいカットされるのだが、きちんとした歌集には必ず入る。手元にある家庭用のソングブックに掲載されている歌詞に、それを見つけて、ちょっとびっくりした。それがこれだ。

Someone's makin' love to Dinah
Someone's making love I know.
Someone's making love to Dinah

'Cause I can't hear the old banjo!

「誰かがキッチンで、ダイナといいことをしている。なぜなら、バンジョーの音が聞こえなくなったから」といった意味だ。'makin' love with' と書く歌詞もある。makin' love はずばりセックスである。ようするに、このダイナという女性は、起床用のラッパを吹いたり、料理を担当したりするが、一方、誰とでも愛を交わす女性のようでもある。この歌の歌い手がそのことを、いつものことのように歌っていることからもそれがわかる。

ジョン・ヘンリーがウエストヴァージニア州タルコット近くのビッグベンド・トンネルの掘削工事で活躍したのが、チェサピーク・アンド・オハイオ鉄道のニューリヴァー線でのことだった。アパラチアの峻険な谷の崖にしがみつくように走るこの鉄道は、何度も脱線事故を起こす危険な工事区間だった。そこで働く一人の男の歌が、《ニューリヴァー・トレイン（に乗って）*(Riding on the) New River Train*》で、こんな歌詞だ。

Chorus:
I'm riding on that New River Train
I'm riding on that New River Train
That same old train that brought me here
Is gonna carry me away again

Darling you can't love one

Darling you can't love one
You can't love one and have any fun
Oh darling you can't love one

(Cho)

Darling you can't love two
Darling you can't love two
You can't love two and your little heart be true
Oh darling you can't love two

(Cho)

Darling you can't love three
Darling you can't love three
You can't love three and still love me
Oh darling you can't love three

(Cho)

Darling you can't love four
Darling you can't love four
You can't love four and love me anymore

Oh darling you can't love four
(Cho)

歌詞は同じフレーズの繰り返しだから、かいつまんで訳すとこうなる。

（コーラス）
ニューリヴァー・トレインに乗って
ニューリヴァー・トレインに乗って
ここに連れて来てくれたその列車に乗って
ぼくはもうすぐここから出て行くよ

ダーリン、きみは一人しか愛せないんだよ
ダーリン、きみは一人しか愛せないんだよ
たとえ一人しか愛せなくても
まだ楽しいことはあるんだ
（コーラス）

ダーリン、きみは二人を愛することはできないんだ
ダーリン、きみは二人を愛することはできないんだ
きみの心がすこしでも正直ならば

ダーリン、きみは二人を愛せないんだよ

という具合に、三人、四人と愛する相手が増えていく。これはどういう状況なのだろうか。一人の女性には、一人ならずも二人三人と愛することはできないんだ、と、歌い手の男は忠告している。その相手が二人も三人も四人も愛するから、自分はこの土地にやってきた時と同じ、ニューリヴァー・トレインで去って行く、と歌っている。

一人の女性が、こんなにふうに大勢の男を愛して、それに不満を持つ男が別れていく。これは、彼女がよほどの浮気女か、あるいは娼婦ではないのか。

工事現場や牧畜、炭鉱など、ある程度人里離れた土地での男の集団には、娼婦たちは必要な存在だったのだろう。そして彼女たちは商売であるから、男たちの恋はけして成就しない。アメリカのフォークソング系の歌で失恋の歌が多いのは、ひとつには土地が広大であるがゆえ男たちは移動労働をせざるを得なくなること。もう一つは、男たちの労働現場には女性たちが近づいてくるといった、地勢的、また産業的な面での必然があったと思うしかない。

カントリー・ミュージックの世界では、小説のような歌がいくつかあるのだけれど、一九七三年にジミー・バフェットが作り歌った歌に《レイルロード・レディ *Railroad Lady*》がある。七六年にはジェリー・ジェフ・ウォーカーが歌い、翌七七年にはウィリー・ネルソンが歌ってそれぞれにヒットして、それなりの人気を確保した名曲の一つである。少し長いが全文引用しよう。

She's a railroad lady
Just a little bit shady

Spending her days on a train
She’s the semi good looker
But the fast rails they took her
Now she’s trying just trying
To get home again

South station in Boston
To the stockyards of Austin
From the Florida sunshine
To the New Orleans rain
Now that the rail packs
Have taken the best tracks
She’s trying just trying
To get back home again

She’s a railroad lady
Just a little bit shady
Spending her days on a train
Once a pullin’ car traveler
Now a brakemen won’t have her

She's trying just trying
To get home again

Once a high-balling loner
Thought he could own her
And he bought her a fur coat
And a big diamond ring
But she hung in for cold cash
Left down on the Wabash
Never thinking never thinking
Of home way back then

But the rails are now rusty
And the dining car's dusty
The gold plated watches
Are taking their gold
The railroads're dying
And the lady is crying
On a bus to Kentucky
And home that's her goal

She's a railroad lady…
On a bus to Kentucky and home once again

彼女はレイルロード・レディ
いくらかいいかがわしいところのある女
人生のほとんどを列車で過ごしてきた
まあまあの美人で、特急列車だけが仕事場
でも今は、そろそろ故郷に戻ろうかと考えている

ボストンの南駅からオースティンの家畜場《ストックヤード》
陽光輝くフロリダから雨のニューオルリーンズまで
いまでは予約周遊旅行の観光の旅ばかり
だから彼女は、そろそろ故郷に帰ろうとしている

彼女はレイルロード・レディ
いくらかいいかがわしいところのある女
人生のほとんどを列車で過ごしてきた
かつては豪華な貨客列車の乗客が目的だった
だが今では、最後尾の制動手さえも彼女を相手にはしない

以前、特急列車で一人旅の時
彼女をものにできると考えた男がいた
そして彼女に毛皮のコートや大きなダイヤの指環を買ってやったが
彼女は現金を求めて、そのためワバッシュで列車を降りた
その時から遠くの家のことは考えないようにした

だが時を経て、いまや線路には錆が出
食堂車にも埃が積もるようになった
金張りの時計も金メッキがはげ
鉄道は死につつあり、レディもまた涙にくれながら
バスでケンタッキーへ向かう旅に出た

彼女の家がその旅の終着駅なのだ
バスでケンタッキーへ　ふたたび彼女は家に戻る

レイルロード・レディは、ようするに列車専門の娼婦なのだ。特急列車での一人旅の時に誘惑され、それが金になると知ってこの道に入った。かつて特急列車の紳士たちが相手だったが、今では rail packs と呼ばれる周遊旅行が中心の家族旅行ばかりになってしまった。そして鉄道の時代は終わりに近づいていき、彼女も歳をとってその魅力も陰り始めた。

このように、堂々と娼婦を歌った歌が、今現在もヒットするのがアメリカなのである。これを見ても、アメリには「娼婦文化」とでもいうものがあるのではないかと思われてならない。

アメリカの小説や映画、時に歌の中に登場する娼婦たちは、おおむね男たちの味方であることが多い。都会のしきたりや付き合い、職業や貧富の差、出自などによる身分の格差、そしてまた家庭や育児に縛られるといったことにがんじがらめになる場所から遠く離れ、それらの都市文化の呪縛から解き放たれ、自由に磊落に生きていける土地ならではの奔放さと闊達さが生まれたのだろう。地方に行くほど、女性は元気になるようだ。

マーガレット・ミッチェルの『風と共に去りぬ』は、これまで何度も続編を書こうという試みがなされてきたが、著作権を管理する財団などの締め付けというか、禁止事項、排除事項が多く、たとえば同性愛を扱っては駄目といったことなどもあって、なかなかの書くことができなかったようだ。その中で財団のお墨付きをもらって書いたのが、二〇〇七年に発表されたドナルド・マッケイグの『*Rhett Butler's People*（邦題：レット・バトラー）』（2007）〔邦訳、二〇〇八〕が秀逸だ。その本でのレット・バトラーには、男の友人以上に心を開くことのできる娼婦の友だちがいる。彼女はレットの背中を押し、励まし、力になる。

ずっと近代に飛んで、これは実話だが、一九五〇年代末から六〇年代初めにかけて、ルイジアナ州知事のアール・ロングは再選を狙って一九六〇年の選挙に立つが、彼にはその立候補を阻害するいくつかの要素があった。その一つがストリッパー、ブレイズ・スターとの大恋愛だった。ロングはすでに六十五歳、妻も子もいて、しかもブレイズは二十八歳。まさに大波瀾の恋愛だった。

一九六〇年の選挙の相手は、《ユー・アー・マイ・サンシャイン》の作者であり、その曲を選挙の応援歌に使って、ビッグ・バンドをバックに一大キャンペーンを張るジミー・デイヴィスだった。ロングはそれにもめげず、こつこつと選挙戦を戦っていく。このブレイズ・スター原作の実話が、一九八九年、ロン・シェルトンの監督、ポール・ニューマン主演で『ブレイズ』という映画になった。

ブレイズ・スターは娼婦ではないが、大衆の前で裸をさらすような女性として、世間から、中でも婦人たちから顰蹙を買う存在だった。しかし、そういうご婦人方はロングの味方ではなく、一人ブレイズが彼を励まし、背中を押してやるのだ。

映画で言えば、いわゆる「プロスティテュート・ムーヴィー」というジャンルが、アメリカにはある。娼婦を主人公や脇役、あるいは彼女たちをテーマにした一連の映画だ。一九九五年のマイク・フィギス監督、ニコラス・ケイジ主演の『リービング・ラスベガス』はアルコール依存症の男と娼婦の物語であり、一九七一年の『ギャンブラー』は、ロバート・アルトマン監督でウォーレン・ベイティ、ジュリー・クリスティ主演の西部劇で、ギャンブラーのマッケイブと、その彼から売春宿を作るための資金を援助してもらおうという娼婦のコンスタンス・ミラーの物語は、まさに西部劇の得意のテーマだ。

一九八九年の『ブルックリン最終出口』は、一九五二年のブルックリンを舞台にした労働組合員と娼婦らの物語で、ウーリ・エーデル監督、スティーヴン・ラングの主演だった。また、一九九〇年のゲイリー・マーシャル監督の『プリティ・ウーマン』は、リチャード・ギア、ジュリア・ロバーツ主演で話題になった娼婦映画である。

ここにはほんの一部しか取り上げなかったが、小説よりも一般の目に触れやすい映画の世界でもこのように多くの娼婦やストリッパーの物語があり、それらの女性たちはなべて男の味方なのである。日本の廓の物語でも男の味方をする気っ風のいい遊女たちの物語があるように、彼女たちは汚れた世界を知っているがゆえに男の良さも悪さも熟知していて、心を開いて男たちを迎え入れることができるということなのだろう。

これらの映画は「娼婦文化」の一例と言っていい。彼女たちの行動や生き方に、快哉を叫ぶ人びともいた。だが一方、彼女たちにもう一つの危険があった。それは前記『女ぎらい』で上野千鶴子の言う、「女好きは、女嫌い」という論理だ。女を嫌悪するからこその女好きで、もっと言えば「ミソジニーの男には女好きが多い」ということなのだ。

問題はこの娼婦たちをミソジニーの対象する事件は、イギリスやアメリカ、ようするにアングロ・サクソン系の人によるものが多いように思えるのだが、その両国にことさら多く見られるのが「シリアル・キラー」、連続殺人である。複数の娼婦を狙っての連続殺人は、一八八八年の夏、ロンドンのイーストエンドのホワイトチャペル地区で起こった娼婦連続殺人事件「切り裂きジャック」事件が有名だが、それ以外にも二十世紀に入ってから、一九七二年、ニューヨークでのジョエル・リッキンによる十七人連続殺人事件は、犠牲者はすべて娼婦で、遺体をイーストリヴァーに流したことで有名だ。

一九八二年から八四年にかけて、ワシントン州キング郡でゲイリー・リッジウェイという男の犯行の娼婦四十九人連続殺人がある。こちらは犠牲者の遺体をすべてグリーンリヴァーに投棄したので、彼は「グリーンリヴァー・キラー」と呼ばれているのである。

二〇〇九年にニュー・メキシコ州アルバカーキで起こった「ウエスト・メサ殺人事件」の犠牲者は十一人。すべて娼婦だった。未だに犯人は不明で「ウエスト・メサ・ボーン・コレクター」と呼ばれている。二〇〇三年から四年にかけてコロラド州ボーダー郡でのスコット・リー・キンボールの四人連続殺人事件などなど、娼婦だけを狙った連続大量殺人事件を挙げていけばきりがない。

連続殺人かどうかはわからないが、今も未解決の有名な殺人事件に『LAコンフィデンシャル』などの犯罪小説で知られる小説家、ジェイムズ・エルロイの母親のジニーヴァ・ヒリカー・エルロイの殺人事件がある。一九五八年六月、カリフォルニア州エル・モンテにあるアヨロ・ハイスクールのグラウンド近くで、彼女の遺体が発見された。エルロイが十歳の時だった。結局犯人は不明のまま、やがて後年有名作家になったエルロイは自分で捜査し、その結果を『我が母なる暗黒 *My Dark Place*』にまとめている。そこには彼女は娼婦まがいの女だったと匂わせ、その頃に起こったもうひとつの謎めいた未解決の殺人事件、ブラック・ダリア事件の犯人に共通するものがあるのではないかと、エルロイは考えたようだ。エルロイはまた、この女優志願の若い女性の猟奇殺人事件を、『ブラック・ダリア *Black Dahlia*』という本にまとめている。ともあれ、ことアメリカでは、娼婦や娼婦まがいの女性たちにまつわる殺人事件が相当数ある。

3 天使か悪魔、または娼婦

こういう娼婦たちに対するミソジニーからの殺人事件もまた、マーダー・バラッドを受け入れる素地のようになっているのかも知れない。だとしても、アメリカの娼婦には、多くの人がその存在にある思いを抱いているようだ。

十九世紀初期、アメリカで女性の参政権、自由、独立、そして婦人投票権などを獲得するためのきびしい戦いの日々が始まる。そういう中で傑出した女性が、ヴィクトリア・カリフォルニア・ウッドハル［図⑯］だった。一八三九年オハイオ州で十人兄妹の七番目として生まれた彼女は、後に七歳年下の九番目の妹テネシーと組んで、アメリカ中に様ざまな意味での話題を巻き起こす。二人の名前が州の名前であるのは、父親が詐欺師で官憲から追われて逃げ回り、その時の逃亡先で生まれた子供にその州の名前をつけたからだ。

ウッドハルは婦人参政権論者であり、スピリチュアリストであり、フリーラヴの信望者、女性投機師としても有名だった。

とくにスピリチュアリストとしては、男性客を相手に、心の平穏をうながしたり、その人の事業や将来、賭け事や女性との関係などを霊的に占い、あるいは心の奥底にある悩みを指摘するなどして、ことに有名人の間で知られるようになっていく。

スピリチュアルをほどこす現場は、密閉された部屋で、美貌を餌に彼女と妹とはかなりあやしげな振る舞いに及んでいたとされている。高名な事業家や政府の役人、また宗教関係者や学者など、外聞を気にする連中にとっては、スピリチャル施術というのは、いい目隠しだった。ヴィクトリアたちは、その部屋でいかがわしげな行為で彼らをもてなしたと言う。しかも彼女は「フリーラヴ」の信奉者であったのだから、人びとの持つ「あやしげ」な印象は、言葉通りのものであったようだ。

彼女の顧客の中に、アメリカの海運業と鉄道で財を成したコーネリアス・ヴァンダービルトがいた。実業家で慈善家、テネシー州ナッシュヴィルの大学、ヴァンダービルト大学は彼の寄贈による。たった一隻のボートから始めた海運業で身を起こし、蒸気船で事業を拡大して米英戦争では政府の御用商人となった。その後、鉄道事業に進出し、ニューヨーク・セントラル鉄道やニッケル・プレート鉄道を支配下に置き、「鉄道王」と呼ばれた彼の後ろ盾によって、ヴィクトリアはアメリカ初のウォール街での女性投機師になるのである。

彼女はまた筋金入りの婦人参政権論者であった。その思想を掲げてアメリカ合衆国史上初めての女性大統領候補に、「平等権党」の公認で出馬した。彼女の副大統領候補は元奴隷で、有名な奴隷制廃止論者であるフレデリック・ダグラスだった。

だが、ヴィクトリアは大統領になるには不適格とされた。それは女性であるからではなく、大統領就任式の日に憲法に規定する最低年齢の三十五歳に達していないことが理由だった。ヴィクトリアとダグラスは敗北した。一般投票の結果は無視できるほど少なく、選挙人票はゼロであった。

ウォール街での初の女性投機師として評判を得るに従って、彼女はあやしげな仕事のかたわら女性の自由と独立を求める運動にも力を入れるようになった。一八七二年、彼女は『ウッドハル&フラクリンズ・ウィークリー』という新聞を発行し、女性の解放をテーマにした意見を発表するようになった。同時に、男たちへの弾劾も掲載し、かつてのスポンサーともいえるヴァンダービルトとのスキャンダルを暴露し、『アンクル・トムの小屋』で知られるハリエット・ビーチャー・ストウの弟、牧師のヘンリー・ウォード・ビーチャーの不倫を報じて、その結果ビーチャーは姦通罪で告訴されることになり、そのニュースはアメリカ中を震撼させた。

ウッドハル自身、あやしげな商売やえげつない事業などがもとで、その後投獄されたり、官憲に追われたりすることが少なくなかったが、最後はイギリスのマーティン銀行の跡取りと結婚。一九二七年、上流階級夫人としてイギリスで没した。良きにつけ悪しきにつけ、彼女は近代アメリカ女性の欲望と希望の具現であったと言えるだろう。その後も彼女の行動や存在は、アメリカの女性にとってある勇気の象徴でもあった。

もう一つ忘れてはならない娼婦が、『アンナ・クリスティ』だ。一九二一年初演のユージン・オニールの劇作を、一九三〇年にクラレンス・ブラウンが監督した映画で、いまは身を持ち崩し娼婦にまで落ちたグレタ・ガルボ扮するアンナ・クリスティが、父親に会いにニューヨークのうらぶれた波止場にやってくる。そこには酒場があり、一方の入口は紳士たち専用、もう一方は女性用だ。そこはまたホーボーやルンペンや乞食たちの入口でもある。この一点で、当時の女性の地位というものがわかるすぐれたシーンである。

アンナはその入口から入り、注文を取りに来たバーテンダーにこう注文する。

"Give me a whisky, ginger ale on the side. And don't be stingy, baby."

「ウィスキーにジンジャーエールを、ケチらないで、坊や」

と訳せばいいだろうか。

主演のグレタ・ガルボは、これ以前にも映画には出ているのだが、この時の『アンナ・クリスティ』が彼女にとって最初のトーキー作品であり、観客やファンには、ガルボの声を初めて聞くことのできた作品だった。その最初の一言がこの言葉で、現在ＡＦＩ（アメリカン・フィルム・インスティテュート）の'AFI's 100 Years...100 Movie Quotes'（ＡＦＩ百年記念、百の名セリフ）に入れられている。

このガルボの生の声によるひと言は、当時、そしてその後も多くの女性にとって、背筋の伸びた堂々とした女のあり方、どんなに落ちぶれたり、貧しくはあってもきちんと胸を張って言うことは言う。自分の思いや好みを人任せにしない新しい女性の生き方を示唆してくれた、貴重な映画だった。

そのガルボにまつわる映画で忘れられないのが、ガルボ・ファンである母親が死ぬ間際、「一目ガルボに会いたい」という夢を叶えてやろうと奮闘する息子の話が、シドニー・ルメットが監督した『ガルボ・トークス』（一九八四年）だ。「ガルボは語る」という感じだろうか。それほどガルボは、多くの人の心を捉えたスターだった。ヘミングウェイもまた、『誰がために鐘は鳴る』の登場人物にシルクのスウェター姿のガルボを夜毎夢見る、といったようなことを言わせている。

アンナ・クリスティは立派な娼婦であり、だから怖いものは何もなく、臆せずに自分の思うことを言える。娼婦だからこそ言えること、娼婦だからこそできること、それが日常の家庭生活、また労働の現場や近所との関係の中で、軋轢を覚えていた女性たちにとってどれほど力を得、胸を張れたか知れない。カウボーイ版の《レッドリヴァー・ヴァリー》が、別れ行く娼婦への愛惜を歌ったものだろうと感じるのは、こういう背景があるからだ。

4　西部からはじまる女性たちの目覚め

話は、その歌が歌われた西部に戻る。そういった背景を持つだろう西部で、ひとつの目覚めがあった。それは、前述したこの地に単身で子供に「読み書きそろばん」を教えようとやって来た、若い女性教師たちの気づきだった。彼女たちに公民権《シヴィル・ライツ》や平等という意識を目覚めさせ、そのための戦いをはじめさせたのは、端的に、この辺境のどの学校でも彼女たちの給料が男性教師よりもひどく低かったからだ。それを打開する動きは、たとえば一八六一年初頭、カンザス州の女性教師たちは奮闘の末、女性の校長選挙への立候補の権利を獲得したことからはじまった。それがきっかけとなって、西部では男性との不平等撤廃の戦いが展開されるようになるのである。それは同時に女性たちの自分を守るための戦いの始まりでもあった。

都市部の女性たちの自己防衛のスタートは、暴力的な夫やアルコールに溺れて怠ける夫に対してであり、「女」を性的対象としか考えずに無理やり強いられる妊娠と出産の重荷に対してであり、貧しさゆえに子供を失い、家族を失い、病に倒れ、人に蔑まれ、最悪の人生を歩むしかなかった境遇に対してであった。女性たち、ことに遅れてやってきた移民の女性たちは、そのような状況と戦おうとした。

この時代、女性の権利獲得の戦いに大きな力を発揮したのが、エリザベス・キャディ・スタントンだった。彼女は奴隷制廃止運動に加わるうちに、女性が置かれている状態についてもまた、この新しい国では大きな問題であると痛感したのだ。一八四〇年、彼女はロンドンで行なわれた奴隷制廃止運動に参加しようと会場に行ったのだが、主催者は女性の参加を認めなかった。そういうこともあって、彼女は女性の権利拡大への運動に目覚めたのだった。それからのスタントンは、婦人参政権獲得運動のみならず、女性の親権、保護権、財産権、所有権、収入権、離婚権、家族の健全な経済的安定、産児制限、そしてまた禁酒運動などに大きな影響力を発揮する存在になっていく。

一八四八年、彼女たちはニューヨーク州セネカフォールズで、世界初の女性の権利拡大を要求する会議を主催するまでになった。そこで全会一致で女性の権利と選挙権獲得運動がはじまることになる。南北戦争が終わって二年、一八六七年、エリザベス・キャディ・スタントンとスーザン・B・アンソニー［図67　スタントン（右）とアンソニー］、そしてルーシー・ストーンの三人はカンザス州に出かけ、女性と黒人の投票権を州議会で可決させるため大勢の州民を前にして演説をしたが、善戦空しく両法案は否決されてしまう。だが、二年後の一八六九年、ワイオミング準州の女性投票権が可決されて、投票権を手にした女性たちは翌七〇年その権利を行使したのだった。同じ年、ユタ州の女性たちもまた、投票権を獲得して行使した。ここまでの地名を見てほしい。どれも西部の州なのである。西部における女性たちの「覚醒」は、この地あってのその過去——女性の西部開拓参加の歴史——に起因していることを教えてくれるのである。

だがこの一八七〇年という年は、アメリカの女性たちにとっては喜ばしいばかりの年ではなかった。この年、合衆国憲法修正箇条の十五条が確定した。その第一節には、こうあった。

「合衆国市民の投票権は、人種、皮膚の色あるいは過去における労役の状態（奴隷であったこと）の故をもって、合衆国あるいはいかなる州も、これを拒絶または制限してはならない」

つまり、人種による制限はなくなったものの、性別による制限は残されたままということである。アメリカ国内では憲法で保障された投票権を与えられていないのは女性たちだけ、ということになる。

ようするに、こと参政権に関してはアメリカの女性たちはもっとも低い地位に取り残されたのだ。その最低の位置は、一九二〇年に婦人投票権が確定されるまで、五十年間もつづくことになる［第四部扉　婦人参政権を求めるデモ］。

それでも、着実な歩みはつづいていた。一八九三年にはコロラド州の女性が、九六年には州に昇格したユタが女性に投票権を与え、同じ年アイダホ州も女性投票権を可決した。こうして二十世紀の声を聞くまでに、未開の烙印を押されていたアメリカ西部の四つの州――九〇年に州に昇格したワイオミング、コロラド、ユタ、そしてアイダホの女性たちが、自分たちの意見を投票という行為によって発揮する権利が与えられたのだった。

婦人運動の闘士たちでなく、ごく普通の女性たち、貧しさを克服しようと慣れない工場労働に出る移民の女性たちの苦しみは、今も歌に残されている。その工場での労働環境もまた、ひどいものだった。一八三〇年代、この初期の工場労働に対するプロテスト・ソングが歌われるようになった。《ファクトリー・ガール・カム・オール・イー *The Factory Girl's Come-All-Ye*》などが有名だったが、中でもマサチューセッツ州ローウェルの町の繊維工場で働く女性たち二千人は一八三六年十月、ストライキをして工場を出て、自分たちの苦境を訴えて行進した。その時歌ったのが、次の歌だった。

Oh! Isn't it a pity, such a pretty girl as I
Should be sent to the factory to pine away and die?
Oh! I cannot be a slave; I will not be a slave,
For I'm so fond of liberty,
That I cannot be a slave.

「わたしのような娘が工場に送られて痩せ細り、死んでいくなんて哀れじゃないだろうか。奴隷にはなれないし、奴隷になりたくもない。だから自由に憧れるのだ」と歌う。特にタイトルはなく、《ローウェル・ミル・ガールの歌》と呼ばれている〔図㊳ ローウェル・ガール〕。女性の立場からの抵抗の歌、職場の環境とそこで働くしかない身分を多くの人に伝えた歌として、貴重である。そして彼女たちの奮闘の結果、一八四四年「ローウェル女性労働者改革運動（Lowell Female Labor Reform）」が組織されたのだった。

働く女性たちばかりでなく、普通の日常生活のなかでも女性たちの目覚めが見受けられるようになってきた。女性の投票権獲得運動に反対しがちな男、夫たちは、妻や女性たちをおろそかに扱ってきた。そのことをわからせようとする歌もまた、多く作られた。そのひとつが一九一七年のアンナ・チャンドラー〔図㊴〕の歌った《シーズ・グッド・イナフ・トゥ・ビー・ユア・ベイビーズ・マザー・アンド・シーズ・グッド・イナフ・トゥ・ヴォート・ウィズ・ユー》だった。この長いタイトルを英語で書くともう少しわかりやすい。

She's good enough to be your baby's mother and she's good enough to vote with you

すなわち「彼女はあなたの子供の母親にもふさわしいが、あなたとともに投票する人間としてもふさわしい」なのである。女を愚かだと思っているかもしれないが、女は、また女たちの力は、豊かで深い。だから子供を産ませるばかりでなく、投票の権利をも与えよう、という女性たちの求める婦人参政権獲得運動を応援する皮肉を込めた歌だったのだ。

No man is greater than his mother
No man is half so good
No man is better than the wife he loves
Her love will guide him
What 'ere beguile him

She's good enough to love you and adore you
She's good enough to bear your troubles for you
And if your tears were falling today
Nobody else would kiss them away
She's good enough to warm your heart with kisses
When you're lonesome and blue
She's good enough to be your baby's mother
And she's good enough to vote with you

「男は誰も、その母親以上にはなれない。どんな男もその半分にもなれない。そして男は誰も、彼の愛する妻以上にはなれない。彼女たちは、その愛で男を過ちから導きだす。彼女たちは充分にあなたを愛せるし、好きでいられる。彼女たちはあなたの悩みをしっかりと取り除いてくれる。たとえ今日、あなたが涙にくれるとも、キスでそれを拭ってくれるのは他には誰もいない。あなたが寂しく憂鬱な時、彼女はキスによってあなたの心を温める。彼女はあなたの子供の母親にもふさわしいが、あなたとともに投票するのにもふさわしい人物なのだ」と歌っている。

この一八八四年ペンシルヴァニア生まれのアンナ・チャンドラーは、この時三十三歳。ボードヴィル出身の彼女の歌もまた、前述の『リスペクト――センチュリー・オブ・ウーマン・イン・ミュージック』に入っている。投票権獲得を狙った歌が、ヒルビリー・ミュージックの中でも人気を得たということは、当時、どれほどの女性たちがそのことに夢を抱いていたかがわかるのである。

アンナ・チャンドラーがこの婦人参政権の歌を歌ったその年の五月、アメリカは第一次大戦に踏み込んでいった。翌一九一八年、キャディ・スタントンとともに婦人の権利獲得運動に邁進していた仲間、スーザン・B・アンソニーの名前を取った女性投票権獲得法案「アンソニー修正条項《アマンダメント》」が下院議会を通過したものの、上院がこれを否決するという事態が起こっていた。彼女たちはその年の地方選挙で、この女性参政権に反対した有力な上院議員を落選させるべくキャンペーンを展開し、その結果二人が落選した。

そういった実力行使の甲斐があってか、翌年の一九年ついに女性参政権法案は両院を通過し、最初は三十の州で法制化され、一週間もしないうちにウィスコンシン州、ミシガン州、イリノイ州が追随。だが連邦議会を通過するためにはもう一州必要であったが、一九二〇年八月、テネシー州がこれを認めて定数を満たし、ついにその年「婦人参政権」は法制化されたのだった。憲法修正第十九条にそれはある。

「合衆国市民の投票権は、性別の故をもって、合衆国またはいかなる州も、これを拒否し、制限してはならない」

その大きな喜びはしかし、その時がピークであったかのようだった。参政権を手にしてから、女性の権利獲得運動は力が抜けたようになってしまった。

この時代、都市部に住む妻たちの悲劇に対して、独身の女たちの自由を謳歌する歌——というか、自分たちは男たちの言いなりにはならないのだ、と強く主張する歌が多く登場した。中でもよく知られるのが、一九二五年、ヒルビリー界での女性ソロ・シンガーの先駆けといっていい、当時十五歳だったロバ・スタンリー［図70］は《シングル・ライフ *Single Life*》という歌で、

I am single and no man's wife, and no man shall control me

「あたしは未婚、誰の妻でもない。そして、誰もあたしを自由にはできない」と歌った。おそらくこれほど強烈に、女性の自由を真正面から主張した歌は、現代でも少ないのではなかろうか。

二年後の一九二七年、カーター・ファミリーによって《シングル・ガール、マリッド・ガール *Single Girl, Married Girl*》が発表された。

Single girl, oh single girl
She's gone anywhere she please
Oh, gone anywhere she please
Married girl, oh married girl
Got a baby on her knees
Oh, got a baby on her knees

Single girl, oh single girl
She's going dressed up so fine
Oh going dressed up so file
Married girl, oh, married girl
She wears any kind
Oh, she wears any kind

（以下略）

「独身の女性は、楽しみのためにどこにでも行ける。だが結婚した女は、赤ん坊を膝に乗せて身動きもできない。独身女性はきれいなものを着られるけど、結婚した女はあるものを着るしかない。独身女性は店で買い物ができるけど、結婚した女は揺り籠を揺らしているだけ」と、おおよそこの歌は、女性の自由と不自由の両極を歌う。

この場合の独身女性が、自立して自らの手で収入を得ていたとはとても思えない。親掛かりの独身女性なのだろう。だが、結婚してしまったら、むしろ貧しくなってしまう。それは独身女性たちの生き方にとって、非常に皮肉な事態だった。

この時代、大恐慌に突入する予兆の中、アメリカではもう一つ、あまり目立たない闘いが、女性たちの中で起こっていた。それは、女性がパンツを穿くか穿かないかという戦いであった。ここで言うパンツは、下着ではなくスラックスでありトラウザーである。二十世紀も二〇年代に入るまで、すくなくともアメリカの女性はスカートを穿くことがごくあたり前のことだった。

ここにヴィクトリア朝時代の女性労働者の服装史の写真集、『ヴィクトリア朝の働く女性たち――その横顔 *Victorian Working Women: Portraits from Life*』（1980）があり、それを見ると、十九世紀後半炭鉱で働く女性以外わずかな例外として、その他ではほとんどパンツ姿は見られない。とくにヴィクトリア朝時代には、コルセットに大きく膨らんだ長いスカートや手首にレース飾りのある袖まわりがゆったりした長袖のブラウス、首回りも顎の下までレースのついた高い襟という服装が普通だった。彼女たちはそういった格好で自転車にも乗ったし、テニスもした。たいした労働はしなかったとしても、そのスカート姿は変わることはなかった。このスカート姿がその後長く女性たちの服装の定番であって、パンツ姿はいけないことだとされていた。

「救い主イエス（Jesus-Savior.com）」という保守的な独立バプテスト教会派の 'It's a Sin for Women to Wear Pants（女性がパンツを穿くのは罪）' というサイトでは、聖書のマタイによる福音書五章二十八節「みだらな思いで他人の妻を見る者はだれでも、既《すで》に心の中でその女を犯《おか》したのである」（新共同訳）を引用して、女性のパンツ姿は罪であることを教え諭している。

パンツ姿の女性が、見るだけで犯したくなるほど性的興奮を覚えるかどうかは人によるだろうけれど、一般にはパンツ姿よりもスカート姿の方が、それも短いスカートほど性的刺激を受けるのではないか、とぼくなんかは思う。このサイトの記事は、二〇〇七年に書かれ、二〇一五年にアップデートされている。すなわち、今現在の考えなのである。

ともあれ、パンツを穿くことはいけない、という風潮に対して、一九二〇年代、第一次大戦で男たちの出征後、工場労働に進出せねばならなかった女性たちにとって、少しずつその認識に変化があらわれてきた。決定的だったのは、キャサリン・ヘプバーンの映画ではないかと思う。一九三二年『愛の鳴咽』でデビューした彼女は、それに続くいくつかの映画でパンツ姿で登場することになる。ヘプバーンばかりでなく、グレタ・ガルボやマレーネ・デートリッヒ、モーガン・ブリトン、フェイ・レイたちもまたパンツ姿で評判を呼んだ。一九三三年の『ムーヴィー・クラシック』誌では、彼女らを

「パンツ姿の女たち（Trousers Women）」と誇らしげに呼んでいる。

このパンツ姿が女性に課せられた「女性らしさ」という抑圧への抵抗の道具でもあったのだ。第二次大戦が起こると、イギリスでもアメリカでも女性たちは軍事工場に徴募され、だれもがパンツ姿で働くことが普通になっていく。

一九六〇年代に女性用のデザイナー・ジーンズが発売され、ジーンズ姿は「カッコいい」ものとされるようになった。一九六九年にはイリノイ州の共和党議員シャーロット・レイドが、米国議会にパンツ姿で登院した最初の女性になった。そしてヒラリー・クリントンもまた、アメリカ大統領夫人としてパンツを着用した初めての女性となった。こうしてアメリカの性差別は、徐々に解き放たれていった。

だが、遅れたのは南部だった。アメリカ西部の各州が婦人参政権を認めたにもかかわらず、南部のテネシー州が一九二〇年になって最後の賛成票を投じて、ようやく憲法修正第十九条が批准され、「性別のゆえをもって制限してはならない」が一般に認められることになったのは、前述した通りだ。しかしそれ以後もまだ、テネシーをはじめとする南部諸州は、女性の自由や独立から程遠い位置にあった。

5　カントリー・ミュージックの世界

一九六〇年代末から一九七〇年代にかけては、アメリカ映画界にとってエポック・メイキングな時代だった。六〇年代までのイノセントなハリウッド映画は、都会風コメディ、豪華なミュージカル、歴史大作もの、そして〝インディアンは常に悪者〟で、白人だけが正義だとするステレオタイプの西部劇などが大手を振るっていた。それが突如一九六七年、アーサー・ペン監督の『俺たちに明日はない』という若い男女の強盗、ボニーとクライドのけだるい恋と絶望的な逃避行を描いた映画を皮切りに、その後ほぼ十年間、アメリカ映画はおそらくは世界の映画史上にもまれな鋭い感性と豊かな想像力の広がり、心の奥底に届く深みに達した作品を輩出した。

六七年の『卒業』、六八年の『ブリット』、六九年の『ワイルド・バンチ』、『明日に向かって撃て!』、『真夜中のカーボーイ』と『イージー・ライダー』、七〇年の『小さな巨人』、『M★A★S★H』、そして『いちご白書』、七一年の『バニシング・ポイント』、『ジョニーは戦場へ行った』、『ダーティハリー』、『激突!』、七二年の『ゴッドファーザー』……。書き並べてみれば、ほぼ百三本もの名作、快作、佳作、衝撃作がこの六〇年代後半からの十三年間に、まるで突然変異のようにあらわれた。

その中でも、七〇年に発表されたボブ・ラフェルソン監督、ジャック・ニコルソンとカレン・ブラック出演の『ファイブ・イージー・ピーセス』は、六〇年代までの映画が営々と描いてきた「あらまほしきアメリカ」ではなく、我われの知るアメリカの奥にある「もうひとつのアメリカ」の姿を見事に描き出した秀作だった。

主人公ボビーは、カリフォルニアで石油採掘をしているその日暮らしの労働者だが、実家は上流の部類に入る音楽一家である。その家柄と自分の音楽的才能を捨てて、けして育ちがいいとはいえないウェイトレスのレイと安アパートに住んでいる。妊娠している彼女はボビーに結婚を迫る。煩わしくなったボビーは、健康を害している父親に会うためもあって、ワシントン州の実家に行くことにする。クラシック音楽一家としても知られるその家で彼はくつろぐことができた。だが一緒にやってきたレイと家族とのあまりの落差。そしてボビー自身の何事にもふしだらな生き方、どちらの世界にもいられないどっちつかずの存在。彼はそういうものを持て余したかのように、彼女を残し一人北へと去っていく――。

ここには二つのアメリカがある。この映画が上映された時、このボビーとレイの世界は時代の持つ病根を描いたものだと考えられていた。誰もが平等で、公平で、機会は均等に訪れる。それがアメリカであったはずなのに、そうではない。七〇年代に入って、アメリカという常勝の巨大な文明国にとって、初めてそのあり方に対する戸惑いが具体的な形となって立ちはだかってきた。自分たちには二つの社会が現存するのだという事実。それまで見て見ぬふりをしていたもうひとつのアメリカを、あらためて認識することになったのだった。

それは単なる上流階級と下層階級といったことではない。貧富の差といったことでもなく、いくらかその気配はあるとしても教養の差だと割り切れることでもない。そして、身分の差でもない。多くの人は、身分や階級や家庭環境の違いだと考えていたが、それは違う。別の世界を描いたものなのだ。アメリカには二つの世界があって、人はそのどちらかに属する。どちらが上でも下でもなく、どちらがいいのでも悪いのでもないのだ。そのことが、当時はまだよくわかっていなかった。

「ファイヴ・イージー・ピーセス」とは、子供の頃には弾けた簡単《イージー》な五つの楽曲《ピース》のことで、それが今は弾けなくなってしまっている、ということを意味している。自分の家のクラシック音楽からも遠く離れて、カリフォルニアの安借家でレイが何かというと聴くカントリー・ソングの世界からも離れていってしまう男。ボビーは、アメリカが持つ二つの世界のどちらからも逃れようとしたのだ。その時代、それは若者にとっての唯一の良き選択であるように思われた。両方からドロップアウトすればうまくいく、と考える若者も多かった。

カレン・ブラック扮する学問も品もないが、純な気持ちを持っただらしのない女、涙もろく、すぐにやきもちを焼き、男が自分を愛してくれているかとすぐに不安になる女、そのことを言葉や態度で確かめずにはいられない女、そんな彼女はいつもタミー・ウィネットのレコードをかける。映画の冒頭、彼女が洗面所の小さな洗面台に尻を据えて鏡を覗き込みながら聴いているのは《スタンド・バイ・ユア・マン *Stand by Your Man*》だ。男のそばに立って男を守りつづけなさい、男のために生きなさい、といったようなニュアンスがある。一九六八年、タミー・ウィネットはこの曲を歌い、「カントリーの女王」の座を獲得することになる。

Sometimes its hard to be a woman, giving all your love to just one man.
You'll have bad times, and he'll have good times,
Doing things that you don't understand.

But if you love him you'll forgive him, even though he's hard to understand.
And if you love him, oh be proud of him,
'Cause after all he's just a man.

Stand by your man,
Give him two arms to cling to, and something warm to come to
When nights are cold and lonely.
Stand by your man,
And tell the world you love him, keep giving all the love you can,
Stand by your man.

Stand by your man,
And show the world you love him, keep giving all the love you can,
Stand by your man.

「女であることの悲しさ、一人の男に愛を捧げれば、苦しむのは女ばかり。楽しむのは男だけ、男の気持ちは女にはわからない。でも、愛していればわからないなりに、男のすることを許すもの。もし彼を愛するなら、それを誇りに思うこと。なぜなら、所詮彼は男なのだから。男のそばに寄り添って、愛していることを知らせるの、ありったけの愛を捧げることよ。男のそばに寄り添って」

これは映画のスーパーインポーズからとった訳だ。ボブは、彼女の好きなこの歌が嫌いだし、その曲を聴く彼女の人柄をも軽蔑している。もう一度聴く、という彼女に、今度聴いたらレコードを叩き割るから、と彼女を止める。なら裏面は、という彼女に、裏も表もない、それは音楽の本質に関わる問題さ、と彼は言う。クラシック出身の彼には、この手の音楽はガラクタに等しい。

このタミーの歌は大変なヒット曲になった。アメリカ中、いや、世界のあちこちにまで、彼女のアメリカの良き主婦シンガーの典型といっていい歌声が流れていった。しかし、彼女の歌がいかにヒットしようと、そして確かにアメリカ文化のある側面をうかがわせはしても、それはカントリー・ミュージックを含む音楽界だけのことだった。

タミーの歌は、男としては駄目な人間かもしれないが、しかしその男を守り、どんな時にもそのそばに寄り添って、彼を理解しようとすることこそが女の務めであるという、昔ながらの家庭の主婦の我慢と諦めと苦悩とを描いて、一種の美談に仕立てている。

一九六〇年代後半、まだアメリカはどうにかその威信を保ちつづけていけるように思われた。ルート66もまだ健在だったし、ドルもまだ強かった。そんな時代、男の身勝手さに苦しみながらも、女性たちはそういう男を迎え入れなければならなかった。それが女というものなのだと決めてかかる風潮であり、時代だった。

しかし、それは違う。それは「ドアマット」なのだ、と言う女性たちがいた。「フェミニスト」と呼ばれる人たちだ。「ドアマット」とは、ドアの外に敷かれる脚拭きマットのことで、「男のいいようになる」という意味を持っている。そして自分は、けして「ドアマット」ではないという女性もいた。

第四十二第大統領夫人、そして二〇一六年の大統領選でドナルド・トランプに敗れたヒラリー・クリントンは、また別の意味で、タミー・ウィネットの《スタンド・バイ・ユア・マン》のような女性ではない、とかつて発言したことがあった。それは、タミー・ウィネットが《スタンド・バイ・ユア・マン》を歌ってから二十四年も経ってからのことだった。

CBSテレビの「60《シクスティ》ミニッツ」というインタビュー番組で、ヒラリーは夫ビル・クリントンとともに出演した。一九九二年の民主党の大統領候補として出馬したビルは、ニューハンプシャー州の代議員選挙の直前に、アーカンソーのクラブ歌手であるジェニファー・フラワーズとの不倫を証明する電話を録音したテープがマスコミに洩れて、それまで優勢だった支持率が一挙に下落した。そこで夫婦は賭けに出た。不利になるから、と忠告する声が多い中、彼らは一九九二年一月二十六日の日曜日、アメリカの全国民が見ていると思われるアメリカン・フットボールの決勝戦、スーパーボウルの実況中継直後に行なわれたインタビュー番組に夫婦そろって出演したのだ。そこでビルはいっさいの非を認め、妻と支持者、視聴者に自分の不徳を率直に詫びた。そして妻のヒラリーは、わたしは、

Some little woman, stand by my man and baking cookie, like Tammy Wynette.

ではない、と宣言したのだった。自分は、夫の不倫にただ打ちのめされているばかりではない。タミー・ウィネットの歌うような女——夫を支え、クッキーを焼くことを大切にする《スタンド・バイ・ユア・マン》のような世界の女ではないと宣言したのだった。

映画『ファイブ・イージー・ピーセス』は、レイの愛する《スタンド・バイ・ユア・マン》のカントリー音楽の世界と、ボビーの家族が愛するクラシック音楽の世界の二つのアメリカがあることを教えてくれる。クラシック音楽とカントリー・ソングが象徴する二つの世界——上流の世界と低所得、無教養の世界。資産家階級と労働者階級。言葉を換えれば、北部と南部。いやもっと厳密に言えば、アメリカ北東部と南東部の地域差。その二つの世界が階級や文化、感性や人情が大きく異なっているということを教えてくれる。それは一九九九年のルイス・マドンキ監督、ケヴィン・コスナー出演の映画『メッセージ・イン・ア・ボトル』でも描かれている。だが、その二つの世界のことをもっとはっきりとうまく語ってくれたのは、安岡章太郎の音楽エッセイ「私のきいたジャズ」（文春文庫『父の酒』所載）だろう。

私たちにとってジャズといえば、悪しきアメリカ文化の代表というようなものであった。そのくせ何がジャズかと訊かれても、こたえようがない。要するに、うるさくて、ガチャガチャして、舶来版のどじょうすくいの如きものだろうぐらいのところであろう。しかし意外なことに、これは私たちだけではなく、アメリカ人もまた同じような反応を示すのである。少なくとも、十何年かまえに、テネシー州ナッシュヴィルで接したアメリカ人たちはそうであった。

ご存じの方もあるだろうが、ナッシュヴィルにはグランド・オープリと称する古いホールがあり、名所になっていた。〝カントリー・ウェスタンのメッカ〟とかいわれて、エルヴィス・プレスリーがここで初舞台を踏んだことは、日本の雑誌などにも紹介されている。しかし、私は半年間ナッシュヴィルに滞在していた間に一度もここへ行ったことがなかった。

一九七七年六月に講談社の『ジャズ・アンド・ジャズ』に掲載されたこのエッセイは、こんなふうに書き出されている。少し長いけれど、その後の部分を引用してみよう。

関心がなかったわけでは決してなく、ぜひ一度はヒルビリー・ソングとかいうものをきいておきたいと思ったのだが、何となく行きそびれてしまった。

それは一つには、このグランド・オープリは一週間に二日ぐらい不定期にひらかれるだけなので、よく新聞でも注意して見ていないことには、いつ開演しているのかわからないからだ。しかし他の催し物——たとえば大学の劇場でシェクスピア劇をやるとか、ナッシュヴィル交響楽団がワグナーをやるとか——のときには、こちらが黙っていても、必ず誰かがキップを持って誘いにきてくれたものだが、このグランド・オープリに限って、そういうことが一度もなかった。それで、こちらからグランド・オープリの話を持ちかけると、相手はたいていニヤリと笑う。一度ぜひ見ておきたいんだが、というと、向うは急に冷い顔になって、行ったらいいでしょう、としかいわないのだ。つまり、グランド・オープリというのは、ナッシュヴィルのダウン・タウンの真ん中にあっても、そこは教養あるナッシュヴィリアンの行くところではなく、近在の百姓などの集る場所だというわけだ。勿論、私自身は百姓は軽蔑しないし、そういうところなら、なお見ておきたいと思ったのだが、もしそんなことを口に出していえば、私は周囲の人たちから白い眼で見られることは確実であった。そして私は、そういう人たちから孤立しては、この町では暮らして行けなかったのである。

名前を含めて、ここにはいくつかの事実誤認がある。だが、それはこの際どうでもいい。安岡がカントリー・アンド・ウエスタンの本拠地として有名なグランド・オール・オープリーに行かなかったのは、けして関心がなかったわけではなく、なんとなく行きそびれてしまったからだ。ひとつには、このグランド・オール・オープリーは一週間に二日ぐらいの不定期公演なので、新聞の催し物欄でも注意していないといつ開演するかわからないからだ、という。これも誤解で、オープリーは毎週土曜日には必ずやっている。もう何十年と変わることがないので、あらためて新聞に載せるまでもない。土曜日ばかりでなく、金曜日もやっていれば、テレビでもラジオでもやっている。ナッシュヴィルにいて、オープリーのことに耳を塞ごうとするほうがはるかに難しい。

そして行かなかった理由として、大学劇場でのシェイクスピア劇やナッシュヴィル交響楽団がワグナーをやるとかの他の催し物の場合は、黙っていても必ず誰かが切符を持って誘いにきてくれたのだが、このオープリーに限っては一度もそういうことがなかったからと書いている。惜しむらくは安岡氏がもっと行動的な人であったら、と今さらのように残念に思う。一人であっても、「百姓たち」の集まる「カントリー・ウエスタンのメッカ」に出かけられれば、もっと異なったアメリカが見えただろうと思えてならないからだ。

そして、こうつづける。

ジャズは、ヒルビリーやカントリー・ウェスタンとは別のものであろう。カウント・ベーシーやデイヴ・ブルーベックの楽団は大学のキャンパスにも演奏にきたことがあったが、これも私はききに行けなかった。興味がなかったわけでは決してないのに、これもまた何となく傍へ行きそびれたのである。第一こういうものに寄ってくるのは、ほとんど二十歳以下の若者で、私自身は当時すでに四十歳になっていた。それはどうでもいいことだが、私と彼等とではブルーベックに興味をよせるにしても、その興味の持ち方が何処か決定的に違うのである。それがどういう違いかということは、うまく言えないのだが。

一と言でいうと、ジャズもヒルビリーも、それがアメリカ産のものであることから、われわれにとってはハイカラな、エキゾチックなものなのだ。しかしアメリカ人にとっては、ジャズは何より黒人のものであり、ヒルビリーは山地に取り残された百姓たちのものであって、少なくともそれは高級なものでもハイカラなものでもない。早い話が、ナッシュヴィルのレコード店へ行くと、客がはっきり二つのグループに分かれる。ジャズやポピュラーのところに集っているのは黒人のティーン・エージャーたちであり、クラシックのところで、「未完成」やラフマニノフのピアノ協奏曲のレコードをシカツメらしい顔で探しているのは、白人のそれも主に女子学生たちであった。つまり彼等は、ジャズにしろ、クラシックにしろ、日本人のレコード・ファンほど高級な趣味は待ち合わせていない。しかし彼等がわれわれに較べて音楽を知らないかといえば、勿論そんなことはない。

（以下略）

ここにははっきりとした、二重のアメリカがある。カントリー・アンド・ウエスタンを愛する層と、シェイクスピア劇やワグナーの交響曲を愛する層とが一つの町に混在している。そして一方はかなりあからさまに、「百姓」の音楽を蔑んでいることがわかる。しかしそこは、カントリー・アンド・ウエスタンの本拠地ナッシュヴィルなのである。だからこそ、このアメリカの見えない葛藤が際立って見えるのだ。そして氏が、事実誤認をするほどアメリカ南部の有数の音楽都市に対して既成概念を持たない、イノセントな旅人だからこそ、この町からうかがわれるアメリカの二重性を知ることができたのだろうと思う。かつてぼく自身も、この二つの世界の存在をはっきりと教えられたことがあった。それも安岡の住んだナッシュヴィルという町の中だけではなく、アメリカ全体に及んでいるということをだ。

一九六一年の夏、アメリカ独り旅でのニューヨークでのことだった。連れて行ってもらったジャズ・クラブでも、やっと探し当てたマグドーガル・ストリートのフォークソング・マガジン『シング・アウト』の編集部にいた人たちも、この旅の最終目的がカントリー音楽の聖地、ナッシュヴィルであると告げた途端、誰もが「あんなところに行くことない」と口をそろえるようにして言ったものだ。「あんな、田舎っぺの音楽」とも言ったし、中には「ヒルビリーたちのパーラーにいっても無駄だよ」と言った人もいた。誰しも確信ありげで、その吐き捨てるような物言いにはちょっと驚いた。

彼らの言う、どことなく蔑みのニュアンスをもって口にするもう一つのアメリカ、もう一つの文化というものがどういう目で見られているかは、アパラチアを含む南部地方とそこに住む人びと、その生活や生き方をテーマにした音楽やカートゥーン、映画、小説類を見ていくとよくわかる。

子供の頃、家で両親が読んでいた占領軍の軍属向けの英字新聞『星条旗新聞 *Stars and Stripes*』に掲載されていた連載のカートゥーンに、「リル・アブナー *Li'l Abner*」があった。アパラチアの架空の村ドッグパッチに住む身体の大きな純朴でハンサムな青年、リル・アブナー・ヨーカムと彼を追いかける金髪のデイジー・メイ・スクラッグス、それにアブナーの両親たちが巻き起こす田舎住まいのドタバタが、わずか五、六齣の世界で毎日続く。だから毎日毎日何年も見ていなければ、全体がどういう物語なのか、どういった人間関係なのか、これまでどういう展開があったのかよくわからないのだが、それでもそのカリカチュアライズされたヒルビリー・スタイルのキャラクターは、今も鮮明に記憶に残っている。

この「リル・アブナー」は、アメリカを代表するカートゥーニストの一人、アル・キャップが一九三四年から七七年まで四十年間書き続けたものでアメリカ全土九百の新聞、二十五カ国、百の新聞に転載、延べ六千万人の読者がいたとされる、人気絶大のコミック・ストリップだった。何度か映画化されたし、ラジオ番組にもなっていることでもその人気のほどがわかるだろう。

もう一つ、日本でも一九六二年から放映された海外テレビ・ドラマに「じゃじゃ馬億万長者 *The Beverly Hillbillies*」がある。アパラチア地方と同じくスコッチ・アイリッシュが入植したもう一つのアメリカのバックカントリー、オザーク地方の自宅の庭で石油を掘り当てて一躍百万長者になったジェド・クランペット一家がビバリーヒルに引っ越して、この金持ちやハリウッドの有名人たちが住む瀟洒な町で引き起こすドタバタ劇をフューチャーしたものだ。劇中でも演奏されたテーマ・ソング《ジェド・クランペットのバラッド *The Ballad of Jed Clampett*》は、レスター・フラットとアール・スクラッグスのフォギー・マウンテン・ボーイズが演奏したこともあって。カントリーやブルーグラスの世界でも大変な人気を呼んだ。

だが内容としては、アパラチアの田舎のほとんど原始的とも言える生活や、同じ遅れた土地オザークに住む田舎っぺの生活感を笑い物にしたもので、現代文明や都会の便利生活に対するある種の皮肉を主題にしたと評価されているけれど、今から見るとただ取り残された土地とアパラチア的なヒルビリー生活を茶化し、面白がり、その愚かで大げさな言動をどこか低く見、ひるがえって都会の洗練された生活を営む自分たちに安堵する、といった図式が透けて見えるドラマだった。その他、テレビで言えば「ペチコート作戦」や都会の弁護士が憧れの田舎生活に悪戦苦闘するコメディ「農園天国」をはじめ、田舎の生活や田舎の人びと、また田舎そのものを笑いの対象とするコメディ映画がいくつも作られた。ここには明らかに、もう一つの世界、もう一つの文化に対するカルチャー・ギャップ、かつて日本を筆頭にアジアの世界と文化を奇異な目で見る現象と明らかに共通している。

安岡が、結局は見ることのなかったもう一つのアメリカの存在は、ナッシュヴィルで形作られ、育てられたカントリー・ミュージックの扱われ方でよくわかる。ようするに、アメリカ南部のアパラチアで生まれ、歌い継がれてきたマウンテン・ミュージックやヒルビリー・ミュージック、そしてカウボーイたちの住む西部の平原地帯で育まれてきたウェスタン・ミュージックなどは、これまでアメリカ東部や北部、そして日本でも無視されつづけてきた。事実、フットボールの決勝戦であるスーパー・ボウルの中継放送でのハーフタイム・ショウで、その年最高人気だったエンターテイナーのパフォーマンスでも、それがカントリー界の人物だと紹介されることも、それ以前に触れられることもない。同じことがアメリカ・ポピュラー界の最大イヴェント、グラミー賞の受賞ニュースでもカントリー音楽のジャンルは、新聞でもテレビでも報じられることはほとんどない。

なぜこれほどカントリー・ミュージックは無視されるのだろうか。貧しく教養のない人びとの住むアパラチア発祥の音楽だからだろうか。この音楽が、実はアメリカ文化の豊かな源泉であり、アメリカという国を理解するもっとも大きな要素のひとつだというのに。

いや、その別の世界の出来事、という異質感は、何もカントリーやブルーグラス音楽のことばかりではない。もっともあからさまな例としては、ハワイの音楽、すなわちハワイアン・ミュージックである。アメリカの音楽史を見ると、ハワイ島からアメリカ本土へと渡って行ったミュージシャンはかなり早い時期から認められ、少なくとも十九世紀末から二十世紀初頭、たとえばアメリカ近代カントリー音楽での稀有なヒットメーカーとして絶大な人気を誇った、〝シンギング・ブレイクマン〟・ジミー・ロジャースのいくつかのレコーディングにもハワイアンのスライド・ギターが登場している。ロジャースの独特なヨーデル、「ブルー・ヨーデル」と呼ばれる歌のそれぞれの聯の最後の部分で締めくくられるヨーデルのフレーズは、ハワイアン音楽でのスライド・ギターの真似をしたものだとされている。

またカントリー・ソングでは欠かせないスライド・ギターとその音を電気的に増幅させるために考えられたスティール・ギターの両方の楽器の名手として知られたジェリー・バードは、カントリー、ハワイアンの両世界で活躍した、金字塔的な人物だった。しかし現在、アメリカの五十番目の州であるハワイイの音楽は、アメリカ本土ではまったくと言っていいほど聴くことはできない。まあ、どこかの町の小さなラジオ局やインターネット・ラジオが放送しているのかもしれないが、ぼくのこれまでの経験ではそのチャンネルに出合えることはなかった。

一国主義を標榜するようになったアメリカは、二極分化、二層化がいっそう激しくなった。それは政治や経済だけでなく、文化的な側面でも顕著で、ことに音楽の世界での二極化――都市型流行系、地方型土着系との格差はそのままアメリカを分断させる要素のひとつになっている。この大きな隔たり、国の二極化を乗り越えるポテンシャルが、多民族国家アメリカにはある、とぼくは信じているのだが。

音楽の話に限れば、古い馴染みの旋律、手慣れた演奏法、それらにぴったりと合致する感性とメンタリティー、そういうものから成り立っているカントリー・ソングやブルーグラス・ミュージックは、もともと流行しにくい音楽なのである。

6　変わりゆくカントリー・ミュージック

だが一方、それらの音楽は確かに保守的、懐古的ではあっても、時代と共に少しずつその内容、感性、姿勢などが変わっていっているのである。

それは、サバーブやコミュニティ、カントリーと呼ばれる田舎町が時代と共に変わるに従って、歌の内容もまた一緒に変化していったもので、現代に生きる音楽ならば当然のことだろう。だが、もうひとつ、それは表面上の、あるいは流行につれての変化ではなく、そういった地域に住む人びとの生き方、考え方の変容と言っていいことが静かに起こっていったのである。それは単に、カントリーの世界や田舎町に住む人の変化というだけではなく、ひいてはアメリカ全体、もっと言えば、世界の人びとに影響を与えるだろう変化だった。

それは、女性たちの変化だった。社会に対して、男性に対して、家庭や世間に対しての変化であると同時に、彼女たち自身の内面での大きな変化だったのだ。たとえば一九三〇年代、アメリカのカントリーの世界の女性、カウボーイ・ソングに見られる女性のあり方は、こんな歌で推し量ることができるだろう。その時代、一人の女性、おそらくはほとんど最初の全国的な女性ウエスタン・スターだったパッツィー・モンタナ［図⑪］が登場する。可憐な容姿の彼女が、カウガール・スタイルの服装で歌った《カウボーイの恋人になりたい *I Wanna be a Cowboy's Sweetheart*》は、無骨なアパラチアと西部の男たちを一瞬で虜にした。

I wanna be a cowboy's sweetheart,
I wanna learn to rope and ride.

62

64

66

67

65

68

63

61

71

70

69

I wanna ride o'er the plains and the desert,
out west of the great divide.

（以下略）

「カウボーイの恋人になりたいわ。投げ縄と乗馬も習いたい。そして分水嶺の向こうの平原や砂漠を走りたい。西の大地に夕陽が沈む頃、コヨーテの吠える声を聞きたい。ぶちの馬《ペイント》に乗って走らせ、顔にあたる風を感じたい。町の灯りから一〇〇〇マイルも離れたカウボーイたちの居場所で。眠りについている牛たちの傍で、月の光を浴びながら枕に頭をのせたい。そしてギターを弾き、ヨーデルを歌う。それがあたしの愛する生活……」というのが全体の大意だ。

ここで歌われているのは、カウボーイの世界に憧れ、彼らの恋人になりたいと夢見る若い女性の思いだ。おそらくは一度も生きた牛に縄をかけたこともなく、一度も野外の焚き火の傍で眠ったこともなく、一度も馬や牛や汗臭い男たちの近くに寄ったこともないだろう、都会の、そして田舎の中でも比較的都市部に近いところに住むあどけない女性たちの夢をも、この歌はくすぐったのだった。ここには女性の憧れである、たくましい野性的な男たちとの恋がある。逆に言えば、若い女性はそういう男たちに憧れるのだ、と男たちに思わせてしまう。それが、この先も長くつづくカントリー・アンド・ウエスタン音楽の、男女関係における既成概念のスタートとなった。女というものは、いつも男に憧れるものだ、という男にとって都合のいい優越感だった。

こうした保守的な男女観の上に立ってカントリー・アンド・ウエスタンの世界では、ある一つの誤解が根づいていく。それは、「女」はいつも男たちに憧れ、恋し、結局は男たちの言うなりになり、男を許すものだという幻想である。そこから男性優位のカントリー・ソングがごく普通のものとして、この世界では広まっていく。男の視点から、男の都合と男の居心地のいい歌たちが溢れていく。その例は数え切れないので、ここではいちいち取り上げない。

だが、そういう視点に冷や水を浴びせたのは、朝鮮戦争を題材にした曲だった。それが《ディア・ジョン・レター *A Dear John Letter*》である。リリースされたのは、朝鮮戦争の休戦協定二カ月前の一九五三年七月。戦争の話ではなく、国に残されたものの悲劇、そして戦場に駆り出されたものの悲劇にスポットを当て、アメリカの男女に大きな影響を与えた。とくにそれまでの、女性は男次第だというアパラチア気質に対して、冷水を浴びせたことは間違いない。《ディア・ジョン・レター》は、「愛《ディア》しいジョン」という言葉ではじまる手紙と、それを受け取った戦場の男の語りからなっている。

Dear John, Oh, how I hate to write,
Dear John, I must let you know tonight.
That my love for you has died away like grass upon the lawn,
And tonight I wed another, Dear John.

Recitation:
I was overseas in battle when the postman came to me.
And he handed me a letter, I was happy as I could be.
For the fighting was all over and the battle had been won.
Then I opened up the letter and it started, "Dear John."

（以下略）

「ああ、ジョン。どれほど書くのが辛いか。でもジョン、今夜どうしてもそのことを書かなければ。

わたしのあなたへの愛は、まるで冬の芝生のように枯れてしまったの。そして今夜、わたしは別の人と結婚します……」

ジーン・シェパードという女性歌手が、導入部のここまでの部分を歌う。その後の男の語り、レシテーションをファーリン・ハスキーという男性歌手が担当した。

「海の向こうの戦場で、郵便係から一通の手紙を手渡された。いつもの彼女からの手紙にぼくは喜んだ。戦いが終わり、我々は勝利を収めた。そして手紙を開封すると……」

ふたたび、ジーン・シェパードの歌がはじまる。

「だからお願い。わたしの写真を送り返して。わたしが誰と結婚するか、あなたはもう気にならないかもしれない。ああ、式がはじまるわ。わたしが結婚するのは、あなたの弟のドン。わたしたちがずっと幸せであるように願ってね」とあった。

家を留守にした男にとっての不安は、残してきた愛する女性たちであることは、これまで無数の物語にとりあげられてきた。しかし、音楽の世界ではっきりとその現象を表現したのは、この曲がはじめてだった。

《ディア・ジョン・レター》は、中西部に住むサイレント・マジョリティと呼ばれる、あらゆる戦いに率先して大挙して出かけて行った、いわゆるスコッチ・アイリッシュ系の兵士たちに大きなショックを与えた。「ジョン・レター症候群《シンドローム》」という病名がつけられたことでも、そのショックの度合がわかる。この歌のヒットがどれほどの大きな影響を与えたかは、たとえばイギリスの冒険小説作家、デズモンド・バグリィの名作『高い砦』にもこの曲が出てくることでわかる。

八人の乗客を乗せた小型貨客機がハイジャックされて、アンデスの高地に不時着させられたパイロットのオハラたちは救助を求めて下山する途中、何者かに銃撃される。不意の襲撃の理由もわからぬまま、彼らは奇想天外な方法で反撃に出るのだが、その乗客の一人がこの《ディア・ジョン・レター》のジョンと同じ経験をしていると述懐するシーンが印象深い。一九六五年のこの作品は、バグリィの最高傑作、そして現代冒険小説の白眉との呼び声も高い。

この時代のアメリカの男女の関係はどういうものだったか。少なくとも、男が「女性」というものをどう見ていたのか、どのように感じていたのかを示唆してくれる曲がある。《ディア・ジョン・レター》が発表される一年前の一九五二年にヒットした、キティ・ウェルズの歌った《ホンキートンク・エンジェルズ *It Wasn't God Who Made Honky-Tonk Angels*》は、より大きなショックをカントリー界に与えた。「ホンキートンクの天使」と呼ばれる安酒場で働く女性たちを創ったのは神ではなく、紛れもなく男たちなのだ、とこの歌は歌っている。実はこのウェルズの歌は、同じ年の少し前に発表され、これまたヒットしたハンク・トンプソンの《ワイルド・サイド・オブ・ライフ *The Wild Side of Life*》と同じメロディーを持っているのである。そのはずだ。キティの歌はトンプソンの曲への応答歌なのである。ハンク・トンプソンの《ワイルド・サイド・オブ・ライフ》はこんな風に歌われる。

You wouldn't read my letter if I wrote you,
You asked me not to call you on the phone.
But there's something I'm wanting to tell you,
So I wrote it in the words of this song.

Chorus :
I didn't know God made honky-tonk angels.

I might have known you'd never make a wife.
You gave up the only one that ever loved you.
And went back to the WILD SIDE OF LIFE.

（以下略）

「手紙を書いたとしても、きみは読まないだろうし、電話にも出てくれないだろう。だから、話したいことをこの歌に書いた。神がホンキートンクの天使を創ったとは知らなかった。きみが妻になる人間じゃないのはわかっている。愛する人を残して、荒々しい人生に戻っていく。ワインや強い酒の悦楽が溢れる魅惑的な夜の世界が、きみを呼び戻す。そこでのきみは、みんなの恋人。そしてきみは、真実の愛を捧げた男のことなんかは忘れてしまう」

酒場の女性に振られた男の、腹いせの歌といってもいい。そしてそのかなり自分勝手な部分に異議を唱えたのが、キティ・ウェルズの歌なのである。彼女の《ホンキートンク・エンジェルズ》は、こんな内容だ。

As I sit here tonight the juke box playin',
The tune about the wild side of life.
As I listen to the words you are sayin',
It brings memories when I was a trusting wife.

Chorus:
It wasn't God who made honky-tonk angels,

As you said in the words of your song.
Too many times married men think they're still single,
That has caused many a good girl to go wrong.

（以下略）

「わたしは今夜、ジュークボックスの前に座り、《ワイルド・サイド・オブ・ライフ》を聴いている。あなたの言うことを聞いていると、わたしが誠実な妻であった頃のことを思い出す。あなたが歌ったように、ホンキートンクの天使を創ったのは神様、というのは違う。これまでどれほどの男たちが、自分が独身だと思いこんだのでしょう。その誤解が、まじめな女性を誤らせたのよ……」

女一人に罪を負わせるのは恥ずかしいこと――、と二聯の歌詞は歌いはじめる。ようするに、女が身をもち崩すのは、男たちの無責任な行動によるというのだ。まるで、「鶏が先か卵が先か」の問題のようだが、それがそのままで終わらなかったのは、アメリカ南部の女性シンガーであるキティ・ウェルズというスターが、しかもカントリー界のスター・デュエット「ジョニー・アンド・ジャック」の片割れのジョニー・ライト夫人であり、それまではカントリー界の貞淑な妻の見本とまで言われていた彼女が、こういう歌を歌ったことへの驚きと動揺を巻き起こしたからだった。男たちのせいで苦しむ女たちがいる、とストレートに主張するこの曲は、その主張があまりにあからさま過ぎるということで、NBCのラジオ放送網では放送禁止にすべきだとほのめかして、カントリー界に自粛を求めさえしたほどだった。

南部の女は――主婦にしろ、妻にしろ、恋人にしろ、愛人にしろ、ガールフレンドにしろ――すべて「ドアマット」だと思われていた時代にあって、「ドアマット」ガールたちの立場、男たちへの異議申し立てを歌った最初のヒット曲だった。この時代の南部の女性を表現する有名な言葉に、「女は寝室と子供部屋と台所でしか用がない」というのがある。独身者であれ妻であれ、女性が一人で家の外に出て行くことが容易ではなかった一九五〇年代にあっても、そういう現実が厳として南部にはあったのだ。

キティ・ウェルズが男の罪を歌い、ジーン・シェパードが不在中の男たちへの反抗と決別を歌ってから一年後、この南部に新しい男性歌手が登場した。それが一九五四年夏に《ザッツ・オールライト・ママ *That's All Right, Mama*》という黒人の歌で、南部ばかりでなくアメリカ中に衝撃を与えたエルヴィス・プレスリーだった。古くからの世界が崩壊しそれまで出合ったことのないような世界の出現を告げるかのような彼の歌声は、またたく間にアメリカ中を席捲していった。

ここに一冊の本がある。『あなたの故郷でエルヴィスは歌ったか? *Did Elvis Sing in Your Hometown?*』(1995)は、一九四五年十月三日のミシシッピー州テュペロでの「ミシシッピー・アラバマ・フェア」で、十歳のエルヴィスが初めて観客の前で歌った時をスタートに、エルヴィスのすべてのコンサートの開始時刻、チケットの料金、入場者数、出演者、演奏したレパートリー全曲が細かく記述されている本なのである。

この本が貴重なのは、その記録の面白さではなく、エルヴィスがどんなに小さな町でも歌ったという事実なのだ。そしてその背後には、そのコンサート、商店の店先や路地裏、レコード店の駐車場、教会のバザーのステージ等々に、あなたはいたろうか、という経験が問われているのである。

そのことは、実はその町、その場所でエルヴィスを見、聴いたことで、それまでの父権社会を脱する新しい文化と世の中が変化していくその現場にいるという実感、それがその場にいた人を大きく変えることになったからだ。

彼の歌を聴きたいがために、南部の女性たちははじめて一人で家を出てコンサートに向かった。彼女たちははじめて家というしがらみ、家庭という檻、父親や母親の監視から逃げ出して自由の味を知ったのだった。それまで押さえつけられていた「一人の女性」としての存在欲求に火を点けたといってもいい。

爆発的な大ヒットによって一躍スターになったエルヴィスの新しいスタイルを見たいと、女性たちは大挙して彼のライヴを観に行った。人びと、とくに若い女性たちがそのステージから受けた衝撃は、新しい文化が今目の前に広がり、そこから社会が変革されていくのだという実感そのものだった。それまで家に閉じ込められていた若い女性たちが、はじめて自己の内部からほとばしる情熱と熱狂をその場で解放できたこと、いや、それ以前に自分の中にそういうものがあったのだと、あらためて認識できたこと、そしてその感情はけして自分のパパやママたちにはわかり得ないだろうということもまた、同時に体感できたことだった。若いこと、女性であること、アメリカ人であること、何よりも南部人であるというアイデンティティと連帯感を経験できたことは貴重だった。エルヴィスはまず南部の若者を変え、南部の女性を変え、アメリカを変え、ついには世界を変えることになる。

7　ジェンダーの問題を突きつけた《スーという名の少年》

第一次世界大戦においては、家庭の主婦たちが戦争に男手を取られたことで外に働きに出るようになった。だが終戦によって男たちは職場に戻り、主婦や独身女性たちは職場を追われてしまう。彼女たちがふたたび職場に進出するのは、第二次世界大戦からだ。戦後、ふたたび彼女たちはアメリカの主要産業の現場から追われることになるのだが、前回の戦後とは少し様相が異なっていた。

一九五〇年代、男たちが戦場の修羅場をくぐって家庭という安全で温かい場所に戻ってくるや、世の中はマイホーム主義に転換していくことになる。それは男たちの希望であり、夢でもあったが、同時に女性たちにとっての欲求でもあった。世はマッカーシズムの影響もあって、保守・反動の色合いを増していった。家庭回帰は、安寧なシェルターへの避難の意味も強かった。その結果として、ベビーブームが到来することになる。

それまでの理想は、最低二人の子供と言われてきたが、三人以上、中には四人も五人も子供をつくる家庭が普通のようになった。その背景には、アメリカは戦勝国であり、経済的にも軍事的にも世界随一の安定した国であるという揺るぎない確信と安心感が、子供を産みやすくしたからだった。それとは裏腹に大学への進学率は下がり、たとえ大学に進学しても六〇パーセント近くが退学して家庭を持つという若者が増えた。

一九五〇年代半ば、女性は十七歳で婚約し、二十歳で結婚するというのが平均的なスタイルになっていった。この時代、それまでとはひと味違った垢抜けた印象のカントリー・シンガー、ファロン・ヤングの歌った《ゴーイング・ステディ *Going Steady*》は、思いを寄せている女性に、ステディ（結婚を前提とした関係）になろうと誘う歌で、世の風潮ゆえに作られ、風潮ゆえにヒットした曲だった。

この時代、若者たちは楽天的だった。ロックンロールが世の中を変え、新しいタイプのシンガーたちが青春を謳歌した。それがコニー・フランシスであり、ポール・アンカであり、ニール・セダカであり、ジーン・ピットニーであり……彼らの歌う恋の歌、それが痛切な失恋の歌であっても、そんな失恋もまたよし、とする歌だった。いつの時代でもそうだが、恋の病に冒された若者たちの世界はいつも光り輝いていた。

しかし、そんな空気の中で結婚した主婦たちの一日は忙しく、学校への子供の送り迎え、スポーツクラブや音楽クラブへの送迎、ＰＴＡやボランティアへの参加、そして家事――掃除、洗濯、アイロンがけ、裁縫、買いもの、クッキーやパイを焼いたり、常備用のジャムやフルーツの壜詰め作りなどに追われることになる。その上に女性雑誌や家庭雑誌は、より効率のよい家事や夫の世話、家計のやりくりを指南し、良き妻、良き母、良き嫁、良き隣人、良き女性であることを求めつづけた。

その主婦の仕事をうまくやっていれば彼女たちは充足したかというと、反対だった。やればやるほどより高い達成感を求め、疲労し、充実感を得るどころか逆にいつも空虚な思いの中にいた。その頃、客を迎えたり、あるいは他家を訪問すると必ず、「奥様は何かお仕事をしてらっしゃるの？」と訊かれる。その時の答えである「ジャスト・ハウスワイフ」の「ジャスト」という言葉が彼女たちの心の棘《とげ》になっていった。ただの主婦です。自分は主婦以外何もできない、家事などは仕事のうちに入らないという自らを卑下する空しさだった。

そうした主婦たちの空虚な思いが溢れていた時代、一九六〇年代から七〇年代にかけて女性解放運動の指導的な役割を担ったのがベティ・フリーダンで、彼女は一九六三年に発表した『新しい女性の創造 *The Femine Mystique*』（邦訳、大和書房、一九六五）に、それら主婦たちの苦悩についてこう書いた。

「早く結婚した女性が、妻、母という役割にしか情熱がもてなくなるようになることを、誰も悲劇とは考えていない。しかし、成長の苦しみを経験せずに、〝女〟になることを望んだために、あの得体のしれない、満ち足りない思いに一生苦しまねばならないのだ」（三浦冨美子訳）

ではどうすればいいのか、そのこともまた彼女は示唆する。

「何百万という女性が、結婚という生活保障のために、自らの個性、能力を犠牲にし、生き甲斐を見出せないで家庭に生きたまま葬られている。単に夫、子供を通して妻、母として生きるのではなく、自らの力で自らの人生を確立するべきだ」（同前）と。

この言葉でどれほど多くの女性、なかんずく主婦層、「ジャスト・ハウスワイフ症候群《シンドローム》」に悩まされていた主婦たちが元気づけられたか知れない。妻や母である前に、まず一人の女性として生きる。女性解放運動への新しい方向性が示されたのである。

そういった時代の主婦の生活、生き方、妻というものの考え方をある諦念を持って歌った曲が、前出のタミー・ウィネットの《スタンド・バイ・ユア・マン》だった。

この時代、カントリー・アンド・ウエスタン・ミュージックの世界は、危機にあった。ひとつは、一九五〇年代後半からアメリカのみならず世界中の若者と音楽界を呑み込んだロック・ブームで、その強烈なリズムとビートは、瞬く間に多くの若者たちを虜にした。もうひとつは、六〇年代初めに起こったフォークソング・リヴァイヴァル・ブームだ。このフォークソング・ブームは、若者に内省的な経験をさせた。自分の内部ばかりでなく、国の内側、学校や家庭や友人との関係をも見つめなおすきっかけを作った。カントリー・ミュージックは音楽的にはロックに、詞や精神の問題としてはフォークに大きく動揺させられることになった。六〇年代のカントリー・アンド・ウエスタン・ミュージックは、まさに混乱と不毛と衰退の時代だった。

ここで言う「カントリー」は、都市や都市近郊のコミュニティ、わかりやすく書けば、ロブ・ライナー監督の『スタンド・バイ・ミー』やスティーヴン・スピルバーグの『E.T.』など、アメリカ映画が飽くことなく描きつづけてきた都市近郊《アーヴァン》のことであり、「ウエスタン」はそのまま西部の平原や平野、そしてそこにいると思われるカウボーイたちを中心とした世界のことである。ここには、農業関係者は入らない。彼らを歌うのは、後に存在感を示すことになる「レッドネック・ロック」なのである。

だが結局のところ、カントリー・アンド・ウエスタン・ミュージックの本質を変えたのは、都市近郊にすむアーヴァン・ピープルの意識の変化だったろう。彼らは、かつて誰もが憧れた西部の辺境の夢物語に違和感を覚えるようになっていた。かつて「カントリー・アンド・ウエスタン・ミュージック」として融合していた音楽は、一九六〇年代半ばに「カントリー・ミュージック」と「ウエスタン・ミュージック」の二つに分化したのである。

そういう風潮の中で生まれた新しいカントリー音楽が、平均的な労働者階級の家庭の内部を取り上げた歌だった。テーマは、台所の水漏れであり、子供のスクールバスの遅れであり、夫婦の離婚話をどうやって子供たちに気づかれないようにするかであり、隣人の何かにつけての世話焼きであり、スーパーの駐車場でのトラブルであったりするようになる。そういったごく普通の家庭や夫婦の関係を、《スタンド・バイ・ユア・マン》を歌ったタミー・ウィネットはいくつも歌っている。たとえば一九六八年の《D-i-v-o-r-c-e》は、離婚の「ディヴォース」のスペルを一字一字区切って言うという歌だ。なぜなら、ようやく言葉を理解しはじめた子供の前で、自分たちの離婚の話を聞かせたくないから、といった苦い夫婦生活をたくみに歌っている。

もう一度、ヒラリー・クリントンの《スタンド・バイ・ユア・マン》の話に戻ろう。それは、カントリー音楽が女性たちの意識を変え、置かれた立場を冷静に認識する力に目覚めさせるきっかけになったのが、このヒラリーの言葉だと思えるからだ。

一九九二年一月のCBSテレビのインタビュー場面で、夫の横に寄り添った金色のイヤリングに黒い髪バンドで、緑色のタートルネック・スウェターに同色のジャケット姿の彼女は「私は『男に寄り添い、クッキーを焼くタミー・ウィネットの歌にあるような女』ではない」という言った後、手を振りながらこう続けたのだった。

“I'm sitting here because I love him, and I respect him, and I honor what he's been through and what we've been through together. And you know, if that's not enough for people, then heck-don't vote for him."

「わたしがここに座っているのは、彼を愛しているから、彼を尊敬しているし、彼がやり遂げてきたこと、わたしたちが一緒にやり遂げてきたことを大切にするからなの。そして、いいこと、もし国民がそれで納得しないというのなら、彼に投票しなければいい」

最後の「いうのなら」と「彼に投票しなければ」の間に、then heck という言葉が入っている。「ふん」と鼻を鳴らすような感じに訳すこともできるだろうけど、おそらくは「仕方ないわ」といったニュアンスの方が近いかもしれない。ともあれ、多くの視聴者の前でクリントン夫妻は率直にスキャンダルを認め、正直に謝罪し、同時に夫を支え続けるという彼女の強い信念を見せた発言は好感をもって迎えられ、世論は二人を援護する方向に傾いていった。その後クリントンは各州の予備選に勝利しつづけ、一九九二年八月には民主党の大統領候補として指名を受けて、その年の十一月の大統領選では現職の共和党ブッシュ・シニア大統領を破って当選を果たしたのだった。

彼らをワシントンD.C.に送り込んだ庶民、それも女性の多くは、ヒラリーもまた《スタンド・バイ・ユア・マン》の女と同じように、だめな男に寄り添い、支え、それが自分の運命だと諦めて、その屈辱の中で生きていく、そういう女性ではない。自分は彼に寄り添って生きていくだけの女ではない。でも、彼と一緒にいて、彼の闘いを応援するのは、ただ彼を愛し、彼のこれまで、そして自分たちのこれまでの生き方を誇りとしているからだと宣言したのだ。それは、都市部を中心とする、女性のあり方に目覚めはじめた女性たちに圧倒的な支持を得た。

だが、ヒラリーの言い分は、選挙民には受けがよかったものの、こと中西部の保守的な女性たちには首を傾《かし》げさせるものだった。ヒラリーはタミーを代表する南部の女性たちを軽蔑している、と誰もが感じた。そして同じ南部出身の大統領の妻としてヒラリーは、驚くほど敏感に支持者の求めていたことをやった。彼女はタミー・ウィネットに対して、「60ミニッツ」での発言を謝罪したのだった。タミーはヒラリーを許し、その後の大統領夫人が主催する様ざまな慈善活動にタミーは協力するようになった。

このヒラリーの発言は、二つのことを教えてくれる。ひとつは、タミーが歌ってから二十四年も経っているのに、まだ女性が自分のあり方を口にする時にはこの歌を持ち出すということだ。カントリー・ミュージックの息の長さ、そのテーマの永続性にあらためて気づきもする。もうひとつは、およそカントリー音楽とは縁のなさそうな、アパラチアの山々やテネシー州ナッシュヴィルというカントリーの町からも遠く離れたシカゴで生まれ育ち、イェール大学ロースクール出身の辣腕弁護士であるヒラリーの心の中に、このタミーの歌が居座りつづけていたということだ。そしてその歌詞の一部が、時に応じて口をついて出てくるほど、その歌に対して彼女は、軽蔑するにせよ、そうでないにせよ、ともかくある思いを持ち続けていた、ということもだ。それだけ、この《スタンド・バイ・ユア・マン》には、アメリカという国の男女の姿の類型が凝縮されているのである。

南部のアーカンソー州出身の亭主を、大統領に押し上げようとするその途中の思わぬ危機の瞬間に、彼女がこの歌を口にしたということもまた重要だ。CBSテレビを通じて、人びとはあらためてヒラリーという人間を知った。そしてその歌をヒラリーが覚えているということは、多くの視聴者もまたこの歌を覚えていたのではないか。覚えていない人、この歌のことをまったく知らない人もいたかもしれない。だが、ヒラリーがこの歌のことをテレビ番組で語ったことで、あらためてその歌の存在、タミーという歌手の存在、そしてかつて一世を風靡したその歌の持つ意味を知ったに違いない。そう、

《スタンド・バイ・ユア・マン》をはじめとするカントリーという音楽ジャンルには、良きにつけ悪しきにつけ南部の庶民の女性たちの問題が集約されているのである。

男たちは、一九六八年のこのタミーの歌《スタンド・バイ・ユア・マン》に、女たちほど触発されることはなかった。所詮女とはそういうもの、と彼女たちの苦悩や悲哀を真剣に考えなかった男たちに対して、間もなく衝撃を与える歌が登場する。

タミーの歌が世に出た一九六八年九月から半年もたたない一九六九年二月、不思議な名前の歌が発表され、人びとは奇妙な思いでその曲に接することになった。アパラチアや南部の人びとにとってその曲は、男女の格差、「性差《ジェンダー》」といったこれまでほとんど誰も言及することのなかったことをいきなり突きつけられ、とくに男たちの心を揺さぶったのだった。それはジョニー・キャッシュの歌った《スーという名の少年 *A Boy Named Sue*》だった。

スーは、女性の名前である。「スーという女名前をつけられた少年」、その両性具有的な矛盾と混沌とが、この歌の奥行きを深くしている。作者は、いつも独特な内容を持った歌を作ってきたシェル・シルヴァスタインで、彼の作る曲の面白さ、奇妙さは、たとえば《トゥエンティ・ファイヴ・ミニッツ・トゥ・ゴー *25 Minutes to Go*》を聴くとわかる。「二十五分前」というタイトルのこの曲は、絞首刑までの残り時間二十五分間の出来事を一分刻みで歌っていくユニークな歌だ。

シルヴァスタインは、歌の世界よりも絵本の世界、たとえば村上春樹訳の『おおきな木』の作者としての方が有名かもしれない。この本ひとつとっても、彼は稀有なる物語作家、それも心の奥深くに沁みる物語を紡ぎ出す作家と言える。

そのシルヴァスタインが作り、キャッシュが歌った確実に二十世紀の名曲のひとつに数えられるだろう曲が《スーという名の少年》だ。この歌もまた一風変わっていて、一度聴いたらけして忘れることはできない。第一聯の歌詞だけ引いておこう。

My daddy left home when I was three,
And he didn't leave much to Ma and me.
Just this old guitar and an empty bottle of booze.
Now, I don't blame him cause he run and hid,
But the meanest thing that he ever did,
Was before he left, he went and named me "Sue."

（以下略）

歌の内容はこんなふうだ。

「親父は俺が三つの時、家を出た。おふくろと俺に彼は多くのものを残してはいかなかった。古いギターと空の酒瓶、それだけだ。今、俺は親父を責めることはしない。どこかに逃げていってしまったからだ。ただ、やつが出て行く前にやった最低のことは、おれに〝スー〟という女名前をつけやがったことだ。きっと、ただのジョークのつもりだったんだろう。あちこちでそのことを言いふらしては、大笑いしやがっているに違いない。けど、そのことが俺の人生を闘いの日々に変えたんだ。女の子はくすくす笑いやがったり、顔を紅くしたのもいる。腹を抱えて笑った男の連中の頭をぶっ飛ばしてやった。はっきり言うけど、〝スー〟と名づけられた男には人生は楽なものじゃない。

俺は間もなく、くだらない大人に育っていった。生き残るための喧嘩の日々に拳は強くなり、人の気持ちを傷つける物言いをするようになった。そして恥ずかしい名前を人に気づかれないように、町から町へと流れ歩いた。けれど俺は星と月に誓ったんだ。安酒場《ホンキー・トンク》やバーを捜しまわり、このくそったれ名前をつけたやつを見つけて殺してやろうとね。それは七月の半ば、ガトリンバーグの町でのことだった」

ついに彼は父親を見つける。町をぶらついていて、喉の渇きを癒すためにビールでも、とサルーンに入った時だった。身体の大きな、だが齢で腰も曲がりはじめた髪の白い男がいた。頬の傷と蛇のような目は、おふくろが持っていた唯一の磨り切れた写真のままで、それが親父だとわかった。

「俺の名前はスーだ！　俺は叫んだ。さあ、殺してやる」

しかし親父は強かった。格闘の末、どうにかやっつけた時、親父は言う。「息子よ、この世界は荒々しい。タフでなければ生き抜いてはいけない。俺はおまえと一緒に暮らしていけないとわかって、おまえに女名前をつけたんだ。強い男として成長するか、それともその前に殺されるか。きっとその名前がおまえを強くすると思ったんだ。おまえが俺を憎んでいるのはわかってるよ。俺を殺すがいい。俺は恨みやしない。だがな、俺が死ぬ前に俺に感謝するのを忘れないことだ」と。

息子を育ててやれない流れ者の親父がしてやれるのは、息子に「スー」という女名前をつけて、強い男にしてやることだったのだ。

ジョニー・キャッシュのパフォーマンスは、つねに多くの聴衆を惹きつけ、多くの話題を呼ぶのだが、とくにこの《スーという名の少年》を発表した年に慰問コンサートを行なった、カリフォルニア州のサン・クエンティン刑務所でのライヴ・レコードは大変な評判だった。囚人たちはキャッシュの歌を聴き、興奮しながら拍手と声援を送った。そしてついに父親を見つけ、「俺を誰だと思う。俺の名前はスーだ！」と叫ぶところで、彼らはみな「イエーッ！」と雄叫びを上げた。父親を見つけ、これまでの惨めな人生の復讐を果たすチャンスがついに訪れたと、彼らはまるで自分がスーであるかのような快感を感じたに違いない。

しかしその奥にあるもっと複雑な思い——男としてのアイデンティティを揺るがすようなジェンダーの問題に気づいた瞬間、この《スーという名の少年》は、彼らにとって大きな意味を持つことになった。ようするに彼らは、それまで何の疑問もなく「男」だった。ビルとかボブといったごく普通の名前を持って、それぞれの人生に格別な違和感も抱かずに生きてきた。しかし、その名前が女名前だったらどうだろう。

女の子の名前をつけられた少年が、その負い目を克服してひとり立ちしていく。その成長の過程、ビルドゥングス・ロマンとしての物語に、彼らは未経験の恐怖を味わった。そして男たちは、はじめて男女の性差に気づく。

女性の名前であるというだけで負わねばならないハンディキャップ。手紙を書くにも、小切手に署名するにも、伝言を伝えるにも、あるいは新聞に名前が載るにしても、それが女性名であるというだけでフィルターがかかる。信用されないこともあり、肩身の狭いこともあり、色眼鏡で見られることもある。そういうことを男たちは、この歌を通して気づきはじめた。男と女との間には、たやすく埋められない差がある。それは人としての根源的な問題だと、刑務所に入っている荒くれた男たちも感じたのだった。

それはカントリー・ミュージックが変わった瞬間だった。これまでのカントリー音楽は、自分に都合のいいものは貪欲に取り入れ、世の風潮に迎合した。その時代その時代に聴衆の心にもっと適合するべく努力し、進歩してきた。それが一九六〇年代の末、自分たちの内部から激しい変容を強いられたのだった。そしてそれこそが、カントリー・ミュージックが長い間追い求め模索しつづけてきた、真に大衆にコミットメントする音楽スタイルだったのである。

8　女たちの「独立記念日」

《スーという名の少年》が世に紹介されたのと同じ一九六九年、男たちにとってもう一つ刺激的な曲が送り出された。一九五七年、《フジヤマ・ママ *Fujiyama Mama*》を歌って「女エルヴィス」と呼ばれて人気が出たロカビリー歌手ワンダ・ジャクソンが、本来のカントリー歌手として歌った《マイ・ビッグ・アイアン・スキリット *My Big Iron Skillet*》である。スキリットというのは、鉄製の厚手の炒めもの用の鍋で、日本のフライパンとはまったく違う。黒く重く、使い込んでいるうちに油を吸ってどっしりと手に馴染んでくる。昔から、アメリカの女性たちには二つの武器があった。ひとつはこのスキリットであり、もうひとつがパイ生地ののし棒《ローリング・ピン》である。女性たちは、そのどちらかを手に、男たちを追い立ててきた。

この《マイ・ビッグ・アイアン・スキリット》は、ほとんどはじめてといっていいほど、妻が夫に実力行使を、それも具体的な道具を持ってすることを示唆した歌だった。

You are doing wrong again it's plain for all to see.
And you think here at home is where I ought to be.
There's gonna be some changes made when you get in tonight,
Cause I'm gonna teach you wrong from right.

With my big iron skillet in my hand,
Gonna show you how a little woman quits a great big man.

If you live through the fight we're gonna have when you get home,
You'll wake up and find yourself alone.

（以下略）

「あなたはまた、誰もがわかっている間違いを犯そうとしている。あなたは家ではあたしは目をつぶっていると思っているだろうけど、でも今夜からは違うのよ。何が間違っているかをはっきりと教えてあげる。手に持っているのは鉄のスキリット。か弱い女が男に何ができるか見せてあげる。今夜無事に過ごせたら、明日の朝は一人きりで目覚めてはじめてそのことがわかるわ。あなたは、あたしのみすぼらしい格好にうんざり、飽き飽きだと言う。でもこれ一枚しかない生活にしたのは誰なの？なぜこれまで、大きな鉄のスキリットを手に、言いたいことをはっきり言わなかったのかしら」

女たちの報復がはじまった、と心ある、あるいはそれまで何の問題も起こしていないと自負していた男たちは、驚いた。何がそんなに不満なのか、と。だが、そういう男たちはこのワンダ・ジャクソンにつづく多くの新しい女たちの歌によって、スキリッドどころかまるで肉切り包丁を突きつけられたような思いをさせられることになる。

自分の夫に対して我慢ならないと、昔からのやり方——どこかカリカチュアライズされた黒く大きく重いスキリットを振り上げて、脅したり追い出したりする妻の姿は、「昔ながら」であったためにいくらかのユーモアと失笑を伴う、恐妻と弱腰の亭主の印象が抜けきれなかった。この歌は、世の女性たちと一部の男たちに小気味よい思いをさせたものの、多くの人びとにとって、それは女と男の普遍的な問題ではなく、酒や暴力や浮気といったものは家庭の事情——だらしない夫と口うるさい妻の問題として片付けられがちだった。しかし同じ年、それらの考えを吹き飛ばすかのような歌が登場する。女もまた男と同じ人間である、同じ仲間である、両者には、生まれついて何の差もない、そこからはじめなければ、男女の性差など理解できるはずがない、と主張する、ジニー・C・ライリーの《リブ *Rib*》という歌だ。

ライリーは前年の六八年、《ハーパー・ヴァレーPTA *Harper Valley P.T.A.*》という曲で、ポップス界とカントリー界の両ジャンルでナンバーワンになった。ハーパー・ヴァレー・ジュニア・ハイスクールの生徒である娘を持つ未亡人が学校に呼び出される。そこで語られるこの地方都市の様ざまなスキャダルを、まるで小説『ペイトン・プレイス物語』のように面白おかしく描いたトム・T・ホールの作品だった。この曲は、カントリー・ミュージックにとって六〇年代の収穫の一つといっていい。新しいカントリーが、ポップスとどう折り合っていくかを示唆した、ほとんど最初の曲だからだ。その《ハーパー・ヴァレーPTA》で一躍スターの仲間入りをしたジニー・C・ライリーが、《マイ・ビッグ・アイアン・スキリット》や《スーという名の少年》とはまた違った視点から歌った《リブ》は、アダムのあばら骨《リブ》から創られたイヴの物語である。こんな風に歌われる。

（前略）

I wash your dishes, iron your shirts and give you children,
And never mind a bit except when you forget.

That I am flesh of your flesh and bone of your bone,
And that Adam called me woman for I am the rib.
And not a foot bone to be stepped on not a leg bone to be walked on,
Not a hipbone to be sat on not a backbone to be leaned on,

Not a shoulder bone to be cried on not a head bone to be relied on,
But a rib bone to be side by side hand in hand not lesser then,
Not greater then but just what heaven planned.
Yes you see I am the rib.

（以下略）

「食器を洗い、シャツにアイロンをかけ、あなたの子供を産む。それをしているのがあたしだということなど忘れたとしても気にしなくていい――」彼女はそう歌う。主婦の仕事、義務、やるべきことなんかにはありがたく思ってくれなくてもちっともかまわない。ただ……。彼女はこうつづける。「『あたしの肉はあなたの肉、あたしの骨はあなたの骨。アダムのあばら骨から生まれたからあたしを女と呼ぶ』けれどその骨は踏みしめるための足の骨でもなく、歩くための脚の骨でもない。座るための腰骨でもなく、背もたれにもたれるための背骨でもない。泣くために貸す肩の骨でもなく、困難を解決するための頭骨でもない。けれどあばら骨は横並びで手をつなぎあっている。天国の思い通り、それ以上でもそれ以下でもない。そう、あなたもわかるように、あたしはあばら骨なの」と。

アダム一人でなく、その仲間として神が創りたもうたイヴである。どちらが重要でも位が上でも、偉いわけでもない。お互いが必要であると考えられて創られた生き物なのだ、とこの女性は頭を高く上げて言う。夫と妻、働く人と家にいる人、主人と扶養家族の関係ではない。けれど、同じ身分でも役割は違う。だからアイロンがけや食器洗い、子供を産むことなんか当たり前。恩に着せる気もない、と彼女は歌う。

だがこの時代の多くの夫婦は、そうは考えなかった。妻は夫に扶養され、夫の言うがままになるのがいい妻だと思われていた。たとえその夫が横暴でも、仕方なく受け入れる。そういうあり方に正面きって「いやだ」といったのが、ロレッタ・リンだった。彼女は、ケンタッキーの貧しい炭鉱夫の娘だった。貧しさと家庭内暴力の絶望的な状況の中で、子供時代から好きだった歌で才能を開花させスターへと登りつめた。一九六六年、ロレッタは《酔っぱらって家には帰らないで *Don't Come Home a Drinkin'*》を歌っている。

Well you thought I'd be waitin' up when you came home last night.
You'd been out with all the boys and you ended up half tight,
But liquor and love that just don't mix leave a bottle or me behind.
And don't come home a drinkin' with lovin' on your mind.

No don't come home a drinkin' with lovin' on your mind,
Just stay out there on the town and see what you can find.
Cause if you want that kind of love well you don't need none of mine.
So don't come home a drinkin' with lovin' on your mind.

（以下略）

「昨夜だってあなたはあたしが起きて待っていると思っていた……」とこの妻は訴える。「町に出て仲間と大騒ぎで飲んでは帰ってくる。でもお酒とセックスとは別にしてほしい。酒瓶かあたしかを選んでほしい。そしてお願いだから、あたしを愛そうと思いながら酔って帰ってこないで」と。

酔って帰ってきた夫からの、強制的なセックスによる望まない妊娠。そして堕胎を罪とする宗教的理由からの多産と貧しさの連鎖。それがアパラチアをベースとするカントリー・ミュージックを愛する女性たちの大きな悩みだった。少なくともビルボードのカントリー・ランキングに載るほどの売上を示したのは、彼女の歌うその世界を自分のことだと共感する購買者がいるという証拠だ。

これまでそういう家庭内のことは口外しないものだった。それが妻、あるいはともに住む女性の分別だと思われていた。だがロレッタ・リンは、そのことをはっきりと歌にして、保守的で穏やかなカントリー・ミュージック・ファンたちに驚きを与えた。それが彼女の実人生での経験であることは、やがて彼女の自伝的映画『歌え！ロレッタ愛のために』（一九八〇）からもわかる。彼女の実体験をそのまま歌にし、多くの人びとの賛同と喝采を得た。一九七五年ロレッタはまた別のニュアンスを持った女性の苦悩を歌う。《ピル *The Pill*》である。

You wined me and dined me, When I was your girl.
Promised if I'd be your wife, You'd show me the world.
But all I've seen of this old world, Is a bed and a doctor bill.
I'm tearin' down your brooder house, 'Cause now I've got the pill.
All these years I've stayed at home, While you had all your fun.
And every year thats gone by, Another babys come.
There's a gonna be some changes made, Right here on nursery hill.
You've set this chicken your last time, 'Cause now I've got the pill.

（以下略）

「あなたの恋人だった頃、あなたは飲みにつれていってくれたり食べにつれていってくれた。結婚してくれたら、世界中につれていってくれると約束してもくれた。けれど、あたしはベッドと医者の請求書で昔ながらの世界を知った。この飼育箱のような家で、あたしはもうボロボロ。そうして今は、ピルを飲んでいる。あなたが遊びまわっている間、この何年もあたしは留守を守ってきた。毎年のように子供を授かりながらも年月は過ぎ去っていく。けれど、今この病院で物事は変わっていく。あなたはまた別の女性をつくり、私はピルを飲むことにした――」

家に腰を落ち着けられない夫のもとで、妊娠しては流産することで一人苦しむ女性の、ピルを飲むことによるある意志と決断が描かれている。彼女の歌手活動の本拠地であるテネシー州ナッシュヴィルは「キリスト教篤心地帯《バイブル・ベルト》」のただ中にある。ファンダメンタリストと呼ばれるキリスト教保守派や守旧的な考えを持つ人の多いところだ。当然「堕胎」は罪悪であり、堕胎医は熱狂的な信者に殺されたりする土地である。そういうところで「ピル」を飲むことにした一人の女性の孤独な決断と、その彼女の悩みをわかろうともしない家族や夫のことがここではある感慨をもって歌われている。ロレッタ・リンが、カントリー・ミュージックを支持する南部の女性の心を代弁するスターになったことが、この二つの曲でもわかるだろう。

思えば六〇年代、アメリカは内なる苦痛に身もだえしている恐竜のようなものだった。それまでのアメリカのあり方は間違っていたのではないかと、ベトナム戦争や公民権運動にまつわる問題のあまりの多さにこの国は苦悩した。新しいアメリカを探ろうと苦闘する中、女性たちもまた「新しい女性」を模索する苦しみの中にあった。

それまでの歌の中の女たちの不幸の原因は、貧困であり、男たちの無理解であり、夫の浮気であり、暴力であり、酒乱であり、古い地域のしきたりであり、旧弊な思想であり、宗教観であった。それは、十九世紀末から、女性の参政権を中心として、女性の権利改善に血を吐くような苦闘を展開したエリザベス・キャディ・スタントンとスーザン・B・アンソニーが求めつづけてきた、人間として扱ってほしいという努力はほとんど何の意味もなく、ここまで変わらずに引きずってきたことを、あらためて教えてくれる。だが六〇年代が終わり、女たちの内部にある変化が起きつつあった。自分たちの不幸は、自分たちにも原因があるのではないかという、辛い認識だった。

一九七三年、ボニー・レイットが歌った《ギルティ *Guilty*》は、これまでの曲とはまったく違う視点を持っていた。レイットはスライド・ギターを弾きながら歌うロックとブルース畑の歌い手で、差別問題への活動でも知られている。この《ギルティ》はランディ・ニューマンが作ったものだが、その辛い内容は、新しいカントリー界の女性たちの持つ辛さに共通するものがある。苦しみながらも現実を、自分を見つめようとする覚めた目を持っているのである。「有罪《ギルティ》」というタイトルが示すとおり、自己に対しての罪の意識を歌ったものだ。ランディ・ニューマンという男が書き歌ったが、男の歌としては女性が歌うほどのインパクトはなかった。この曲は「女性」が歌ったことによって、多くの人びと、中でも女性たちの目を開かせたと言ってもいい。

Yeah baby, I've been drinking, and I shouldn't come by I know,
But I found myself in trouble darling, and I had no place to go.

Got some whiskey from a bottle, got some cocaine from a friend,
I just had to keep on moving, till I was back in your arms again.

Chorus:
Well I'm guilty, yeah I'm guilty, I'll be guilty for the rest of my life,

How come I never do, what I'm supposed to do.
Nothing I try to do ever turns out right.

（以下略）

「飲みつづけ、もうもとには戻れないのはわかっている。自分の中にトラブルがあるのよ、ダーリン。もう逃げ場はないの。ウィスキーはボトルから飲み、コカインは友だちから。そしてもだえつづけているの、あなたの腕の中に戻れるまで。あたしは有罪、あたしが罪を犯した。あたしがあるべきだったこと、やるべきだったこと、そのどれをもやろうとはしなかった……」

ここには女の苦痛がある。肉体の痛みをともなう、真の苦痛がある。それは心や精神をも苦しめる罪である。しかし彼女はそれを素直に認め、その苦痛を甘受し、死ぬほどの後悔をしている。その後悔が彼女を救うだろうと信じられる。

この歌には、自分が苦しいのは他人のせいだという意識がない。これまでは酒場の女に成り果てたのも、気に染まぬ男の言いなりになるしかない立場なのも、酔った夫からいやいやながらのセックスを強要されるのも、みな他人のせいだった。だがこの歌の女はそう考えていない。酒に溺れ、コカインを試し、あの男が自分から去っていったのもすべて自分の罪。と彼女は今、苦い苦い悔恨の中で、それを真正面から受け止めようとしている。その勇気を持つ女は、《スタンド・バイ・ユア・マン》の妻の立場から信じられないほど遠く隔たっている。

だが、その思いはこれ以後、少し別の方向へと漂っていく。自分を責めるのでもなく、他人を恨むでもなく、むしろ成熟した女性への階段を上っていく期間だったのかもしれない。いくつかの男女問題を歌う曲——女が一人生きていくことや、家庭から、また古いしがらみから抜け出そうとする曲が登場した。しかしその大半はこれまでにもあったし、これから先も出てくるだろう曲だったといってもいい。

そういう流れを大きく変え、そしてそれ以後、女性たちの作り歌う曲が決定的に異なっていくことになる歌が登場する。その曲が生まれるまで《ギルティ》から十四年、《ピル》から十二年が必要だった。その年月が、彼女たちの懐を深くしたと言えるだろう。その曲は、K・T・オズリンの《エイティーズ・レディース *80's Ladies*》である。

K・T・オズリンは本来ブロードウェイの俳優だった。いくつかのコマーシャル・ソングを歌ったりしていたが、やがて曲を作るようになり、自分でも本格的に歌うようになる。バート・レイノルズたちと映画にも出演、一九九三年のピーター・ボグダノヴィッチ監督、リヴァー・フェニックス、サンドラ・ブロック出演の『愛と呼ばれるもの』にも出演したりしている。

一九八七年に彼女の歌った《エイティーズ・レイディース》はグラミー賞の最優秀女性カントリー歌手賞を取ったが、何よりもその後の女性歌手へ計り知れないほどの影響を与えたことは、賞以上の価値がある。オズリンの歌う男女の姿はどんなものかというと、たとえばいい例として同じ八七年に発表された《ドゥ・ヤ *Do Ya*》がある。Do Ya は、訳せば「どうなの？」というところだろうか。

Do you still get a thrill when ya see me comin' up the hill?
Honey, now do ya?
Do ya whisper my name just to bring a little comfort to ya?
Do ya?
Do ya still like the feel of my body lyin' next to ya?
Well, I guess what I'm askin'

(以下略)

Do you still love me?
「まだあたしが丘の向こうからやってくる姿を見て、ドキドキする? ねえ、どうなの? まだあたしの名前を口にするだけで、ちょっといい気分になれる? ねえ、どうなの? まだあたしがあなたのすぐ隣りに横たわっているような感じがする? ねえ、どうなの? 訊きたいのよ、まだあたしを愛しているかって」

男には未練はあるものの、そして彼がまだ自分を愛してくれていることもわからないではないけれど、それをきちんと口に出してほしい。でないと、

「あたしがこれまで間違っていたことに気づかせてくれたあなたの嘘、あれははじめての嘘だったの? ねえ、どうなの? そしてもし、指をパチンと鳴らしたらすべて消えてしまうと思っているのなら……」

ここには強く男を責めることよりも、もっとやわらかく男をたしなめ、しかしけして赦していない強くやさしい女がいる。《ギルティ》の歌からの年月、彼女たちが成熟し成長してきたと思われるのは、こういう歌に出会った時だ。そういう女性が、八〇年代の自分たちの姿を歌う。少し長いが全文引用してみよう。

We were three little girls from school.
One was pretty, one was smart
And one was a borderline fool.
Well she's still good lookin'

That woman hadn't slipped a bit.
The smart one used her head
She made her fortune.
And me, I cross the border every chance I get.

We were the girls of the 50's.
Stoned rock and rollers in the 60's.
And more than our names got changed
As the 70's slipped on by.
Now we're 80's ladies.
There ain't been much these ladies ain't tried.

We've been educated.
We got liberated.
And had complicating matters with men.
Oh, we've said "I do"
And we've signed "I don't,"
And we've sworn we'd never do that again.
Oh, we burned our bras,
And we burned our dinners

And we burned our candles at both ends.
And we've had some children
Who look just like the way we did back then.

Oh, but we're all grown up now.
All grown up,
But none of us could tell you quite how.

We were the girls of the 50's.
Stoned rock and rollers in the 60's.
Hunny, more than our names got changed,
As the 70's slipped on by.
Now we're 80's ladies.
There ain't been much these ladies ain't tried.

A-my name is Alice.
I'm gonna marry Artie.
We're gonna sell apples
And live in Arkansas.

B-my name is Betty.
I'm gonna marry Bobby.
We're gonna sell beans
And live in Brazil.

C-my name is Connie.
I'm gonna marry Charlie.
We're gonna sell cars
And live in California.

「あたしたち三人はクラスメート。一人はきれいで、一人は頭がよく《スマート》、もう一人はおバカとすれすれ。きれいだった彼女は今もきれいで、少しも道を踏み外すことはなかった。頭のいい彼女は、その頭を使って未来を切り開き、そしてあたしはこれまでのいろんなチャンスをものにできたりできなかったり。あたしたちは五〇年代に生まれた女。六〇年代にはロックンロールに夢中。七〇年代にすべりこむ頃、それぞれに名前を変えた。そして今や八〇年代のいい年齢の女。もうあまりあれこれできる歳じゃない。あたしたちは教育を受け、自由を得、男たちとの複雑な関係をやり過ごしてきた。結婚の誓いに『ＹＥＳ』と答え、ベトナム戦争には『ＮＯ』のサインをした。もう二度とそういうことをする気はない。あたしたちはブラジャーを燃やし、家事や仕事に追われて料理を焦がし、まるでろうそくの両端に火をつけたかのような消耗戦みたいな生き方をしてきた。それぞれに子供があり、その子たちを見ると昔の自分たちのよう。あたしたちも歳をとった。みんないい年齢になった。でも、三人ともどうしてここまでやってこられたのか、はっきりとはわからない」

それから、三人の名前と、その人生が語られる。「Aのアリスはアーティーと結婚し、アーカンソーの果樹園でリンゴ《アップル》を売っている。Bのベティはボビーと結婚し、ブラジルでコーヒー豆《ビーンズ》を売っている。Cのコニーはチャーリーと結婚し、カリフォルニアで車《カー》を売っている――」

まるで映画のシーンを観るようではないか、三人三様の人間性と生き方。そして彼女たちの来し方――女たちにとっては激動だった五〇年代からの年月が見事にとらえられている。そしてAもBもCも、誰もがごく平凡なアメリカ女性であるという最後の数行が、こういう女たちが生きたアメリカの波瀾の年月を教えてくれるのである。

この歌が世に出てからアメリカの、少なくともカントリー・ミュージック界の女性たちの、ものの見方と考え方、彼女たちが作り歌う歌の曲趣が大きく変わっていった。正直に自分というもの、自分の中の「女」というものを見つめ、押し着せでない濁りのない目で周囲を見るようになった。そんな中で、一九九五年、自分は女である、男を愛し、男に愛されたい、とオズリンの影響を受けた一人、シャナイア・トゥエインは《ウーマン・イン・ミー *The Woman in Me*》で歌った。

I'm not always strong
And sometimes I'm even wrong.
But I win when I choose
And I can't stand to lose.
But I can't always be
The rock that you see.

When the nights get too long
And I just can't go on.

The woman in me
Needs you to be.
The man in my arms
To hold tenderly.
Cause I'm a woman in love
And it's you I run to.
Yeah the woman in me
Needs the man in you.

（以下略）

「あたしはいつも強くはなかったし、時に間違っていさえした。けれどその時になったら、負けるわけにはいかない。だから、あたしは勝ってきた。けれど、あなたが思うようないつも岩のような頑な女じゃない。夜が長く感じられる時、強くはいられない。あたしの中の女があなたを必要としている。男の腕にやさしく抱かれたい。それはあたしが恋する女だから。そう、あたしの中の女が、あなたの中の男を必要としている」

シャナイア・トゥエインの歌では、男と女は対峙するものではない。敵視したり、お互いに傷つけあったり、苦しめたりする相手ではない。いつもは自分の人生を生きている女も、時に男を必要とする。それが結局は自分を大きくもするし、より高みに上らせもする。その女性自身からの率直な気持ちの吐露がこの歌を、そしてシャナイアという歌手を新しくしている。自分というものをしっかり、はっきり、まっすぐに見つめ、同情や憐れみや諦めを拒否し、曇りのない目を持つ姿勢を表に出したのは、K・T・オズリン効果と言っていいだろう。

飾らない自分を出す。本当の自分を人前にさらすことができる。真の姿を見てほしい。これまでの女性たちは、男の目、社会の目や体面や体裁や地位や境遇を気にして生きてきた。それは男のせいであり、貧しさであり、生まれであり、あるいは育ちであった。つまり、より良い生活やより尊敬される生き方ができないのは自分以外の誰かが理由であった。その反動のように、他人のせいではなく自分自身がいけないのではないか、という自虐の時代もあった。そこから一歩抜け出たのがK・T・オズリンであり、それに触発されたシャナイアであり、フェイス・ヒルであり、その他の九〇年代の新しいカントリー女性シンガーだった。

シャナイア・トゥエインの《ウーマン・イン・ミー》が発表された翌九六年にディアナ・カーターが《ディド・アイ・シェイヴ・マイ・レッグス・フォー・ジス？ *Did I Shave My Legs for This?*》を歌った。「こんなことのためにあたしは脚を剃っていたの？」と、自分の置かれた状況の空しさを歌ったものだった。

（前略）

Flowers and wine is what I thought I would find,
when I came home from working tonight.
Well, now here I stand over this fryin'pan, and you want a cold one again.

I bought these new heels, did my nails, had my hair done just right.
I thought this new dress was a sure bet for romance tonight.
Well it's perfectly clear, between the TV and beer,
I won't get so much as a kiss.
As I head for the door, I turn around to be sure, did I shave my legs for this?

Now when we first met, you promised we'd get a house on a hill with a pool.
Well, this trailer stays wet, and we're swimming in debt.
Now you want me to go back to school.

「今夜、仕事から戻ってきたら、家には花とワインがあるかと思っていた。けれど現実はこうしてフライパンを片手にしている。あなたはまた、冷めた料理でいいらしい。新しいハイヒールを買った。爪も髪も整えた。この新品のドレスだって今夜のロマンスにはピッタリ。そう、テレビを観た後のビールまでの間は、間違いなくその時間。キスに長い時間かけたくないわ。けどあたしは、ドアロに向かいながら振り返るに決まっている。そして言う。こんなことのために脚を剃ったの？　って」

　夫と、あるいは同居している男と、男と女の関係でいたい。けれど相手は、忙しさにかまけているみたいだ。

「はじめて会った時、あなたは丘の上のプールつきの家を、と約束してくれた。でもまだグズグズとトレーラーハウス住まい。プールでではなく、借金に溺れている。あなたはあたしに学校時代に戻れって言うの？」

ここにも、夢を見、絶望する女がいる。こんなくだらない、ロクでもなくどうしようもない生活のために脚の毛を剃ってお洒落をしてきたのだろうか。その彼女の絶望が、カントリー・ミュージックを聴く多くのトレーラーハウス・クラスの女たちの胸に響く。

スコットランドや北アイルランドからやってきたスコッチ・アイリッシュの祖先たちは、故国ではイングランドと戦い、アパラチアでもインディアンたちとの戦いの日々がつづいた。そのために家は即席のいつ壊されてもすぐに再建できる掘っ立て小屋やダグアウトと呼ばれる地面の穴に屋根を載せただけのものだった。その生活のありようが、彼らの子孫の多くを、いつでも解体できてどこにでも移動できるトレーラーハウスに住まわせることになる、ということは前にも書いた。

そのトレーラーハウスが集まるコミュニティ「トレーラーハウス・スラム」に住む人びとを、町の人は「トレーラーハウス・トラッシュ」と半ば蔑んで呼んでいるのである。そこから脱したいのだけれど、なぜかそう簡単にはいかない。その諦念とうんざり感、そして見果てぬ夢への悲しみがこの歌にはある。それでも女は、まだ叶えられるかもしれない男とのロマンスに心を躍らせて、今夜も脚を剃る。しかし……。いつか彼女は、このトレーラーハウスから出て行くことはできるかもしれない。脚を剃る意味を求めて。

だが、そういかない女たちもいる。家を出ること、それはアメリカがイギリスの圧政から抜け出すために血みどろの戦いを必要としたように、家庭での悲惨な戦いを強いられている女性たちも家を出ていくことが必要だった。そうした女たちにとって、家を出ることは、アメリカの「独立記念日」にも等しい。一九九四年、マルティナ・マクブライドは、そんな女たちの独立をテーマにした《独立記念日 *Independence Day*》を歌った。

マクブライドはカントリーの世界の中で、女性と子供の問題をテーマにしているアーティストとしても知られている。彼女の《独立記念日》はこんな歌だ。少し長いが全文を引用しよう。

Well she seemed all right by dawn's early light
Though she looked a little worried and weak
She tried to pretend he wasn't drinkin' again
But daddy left the proof on her cheek
And I was only eight years old that summer
And I always seemed to be in the way
So I took myself down to the fair in town
On Independence Day.

Well word gets a round in a small, small town
They said he was a dangerous man.
But mama was proud and she stood her ground
She knew she was on the losin' end
Some folks whispered some folks talked
But everybody looked the other way and
When time ran out there was no one about
On Independence Day.

Chorus:

Let freedom ring, let the white dove sing
Let the whole world know that
Today is a day of reckoning.
Let the weak be strong, let the right be wrong
Roll the stone away, let the guilty pay, it's
Independence Day.

Well she lit up the sky that Fourth of July
By the time the firemen come
They Just put out the flames,
And took down some names
And send me to the county home
Now I ain't sayin' it's right or it's wrong
But maybe it's the only way
Talk about your revolution it's
Independence Day.

Chorus:

Roll the stone away

It's Independence Day.

「夜明けには、彼女は落ち着いたようだった。早朝の光が、彼女を幼く見せていた。心労と憔悴。彼は酔ってはいないのだととりつくろうことにも疲れはてた。父はいなくとも、彼のやったことは頬に残っている。八歳の夏、いつか自分も母親と同じ運命になるように思った。だからいずれ独立して家を出て、町で普通に暮らそうと思っていた」

最初の行の「彼女」は「母」と訳すべきかも知れない。主人公は、母に暴力をふるう父親の姿を見て育ち、自分はそうはなりたくないと思っていた。でも彼も同じ人間だった。自分を取り巻く世界はごくごく小さな町、町の人は彼は危険な男だと言っていた。でも、母はしっかりと誇りを持って立っていたし、彼女は負けたとも思っていなかった。いろんなことを言う人がいるけれど、いつか独立記念日がやってくる。

そして、コーラスに入る。「自由の鐘よ鳴れ、白鳩よ歌え、世界中に知らせよ。今日こそが清算の日。弱さよ強くなれ、間違いよ正されよ。石は取り除かれ、罪は償われよ。それが独立記念日」

その独立はどうやって勝ち取ったのか。それは家に火をつけることによってだった。母親がそれを実行し、幼かった自分は助けられて養護施設に預けられる。「あたしは、それが正しかったことなのか、間違っていたのかは言えない。だけど、あなたの革命、あなたの独立記念日を勝ち取ることが大切とだけは言えそうだ」。

とくにアメリカ南部ではＤＶが多いと聞く。多くの女性たちがそれに悩み、苦しみ、脱け出そうと苦闘している。

これらの歌で歌われているのは、いわゆるワーキング・クラスの女性たちだ。「サザン・ワーキング・クラス」とことさら名づけられているように、北部や東部や太平洋岸の大都市の、男と伍して生き生きと働く華やかなワーキング・クラスとは違う。彼女たちはかつて家計を助けるために工場に働きに出て行った十九世紀末のアパラチアの女性たちと同じように、男の代役のように働きに行かねばならない。外では他の誰でも代われる、あまり意味があるとも思えない仕事、家では夫の浮気や酒乱や暴力——。そういう状況の中、女たちは「独立の日《インデペンデンス・デイ》」を夢見る。

一九九三年、メアリー・チェイピン・カーペンターは《ヒー・シンクス・ヒール・キープ・ハー *He Thinks He'll Keep Her*》を歌った。「まだ彼は、彼女を自分のものにしておけると思っている」とでも訳せばいいだろうか。その内容は、女たちの夢と厳しい現実をしっかりと見据えているのである。この曲も全文を載せよう。

She makes his coffee, she makes his bed,
She does the laundry, she keeps him fed,
When she was twenty-one she wore her mother's lace
She said forever with a smile upon her face.

She does the carpool, she PTA's,
Doctors and dentists, she drives all day.
When she was twenty-nine she delivered number three,
And every Christmas card showed a perfect family.

Chorus:

Everything runs right on time, years of practice and design,
Spit and polish till it shines; he thinks he'll keep her.
Everything is so benign, safest place you'll ever find,
God forbid you'd change your mind, he thinks he'll keep her.

She packs his suitcase, she sits and waits,
With no expression upon her face.
When she was thirty-six she met him at the door,
She said, "I'm sorry, I don't love you anymore"

(Cho)

For fifteen years she had a job and not one raise in pay,
Now she's in the typing pool at minimum wage.

Everything runs right on time, years of practice and design,
Spit and polish till it shines; he thinks he'll keep her.
Everything is so benign, safest place you'll ever find,
At least until you change your mind, he thinks he'll keep her.

「彼女はコーヒーを作り、ベッドを整え、洗濯をし、食事を作る。二十一の時、母親のウエディング・ドレスを着て彼と一緒になり、一生微笑を忘れまいと決めた。車の相乗りをし、PTAや医者や歯医者へと一日中車で走りまわった。二十九の時、三番目の子供をもうけた。クリスマス・カードには、いつも完璧な家族の写真があった。すべてのことは起こるべき時に起こり、年月はあらかじめ決められていたかのようだった。家事や行事は手馴れた仕事になり、彼は彼女が家庭に満足しているだろうと思っていた。何もかもが穏やかで心安らかであるようだった。神は彼女の心変わりを赦さず、彼はまだ彼女は自分のものだと思っていた」

だが、時代と彼女の心は変化していく。

「彼女は荷造りをし、座って待っていた。その顔からは何の表情もうかがえなかった。三十六の時だった。彼女は夫を玄関口で迎え、そして言った。『ごめんなさい。もうあなたを愛していないの』」

その結果はどうだったか。

「もう十五年、彼女は働いているが、賃金は上がらない。最低の生活保障を得るために、彼女は今タイプ打ちの仕事をしている。そう、すべてのことは起こるべき時に起こり、年月はあらかじめ決められているかのようだった……」

家にいて、夫との意にそぐわない生活を果てもなくつづけているよりも、家を出て孤独でも一人で暮らすほうがいい。そういう選択をする女性が、アメリカには多い。現在成人女性のほぼ五〇パーセントが離婚経験者であると言われ、そういう女性は、この歌のような独立して生きていこうとする女性をテーマにした曲の有力な支持者であるのだ。

だがしかし、独立した後は喜ばしき自由ばかりではない。それでも、夫や他人を恨むわけでもなく自己憐憫でもなく、苦しい後悔の念でもなく、本当に一人で生きていくのならそれなりの覚悟が必要だと、その辛い現実をメアリー・チェイピン・カーペンターは歌う。それがどれほどの女性たちから支持されたか、同じ一九九三年、CBSテレビの特別番組「ウィメン・オブ・カントリー」が作られて、その中ではっきりと証明されている。

「ウィメン・オブ・カントリー」は字義通り、カントリー・ミュージックの世界の女性たちの苦闘の歴史と現在を取り上げた、基本的にはライヴ・パフォーマンス番組である。「アメリカという国の女」とも受け取れるタイトルである。カナダの「モントルー・ゴールデン・ローズ・フェスティヴァル」の音楽部門の第二位を受賞したこの特番は、まずパッツィー・モンタナをはじめとするカントリー界を背負ってきたスター、ジーン・シェパードやキティ・ウェルズ、パッツィー・クラインたちの功績を讃える。ロリー・モーガンは番組の冒頭、「先輩方がいたからこそ、ここまでこられたのです。タミー・ウィネット、ロレッタ・リン、パッツィー・モンタナ……彼女たちが道をつけてくれました。私たちも次の世代の力になりたいのです」と語っている。

そして九〇年代以後のスターの位置にいる歌手たち、このメアリー・チェイピン・カーペンターやパティ・ラヴレス、ロリー・モーガンやトリーシャ・イヤウッド、ウィノナ・ジャッド、パム・ティリス、ケイシー・マティアなどが登場して彼女たちの持ち歌――問題意識を持ち、感情豊かで、すぐれて現代的な歌曲が次つぎと披露される。そのオープニングで、メアリー・チェイピンのこの《ヒー・シンクス・ヒール・キープ・ハー》を全員で歌うのである。この曲が女性たちの解放と独立のひとつの象徴であることを、それは如実に語っている。

彼女たちの動きによって九〇年代は充実していた。また二〇〇〇年代に入って、多くの後輩たちの、女性を意識し、その性を見つめ、そのありようや生きようを歌った鋭い歌が登場している。この先彼女たちは、さらにまた前へ向かって歩みつづけるに違いない。南部の、田舎《カントリー》の、そしてジャスト・ハウスワイフの女、と蔑まれてきた彼女たちだが、彼女たちこそが本当のアメリカの女性なのだ。奇をてらわず、自らの血を流すことをいとわずに歩いていく。先人たちが切り開いてくれた道なのだから、自分たちはけして立ち止まらない、と、女性カントリー・シンガーたちは、その歌に思いを込める。

彼女たちの歌は、これまで歌われてきたカントリー・ソングと同じように「あったこと」を歌ってきた。そういう物語もあるだろう、と思わせる歌であるところに変わりはない。だが、それらと大きく異なっているのは、その後にある何ものかだ。何ものかへ向かう気持ちを起こさせるところだ。

それは『聖書』に似ている。いや、トラブルを抱える彼女たちにとって、この女性シンガーたちの歌うカントリー・ミュージックは『聖書』そのものなのだ。かつて、女性たちは聖書の中の言葉に救いを求め、癒しを得ていた。今、彼女たちはカントリー・ミュージックの中で、自分と同じように悩み、苦しみ、闘う女たちの姿に救われ、癒され触発されているのだといえる。

カントリーソングは歌う女性たちを変え、聴く女性たちを変え、アメリカそのものを変えつつある。そう、彼女たちの闘いは、まだ終わらない。

エピローグ

アメリカは旅する人の国だ、と、長い間あの国を車で走り廻っているうちにわかってくる。旅の人は、むろん観光客も多いが、仕事が旅の人や旅そのものが人生である人もまた多い。観光でない旅の人たちの存在が見えてきたのは、自分も同じような旅をしはじめてからだ。

長い間、アメリカを旅してきた。長い長い間で、ある年は雑誌の仕事やテレビの仕事などがたまたま重なったこともあったけれど、旅の空にある日々が家にいるよりも長かったこともある。ほとんどが、一人旅だった。そういう旅は自由がきくから、いろんな人に出遇える。

ある時、トラッカーたちの多く集まるドライヴイン・レストランの隣席にいた、長距離トラックの運転手夫婦と知り合った。彼らは大陸の端から端まで、依頼された荷物を巨大な十八輪トラック《エイティーン・ホイーラー》で運ぶ。その途中、娘の学ぶ学校に立ち寄れたら幸せだと言う。遠回りすることもあるけれどね、と肥満した亭主が言うのに、でも配達の期限があるから、とこれまた肥満過多の妻は残念そうだった。

馬が一頭乗れる車を牽引しながら旅をするロデオスターにも遇った。馬が酔わないようにゆっくり走っているので目立ち、同じレストエリアにパーキングした時にちょっと話した。オクラホマからカナダのカルガリーのロデオ大会に向かう途中だそうで、ほとんど一年中馬と二人づれで旅して廻っていると言った。あの馬が、と犬の運動用に造られた芝生の広場に放してやった栗毛の頑丈そうな馬に顎を向けて、歳をとって牛を制御できなくなったらロデオはやめようと思っている、とサングラスを外し目尻に皺を寄せながら眩しそうに目を細めた。

　こういう人たちは仕事が旅、旅も仕事の一部なのだ。そうでない人もいる。キャンピング・トレイラーで旅をしている老夫婦にも遇った。夕方、小さな沼のほとりのベンチで、気が抜けたかのようにただ水面を見ている二人の横のベンチに座った時だ。彼らは東部の家を売り、このトラヴェル・トレイラーを買って、アメリカのあちこちに住む娘や息子たちの家を訪ねる旅をつづけているのだと言った。旅の途中、人里離れた土地で医者が見つからず妻を亡くした友人がいて、彼はその後も、その妻と走った場所、訪ねた土地を巡る一人旅をつづけているという話も、彼らから聞いた。これらのことは、『あの車に逢いたい――アメリカン・カー・グラフィティ』（晶文社）という本に、短編として書いたことがある。話している間、目に入ろうと飛び回る沼からの小さな羽虫に往生したことを今も思い出す。彼らは、後半の人生を旅と決めたのだ。

　そういう旅を重ねて、流れる人びと――ホーボーやレイルロード・バムと呼ばれる人たちの思いがわかるような気がしてきた。あの国は、一カ所に居つづけることが難しい国だ。いつもここでないどこかへと誘いかけてくる空気に満ちていて、ぼく自身その誘惑に何度も誘われてきた。そういう空気に長く晒されていると、固定した暮らしが窮屈でたまらなくなってくることもわかってきた。今ここにとどまっているのは臨時の人生、カーレーシング最中のピットインのような気分、アクション映画の中での一瞬の家庭での団欒のような感じがしてくるのだ。旅こそが本当の人生。定住はかりそめの人生でしかないのだ。

　ここでないどこかへ、という誘惑に負けたロング・トラヴェラー――旅が人生、人生が旅、という人は、どこか普通の人とは違う空気を持っている。諦念と希望というまったく両極にある二つの感情を持て余しているようだ。そして、鉄道の駅やバスの発着所、公園のベンチや安食堂のカウンター、フェリーの上段デッキの隅、野外コンサートのバーベキューピットの近くなどで出遇う彼らは、気にしないとわからないようなごく淡い悲しみの衣をうっすらとまとっている。

それは、旅が自分の宿痾だと知っているところから来ているのではないだろうか。確固たる生き方ができない、そんな悲哀を彼らは持っている。そしてそのひと所に腰を落ち着けて地面に足のついた生き方をさせないのは、実はアメリカという国の持つ宿命であり、アメリカを興隆させてきた産業形態にある。それがアメリカを強くも、もろくもさせてきた。

そういう国の流れる人びとには、孤独な歌が似合う。彼らのことを歌い、彼らもまた歌う歌は、形式としてはカントリーやヒルビリー、ブルーグラスやマウンテン・ミュージック、それらを含めたフォーク・ソング、すなわちアメリカン・ミュージックの総体を通してしかわかり得ない世界なのだ。彼らの心や生き方、考え方や感じ方、喜びや怒りや諦めなどは、そういう歌を通してしかその核心に触れられないこともある。そしてそれらの歌のどれもが、悲しみを漂わせているように思えるのだ。

その悲しみの根源は、彼らがなべて弱い人たちであるからだ。弱い立場にいる人、人種や宗教、性や貧富の壁を越えられない人たち。アメリカでは、それが簡単に越えられるように思えるところに、悲劇が生まれている。その悲劇は、歌を通すことによって容易に近づいていける。だからいわばこの本は、弱い人たちの歌う歌の本だということができる。一度弱い人たちの歌を知り、歌った者は、もうもとには戻れない。知らなかったことにはできない。また別のアメリカが、目の前に展がってくるのだ。そして、どうしてそういう国になったのか、どうしてアメリカの人はそういう国に住み、そこを愛し、憎み、夢を描き、コミットメントしようとしつづけるのかを知りたくなる。

彼らの歌を聴きながら、彼らの歌を追いかけ、探しながら、アメリカ人を、アメリカという国のことを考える。考え考え旅をつづける日々は、まだ終わりそうにない。

あとがきにかえて

二〇一〇年、同じ作品社から『アメリカは歌う。』を出させてもらった。この本は、それの増補改訂版のつもりで書き始めたが、その後新しく書きたいことがどんどん加わって、まったく別の本のようになってしまった。それで〈コンプリート版〉という名前にした。

『アメリカは歌う。』を書きたかったのは、子供の頃から聴いたり、歌ったり、弾いたりしてきた曲たちに、なんとなくしっくりこない座りの悪い言葉が散見できることに、ある時気がついたからだ。ほとんどの人が知っているだろう馴染みの曲に、なぜそういう奇妙な歌詞、疑問を起こさせるような言葉や状況、あるいは暗示的な展開が潜んでいるのか、長い間不思議でたまらなかった。その理由を知りたい。その思いに背中を押されて、アメリカの歌、中でも白人系庶民の歌の世界の奥に広がるアメリカの真の姿を探ろうとしてきた。そして前回の『アメリカは歌う。』を書いた後に知ったこと、探り当てたこと、想像の羽を大きく広げたことでまったく違った世界が見えてきたことなどを改めて書き直し、書き足したかった。

同時に、建国以来数々の戦いの日々にあったアメリカでのその時どきの戦時歌謡には、どれほど多くの戦争に反対する、いわゆる「反戦歌」、あるいはもう戦いは嫌だという「厭戦歌」が作られ歌われていたという事実を知ったからでもある。同じ状況下での日本の歌が、およそ士気を鼓舞する「戦意高揚」の曲が多いような印象があることを思えば、ただ驚くしかない。戦時にあっても、その戦争に反対する自由があることの驚き。それは、ひっそりと出版される反戦文学や笑いの衣に鋭い皮肉を込めた日本の川柳、ロシアのアネクドートなどの笑い咄とは違って、多くの人が公式に聴くラジオで流され、誰もがそのレコードや譜面を買うことができ、しかもヒット曲のランクにも入る。アメリカの音楽産業はそういうものだ、たとえ体制に反する歌であったとしても、経済的側面を優先してはばからないということだ、と片づけることもできた。けれどそうであっても、それはぼくには大きな衝撃だった。このことは誰かが書かなければ、おそらくは多くの人に知られないままで終わってしまうだろう。そういったこともまた、新しく書き直したい、という気持ちを強く押した。

歌をテーマにその背景、その時代の人びとの思いを探りたいという意図で書き始めたこの本では、なるたけ虚心に、謙虚に歌に対峙しようとした。そうすれば自ずと歌は、本来の姿をあらわしてくれるのではないかと考えた。

この本が、そういう歌の本質にどこまで迫ることができ、歌を通して見せてくれるもう一つのアメリカという国と、そこに住む人びとにどれだけ近づけたかはわからない。

前の『アメリカは歌う。』という参考書がありながら、この本を書くのに四年掛かった。怠慢とよそ見と、寄り道ともっといい答えがあるに違いないという逡巡の結果だと思う。

アメリカの多くの歌が、どれもこれも楽しげで磊落で、屈託がなく、気さくなメロディーで、いつでも簡単に口をついて出てくるような曲ばかりのように思える。しかし、その内容は、実に悲しくやるせない。エピローグで書いたように、それはどれも、弱い立場、低い位置にいる、蔑まれる対象でもある人びとの心を歌っているからだ。それを知ったことは、大きな意味があった。

この本を書いている間、いったいぼくは、アメリカの何を書こうとしているのだろうか、と考えつづけていた。そして、ぼくの好きなアメリカ、愛してやまないアメリカの人びとの姿――新聞やテレビやラジオ、ステレオタイプのアメリカ本ではうかがい知ることのできない彼らの国とそこに住む人たちの真の姿や心の奥底を書こうとしているのだ、と思い込もうとしていた。けれど今あの国は、ぼくの書こうとしていたそういうアメリカとはどんどん違う姿になっているように思う。

書きながら、いつも一人の女性のことを思い出していた。

一九六一年の夏のある土曜日の夜、当時まだナッシュヴィル・ダウンタウンのライマン公会堂で行なわれていた「グランド・オール・オープリー」のステージ脇に、ぼくはいた。その時代、はるばる日本からナッシュヴィルまでやってきたカントリー好きな少年が珍しかったのか、なぜかオープリーのステージで歌うことになってしまった。

その夜、舞台袖には一人の痩せた若い女性がいた。二十歳になったかならないかという年頃に見えた。彼女は怯えていた。今夜初めてオープリーに出るのだと、少し震え気味のか細い声で言った。「怖くてたまらない」と言う彼女に、頑張って、とぼくは半ば無責任に軽い気持ちで励ました。彼女はぼくの手を握りながら、ありがとう、絶対頑張る、と大きな目を見開いて言った。そこに強い決意があらわれていた。

司会のトム・T・ホールがぼくを呼び出し、体格が似ているからとリトル・ジミー・ディッケンズが貸してくれたギターを肩からぶら下げ、拍手の中センターマイクへと向かった。ホールとのいくらかのやり取りの後、ぼくは辛うじて覚えている《*Will the Circle be Unbroken*（邦題：永遠の絆）》を歌った。選曲が観客に届いたのか、大きな拍手の中を退場し、何回かの温かなアンコールの拍手の後バックステージに戻った。

彼女の出番だった。彼女はぼくに祝福のハグをしてくれ、震える手でぼくの手を握りしめステージに出て行った。そして歌い始めた。力強い、心のこもった美しいその歌声は、あの細い身体や、捨てられた仔猫のような怯えた姿からは想像もつかなかった。そこには、確かにあるアメリカがあった。歌い終わると、ほんの一瞬の静寂があったと思えた瞬間、拍手とどよめきが起こった。すごい拍手だった。大スターの誕生だった。彼女はブラボーの声と、何回かの大きなアンコールに応えてステージに戻り、最後、ぼくのところに小走りに走り寄ると再び抱きしめた。その身体は、今度は興奮と歓喜で震えていた。ありがとう、ありがとう、と繰り返しながら舞台裏に戻って行った彼女の声を、今も忘れない。

それが後に、カントリー界ばかりでなく、アメリカを代表するシンガーになるロレッタ・リンのデビューだった。その瞬間に立ち会えたことを、ぼくは長い間、大切に心にしまっていた。そして彼女の貧しさのゆえの様ざまな労苦の中でくじけることなく、ただ一筋に歌の力を信じてきた姿に、ぼくは今も感動する。

その時のロレッタには、アメリカ人としての誇りがあった。人を恨まず、懸命に人を愛し、神に祈り、神の祝福を人のためにも祈り、アメリカに生きることの自由と喜び、悲しみと怒り、それを超える可能性のある国に住むことの幸福を身体いっぱいにあらわして歌った。彼女は、歌には救いがあり、自分と世の中を変える力があることを知っていたし、それを信じて歌った。そこにぼくの好きなアメリカと、真のアメリカ人を見たのだと思う。

今、顔を上げて考える。あのアメリカは変わってしまったな、と。利己的で排他的で、独りよがりで他人のことを顧みず、人を口汚く罵り、世の秩序を自分の都合で混乱させ、人を敬い、人を愛し、人を尊ぶことからは程遠いアメリカになってしまった。かつてアメリカは、自己の利益だけがすべてのものに優先するような国ではなかった。

「ノーブレス・オブリージュ」という言葉がある。簡単に言えば、「高貴なるものの義務」だろうか。

バルザックが『谷間の百合』でその言葉を使ったように、確かにフランス語の"noblesse"には「高貴」という意味があるけれど、一般には金や身分や教養、権力などを手にした人間に、すなわち身分の高い者には、その地位に応じて果たさねばならない社会的責任と義務がある、という意味だと解釈されている。そういう社会の上層にいる人間ばかりでなく、第二次大戦の戦勝国として、また経済的にも文化的にも国力においても優位に立っているアメリカの人間であるというだけでも、一つの誇りであった。少なくとも、かつてのアメリカ人にとっては誇りであった。誇りであるから、彼らは弱い者に手をさしのべてきた。それがアメリカだと、思っていた。

だが、果たしてそうだろうか、と今は疑わしい。あの、ぼくの愛していたアメリカは、どこに行ってしまったのだろうか。あのアメリカは、本当に存在していたのだろうか。

アメリカの偉大さは、経済や武力や商取引の駆け引きのような外交ではない、もっと崇高なものによる、と考える人がいるだろうと信じてこの本を書いた。人の悲しみを我が悲しみとし、人の喜びや幸福を自分のことのように感じて励ましつづけた人たちがいたことを、歌の中にあるだろうと探しながらこの本を書いた。

今からずっと先、後の若い人がこの本に、万が一接することがあるとしたら、歌には人の心を動かす力、人の目を外に向けさせ、人に学ばせる力があること、そしてかつて一九六〇年代のフォークソング・リヴァイバル・ムーヴメントの時代がそうであったように、わずかかもしれないが確実に世の中を変える力が、これまでもあったし、これからもありつづけるに違いないことを知ってほしいと、心から思う。そういう歌を探しつづけながらこれを書いたのだと、今ぼくは気づいている。

お断りしておきたいことがある。この本では、「インディアン」、「黒人」、「ジプシー」といった言葉が多出する。これら近年では「差別語」とされていることの判断には様ざまな経緯や意見があるが、この本の姿勢は前著『アメリカは食べる。』の「あとがき」で触れているので、そちらを参照していただきたい。その言葉を用いたのは、けして差別的な意味合いからではなく、不適切な言い換えをあえてしないために、ということだけはご理解いただきたいと思う。

この本を書くにあたって、『アメリカは歌う。』『アメリカは食べる。』につづき、作品社の増子信一さんには一方ならぬお世話になった。ここで感謝の意を記したい。

二〇一九年　アメリカでは雑音に過ぎないと言われる蟬の声を聞きながら。

人名・バンド名索引

【ア行】

【カ行】

【サ行】

【タ行】

【ナ行】

【ハ行】

【マ行】

【ヤ行】

【ラ行】

【ワ行】

曲名索引

【ア行】

ア・マザーズ・プレイヤー・フォー・ハー・ボーイ・アウト・ゼア(A Mother's Prayer for Her Boy Out There) 540
アイ・ウォーク・ザ・ライン(I Walk the Line) 186, 187
アイ・エイント・ゴーイング・トゥ・ワーク・トゥモロウ(I Ain't Goin' to Work Tomorrow) 220
アイ・ゲイヴ・マイ・ラヴ・ア・チェリー(I Gave My Love a Cherry) 384
相棒、きみを探して(Searching for You, Buddy) 551
アイム・ゴーイング・ホーム(I'm Going Home) 115
アイル・セル・マイ・ハット、アイル・セル・マイ・コート(I'll Sell My Hat, I'll Sell My Coat) 439
アイル・ビー・ゼア、アイル・ビー・ゼア、メリー・ディア(I'll be There, I'll be There, Mary Dear) 528, 530, 538
赤い河の谷間(Red River Valley) 232, 721, 723, 724, 741
明るい表通りで(On the Sunny Side of the Street) 111
悪魔の九つの質問(Devil's Nine Question) 384
朝の雨(Early Morning Rain) 149
アナクレオンティック・ソング 019
アニー・ローリー(Annie Laurie) 443
アパートメント・ナンバー・ナイン(Apartment #9) 368
アビリーン(Abilene) 168
アメイジング・グレイス(Amazing Grace) 592, 593
アメリカ(America) 022
アメリカ、ヒアーズ・マイ・ボーイ(America, Here's My Boy) 538
アーリントン(Arlington) 571
哀れなエレン・スミス(Poor Ellen Smith) 650
アンクル・サムの農場(Uncle Sam's Farm) 215
アンダースタンド・ユア・マン(Understand Your Man) 187
一九六五年十一月八日(8th of November 1965) 564
一二五六号の大破(The Wreck of the 1256) 372, 374
いとしのクレメンタイン(Oh My Darling, Clementine) 375, 377, 381
愛しのケイティ(Katy Dear) 676, 677, 679, 680
イン・ザ・パイン(In the Pine) 270, 357, 364-367
ウィチタ・ラインマン(Wichita Lineman) 562
ウィーピン・ウィロウ(Weepin' Willow) 658, 659
ウィーピング・ウィロウ・ラグ(Weeping Willow Rag) 658
ウィリー・ムーア(Willie Moore) 672, 674
ウェイト・フォー・ザ・ライト・トゥ・シャイン(Wait for the Light to Shine) 202
ウェクスフォード・ガール(Waterford Girl) 666, 667
ウーマン・イン・ミー(The Woman in Me) 800, 802
永遠の絆(Will the Circle be Unbroken) 818
エイティーズ・レディース(80's Ladies) 795
エドワード(Edward) 668-670
LAフリーウェイ(LA Freeway) 081, 084
エンジン・エンジン・ナンバー・ナイン(Engine Engine Number Nine) 368
オー、デム・ゴールデン・スリッパーズ(Oh,Ddem Golden Slippers) 478
オー、モーリー・ディア・ゴー・アスク・ユア・マザー(Oh, Molly Dear Go Ask Your Mother) 679
王国は来たる(Kingdom Coming) 318
オーク・ストリートで右か左か(Right or Left at Oak Street) 068, 069

オクスフォード・ガール（Oxford Girl） 666
おじいちゃんの古時計／大きな古時計（Grandfather's Clock） 318, 468, 615
おたまじゃくしは蛙の子 602
お父さん、汽車ってどんなもの?（Daddy, What's a Train?） 256
オハイオ川の岸辺で（Down on the Banks of the Ohio） 642, 645, 648, 649
オーミー・ワイズ（Omie Wise） 645-649, 653
おやすみアイリーン（Goodnight, Irene） 035
おやすみアイリーン（Irene Goodnight） 114
オーラ・リー（Aura Lea） 506, 508
オールド・レッド・ルースター（Old Red Rooster） 170

【カ行】
カウボーイの恋人になりたい（I Wanna be a Cowboy's Sweetheart） 765
カウライジャ（Kaw-Liga） 398
帰らざる船（The Ship That Never Returned） 315, 316, 318, 319
革命の紅茶（Revolutionary Tea） 410
悲しきカンガルー（Tie Me Kangaroo Down Sport） 485
悲しみのジェット・プレーン（Leaving on a Jet Plane） 559
カナンの幸せの岸辺（Canaan's Happy Shore） 606, 609
カナンを目ざして（I'm on My Way to Canaan） 634
壁に書かれた名前以上の（More Than a Name on a Wall） 575
神が味方（With God on Our Side） 028, 032
神よ、我が祖国に栄光を（Gott Segnes Sachsenland） 022
カラミティ・ジェーン・フロム・ザ・ウエスト（Calamity Jane from the West） 718
カリフォルニアの青い空（It Never Rains in Southern California） 089, 092
ガルヴェストン（Galveston） 562, 563
彼の名は、ケイシー・ジョーンズ（Casey Jones was His Name） 321, 322
川辺に下れば（Down by the Riverside） 623
川を歩いて渡る（Wade in the Water） 627, 630
監獄ロック（Jail house Rock） 190
カントリー・ロード（Take Me Home, Country Roads） 140
キャノンボール（The Cannonball） 326
キャント・ヘルプ・バット・ワンダー・ホエア・アイム・バウンド（Can't Help But Wonder Where I'm Bound） 124, 130, 136
九号列車の大破 374
97年号の大破（The Wreck of the Old 97） 299, 311, 320
九〇〇マイル（900Miles） 143, 144, 146, 377
九ポンドのハンマー（Nine Pound Hammer） 359-362, 371
兄弟よ、会いに来てくれるのか（Brothers, Will You Meet Me） 606, 609
ギルティ（Guilty） 793, 795, 796
銀色の月明かりの下で（By the Light of the Silvery Moon） 719
クイーン・オブ・ザ・レイル（Queen of the Rail） 256
グッバイ、メリー・ディア（Good-Bye, Mary Dear） 531
くよくよするなよ（Don't Think Twice It's All Right） 072, 075, 078
グレート・ロック・アイランド・ルート（The Great Rock Island Route） 216, 219, 224
グレート・スペックルド・バード（The Great Speckled Bird） 202, 203
ケイシー・ジョーンズ――ユニオン・スキャブ（Casey Jones−Union Scab） 330
ケヴィン・バリー（Kevin Barry） 497, 501
ケンタッキー・ワルツ（Kentucky Waltz） 114
ケンタッキーの我が家（My Old Kentucky Home） 583, 626
恋はフェニックス（By the Time I Get to Phoenix） 075, 084, 100, 562
ゴーイング・ステディ（Going Steady） 776
コカイン・ブルース（Cocaine Blues） 369
故郷の空 513

故郷へかえりたい（カントリー・ロード）（Take Me Home, Country Roads） 583
漕げよマイケル（Michael, Row the (de) Boat Ashore） 041, 587, 588, 592, 627
ゴッド・セイヴ・ザ・クイーン（God Save the Queen） 022
ゴッド・ブレス・アメリカ（God Bless America） 030, 032, 037
コットン・フィールズ（Cotton Fields） 040, 048, 049
五〇〇マイル（500Miles） 140, 143, 144, 146, 377
ゴールデン・スリッパーズ（Golden Slippers） 478
ゴールデン・ロケット（Golden Rocket） 326
コールド・コールド・ハート（Cold, Cold Heart） 011
権兵衛さん（太郎さん）の赤ちゃんが風邪引いた 602

【サ行】

ザ・ガール・イン・ザ・ブルー・ヴェルベッド・バンド（The Girl in the Blue Velvet Band） 368
ザ・レディ・イズ・ア・トランプ（The Lady is a Trump） 262
最後の想い（The Last Thing on My Mind） 136
さすらい人の子守唄（Hobo's Lullaby） 265
サッズ・イン・ザ・バケット（Suds in the Bucket） 369
ザッツ・オールライト・ママ（That's All Right, Mama） 774
淋しい汽笛（Lonesome Whistle） 181, 182, 185, 186, 364, 366, 375
サム・シングス・アイ・ウォント・トゥ・シング・アバウト（Some Things I Want to Sing About） 043
サムウェア・ダウン・ビロウ・ザ・ディクスン・ライン（Somewhere Down Below the Dixon Line） 095
サン・デイヴィッド（Son David） 669, 670
サンデー・モーニング・カミング・ダウン（Sunday Mornin' Comin' Down） 134
シー・ウィル・ビー・スリープ・ウィズ・グランマ・ホエン・シー・カムズ（She Will be Sleep with Grandma When She Comes） 172
ジェド・クランペットのバラッド（The Ballad of Jed Clampett） 762
ジェントル・オン・マイ・マインド（Gentle on My Mind） 119, 124, 130, 140
ジーザス、チャリオット（Jesus, Chariot） 170
シーズ・グッド・イナフ・トゥ・ビー・ユア・ベイビーズ・マザー・アンド・シーズ・グッド・イナフ・トゥ・ヴォート・ウィズ・ユー 745
ジス・リトル・ライト・オブ・マイン（This Little Light of Mine） 616, 633
シティ・オブ・ニューオルリーンズ（The City of New Orleans） 292
ジャンバラヤ（Jambalaya） 011
囚人の歌（The Prisoner's Song） 185
一六トン（Sixteen Tons） 360, 361
シューラ・グラ（Siúil A Grah） 422, 425, 436, 437, 442, 448, 460, 461
シューラ・ルーン（Shule Aroon） 421, 424, 425, 427, 428, 435, 442, 443, 445, 447, 452-454, 456, 460, 461
シューリ・ルゥ 456
ジョージア行進曲（Marching Through Georgia） 318, 468, 475
女子刑務所（Women's Prison） 189
ジョニー・アンド・サリー（Johnny and Sally） 684, 688
ジョニーは戦場へ行った（Johnny Has Gone for a Soldier） 454
ジョン・ブラウンズ・ボディ（John Brown's Body） 517, 602, 609
ジョン・ヘンリー（John Henry） 333, 335, 339, 340, 344, 348, 358, 359, 362
ジョン・ヘンリー・ブルース（John Henry Blues） 339, 340, 343, 356
ジョン・ヘンリーの死（The Death of John Henry） 339, 356
シール・ビー・ウエアリング・パジャマズ・ホエ

ン・シー・カムズ(She'll be Wearing Pajamas When She Comes) 171
シール・ビー・カミング・ラウンド・ザ・マウンテン(She'll be Coming Round the Mountain) 159, 162, 164, 165, 167, 169-172, 174, 181
シール・ビー・キャリング・スリー・ホワイト・パピーズ・ホエン・シー・カムズ(She'll be Carrying Three White Puppies When She Comes) 172
シルヴァー・ダガー(Silver Dagger) 677, 679, 681, 683
シングル・ガール、マリッド・ガール(Single Girl, Married Girl) 748
シングル・ライフ(Single Life) 748
スウィート・アデリン(Sweet Adeline) 534
スウィング・ロウ、スウィート・チャリオット(Swing Low, Sweet Chariot) 169, 614, 620
スカボロー・フェア(Scarborough Fair) 384
スタンド・バイ・ユア・マン(Stand by Your Man) 754, 756, 757, 778-782, 794
スティール・アウェイ(Steal Away) 595, 609
スティール・レール・ブルース(Steel Rail Blues) 147
スーという名の少年(A Boy Named Sue) 775, 782, 784-786, 788
スノーバード(Snowbird) 118
スパイク・ドライヴァー・ブルース(Spike Driver Blues) 339, 362
スモーキー山の頂上で(On Top of Old Smoky) 035
スワニー川(Swanee River: Old Folks at Home) 582
ゼアズ・ア・ティアー・イン・マイ・ビアー(There's a Tear in My Beer) 368
ゼアーズ・ア・リトル・ボックス・オブ・パイン(There's a Little Box of Pine) 158
聖者の行進(When the Saints Go Marching in) 585, 587
星条旗(Stars And Stripes) 406
星条旗(The Star Spangle Banner) 016, 017, 020, 023
星条旗はためくもとに(There's a Star Spangled Banner Waving Somewhere) 542, 546
線路は続くよ(I've Working on the Railroad) 724
そこに行くよ、メリー・ディア(I'll be There, Mary Dear) 522, 530, 531

【タ行】

大統領のマーチ(President's March) 021
小さな白塗りの煙突(Little White Washed Chimney) 526
小さな松の木の棺(Little Box of Pine) 156, 159, 164
チェイン・ギャング(Chain Gang) 190
チェスター(Chester) 405, 406
父なる神の授けましし 512
チャーリー・オン・ザM. T. A.(Charlie on the M.T.A) 319
チャリオットが来る時(When the Chariot Comes) 169, 170
ディア・ジョン・レター(A Dear John Letter) 769-771
デイヴィッド(David) 669
テイク・ジス・ハンマー(Take This Hammer) 362
ディド・アイ・シェイヴ・マイ・レッグス・フォー・ジス?(Did I Shave My Legs for This?) 802
鉄道唱歌 218
デトロイト・シティ(Detroit City) 093
テネシー・ワルツ(Tennessee Waltz) 114, 582
天国行きの弾丸列車(Cannonball to Heaven) 280, 286
天国のアナクレオンへ(To Anacreon in Heaven) 018, 019
ドゥ・ヤ(Do Ya) 795
トウェンティ・ファイヴ・ミニッツ・トゥ・ゴー(25 Minutes to Go) 782
東京節 468
峠の我が家(Home on the Range) 583
どうにかなるさ 364
独立記念日(Independence Day) 804, 805
ドック・オブ・ベイ(The Dock of the Bay)

086
トム・ドゥーラ(Tom Dula) 648
トム・ドゥーリー(Tom Dooley) 648, 649
トレイン45 272
ドロウジー・スリーパー(Drowsy Sleeper) 680
トロノ(Tolono) 283

【ナ行】

ナイン・マイル・ラン(Nine Mile Run) 370
ナオミ・ワイズ(Naomi Wise) 646
懐かしのヴァージニア(Carry Me Back to Old Virginny) 475, 477, 478, 583, 584
懐かしのヴァージニアを平底船で漂う(On de Floating Scow ob Ole Virginny) 477, 478
南軍兵士(The Rebel Soldier) 486, 487, 492, 503, 518
南軍兵士の伝説(Legend of the Rebel Soldier) 488, 497, 501, 503
何の血か(What Put the Blood) 670
虹と共に消えた恋(Gone The Rainbow) 418, 421, 442, 444, 450, 453, 454
ニューリヴァー・トレイン(に乗って)((Riding on the) New River Train) 372, 727
ノックスヴィル・ガール(Knoxville Girl) 190, 664, 666, 667
のんき節 468

【ハ行】

バイ・ザ・ライト・オブ・ザ・シルヴァリー・ムーン(By the Light of the Silvery Moon) 534
ハイウェイ40ブルース(Highway 40 Blues) 104
拝啓 アンクル・サム様(Dear Uncle Sam) 568
激しい雨が降る(A Hard Rain's a-Gonna Fall) 672
バターミルク・ヒル(Buttermilk Hill) 427, 454
ハッピー・ローヴィン・カウボーイ(Happy Rovin' Cowboy) 397
バターナット・ヒル(Butternut Hill) 445
バトル・オブ・ケッグス(The Battle of the Kegs) 414, 416
花のサンフランシスコ(San Francisco (Be Sure to Wear Flowers in Your Hair)) 558, 559
花はどこへ行った(Where Heve All the Flowens Gone?) 427
花嫁 159
埴生の宿 512
ハーパー・ヴァレーPTA(Harper Valley P.T.A.) 788
バーバラ・アレン(Barbara Allen) 674, 675
ハーフ・アズ・マッチ(Half as Much) 011
早く家へ帰りたい(Homeward Bound) 101
バラ色の人生(La Vie en Rose) 017
バラが咲いた 024
ハリケーン(Hurricane) 190
パル・オブ・イエスタデイ(Pal of Yesterday) 526
遥かに仰ぎ見る(In the Sweet By and By) 504
ハレルヤ、アイム・ア・バム(Hallelujah, I'm a Bum) 256
パン・アメリカン(Pan American) 194, 202
バンジョーを鳴らせ(Ring, Ring de Banjo) 628, 630
ヒー・シンクス・ヒール・キープ・ハー(He Thinks He'll Keep Her) 808, 811
火の玉郵便列車(Fireball Mail) 306
ピル(The Pill) 791, 795
プア・オーファン・チャイルド(Poor Orphan Child) 219
ファクトリー・ガール・カム・オール・イー(The Factory Girl's Come-All-Ye) 744
フィッシャーズ・ジグ(Fisher's Jig) 403
フォルサム・プリズン・ブルース(Folsome Prison Blues) 186, 187, 189-191
深い川(Deep River) 607, 608
袋一杯の綿(Pick a Bale of Cotton) 049
フジヤマ・ママ(Fujiyama Mama) 786
二人の少年(Two Little Boys) 480, 481, 483-485, 487, 503

フューネラル・トレイン(Funeral Train) 280
ブラック・ガール(Brack Girl) 270, 272, 357, 366, 367, 381
プリズナー・ソング 718
ブルース・ステイ・アウェイ・フロム・ミー(Blues Stay Away from Me) 250
フレイト・トレイン(Freight Train) 367, 375, 380
フレイト・トレイン・ブルース(Freight Train Blues) 211
プレシャス・ジュウェル(The Precious Jewel) 203
フロム・マザーズ・アームズ・トゥ・コリア(From Mother's Arms to Korea) 549
ヘイ・グッド・ルッキン(Hey Good Lookin') 011
兵士の最後の手紙(Soldiers Last Letter) 546, 547
ヘイル、コロンビア(Hail,Columbia) 020-022
ヘイル・トゥ・ザ・チーフ 058
ホエア・ディド・ユー・スリープ・ラストナイト(Where Did You Sleep Last Night?) 357, 366
ポゼッション(Possession) 719
蛍 514
蛍の光(Auld Lang Syne) 059, 513, 514, 517
ホーボー・ビルの最後の乗車(Hobo Bill's Last Ride) 276, 289
ホーボーズ・ララバイ 289
ホーム、スウィート・ホーム(Home! Sweet Home!) 511-513, 517
ホワイト・クリスマス(White Christmas) 030, 675
ホンキートンク・エンジェルズ(It Wasn't God Who Made Honky-Tonk Angels) 771, 772

【マ行】

マイ・ビッグ・アイアン・スキリット(My Big Iron Skillet) 786, 788
マイ・ボニー(My Bonny) 386
マイ・ワイルド・アイリッシュ・ローズ(My Wild Irish Rose) 232
マクヘンリー砦の防衛(Defense of Fort McHenry) 017, 019
マザーレス・チルドレン(Motherless Children) 220
マンション・オブ・エイキング・ハート(The Mansion of Aching Hearts) 232
ミー・アンド・ボビー・マギー(Me & Bobby McGee) 130, 133, 134
ミスター・タンブリン・マン(Mr. Tambourine Man) 167
ミスター・マム(Mr. Mom.) 368
水飲み柄杓を追え(Follow the Drinking Gourd) 631
ミズーリ・ワルツ(Missouri Waltz) 583
メリー・ディア(Mary Dear) 522, 524, 526-528, 530, 531
モーセよ、下れ(Go Down, Moses) 619
桃の実の熟する時(When It's Peach Pickin' Ttime in Georgia) 108, 111, 112, 114, 117

【ヤ行】

柳の木の下に埋めてくれ(Burry Me Beneath the Willow) 658
柳の園にて(Down in the Willow Garden) 652, 655, 656, 659, 661
ヤンキー・ドゥードル(Yankee Doodle) 400, 402-405, 451, 582
ユー・アー・マイ・サンシャイン(You are My Sunshine) 181, 582, 735
ユア・チーティン・ハート(Your Cheatin' Heart) 011
夢のオレンジ号(Orange Blossom Special) 191, 193
陽気にいこう(Keep on the Sunnyside) 220, 234
酔っぱらって家には帰らないで(Don't Come Home a Drinkin') 790
ヨルダン川(Jordan River) 624
ヨルダン川(River of Jordan) 220

【ラ行】

ライフ・イン・プリズン（Life in Prison） 190
ライ麦畑で出逢ったら（Comin' Thru' the Rye） 513
ランダール卿（Lord Randall） 670, 672
ランブリン・ボーイ（Ramblin' Boy） 136, 139
ランブリン・ラウンド（Ramblin' Round） 113
リスペクト（Respect） 719
リトル・グラス・オブ・ワイン（Little Glass of Wine） 693
リトル・ダーリン・パル・オブ・マイン（Little Darling Pal of Mine） 032
リパブリック賛歌（Battle Hymn of Republic） 517
リブ（Rib） 788
林檎の樹の下で（In the Shade of the Old Apple Tree） 144
ルーシー・ロケット（Lucy Locket） 403
ルッケンバック・テキサス（Luckenbach, Texas） 688
ルーベン（Reuben） 377, 380, 381
ルーベン・トレイン（またはルーベンズ・トレイン）（Rueben Train or Rueben's Train） 146, 272, 274
レイジー・ハート・ブルース（Lazy Heart Blues） 526
レイルロード・レディ（Railroad Lady） 730
レット・ミー・コール・ユア・スウィートハート（Let Me Call You Sweetheart） 534
レモン・トゥリー（Lemon Tree） 418
ローウェル・ミル・ガールの歌 745
牢獄のように暗く（Dark as a Dungeon） 360
六頭の白馬（Six White Horses） 173, 174, 177
ローズ・コネリー（Rose Connelly） 652, 656
ロリーナ（Lorena） 504, 506

【ワ行】

ワイルド・サイド・オブ・ライフ（The Wild Side of Life） 771, 773
ワイルドウッド・フラワー（Wildwood Flower） 220, 234
わが心のジョージア（Georgia on My Mind） 583
我が祖国（This Land is Your Land） 025, 028-030, 032, 035-037
我が祖国、それは汝（My Country 'Tis of Thee） 022, 023
我が魂は懐かしきアイルランドに戻れるか（Shall My Soul Pass Thru Old Ireland） 492, 496, 497, 501, 502
忘れられた男（Forgotten Man） 553, 554
わたしは息子を兵士に育てなかった（I Didn't Raise My Boy to be a Soldier） 534, 538, 540
ワバッシュ・キャノンボール／ワバッシュ・キャノン・ボール（Wabash Cannonball/Wabash Cannon Ball） 194, 198, 204, 207, 209-213, 215, 217, 219, 222-224, 227, 230-239, 242, 243, 245, 246, 254-256, 263, 267-270, 279, 289
ワバッシュ・キャノンボール・ソング（Wabash Cannonball Song） 247
ワバッシュ・キャノンボール・ブルース（Wabash Cannonball Blues） 250, 252
ワンダリング・ボーイ（Wandering Boy） 219

引用・参考文献

序

- ペリー、M.C.／ホークス、F.L.『ペリー提督日本遠征記（上下）』宮崎壽子訳、角川ソフィア文庫、2014
- Chase, Gilbert. *America's Music: From the Pilgrims to the Present.* University Illinois Press, 1992
- Klein, Joe. *Woody Guthrie: A Life*. Delta, 1999

第一部　荒野は歌う

- 石川好『ストロベリー・ロード（上下）』文春文庫、1988
- 片岡義男『ぼくはプレスリーが大好き』角川書店、1971
- 亀井俊介『アメリカン・ヒーローの系譜』研究社出版、1993
- 鈴木直次『アメリカ産業社会の盛衰』岩波新書、1995
- 西江雅之『伝説のアメリカン・ヒーロー』岩波書店、2000
- ハウンシェル、デーヴィッド・A『アメリカン・システムから大量生産へ　1800-1932』和田一夫・金井光太朗・藤原道夫訳、名古屋大学出版会、1998
- バーリンゲイム、ロジャー『アメリカ技術文化史』田村三千稔訳、文末堂、1944
- フェイエッド、フレデリック『ホーボー　アメリカの放浪者たち』中山容訳、晶文社、1988
- マヤコフスキー、ヴェ・ヴェ『私のアメリカ発見』鹿島保夫訳、和光社、1955
- 森杲『アメリカ職人の仕事史――マス・プロダクションへの軌跡』中公新書、1996
- 新共同訳『聖書』日本聖書協会、2008
- Allsop, Kenneth. *Hard Travelin': The Hobo and His History*. Plume Books, 1970
- Cohen, Norm. *Long Steer Rail: The Railroad in American Folk Song*. University Illinois Press, 1981
- Fley, Hugo. *AmericanCowboy Songs*. Robbins Music Corporation, 1936
- Heimburger, Donald J. *Wabash* Heimburger. House Publishing Co., 1996
- Holbrook, Stewart H. *The Story of American Railroads: From the Iron Horse to the Diesel Locomotive.* Dover Publication, 2016
- Ives, Burl. *Song In America: Our Musical Heritage*. Duell, Sloan and Pearce, 1962
- Johnson, Guy B. *John Henry: Tracking Down a Negro Legend*. University of North Carolina, 1929
- Klotter, James C. *Henry Clay: The Man Who Would be President.* Oxford University Press, 2018
- Kugel, James L. *How to Read the Bible:A Guide to Scripture, Then and Now*. Free Press, 2008
- Lee, Fred J. *Casey Jones*. Southern Publishers, Inc., 1939
- Leen, Daniel. *The Freight Hopper's Manual for North America: Hoboing in the 21st Century*. Ecodesigns Northwest Publishers, 1992
- Leisy, James F. *Songs For Pickin' and Singin'*. Fawcett, 1962
- Lyle, Katie Letcher. *Scalded to Death by the Steam: Authentic Stories of Railroad Disasters and the Ballads That Were Written About Them*. Algonquin Books, 1991
- Matthews, Caitlin. *The Celtic Tradition*. Element, 1995
- McNeil, W. K. *Southern Mountain Folksongs : Traditional Songs from the Appalachians and the Ozarks.* August House, 1993

- Phillips, Lance. *Yonder Comes The Train : The Story of the Iron Horse and Some of the Roads it Travelled.* Galahad Books,1965
- Pindell, Terry. *Making Tracks : An American Rail Odyssey.* Grove Press, 1990
- Reitman, Dr. Ben. *Sister of the Road: The Autobiography of Boxcar Bertha(1937).* AK Books, 2002(Paperback)
- Russell, Tony & Pinson, Bob. *Country Music Records: A Discography 1921- 1942.* Oxford University Press, 1942
- Sandburg, Carl. *the American Songbag.* Harcourt, Brace and Company, 1927
- Sanders, Scott R. *Hear The Wind Blow : American Folk Songs Retold.* Bradbury Press, 1985
- Smith, Richard D. *Can't You Hear Me Callin': The Life of Bill Monroe, Father of Bluegrass* . Little, Brown and Company, 2000
- Spears, Timothy B. *100 Years on the Road: The Traveling Salesman in American Culture.* Yale University Press, 1995
- Stover, John F. *History of the Illinois Central Railroad.* Macmillan, 1975
- Waite, Henry Randall. *College Songs: A Collection of the Most Popular Songs of the Colleges of America.* Oliver Ditson Co., 1908
- Watkins, T. H. *The Great Depression America in the 1930s.* Back Bay Books, 1993
- Williams, Brett. *John Henry: A Bio-Bibliography.* Greenwood Pub Group, 1983
- Woodson, Carter G. *Free Negro Heads of Families in the United States in 1830, Together with a Brief Treatment of the Free Negro. The* Association for Study of Negro Life and History Inc., 1925
- Yafa, Stephen. *Cotton: The Biography of a Revolutionary Fiber.* Penguin Books, 2006
- Zwonitzer, Mark & Hirshberg, Charles. *Will You Miss Me When I'm Gone?: The Carter Family & Their Legacy in American Music.* Simon & Schuster, 2002

第二部　戦場は歌う

- 青山南『南の話』毎日新聞社、2001
- 阿部謹也『中世賤民の宇宙——ヨーロッパ原点への旅』ちくま学芸文庫、2007
- オコーナー、ジョセフ『ダブリンUSA——アイリッシュ・アメリカの旅』茂木健訳、東京創元社、1999
- オコーナー、ヌーラ『アイリッシュ・ソウルを求めて』茂木健・大島豊訳、大栄出版、1993
- 亀井俊介『アメリカのイヴたち』文藝春秋、1983
- ケネディ、ポール『第二次世界大戦　影の主役——勝利を実現した革新者たち』伏見威蕃訳、日本経済新聞出版社、2013
- 齋藤眞『アメリカ現代史』山川出版社、1976
- 猿谷要『アメリカを揺り動かしたレディたち』NTT出版、2004
- スマウトT.C『スコットランド国民の歴史』木村正俊監訳、原書房、2010
- 田川建三『新約聖書　訳と註』全7巻・全8冊、作品社、2007-2017
- ネビンス、アラン／コマジャー、ヘンリー『アメリカ史』黒田和雄訳、原書房、1966
- ノートン、メアリー・ベス他『アメリカの歴史　4——アメリカ社会と第一次世界大戦』本田創造監修、上杉忍・大辻千恵子・中條献・戸田徹子訳、三省堂、1996
- バーダマン、ジェームス・M『アメリカ南部——大国の内なる異郷』森本豊富訳、講談社現代新書、1995
- ——『ふたつのアメリカ史——南部人から見た真実のアメリカ』東京書籍、2003
- バートランド、マイケル・T『エルヴィスが社会を動かした——ロック・人種・公民権』前田絢子訳、

青土社、2002
・フリーダン、ベティ『新しい女性の創造』三浦冨美子訳、大和書房、2004
・ホーン川嶋瑶子『女たちが変えるアメリカ』岩波新書、1988
・マコート、フランク『アンジェラの灰（上下）』土屋政雄訳、新潮文庫、2003
・三井徹『カントリー音楽の歴史』音楽之友社、1971
・皆河宗一『アメリカ・フォークソングの世界』岩崎美術社、1995
・ミラー、カービー／ワグナー、ポール『アイルランドからアメリカへ——700万アイルランド人移民の物語』茂木健訳、東京創元社、1998
・茂木健『バラッドの世界』春秋社、1998
・安岡章太郎「私のきいたジャズ」（『父の酒』所載）文春文庫、1994
・吉川裕子『孤独なアメリカ人』講談社現代新書、1975
・Aguinaldo, Emilio. *True Version of the Philippine Revolution*. Dodo Press, 2006
・Buchan, Norman. *101 Scottish Songs*. Collins, 1962
・Child, Francis James. *The English and Scottish Popular Ballads*. Princeton Uiversity Press, 2009
・Cotten, Lee. *Did Elvis Sing in Your Hometown?* . High Sierra Books, 1995
・Creighton, Helen. *Songs and Ballads from Nova Scotia*. Dover Publications, 1966
・Cox, John Harrington. *Folk-Songs of the South: Collected Under the Auspices of the West Virginia Folk-Lore Society*. West Virginia University Press, 2016
・Davis, William C. *The Fighting Men of the Civil War*. Gallery Books, 1989
・Donnachie, Ian & Hewitt, George. *The Birlinn Companion to Scottish History*. Birlinn Ltd, 2007
・Garrison, Webb. *Civil War Trivia and Fact Book:Unusual and Oftenover Looked Facts About America's Civil War*. Rutledge Hill Press, 1992
・Heinemann, Sue. *Amazing Women in American History: A Book of Answers for Kids*. The New York Public Library Wiley, 1998
・Joyce, Patrick Weston. *Ancient Irish Music*. McGlashan & Gill, 1873
・—— *Old Irish Folk Music and Songs: A Collection of 842 Irish Airs and Songs, Hitherto Unpublished*. Hodges, Figgis, & Co. Ltd., 1909
・Kaye, Barbara. *America Fever: The Story of American Immigration*. Greenleaf Mentor Book, 1970
・Krieg, Joann. *Whitman and the Irish*. University of Iowa press, 2000
・Larkin, Margaret(collected and edited). *Singing Cowboys: A Book of Western Songs*. Oak Publications, 1963
・Leary, James P. *Wisconsin Folklore*. University of Wisconsin Press, 1990
・Leisy, James F(ed.). *Songs for Pickin' and Singin'*. Gold Medal Books, 1962
・Linn, Brian McAllister. *The Philippine War, 1899-1902*. University Press of Kansas, 2000
・Lockhart, John Gibson. *Memoirs of the life of Sir Walter Scott*. Edinburgh, R. Cadell, 1837
・Lomax, John A and Lomax, Alan. *American Ballads and Folk Songs*. Dover Publications, 1994
・—— *Folk song U.S.A. : the 111 Best American Ballads*. New American Library, 1966
・McCloud, Barry. *Definitive Country: The Ultimate Encyclopedia of Country Music and its Performers*. Perigee Book, 1995
・McCusker, Kristine M & Pecknold, Diane(ed.). *A Boy Named Sue : Gender and Country Music*. University Press of Mississippi, 2004
・Raph, Theodore. *The American Song Treasury:100 Favorites*. Dover Publications, 1964
・Roland, Tom. *The Billboard Book of Number One Country Hits*. Billboard Books, 1991

- Sadler, John. *Scottish Battles.* West Newington House, 2010
- Schaffer, Ronald. *American in the Great War: The Rise of the War Welfare State.* Oxford University Press, 1991
- Whitburn, Joel . Joel Whitburn's *Top Country Singles 1944〜1993.* Billboard Book, 1994
- Compiled by the editors of Combined Books. *The Civil War Book of Lists.* Combined Books, 1993

第三部 北行きの列車に乗って

- 井出義光／明石紀雄編『アメリカ南部の夢——ニューサウスの政治・経済・文化』有斐閣選書、1987
- 上杉忍『ハリエット・タブマン——「モーゼ」と呼ばれた黒人女性』新曜社、2019
- 北村崇郎『ニグロ・スピリチュアル——黒人音楽のみなもと』みすず書房、2001
- コーン、ローレンス編『ザ・ブルース・ブック』中江昌彦訳、ブルースインターアクションズ、1997
- 野村達朗『「民族」で読むアメリカ』講談社現代新書、1992
- 蓮見博昭『宗教に揺れるアメリカ——民主政治の背後にあるもの』日本評論社、2002
- 藤原聖子『現代アメリカ宗教地図』平凡社新書、2009
- 本田創造『アメリカ黒人の歴史』岩波新書、1991
- Allen, William Francis/Ware, Charles Pickard/Garrison, Lucy McKim. *Slave Songs of the United States.* Kessinger Publishing, 2010
- Brady, Cyrus Townsend. *Indian Fights and Fighting.* University of Nebraska Press, 1971
- Durham, Philip and Jones, Everett L. *The Negro Cowboys,* . Curtis Brown Ltd., 1965
- Katz, William Loren. *Black Indians : A Hidden Heritage.* Simon & Schuster, 1986
- —— *The Black West.* A Touchstone Book, 1987
- —— *Black Women of the Old West.* Simon & Schuster, 1995
- Knight, Richard. *The Blues Highway : New Orleans to Chicago, A Travel and Music Guide.* Trail Blazer Publication, 2001
- Libby, Jean/Geffert, Hannah N./Taylor, Evelyn M.E.*John Brown Mysteries: Allies for Freedom.* Pictorial Histories Publishing Company, Inc., 1999
- Mather, Richard. *Bay Psalm Book.* Applewood Books, 2011
- Nies, Judith. *Native American History: A Chronology of a Cultnre's Vast Acheivements and Their Links of World Events.* Ballantine Books, 1996
- Reed, John Shelton and Reed, Dale Volberg. *1001 Things Everyone Should Know About The South.* Doubleday, 1996
- Stowe, Harriet Beecher. *Uncle Tom's Cabin.* Createspace Independent Pub., 2015
- *National Geographic*（Vol. 166, No. 1 July 1984）. National Geographic Society1984.
- *The Psalms, Hymns and Spiritual Songs of the Old and New Testament, faithbully translated into English metre: being the New England Psalm Book.* Gale ECCO, Print Editions, 2010

第四部 女たちは歌う

- 岩本裕子『アメリカ黒人女性の歴史——二〇世紀初頭にみる「ウーマニスト」への軌跡』明石書店、1997
- 上野千鶴子『女ぎらい——ニッポンのミソジニー』紀伊國屋書店、2010
- 絹川久子『ジェンダーの視点で読む聖書』日本キリスト教団出版局、2002

・コフィン、トリストラム・P編『アメリカの民衆文化』大島良行訳、研究社出版、1973
・スミス、ジョーン『男はみんな女が嫌い』鈴木晶訳、筑摩書房、1991
・セイヤーズ、ドロシー・L『毒を食らわば』浅羽莢子訳、創元推理文庫、1995
・田中雅一／中谷文美『ジェンダーで学ぶ文化人類学』世界思想社、2005
・ダニエル、ピート『失われた革命――1950年代のアメリカ南部』前田絢子訳、青土社、2005
・中村とうよう『ポピュラー音楽の世紀』岩波新書、1999
・筈見有弘『70年代アメリカン・シネマ103――もっともエキサイティングだった13年』フィルムアート社、1980
・マッケイグ、ドナルド『新編・風と共に去りぬ　レット・バトラー』1-6、池田真紀子訳、ゴマブックス、2008
・Ayres, Thomas. *That's Not in My American History Book: A Complication of Little-Known Events and Forgotten Heroes*. Taylor Trade Publishing, 2000
・Bartlett, John Russell. *Dictionary of Americanism*. Biblio Bazaar, 2009
・Brooks, Tim & Marsh, Earle. *The Complete Directory to Prime Time Network TV Shows, 1946-Present.* Ballantine Books, 1980
・Carson, Gerald. *The Social History of Bourbon*. Dodd, Mead & Company, 1963.
・Fischer, David Hackett. *Albion's Seed : Four British Folkways in America*. Oxford University Press, 1991
・Dellar, Fred & Thompson, Roy. *The Illustrated Encyclopedia of Country Music.* Salamander Books, 1977
・Getz, Oscar. *Whiskey : An American Pictorial History*. David McKay Company, Inc., 1978
・Harkins, Anthony. *Hillbilly : A Cultural History of an American Icon*. Oxford University Press, 2003
・Hatfield, G. Elliott. *The Hatfileds*. Big Sandy Valley Historical Society, 1988
・Hassall, W. O. *History Through Surnames*. Pergamon Press, 1967
・Hiley, Michael & Godine, D.R. *Victorian Working Women: Portraits from Life*. D, R, Godline, 1980
・Luchetti, Cathy & Olwell, Carol. *Women of the West.* Antelope Island Press, 1982
・McCoy, Truda Williams. *The McCoys : Their Story as Told to the Author by Eye Witnesses and Descendants*. Preservation Council Press of the Preservation Council of Pike County, Inc., 1976
・McCurry, Johan Gordon. *The Social Harp*. University Georgia Press, 1973
・Nugent, Walter. *Into The West : The Story of Its People*. Alfred A. Knopf, 1999
・Regan, Gary & Regan, Mardee Haidin. *The Book of Bourbon-and Other Fine American Whiskeys.* Chapters Publishing Ltd., 1995
・Rice, Otis K. *The Hatfields & the McCoys*. The University Press of Kentucky, 1982
・Savage, Lon. *Thunder in the Mountains : The West Virginia Mine War 1920-21*. University of Pittsburgh Press, 1990
・Sherr, Lynn and Kazickas, Jurate. *Susan B. Anthony Slept Here: A Guide to American Women's Landmarks.* Times Books, 1994
・Sims, Clifford Stanley. *The Origin and Signification of Scottish Surnames with a Vocaburaly of Christian Names.* Charles E. Tuttle Company, 1969
・Smith, Elsdon C. *New Dictionary of American Family Names*. Gramercy Publishing Company, 1988
・Spears, Richard A. *Slang American Style: More Than 10,000 Ways to Talk the Talk*. NTC Publishing Group, 1997
・Stuart, James & Revett, Nicholas. *Antiquities of Athens*. Printed by J. Haberkorn, 1762
・Waller, Altina L. *Feud: Hatfields, McCoys, and Social Change in Appalachia, 1860-1900.* The University of

North Carolina Press, 1988
・ Wallis, Michael. *The Real Wild West : The 101 Ranch and The Creation of the American West*. St. Martin's Press, 1999
・ Webb, Jim. *Born Fighting : How the Scots - Irish Shaped America*. Broadway Books, 2004
・ Wolk, Allan. *The Naming of America*. Thomas Nelson Inc., Pubishers 1977.

【総合】

・ 阿川尚之『アメリカが見つかりましたか――戦前編』都市出版、1998
・ ――『トクヴィルとアメリカへ』新潮社、1997
・ 綾部恒雄編『アメリカの民族――ルツボからサラダボウルへ』弘文堂、1992
・ 池田智／松本利秋『早わかりアメリカ――歴史が見える文化が読める』日本実業出版社、2009
・ 木内信敬監修『総合研究アメリカ』実教出版、1992
・ 猿谷要『物語　アメリカの歴史――超大国の行方』中公新書、1991
・ ジン、ハワード／ステフォフ、レベッカ『学校では教えてくれない本当のアメリカの歴史（上下）』鳥見真生訳、あすなろ書房、2009
・ 土井敏邦『アメリカのユダヤ人』岩波新書、2002
・ ブライソン、ビル『アメリカ語ものがたり（１・２）』木下哲夫訳、河出書房新社、1997
・ 丸谷才一／山崎正和『二十世紀を読む』中公文庫、1999
・ モリソン、サムエル『アメリカの歴史　１～５』西川正身翻訳監修、集英社文庫、1997
・ Coontz, Stephanie. *The Way We Never Were: American Families and the Nostalgia Trap*. Basic Books, 1992
・ Handlin, Oscar. *The Americans: A New History of the People of the United States*. Little Brown & Company, 1963
・ Lloyd, Ann (ed) /Fuller, Graham (ed) . *The Illustrated Who's Who of the Cinema*. Portland House, 1987
・ Morison, Samuel Eliot. *The Oxford History of the American People*. Oxford University Press, 1965
・ Morris, Lloyd. *Not So Long Ago*. Random House, 1949
・ Sandberg, Larry. *The folk music source book*. DaCapo Press, 1989
・ Seidman, Joel(compiled and edited). *Communism in the United States: A Bibliography*. Cornell University Press, 1969
・ Schlesinger Jr., Arthur M. *The Crisis of the Old Order : The Age of Roosevelt*. Houghton Mifflen Company, 1988
・ Schweikart, Larry and Allen, Michael. *A Patriot's History of the United States: From Columbus's Great Discovery to the War On Terror* . Sentinel, 2004
・ Sklar, Robert. *Movie - Made America : A Cultural History of American Movies*. Vintage Books, 1975
・ Stambler, Irwin and Landon, Grelun. *Encyclopedia of Folk, Country and Western Music*. St. Martin's Press 1969
・ Thomas, Jean. *Ballad Makin': in the Mountains of Kentucky*. Oak Publication, Inc., 1964
・ Zinn, Howard. *A People's History of the United States : 1492 - Present*. Perennial, 2003
・ *Sing Out!* (Vol 18, No. 5 Dec 1969). Sing Out Corporation, 1968.

東 理夫（ひがし・みちお）

一九四一年生まれ。作家・ブルーグラス奏者。学生時代からカントリー音楽のファンで、テネシー州名誉市民の称号を持つ。アメリカ文化への造詣が深く、ミステリーから音楽・料理まで幅広い知識を活かして様々な分野で執筆を続けている。著書に、『スペンサーの料理』『湘南』（早川書房）、『ケンタッキー・バーボン紀行』（東京書籍）、『マティーニからはじまる夜』（実業之日本社）、『エルヴィス・プレスリー』（文春新書）、『アメリカは歌う。』『アメリカは食べる。』（作品社）など。訳書に、F・X・トゥール『ミリオンダラー・ベイビー』、スティーヴ・ホデル『ブラック・ダリアの真実』、ジョージ・クルーニー&グラント・ヘスロヴ『グッドナイト&グッドラック』（いずれもハヤカワ文庫）など。

装幀・レイアウト
松田行正+杉本聖士

アメリカは歌う。 コンプリート版

2019年11月5日 初版第1刷印刷
2019年11月10日 初版第1刷発行

著者 東 理夫

発行者 和田 肇

発行所 株式会社作品社
〒102-0072 東京都千代田区飯田橋2-7-4
Tel:03-3262-9753 Fax:03-3262-9757
http://www.sakuhinsha.com
振替口座00160-3-27183

印刷・製本 中央精版印刷株式会社

ISBN978-4-86182-762-4 C0022